国企改革探索与实践

——中央企业子企业150例（上）

国务院国资委改革办◎编

中国经济出版社
CHINA ECONOMIC PUBLISHING HOUSE
·北京·

图书在版编目（CIP）数据

国企改革探索与实践：中央企业子企业 150 例 / 国务院国资委改革办 编 . 北京：中国经济出版社，2018. 1（2022. 7 重印）
ISBN 978 -7 -5136 -4909 -4

Ⅰ. ①国… Ⅱ. ①国… Ⅲ. ①国企改革—案例—中国 Ⅳ. ①F279. 21

中国版本图书馆 CIP 数据核字（2017）第 252874 号

责任编辑　李煜萍
责任印制　马小宾

出版发行　中国经济出版社
印 刷 者　北京中石油彩色印刷有限责任公司
经 销 者　各地新华书店
开　　本　710mm × 1000mm　1/16
印　　张　64
字　　数　1200 千字
版　　次　2018 年 1 月第 1 版
印　　次　2022 年 7 月第 6 次
定　　价　120. 00 元（上下册）
广告经营许可证　京西工商广字第 8179 号

中国经济出版社　**网址** www. economyph. com　**社址** 北京市东城区安定门外大街 58 号　**邮编** 100011
本版图书如存在印装质量问题，请与本社销售中心联系调换（联系电话：010 -57512564）

编委会

总　序

国有企业改革在各领域各环节全面深化
呈现崭新局面　取得丰硕成果

党的十八大以来的五年，是党和国家发展进程中极不平凡的五年，也是国有企业改革发展极不平凡的五年。在这五年里，习近平总书记站在党和国家发展全局的战略高度，就国有企业改革发展发表了一系列重要讲话，作出了一系列重要指示批示，用一系列相互联系、相互贯通的重大理论创新和科学判断，深刻回答了在新的历史条件下要不要办国有企业、办成什么样的国有企业、怎样办好国有企业等重大理论和实践问题，形成了内涵丰富、蕴意深刻、体系完整的国有企业改革重要思想，为国有企业改革深入推进提供了强大思想武器和科学行动指南，是做好国有企业改革各项工作的根本遵循。李克强总理多次主持召开国务院常务会议，专门主持召开深入推进国有企业改革和发展座谈会，研究部署国有企业改革发展工作。马凯副总理、王勇国务委员组织带领国务院国有企业改革领导小组，统筹研究和协调解决国有企业改革重大问题，研究“1 + N”政策体系，推进“十项改革试点”，落实改革责任，跟踪改革进展，督促改革落地，有力凝聚和调动了各方面深化国有企业改革的主动性、积极性、创造性，有效加强了对全国国有企业改革的组织领导和指导把关。各地区、各部门和广大国有企业认真贯彻落实党中央、国务院关于国有企业改革的一系列重大部署，国企国资系统广大干部职工以高昂的热情支持改革、投身改革，全国国有企业改革上下联动、系统推进、重点突破、层层落地，在各环节各领域全面深化，呈现崭新局面，取得丰硕成果。

一、现代企业制度进一步完善

功能分类导向作用开始显现。出台国有企业功能界定与分类的指导意见，完成中央企业集团层面和 31 家省级国资委所出资一级企业功能界定，推进中央企业所属各级子企业分类工作。完善中央企业功能分类考核，推进工资总额分类管理。分类改革、分类考核、分类发展、分类监管全面推进，分类的导向作用逐步显现，不同功能分类的企业定位更加清晰，整体上推进了国有企业与市场经济更好地融合。**公司制改革全面提速。**全国国有企业公司制改制面达到 90%，中央企业各级子企业公司制改制面达到 92%。出台中央企业公司制改制实施方案，2017 年底前有望全部完成改制工作。**上市公司发挥重要作用。**2012—2016 年，中央企业控股上市公司从 354 户增加到 393 户。截至 2016 年底，中央企业控股上市公司资产总额、净资产、营业收入、利润总额分别占中央企业全部的 63.7%、60.8%、63.5%、85.2%。上市公司在资本市场融资、推动机制转换和战略性重组方面发挥了重要作用。**董事会建设加快推进。**出台完善国有企业法人治理结构的指导意见。98 家中央企业中，87 家已建立董事会，其中 83 家外部董事占多数。中央企业二级国有独资、全资公司中近一半已建立董事会。各省级国资委所出资一级企业中有 92% 已建立董事会。**落实董事会职权试点有序开展。**出台开展落实中央企业董事会职权试点工作的意见，在 4 家中央企业集团公司开展试点，授予经理层选聘、薪酬分配等 6 项职权。31 个省级国资委开展了相关工作。**对董事会的管理不断加强。**出台中央企业董事会及董事评价办法，建立董事履职台账，推行外部董事独立报告制度，探索实行董事会述职质询、重大决策专项评估。制订中央企业外部董事选聘和管理办法，扩大来源渠道、提高选聘标准，规范履职行为、强化责任担当。

二、市场化经营机制更加到位

国有企业领导人员分类分层管理有序推进。坚持党管干部原则与董事会依法产生、董事会依法选择经营管理者、经营管理者依法行使用人权相结合，不断创新实现形式，取得积极进展。部分中央企业通过试点实现了集团公司经理层由董事会依法选聘，并实行聘任制和契约化管理。不少中央企业所出资企业和省级国资委出资的一级企业推行了职业经理人制度，促进了企业领导人员从“同纸任命”“一体管理”向分类分层管理转变。**收入分配制度改革进一步深化。**改革国有企业负责人薪酬制度，逐步规范国有企业收入分配秩序，推动实现薪酬水平适当、结构合理、管理规范、监督有效。合理确定并严格规范中央企业负责人履职待遇、业务支出，坚决根除按照职务设置消费定额并量化到个人的做法。完善市场化企业薪酬分配制度，中央企业集团公司层面均建立了明确的工资效益联动机制，60 户中央企业控股上市公司实施了股权激励，11 户科技型子企业实行了分红激励政策。**市场化用工制度逐步形成。**中央企业公开招聘制度覆盖率达到98%，劳动合同应签尽签率达到100%。

三、混合所有制改革取得积极进展

混合所有制企业户数不断增加。2013—2016 年期间，中央企业混合所有制企业户数占比由65.69%提高至68.93%。2013—2017 年8 月，中央企业控股上市公司共实施资产重组67 项，累计注入资产4994.03 亿元；71 家央企所属 211 家子企业通过产权市场转让部分股权引入合作者，共成交 281 宗，其中非公资本受让宗数占比75.09%，金额占比 71.76%。**重要领域混合所制改革试点有序推进。**

探索在电力、石油、天然气、铁路、民航、电信、军工等领域开展国有企业混合所有制改革的有效途径，截至2017年9月底，已确定了两批19家试点企业，进一步放大国有资本功能，提高国有资本配置和运行效率。目前试点企业中已有7家企业完成引入战略投资者和设立新公司等工作，共引入40多家外部投资者、各类资本900多亿元，外部投资者平均持股比例达48%。中国联通、东航物流等混改试点方案落地实施，改革力度加大，市场反应积极，产生了良好的社会影响。**国有控股混合所有制企业员工持股试点稳妥推进。**制定具体实施细则，健全审核程序，规范操作流程，稳妥开展试点。中央企业首批10户子企业试点，完成首期员工出资入股。21个省（区、市）126户试点正在有序推进。通过试点，企业改革意识明显增强，吸引和留住人才的作用已经显现，员工干事创业热情得到激发，经济效益显著提升。

四、国有资本布局结构不断优化

五年来共完成18组34家中央企业重组整合，新设中国航发，中央企业调整至98家。省级国资委对所出资一级企业开展了171对重组整合。**横向合并提升了影响力。**宝钢、武钢重组后，粗钢产量位居世界第二，高端碳钢产品具备与韩国浦项和日本新日铁住金竞争的实力。中国北车、中国南车合并成中国中车后，经营规模稳居全球轨道交通装备行业第一。**纵向整合发挥了协同效应。**中国国电与神华集团重组，有利于实现煤电一体化运营，化解煤电“顶牛”矛盾。**专业化整合优化了资源配置。**支持中央企业以优势龙头企业和上市公司为平台，通过股权合作、资产置换等方式整合同质化业务，优化资源配置。整合三大电信企业铁塔资源，组建铁塔公司，减少铁塔重复建设56.8万座，节约投资1003亿元，节约土地2.77万亩。整合中央航空企业航材资源，成立航材保障共享平台。**剥离非主业提高了产业集中度。**坚定不移突出主业、做强主业，推动各类资源向主业集中。国投将煤炭业务划转中煤集团、将航运板块划转中国远洋海运，中航工业将房地产业务划转保利集团，中国国新将氟化工业务划转中国化工，核心业务的盈利能力和市场竞争力不断增强。**积极推动国有资本投资、运营公司改革试点**。在2家中央企业开展国有资本运营公司试点，在8家中央企业开展国有资本投资公司试点。积极推进向国有资本投资公司董事会授权工作，加快推动产业集聚和转型升级。国有资本运营公司发起成立国有资本结构调整基金和风险投资基金，积极布局军工、新能源汽车、人工智能等战略性领域项目；组建煤炭资产管理平台，探索煤炭产业专业化整合有效途径；搭建健康养老资产管理平台，承接党政机关和国有企事业单位培训疗养机构。省级国资委改组组建国有资本投资、运营公司74家。

五、"瘦身健体"扎实推进

"压减"工作进展明显。在中央企业全面开展了压缩管理层级、减少法人户数工作，截至2017年9月底，累计减少法人单位6684户，减少比例达12.81%，减少人工成本276.55亿元，减少管理费用108.64亿元，运营效率大幅提升。22个省级国资委参照制订了"压减"工作专项方案。**"处僵治困"成效显著**。建立部际联席会议制度，全面梳理排查，开展专项督导，加大处置力度，努力止住"出血点"。2016年，国有企业共清理退出"僵尸企业"4977户，涉及资产4119.9亿元，分流安置职工人数30.7万人。2017年上半年，中央企业累计完成233户"僵尸企业"和338户特困企业处置和治理任务，推动一批特困子企业实现脱困，中国铁物、中钢集团2家集团扭亏为盈。**坚决退出过剩产能**。积极在有色金属、船舶制造、炼化、建材和电力等产能过剩行业开展去产能工作。2016年国有企业共退出钢铁产能5249万吨，占全国退出产能的80.8%；退出煤炭产能20629万吨，占全国退出产能的71.1%。2017年1—9月，中央企业退出钢铁产能595万吨，提前完成全年钢铁去产能任务，退出煤炭产能2388万吨，完成率95.8%。**加快解决历史遗留问题**。出台剥离国有企业办社会职能和解决历史遗留问题工作方案，并研究制定了10个具体政策落实文件。“三供一业”分离移交由区域试点转为全面推开，分离移交总体进展超过一半。截至2017年9月底，中央财政已累计拨付970亿元支持国有企业“三供一业”分离移交和厂办大集体改革。在上海、重庆、大连、长沙、鸡西等5个城市开展退休人员社会化管理试点，剥离市政社区等其他办社会职能取得初步成效。厂办大集体改革完成3641个。

六、提质增效深入开展

实施创新驱动战略。指导国有企业加大科技创新投入，承担国家重大科技任务，建设国家级研发机构和协同创新平台，开展大众创业万众创新。中央企业研发经费占全国研发经费的1/4，牵头参与一批“科技创新—2030”重大项目，掌握大批核心技术，新增发明专利近15万件，制定一批国际标准，成立规模1500亿元的创新引导基金，带动创新基金超过200支，总规模超过6000亿元。中央企业搭建“双创”平台518个、实体孵化器170个、科技产业园区86个，有效带动了全社会创新创业。推动中央企业落实《中国制造2025》和国家“互联网+”行动计划，促进互联网与制造业深度融合，企业传统产业改造提升步伐明显加快。**抓好成本控制**。推动国有企业聚焦可控费用压降，不断强化内部管理，压减非生产性支出，大力挖潜增效。2014—2016年，电信企业累计压降销售费用1460亿元，销售费用占收比由25%降至14%。航空企业累计压降代理手续费97.7亿元，直销比例提升至41.2%，提高21.2个百分点。2017年1—9月，中央企业三项费用同比增长7.2%，低于收入增幅8.2个百分点。**多措并举降杠杆**。出台中央企业降杠杆减负债指导意见，建立更加严格的分行业资产负债率警戒线，指导企业开展市场化法治化债转股、拓宽直接融资渠道、引入战略投资者等工作。2017 年以来，中央企业资本结构持续优化，9 月末资产负债率较年初下降 0.2 个百分点，债务风险进一步降低。**稳妥开展国际化经营**。建立出资人审核把关机制，加强境外投资监管，明确投资负面清单，稳步实施“走出去”战略，国际化经营水平明显提升。中央企业投资设立境外单位 9112 户，资产超过 6 万亿，分布在全球 185 个国家和地区。推动国有企业积极参与“一带一路”建设，合作共建了 1713 个项目。

七、完善国有资产管理体制取得新进展

加快推进国有资产监管机构职能转变。出台国务院国资委职能转变方案，强化 3 项管资本职能，取消、下放、授权 43 项工作事项，完成内部职能和机构调整，建立出资人监管权力和责任清单。19 个省级国资委研究制订了国资监管机构职能转变方案，29 个省级国资委出台了监管权力和责任清单。研究形成划转部分国有资本充实社保基金实施方案。**集中统一监管持续推进**。组织对 120 多家中央行政事业单位所办企业全面摸底调查，研究提出中央行政事业单位所办企业政企分开、优化布局、高效监管的改革方案。15 个地方出台推进经营性国有资产集中统一监管专门文件。全国省级国资委监管覆盖面已达到 84%，较 2012 年底提高 14 个百分点，其中 16 个省级国资委监管覆盖面超过 90%。山东将 44 个省直部门所属 616 户企业全部脱钩纳入统一监管范围。

八、国有资产监督有效强化

出资人监督工作体系不断完善。出台 39 件加强监督相关文件，规划投资、改制重组、产权管理、财务评价、业绩考核、选人用人等规范国有资本运作的制度体系进一步健全。国务院国资委整合委内监管资源，改组组建三个监督局，负责监事会移交线索的深入核查、分类处置、整改督办工作，对共性问题组织开展专项核查，组

织开展国有资产重大损失调查，国资监管发现问题、报告问题、解决问题的工作闭环逐步形成，监管的针对性、有效性、系统性不断增强。向22家中央企业委派总会计师。各省级国资委出台加强监督的制度文件超过400件。**法治央企建设取得显著成效**。全部中央企业建立总法律顾问制度，三级以上企业建立总法律顾问制度的超过3100户，企业法律顾问人数超过22000人。健全完善法律风险防范机制，加强法律审核把关，企业依法合规经营和规范管理水平不断提升。**改进和加强外派监事会监督**。外派监事会加大对中央企业及重要子企业的实地检查力度，及时揭示、提醒和督促解决各类风险问题。针对监事会反馈的企业管控等方面的漏洞，中央企业逐项修订管理制度，并对相关责任人进行问责追责。在加强当期和事中监督的基础上，监事会还向中央巡视组和审计署通报了大量问题线索。**加强境外国有资产监督**。研究修订系列规范性文件，督促国有企业母公司实现对境外国有资产监督全覆盖，委派外派监事会对67家企业的793个境外项目进行实地检查，发现问题，提示风险，督促企业整改。**加大违规经营责任追究力度**。建立健全违规经营投资责任追究制度，研究制定有关工作程序和追责标准。对中国铁物、中钢集团、中冶集团等企业重大资产损失开展专项调查和责任认定，对相关企业领导人员作出免职处理并由纪委立案调查。

九、党对国有企业的领导全面加强

国有企业各级党组织深入贯彻落实中央关于全面从严治党的要求，深入贯彻落实党的十八届六中全会、全国国有企业党的建设工作会议精神，全面落实管党治党主体责任。国资委印发贯彻落实全国国有企业党的建设工作会议精神的30项重点任务并抓紧推进。**“四个意识”进一步增强**。坚决同以习近平同志为核心的党中央保持高度一致，维护党中央权威和集中统一领导成为国有企业各级党组织的政治自觉、思想自觉和行动自觉。**党组织内嵌到公司治理工作**

进一步深化。明确党建工作要求进章程的规范性内容，全部中央企业集团公司及3900多个二、三级单位和80%的省属企业已完成党建工作要求进章程工作。全面推行党委（党组）书记、董事长“一肩挑”，建立规范董事会的中央企业集团公司及2600多家二、三级单位和80%的省级国资委所出资一级企业已完成。全面落实党组织研究讨论作为企业重大决策的前置程序要求，中央企业母公司及1.2万个二、三级单位和80%的省属企业已落实。**管党治党责任进一步压实**。制定中央企业党建工作责任制实施办法，明确党委（党组）主体责任、书记第一责任、专职副书记直接责任和班子其他成员“一岗双责”。全面推开中央企业党组（党委）向上级党组织报告党建工作责任制落实情况。82家中央企业和30个省级国资委建立党建考核机制，推动党建工作从“软指标”变成“硬约束”。**企业领导人员选拔和管理更加严格**。修订中央企业领导人员管理规定，进一步明确中央企业领导人员培养选拔、管理监督、激励保障等方面的相关要求，严格落实“20字”用人标准。对抓党建不力、重大资产损失有责、工作不在状态或存在突出问题的中央企业领导人员进行组织调整，确保能者上、庸者下、劣者汰，形成良好的用人导向。**党建基层基础工作进一步夯实**。中央企业基层党组织覆盖率超过99.4%，党组织按期换届率达到92.3%。全部中央企业和大多数地方国有企业将党务工作经费纳入企业预算。全部中央企业集团公司和60%的省属企业配备专职党委（党组）副书记，中央企业总部党务人员编制全部达到同级部门平均编制。**党风廉政建设和反腐败工作深入推进**。抓实巡视反馈问题的整改工作，严格落实中央八项规定精神，坚决纠正“四风”，严厉查处中央企业腐败案件，实现对国资委党委管理领导班子中央企业巡视全覆盖。

五年来，以习近平新时代中国特色社会主义思想为指导思想和根本遵循，密切结合实际，蹄疾步稳地全面深化国有企业改革，抓铁有痕、踏石留印，深入研究新情况、解决新问题、化解新矛盾，研究提出了一系列国有企业改革重大新政策、新举措，国有企业改革的总体框架基本形成，大政方针已经明确，政策思路、具体举措系统清晰、指向明确、可操作性强。五年来的国有企业改革，既是我国改革开放三十多年来国有企业改革一以贯之的全面深化，更是针对新时期新特点探索形成的一系列重大创新，国有企业改革呈现新特征、进入新阶段、开创新局面，突出表现为以下几个方面：**中国特色国有企业改革道路更加坚定和自信**。国有企业改革在分类、改制、布局、体制、监管、党建等各领域各环节的举措，既尊重市场经济规律，又体现中国特色。国企国资改革“1+N”文件体系及配套规章制度的出台和落实，推动体制机制不断完善，中国特色现代国有企业制度、中国特色国有资产管理体制更加成熟。**国有企业的地位作用得到空前巩固和发挥**。国有企业是中国特色社会主义的重要物质基础和政治基础，国有企业成为党和国家最可信赖的“六种力量”，做强做优做大国有企业，在认识上空前统一，在实践上因国有企业在经济、社会、科技、外交等各领域的突出贡献和骄人业绩为社会各界更广泛认同。**国有企业与市场经济的融合更加深入**。《关于深化国有企业改革的指导意见》35 次出现“市场”一词，“1+N”文件体系的各项要求无不体现着对社会主义市场经济规律的遵循。各项改革举措全面系统推进、深度融合：分类促进了改革、发展、考核、监管等全方位融合；混合所有制改革、企业重组更多是通过上市公司、通过资本市场促进融合；落实董事会职权推动企业市场主体地位进一步巩固；管理人员和员工的契约化管理与国内外人力资源管理规则日渐契合。**国企改革一批难点问题取得新突破**。“十项改革试点”聚焦一批改革的“硬骨头”精准发力，通过积极探索实践，已经初步形成一批可复制、可推广的好经验。公司制改制还清了国企改革长期欠下的“旧账”；“三项制度”改革实现了由

“形似”到“神似”的跨越，并逐步覆盖各层级、各类型的国有企业；“瘦身健体”、提质增效动真碰硬，极大提升了国有企业发展的质量和效益；分离企业办社会职能由“三供一业”试点，到各项政策措施在全国全面推开；以管资本为主完善国资管理体制在职能转变、放权、授权、建立权责清单等方面都取得实质性进展。这些工作都为实现2020年国有企业改革在主要领域和关键环节取得决定性成果的目标打下了坚实基础。**国有企业党的领导党的建设得到全面加强。**全面从严治党、坚持党的领导、加强党的建设成为国有企业的一致行动，坚持党的领导与公司治理统一起来，从“法定地位”“交叉任职、双向进入”“四同步、四对接”“一肩挑”“前置程序”等多方面探索有效途径和方式，党的领导、党的建设促进国有企业风清气正，成为国有企业的独特优势和竞争力。**中国国有企业改革的国际影响空前扩大。**党的十八大以来，国资委多次应邀在OECD等国际会议及其他场合介绍中国国有企业改革经验做法，在国内外举办14次中国国有企业改革发展培训班，古巴、越南、南非等31个国家和地区350人次参加了培训交流。境外各类组织就国有企业改革有关问题来访102次，人数达596人。召开第二届金砖国家国企改革治理论坛，金砖五国国资监管机构有关负责人和国有企业代表围绕“国有企业治理与发展”主题进行了深入讨论，达成了《金砖国家国企治理北京共识》。中国国有企业改革在国际上影响空前扩大，受到国际社会的普遍关注和赞誉。

改革的不断深入有力促进了国有企业经济效益企稳回升。党的十八大以来，中央企业资产总额已超过53万亿元，比上一个五年翻了近一番；累计实现利润总额6.4万亿元，比上一个五年增长超过30%；有48家中央企业进入世界500强，占到中央企业总数的近一半。2016年，全国国有企业经济效益止住了下滑的不利局面；2017年，全国国有企业经营效益进一步向好，前三季度全国国有企业累计实现营业收入37.6万亿元，同比增长15.9%；利润总额2.2万亿元，同比增长24.9%；2017年前三季度中央企业累计实现营业收入19.1万亿元，同比增长15.4%；利润总额1.1万亿元，同比增长18.4%。国有企业在保持自身持续健康发展的同时，为经济社会发展作出了积极贡献。在神舟飞天、天宫探月、蛟龙潜海、C919首飞、中国高铁、特高压输电、华龙一号等重大项目上取得了显著成就，在抗击重大自然灾害、推进脱贫攻坚、参与民生工程等诸多方面积极承担社会责任，体现了大国重器的责任担当。

五年来国有企业改革发展取得的历史性成就，是习近平新时代中国特色社会主义思想正确指引的结果，是党中央、国务院坚强领导的结果，是各地区、各部门和社会各界关心支持的结果，是国有企业和国资系统广大干部职工积极投身改革、砥砺奋进、辛勤付出的结果。这些重大成就，使我们进一步坚定了中国特色社会主义道路自信、理论自信、制度自信和文化自信，更加坚定了搞好国有企业改革发展、做强做优做大国有企业的信心决心。

党的十九大对深化国有企业改革提出了明确任务和新的更高要求。我们要在以习近平同志为核心的党中央坚强领导下，在习近平新时代中国特色社会主义思想的指引下，贯彻落实党的十九大精神，按照党中央、国务院的决策部署，认真做好各项工作，继续深化国有企业改革，推动国有资本做强做优做大，培育具有全球竞争力的世界一流企业，为决胜全面建成小康社会、实现中华民族伟大复兴中国梦作出新的更大贡献！

前　言

以习近平同志为核心的党中央高度重视国有企业改革发展。党的十八大以来，习近平总书记站在党和国家事业发展全局的战略高度，就国有企业改革发展发表了一系列重要讲话，多次作出重要指示批示，为深入推进国有企业改革发展各项工作指明了方向，提供了根本遵循。李克强总理多次主持会议，研究部署国有企业改革发展工作。国务院成立了国有企业改革领导小组，加强对国有企业改革工作的组织领导和指导把关。

在党中央、国务院的坚强领导下，在社会各界的关心支持下，各地区、各部门和广大国有企业认真贯彻落实党中央、国务院决策部署，扎扎实实、埋头苦干，多措并举、狠抓落实，坚定不移将国有企业改革各项工作不断向纵深推进，取得了重要进展。“1 + N”政策体系基本搭建完成，改革的重大举措层层落地，改革的鲜活实践不断涌现，国企改革呈现出全面推进、重点突破、亮点纷呈、成效显著的良好态势，形成了齐心协力谋改革、结合实际抓改革、务求实效推改革的良好氛围。

为更好地总结宣传推广党的十八大以来国有企业改革发展取得

的巨大成就和宝贵经验，充分发挥好先进典型的引领示范带动作用，我们分别选取了 15 户中央企业集团公司、150 户中央企业子企业以及 14 个地方国资委、86 户地方国有企业，总结提炼了这些企业和国资监管机构深化改革的好经验、好做法，形成了《国企改革探索与实践》系列丛书。其中，《中央企业集团 15 例》，主要聚焦近年来在推动国企改革方面工作扎实、举措得力、成效显著的 15 户中央企业，全面系统地总结梳理有关企业贯彻落实国企改革“1 + N”系列文件的做法、经验和成效，突出了不同企业的功能定位和特色亮点；《中央企业子企业 150 例》，主要聚焦 150 户处于生产经营一线的中央企业二、三级子企业，针对改革某一领域、某一环节的实践挖深挖细挖透；《地方国有企业 100 例》，主要聚焦地方国资委和地方国有企业，抓取地方在推进落实专项改革任务中有特色、有亮点的具体做法。我们力求通过这些鲜活生动的改革探索与实践，为广大国有企业提供可参考、可复制的经验和借鉴。

五年来国有企业改革发展取得的巨大成就，充分证明党中央关于国有企业改革的决策部署是完全正确的，完全符合中国国情、市场经济规律和企业发展规律要求，赢得了国有企业广大干部职工的真心拥护和全力支持，得到了社会各界的广泛认可和充分肯定，也更加坚定了我们搞好国有企业改革发展、推动国有资本做强做优做大的信心决心。

改革永远在路上。我们将认真学习贯彻党的十九大精神，深刻领会习近平新时代中国特色社会主义思想的精神实质和丰富内涵，准确把握党的十九大确立的重大判断、重大战略、重大任务、重大举措，站在更高起点上深入推进国有企业改革，推动国有资本做强做优做大，培育具有全球竞争力的世界一流企业，为决胜全面建成小康社会、实现中华民族伟大复兴中国梦作出新的更大贡献！

国企改革探索与实践

中央企业子企业150例

总目

上册

下册

目录(上)

建立完善市场化经营机制

推进混合所有制改革

推动资源整合与优化配置

建立完善市场化经营机制

1

深化体制机制创新　推动军民融合发展

航天科工锐科激光

一、基本情况

武汉锐科光纤激光技术股份有限公司（以下简称“锐科激光”），是由国家“千人计划”专家闫大鹏博士于2007年与华工激光合作创办的专门从事工业光纤激光器及核心器件的研发和规模化生产的国家级高新技术企业。2011年底，中国航天科工集团公司所属中国航天三江集团（以下简称“航天三江集团”）通过收购和增资控股了锐科激光。2015年6月，锐科激光整体变更为锐科股份。6年来，锐科激光从收购前的营业收入3723万元、利润总额1132万元发展到2016年营业收入50962万元、利润总额10474万元。通过航天科工这个平台，锐科激光打造了一个光纤激光领域的人才链、创新链和产业链，实现了光纤激光器及核心器件和原材料的国产化和自主可控。在民用市场由依赖进口向替代进口到出口转变，在军事应用领域，打破禁运，为有关项目研发和应用提供核心光源。锐科激光始终引领着国内光纤激光器产业的发展方向，推动我国光纤激光器技术水平迈入国际先进行列，成为行业内少数能与国外行业巨擘分庭抗礼的企业。

二、改革背景

近年来，在宏观经济形势下行压力加大的情况下，我国激光产业仍保持着高速发展，2015 年取代欧洲首次成为激光器最大的消费市场。经历了长期依赖进口并受到国外少数制造商的价格垄断、技术封锁和部分产品禁运的局面，在国家产业政策支持和激光器企业的研发投入下，国内光纤激光器产业发展迅速，以锐科激光为代表的国产光纤激光器制造商迅速崛起，逐步实现由依赖进口向自研、替代进口到出口的转变。

在快速发展的大背景下，企业扩张快，人才缺口逐渐拉大，现有产能无法满足市场需求，高端技术仍被国外掌控等问题逐渐凸显出来。为解决这些问题，锐科激光分析形势，坚决推进企业结构调整和资源整合，发展混合所有制经济，打好员工持股、薪酬体系改革的“组合拳”，下好两化融合带动产能提效、实现激光产业链垂直整合的“先手棋”，练好规范法人治理结构、强化企业内部控制管理的“基本功”，深化企业现代化管理举措，实现军民科技深度融合发展。

三、改革实践

（一）以构建人才链、产业链、创新链为出发点，抓企业前进方向

一是构建人才链。在航天三江集团的支持和引导下，锐科激光分别从美国、英国、德国、澳大利亚、加拿大等国引进多位海外高层次人才，其中有 3 位入选国家“千人计划”，分别承担着工业光纤激光器上游、中游技术等，形成了上游产业链的垂直整合。由 3 位“千人计划”专家组成的团队于 2014 年入选科技部国家重点领域创新团队。

二是构建产业链。公司先后承担多项国家重点科研项目，研制出我国第一台 25W 脉冲光纤激光器产品，第一台 100W、1000W、4000W、6000W 和 10kW 连续光纤激光器产品并形成批量生产，实现了光纤激光器的国产化和产业化。

三是构建创新链。2015 年，锐科激光获批光纤激光器国家地方联合工

程研究中心，依托多个研发平台，努力做到“产学研用”一体化协调发展，在企业建立起一条敢于攻坚克难的创新链。

（二）以员工持股、薪酬体系改革为着力点，抓企业成长关键

一是推行员工持股。员工持股是企业实现员工激励机制的一大有效手段。锐科激光为吸引高层次专业人才、激励企业有突出贡献骨干、稳定企业核心人才结构，通过部分核心技术人员入股的方式，同时制定了恰当的激励机制，很大程度上保证了技术人员与公司之间的价值趋同性和利益一致性，为未来的业务发展进一步储备人才梯队。以员工持股为抓手，锐科激光强化员工“企业主人翁”意识，将员工利益与企业利益挂钩，落实公司“吸引人才，培养人才，留住人才”的人才发展战略。

二是开展薪酬体系改革。员工薪酬逐步由岗位加绩效方式向全绩效方式转变，促使员工提质增效。同时企业鼓励员工关注市场形势，紧跟市场需求，参与市场效益分配，研发团队部分绩效与产品市场销售情况挂钩，促使企业提高创新成果转化率及其与市场需求的契合度。公司以薪酬管理办法为基础，以项目奖励办法、产品开发奖惩管理办法、技术进步（创新）奖励办法等为补充，建立起“1 + X”薪酬管理模式。这一模式一方面以员工岗位工资为基准，要求员工高效率、高质量、高标准的完成本职工作；另一方面鼓励员工技术创新、工艺创新、产品创新，通过多种方式获取劳动报酬，提高工作积极性，促进创新成果涌现。

（三）以加强党的建设、规范法人治理结构、强化企业内部治理为支撑点，抓企业发展基础

一是全面加强党的建设。作为国有控股企业，锐科激光认真贯彻落实党中央的各项政策方针，将党的领导和完善公司治理有机统一，着力发挥党委的领导作用、党支部的战斗堡垒作用和党员的先锋模范作用，党建工作的全面提升为企业实现健康快速发展提供了坚强政治保障。

二是完善法人治理结构。坚持走现代化企业管理的发展方向，建立起

规范运作、权责清晰的法人治理结构，按照科学、精简、高效、透明、制衡的原则，综合考虑企业性质、发展战略、文化理念和管理要求等因素，合理设置内部职能机构，明确各机构的职责权限。

三是完善议事决策规则。2015年5月，公司召开创立大会，审议通过了《公司章程》和《股东大会议事规则》《董事会议事规则》《监事会议事规则》，对公司股东大会、董事会、监事会的职权、召集、提案和通知、召开、表决及决议等作出了明确的规定。自公司成立以来，股东大会、董事会、监事会严格执行《公司章程》及已制定的《三重一大决策制度实施办法》等制度，按期召开，运行规范。

（四）以统筹资源配置、实现产业链垂直整合为突破点，抓企业创新主体

一是在优化资源配置上做文章。一方面，以技术创新、工艺创新为途径，实现资源的合理分配。在产品的生产过程中，将拥有企业核心自主知识产权的技术运用于制造工艺，并通过合理优化生产的工艺、工序、工步，推进自动化技术，生产效率大幅提高。另一方面，以市场需求为导向，结合企业人力资源、生产资源实际，实行人员分班制、绩效制管理，通过资源科学配置，促进劳动生产率和生产设备使用效率的提高。此外，在生产和科研工作中坚持走以信息化带动工业化的融合发展道路，通过OA系统、移动办公系统、ERP系统、中高功率光纤激光器远程检测系统、生产工艺及应用工艺数据库等数据平台的搭建及运行，确保企业内高效沟通与协作，全力支持公司的科研生产工作，促进公司研发成果的涌现。

二是在推动产业链整合上下功夫。锐科激光的脉冲光纤激光器和连续光纤激光器两大系列为主的产品线处于行业先进水平，但我国大部分高功率光纤激光器、激光器用关键器件仍依赖进口，受制于人。锐科激光一方面成立事业部，开展关键元器件的自主研发和批量生产工作，实现了光纤激光器用半导体泵浦源、合束器、传输光缆、耦合器等元器件的自制；另

一方面，2017 年锐科激光通过收购武汉睿芯特种光纤有限责任公司 85% 的股权，将特种光纤纳入上游产业链整合的环节中。至此，锐科激光实现了光纤激光器上游产业链的垂直整合和自主可控。

三是在发展科技军民融合上求突破。光纤激光器广泛用于民用和军用领域，属于典型的军民融合新兴产业。锐科激光的控股股东航天三江集团是国家军工骨干企业，本身具有明显的军民融合优势。在这一基础上，锐科激光一方面以航天军工质量标准加强民品质量管控，注重从设计到生产的全过程控制，将质量考评与全体员工绩效直接挂钩，狠抓产品质量，使公司的产品返修率一直维持在较低水平。另一方面，重视发展军民两用技术，实现“军转民”和“民参军”的深度融合发展。高功率光纤激光器尤其是万瓦级光纤激光器是发展战术激光武器的首选光源之一，同时广泛应用于航空航天、船舶等现代制造业领域。锐科激光 2013 年成功研制我国首台万瓦级光纤激光器，并通过优化升级相继研制出小型化万瓦光纤激光器和第二代万瓦光纤激光器，实现高功率光纤激光器国产化和产业化发展，为我国发展自主可控的军用装备提供高光束质量、高稳定性激光光源。同时，国产高功率光纤激光器价格远低于进口同类产品，降低了生产成本，并迫使国外同类产品大幅降价，打破国外垄断。

四、改革成效

（一）企业运作规范，人才溢出效应形成

自法人治理结构建立以来，公司内部控制制度有力地保证了公司业务经营的有效进行，能够及时发现、纠正错误，促进了公司经营效率的提高和经营目标的实现。截至 2017 年 6 月，锐科激光共召开 10 次股东大会、10 次董事会会议、5 次监事会会议，对公司的各类重要事项进行充分研究讨论并形成决议，推动着企业平稳、规范运行。同时，通过企业打造的人才链、创新链效应，吸引大批同怀“报国梦”的海外高级专业人才回国，

形成以3位“千人计划”专家为核心、以博士和硕士为主体的创新团队。公司管理层和核心骨干员工队伍稳定，工作主动性增加，员工向心力提升。

（二）创新成果显著，品牌效应凸显

先后承担国家重大专项、国家重点研发计划、国家“863”计划、国家科技支撑计划等多项国家项目，先后研制出我国多款连续光纤激光器产品，实现了光纤激光器的国产化和产业化发展。企业产品不仅在国内市场拥有较大市场份额，同时也得到美国、日本、韩国等二十多个国家的高度认可。4项产品先后被认定为“国家重点新产品”，6项成果通过湖北省科技成果鉴定，牵头制定我国第一部光纤激光器行业标准。2017年，牵头承担的国家重点研发计划项目“工业级大功率光纤激光器关键技术及产业化”正式立项。

（三）企业经济效益提升，发展形势良好

锐科激光以市场为导向，积极开展多项改革，探索多元化发展模式，近年来经济效益明显提升。2016年，公司实现营业收入5.096亿元，利润总额1.047亿元。锐科激光作为国内光纤激光器行业的领先企业，将致力于实现产品国内市场占有率第一、国际前三的目标。

五、经验启示

（一）加强党的建设，建立科学规范的法人治理结构，是企业改革的稳定器

坚持加强党的建设，建立规范的法人治理结构，有助于充分发挥党建工作与公司治理的两个优势，形成凝聚力、向心力、战斗力；有助于企业建立有效的激励、监督和制衡机制，从而提升企业效益；有助于企业形成科学的决策、执行和监管机制，有效防范经营风险。

（二）人才链、创新链、产业链的深度融合，是企业发展的牛鼻子

通过人才链、创新链、产业链的深度融合，同频共振，极大地激发了企业的创新活力，使得企业的创新成果捷报频传，企业的综合实力显著增强，从而促进了企业的持续健康发展，也促进了企业经济的提质增效。

（三）开展员工持股和薪酬体系改革，是推进企业结构调整、进行资源再分配的试验田

在探索中开展员工持股、开展薪酬分配制度改革，是鼓励企业创新、建立国企激励机制的有效途径，有助于建立企业核心价值观和向心力，培养企业员工的忠诚度和主人翁意识，提升企业发展的竞争力。

（四）加快技术进步和产业升级，是落实“中国制造2025”、推动资源整合的驱动力

国有经济在国民经济中占据重要地位，实现国民经济持续快速健康发展，必须适应全球产业结构调整的大趋势和国内外市场需求的变化，形成以企业为主体的自主创新体系，加强技术开发力量并加大研发投入，形成拥有自主知识产权的主导产品，加快技术进步和产业升级，对于国有企业推进资源整合具有重要意义。

2

深化“三项制度”改革　激发“四力”促发展

兵器装备集团青山公司

一、基本情况

重庆青山工业有限责任公司（以下简称“青山公司”）始建于1965年1月，是兵器装备集团所属的一家大型汽车变速器研发、专业制造企业。青山公司经过52年的创新与发展，已发展成为全球十大汽车变速器研发、制造企业之一，建立了重庆、成都、郑州、柳州四大生产制造基地，形成了手动变速器、AMT自动变速器、DCT自动变速器、新能源汽车变速器四大平台，涵盖0.8L至3.6L的乘用车产品谱系，产能达到300万台/年；通过了“国家级技术中心”“国家级试验中心”认证，拥有专利94项，其中发明专利34项，制定变速器行业标准4个，是国内汽车变速器行业领军企业。公司2016年产销汽车变速器总成214万台，营业收入47亿元，利润总额2.82亿元，持续36年盈利增长。

二、改革背景

青山公司所属制造行业，从宏观环境来看，未来制造行业整体机遇优于挑战，具备转型发展的良好时机。但青山公司也面临一系列突出问题，特别是在“三项制度”改革方面，人力资本与资产资本投入不平衡，落后的组织设计导致低效的体系运行，公司效能评估分析系统未有效搭建，薪酬未与市场紧密接轨，绩效管理不到位，文化导向不足，“细胞核”作用未真正发挥。

面对问题和困难，青山公司坚持以“三项制度”改革为抓手，促进“四力”（激发活力、催生动力、传递压力、赋予能力）建设，构建“三项制度”改革长效机制，夯实适应未来发展的体系基础，确保组织机构高效运行来建立企业和员工成长的空间，以此支撑企业发展能力和员工发展能力的持续提升，努力确保公司人力资源战略的目标实现。

三、改革实践

青山公司以战略思维谋全局，以辩证思维控风险，以法治思维推改革，以系统思维聚合力，以底线思维防未然，以创新思维激活力，坚持问题倒逼与“三项制度”改革有机结合，坚持整体推进与重点突破有机结合，坚持“自上而下”和“自下而上”有机结合，坚持胆子要大与步子要稳有机结合，坚持氛围营造与政策铺垫同步，坚持重点突破与流程梳理并举，稳妥推进实施“三项制度”改革。具体改革举措如下：

（一）强化组织保障

公司建立了上下联动、责任层层分解、自我革命、广泛参与的“三项制度”改革工作组，工作组设立“三项制度”改革领导小组，领导小组下设办公室及执行组，执行组各个改革模块由二级部门一把手担任组长，负责具体方案的制订和实施。

（二）完善体制建设

一是组织及职责设计。本着发挥市场研发板块龙头作用，实现管理板块精干高效，强化制造板块标准化管理，提高质量、成本、效率的组织绩效，助推世界一流自动变速器企业战略目标的实现。退出不增值业务，清理业务交叉、职责重叠，精简机构，形成以市场研发、管理、制造为核心的三核组织。市场研发板块以适应性、引领性为管理模式，以问题导向、工作边界清晰、提高效率的原则进行研发资源整合。管理板块以集中制、大部制、大岗制为管理模式，以管理精干高效、管理职责相似合并、专业分工和协作、管理有效原则对职能管理板块进行整合。制造板块以基地制、工厂制为管理模式，实现管理模式可复制，打造成为质量中心、成本中心的标准化工厂。

二是流程设计。打破部门边界，贯通业务流程，以向流程导向型转变为目标，实现管理平台集成性、高效性。通过管理业务信息化的实现，促进业务流程的自动化和标准化；通过数据的模型化，支撑管理、决策和资源的数字化和智能化；通过“保障、执行、管理、决策”四大平台建设，实现管理一体化。根据组织机构及职能职责调整，为确保各项工作正常开展，按照先修订流程再后修订地图的方法，修订流程 838 个、标准 2786 个，确保生产经营有条不紊的开展。

三是“三定”设计。基于组织设计，按照因事设岗、最少岗位数、内控和一般性原则，突出工作职责清晰是前提、工作饱和是基础、辅导跟进是保障、能力提升是关键的岗位设计思路，结合先退出、后竞聘的定员方法，运用岗位职责矩阵和岗位人员矩阵工具，实施“三定”工作，确保岗位设计合理、人员配置科学。按照大岗制的岗位设计思路，完成了对改革部门的岗位重新设计，采用竞聘的方法，按照岗位性质，开展了三轮竞聘，成功完成了 21 个岗位 136 人的配置工作。

（三）健全机制建设

机制建设从打造优秀人才队伍、重构薪酬管理体系、优化绩效管理体系和重塑文化四个方面着手：优秀队伍的构建从完善人才选拔机制、提升人才队伍能力、优化人才发展通道、建立基于成长的薪酬激励机制四个方面着手；重构薪酬管理体系从建立薪酬对标机制和建立小微组织薪酬激励机制两个方面着手；优化绩效管理体系从优化绩效占比，强化绩效与薪酬的联动性和建立绩效辅导机制，强化绩效考核结果的运用两方面着手；重塑文化围绕从“以人为本”向“以奋斗者为本，价值创造者为本”的领先文化理念转变着手，完成“三项制度”改革的机制建设目标。

通过优化公司治理结构，设立战略投资委员会、体系（IT）委员会、预算委员会和配套委员会，支撑公司经营决策，提升决策的科学性、高效性、专业性和合理性。通过人力资源部自身职能和组织结构的变革，推动人力资源管理机制变革，支撑“三项制度”改革，强化“四力”，建立改革的长效机制。

四、改革成效

公司 2016 年产销汽车变速器总成 214 万台，同比增长 6.47%；实现营业收入 47 亿元，同比增长 16.23%；实现利润总额 2.82 亿元，同比增长 43.15%。截至 2016 年底，公司劳动生产率 27.87 万元/人，逐年提升 15%，人均利润率 84.12%，逐年提升 20%，截至 2017 年上半年，公司近三年组织机构由 32 个部门减少至 19 个部门，减幅达 40.63%，其中 18 个职能部门减少至 9 个，减幅达 50%，92 个科室减少至 64 个，减幅达 30%，从业人员减少 348 人，减幅达 13.8%，管理人员占比 14.2%，年均减幅 2 个百分点，中层管理人员减少 22 人，减幅达 30.56%，收入随公司整体效益情况上下浮动，严格控制在预算范围内。

五、经验启示

一是上下同欲是改革成功的关键。上下齐心、目标一致，指导把关与执行实施相结合，企业改革和员工发展相结合，才能够有效地推动改革。特别要给广大职工讲明企业所面临的形势任务，确保组织意愿与员工意愿相一致，上下联动，才能实现员工支持企业发展、企业成果回馈员工的良性循环。

二是政策铺垫是改革成功的基础。健全制度，提供改革保障，优化完善劳动合同制度、员工奖惩制度、员工退出管理办法、工作制度管理办法、特殊疾病人员管理办法、顶岗实习管理办法、中层管理人员能上能下管理等制度，建立多渠道的退出机制，拓宽员工退出渠道，用完善的政策夯实改革工作的基础。

三是“无情”决策、“有情”操作是改革成功的保障。要冷静识别内外部环境，找准制约公司发展的组织瓶颈，针对研发板块、制造板块、管理板块的管理新要求，理性客观制定改革方案，流程优化同步梳理，保证业务工作及生产经营不受影响。要合理保证员工利益，综合考虑员工就业愿望的同时，做到合适的人合适的岗，提供多岗位竞聘上岗通道，考虑员工合理诉求，既有原则、有底线，又讲感情、有人情味，才能更好地平衡企业改革发展与稳定的关系。

3

聚焦仪器主业
加快推进科研院所向现代企业转型发展

中国电科中电仪器

一、基本情况

中电科仪器仪表有限公司（以下简称“中电仪器”）是中国电科的二级企业，成立于2015年5月8日，注册资本金5亿元，主要从事仪器仪表、元器件、自动测试系统、畜牧机械设备、消防设备、通信设备、自动控制设备等的技术开发、生产、销售、维修与咨询，以及计量与测试服务。截至2016年底，共有员工3498人，资产总额36.04亿元，实现营业收入16.83亿元，利润总额1.50亿元。

二、改革背景

电子测量仪器是国民经济的基础性、战略性产业，应用广泛。经过多年发展，中国电科的电子仪器的技术水平已进入世界第一方阵，但是仪器产业总体规模仍然偏小，市场占有率不高。而电子测量仪器属于军民深度融合发展的充分竞争行业，涉及领域众多，技术更新换代快，仅凭内生式传统机制发展很难获得突破。因此，改革体制机制，激发企业创新活力，势在必行。2012年以来，中国电科第四十研究所（以下简称“40所”）和第四十一研究所（以下简称“41所”）通过实施“两所一体化”管理，深入推行“三个转变”，效果显著。在此基础上，依托40所和41所成立了专业的仪器仪表公司——中电仪器，以加快推进由科研院所向现代企业转型，做强做优做大仪器仪表产业。

三、改革实践

（一）先试先行，“一体化”管理激发“新活力”

2012年12月，中国电科党组决定实施40所、41所的一体化管理，即“两个所，同一个领导班子”。自此，40所、41所成为中国电科重点推进的改革“先行者”和“试验田”。针对存在的专业、文化等差异，两所实施一体化管理，坚持“统筹谋划、分步实施；一体管理、统分结合；绩效引领、逐步过渡”的工作原则，确立了五项一体化重点工作逐一推进。

一是组织架构一体化。以支撑和有利于发展为目的，重构组织建设，将40所、41所各部门重组，并按职能归并纳入管理中心、技术中心、产品中心、经营中心、保障中心等“五大中心”，加强跨部门的工作统筹与协调，40所、41所人力资源按发展需要重新双向调动配置。

二是战略管控一体化。全面建立40所、41所战略管控体系，依托管理中心统一领导下的规划、行政、财务、人事、质量、科技等部门，统一修订并完善两所发展战略规划和规章制度，实现规划、行政、人事、财务等的一体化管控，强化一体化管理深度。

三是业务架构一体化。梳理两所业务体系，重组电子测量仪器、核心元器件等相关业务，在综合原有“微波毫米波测试、光电测试、通信测试、通用测试”的技术体系的基础上，向上延伸至“集成测试系统”，向下延伸至“核心部件及元器件”，系统搭建“基础研究、技术研究、产品开发”三个层次的科技创新体系。根据业务方向优化配置资源，形成技术中心、产品中心、经营中心、保障中心的配套机构和部门，优化业务运转流程，实现产品研发、制造、销售、能力建设与资源保障的一体化。

四是薪酬体系一体化。实行分类考核、统一标准，建立统一的考核程序、办法、形式和标准，实现薪酬的发放时间、名称、频次、构成要素的一致。健全压力传递系统，推行“任务列表、量化考核”的管理模式，依据各部门职责和经营情况，对研究所年度工作计划进行分解，科学合理地制定各部门年度工作目标，并加以正确引导，确保各部门目标与研究所总体目标统一，以保证支撑 40 所、41 所中长期发展战略目标的实现。以“任务列表，量化考核”结果为导向，根据实际情况，按照经济指标类和非经济指标类划分，分类进行各部门的绩效工资（月度、季度、半年和年终）评定，建立和健全有效的激励与约束机制。

五是党建与企业文化一体化。在党委统一领导下，制订 40 所、41 所一体的党建和企业文化工作计划，明确目标任务、工作重点和具体措施，统一实施量化有效型党建体系建设，逐步完成统一理念、统一形象、统一行动、统一活动的企业文化“四统一”工作。秉承“所为人人、人人为所”，推行更广泛、更全面的员工关怀计划，用先进的文化凝聚人心、规范行为。

（二）聚焦主业，加快建设现代企业步伐

为贯彻落实党中央、国务院关于深化国有企业改革的决策部署，推动仪器仪表产业持续健康发展，两所决定加快企业化步伐，经 2014 年底中国电科集团总经理办公会审议通过，2015 年 5 月 8 日，中电仪器依托 40 所、41 所在青岛注册成立，仪器仪表产业发展平台建设正式拉开序幕。

一是强化党建工作引领。落实好全面从严治党的要求和国企党建工作会议精神，发挥好党委在企业化改革发展中“把方向、管大局、保落实”的领导作用。聚焦国有现代企业制度建设要求，进一步完善公司党委、董事会、监事会和经理层权责及工作机制的制度建设，使公司化运行机制更加成熟定型。通过进一步加强干部和人才队伍建设、深化“量化有效型”党建工作体系建设、完善企业文化建设等措施，凝心聚力促发展。2016 年 7 月 1 日，中共中央授予中国电科 41 所党委“全国先进基层党组织”荣誉

称号。

二是完善企业组织架构。建立党委会、董事会、监事会和经理层的“三会一层”的现代国有企业组织架构，由党委、董事会负责对中电仪器和两所的重大事项决策；由监事会和纪委联合负责对中电仪器和两所的经营管理进行监督；由经理层带领管理中心、技术中心、产品中心、经营中心、保障中心，以及控股公司和事业部等负责执行公司的决策。

三是梳理重组业务架构。围绕中国电科“安全”和“智慧”两大事业，梳理形成“智能测试、智慧设备和高端元器件”三大业务板块。智能测试作为核心业务板块，包含电子测量仪器、自动测试系统、计量检测服务等。智慧设备作为拓展业务板块，包含智慧养殖、智慧消防、光伏电子、智能过程控制等。高端元器件作为支撑业务板块，包括连接器、继电器和微波器部件，形成新能源电动汽车电子配件业务等。

四是优化产业发展布局。进一步拓展电子测量仪器等产品门类和系列，通过国家军工固定资产投资的支持和自筹资金建设蚌埠依爱电子产业园、青岛依爱电子产业园，进一步打造出电子测量仪器、高端元器件、智慧养殖、智慧消防的产业化平台。

五是制定经营管理目标。以打造国际知名的电子测量仪器供应商和服务商，建设“国内卓越，世界一流”的高技术企业为目标，进一步建立完善包括财务管理体系、经济运行管理体系、市场营销管理体系在内的现代企业管理体系。

（三）解放思想，多种激励机制推动企业跨越发展

在建立健全现代企业制度的同时，积极转变观念，大胆探索薪酬分配、人员晋升等方面的新机制，不断激发企业活力。

一是开展“五元”薪酬体系建设。实行包括“基本工资、岗位工资、绩效工资、津补贴保险福利、中长期激励”等的“五元”薪酬结构，改变事业单位“职务工资制”，打破以“职称/身份/资历”取薪模式，转变为

基于“岗位价值贡献度”的“岗位绩效工资制”，做到“以岗定级，以级定薪，人岗匹配，岗变薪变”。

二是畅通职工晋升通道。实行“技术”与“管理”双通道，与职工个人职业发展规划对接，实现薪酬可期待上升，有利于留住人才和引进人才，符合公司以“研发”和“销售”为战略重点的企业发展策略，也符合高技术企业行业惯例。

三是实行个性化激励。产业板块负责人实行年薪制，其年薪与业绩增长挂钩，所负责板块增长与其薪资增长同步；技术骨干实行岗位分红，鼓励技术骨干攻克技术难关，提高了技术骨干的积极性；大力培养和引进高水平人才，加强科技创新奖励，鼓励知识产权创造；对普通员工建立完善员工绩效奖金与工作业绩、公司年度经营收入相挂钩的联动机制，保证收入的连年稳定增长。推行更广泛、更全面的员工关怀计划，时刻关注员工思想动态，积极解决员工的实际问题。

四、改革成效

通过一系列的改革措施，中电仪器初步建成公司治理体系，各治理机构有效运行，年度重点工作部署得到全面落实，科研、生产、市场、管理齐头并进，取得明显成效。

（一）连年超额完成中国电科考核的年度经济目标和年度挑战目标

军民品主业经营业绩连创历史新高。其中40所元器件产品销售同比增长显著，由一体化前增长不到10%迅速提高到30%以上，最高可达46%。

（二）科研任务计划完成率始终保持100%

新上项目数量连创历史新高。2015年度获批立项近90项，获批经费突破2.5亿元；2016年度获批立项近100项，获批经费近2.9亿元，为“十三五”科技创新工作奠定了良好基础。

（三）多项技术取得重大突破

元器件、微波毫米波测试、光电测试、通信测试、自动测试、计量、结构与工艺、消防电子、养殖设备等领域关键技术不断取得新突破，创多项国内、国际第一。国内首套通过全球认证的TD－LTE射频一致性测试系统，综合性能达到国际领先水平；67GHz高性能频谱分析仪，使我国成为世界上第二个研制出67GHz宽带频谱分析仪的国家；世界首台67GHz微波矢量信号发生器、红外光谱辐射计，填补国内空白。

（四）科技成果连创历史新高

发明专利申请量连续保持中国电科研究所排名第一，2015年发明专利申请受理量在全国科研单位中名列第四，全年申请专利465项（发明专利378项），授权162项。2016年发明专利受理335项，授权202项。“宽带微波毫米波频谱分析仪”和“117工程”获得国家科学技术进步二等奖，“一种任意抽取滤波装置”获得中国专利优秀奖。

五、经验启示

（一）上下齐心是推进改革的最强动力

40所、41所一体化改革伊始，就在全体员工中明确改革总目标，统一了全员思想。同时在全公司健全三大系统、加速五项创新，公司上下心往一处想、劲往一处使，形成合力、产生效力，全心全意谋发展。

（二）坚持绩效导向是提升企业管理效率的最佳手段

自2014年起试行“任务列表、量化考核”，以提高各部门及下属公司绩效为导向，严格依据各部门及下属公司实际工作业绩和管理成效表现，进行定性、定量相结合的多角度、多维度考核，确保公司目标压力以近乎“零损失”的方式传递至每一个部门、每一位职工，倒逼了企业执行力的提升。到2017年，“任务列表、量化考核”已推行到全公司范围，成为有效指导全公司上下各项工作开展的管理手段。

（三）实行个性化激励是激发员工积极性的有效方式

中电仪器始终坚持以人为本，为不同类型的骨干员工实施不同方式的激励。在公司不断发展、经济效益不断提高的同时，保证了员工收入的连年稳定增长，极大地稳固公司核心团队，激励了员工发挥主观能动性，对企业长远发展有重要意义。

4

以机构改革为突破口 强力推进“三项制度”改革

中国石化江苏石油

一、基本情况

中国石化销售有限公司江苏石油分公司（以下简称“江苏石油”）是中国石油化工股份有限公司（以下简称“中国石化”）所属成品油销售企业。下设 14 家地市公司，在营加油站 2376 座，占江苏省加油站总数的 48.4%；加气站 94 座，占江苏省加气站总数的 25%；在营油库 25 座，总库容 115 万立方米，占江苏省成品油总库容的 18.8%。苏南、苏北两条成品油管线总长 1070 公里。2016 年成品油销售量 1459.9 万吨，较 2015 年增长 8.1%，人均销售量同比增长 20%；2016 年利润总额 33.2 亿元，同比增长 38.2%，人均创效 16.8 万元，同比增长 53%。

二、改革背景

江苏省是经济发达省份，江苏石油作为江苏省内最大的成品油经营企业，多年来成品油经营总量和实现利润与所处的经济区位并不相称。特别是随着国际油价持续低位运行，市场竞争异常激烈，在全面提升公司经营创效能力的现实要求下进一步凸显出原有机关机构庞杂、人员冗余、体制机制僵化、考核分配激励效果不明显等一系列矛盾。

为解决这些问题，2015 年起，江苏石油坚决贯彻国资委和中国石化决策部署，紧紧围绕“转方式、调结构，提质增效升级”工作主线，按照“有利于提高生产力、有利于提高效益、有利于提高员工收入”原则，以机构改革为突破口，强力推进“三项制度”改革，取得了经营量效大幅增长、管理水平大幅提升、队伍活力大幅增强的显著成效，连续两年被评为“中国石化销售板块标杆企业”。

三、改革实践

（一）精简两级机关部门、岗位设置

一是精简两级机关机构。将省公司财务、信息由条线管理改为“分级管理”，物流实行“一级管理，主动配送”，市场营销职能由集中管理改为与具体经营业务结合，同时整合油库管理、离退休管理、物资供应及管道建设等职能。整合地市公司零售、非油品和加油站管理公司机关职能。按照“上下对口、人岗匹配”原则，精心设置两级机关岗位。改革后，省公司机关部门由 21 个精简到 17 个；地市公司机关部门由 12 个精简为 9 个。

二是机关人员大幅“瘦身”。对标先进、从紧从严，重新核定两级机关人员编制。实施机关“瘦身”，优化资源配置，重点保障经营、安全部门编制，大幅压缩其他部门编制。

（二）组织竞争上岗，实行用人制度改革

一是地市公司机关人员“全体起立、竞争上岗”。选人方式由“组织选拔为主”改为“竞争上岗、公开选聘”。竞岗过程严格实行民主测评和业绩评价，突出经营指标和管理考核排名。竞岗环节，职工代表参与，纪检部门监督，严格回避制度，现场公布成绩，实现竞岗公开、透明、可追溯。

二是搭建创业平台“人尽其才、多渠分流”。科学把握“胆子大”与“步子稳”的关系，经营与改革深度融合，创新与改革协同联动，建立“创业平台”，既为改革提供干部、员工分流渠道，也为企业开辟发展“新

蓝海”。对竞岗落选同志，分管领导进行谈话，面对面“交心”、实打实“交底”，按照“面向经营、走出机关、奔赴一线”原则，妥善安排、配套帮扶、多渠分流。

三是建立长效机制“定期考评、末位淘汰”。建立制度化、常态化机制，日常绩效、工作完成与干部“面子、票子、位子”挂钩，真碰硬、真“动奶酪”。建立处级干部末位淘汰办法，量化机关部门考核指标，明确对连续两年综合考核排名处于“全省后两位的地市公司正职、后三位的地市公司副职”，以及连续两年评为 C 类的“省公司机关中层干部”，给予降职或免职处理。建立科级干部末位淘汰办法，完善绩效考核体系，按年实施综合考评，规定每三年组织一次全面竞岗，自动放弃竞岗或落聘科级干部，转为一般人员，易岗易薪。建立零售片区经理、加油站长考核淘汰办法，从“计划完成率”等 10 个方面，规定履职清单，推行末位淘汰。连续 3 个月“神秘访客”管理检查排名靠后且完不成任务的站长，无客观原因的实行淘汰。

（三）优化用工管理，实行用工制度改革

一是劳效标准“向一流看齐”。按照“取其上、得其中，取其中、得其下”思维，以销售板块劳效水平最先进的单位为定编参照系，开展加油站、油库和客户经理定编。加油站定编对照板块最先进公司的人均零售量标准，根据油站类型、销售规模、经营品种等，逐站定编。油库对照系统最先进单位的油库用工水平，分类定编。客户经理按照略高于最先进单位的人均直分销量标准，确定编制。

二是库站改革“向纵深推进”。推进小站改革树样板。2015 年 3 月起，对年销量 3000 吨以下的国省道、农村、乡镇小站，实施委托管理、家庭承包、合伙制等三种管理模式改革。持续深化改革拓广度。在前期小站改革“迈步趟路、示范带动”基础上，把握改革时间窗口，2016 年 4 月起，将 500 余座年销量 5000 吨以下加油站纳入改革范围，以国省道柴油型加油站

为改革重点，突出“提升单站加油量、长效化驻站”等关键点，逐站施策，成熟一个、推进一个，到2017年6月，已完成改革329座。提升油库劳效抓优化。打破油库专业壁垒，将原“调度账务班、计量司泵班”等6个班组整合成“水陆收发作业班、公路发货班、质检班”3个综合性班组，通过全面技能培训考核，实现“一人多岗、跨岗作业”。推行警消自管新体制，油库职工全部承接了原外包给安保公司的车辆安检、警卫巡查、消控管理、消防保障等业务，实现平稳交接、成本压降、劳效提升。

三是用工管理由“量变向质变转化”。强化管理突出“严”。“宁要一个过得硬，不要九十九个过得去”，扎实开展五项技能考试，对培训后仍达不到岗位要求的57名员工，协议解除劳动合同。强化经营管理违规违纪处理，采取“视频监控结合系统筛查、现场抽查”等多种方式，开展专项检查，2015年以来，对426名违规违纪人员，坚决予以辞退。资源盘活突出“细”。实施“减员不补员”政策，加大片区内部、跨片区人员调剂、交流力度，将富余人员充实经营一线、充实城区大站、充实高峰期服务力量，提升营销服务水平，提升现场通过能力，提升油站销量。

（四）创新考核体系，实行分配制度改革

通过“创新考核利器、精准调整杠杆，改革分配制度、破除平均主义”，提高劳动“含金量”，提振队伍“精气神”，提升改革“正能量”，激发出基层员工增量创效积极性，调动起中层干部干事创业主动性，提升全体管理人员工作效率。

一是建立考核体系，下好“先手棋”。按照“从基层一线到管理层全覆盖，人人头上有指标”的原则，建立“指标量化、联量联效、排名考核、多维评价”的省、地、县公司绩效考核指标体系。根据市场环境、客户变化，适时微调杠杆，对准焦距、找准关键、精准考核，避免“一考了之、一套办法管全年”。零售条线员工薪酬总额与零售量、同比增量、超计划量、客户开发等指标挂钩。油库员工薪酬与吞吐量和创效能力挂钩，

综合考虑收发方式、资源摆布、自动化水平、保管盈余和现场管理等因素。客户经理取消基薪，全额联量联价考核。对机关管理人员，将以往“考核结果仅与年终奖金挂钩”，细化为经营管理指标按月、季考核，从部门到个人，层层联量联效、排名考核，考核结果与收入刚性挂钩。调整全体中层副职人员考核，以省公司机关部门、地市公司考核结果为基础，根据工作成效，排名考核、差别兑现。

二是调整分配原则，牵牢“牛鼻子”。按照“一线员工增量增资、稳量稳资、减量减资，管理人员增量增效才增资、减量减效必减资”原则，拉开收入差距，从机制上促进“想干、肯干”。按照“量化工效、分类管理”原则，划分联量薪酬和固定薪酬，零售薪酬、油库薪酬实行切块单列管理，省公司量化工效、独立预算、分别下达，各板块薪酬原则上不得串用。按照“减人不减资、增人不增资”原则，将以往“按用工总量核定地市公司薪酬”变为“以定编为基准核发固定薪酬”，严控低效库站和单位薪酬增长，鼓励精简用工分配导向。

三是破除平均主义，提升“获得感”。零售业务全额联量计酬，兼顾人均加油量、单站增量两项指标，加大内部考核分配力度，按梯度加大超计划奖励；地市公司班子成员、站长收入均与员工挂钩，片区经理收入与站长挂钩。实行简明易懂的“吨油工资制”，员工多劳多得、一目了然。加大联效分配力度，将各层级管理人员收入与企业绩效紧密联系，薪酬联效分配比重从以往不足 30% 提高到 70% 以上。

四、改革成效

（一）实现干部“能上能下”，长效机制初步形成

改革后，江苏石油中层及以下干部选拔任用方式发生了重大变化，由“相马”机制变为“赛马”机制；由少数人选人、在少数人中选人变为由广大干部员工选人、在广大干部员工中选人；初步实现了能者上、平者

让、庸者下、劣者汰，进一步增强了全体干部员工的危机感、责任感。本轮改革，江苏石油省公司机关本部编制从 296 人压缩至 217 人，减幅 31.8%。地市公司机关人员编制从 1361 人压缩至 1070 人，减幅 22.4%。2016 年，通过考核，114 名干部退出科级岗位，21 名片区经理、125 名站长被降职、免职、淘汰。

（二）实现员工“能进能出”，劳动效率显著提高

在 2015 年以来在营站净增 130 座的情况下，江苏石油完成实质性减员 4258 人。截至 2017 年 5 月底，改革油站 1066 座，占油站总数的 50.4%，其中委托管理 759 座，家庭承包 307 座。改革站的零售量同比增幅高出省均水平 10 个百分点，人均零售量比改革前提高 75%。

（三）实现收入“能高能低”，薪酬分配激发活力

根据绩效考核结果，2016 年排名首末位的地市公司人均绩效薪酬差距达 23%，地市公司经理绩效薪酬差距达 43%，省公司机关处级干部绩效薪酬差距达 14%。在人工类成本总体受控、没有较多增加的前提下，江苏石油将用工优化后节约出来的薪酬大幅向一线倾斜，2015 年加油站一线员工人均年收入增长 17.8%，2016 年增长 25%，极大地激发了广大干部职工干事创业的热情。

（四）绩效考核导向作用更加明显

通过“考核体系全面重建、考核办法持续完善，考核对象精准分类，考核结果刚性兑现”，企业工作重心与总部各项要求紧密相联，经营管理重点与市场形势变化紧密相联，企业绩效与一线员工收入、管理人员“票子、面子、位子”紧密相联，激发出基层员工增量创效积极性，调动起干部干事创业主动性，提升了全体管理人员工作效率，有力地确保了“三项制度”改革的成功。

江苏石油通过“三项制度”改革，有力推动了经营质量长足进步。2016 年实现利润 33.2 亿元，同比增幅 38.2%；2017 年 1—6 月，实现成品

油经营量 765.1 万吨，同比增长 4.8%，其中零售量 615.7 万吨、同比增长 4.1%。报表利润 21 亿元，同比增长 36.1%。

五、经验启示

（一）领导班子要勇于责任担当

“三项制度”改革是系统工程、一把手工程、啃硬骨头工程。领导班子特别是一把手要有强烈的使命感和责任感，勇于担当，不怕碰硬。江苏石油深刻认识到“三项制度”改革的艰巨性和复杂性、对于企业增添动力活力的重要性和必要性，坚持把“三项制度”改革作为实现企业跨越式发展的突破口和着力点，精准发力，久久为功，不断冲破思想观念束缚，攻克体制机制顽症痼疾，充分调动起广大干部员工干事创业的内在动力，使企业发展获得源源不断的活力。

（二）改革方案要搞好顶层设计

“三项制度”改革触及深层次矛盾，事关企业发展大局，事关员工切身利益。对此，江苏石油坚持搞好顶层设计和总体规划，特别是把“三项制度”改革和经营体制改革、零售管理改革通盘考虑，紧密结合，认真研究制订省地两级机关定员定编、加油站委托管理、薪酬考核分配和用工分流安置等重要方案，并保持政策权威性和连贯性，确保了各项改革措施顺利实施。

（三）贯彻实施要做到系统周密

“三项制度”改革能否顺利推进，实施过程非常关键。江苏石油重视把握好改革的顺序和重点，采用自上而下推进改革、自下而上实施改革的方法，切实开展全面论证、权衡利弊等工作，合理安排工作顺序，把握改革时机，保证业务、零售、非油品改革工作和“三项制度”改革环环相扣，相互协调、相互促进，使各方面工作齐头并进。切实加强组织协调和监控评估机制建设，紧盯各地市公司改革重点工作和关键环节，对发现的问题及时督导改正，保证整个改革按照总体设计稳步推进。

（四）改革工作要获得理解支持

改革是手段，发展是目的，稳定是前提。“三项制度”改革只有争取到员工最大程度的理解和支持，才能顺利开展。江苏石油对员工稳定问题高度重视，统筹考虑改革力度速度和员工可承受程度的关系，通过积极宣传，使员工充分认识改革的重要性、必要性，正确处理当前利益和长远利益的关系，形成合理的心理预期。公司尊重员工的历史贡献，创新了一系列安置渠道，让员工岗位调整后有继续发展的舞台，妥善解决员工的后路和后顾之忧，实现改革让企业和员工双受益，做到大改革小震动、小改革无震动，为改革顺利推进铺平道路。

5

坚持以人为本　激发创业创新活力

国家电网电商公司

一、基本情况

国网电子商务有限公司（以下简称“电商公司”）是国家电网公司的全资子公司，成立于2016年1月，注册资本10亿元。目前，公司下设5个事业部、1家子公司，全口径劳动用工800余人。电商公司的成立，主要是为了贯彻落实国家“互联网+”行动计划，利用互联网技术推动电网传统业务转型升级、提升优质服务水平。作为从事电子商务的专业机构，电商公司以服务国家电网公司“两个转变”为宗旨，承担着拓展新的业务增长点的重要使命。目前，围绕电子商务和互联网金融两大领域，已建成电e宝、国网商城和金融科技云三大电商平台，截至2017年8月底，国网电商平台当年交易规模已突破1200亿元，攀升至中央企业电商前列。

二、改革背景

电商公司成立初期，面临众多困难和挑战：**一是**“互联网+供电服务”亟待创新。互联网对生产生活方式产生重大影响，传统供电服务模式无法满足用户多样化需求，亟待转型升级，要实现高起点、高标准建设，“弯道超车”困难重重。**二是**发展路径尚不清晰。互联网行业“烧钱”的发展模式不符合国有企业实际，没有成功经验可以借鉴，市场潜力难以充分挖掘，长远发展动能不足。**三是**市场竞争力严重不足。对比主流互联网企业，自有电商业务特色化、差异化优势不明显，产品认知度较低，用户体验差、口碑差，没有核心竞争优势。**四是**体制机制制约明显。难以适应市场化用人、薪酬激励、产品研发等运营需要，存在优秀人才引进难、核心人才留住难、末位人员淘汰难等突出问题。

针对存在的问题，电商公司牢牢抓住全面深化国有企业改革的历史机遇，以体制机制创新为抓手，以提质增效为目标，聚焦电网主营业务，创新服务模式，明确提出**“差异化定位、特色化经营、专业化服务、精细化管理”**的发展思路，向改革要动力、要红利、要效益，发展脉络逐步清晰，队伍活力有效激发，公司发展和经营管理取得“双丰收”。

三、改革实践

（一）推行事业部制改革，适应市场增添动力

一是组建事业部集群，释放机构活力。在不增加人员编制的前提下，围绕市场公开竞争业务，优化队伍结构，组建互联网金融事业部、光伏云事业部、物资电商事业部、电动汽车事业部、营销服务事业部等5个事业部，组织机构更加扁平，决策效率不断提高。对事业部人财物管理进行充分授权，实施计划目标单列、经营预算单列、绩效考核单列，强化自主经营、自负盈亏、自担风险、自我约束和自我发展的独立主体责任，市场竞争力显著增强。

二是深化绩效改革，激发队伍动力。构建“结构简单、市场接轨、重业绩、强激励”的绩效考核体系，坚持业绩导向，以确保完成年度工作任务为目标，由本部核定事业部年度经营目标和经营成本，事业部自主决定薪酬分配和绩效结果。引入互联网行业通用的“企业估值”理念，重点考核交易规模、用户数量、活跃用户占比等成长类指标，引导业务迅速做强做大。对本部业务职能部门与事业部进行一体化考核，指标共担、效益共

享，发挥各自优势，凝聚工作合力。

（二）构建人力资源市场，盘活存量激发活力

一是灵活选人用人，形成良性循环。在全面开展人力资源诊断分析的基础上，找准症结、对症下药，构建内部人力资源市场，推出人员有偿借用、末位强制退出等一系列创新举措。**第一**明确借用人员有偿使用，用人单位承担人员借用期间的全部人工成本，同时享有充分的业绩考核权和薪酬分配权，调动借用人员工作积极性。**第二**绩效考核结果按比例强制分布，与员工退出挂钩，对不能胜任工作的员工进行调岗或待岗培训，期满仍然无法胜任工作的依法解除劳动合同。**第三**优化薪酬结构，绩效工资比重不低于全部工资的50%。2017年上半年通过内部人力资源市场运作，完成规范借用人员18人，半年度考核劝退17人，合理的员工流动与退出机制全面形成。

二是完善职业化管理，打破任职终身制。第一建立任期责任制，干部签订任期责任书，同时约定薪酬奖励与业绩指标，聘期期满重新聘任，打破任职终身制。**第二**针对高端岗位实行市场化协议薪酬，引进互联网金融、产品设计等方面的中高端成熟型人才，增强团队综合实力。**第三**强化岗位动态管理，对于不能满足工作要求的干部员工，及时进行调岗、转岗，直到解除劳动合同，实现能上能下、能进能出，队伍职业化管理水平不断提升。

（三）加大人才激励创新，事业共创迸发潜力

一是实施薪酬期权，留住核心人才。从工资总额中划出一部分资金，作为虚拟期权授予核心人才。**第一**核心人才数量按照员工总数15%进行控制，确保代表性和示范性。**第二**薪酬期权奖励金额与经营效益挂钩，引入延期支付机制，年度期权收益按照70%、10%、10%、10%的比例分4年兑现。**第三**实时动态调整，根据员工数量、业绩表现和岗位调整等情况，重新认定、动态调整核心人才队伍，每名员工都有机会当选核心人才。2017年共计推选核心人才87人，有效增强了员工的归属感。

二是探索项目合伙，打造事业共同体。针对市场化竞争程度较高的项目，建立以**“事业共创、责任共担、利益共享”**为特色的合伙人机制，公司与个人共同出资、共同获利。**第一**明确跟投比例，原则上公司出资比例不低于项目总投资的80%，合伙人跟投不超过20%。**第二**引入“生态圈合伙人”理念，允许项目外包专业人员参与，增强创业团队人员组成的灵活性。**第三**实现收益共享与风险共担，合伙人按照项目盈利情况和出资额度获取收益，项目延期或无法完成则相应扣减跟投资金。合伙收益资金来源为工资总额与外包费用，项目风险可控。目前已有 10 个项目合伙人计划（66 人次）落地实施，员工创新创业激情有效激发，团队运转更加高效。

四、改革成效

一是提升民生服务能力，彰显“央企责任”。建成电 e 宝民生综合服务云平台，推出电费代充代扣、电子账单、电子发票等十大指尖上的便民功能，优质服务水平不断提升；研发“井井通电”自助合闸复电功能，灌溉机井实现远程自助扫码用电，践行共享经济，助力三农发展；首创交费盈、电 e 贷等电费金融服务，有效解决中小企业融资难、融资贵难题，开辟“交费 + 理财 + 信贷”新模式。目前，平台注册用户近 2 亿，累计交费 5577 万笔，金额 222 亿元。建成跨界融合的积分 e + 平台，首次实现能源、航空、电信等六大行业积分互换通兑，激活电力积分价值，加速变革电网企业传统服务理念和模式。

二是助力公司提质增效，展现“电商效率”。实施物资电商化采购，建成国网总部、省公司、地市公司三级采购专区，覆盖 70 家二级单位、2320 个成本中心，上架 10 大类、15 万件商品，采购全流程线上化，公开透明、规范高效，实现阳光采购；基层单位随用随采，零库存、零流通成本、零资金占用，解决了“分散采购成本高、集中采购时效差”的两难局面。电商化采购实施以来，累计规模突破 140 亿元，平均成交价格下降

15%，节约成本 4.2 亿元，物流配送效率提升 33%。

三是带动新能源快速发展，创建“双创示范”。整合光伏全产业链资源，建成国网分布式光伏云网，并网用户 52 万户、装机容量 2430 万千瓦，构建“科技 + 服务 + 金融”光伏云网生态体系。有效解决制约行业发展的融资、选型、补贴、运维四大难题，支持优质创业企业 260 家，带动新增就业岗位近 1.5 万个，有力激活了光伏产业民间资本、提升了创新热度。建成光伏扶贫专区，实现对全国光伏扶贫电站的远程在线监测和全寿命周期管理，借“光”生“金”，形成“依托电商平台、激活一类产业、造福一方百姓”的精准扶贫新格局。

四是引领央企电商协同发展，展现“央企担当”。联合中国宝武、中粮集团等 13 家中央企业，发起组建央企电商联盟，打造央企电商命运共同体和互利共赢的全球价值链，为央企资源协同共享、诚信社会建设创造了条件。在联盟框架内，国网商城国际站正式上线，以工业垂直 B2B 为突破口，打造以装备制造、光伏新能源、电子信息等工业产品为主的跨境电商平台。目前，平台已取得海关和出入境核准备案资格，中国能建、中国华电等多家央企踊跃入驻，国内优质工业品资源加快聚集，成为支撑“中国制造 2025”、服务“一带一路”的践行者和急先锋。

五是抢占科技创新前沿阵地，打造“创新标杆”。建立“双创”机制，打造“青创”平台，上下联动、全员参与，涌现一批重大科技创新成果，光伏云网纳入国家“双创”示范基地项目，青创赛 12 项成果落地应用。互联网金融实验室建设成果丰硕，金融科技云平台实现投融资需求线上集合竞价、自动撮合交易，区块链技术与互联网金融集成落地，人工智能、人脸识别、大数据技术在电 e 宝支付、光伏电站智能选址等业务场景全面应用。坚持自主可控技术路线，建立后台研发与前台业务高度融合的管控机制，打造了一支 300 余人的研发队伍，完全掌握了过亿行的系统源代码，累计申请专利 25 项，发表论文 18 篇，为在新一轮科技竞争中赢得战略主动蓄能蓄力。

五、经验启示

一是必须坚持以人为本，下好“关键棋”，力求“一子落而满盘活”。 人才，是企业发展的重要资产，更是互联网企业的第一资源。人才在企业深化改革创新中起着关键的“棋眼”作用。电商公司大力推进“三项制度”改革，根本目的在于激活内部人力资源市场，激发干部员工干事创业的热情。实践证明，只有坚持以人为本，在改革中充分尊重员工的合理关切和现实需求，使深化改革的过程成为员工广泛参与、普遍受益的过程，让员工在改革创新中有获得感，才能持续激发改革创新内生动力，起到“一子落而满盘活”的作用。

二是必须坚持道路自信，把握“方向标”，确保“董道直行而不豫”。 中央企业发展电子商务，起步晚、底子薄，没有成熟模式可供借鉴，瞄准方向、找准道路至关重要。面对“强者恒强、赢者通吃”的互联网竞争态势，只有立足国有企业改革创新发展实际，充分发挥自身优势，扬长避短，“董道而不豫”，坚持专业化、差异化、特色化道路，才能成为资源整合者和市场领导者，才能赢得话语权。实践证明，中央企业同样具备在互联网行业搏击奋进的市场意识和竞争能力，在电子商务领域同样可以大有作为。

三是必须坚持敢闯敢试，勇当“弄潮儿”，做到“手把红旗潮头立”。 快速迭代、跨界融合是互联网行业的典型特征，中央企业深化改革创新，发展互联网业务，必须紧扣时代主题，敢为人先，大胆闯、大胆试。没有一点“闯”的干劲，没有一点“冒”的精神，就走不出一条好路，走不出一条新路。只有坚持旗帜领航，以敢啃硬骨头、涉险滩的精神，破解制约发展的体制机制障碍，有的放矢、精准把脉、对症施策，才能推动改革红利加速释放，不断把改革引向深入，在改革创新中树立互联网行业的央企“标杆”。

6

以深化“五项改革”试点为突破口 全面推进企业提质增效

中国大唐吉林公司

一、基本情况

大唐吉林发电有限公司（以下简称“吉林公司”）是中国大唐集团公司（以下简称“中国大唐”）在吉林省设立的全资子公司，注册资本39.03亿元，主营业务包括电力生产、热力生产、供应和销售。截至2017年8月，吉林公司共有所属企业15家，发电装机容量455万千瓦（火电390万千瓦，风电65万千瓦），资产总额179亿元，职工总数6723人。

二、改革背景

近年来，东北地区尤其是吉林省出现严重的电力供大于求局面，发电设备利用率低，火电富余容量过多，风电弃风限电严重，发电企业连年亏损。吉林公司由于老厂多、人员多、装机规模小、历史包袱重，加之受外部市场环境不利因素综合影响，企业盈利能力严重不足，经营处于严重亏损状态。

吉林公司认真落实党中央、国务院关于深化改革的决策部署，明确提出将“区域资源整合、本部机构精简、燃料管理提升、人力资源优化、抢抓电改机遇”，作为破解管理效率亟待提高、燃料保供控价亟待加强、人力资源配置亟待优化、产业结构亟待调整等问题的改革措施，在中国大唐的指导和支持下，率先在集团系统内开展了**区域一体化改革、大部制改革、燃料管理体制改革、人力资源优化改革、电力市场改革等五项改革试点工作**，全面打响提质增效攻坚战，着力解决制约企业生产经营和改革发展的焦点、难点问题，主动适应和引领区域经济发展新常态，为中国大唐推进改革工作积累可复制、可推广的实践经验。

三、改革实践

（一）稳步实施区域一体化改革

按照“所有权和经营权分离”的原则，建立以委托管理为主导的一体化管理机制。**一是**化零为整，形成合力。将原属大唐新能源公司的5家在吉风电公司整合为一个管理主体，整体划归吉林公司管理，形成中国大唐区域内企业统一协调、统筹管理、统一标准、统筹考虑的“四统”管理格局；实现了资金、物资、人员等要素资源、运维、检修、后勤等业务资源在更大范围的统一调度、集中配置和优化使用。**二是**规范机构、优化岗位。以“减少管理层级、压缩管理链条”为主，辅以“双向选择、公开招聘”的方式开展风电企业机构岗位规范工作。实现机构岗位科学化、干部交流常态化、员工结构合理化。**三是**消除差异、强化管理。以“5+1”模式统一5家风电公司薪酬差异，以向生产一线倾斜为原则确定薪酬分配制度和绩效考核体系，以激发员工创业积极性为原则建立偏远风场员工长效流动机制，以促进企业管理提升为原则开展一系列流程再造。

（二）全力开展大部制改革

针对本部机构设置不规范、人员流动性不足、选人用人机制不健全等问题，开展以“整合职能、精简机构、再造流程”为内容的本部大部制改革。**一是**明晰功能定位，规范机构设置。针对职能划分过细、职责交叉重叠、缺位错位问题，科学整合职能、重设内部机构。促进管理高效运转，解决工作忙闲不均、破除责任轻重不一的问题。**二是**加强人员交流，提升整体素质。按照“合理定编、按编选配、严格标准、择优选拔”的原则减少管理人员职数，实现一般管理人员上下交流。形成增强危机意识、转变工作作风；激发员工活力、提高工作效率；树立“四重”用人导向、健全选人用人机制的良好干事创业氛围。**三是**突出核心功能、增强管控能力。通过规范管理体制、完善运行机制、理顺管理职能，提高了吉林公司的整体管理效能和工作效率，使二级公司运营中心、利润中心、安全监管中心和服务保障中心的“四个中心”枢纽职能进一步强化，管控能力进一步提升。

（三）全面实行省级燃料管理体制机制改革

结合区域煤炭市场特点和实际，以“提升管控、防控风险、增加效益”为原则，以“理顺体制、明确定位、强化管控”为内容，全力推进燃料管理体制改革。**一是**分步理顺燃料采购体制。将分散在基层电厂的采购权上收省级公司，明晰燃料集中管理体制和运行机制，建立燃料管理组织体系“三大机构”，有效解决分散模式下各电厂各自为战、无序竞争、调运策略不统一等内耗问题。**二是**明确职责定位。明晰燃料管理各执行机构职责定位和工作界面。本部燃料物资部是“教练员和裁判员”；各火电企业是“围墙内运动员”；燃料公司是“围墙外运动员”，各司其职、上下联动。**三是**加强燃料管控。通过“五强化两完成”，即强化中长协煤炭采购和市场煤竞价公开采购；强化燃料进货、耗损、存放实时监控，规范入厂煤质与量的管理业务流程；强化科学配煤掺烧和采购结构优化；强化标煤单价区域排名及领先优势考核；强化对煤质验收工作的监督考核，对经济煤掺配和标煤单价厂炉差的考核；完成燃料管理机构及人员调配；完成70项工作流程和30余项标准制度的编制。有效解决了燃料业务不“阳光”、决策科学性不强、管控能力弱的问题，全面提升企业保供应、降煤价、控风险能力。

（四）稳妥推进人力资源优化改革

围绕“内部挖潜、外部创效”的总体思路，全力实行“三个推进”。

一是推进定岗定编工作，实现人岗适配。在规范所属企业机构岗位和定员标准基础上，通过全员逐级竞聘上岗，确定“定员内”和“定员外”人员，实现能者上、平者让、庸者下。建立企业内部人力资源市场，将“定员外”人员注入内部“人才池”开展有针对性的培训、考试和定级，以级别定收入，妥善制定冗员安置政策，畅通退出渠道。**二是**推进“大检修”模式，实现增收增效。按照专业化管理、集约化运营要求，整合系统检修资源，成立统一的检修运维公司，对内发挥“检修调度中心作用”，按“工资随项目走”的原则统筹协调系统内检修运维工作；对外贯彻“走出去”战略，发挥人力资源规模优势和专业优势，积极推进外部检修运维项目。**三是**推进全员绩效管理。建立“四级”绩效考核体系，以深化对标为手段，强化主要生产经营指标的日常管控，建立目标计划、预算控制、对标管理、绩效考核“四位一体”的经营控制体系；把绩效考核作为职工薪酬增长和职务晋升的重要依据，充分发挥绩效考核的正向激励和引导作用。

（五）推进电力市场改革

超前谋划、主动作为，加快向发电产业链下游延伸，力争抢占先机，实现发电与配售电、供电与供热的“双协同”发展。**一是**大力拓展新市场。收集市场信息，加强与国家主管部门、政策制定者的沟通交流，掌握一手资料、跟踪电改进程、吃透改革政策，全面实施营销体制改革，深度参与大用户直接交易。**二是**加快布局新业务。紧盯电改政策实施情况，积极寻找合作客户，稳步推进市场调研和园区走访，为开展实质业务做好准备。形成了累计近10万字的电力体制改革综合研究与分析报告，为提升市场营销能力提供助力。**三是**积极发展新业态。抓住电力改革和能源转型的双重机遇，在中国大唐系统内首家组建了直接面向终端用户同时供电、供热的综合能源公司，深入探索开展增值能源服务，大力培育优质项目，努力延伸产业链，促进企业结构调整，形成新的利润增长点。

四、改革成效

一是区域内资源高效配置、业务高效协同。吉林公司统一代表在吉中国大唐企业开展对外协调，有力争取优惠政策和电量计划。在国内首家开展“风火电量替代”试点工作，每年至少可为风电公司增加 3000 万千瓦时电量，增加风火综合效益近千万元。

二是管控能力和运作效率同步提升。吉林公司规范机构设置、理顺部门职能、优化人员结构，建立了薪酬能升能降、人员能进能出的用人新机制，本部员工队伍整体素质和专业能力显著提升。

三是关键资源要素的集约化管控水平进一步提升。吉林公司依托燃料集中管理区域优势和规模优势，既降低了标煤单价，精简了采购人员，节约了采购成本，又保证了供热发电用煤需求，避免了缺煤停机事件的发生，确保了冬季供热稳定。

四是企业发展内在活力得到激发。吉林公司充分发挥内部人力资源市场高效配置作用，所属基层企业减少二级机构 26 个，减少三级班组 39 个，“定员外”进入“人才池”再培训人员 1939 人，安置富余人员 178 人。

五是业务结构进一步优化。吉林公司连续两年结算大用户电量超出容量占比，降价幅度区域最低。积极开展配售电业务调研，先于其他发电公司锁定多个发展潜力较好的园区供热供电项目并签订框架协议，为形成新的利润增长点奠定基础。

五、经验启示

（一）深化改革，需要大胆创新、破除惯性思维

区域一体化改革的各个环节都离不开大胆创新，从资产结构不同的风电公司“合五为一”，到隶属不同管理主体企业的“双璧合并”，都需要打破惯性思维，不拘泥于老办法、老思路，勇于创新发展理念、创新发展思

路、创新发展举措，才能为体制机制的创新开辟道路，开创企业发展的新局面。

（二）深化改革，需要触及筋骨、杜绝修修补补

二级企业本部大部制改革是盘活全局的一步关键棋，是建立本部高素质梯级人才队伍的重要手段，是增强企业活力的迫切需要，需要突破利益固化的藩篱、冲破思想观念的障碍，必须要有破釜沉舟的决心、壮士断腕的勇气，拿出“做则必做到底，做到最后胜利”的干劲，才能实现改革行动快、指向准、落点实、反响好。

（三）深化改革，需要把握关键、突破难点问题

燃料管理体制改革的重点是把握好“集团管控、两级采购、三级管理”和“机构精简、职责明确、权责对等”两个关键点；解决好“配煤掺烧与控制煤价的关系”和“队伍建设和能力建设”两个难点问题。百端待举，需分清轻重缓急，只有选准关键点，解决好困难点，才能“事半功倍”，实现改革“蹄疾而步稳”。

（四）深化改革，需要系统思考、全盘统筹考虑

人力资源优化改革是结合企业生产经营和改革发展各项工作统筹实施系统性优化配置的庞大工程，只有坚持整体谋划、尊重规律才能防止虎头蛇尾；只有各方联动、顺势而为才能切实加强统筹协调；只有把握节奏、分类推进才能在情况分繁的形势下完成预定的改革目标，促进企业精准管理、提质增效。

（五）深化改革，需要逢山开路、不断迎难而上

积极参与电力体制改革，是发电企业的难得机遇，没有现成答案，需要不断探索，必须迎难而上。若没有“闯”的劲头，没有“冒”的精神，就走不出一条新路，就干不出新的事业，只有拿出“虽千万人吾往矣”的英雄气概，拿出逢山开路、遇水架桥的闯劲儿，才能打开改革新境界、闯出一片新天地。

7

深化“五位一体”管控模式 推进人力资源管理转型升级

中国华电邹县发电厂

一、基本情况

华电国际电力股份有限公司邹县发电厂（以下简称“邹县发电厂”）是中国华电集团公司（以下简称“中国华电”）下属最大电厂，也是国内装机容量最大、综合节能和环保水平最高的燃煤电厂之一。截至 2017 年 8 月，邹县发电厂拥有 4 台 33.5 万千瓦、2 台 63.5 万千瓦和 2 台 100 万千瓦机组，总装机容量 461 万千瓦，是同时拥有 30 万、60 万、100 万千瓦三个容量等级，亚临界、超超临界两个技术等级的现代化特大型发电企业。

二、改革背景

作为资历较老的火电企业，邹县发电厂面临着员工年龄老化、学历偏低、创新不足等多重问题，一定程度上影响了企业的改革转型和可持续发展，提升人才队伍整体素质迫在眉睫。近年来，邹县发电厂认真贯彻落实党中央、国务院关于深化国有企业改革的决策部署，以及上级公司各项改革精神，深入贯彻落实中国华电人才规划发展纲要，实现了人才队伍建设工作的科学化、制度化、规范化、人本化，逐步形成了“职业规划、技能培训、绩效考评、动态管理、薪酬分配”五位一体的人力资源管理模式，造就了一支梯次合理、素质优良的人才队伍，为企业的持续快速发展提供了强有力的人才支撑。

三、改革实践

（一）创新人才开发机制，拓宽员工发展通道

一是全面开展职业生涯规划管理。制订《职工职业生涯规划管理实施方案》，搭建职业生涯规划管理系统网站，按照“自我评估、综合评价、岗位对标、目标确立、规划实施、动态管理”六大步骤对职工职业生涯进行规划管理。根据职工的个性特点、优势劣势、基本素质及工作潜能，帮助职工确定个人目标计划，制订相应的培训、轮岗等具体培养方案，实行全过程动态跟踪，形成循序渐进、持续改进的闭环管理，使职工的职业目标和计划有效实施、顺利推进。**二是**持续深化人才发展通道建设。出台《优秀专业技术人才晋升管理办法》，形成了管理、技术、技能三条职业发展通道，建立了技术员、专业工程师、副主任级、主任级、首席级 5 个职业发展层级。优秀专业人才实行聘任制，动态评审，任期两年，其中副主任级、主任级、首席级优秀专业技术人才每月享受人才津贴。**三是**大力推行岗位公开竞聘。不断规范竞聘选拔机制和流程，引入“无领导小组讨论”，创新采用现场直播竞聘实况的形式，全程由纪监审、工会委派专人进行监督，着力打造“阳光竞聘”，确保整个竞聘工作的严肃性、规范性。优化竞聘测评环节，将职业生涯规划中的 360 度全方位、全员测评结果，作为竞聘测评成绩的一部分，结合安全考试的一票否决权，共同形成 361 度人才竞聘模式，全面考察应聘人员的综合素质。**四是**积极推行多元化岗次设置。实施过渡岗制度，每个岗位均设正、副岗 2 个岗次（副岗为过渡岗），按照中层干部、管理岗位、一般岗位等实行不同的过渡期，过渡期满经考核通过后晋升至正岗。推行“岗位资格证”制度，在现有岗位序列的前提下，根据日常表现、业务水平，表现优秀者可在原岗位上进一步学习高一级岗位的专业技能，并给予高一级岗位资格证。实行见习技术员制

度，见习技术员由部门推荐并进行公示，通过后到各个班组进行为期半年的实习，参与班组日常管理，两个月后由班组对其表现进行评价，对工作出色者上浮其奖金系数。**五是**稳步实施“师带徒”培养模式。制定《邹县发电厂师带徒管理办法》，组织各部门技术骨干与青工签订师徒合同，发扬“传、帮、带”的优良传统，实现点对点传授培养，促进师徒在教、学的过程中共同提高。同时，每年设置20多万元专项奖励资金预算，对通过师带徒培训实现岗位晋升、竞赛获奖等情形的师徒进行奖励，进一步调动各级各类人员培训的积极性。

（二）创新人才培训机制，加大人才培养力度

一是积极发挥品牌优势，大力开展技能培训。成立华电华北火电国家职业技能鉴定站，具备49个工种的技能鉴定资格，服务于周边区域20多家电厂，每年定期组织开展各工种的等级工、技师、高级技师技能鉴定工作，有近500余人次在此参加鉴定培训。**二是**创新实施订单式培养，提升培训针对性。每年举办中层干部培训班、普通管理人员培训班、班组长培训班，定期举办FAM应用、精益管理、节能环保、财务票据等订单式专题讲座，增强培训针对性和实效性。充分发挥高技术高技能人才优势，围绕生产热点、难点问题，采用课堂授课、现场交流等方式对专业技术人员开展“面对面”订单式培训。**三是**创新改进培训方法，提升培训效果。引入“互联网+”概念，全面开展网络课堂培训学习活动，实现人员的在线自主学习。通过微信公众号——“邹电微课堂”，每天编辑发布自主培训信息，包括技术知识的解答讲解、技术经验的总结分享、现场实操的演示示范等内容，实现培训就在身边，切实提升培训效果。**四是**积极组织技术比武，促进技能人才成长。制定《技术比武奖励办法》《立功授奖管理办法》等激励机制，在班组和部门积极开展岗位大练兵活动，组织厂级、部门级的技术比武，选拔优秀选手参加上级公司的各项比武，鼓励职工岗位成才，加快企业高技能操作人才的发现和培养。

（三）创新人才评价机制，推进全员绩效管理

一是完善“三横四纵”体系。根据企业战略目标，以业绩和贡献为导向，完善“三横四纵”绩效考评体系，“三横”即中层干部、管理人员、一般职工，全员参与绩效考核；“四纵”即检修、运行、管理、多经后勤四个系统，按照不同的考核细则和标准进行考核，实现多角度、全方位的绩效管理。**二是**丰富指标考核内涵。科学制定职工综合量化考核评分表，将“德、能、勤、绩”四大要素综合加减分项，共扩展为24个考核项目，量化具体分值，细化四档标准，多指标多角度综合评价职工个人绩效，增强了绩效考评的准确性和科学性，充分体现了职工的工作业绩。**三是**扩大考评体系外延。对中层干部及一般管理人员，在综合评价“德、能、勤、绩”四要素的同时，增加“廉”“学”两项考核内容。“廉”，考核中层干部及管理人员工作是否清正廉洁、是否认真执行上级及厂有关规定等。“学”，考核中层干部及管理人员是否善于学习、更新知识及学习相关知识情况等。除每月进行业绩考评外，每年通过职工代表评议、中层干部互评、部门民主测评相结合的方式开展中层干部测评工作，对业绩考核和年度测评成绩较差的中层干部分别进行诫勉谈话。创新实施重大事项记录，对于因责任心不强、履职不到位等情况，均记入重大事项，整改情况由分管厂领导负责监督。**四是**严格绩效督导检查。对于全厂绩效考核的实施情况，组织开发中层干部和职工绩效考核管理平台，实现了数字化管理，对全厂各部门、各班组的绩效考核开展情况进行全面监控。同时要求绩效考核结果在政务公开栏公开，定期对政务公开和绩效考核开展情况进行检查和测评，确保做到绩效考评结果及时公开、刚性执行。

（四）创新人才激励机制，突出薪酬杠杆作用

一是坚持向生产一线倾斜。以岗位贡献度为准绳，在岗级设置上坚持生产系统高于其他系统，运行岗级高于检修岗级，检修岗级高于后勤岗级，做到能者多劳、多劳多得。**二是**坚持向贡献大岗位倾斜。根据岗位贡

献、劳动强度、工作范围等因素，对生产一线管理人员、班组长岗位绩效奖金上浮一级，四期百万机组集控运行比一二三期集控运行上浮一级，在锅炉队排粉机、磨煤机班等检修班组实行岗级上浮一级。**三是**坚持向先进骨干倾斜。每年评选党建、管理、检修、运行、服务等各类模范先进，覆盖企业生产经营、政工管理及多经后勤等各方面，在全厂形成了学先进、比先进、争先进的良好氛围。**四是**坚持岗变薪变、酬显其绩。打破岗位系数约束，加大绩效考核与薪酬分配的挂钩力度。厂核发部门工资总额时，根据部门额定系数核算，给予各部门、班组薪酬二次分配权，每月按照绩效得分计算绩效奖金的分配，合理拉开部门、班组内部职工的收入差距，确保薪酬分配体现素质能力和工作业绩。

四、改革成效

一是形成了一套完整有效的人力资源管理和开发机制。“五位一体”的人力资源管理体系客观地把握了新形势下人力资源管理的特点和趋势，形成了激励与约束并重的人力资源管理与开发模式，创新了技术技能人才的培养途径，使人才的选拔、培养、使用、评价和激励形成闭环体系，优化了人才成长的动力机制，改变了传统的职业发展路径，提高了人力资源管理的总体效能，企业凝聚力有效提高，职工满意度、忠诚度得到提升，优秀专业技术人员及核心人才的流失率逐年降低。

二是造就了一支适应现代企业发展要求的职工队伍。“五位一体”的人力资源管理体系，系统考虑了人才管理和开发的各种要素，促进了人力资源管理各环节的有效整合，构筑了企业与人才息息相关的利益共同体，完善了经营管理人才、专业技术人才和技能操作人才并重的人才培养模式，提高了职工队伍的整体素质，造就了一支适应企业发展要求的高素质职工队伍，为企业又好又快发展提供了可靠的人才资源保障。企业人力资源管理的各项指标有效提高，职工队伍素质得到全面提升，企业“三高”

人才比例逐年攀升，人才结构得到逐步改善。

五、经验启示

（一）创新人才开发机制，拓宽人才成长平台，是优化企业人力资源配置的关键所在

人力资源是第一资源。只有坚持以政策为引导、以机制创新为动力、以优化人才结构为重点，建立一套行之有效的人才开发机制，才能进一步拓宽职工成长成才通道，使职工的成长有更广阔的平台，充分调动和发挥人才的积极性、创造性，真正实现人才源头“活水来”。

（二）创新人才培训机制，提升人才综合素质，是做好企业人才储备的关键所在

培训是职工最大的福利。在企业发展对知识能力要求不断增加的形势下，建立科学的培训体系和机制，以岗位技能培训为基础，以管理素质提升为核心，创新培训方式方法，重点提升责任心、执行力，不断增强各岗位人员的履职水平，促进广大职工的知识、技能持续更新，形成知识完备、数量强大的人才库，是企业可持续发展的重要保障。

（三）创新人才评价机制，实施全员绩效考核，是检验人才队伍建设综合水平的关键所在

绩效考核是企业现代管理的标杆。只有始终坚持以人为本，建立“工作有标准、管理全覆盖、责任无盲区、奖惩有依据”的全员绩效管理体系，确保企业绩效目标任务层层分解落实、压力层层传递，才能形成充满活力、富有效率、人尽其才的人力资源管理良好局面。

（四）创新人才激励机制，突出薪酬杠杆作用，是增强企业整体效率和人才竞争力的关键所在

薪酬是对职工绩效考评结果的直接体现，具有良好的杠杆激励作用。

坚持业绩导向原则，建立起以绩效考评为主要内容的薪酬分配制度，通过收入的差距来激励和约束职工，让职工看到只要自己努力工作就能获得相应的回报，就能实现自身价值，从而充分调动工作积极性和能动性，实现效率和价值的最大化。

8

产业整合　强化管控
在改革中谋求发展新篇章

国家电投铝电公司

一、基本情况

国家电投集团铝电投资有限公司（以下简称“铝电公司”）由国家电投集团国际矿业投资有限公司、国家电投集团宁夏能源铝业有限公司、国家电投集团铝业国际贸易有限公司于2017年1月整合重组成立，是国家电力投资集团公司（以下简称“国家电投”）全资子公司、专业化产业子集团，注册资本42.92亿元。

铝电公司整合组建后，按照“发挥产业链协同优势、提升价值创造能力和市场竞争力、促进集团公司铝产业持续健康发展”的要求，着力打造成为产业一体化、管理专业化、机制市场化的全产业链创新型现代企业。铝电公司目前拥有铝土矿、氧化铝、电解铝、铝加工和铝业贸易完整铝产业链，企业资产总额421.85亿元，员工总数11375人。

二、改革背景

国家电投铝业资产包括电解铝、氧化铝、铝土矿及配套电力等，涉及国际矿业、宁夏能源铝业、铝业国贸、蒙东能源、黄河公司、重庆公司6家二级单位。拥有电解铝产能248.5万吨/年，氧化铝产能260万吨/年，铝土矿产能100万吨/年，配套电力装机396.6万千瓦。按照“专业化布局要突出核心主业和核心能力”的要求，适应铝行业高度市场化竞争需要，坚持在发展中调整、在调整中发展，考虑到蒙东能源煤、电、铝、路、港的循环经济效应，黄河公司水、电、铝的关联关系，以及重庆公司代管的铝业资产正在清算处置，本次优化整合范围为国际矿业、宁夏能源铝业、铝业国贸的全部资产和业务，建立专业化铝电公司，发挥产业协同优势，建立市场化体制机制，对标行业先进企业，提升价值创造能力和市场竞争能力，促进国家电投铝产业持续健康发展。并根据国家电投改革要求，实行运营管控体系建设，深入推进“三项制度”改革，以改革为契机，压缩管理层级，优化岗位配置，理清管理关系，建立健全选人用人和激励约束机制，努力实现产业一体化、管理专业化、机制市场化的发展目标，谋求发展的新篇章。

三、改革实践

（一）高效完成公司法人治理结构建设

规范建设董事会，健全和完善法人治理结构和市场化管理模式，全面梳理和修订各项规章制度和议事规则，按照国有企业改革方向和现代企业管理制度，充分发挥党委领导作用，形成党委、出资人、董事会、监事会、经营层定位清晰、权责对等、高效运转、有效制衡的决策执行监督机制。2017年1月铝电公司整合重组，2月初完成了总部人员选聘及上岗工作。4月完成公司更名，并成功召开了一届一次董事会、监事会，审议通过了公司2017年综合计划及高管人员的聘任等各项事宜。5月底前完成所属单位董事会、监事会人员的推荐和任免工作，经营班子调整到位。

（二）打通完善现有产业链

铝电公司成立后，充分发挥产业一体化、产业子集团的整合作用，努力降低产业周期对铝电公司的影响。**一是**电解铝实行自备供电。电解铝的生产成本中，电力约占30%，是否拥有自备电决定了电解铝行业的利润水平。宁夏能源铝业积极协调自治区政府、相关部门及宁夏电力公司，明确了宁东、青铜峡分区域实行自备供电，运行方式按照“自发自用、余量上网、不足网购、参与调峰”的原则，并减免 0.01 元/千瓦时城市公用事业附加费。后续将继续积极推进临河机组对宁东铝业，青铝自备电厂对青铜峡铝业的直连直供，不断降低电解铝生产成本。**二是**氧化铝提高矿石自给率。氧化铝的生产成本中，矿石约占40%，为关键制约因素。提高矿石自给率是解决产业周期对铝电公司影响的重要因素。铝电公司积极推进自有矿山建设，自供矿比例由25%提高到50%，提高了市场话语权和氧化铝企业利润。**三是**推动重点项目建设。遵义氧化铝项目由于各种原因停滞近 10 年，公司整合重组后，集中力量推动项目，确保按照规定时间开工；积极推进山西铝业挖潜改造项目，提高氧化铝产能 35 万吨/年，降低吨氧化铝成本。在供暖季前投运余热回收供热改造项目 B 标段，承担社会责任并获得附加收益。**四是**完成眉山启明星铝业破产清算。根据税务规划需求，积极推进眉山启明星铝业破产清算，于 2017 年 5 月底完成破产终结裁定，回收分配资金 2000 余万元，成功依据税务政策降低企业所得税缴纳。

（三）发挥重组协同优势

一是实现融资协同。供应链融资增加授信额度 30 亿元，贸易平台融资增加授信额度 15 亿元，共计 45 亿元。**二是**实现人力协同。企业重组整合后，对公司及所属单位的管理机构进行了优化调整，人员进行了上岗竞聘，有效降低了企业的管理费用。**三是**实现贸易协同。制订和发布了贸易协同实施方案，实现了系统内产业链成员企业的贸易协同，生产企业库存由 15 天降至 7 天。贸易协同后，剔除非增值环节，产业链成员单位物流、资金流、票据流“三流”合一，减少在途商品物资和资金占用，采用预付款结算机制，提高资金运转效率，降低资金成本。

（四）积极推进运营管控体系建设

一是目标引领，精准定位。按照国家电投三级管控要求，进一步明确铝电公司利润中心、所属单位成本中心的管理定位；调整组织架构，理顺管理关系，加快进行机构与职能整合，实现彻底的公共职能上移、运营职能下移，强化对核心产业和业务的集约化与专业化管理；发挥上下游产业链协同优势，剔除非增值环节，减少内部交易成本，提升价值创造能力和市场竞争力，实现了管理效率与经营效益双提升。**二是**量身定制，有序实施。结合铝电公司实际情况和各所属单位的业务特点，制定不同的管控改革措施，并稳妥有序实施。将三地管控改为两地，提高管理效率；铝业贸易公司现阶段依托国家电投现有交易量为基础，搭建市场化的综合服务平台，充分发挥贸易、金融、物流的一体化服务功能，后续继续通过董事会管理，并进一步放权，充分保证业务管理灵活性；宁夏能源铝业现阶段继续发挥专业化管理职能，后续根据机构调整、职能整合，保留与当地政府的沟通、协调职责，减少管理层级，理清责权界面，以提高决策效率。**三是**科学策划，稳中求胜。通过对所属单位大量的走访调研、座谈交流，明确了存在的问题和需求，有针对性地制定改革措施；通过培训宣贯，使广大员工理解了改革的必要性与必然性，统一思想并明确了方向；通过头脑风暴、座谈研讨并形成决议发布，确保改革措施的有效实施；通过科学策划方案，规范设置程序，保证了改革工作的稳步推进。

（五）深化“三项制度”改革

通过建立并完善分级管理体制机制，初步实现干部能上能下，员工能进能出，收入能增能减。**一是**实施主要负责人组阁制。按照“一级对一级管理，一级对一级考核，一级对一级选拔使用”原则，除应由法定程序产生的干部外，各级干部由直接上级领导通过“组阁＋竞聘”方式推荐提名，上级党组织按照干部管理相关要求履行考察程序后任用。其中，总部部门正职由分管领导推荐提名，部门副职由部门主任和分管领导联合提名，部门员工由部门负责人提名选用。**二是**健全配套考核评价制度。对所属企业负责人实施综合业绩考核和任期考核，若当年综合业绩考核60分以下或任期内未完成考核目标，对企业主要负责人给予解聘，其他经营班子成员也自动解聘。若当年领导班子成员个人考核60分以下，予以解聘。制定总部绩效考核管理办法，对总部中层干部实施基于部门业绩的绩效考核，对于当年考评结果为“不称职”或连续两年为“基本称职”的中层干部，予以降职或免职，若主要负责人被免职，则该部门人员全体起立，另行选（竞）聘上岗。**三是**强化劳动定员管理。对标行业先进水平，以精简高效为原则，修订完善电解铝、氧化铝劳动定员标准，定员总量持续下降。开展“定岗、定编、定员”工作，推动所属单位优化管理流程，扩大岗位工作幅度，加强教育培训，提高工作效率，进一步压缩岗位定员，科学合理控制管理人员、生产人员和辅助人员比例，严控用工总量。**四是**优化工资决定和分配机制。按生产单位、非生产单位和在建单位不同类型，建立实施差异化和导向明确的工资总额决定机制。对运行稳定的生产单位及业务稳定的非生产单位，按照周期预算制核定基础工资，周期内增人不增资，减人不减资。优化企业负责人薪酬管理机制。参照同行业、同规模、同职位、同业绩的经营管理人员薪酬市场水平，科学设定薪酬结构和水平。突出绩效导向，强化负责人薪酬与企业综合业绩挂钩力度。

四、改革成效

一是发展战略清晰明确。改革重组后，铝电公司形成了铝土矿、氧化铝、电解铝、铝加工、铝业贸易的完整铝产业链，作为国家电投专业化产业子集团、铝业贸易服务平台、铝业科技创新平台的作用初显，未来将成为国家电投的利润增长平台、有力的资本化平台。其中铝土矿、氧化铝和铝业贸易为资本化重点布局业务；电解铝和铝加工为重要支撑业务。

二是经营指标明显改善。2017 年 1—8 月，实现营业收入 196 亿元，净利润3. 44 亿元；资产负债率77. 34%，比上年同比降低 16%。

三是成本控制能力显著增强。自备电项目建设及投运，预计全年节约成本 2 亿元；铝土矿项目建设及投运，预计全年可增加利润 1 亿元以上；眉山启明星铝业破产清算，通过税务筹划，降低企业所得税缴纳近 5000 万元；贸易协同作用发挥，生产企业库存降低，年节约资金成本 1000 万元以上，预计全年节约交易成本 2000 万元以上；贸易融资增加授信额度，预计降低财务费用 500 万元。

四是机构设置和人员配备更加精简高效。按照精干、高效的原则，精简部门、压缩人员，竞聘上岗、无岗分流。其中本部定员 65 人，上岗 33 人，减幅 50%；宁夏能源铝业定员 205 人，上岗 80 人，减幅 61%，实现了减员增效的目标。

五、经验启示

（一）依法合规，符合国家政策

改革工作要符合国家政策，做到有法可依、有章可循、有据可查，依法合规有序推动。

（二）结合企业实际，实现价值增值

在充分市场化行业，企业内部的资源整合、结构优化势在必行。企业改革要结合自身实际，量身定制，以价值增值为目的，以利润增长为目标，充分释放发展潜力，提高市场竞争力，确保完成改革目标。

（三）保持稳定，并勇于承担社会责任

央企有承担社会责任的义务，任何改革工作都要最大限度地维护企业职工的根本利益，需做好顶层设计，科学制定，有序推进，稳步实施。

9

聚焦“三项制度”改革　激发企业内生动力

中国三峡集团长江电力

一、基本情况

中国长江电力股份有限公司（以下简称“长江电力”）是经国务院批准，由中国三峡集团作为主发起人设立的股份有限公司，主要从事水力发电业务。

自2002年成立以来，长江电力以“国家放心、股东满意、员工幸福”为宗旨，完善公司治理结构，着力建立现代企业制度，不断深化内部改革，持续健康发展，实现了规模与效益同步增长，为社会提供优质、稳定、可靠的清洁能源，在发挥梯级电站综合效益、促进节能减排、推动我国经济社会发展等方面发挥了重要作用。截至2016年底，长江电力运营管理的机组82台，装机容量4549.5万千瓦，已成为国内最大、全球第四大电力上市公司和全球最大的水电上市公司，全年发电量2060.60亿千瓦时，占全国水电发电量的17.45%。

二、改革背景

当前，国资国企改革和电力体制改革向纵深推进。一方面，长江电力传统水力发电业务必然要走向市场化，但市场化激励与约束机制尚未形成，收入能增不能减、管理人员能上不能下、员工易进不易出等问题依然存在，难以适应“十三五”期间企业战略发展对市场化、现代化、国际化新形势的要求，深化“三项制度”改革已成为企业适应经济发展新常态、提升市场化能力的迫切要求。另一方面，随着企业发展、增长模式发生变化，抢抓改革释放的新机遇，打造“发电、配电、售电”产业链，依托国家战略积极开展海外电站运营、管理、咨询及投资业务，通过配售电、国际业务、资本运作等培育新的利润增长点，都是市场化程度极高的领域，市场化业务不能用传统的体制机制来管理，长江电力要适应市场化要求，提升竞争力，就必须进行“三项制度”改革，闯好市场关、发展关、改革关。从电力生产单位向一个真正的国际化公司转变，从以生产电力为中心到以创造效益为中心转变。

三、改革实践

按照党中央、国务院对三峡集团改革发展做出的重要决策部署，长江电力作为三峡集团深化内部改革的试点单位，以建立健全市场化机制、引导价值创造、促进核心能力建设为导向，重点开展“三项制度”改革。

（一）深化分配制度改革，实现收入能增能减

针对不同业务单元建立不同的业绩与薪酬挂钩方式，强化业绩贡献和绩效考核导向，真正实现收入能增能减。

一是建立市场化考核与分配机制。选取三峡电能、三峡高科两家所属公司开展试点改革，采用超额完成利润目标奖励的方式，实现工资总额与利润总额同向联动，体现“效益升、工资增，效益降、工资减”。按照“实发工资总额 =【工资总额基数 +（当年利润总额 - 上年利润总额）× 20%】×指标考核得分率”的方式实施市场化考核，工资总额上浮比例最高可达50%。

二是优化现有绩效考核体系。对于发电厂、检修厂、梯调中心等生产单位，将弃水损失、厂用/变损电量、检修工日、项目费用等直接量化为

计算增减工资的考核指标；对与公司业绩密切相关的部门，量化设立年度考核的“低线”和激励“高线”，明确关键指标的确保值和争取值。根据指标完成情况，给予特别贡献奖励或扣减绩效工资。

三是加大特别贡献奖励力度。以价值创造、风险防控、管理提升为导向，按季度表彰为公司生产经营做出突出贡献的集体或个人，单个项目最高奖励额度可达36万元，个人奖最高奖励额度可达10万元，加大激励力度，突出及时性。2017年二季度共评定特别贡献奖9项，奖励金额合计195万元。

（二）深化人事制度改革，实现管理人员能上能下

选取公司本部、葛洲坝电厂、检修厂、三峡梯调通信中心等单位（部门）开展“管理人员能上能下”试点改革，通过管理人员岗位履职满意度评价，明确起立人员名单，分层逐级开展岗位调整和公开竞聘上岗工作，实现管理人员能上能下。

一是明确管理人员“能上能下”的标准和规则。对试点单位（部门）一定范围内的处级干部及管理员工岗位开展岗位履职满意度评价和访谈调查工作，通过制订科学合理的实施方案，明确管理人员“能上能下”的标准和规则，重点是让“不作为、不担当、作风不实”以及“在安全生产、经营管理等方面存在失职渎职行为”的处级干部和管理人员下来，在竞聘上岗过程中实现“能者上、庸者下、劣者汰”。2017年，纳入试点改革范围管理人员共计213人，起立人员14人（其中处级干部2人、管理岗位员工12人），需要进行谈话、督促其优化改进工作的管理人员9人。

二是规范管理人员“下”的方式与待遇。对试点单位（部门）“下”来的管理人员，不再保留原有岗位职级和薪酬待遇。结合新“三定”方案实施，起立人员通过公开竞聘方式逐级参与岗位竞聘。对最终落岗的起立人员实行过渡，过渡期为6个月，过渡期内薪酬待遇按原岗位标准的70%发放，过渡期内安排集中培训。过渡期满后仍未上岗人员实行待岗，待岗

后薪酬待遇逐年按原岗位标准的 50%、30%、10% 发放，直至员工工作所在地城镇职工最低工资标准。

（三）深化劳动用工制度改革，健全员工能进能出机制

深化劳动用工制度改革，严控总量、严把入口，强化考核、畅通出口，持续优化公司人力资源结构，健全员工能进能出机制。

一是严控总量，严把入口，持续优化人力资源结构。动态调整各单位（部门）“三定”方案，滚动修编《长江电力五年期年人力资源需求与配置规划》，科学预测公司人力资源需求总量。对所属单位工资总额逐步推行“增人不增资、减人少减资”，激励所属单位控制自身人员规模的积极性和主动性。建立应届毕业生招聘、技能人员招聘等多层次人力资源引进模式，持续优化公司人力资源结构。修订出台公司《本部薪酬体系与工资分配办法》，建立了部分急需岗位、稀缺人才招聘引进机制，试点实行协议工资制，实现有效激励和精准引进。

二是强化考核，畅通出口，闲庸懒散者有序退出。继续加大员工跨区域、跨单位交流力度，鼓励员工到艰苦一线及新业务单元建功立业。加大员工劳动合同续签的考核力度，明确续签标准和员工不胜任岗位要求认定标准等，对工作敬业度不够、素质能力不胜任等情况的闲庸懒散员工，依法依规降岗使用、培训转岗直至不再续签劳动合同。强化员工劳动纪律管理，对违法、违纪和违规员工按照国家法律法规和公司制度规定严肃惩处，直至解除劳动合同。

四、改革成效

（一）年度重点工作有序推进，经营效果得到明显提升

考核与分配各项改革举措实施以来，各业务板块年度重点工作有序推进。各生产单位全面落实重大安全风险管控措施，确保了各电站的安全稳定运行，截至 2017 年 8 月，未发生任何弃水损失责任事件；涉及产业布局

各项重点工作进展顺利，重庆区域配售电业务进展顺利，建立起了产权清晰、股权多元、制衡有效的法人主体和灵活高效的市场化管理机制；2017年上半年，在来水同比偏枯、电力营销和资本运作难度加大的情况下，实现了业绩增长，实现净利润达81.05亿元，较上年同期增长7.34%，公司市值最高突破3300亿元，创下历史新高。

（二）“能者上、庸者下、劣者汰”的选人用人导向和文化氛围初步形成

2017年人事管理试点改革，在全公司范围内起到了较好的示范效果，凝聚了广大干部员工对公司改革发展的思想共识，初步形成了“能者上、庸者下、劣者汰”的选人用人导向和文化氛围，显著增强了干部员工到金沙江一线、海外艰苦地区和新业务单位工作的意愿和主动性。截至2017年8月，乌白电力生产筹备组、三峡电能、国际运营公司等单位已累计调整补充干部员工800余人。通过本次试点改革，一方面对工作认真负责、积极作为、敢于担当的管理人员起到了很好的激励作用，树立了正确的选人用人风向标；另一方面对工作不认真、不负责、不作为、岗位履职满意度较低的管理人员产生了较大的触动，起到了较好的震慑和警示作用。

（三）公司“三定”管理水平持续提升，人力资源结构不断优化，员工退出机制逐步健全

长江电力结合目前巨型机组运营管理、流域联合梯级调度、跨区域多地管理等新要求，研究制定了《大型水电厂定员标准（试行）》和所属单位新“三定”方案，优化完善了电力生产组织模式和管理架构，进一步提升了公司“三定”管理水平。同时，以控制人员总量、精准引进人才、动态配置人才为主要抓手，持续优化公司人力资源结构，逐步建立了干部员工跨区域、跨单位（部门）交流任职的常态化机制，2016—2017年，公司处级干部跨区域、跨单位交流任职人数达到干部调整补充总数的50%。加强员工劳动合同续签考核管理，强化员工劳动纪律约束，有序畅通闲慵懒

散员工退出通道，为公司改革发展提供了坚强的组织保障和人才支持。

五、经验启示

（一）市场化经营机制是提升企业市场竞争力的有效途径

在电力体制改革背景下，发电企业新业务发展伴随着诸多困难和不确定性，通过建立科学的市场化分配机制，实现工资总额与利润总额同向联动，打破工资“等高线”，就能使企业转变固有的“铁饭碗”观念，更加主动适应市场变化、参与市场竞争、抢占市场份额，努力提升企业经营管理水平和市场竞争能力，推动新业务又好又快发展。

（二）严格的选人用人机制是促进企业健康发展的根本保障

人事管理制度改革的根本目的在于通过营造氛围、树立导向、建立机制，突破“管理人员能上不能下、员工能进不能出”制度瓶颈，严格做到以实绩和能力选人用人，将工作能力强、干事有激情、敢担当善作为的员工选拔到重要和关键岗位，实现企业发展与员工个人发展“双赢”，让不作为、不担当、作风不实的员工从重要岗位上“下”来，真正建立管理人员能上能下、员工能进能出的选人用人常态化工作机制，促进企业健康快速可持续发展。

（三）完善的考核与分配机制是激发企业活力的重要手段

在传统工资总额预算管理体制下，建立既有激励又有约束、既讲效率又讲公平、既符合企业一般规律又体现国有企业特点的分配机制，合理拉开收入分配差距，切实做到收入能增能减和奖惩分明，才能充分调动广大职工积极性，使国有企业真正充满活力，更好地引导新业务板块开拓市场，向国际化业务发展，在激烈的市场化竞争中立于不败之地。

10

内部市场化激发企业新活力

神华集团神东集团

一、基本情况

神华神东煤炭集团有限责任公司（以下简称“神东集团”）是神华集团的核心煤炭生产企业，地处蒙、陕、晋三省区交界区域，主要负责神府东胜煤田开发建设，主营煤炭生产及洗选加工，产品为优质动力、化工和冶金煤。矿区从 1985 年开发建设，目前有 16 个大型现代化安全高效矿井（含托管矿井），总产能超过 2 亿吨。现有 17 个直属部门，52 个下属单位，员工 3.3 万人。

神东集团是煤炭工业先进生产力的代表，是我国煤炭行业的领跑者，累计创造中国企业新纪录百余项，先后获得全国五一劳动奖、中华环境奖、全国质量奖、国家级科技进步奖等多个奖项。其中，《神东现代化矿区建设与生产技术》荣获国家科技进步一等奖。

二、改革背景

受经济形势的影响以及按照国家去产能政策的要求，2015 年神东集团煤炭销量比上年降了 24.39%，利润下降了 74.27%，2016 年初甚至出现亏损，企业内部存在的市场化程度不高、竞争机制不活、发展动力不足等问题进一步暴露出来，亟待解决。

在这种情况下，神东集团认识到，依靠传统的管理手段来持续提升经济效益遭遇瓶颈，必须对经营管理方式做深刻变革才有出路。按照中央精神，神东集团抓住供给侧结构性改革和国企改革的有利时机，经过内部认真研究梳理，从解决制约企业发展的核心问题入手，以建立市场化机制为方向，以全面提升企业发展质量、增强企业核心竞争力为目标，探索形成了一套较为成熟的内部市场化管理新模式，走出了一条向管理要效益、向机制要活力的新路子。

三、改革实践

神东集团内部市场化改革从体制机制改革入手，按照总体部署、试点先行、分步实施的思路，有条不紊地组织开展。

（一）搭平台，明确要素

一是明确参与主体。构建了包括公司、矿（中心、专业化服务单位）、区队、班组、员工在内的四级五层内部市场化体系，涵盖了公司所有生产单位和专业化服务单位的工作量可量化岗位，覆盖公司总人数的 75%。

二是建立制度体系。制定了《内部市场化管理办法》《内部市场化建设指导手册》和《内部市场化实施方案》等相关制度，建立完善了定额、定价、计量、预算、结算、仲裁等管控体系，为开展内部市场化工作提供了组织和制度保障。

三是确立定额价格体系和结算规则。依据工作性质和工作量，在确保工效持续提升的基础上，通过工作任务现场写实，确定了劳动定额、材料定额、机械台班三大定额体系，进而形成了涵盖生产、工程、搬家倒面、设备维修、机电加工、后勤服务等领域的价格体系，使生产要素及经营活动既有市又有价。同时，按照量质并重、量价结合的原则，以最有利于激发活力的方式，制定不同的结算规则。特别是针对专业化服务单位，通过“三定”（定产品服务基准价格、定服务与考核标准、定考核结算规则）

进一步完善交易规则。

四是完善技术支撑。建立独立的信息化系统，集成每个项目的内容、特征、数量、金额，实时生成相关数据，既满足“日清日结、班清班结”的管理要求，又为实时控制和下年度预算提供了基础，实现精细核算、精准控制、精益管理。

（二）顺流程，分级结算

经过一年多的试点、总结、完善，神东集团内部市场化形成了一个工作量由上至下层层分解、完成量由下而上层层结算的四级市场运作流程。

一级市场指公司与矿（二级单位）。年初公司与矿签订绩效考核责任书，明确各单位的生产经营任务指标和结算价格；矿与专业化服务单位签订内部市场化服务协议，统一确定各项服务价格，明确双方职责权利、考核标准、奖罚办法。一级市场通过公司内部银行按月结算。

二级市场指矿与区队。按照一级市场确定的任务指标，矿对所有可量化项目进行梳理，并按工序分解量化、定员定额，制定相应的价格体系，形成生产、工程、服务价格体系手册。矿内依据各单位职责划分及当月所干工程量，按照价格体系手册中的定额执行，按量结算工资。

三级市场指区队与班组。班组建立工资分配制度，规定工资计算、工作验收的详细办法。这里的班组是广义的班组，可以是承包机组、巷道、设施，也可以是承包岗位、项目、场所。

四级市场指班组与员工。工作任务实行组团制，确定当日工作量后，经自愿申请“自由组合”进行承包，所挣到的工资由小组内部进行二次分配，日清日结，员工都能清楚知道当日工资。

（三）改机制，激发活力

一是完善竞争机制。单位内部采取工程竞标，每月制定工程计划及价格，在全矿范围内进行公示，所有具备条件的区队均可参与，完成后根据量和质结算，对质量好、工期超前的追加额外奖励。员工间实行岗位竞争，全员下岗再上岗，班组长公推直选，择优录用；班组长选择技能水平高、工作能力强的员工从事“高福利”岗位；“高福利”岗位的员工自行挑选搭档，层层筛选，组成凝聚力、战斗力强的班组；剩余员工则由区队统一安排从事辅助性工作，拉开工资差距，提高竞争意识和工作积极性。

二是引入承包机制。在区队一级实行工作任务承包制，如掘锚队生产班定员 8 人，在确保生产安全、工程质量的情况下，经班长向区队申请通过后，当班可以安排 7 人出勤挣 8 人工资，使得员工间的工资差距由过去的 1000 元左右拉大到 4000 元左右，当班掘进工效提高了约 13%。

三是建立淘汰机制。竞标工程完成质量连续三次不合格的单位，取消其同类工程竞标资格。对“高福利”等岗位员工从日常评价、绩效考核、班组长评议等方面每月进行综合测评，排名末位的员工淘汰。对于岗位承包工程实行组长负责制，未入选工程团队的员工安排从事低收入工作。

四是健全考核机制。内部市场化考核将各项指标进一步细化分解，横向到边、纵向到底，真正实现了考核的硬约束。对材料配件费、水电费、修理费、内部租赁费、班中餐、办公费、图牌板及其他各类可量化的考核指标，制定考核基准，并与相关责任人、员工收入挂钩，节约按相应比例奖励，超支全部由相关责任人、员工承担。

四、改革成效

（一）转变了生产经营理念

在企业发展理念上，实现了由“扩大规模提效益”向“降低成本增效益”的转变；在企业经营理念上，实现了从“管理者驱动”到“市场机制驱动”的转变；在员工工作理念上，实现了由“单位发工资”向“自己挣工资”的转变。这些理念的转变，让每个区队、每个班组、每名员工都成为市场主体，每一位员工充分认识到自身工作的市场价值，都在想方设法增收降耗提收入，“人人都是经营者”“降成本就是增工资”等理念深入人心，“薪酬能增能减”落地于无形，主人翁意识明显增强，工作质量不断提升。过去设备坏了就换新的，现在能修的就自己动手修理，过去基本不回收或当报废材料处理的配件，现在加工后重新使用，像这样的例子越来越多。

（二）激活了企业的生命力与创造力

内部市场化使得每种生产要素都有价格，每个环节的企业行为都被量化，每个生产者都变成经营者，每项工作都变成投入产出。内部市场化机制建立后，在降低成本的同时提高了产品及服务质量，并弱化了行政干预，减少了管理内耗，充分激发了广大员工的主观能动性。

（三）提升了企业经济效益

内部市场化是公司转换经营机制的重要抓手、“瘦身健体”和降本增效的有效利器，打开了深化改革的新局面，为企业内部注入了“活水”。神东集团 2017 年上半年人均工效 83.46 吨/工，完成利润 154.78 亿，完成产量 8577 万吨，分别比上年同期提高了 14.87%、343%、5.37%。

五、经验启示

（一）下不下决心是关键

内部市场化是一种管理机制，也是一种薪酬分配机制，推行内部市场化会触动所有人的利益，推行过程中会受到各种各样的阻力，必须要下定决心，克服困难，落实到底。尤其是公司一把手和领导班子要高度重视、亲自落实、带头推动。

（二）会不会实施是考验

通过市场化方式来提高国有企业的经济效益、激发活力，是企业多年来想解决但未能解决好的一个问题。神东集团运用改革的思维，从机制破立上入手，不断摸索、试点、完善、推开，建立了一套相对完备的市场化运营机制，并能够在企业内部顺利推行，找到了一条国有企业市场化运营的实现途径。

（三）有没有科学的定额与价格体系是基础

推行内部市场化的首要工作是制定完善劳动定额、消耗定额和费用定额等定额标准，构建全面的定额管理体系。价格是内部市场化运行的核心，要建立起以工资单价、材料消耗为主要内容的价格体系，编制形成内部价格目录，实现生产要素及经营活动既有市又有价，保障服务与接受服务者双方权益。

（四）能不能实现员工与企业双赢是动力

企业要与员工共享内部市场化的成果，员工收入要有所增长，这是内部市场化推行效果好坏的关键。通过工资与工作量和质量挂钩、联动、考核、兑现，以考核促落实，以奖惩保质量，真正实现多劳多得，实现工资分配公正透明，进而增强员工主人翁意识，是企业内部市场化必须要建立的长效机制。

11

坚持“三有三重” 优化选人用人 打造干部队伍聚势新能力

中国移动四川移动

一、基本情况

中国移动通信集团四川有限公司（以下简称“四川移动”）作为中国移动的全资子公司，是中西部地区网络规模最大、服务客户最多的通信运营商。目前，四川移动年运营收入300亿元，已在川建成基站12万个，服务客户5500万，提供就业岗位20万个，员工2.4万余人，大学本科及以上学历员工占比62.4%，平均年龄33岁；自成立以来，四川移动累计建设投资1000亿元，累计纳税242亿元，连续13年被评为省级纳税大户，在实现国有资产保值增值的同时有力地促进了地方经济发展。

二、改革背景

近年，四川移动积极落实集团公司“大连接”战略部署，重点在组织机构、新能力布局、运营管理模式等方面推进改革创新，取得了较好成效。但在干部队伍建设上，还存在能力不足、结构老化、职业倦怠、机制不畅等问题。为解决这些问题，四川移动以习近平总书记强调的“对党忠诚、勇于创新、治企有方、兴企有为、清正廉洁”20字标准为根本遵循，秉持省公司倡导的“队伍是核心竞争力，抓好各项工作的关键在队伍，队伍的关键是干部，干部的关键是班子”这一中心思想，明确提出要坚持

"三有三重"干部标准，以存量经营和能力重塑为抓手，围绕增强干部队伍"应势而谋、因势而动、运势而为"的聚势能力，构建"聚方向之势、聚规则之势、聚提升之势、聚实干之势"的选人用人机制，在公司内部全力营造风清气正、崇廉尚实、干事创业的氛围，推动公司发展再上台阶。

三、改革实践

（一）坚守原则性、聚方向之势，明确选人用人标准

"秉纲而目自张，执本而末自从"，四川移动结合公司实际，提出干部队伍建设必须践行"三有三重"。"三有"即"有激情、有思路、有责任"，体现选什么样的干部：激情是先决条件，激情不足或激情减退，放到重要岗位也难以成事；思路是必要技能，思路不清策略不明，机会当前也难以精准把握；责任是成事保障，遇事推诿缺乏担当，能力再强，团队各自为政也是一盘散沙。"三重"即"重品德、重绩效、重能力"，体现怎样评价干部：品德是底线，品德不端一票否决；绩效是标尺，是重要但非唯一的标准；能力是重点，在品德、绩效相当时，是衡量取舍干部的关键。

（二）增强规范性、聚规则之势，优化选人用人机制

"没有规矩不成方圆"，四川移动将实事求是、循制而行作为选人用人的重要原则，坚持竞争性选拔，把规矩贯穿选人用人全过程。

一是全面统筹。因事择人，竞争择优是选人用人的主要方式，综合贡献、绩效、时间维度，坚持实施"四个统筹"，实现公司利益最大化。注重统筹全省布局与重点区域，班子建设通盘考虑年龄结构、专长互补和相互搭配，实现全局优化，同时重点加强规模较大分公司班子力量确保领衔能力。注重统筹业务发展与干部历练，干部流动遵循有为有位，业绩优则担责重，业绩无起色者调整岗位；通过干部大规模、全方位轮岗推动干部复合培养，近期调整中1/3人员跨专业交流。注重统筹整体效能与人岗适配，竞争性选拔综合衡量任用人选，不简单以成绩排名、以业绩指标及推

荐率论优劣；着眼整体效能平衡本地与异地干部配比，艰苦地区注重培养本地干部，三州地区本地干部占比55%，保持班子适度稳定。注重统筹公司利益与个人诉求，既从严管理干部，要求坚决服从工作安排，又关心关爱干部，综合衡量历史贡献、工作表现、在外时间等因素，解决异地干部工作生活兼顾诉求，进一步提升了干部敬业度和归属感。2016 年调整二级经理 37 人，选拔二三级经理 58 人、二级副后备 74 人，整体满意度较高。

二是全面评估。注重实绩、群众公认是选人用人的重要标准。在干部甄选中，坚持“三有”定性谈话与“三重”定量测评相结合，提高识人的精度和分辨率。谈话中发现线索，针对性扩大谈话范围，多方了解、确认真实情况。测评中区分职能部门、生产中心、市州公司功能定位与侧重点分类设置指标，投票范围综合考虑代表性、关联性和知情度。2016 年干部考察谈话超过 4000 人次，参与测评人员超过 10000 人次。

三是全面监督。围绕“纪律、民主、监督”三个着力点，初步构建事前报告、事后评议、违规追责的干部选拔任用工作监督体系。首先是抓紧纪律约束，完善制度流程标准，规范审批流程，强化分公司组织和经理职数职级管控，落实监督责任；其次是抓实民主评议，加强群众监督，强化选人用人评议结果运用，同时要求各班子在民主生活会中，积极开展批评与自我批评；第三是抓严干部监督，从严落实“凡提四必”，督察整改提升规范性。2016—2017 年评议覆盖 22 个下属单位及 348 名新提任人员，选人用人总体满意率 98. 9%；2016 年人事部门函询 37 人、提醒 21 人、诫勉 2 人。

（三）重视科学性、聚提升之势，建立全景评价体系

客观、公正、精准的干部评价是促进改进短板、创先争优的基础。四川移动坚持既看显绩又看潜绩，构建了“考核与考察联动、评价与应用结合”的全景评价体系，综合考核侧重业绩，年度考察侧重效能，激励兑现拉开差距，充分掌握干部工作业绩、思想动态和廉洁情况，提升队伍凝

聚力、执行力、创造力。

一是综合考核，既看业绩表现又看党建成效。实施蓝黄红牌考核机制，蓝牌嘉奖领先者，黄牌预警落后者，红牌惩罚掉队者；考核结果挂钩绩效，坚持正态分布，业绩造假一律追溯倒扣；考核结果挂钩薪酬，拉开差距，干部月奖最大差距达 30%，同类同职级正职全年总收入最大差距达 25%，副职达 27%。坚持党建廉洁一票否决，挂钩主体责任、监督责任、领导责任确定干部年度绩效等级，充分体现党建与发展两手抓、两手硬。

二是年度考察立体全面掌握队伍运作效能。班子考察由省公司领导班子成员带队，重点关注班子履职情况、业务亮点与问题、队伍与作风建设、员工士气及满意度等方面；坚持中层常态化述职述廉述党建；实施多维度多角度考量，基于相互支撑关系开展 360 度测评，员工现场听取领导干部陈述，领导干部自觉接受组织和群众监督，针对监督部门实施因事考评，360 度测评作为参考，党委最终认定绩效，鼓励监督部门敢于履职尽责；动态跟踪反馈，党委听取考察汇报，作为后续班子调整重要依据，对考察单位全部反馈考察情况，重要问题由公司领导谈话沟通，督促改进。

三是激励兑现拉开差距、激励先进、牵引重点，激发活力。月度综合奖励按季考核、按月兑现，同一序列干部差距达到 30%，保证激励感知；年度清算奖励兼顾单位绩效与个人表现，对年度红线实施摸高奖励、触线扣罚；重点专项奖励聚焦关键发展指标及业务，设置“突出贡献奖励”“总经理特别奖”肯定当年贡献；针对资深经理，明确定位实施差异化待遇，将改任资深经理作为对干部过往工作表现与所获成绩的一种肯定，待遇与改任前两年的个人绩效挂钩。

（四）体现时代性、聚实干之势，强化实践历练育人

“好干部不会自然而然产生。成长为一个好干部，一靠自身努力，二靠组织培养。”四川移动强调干部的引领作用，着力强化各级干部带队伍的责任和意识；同时坚持实践育人，在实践中选拔、锻炼、培养干部，有

效促进干部快速成长和转身。

一是突出干部引领。明确带好队伍，培养接班人，是干部的重要职责，各级领导干部是人才培养的第一责任人，带好队伍既要尽责抓又要带头做，既要交任务又要教方法，既要严要求又要会激励。要求各级干部做好表率，在工作和学习中率先垂范，既要在工作中身先士卒、带头攻坚克难，又要加强学习、持续提高领导能力和人格魅力。经理人员要担任各级后备导师，教方法、传经验、辅实践、促成长。领导干部要带头上讲台，2016 年二级经理授课 86 人次，三级经理授课 314 人次。

二是突出实践育人。坚持“三个实践”，从“用”的角度出发，有针对性地做好“备”的工作，发挥各级人才资源池“造血”功能。在实践中选拔，建立 74 名中层副职后备及 545 名省级青优人才队伍，固定培养周期，动态吐故纳新，管理人员梯队初步成型。在实践中锻炼，通过艰苦地区支援、跨专业交流、项目课题制等多种形式，鼓励储备人才在实践中建功立业。在实践中成长，全量测评明确培养方向，跟踪考评掌握成长轨迹，酌情破格鼓励竞争参与。2016 年竞争性选拔提任的 15 名总经理助理中有 14 人为副职后备，人才培养初见成效。

四、改革成效

通过抓好选人用人工作，四川移动营造了任人唯贤、风清气正的良好氛围，切实有力地保障了各项工作开展，体现出三大方面成效。

一是选人用人“风向标”深入人心。集团公司对下属单位 2016 年度“一报告两评议”结果显示，四川移动选人用人工作总体满意率达 97.03%，在集团内部保持明显领先；在各评议分项如“本单位执行选人用人工作政策法规情况”等 3 个方面的满意率均提升至 90% 以上，不满意率普遍较上年明显下降 5 个百分点以上；78.22% 的人认为公司选人用人工作不存在突出问题，该比例较上年大幅提升 10.48 个百分点，在认为存在问题的各评议分项如“领导干部用人上个人说了算”等6个方面的得票率较上年显著下降，降幅最低5.46%，最高14.06%，充分说明公司干部管理“公信力”显著增强。

二是队伍结构“断层化”有效解决。公司党委管理的中层干部中第一学历在全日制本科以上人员占比较2014年提升11.8%，2016年新提任总经理助理中80后占比达到43%，年轻力量及时充实到下属单位领导班子中发挥作用，队伍知识、能力、年龄结构更加适应转型发展需要，公司员工“精气神”更加饱满，进一步搭建起了一支“能为、善为、有为”的干部队伍。

三是公司整体发展水平向更高攀升。经营业绩再创佳绩，主要关键指标排名集团前列，截至2017年7月，本地收入份额59.6%，位于集团体系内第5名；累计收入增幅7.6%，创近三年新高；在省内通信市场中，客户占比份额超70%，牢牢把握了行业主导地位。创新能力和管理水平持续提升，荣获通信行业企业管理现代化创新一等成果和集团“科技进步与业务服务创新奖励评选”一等奖，多项专业工作考评位居集团前茅，在2016年四川国有企业履行社会责任排行榜中排名第三，名列通信行业第一。

五、经验启示

（一）明确导向、全面统筹是选人用人制度改革的坚强指引

“用一贤人则群贤毕至，见贤思齐就蔚然成风”。选什么人就是风向标，就有什么样的干部作风。改革选人用人制度，核心就在于必须旗帜鲜明地树立选人用人的好导向，立好标准、定好标尺、全面统筹、强化执行，在企业内部推动形成干事创业的好环境、风清气正的好生态。

（二）科学评价、客观公正是选人用人制度改革的坚定基础

选人用人是一种组织行为，更是一个过程。改革选人用人制度，基础

在于干部实绩考评与综合评价手段是否公正到位。选准用好干部需要有严格的标准、精密的标尺，但又不能简单地照着模子套、机械地用尺子量，必须在全面了解、综合分析的基础上竞争择优。

（三）风清气正、求真务实是选人用人制度改革的坚实保障

“其身正，不令而行，其身不正，虽令不从”。改革选人用人制度，关键取决于生态环境是否有利于优秀干部脱颖而出。旗帜鲜明地崇尚实干，态度明确地突出忠诚干净担当，方能使整体氛围风清气正，干部员工凝心聚力，好的作风一级一级向下传递。

12

构建契约化经营管理模式
实现企业扭亏脱困

鞍钢朝阳钢铁

一、基本情况

鞍钢集团朝阳钢铁有限公司（以下简称“朝阳钢铁”）是鞍钢集团鞍山区域三大钢铁基地之一，为鞍钢全资子公司。公司坐落在“三燕古都”辽宁省朝阳市，是扶持辽西北经济欠发达地区经济发展的支柱企业。2007年4月开工建设，2010年11月份实现全线试生产。公司规模定位年产400万吨精品板材，分两期实施，一期工程产能200万吨，为拥有焦化、烧结、炼铁、炼钢、轧钢等工序的全流程钢铁联合企业。目前，在岗员工2140人，平均年龄34.1岁；外雇协力1350人，从业总人数3490人。

二、改革背景

朝阳钢铁自投产之日起即连年亏损，进入2015年下半年后，市场出现了断崖式突变，企业步入生死存亡的境地，成为国务院国资委认定的“僵尸企业”。为了保国有资产、保企业生存、保职工饭碗，2015年底，鞍钢集团决定对朝阳钢铁引入契约化经营管理模式，变“输血”为“造血”，在明确经济责任指标、实施风险抵押的基础上，朝阳钢铁按“简化、瘦身、放权、搞活”原则，破立并举，对企业进行了大刀阔斧的体制机制改革，破解了体制不优、机制不活、动力不足等问题，构建了适应市场竞争的高效管理体制和运行机制，并通过狠抓管理提升，发挥党委领导作用，实现扭亏脱困，走出了一条深陷困境钢铁企业的重生之路。

三、改革实践

（一）按照“放权、搞活”原则，建立内部市场主体

按“模拟法人”对内设机构进行优化再造和职责匹配，完成基层单位由“成本中心”变为“利润中心”和公司部门由“权力管控型”变为“服务管理型”的顶层设计，从外部物料购入到内部单位间终端产品作为“商品”有偿转移，从其技术标准、计量验质、成本构成到市场价格、利润核算、经营审计等建立市场化经营绩效评价体系，使各单位转变为“独立核算，分灶吃饭”的内部市场化主体，并通过签订契约化承包经营合同，明确目标、责任、权力和利益，赋予其生产组织、薪酬分配、干部使用和物料采购、产品销售的业务实施与结果确认等权利，破解企业内部管理缺乏市场化竞争机制驱动而主要靠行政指令“人治”驱动的动力不足问题。

（二）按照“简化、瘦身”原则，建立精干管理体制

公司机关实行“大部制”，由原来的 13 个减少为 9 个，部门取消内设科室机构，由部门长直接管理到岗位人员；基层单位实行专业化，由原来的 3 个厂扩到 7 个，厂机关取消“四室一会”，合并成立一个综合厂机关，由厂领导直接管理到机关岗位，各厂取消基层作业区，直接管理到工段、班组。此外，优化编制设置，全公司管理技术岗位精简 47.6%，生产服务岗位精简 30.2%。通过机构和岗位优化，共取消内设科室 77 个，压缩了管理层级，实现了高度扁平化和深度专业管理，解决了管理“层级过多”“专责不清”和“头重脚轻”等体制不优问题，全员劳动生产率一次性提高 60%，达到了行业先进水平。

（三）按照“竞争、贡献”原则，建立高效运行机制

按“岗位靠竞争，收入靠贡献”实施干部、用工和收入制度改革。

打破干部工人界限，变“身份管理”为“岗位管理”。通过从公司机关到基层生产厂、从高职级管理岗位到低职级生产操作岗位的逐层逐级逐岗全员竞聘，有16人被选聘到处级岗位作为承包经营者，全公司共有64名工人身份的优秀人才竞聘到管理技术岗位，198名原管理技术岗位人员落聘安置到生产服务岗位，其中包括77名副科级及以上干部。有578名职工按双向选择进行内部交流安置，68名职工办理了“内退”，18名职工依法与公司协商一致有偿解除劳动合同，1454名劳务工被置换。通过竞争，实现了人员优化精简、干部能上能下和员工能进能出，从“要我干”转变为“我要干”，解决了“人员冗余”和“效率低下”问题。

打破大锅饭，按照“效益分区、人员分类”建立承包经营者年薪制和一般职工岗薪制的差异化薪酬分配体系。通过“严考核、强激励、硬约束”的薪酬精准考核体系的构建与实施，实现了收入能多能少，激发了企业“内生活力”，实现了干与不干、干多干少、干好干坏“三个不一样”，解决了动力不足问题。

（四）按照“效率、效益”原则，深化内部革新挖潜

朝阳钢铁打破“等、靠、要”传统思维，以问题为导向，建立“抓两头，控中间”工作思路。**一是**按照“中间”效率最大化原则，围绕提升产量规模、降耗能源消耗、开展原燃料品种替代、推进技术创新、实施绿色制造等方面开展工作。通过节俭、低耗、精细、高效内部产品制造的“中间”管控，2016年和2017年上半年朝阳钢铁生铁成本在56家钢铁行业中分别排名第14位和第5位，比其平均成本低46元/吨和223元/吨，提高了产品低成本市场竞争力。**二是**按照“两头”效益最大化原则，因“市”而动、顺“市”而为、乘“市”而上，精准把握购销市场。在采购上，研判市场，抢抓机遇、避峰就谷、灵活施策，2016年和2017年上半年采购

创效分别为6160万元和8800万元。在销售上，加大供给侧结构调整力度，以客户需求为导向，变制造商为服务商，为用户量身定制14个规格产品，直供客户比例提高到86%，产销率实现100%。

（五）按照“保障、监督”原则，全面加强党的建设

公司党委始终坚持党在国有企业“把方向、管大局、保落实”不动摇，将党组织建设与企业改革同规划、同实施，相继完成了公司党委的换届改选工作和8个基层党委、39个党支部的组建与换届改选工作。全面开展“两学一做”学习教育，不断夯实党建基础工作，建立健全党建考核体系，在改革求生的阵痛期、生产经营的困难期，充分发挥党委领导作用，为改革稳定和生产经营健康发展提供了坚强的政治保障。建立完善监督体系，整合组织、纪委、监察、审计等监督职能，围绕工作重点、改革难点、群众热点等问题，开展定期或专项监督，促进了重点工作的推进、难点问题的解决、管理水平的提升、干部作风的转变，密切了干群关系，提升了党组织的凝聚力，使职工共享改革发展成果。

四、改革成效

（一）职工思想发生根本性转变

不论是领导人员还是普通职工的思想均发生了根本性转变。领导人员由之前的只关心完成生产任务，转变为在完成生产任务的同时必须实现效益最大化，市场意识、服务意识、风险意识、成本意识深入人心；普通职工由之前的“干一天活拿一天钱”转变为“多干活才能多拿钱”。变“企业发工资”为“个人挣工资”，形成人人关心企业效益、人人主动提升工作能力的局面。

（二）企业竞争力显著增强

契约化管理、“分田到户”、回归内部单位经营主体自然属性共同构建了责权利对等的一体化管理体系，责任落地、权力下放、利益挂钩等举措

全面调动起干部职工的积极性，最大限度地激发了内生活力，最大限度地挖掘了员工潜力，企业生产管控、降本增效、技术创新、经营能力等方面的管理水平得到全面提升，竞争力显著增强。产品直供比例达到 86%，长协客户由 5 家增加到 14 家，产销率实现 100%。

（三）经营业绩扭亏为盈

契约化管理构筑了具有朝阳钢铁特色的“简化、瘦身、放权、搞活”新模式，体制不优、机制不活问题得到了有效解决。2016 年 1 月份顺利完成内部管理体制机制改革，自 3 月份实现连续盈利，2016 年全年累计盈利 9241 万元，与承包经营控亏 7.5 亿元指标比，减亏增效 8.4 亿元，实现了朝阳钢铁投产 6 年以来由亏转盈的重大转折和持续盈利的历史性突破。2017 年 1—7 月份经营成果持续攀升，实现盈利 3.12 亿元，企业盈利势头强劲。

（四）社会影响力明显提高

朝阳钢铁通过契约化管理实现扭亏为盈后，受到了辽宁省和各级媒体的高度关注和充分肯定，获得了“辽宁省先进集体”殊荣，成为辽宁省省属国有企业参考借鉴的模板标杆，作为典型案例提供辽宁行政学院用于教学。同时，朝阳钢铁的改革重生吸引了国务院国资委《央企动态》栏目、《人民网》、《中国钢铁新闻网》、《中国冶金报》、《辽宁日报》、《辽宁电视台》等媒体的高度关注和多次报道。

五、经验启示

（一）实现扭亏脱困，必须深化企业内部改革

改革是企业扭亏脱困的唯一选择，不改革就没有出路。企业必须要结合自身实际，在管理体制、经营模式、选人用人、薪酬分配等方面出实招、出新招，才能不断增强企业活力、影响力和抗风险能力，实现扭亏脱困，实现国有资产保值增值，实现企业稳定发展。

（二）实现扭亏脱困，必须建立健全市场机制

发挥市场机制作用，全面激发内生活力是朝阳钢铁扭亏脱困的关键。朝阳钢铁通过构建责、权、利对等的内部市场化运行机制，将市场压力层层传导到企业内部每一个“细胞”，解决了国有企业外部是市场经济大环境、内部是非市场机制，市场压力不能有效传导，管理效率低下，经营活力缺乏，员工积极性不高，企业管理模式僵化等顽症，将外部市场压力转变为企业发展内生动力，将内生动力转化为经营实力。

（三）实现扭亏脱困，必须大力开展管理提升

朝阳钢铁深化内部革新挖潜，围绕效率、效益两个关键要素，扎实推进供给侧结构性改革，以创新驱动提质，靠管理增加效益，落实低成本战略，全面控制生产经营成本。增强市场应变能力，积极应对市场变化，变制造商为服务商，增强了企业的核心竞争力。

（四）实现扭亏脱困，必须全面加强党的建设

在朝阳钢铁大刀阔斧的改革和脱胎换骨的管理提升过程中，企业党委把方向、管大局、保落实，发挥了领导作用，各级党组织为顺利推进改革和降本增效起到了战斗堡垒作用。同时扎实推进干部作风转变，各级干部走在了改革的最前沿，发挥了干部表率作用，带领全体职工走出了企业长期亏损的泥潭，实现了企业的可持续发展。

13

分类考核　精准激励 着力提升企业成本竞争力

中铝公司中铝股份

一、基本情况

中国铝业股份有限公司（以下简称“中铝股份”）于 2001 年 9 月 10 日注册成立，是中国铝业公司（以下简称“中铝公司”）的控股子公司。公司集铝土矿、煤炭等资源勘探开采，氧化铝、原铝和铝合金产品生产、研发、销售，国际贸易，物流产业，火力发电、新能源发电于一体，拥有世界领先的铝工业自主知识产权，综合实力位居全球铝行业前列。2016 年公司总资产 1901 亿元，营业收入 1441 亿元，利润总额 16. 6 亿元。

成立 15 年来，中铝股份以保障国家战略资源开发利用为己任，在国防军工、航空航天、轨道交通、民用高端合金等方面发挥了极为重要的作用，先后为中国第一颗人造卫星、第一座核反应堆、第一艘核潜艇以及长征系列火箭、神舟系列飞船、嫦娥工程、大飞机、航空母舰、高速动车组等国防军工、建筑交通等提供了大量高品质铝合金关键型材。

二、改革背景

国际金融危机爆发后，特别是 2014 年，受行业产能严重过剩、价格持续低迷、市场竞争激烈，以及公司主要产品成本高企、体制机制不活等内外部客观因素影响，中铝股份陷入严重亏损。

面对严峻的经营形势，从 2015 年起，中铝股份坚持“扭亏脱困转型升级”的工作总基调，一方面创新运用习近平总书记提出的“加减乘除”工作思路，深化落实供给侧结构性改革，大力“瘦身健体”提质增效，科学掌控上游，优化调整中游，跨越发展下游，加快产业布局优化。另一方面，按照中央深化国企改革的部署要求，全面深化内部管理改革创新，推进精准管理，实施成本领先战略，以加强企业绩效管理、分类考核精准激励为抓手，搭建有利于企业成本竞争力提升、有利于管理责任落实、有利于员工积极性提高的考核激励机制，着力打造具有国际竞争力的世界一流企业。

三、改革实践

坚持按市场规律办事，对标市场、对标先进，用市场倒推成本，用成本倒逼改革，对完全成本处于行业前 25% 的企业，建立以利润为主、成本为辅的业绩考核体系；对完全成本处于行业 25% 之后的企业，建立以成本为主、利润为辅的业绩考核体系；分类考核、分等挂提、过程督导、精准考核、严格兑现，加强任职评价，激励全部企业持续优化经济技术指标，着力打造成本竞争优势，不断提升管理水平和利润贡献能力，确保年度整体目标实现。

（一）对标先进，明确精准考核激励目标

一是外部对标找差距。为使全体干部员工认清差距和不足，增强改革的自觉性和紧迫感，夯实精准考核管理的工作基础，中铝股份全面强化对标管理，主动向先进企业对标、向先进生产力对标，先后集中组织矿山、氧化铝、电解铝、碳素、发电专业等十多次学习观摩会、研讨会，引导干部员工从项目设计、投资优化、运营管理、体制机制、劳动用工等全方位与先进企业对标，通过边对标、边学习、边分析、边实践、边总结、边确立新的标准，使全体干部员工深刻感受到了行业市场的新变化、新格局，

危机意识、竞争意识、赶超意识明显增强。

二是内部对标找不足。公司坚持高标准、严要求，不断自我加压，挑战极限，通过建立内部对标体系和平台，要求企业各项指标紧盯行业前三，完全成本全部进入行业前50%。公司领导带头，坚持每天早7：30召开早调会，及时指导和精准管控生产运营；逐月进行经济活动分析，跟踪研究企业对标和成本利润变化情况。各级企业围绕对标先进、创新创效、管理提升等主题，深入开展劳动竞赛、创建模范工厂等活动，为全面实施精准考核激励奠定了坚实基础。

（二）分类考核，完善业绩考核激励体系

在深入学习贯彻国有企业改革“1＋N”系列文件的基础上，公司按照《中国铝业公司板块及企业分类与管理改革实施方案》精神，进一步创新分类改革、分类考核激励工作思路，构建了“1＋9＋4”业绩考核激励体系，形成了1个铝企业主体考核方案、9个个性化企业考核方案、4个专项考核激励方案。**一是**在1个主体考核方案中，公司对电解铝、氧化铝生产企业，建立了15等“成本节约分享”超额累进激励办法。**二是**对9家个性化的特殊类型企业，采取“一企一策”的办法，实行分类管理、分类考核。**三是**对电解铝合金化、氧化铝矿山、炭素、工程项目4个专项，分别制订专项考核激励方案。通过制定差异化的考核标准，明确不同的经济考核指标，并结合公司整体运营质量进行动态调整，形成年度考核和任期考核相结合、考核结果与奖惩措施相挂钩的考核制度。

（三）精准激励，激发企业经营管理活力

公司在分类考核的基础上，围绕成本、利润等主要考核指标，突出工效挂钩，明确企业成本每改进1元，领导班子按3000元计提奖励，员工工资总额按降本增效额的8%计提奖励，成本降得越多，奖励额度越高。特别是对9家特殊类型企业和4个专项工作，进一步细化完善了激励办法。

一是细化完善9家特殊类型企业激励办法。对中铝国贸，建立“超额

累进提成”的激励办法；对郑州研究院，建立关键技术突破奖励工资和考核得分与工资总额挂钩办法；对宁夏能源，建立“效益改进提成”的激励办法；对中铝物流，建立“超额利润提成”和“物流费用降低额分享奖励”的激励办法；对山西中润，建立“超额利润奖励工资”的激励办法；对中铝能源、中铝香港、吕梁矿业和中铝上海，建立工资总额与重点工作任务考核得分挂钩的激励办法，促进企业管理提升，确保公司目标实现。

二是细化完善4个专项工作激励办法。在电解铝合金化专项激励方面，设置合金化达产达标奖、新产品开发奖、废铝使用奖、合金创效奖四项专项奖励，鼓励企业达标达产、提高合金产品附加值；在氧化铝矿山专项激励方面，设置自采矿奖、成本优化奖以及矿长奖，激励矿山业务单元提高自采矿量、降低综合供矿成本，调动矿长工作积极性；在炭素专项激励方面，设置指标优化奖和外销创效奖，鼓励企业发挥设备能力，提高成型块和焙烧块产量，在满足自用基础上，增加炭块外销或减少外购，增加经济效益；在工程项目专项激励方面，明确项目责任人考核奖惩办法，在工程安全、工程质量、建设进度、投资控制、投资收益和项目建设管理合规性方面建立奖惩机制，确保投资项目干一个成一个。

（四）严格兑现，落实考核结果“三挂钩”

公司坚持将业绩考核结果与企业领导班子薪酬挂钩、与班子任职挂钩、与员工工资总额挂钩，并由实体企业推广到本部职能部门。

一是对企业领导人员采用“月度跟踪警示、季度小结约谈、半年任职评估、全年综合评价”的考核办法，加强过程考核和年度评价：干得好，得荣誉、获奖励；干不好，挪位置、摘帽子。仅2017年上半年，因未按时完成考核指标，公司对1家所属企业班子成员进行了调整，对2家所属企业班子成员开展了任职评估，对3家所属企业进行约谈。

二是公司在年度工资总额预算中预留2%～3%作为“奖金池”，用于员工工资总额挂钩奖励、一次性“增效奖”、公司总裁特别奖等支出，实行预考核预兑现，即时激励完成年度目标任务好的企业和团队。2017年一、二季度，共奖励13家企业绩效工资1704万元，对4家未完成指标的企业相应扣减绩效工资，有效调动了企业员工的积极性。

四、改革成效

（一）成本竞争优势凸显

通过持续对标先进，深化分类考核、精准激励，有力促进了公司成本竞争力提升。2015年以来，公司氧化铝、电解铝完全成本分别降低698元/吨、3865元/吨，成本控制逐步跑赢市场价格。2017年上半年，公司主要经济技术指标进一步优化，氧化铝成本进入行业前40%行列，电解铝成本进入行业前45%行列，成本竞争力正在从行业中下游迈向中上游，多家所属企业已经达到行业领先水平。

（二）经济效益持续改善

通过实施精准考核激励，不断向管理的精细化要效益，运营质量和效率效益得到了提升。公司在2015年实现整体扭亏的基础上，2016年实现利润16.6亿元，2017年上半年继续保持向好发展的经营态势，企业形象大为改观。2017年7月份以来中铝股份股价一路大幅上扬，成为沪市有色金属板块上涨的领头羊和风向标，被投资机构和投资者奉为有色板块的“龙头股”。

（三）提质增效成果明显

通过专项考核激励，专项工作提质增效成果显现。2017年上半年，合金产量同比提高25%，合金利润总额同比增加3092万元；氧化铝矿山自采矿量同比提高3.9%；炭素焙烧块产量同比提高21%，一级品率同比提高35%，天然气单耗同比下降11%；新建项目均实现提前竣工、提前投产，投产即赢利。随着公司产业布局和产品结构持续调整优化，综合竞争实力正在逐步增强。

（四）工作积极性显著提高

通过及时考核兑现，严格落实考核结果“三挂钩”，使公司内部逐步扭掉了“四个坏习惯”，培育形成了“讲忠诚、讲尽责、讲拼搏、讲实效”的新风正气。全体干部员工自觉落实中国铝业公司党组提出的“状态再好、节奏再快、力度要大、办法要多”工作要求，主动担当作为，在薄弱环节上补短板，在难点问题上求突破，在重点工作上见成效，埋头苦干、奋发有为，成为公司全面盈利的坚实支撑。

五、经验启示

（一）做好绩效管理是提升企业竞争力的有效手段

绩效考核是实现企业战略目标的“指挥棒”，具有鲜明的导向性。根据企业不同时期的工作目标，建立公平公正的绩效评价体系和科学高效的考核激励机制，全方位实施好绩效管理，必将促进目标任务实现。中铝股份围绕成本利润，扭住关键，久久为功，实现竞争力提升。

（二）精准考核激励是激发员工内生动力的方法路径

通过实施分类管理，精准考核激励，根据特定任务建立点对点的激励机制，更能够激励团队成员的主动性和创造性，更能够唤起每个人自发的实现目标任务，让有惰性的人员动起来、跑起来，实现员工由“要我干”向“我要干”转变，团队由“参差型”向“整体提升型”转变，从而增强企业活力和员工内生动力。

（三）树立价值创造理念是打造优秀文化的重要内容

企业文化的核心是绩效文化，绩效导向决定员工的工作方向，树立“价值创造”理念，建立以“价值分配”为导向的绩效分配文化，就会引领员工努力工作、创造价值，带给员工正能量。长此以往，将会打造形成企业优秀的绩效文化，营造良好的干事创业氛围，凝聚干部员工的巨大力量。

14

构建市场化经营机制　有效激发企业活力

南航集团南航股份

一、基本情况

中国南方航空股份有限公司（以下简称“南航股份”）是中国南方航空集团公司（以下简称“南航集团”）控股子企业，现拥有波音B777、B747、B737和空客A380、A330、A320等大中型客货运输飞机720架，形成了以广州为中心、覆盖国内、连通国际的航线网络。南航股份是国内第一个加入国际航空联盟的航空公司，通过天合联盟航空公司的航线衔接，可通达全球1062个目的地，连接177个国家和地区，到达全球各主要城市，成为“一带一路”沿线最大航空承运人。2016年，南航股份实现旅客运输量1.15亿人次，连续38年居国内各航空公司之首，机队规模和年旅客运输量均列亚洲第一、世界第四。目前，南航股份已发展成为中国飞机数量最多、航线网络最发达、年客运量最大的航空公司，也是国内安全星级最高、安全业绩最好的航空公司。

南航股份现有18家控股子公司、14家联营和参股公司以及4家合营公司，其中航空运输主业的有14家分公司和6家控股子公司（包括厦门航空、重庆航空、珠海航空、汕头航空、贵州航空、河南航空股份）。在国内24个城市设有营业部，在68个国外城市设有办事处。员工总人数超10万人。

二、改革背景

自改革开放以来，南航股份经过长期发展，具备了较强实力和资源优势。**一是**具有较好的规模优势，机队规模达 700 架，居亚洲第一；年旅客运输量多，占中国民航的 1/4；分子公司、营业部和办事处多，航线网络发达。**二是**技术实力较为雄厚，拥有独立培养飞行员能力，拥有领先的飞机维修和航空发动机维修能力，信息化建设处于行业领先水平。**三是**具有较好的服务品牌形象。截至 2016 年底，明珠俱乐部会员接近 3000 万，客户口碑良好。

同时，公司也清醒地认识到当前存在的困难与挑战：发展方式比较粗放，经营机制不够灵活，产业结构比较单一，尤其是对标国际先进水平，南航股份在运行效率和管理水平等方面仍存在一定差距。经过认真分析研究，南航集团认为在经营机制方面存在一些较为突出问题。**一是**当前南航集团、股份两级机关分设已不适应实际发展的需要，机构重叠、业务重合、责任不清、管理效率低等问题较为突出，严重影响企业竞争力。**二是**尚未建立起充分适应市场发展的经营机制，南航股份用人、用工制度市场化导向有一定不足，缺乏有效激励考核及分配制度，导致企业活力不足。同时，南航股份仍处于基于“身份”的“二元制”模式，造成同工不同酬、市场化程度低等一系列问题。

为解决以上问题，南航集团党组研究提出，坚持“稳中求进”总基调，坚持“市场引领”战略导向，持续深化改革，压缩管理层级，深化“三项制度”改革，建立对市场反应灵活、充满活力的经营机制，促进南航股份实现建设具有国际竞争力的世界一流航空产业集团战略目标。

三、改革实践

（一）加强组织领导，统一队伍思想，积极推进机构整合

一是真改真抓，坚持深化改革。公司高度重视，加强组织领导，坚定

不移推进南航集团、股份两级机关机构整合工作。2017年初南航集团正式成立了集团、股份两级机关整合领导小组及办公室。领导小组由公司董事长担任组长，全面负责组织领导机关整合改革工作。领导小组下设办公室，公司主要领导担任办公室主任。加强组织协调，认真研究解决改革推进过程中的重大问题，及时解决干部员工关心的困难和问题，公司先后召开26次机构改革整合专题会议认真研究，涉及议题17个。其中，在2017年4月连续召开4次集团党组会议讨论、研究解决推进过程中8项重大问题。

二是先行先试，积累宝贵经验。2016年7月率先启动了集团、股份两级纪检监察机构整合工作，实施一体化、规范化管理。通过机构整合实践，两级纪检监察部门干部的精神状态和工作积极性明显提高，工作效率显著提升，为南航股份深化体制机制改革积累了宝贵经验。

三是加强宣传，统一思想。通过专题培训、内部报刊等方式广泛宣传，促使广大干部员工进一步深刻认识公司改革的目的和重要意义，为改革营造良好氛围。

（二）完善顶层设计，规范治理结构，健全责任体系

一是健全以董事会为核心的法人治理结构。南航集团作为国资委建设规范董事会试点企业，将集团、股份两级机关机构整合改革与规范董事会建设相结合，以实现两级机关一体化为契机，建立健全以董事会为核心的公司现代法人治理架构。为此，公司进一步完善公司股东会、董事会、监事会和经理层的各项议事规则和制度，先后出台完善南航股份董事管理办法、董事会及总经理办公会议事规则等9项制度，形成有效制衡、精干高效的决策执行监督机制。

二是建立以精简高效为核心的岗位责任体系。坚持能合则合、能并则并，实现扁平化管理。两级机关整合之后，部门总数由原先的36个减少到20个，机关编制由1222人“压减”至1134人，实际在岗992人，各部门

原则上仅设部门领导、业务室两个管理层级。通过本次整合，有效解决了公司两级机构重叠带来的业务重合、责任不清等问题，提高决策速度和管理效率。

三是建立以综合业绩考核为核心的组织保障机制。对原有集团、股份考核部门进行重组，整合成立综合业绩考核管理部，将公司全体人员纳入考核范围，切实将公司战略目标、财务预算及改革重点工作进行任务分解，制定可衡量、可执行、可检查的考核指标，定期跟踪督办，建立千斤重担人人挑、人人身上有指标的全面考核体系，有效提高公司执行力。

（三）加强干部管理，优化岗位流程，完善退出机制

一是进一步规范了选人用人程序。2016 年，连续出台了从严规范干部选拔任用，管理人员退出、交流、竞争上岗等 4 项干部管理制度。坚持选人用人动议、民主推荐、考察、讨论决定、任职等程序一步不缺，严禁搞变通。探索建立职业经理人制度，有步骤、有重点地从市场选聘职业经理人，稳步推进现有经理人向职业经理人转变，并把竞争上岗作为组织选拔的有效补充形式。积极推进南航集团国际融资租赁有限公司市场化选聘职业经理人试点工作，引起广泛关注踊跃报名，由猎头公司为主推荐了 13 人，筛选后选定 7 人进入面试。同时，将南航集团两个机关部门正职管理岗位采取竞争上岗方式选拔，报名 23 人，筛选后选定 16 人进入面试。下半年，对部分二级副以上干部进行调整交流。

二是进一步完善了干部退出机制。明确了不适宜现职调整、问责追究、违纪违法免职等退出渠道。划出干部退出红线，对任期、年度考核等为“表现较差”和“表现一般”的，民主测评“表现较差”得票率超过 15%、20% 的，经组织考察核实后，给予免职或降职（级），明确了免职、降职（级）标准。其中，对南航股份分公司 1 名正职领导干部出现的“裸官”问题，严格按规定作免职处理。

三是大力加强选人用人监督。全程监督干部选拔任用，坚决整治违反

标准和程序任用干部、跑官要官、说情打招呼等问题，保持对用人不正之风的高压态势。改进完善干部选拔任用“一报告两评议”工作，对“一报告两评议”不满意率超过10%和20%的，分别明确了相应组织处理措施。

（四）加强岗位管理，推进用工一体化，完善发展通道

2016年，南航股份以“岗位管理”为核心，积极推进“用工一体化”改革，建立统一用工管理、统一基本薪酬福利制度的现代企业用工制度。逐步完成人员“身份管理”向“岗位管理”的转变。

一是加强岗位管理。明确公司岗位按管理、飞行、机务、航务、信息、营销、职能、服务、综合类等九大职类进行管理，明确各类岗位基本任职条件和用工形式；对清洁、物业、保安、食堂等业务逐步实施外包。

二是完善发展通道及薪酬体系。为服务－地面类地面服务、货运服务、营销服务序列岗位人员建立发展通道，在岗的各类员工按照任职条件参与职位评聘，并按聘任结果享受待遇。建立健全统一的薪酬体系，除综合类岗位采取相对灵活的薪酬制度外，其他人员都按岗位类别纳入岗薪工资体系，公司所有员工实现“同岗位同薪酬制度”。

三是有序规范员工流动。建立以岗位任职条件为基础的流动规则，原有的身份不再作为员工流动的依据，员工跨职类流动到其他岗位，须满足新岗位的任职条件，规范和引导员工合理、有序流动。为提高临时工/劳务工队伍积极性和归属感，对符合相应岗位任职条件的优秀员工，分层次、分批次实行对岗招聘，与公司转签劳动合同。

四、改革成效

（一）积极推进干部人事制度改革，形成良好干事创业氛围

2017年，南航股份成立组织人事部和综合业绩考核部，实现干部人事管理和组织党建工作一个部门抓，党建考核与领导班子考核、经营业绩考核有机结合。经营班子总体绩效薪酬由经营、党建和安全等方面成绩组

成，根据“业绩升、薪酬升，业绩降、薪酬降”的原则，结合综合业绩评价结果，确定各单位经营班子绩效薪酬挂钩方案，实现以业绩论英雄，收入能增能减、干部能上能下，形成良好干事创业氛围。2017 年初，中组部干部监督局对南航股份开展了 2016 年度“一报告两评议”工作，从结果反馈情况看，各项指标均有大幅度提升。2016 年南航股份选人用人工作群众“满意率”和“基本满意率”合计比值均超过 90%，最高达到 95.15%，为历年最高，说明党组新班子从严管理选人用人工作的各项举措，得到了广大干部群众的肯定和认可，效果显著。

（二）机构整合工作顺利推进，有效提高机关办事效率

加强集团、股份两级机关过渡期的组织领导，加强沟通协作，确保各项工作顺利开展，避免出现“职责空档”。该工作得到了广大干部员工的理解和拥护，在整合期间内，各项工作顺利推进，平稳进行，未发生不稳定事件。经过本次机构改革整合后，取得明显成效，公司文件传递速度提高 50%，决策会议数量减少近 40%。公司月例会、周例会会议进行集中召开，有效节省领导时间精力，切实提高机关办事效率。

（三）“三项制度”改革取得明显成效，有效激发全员活力

公司通过实行差异化薪酬制度，充分体现岗位价值差异和岗位特点，建立适应市场灵活高效的经营机制。针对飞行、乘务人员实行岗位工资和飞行小时计费的薪酬制度，简化薪酬项目结构和计算办法，体现“多飞多得”，提高激励效果。经测算，飞行时间较高人员的薪酬比平均水平高出约 15%。针对外部引入的职业经理人，采用市场化的协议薪酬，根据合约完成情况兑现薪酬待遇。目前，南航股份已建立劳动效率与绩效总量的挂钩机制，2016 年上半年，以新疆、吉林分公司为试点，进行了劳动效率评估体系和结果运用。自实施以来，取得显著成效，南航股份总体劳动效率呈上升趋势，2016 年的劳动效率指标对比“十二五”期间平均数提升约 14%。

公司按照“竞争择优、平稳推进”指导方针，进一步推进劳动用工制度改革，有计划地选拔优秀的劳务派遣制员工转为与公司签订劳动合同，确保航班正常运行和员工队伍稳定。截至2016年底，已完成近1600名劳务工的劳动合同签订工作，各级管理人员、一线员工普遍反响较好，一线员工收入水平稳步提升、流失率大幅降低。

五、经验启示

（一）加强组织领导，统一思想，调动各方积极性

南航股份属于传统国企，干部员工吃大锅饭、平均主义思想较为严重，身份意识也根深蒂固，推进劳动用工制度向市场化转变，涉及企业文化、制度创新、管理实际和成本压力等方面，难以一蹴而就。为解决上述问题，南航股份加强组织领导，由一把手担任组长的改革领导小组亲自抓，亲自部署，统一思想，狠抓落实。通过建立健全组织保障机制、考核激励机制，宣传沟通工作机制等有效组织形式，将改革理念传导到各级管理人员和员工，使干部员工思想统一到落实公司改革具体行动之中；将改革工作纳入考核范围，通过任务分解，压实责任，层层落实，确保各项工作顺利推进。同时，在改革过程中，公司领导高度重视宣传沟通工作，通过内部报刊、视窗，文件，党支部会议等方式广泛宣传，充分发挥一线管理人员和共产党员的先锋模范作用，积极引导，获得良好效果。

（二）以提高劳动效率为抓手开展各项工作

“三项制度”改革的最终目的是激发企业活力，促进企业良好发展。南航股份以提高劳动效率为抓手，努力推进“压减”管理层级、用工及分配机制改革，实践证明，以提高效率为出发点和落脚点，在确保企业提升劳动效率的同时，员工的收入水平也能稳步增长，从而切实提高干部员工对改革认同感，有效激发干部员工参与热情，实现企业与员工的“双赢”。

（三）坚持市场化导向推进优化整合工作

市场化是实现资源优化配置的决定性手段，只有实现与市场的有序衔接，才能切实提升企业的核心竞争力。南航股份始终坚定以市场化导向推进改革工作，以市场化优化资源配置，优化产品服务，满足市场需求，实现公司持续稳定快速发展。

15

深化改革　创新驱动
锐意进取实现快速发展

中化集团中国金茂

一、基本情况

中国金茂控股集团有限公司（以下简称“中国金茂”）是中化集团房地产和酒店板块的平台公司，成立于2004年，前身为方兴地产（中国）有限公司，后于2015年更名为现名，2007年8月公司成功登陆香港联合交易所主板。中国金茂业务领域涵盖城市开发及运营、物业开发、持有运营、地产金融以及服务业务。近年来，中国金茂坚持“双轮两翼”发展战略，以地产开发、持有业务协同发展为“双轮”，持续提升开发和持有业务的运营效率和业务规模；以金融创新与服务创新为“两翼”，围绕资产盘活、搭建私募平台推动金融创新，聚焦绿色建筑服务和综合服务体系加速服务创新，为城市运营落地打造坚实的业务基础。

近年来，在国务院国资委的大力支持下，中国金茂坚持市场化导向，积极参与行业竞争，深入推进战略落地，发展内涵不断增强，差异化竞争特色逐步形成，经营业绩持续提升。“金茂”作为中国驰名商标，自2005年以来已连续十三次入围“中国500最具价值品牌”榜。2017年上半年，中国金茂实现营业收入183.01亿元、同比增长100.46%、完成全年预算的53.74%；利润总额46.55亿元、同比增长140.67%、完成全年预算的79.39%，预计全年有望实现利润总额超过60亿元，继续为中化集团战略转型提供业绩支撑，为国有资产保值增值做出新贡献。

二、改革背景

近年来，房地产市场行业竞争日趋激烈、行业集中度也在快速提升，相比而言，行业内规模不足、运营效率不高的房地产企业已经被逐步边缘化。中国金茂签约额增速虽位居行业前列水平，但由于发展基数较小，销售规模、土地储备规模较标杆企业差距仍然明显。同时，由于房地产行业具有高度市场化属性，对行业领军人才、高端人才依赖度高，而中国金茂与标杆企业在人才的吸引和保留两方面仍存在较大差距，存在高端人才数量和质量与公司快速发展的需求不匹配等问题，深化改革迫在眉睫。

在中化集团深化改革的统一部署和指导下，中国金茂以提高国有资本运营效率、增强企业活力为核心，积极应对市场新变化、新形势。**一是**不断优化组织体系和管控模式，将决策权充分向市场、向一线倾斜；**二是**深化“三项制度”改革，坚持市场化选人用人以激发企业活力，加强激励体系建设以提升员工动能；**三是**通过开展混合所有制改革，不断放大国有资本功能，为企业后续发展注入动力；**四是**持续推动公司战略升级和业务创新。

三、改革实践

（一）持续优化组织体系和管控模式

自成立之初，中国金茂即按照“精简总部、做强一线”的要求搭建组织体系，在深入落实集团管理创新要求的推动下，公司管控水平持续提升。公司以推动管理制度与权责体系标准化为抓手，在充分考虑地产行业投资大、环节多、专业广等特点的基础上，按照“总部以区域为中心、区域以项目为中心”的管控思路，在兼顾风险与效率前提下，充分对一线授权，公司的决策力、管控力和执行力不断提升。

在中化集团“小总部、大业务”原则和战略管控型总部改革方案的指导下，中国金茂对各区域公司、重点城市、重要专业平台深入调研，按照“问题导向、分类研究”的总体思路，深入开展组织架构和管控模式优化工作。

一是围绕总部“重大决策中心、资源配置中心、共享服务中心”三大核心定位，推动总部将业务决策、基础资源配置、具体管控和服务等职能向一线单位、业务平台公司有序授权，同时结合不同业务板块发展特点、发展成熟度等因素进行分类授权。

二是围绕“总部做精、平台做强、项目做简”纺锤形组织架构的总体要求，不断加快业务平台公司建设，发挥业务平台公司业务决策、业绩统筹、资源整合、人才培育的中坚作用，提高决策与运转效率。

三是围绕“有人干、有人看”落实两级管控，对于总部授权事项，要求业务平台公司对下逐级授权，对于总部管控事项，要求业务平台公司通过联合评审、前置参与、提供支持等手段参与管理，形成在三级管理架构基础上的两级审批机制，进一步提高审批效率，避免重复审批。

（二）大力推进“三项制度”改革

中国金茂积极推动企业领导人员分类分层管理制度、薪酬分配制度和内部用人制度改革，形成了以绩效管理为基石、以优胜劣汰为核心、以奖优罚劣为驱动的人事、劳动和分配机制。

一是以绩效管理为基石，打造中国金茂特色的人事、劳动和分配体系。中国金茂坚持中化集团绩效文化理念，从组织设计、体系搭建和文化保障三方面进行绩效管理顶层设计，通过“一把手亲自抓”，建立持续改善的闭环流程及压力传导、会议决策和异常管理机制，形成全员参与深度认同的绩效文化氛围，将绩效考核贯穿于各项工作的始终，将“追求卓越、永找不足”的文化理念融入每位员工的血脉。以绩效考核结果作为干部任用、员工晋升和薪酬分配的准绳，已经成为全体金茂人的共同认知和价值追求，成为公司人事、劳动和分配制度持续市场化对标的基础和保障。

二是以优胜劣汰为核心，推动干部能上能下、员工能进能出。公司坚持“品德、能力、业绩”三位一体的干部选任标准，并严格按照“民主、公开、竞争、择优”的原则，履行选人用人程序，同时始终坚持高绩效导向，同等条件下优先选拔具有主动、坚韧工作作风、绩效优秀的人才，担负公司重要岗位工作职责。

三是以奖优罚劣为驱动，积极探索符合行业发展规律的激励机制。公司坚持与市场经济相适应的薪酬分配改革方向，主动进行市场对标，一方面坚持“以岗定薪、以市场定薪、以绩效定薪、以能力定薪”的薪酬管理原则，建立了涵盖各个层级、不同性质岗位的统一岗位级别体系，将岗位价值与员工薪酬水平紧密关联。同时，为提升薪酬体系的科学性和激励的有效性，公司不断完善基于不同板块性质、不同业务特点、不同发展阶段的个性化激励工具，通过紧扣关键指标，重点识别并激励核心专业团队，撬动战略实现及业绩达成。另一方面，公司积极探索中长期激励工具，不断激发核心团队、核心专业的创新创业激情。目前，公司已进行三期股票期权的授予，实施股权激励以来，公司经营业绩和员工工作绩效均有较大程度提升。

（三）积极推动混合所有制改革

中国金茂结合所处的房地产行业特点，利用2007年成功上市形成的发展基础，积极引入优质社会资本，健全法人治理结构，有序引入公司整体战略投资者，并积极研究下属企业混合所有制改革试点。

一是引入优质战略投资者，进一步放大国有资本功能。公司认真落实国务院针对国有企业混合所有制改革提出的“引入非国有资本、放大国有资本功能、提高资本运营效率”要求，把握市场窗口期，于2015年6月以增资扩股的方式，完成新华保险、华平投资、新加坡政府产业投资有限公司（GIC）和郭炳湘等四位战略投资者的引入，显著优化了公司财务杠杆水平，深化了与保险资金、国际主流资本以及同业资本的合作，有效缓解公司快速发展过程中资本规模偏小的问题，并通过增加外部董事，进一步优化董事会和公司治理结构。

二是稳步推进下属子企业混合所有制改革，进一步激发企业活力。一方面公司在新业务领域，积极与国际资本开展股权合作，稳步推进地产基金平台等金融创新工作。中国金茂通过与国际知名金融机构麦格理资本成立合资公司，凭借麦格理在房地产财务顾问服务、私募资本、直接投资等领域的专长，为基金平台引入更为规范的公司治理体系和激励机制，在地产私募基金领域奠定发展基础，为公司开展金融创新、拓展融资渠道、创新盈利模式、助力公司“双轮两翼”战略升级提供有力支撑。另一方面遵循“市场化、专业化、规范化”的原则，结合装饰行业发展特点和企业发展阶段的需要，拟通过增资扩股方式引入数家国内外知名产业合作伙伴，推动金茂装饰混合所有制改革，致力于通过产业投资者的引入，助力金茂装饰以进一步契合装饰行业市场化运作的特点和要求，持续提升装饰业务核心能力。

（四）持续推动公司战略升级和业务创新

公司顺应国家战略及行业发展趋势，深入领会“创新、协调、绿色、开放、共享”五大发展理念内涵，加速推进由“双轮驱动”向“双轮两翼”的战略升级，围绕“城市运营商”的战略定位，不断探索业务模式创新。

一是坚持以创新为抓手，形成独具特色的城市运营模式。单纯依靠地产开发实现土地溢价已不能满足城镇化进程的推进，以城市综合开发与运营为代表的精细化发展模式将成为行业未来发展趋势。中国金茂率先提出由地产开发商向“城市运营商”转型，充分发挥公司在一二级联动、住宅及综合体开发、持有物业经营和服务等方面的经验和优势，以规划驱动为牵引、以资本驱动为基石，推动城市升级与产业升级，形成了以城市核心综合开发模式为标杆、城市新城模式为主体、特色小镇模式为补充的多层次城市运营体系，助力政府打造城市新核心。

二是坚持以绿色为主线，打造以绿色战略为核心的发展软实力。中央从“五位一体”的整体布局出发，把绿色发展理念摆在显著位置。中国金茂始终以“绿色战略”为根本，围绕绿色技术研发、绿色技术咨询与服务，培育新业务增长潜力。经过认真研究和紧密部署，2016 年，金茂绿建公司正式挂牌成立，以绿建节能、旧房改造和绿色金融为核心，在总结中国金茂过往“绿色战略”发展经验的基础上，不断发挥绿建业务的创新引擎作用，持续打造公司绿金品质住宅的差异化优势，将企业效益实现与推动环保和可持续发展紧密结合。

四、改革成效

一是在优化组织体系和管控模式方面，中国金茂，按照业务发展及内部管控的需要，总结形成包含 14 个模块和 359 项决策点的《权责体系手册》，以此规范事项的发起者、参与者及决策者，持续优化决策流程，逐渐下放决策权限，2017 年总部决策事项比 2014 年下降 102 项。

二是在“三项制度”改革方面，中国金茂始终坚持以业绩为导向，严格按照中化集团员工绩效考核 A 类员工比例不超过 20%、C/D 类员工比例不低于 10% 的要求，对于年度绩效考核为 C 类的员工，原则上一年内不予提拔，对绩效考核结果不胜任及违背公司价值观的员工，一律按照法定程序予以淘汰。2016 年，中国金茂主动淘汰 515 人，主动淘汰率为 6.4%，其中公司关键岗位主动淘汰率达到 8.5%。在主动淘汰绩差员工的同时，加强内部人才选拔任用，各级人才内部提拔率达 50% 左右。通过保持绩差员工主动淘汰率和绩优员工提拔率，提升员工积极性，增强组织活力。

三是在业务创新方面，中国金茂在已有 7 个城市运营项目基础上，签署7个城市运营项目的开发战略合作协议，城市运营商的战略定位得以巩固。公司不断深化的绿色发展之路也取得丰硕成果，截至2017年上半年，公司共计获得各类绿色建筑标识90个，占总开发项目90%以上，位居全国第一，满足绿色标识设计要求的项目总建筑面积已达672万平方米。

通过一系列改革实践，中国金茂主要经营业绩指标增幅居于行业前列，过去十年公司营业收入、利润总额涨幅分别达到24.8、11.4倍，位居在港上市房企第一、第二位，持续保持高速发展。2017年“金茂”品牌价值达到186.58亿元，位居地产行业品牌价值第八位。

五、经验启示

（一）深化企业改革，务必要坚持市场化的改革方向

坚持市场化的改革方向，通过完善现代企业制度，优化公司治理结构。一是要不断优化组织体系和管控模式，优化管理流程，提升管理效率，将自主经营权向“听得见炮火的人”充分授权；二是要促进不同所有制资本有机融合，充分发挥各自优势，提高国有企业竞争力，放大国有资本功能，提高国有资本配置和运行效率，实现国有资产保值增值。

（二）深化企业改革，务必要不断完善“三项制度”

推进“三项制度”改革，将市场的绩效文化贯穿改革始终，围绕“以绩效管理为基石、以优胜劣汰为核心、以奖优罚劣为驱动”，使每一位员工自觉追求高绩效目标，以绩效管理为抓手，推动干部能上能下、员工能进能出，形成符合行业发展规律的激励机制，促进队伍建设不断提升。

（三）深化企业改革，务必要坚持创新驱动战略

坚持创新驱动战略，要在巩固发展企业核心主业的基础上，顺应行业发展趋势，通过产品组合创新、商业模式创新、科技创新、管理创新等，持续激发企业发展活力，不断寻求新的业绩增长点和发展立足点，确保公司快速、健康、可持续发展。

16

调整体制机制　精细项目管理
在深化改革中提升企业发展质量

中国五矿中冶建工

一、基本情况

中冶建工集团有限公司（以下简称“中冶建工”）是中国五矿中冶集团属下全资子公司，是集工程总承包、产品制造、房地产开发于一体的大型综合性企业集团。其前身中国第十八冶金建设公司，成立于1965年9月，为原冶金工业部直属冶建企业，1999年4月归属中冶集团，2006年改制设立中冶建工有限公司。中冶建工作为重庆地区现唯一一家“三特五甲”企业，拥有建筑工程、市政公用工程和冶金工程三个施工总承包特级资质，拥有建筑设计、人防设计、冶金行业设计、市政行业设计“四甲”资质和地质勘察甲级资质；拥有公路工程、机电工程施工等多项总承包一级资质。

二、改革背景

20世纪90年代中后期，随着我国市场经济的逐步确立，建筑行业竞争日益激烈，由于当时企业干部职工观念意识落后，加之管理失控，十个项目九个亏，导致企业连年亏损。至2000年底，累计亏损高达1.79亿元，资产负债率达99%，账面净资产仅剩945万元，职工工资累计拖欠最长达36个月，大量骨干员工流失，企业处于岌岌可危的破产边缘。

2000年3月，中冶集团调整了公司领导班子。新的领导班子以消灭亏损项目和亏损单位为主要管理目标，经过“中冶建工一五”（2001—2005年）扭亏脱困和“中冶建工二五”（2006—2010年）实力积蓄，企业终于走上了发展的快车道，经营规模快速提升。但当时企业的经营质量与行业先进企业相比还有较大的差距，企业的核心竞争能力和项目管控水平亟待进一步提升。因此，深化企业体制机制改革，精细工程项目管理，增强企业核心竞争力，提升发展质量效益势在必行。

三、改革实践

（一）深化体制机制改革，推进企业发展

1. 建立集团化运行机制，加强集中管控

2006年公司改制建立现代企业制度后，2011年4月，中冶建工实施了存续企业与改制企业的整合，设立中冶建工集团，开启集团化运行新时代。公司以集团化运作为契机，以集中统一高效管理为目标，持续进行组织架构的改组改造，着力强化集团管控，进一步完善公司总部、分部（各二级单位）和项目部的职能定位，全面构建总部战略管控、分部执行管控、项目部精细管理的三级组织管理架构，推动企业运作和管理效率的提高，增强企业的创新能力和综合竞争能力。

2. 改革经营体制机制，提升经营质量

一是优化组织机构，通过新建、吸收合并、整合、出资控股等方式，全面打造30个左右的市场竞争主体，增强企业经营力量，优化区域市场布局。**二是**改革经营机制，提升经营质量。2014年，为进一步提升企业总部大市场的开拓能力及市场和现场的统筹协调能力，解决市场、现场“两张皮”问题，将负责总部市场开拓的经营一、二部改革设置为事业部，实行授权经营、独立核算，市场、现场、成本一起管，实现了市场开拓数量与质量的有机统一。总部设立市场开发处，负责统筹全公司的市场开拓工

作，进一步理顺企业经营管理工作流程。

3. 改革招标体制，控制要素成本

为优化项目生产要素配置，进一步控制要素成本，2014 年中冶建工撤销各二级单位招标中心，实行全公司集中招标。全公司的招标工作实行“集中招标、分别签约、分头实施、集中检查”的新管理体制，进一步强化公司的集中招标管理工作，建立招标结果的公示和复审检查制度，健全招标过程、执行过程、审批过程、检查复核过程的监督管理体制机制，实现全公司的“阳光招标、阳光采购”。

（二）精细项目管理，提高项目管控水平

1. 进一步提高项目管理的理论实践能力

公司不断探索实践，构建以“项目一级管理，项目经理责任制、项目成本核算制、项目招标采购制、项目经营成果审计制、项目终结考核公开通报奖惩制”等为核心内容的“一体五制”，扭转了项目亏损的不利局面。近年来，中冶建工根据新形势和新要求，提出运用信息化提高“一体五制”的运行效率与运行质量，运用信息化实现工程项目各类生产要素的信息共享，全面打造“一体五制”升级版，精细项目管理，构建以成本管理为核心的综合项目管理信息系统，实现项目管理原理和现代管理手段的融合，管理要求与管理流程的融合，管理目标与管理过程监控的融合。

2. 抓住项目管理关键环节着力强化集中管控，提高项目管理水平

一是集中项目预算管理。改革和调整项目管理目标责任书的测算和下达方式，统一项目责任预算成本指标的测算标准，改目标责任书“两级下达”为“一级下达”。**二是**集中项目资金管理。建立资金中心，实行资金集中管理，集中调配，提高资金使用效率，保障资金链安全。**三是**集中项目风险管控。按照“重点管控、分级管理”的原则，由总部负责集中统一研究部署各类重点项目风险总体推进解决方案，指导、督办方案的推进落

实，促进风险尽快化解。**四是**集中项目审计考核。由总部统一对所有项目的全过程经营活动进行审计监督和评价，并根据审计结果，集中考核通报，进行奖惩兑现，形成项目目标责任书的“下达—执行—管控—考核—通报奖惩”的管理闭环。

3. 加强施工现场管理水平，落实“干好现场促市场”的要求

一是制定施工现场标准化管理手册，加强现场标准化管理，通过进一步提升标准化现场管理水平来提高公司工程项目的窗口展示能力。**二是**制定安全责任清单，落实安全生产主体责任，加强安全意识，强化安全处罚，解决人的不安全行为；坚持隐患就是事故、事故就要处理的理念，全面加强安全隐患的排查整改力度，解决物的不安全状态。**三是**制定“创奖”成本补偿奖励办法和“创奖”作业指南，加大对“创奖”的激励力度，强化过程管理和工序控制，提升项目质量管理水平，促进多创精品工程。**四是**制定诚信评价实施方案，注重建筑施工企业综合诚信考评工作，以更好地体现社会信誉、促进现场管理、支持市场开拓。

（三）强化党的领导，发挥党的政治优势

1. 加强二级单位的党组织建设

近年来，为进一步发挥企业党委领导作用，增强党建工作力度，适应企业改革发展的需要，中冶建工建设与行政建制、经济规模相适应的党的组织架构，将 9 个二级单位党组织由总支升格为党委。

2. 把党支部建在项目上

党支部作为党的最基层组织，不仅是党最重要的基础战斗力来源，同时还是所有政策方针的执行者与组织者。公司现建有 195 个基层党支部，其中项目党支部 75 个，充分发挥了项目党支部的战斗堡垒作用。

3. 强化党委工作目标考核

结合改革发展和党建工作实际，按照“突出重点、注重实际、量化考评、简便易行”的原则，加强党建工作的量化管理，将考核结果与领导班

子的年薪挂钩，作为职务调整、党内评先评优的重要依据，有效发挥了考核的导向、激励作用。

四、改革成效

（一）企业经营质量不断提升，综合实力显著增强

1. 企业的盈利水平不断提升，国有资产保值增值率大幅提高

截至 2017 年 8 月，中冶建工营业收入利润率 5.07%、净资产收益率 20.68%，分别较 2010 年增长 1.33 个百分点、1.81 个百分点，企业净资产 32.41 亿元，是 2010 年的 3.27 倍，与 2000 年的 945 万元相比，增长 342 倍，企业经济实力大幅提升。

2. 企业市场体系不断完善

全面打造 30 个左右市场竞争主体的发展目标取得突破性进展，区域性公司在企业整体经营开拓中发挥的作用日益明显，海外市场逐渐向纵深发展，基本实现了总部和二级公司一体经营，重庆和重庆以外区域市场、国内和海外市场同步占有的并举。

3. 企业竞争力和整合社会资源的能力显著增强

实施全公司集中招标、集中采购，2016 年全公司集中招标率达到 100%，综合采购成本低于市场平均采购水平约 3% 左右，体现了企业的低成本战略，增强了企业的竞争力。同时，凭借企业的品牌和整体实力优势，吸引了一大批优秀的供应商（分包商），建立了“工厂 - 工地”点对点的无缝对接物流供应模式，企业整合社会资源能力和供应保障能力显著增强。

（二）项目管理水平全面提高，精品工程不断涌现

1. 项目管理水平全面提高，经营风险基本可控

通过贯彻落实项目管理“一体五制”升级版，持续优化资源要素管理、安全质量管理，运用信息化手段，推进工程项目管理的规范化、标准

化和精细化，公司的项目管控能力、履约能力、创利能力和安全质量保障能力不断增强。

2. 精品工程不断涌现，企业社会形象大幅提升

2011 年以来，中冶建工荣获鲁班奖、全国市政金杯示范工程、中国钢结构金奖、中国安装工程优质奖、冶金行业优质工程奖等优质工程奖数十项。2017 年以来，中冶建工保持了重庆市诚信综合评价第二名，为在重庆市场公开竞标提供了良好条件。

五、经验启示

（一）深化改革是企业发展的内生动力

企业体制机制改革，其目的就是创新企业经营管理模式，使其更适应市场发展的需要。中冶建工从本世纪初处于破产边缘到走上良性发展的快车道，充分说明企业改革创新提升创造力是摆脱困境的根本出路。面对新形势、新任务、新要求和新挑战，只有立足于企业实际，与时俱进，不断改革创新，才能增强创造力，才能扫除阻碍企业发展的障碍，才能在激烈的市场竞争中提高效益并不断发展壮大。

（二）提高项目管理水平是提高企业效益和竞争能力的关键

工程项目是施工企业的利润源泉，项目管理的好坏直接影响企业生存发展。中冶建工的经验和教训充分证明，施工企业“成也项目，败也项目”。项目管理的能力和水平代表了施工企业管理的能力和水平，通过全面加强项目管理，提高项目的成本控制能力和市场竞争能力，来提高项目的盈利能力，保证企业利润的增长，从而保证了企业实力的增长，企业资本实力的增长是企业核心竞争力提升的重要标志。

（三）坚持加强党的领导是国有企业改革发展的根本保证

党的坚强领导，是国有企业的政治优势和组织优势。推动党的建设与企业发展深度融合、同步谋划，从制度机制层面为企业深化改革加快发展

提供支撑和保障，具有十分重要的战略意义和现实意义。坚持将党建工作重点放在基层，将基层工作重点放在基础，是确保党组织战斗力的重要举措。企业改革越是向纵深推进，越要充分发挥基层党组织的战斗堡垒作用，要坚持“把支部建在项目上”，坚持抓基层、打基础。有效发挥党建工作量化管理的导向和激励作用。

17

聚焦“三能” 人才兴企 全面开创企业转型发展新局面

通用技术集团中国医药

一、基本情况

中国医药健康产业股份有限公司（以下简称“中国医药”）控股股东为中国通用技术（集团）控股有限责任公司（以下简称“通用技术集团”），是以医药产业为主营业务的三大中央企业之一。中国医药根据自身资源及管理实际，逐步建立起以国际贸易为引领、以医药工业为支撑、以医药商业为纽带的工商贸一体化产业格局。公司始终保持着进出口业务的传统优势和领先地位，是国内医药商业行业排名前十的企业，工业体系涵盖化学药、生物药、中药、保健食品等多个领域。公司 2016 年实现营业收入 259.67 亿元，实现利润总额 15.61 亿元；较刚完成重组的 2013 年，营业收入增长幅度为 71%，同口径利润总额增长幅度为 137%。

二、改革背景

通用技术集团医药板块战略重组完成后，中国医药下属二级企业从 7 家增加到 19 家，员工从一千余人增加到近万人，成为一家具备科工贸基础的大型企业。站在新起点，公司提出了“全球配置资源，倾心关爱生命，在中国医药健康产业中，独具国际化和协同力引领的产业群组合优势，成为科工贸一体化的大型医药企业集团”的战略目标。但是，公司对外面临宏观经济持续下行、行业监管日趋严格等变化因素；对内面临着优秀人才储备不足、选人用人机制市场化不足、薪酬分配激励性不足等问题。

面对发展难题，公司坚持将激发人才活力作为破解难题的关键，2015年，成立了人事制度改革领导小组，出台了《关于深入落实公司人事制度改革指导意见有关事宜的通知》，通过动员部署、梳理自查、改革实施、自查总结、持续优化等阶段工作，努力构建“干部能上能下、人员能进能出、收入能高能低”奖惩分明、公平公正、运行高效、充满活力、与现代企业制度相适应的人力资源体系，全面开启了深化人事制度改革的新航程。

三、改革实践

以建立健全**组织架构、职位管理、绩效管理、薪酬激励和人才管理“五大体系”**为抓手，深入推进人事制度改革，为推动战略落地，实现跨越发展提供了保障。

（一）坚持战略引领，构筑支撑发展目标的组织架构体系

按照“少环节、快节奏、高效率、管得住”的总体要求，依据战略和发展需要，公司总部及下属企业对组织机构进行了优化调整。公司所属**天方药业**将组织机构划分为业务与职能两大板块、六个中心，推动机构精简、合并工作，实现了生产、调度和管理的紧密结合。**广东通用**针对职责定位和业务性质，对部门优化组合，设立营销、采购、物流三大业务中心和运营、财务、人力和总经办四大职能管理中心，细化职责分工，明确业务区域。**永正公司、百泰公司、湖北通用**结合发展实际，梳理、优化了组织结构和职能设置，逐步构建起支撑战略、适应业务、分工明确、高效运转、上下衔接的组织管理体系。

（二）坚持企业员工共成长，不断完善公司职位管理体系

出台了《公司职位管理办法》，持续优化总部职位管理体系，搭建了

管理序列、专业序列和辅助序列相互补充的职位体系，完善了员工管理、专业双通道职位发展路径，形成了通用任职资格和专业任职资格，拓宽了员工发展通道，明晰了发展路径。公司所属**三洋公司**根据企业发展需要，建立了管理和技术双通道体系，丰富了员工职业发展路径。**河南医药**对职位进行梳理，完善职位说明书，基于组织发展的战略设计、主干业务流程、工作属性差异等，规划职位分类，优化职位管理体系。**中国医保**紧密结合企业发展实际，打通了双通道职位发展路径，搭建了与发展通道相匹配的任职资格体系，做到了相关要素清晰可衡量、可评价，增强了员工职业发展的信心。

（三）坚持战略业绩导向，逐步建立健全全员绩效管理体系

一是将绩效管理与战略管理、全面预算管理和人员基础管理有机衔接，形成“签订绩效目标、开展绩效辅导、考核确定奖惩、反馈形成改进思路”的闭环管理。**二是**将绩效管理有效嵌入运营管理体系，加强对绩效的过程管理。对单位绩效指标，采用运营调度、工作会、专题调研等形式加强监控，推进绩效指标按进度完成。**三是**将绩效考核结果与奖惩直接挂钩，强化考核结果应用。**四是**将绩效管理与干部管理有效衔接，建立总部管理人员全员绩效考核体系，统一标准和程序，强化了绩效管理的系统性。公司所属**天方药业**建立以业绩为导向的绩效考评体系，各部门制定了内部人员绩效考核办法和实施细则，实现了全员绩效考核。坚持“不搞平均主义，干多干少不一样”的原则，合理拉开差距，杜绝“好人主义”，打分中对有二次打分权限的领导强制落实 10 分差额制，充分发挥绩效考核对表现优秀人员和不适岗人员的甄别功能。**通用康力**制定了《绩效考核管理方案》，建立了具有企业特色的生产体系、营销体系、职能管理部门的“三大绩效考核子体系”，构建了全员绩效考评体系，并对全员考核结果实行正态分布和结果的正负向激励。

（四）坚持激励约束相对称，构建基于岗位价值的员工薪酬体系

一是建立公开、透明、正向激励的工资总额分配机制。出台了《中国

医药工资总额分配管理暂行办法》，强化了工资总额分配的导向性和激励性；建立了与业务相适应的工资总额分配机制，针对下属企业行业差别，确定了工业、商业和国际贸易板块的营业收入及利润总额新增工资含量，形成基于新增规模和效益的工资总额增长机制；针对工资总额递减分档不利于激励的问题，对下属企业实行工资总额与经营业绩呈线性的分配方式，强化工资总额激励约束作用；简化了工资总额核定公式，各企业可根据承担的预算测算工资总额，便于管理和监控；严格落实工资总额规范管理要求，明确了对超提超发工资总额的惩罚机制，按季度监控下属企业工资总额使用情况与预算进度匹配情况，下属企业严格按照工资总额管理要求，健全内部分配制度，使内部分配政策与工资总额管理有效衔接，确保工资总额规范管理。

二是坚持市场化导向，构建基于职位和绩效的薪酬分配体系。深入推进收入分配制度改革，不断完善基于职位和绩效的收入能增能减的薪酬分配机制，有效调动干部员工的积极性。出台了《薪酬管理办法》，构建了以职位体系为基础的薪酬管理体系，明确和细化了各类职位的薪酬区间，形成与岗位分级相适应的差异化薪酬结构；建立薪酬激励与绩效考核结果的联动机制，中国医药总部依据员工绩效考核结果每年对员工固定薪酬动态调整，并将考核结果直接应用于员工年度绩效奖金的计算，形成以绩效为导向的分配机制，合理拉开收入分配差距，切实做到收入能增能减和奖惩分明。**中国技服**出台了《年薪制体系管理制度（试行）》《业务部门绩效薪酬管理制度（试行）》及《等级制薪酬体系管理制度（试行）》等制度，根据岗位价值及市场薪酬对标形成了全员模拟薪酬水平表，确保内部之间合理有序的收入分配关系，实现岗动薪动。

三是坚持创新思路，构建基于业绩的二级企业领导班子薪酬分配机制。出台了《二级经营机构领导班子薪酬管理暂行办法》，针对下属企业规模和行业特点，将二级企业负责人薪酬与企业经济效益挂钩，形成“效益升、工资升；效益降、工资降”的激励分配机制；针对二级企业班子副职，依据岗位价值确定薪酬比例，班子副职薪酬增长与所在企业业绩增长和个人绩效考核结果直接挂钩，形成规范有效的激励和约束机制。

（五）坚持干部能上能下，搭建支撑公司发展需要的干部人才体系

一是持续优化与完善选人用人制度。起草并持续修订《领导人员管理办法》《中国医药交流轮岗管理办法》《公司二级企业及内设机构领导班子及班子成员考核评价方案》《委派财务负责人管理办法》等制度。**二是**丰富干部选拔任用形式。加大竞争性选拔，公司所属**天方药业**在干部管理中引入竞争机制，逐步形成"能者上、庸者下、平者让"的干部任用理念，目前已有15名同志通过竞聘走上领导岗位。**中国医保**将公开竞聘作为干部选拔的重要渠道，采用民主推荐与公开竞聘相结合，内部选拔与外部引进相结合的方式，拓宽员工职业发展和晋升的空间，优化了干部结构。两年来，共有12名员工和后备干部通过公开竞聘走上了中层干部岗位。**三是**加强干部轮岗交流。为科学配置干部资源，2015年、2016年中国医药完成了下属二级企业及内设机构等近20家单位领导人员的轮岗交流，有效加强了跨区域单位间的管理融合，为实现企业内部协同与发展奠定了基础。**四是**关注后备干部梯队建设与人才培养。三年来，公司大胆提拔有激情、想干事，渴望通过努力拼搏成就事业的年轻干部，逐步优化干部队伍年龄结构，做好干部梯队搭建工作。

四、改革成效

通过人事制度改革，公司全系统组织、职位、人才、薪酬分配关系得以理顺，"干部能上能下、人员能进能出、收入能高能低"的市场化用工理念深入人心，"岗位决定薪酬，考核决定奖惩"成为全系统公认的准则，极大地调动了全员积极性，激发了企业发展活力。

（一）组织架构体系精简高效

公司总部、事业部、子企业定位进一步明确，事业部与总部职能部门

的职责、权限和管理边界更为清晰，理顺了托管企业管理关系；结合公司“三重一大”流程梳理和内控体系，建立了权责明确、分级负责、统筹推进、高效执行的工作流程，确保公司管理高效运营。公司所属**科益药业**积极推动车间整合，将采购部从生产管理部分离，撤销10个销售办事处，实施了定岗定编定员，2016年分流解聘人员51人，在保障企业运营的基础上降低了人工成本。**通用康力**积极推动定岗定编定员，2016年核减人员编制26人，节约人工成本106.58万元。**长城制药**精简部室3个，缩减中层干部编制4个，合理安置年老体弱员工11人，实现了组织和人员结构优化。

（二）职位管理体系清晰合理

三年来，公司总部内设机构共有管理序列4人职位晋升，专业序列12人职位晋升，专业序列与管理序列双向调整81人，发挥了职位的正向引导作用。公司所属**天方药业**研究制定了《专业技术职务评聘管理办法》，为专业技术骨干开辟新的晋升通道，调整了103名专业技术人员的薪酬水平。**中国医保**结合发展实际，积极推进职位管理体系建设，打通了双通道职位发展路径，搭建了与发展通道相匹配的任职资格体系，试运行以来，增强了员工职业发展的信心，收到良好效果。

（三）绩效管理体系科学有效

通过深入推进全员绩效的闭环管理，确保了公司战略目标的落地执行，为公司推进人力资源改革奠定了坚实基础。2016年，公司总部内设机构共有2名干部降职，3名干部降薪，2名员工待岗，5名员工解聘，有效传递了收入能高能低、员工能进能出的管理理念。公司所属**天方药业**通过绩效考核清理淘汰不合格销售人员14人，免职中层干部23人，调岗不适岗员工32人。**通用康力**2016年评选出生产部月度优秀员工25人，不合格员工68人，其中因不合格劝退、辞退7人，内部调岗6人；淘汰营销部地区不合格经理14人；办理职能部门经理退出2人，劝退1人，调岗主管4

人，通过绩效考核激励了员工的积极性。

（四）薪酬管理体系公平规范

形成了以绩效为导向的分配机制，合理拉开了收入分配差距，切实做到收入能增能减和奖惩分明。2015 年至今，依据年度绩效考核结果薪酬调整 61 人，有效实现了薪酬调整的正向激励作用。中国医药总部明确了管理序列和专业序列对应的薪等薪级区间，专业序列职位薪酬区间能够与对应的管理序列职位薪酬区间有效覆盖，形成支撑双通道职业发展的薪酬体系，利于员工根据自身情况选择职业发展路径。**长城制药**大力推进基于绩效考核结果的薪酬分配制度改革，将员工月工资的 30% 与考核结果直接挂钩；中层干部 20% 薪酬与月度考核结果挂钩，30% 薪酬与年度绩效考核结果挂钩，打破了过去收入分配大锅饭的局面。

（五）干部人才体系更趋完善

中国医药以人事制度改革为契机，推进干部能上能下制度改革，通过强化干部考核和绩效考核结果应用和坚决落实考评结果强制性分档、内退及管理类非领导职务等手段，重点解决干部“能下”问题，先后免职 31 人，调整 8 人到管理类非领导岗位，行政撤职 2 人，诫勉谈话 5 名干部。**天方药业**通过民主测评对测评结果排名靠后的近 10 名中层干部进行了诫勉谈话，对测评结果排名最后的 2 名经理给予免职。结合组织机构调整，对 19 名接近退休的中层干部实施“退居二线、协助工作”政策。**通用康力**积极运用中层干部绩效考核结果，调岗 5 人、调岗降薪 4 人、退出 2 人、劝退 1 人、降职 1 人。**上海新兴**通过干部考核加大对“不称职”干部的调整力度，2016 年度降职干部 1 人。**河南医药**建立干部民主测评体系，2016 年实现干部降职 1 人、诫勉谈话 1 人、岗位调整 1 人。**中国技服**通过交流轮岗等方式选拔培养中层干部 8 人，激发了企业干部员工的积极性和活力。

五、经验启示

（一）改革要坚持战略引领，立足管理实际

战略是企业一切经营管理活动的目标，人事制度改革也是在公司战略目标引领下，助推达成战略目标的手段之一。公司人事制度改革以构筑支撑公司战略的人力资源管理体系为目标，以实现“干部能上能下、人员能进能出、收入能高能低”为出发点和落脚点，推进公司人力资源管理优化工作，打造与战略目标和业务发展相匹配的高素质人才团队和市场化选人用人机制。通过全系统深入推进人事制度改革，完善有利于战略实施和员工激励的组织机构、职位、薪酬等新体系、新机制，从而有效激发全系统干部员工的积极性与主动性，促进了公司跨越发展。

（二）改革要坚持问题导向，统筹系统推进

人事制度改革要坚持问题导向，在系统深入梳理问题的基础上，针对制约企业发展的重点和难点问题开展。重点和难点问题的解决需要人事制度体系的系统性搭建作为保障，组织机构、岗位编制、职位体系的优化，职责、权限、管理边界的明晰，薪酬体系与职位体系和绩效管理的有效衔接，绩效考核、干部考核与职位调整和薪酬调整的联动，人员引进、退出机制和培养、培训体系的搭建等系统性工作都是改革推进的有效保障。

（三）改革要坚持果断坚决，实现人企共赢

人事制度改革要打破原有架构、人员安排和既定利益分配，全系统干部员工对人事制度改革的认识要从争议、分歧到达成统一，推进过程中必须要有果敢坚决的态度、不畏困阻的精神和春风化雨的持续宣贯，刚柔并济，举重若轻，在展现公司推进改革的信心和决心的同时，要体现对员工从个人成长、薪酬激励等多角度关怀。通过系统性制度体系设计，秉承对干部员工“优必奖、劣必罚”的原则，动态优化人员配置，从职位、薪酬、绩效及多种激励方式等方面对个人价值予以肯定，结合持续培训培

养，锻造高素质经营业务团队，实现企业、员工同发展、共成长，有效承担企业社会责任。

（四）改革要坚持创新驱动，推进全面落地

创新方能增强发展后劲。坚持思维创新，着力实现从传统人事管理思维向战略人力资源管理思维转变，从单一思维向系统思维转变，才能为人事制度改革开拓思路、找准方法；坚持行动创新，将创新性的理念和方法与具体的人力资源工作结合，围绕工作重点和改革重点，开展一系列管理创新实践，才能为推动各项改革举措全面落地提供保障。

18

落实董事会职权　改革选人用人机制
进一步确立和落实企业市场主体地位

国投电力

一、基本情况

国投电力控股股份有限公司（以下简称“国投电力”）是国家开发投资公司控股的一家沪市 A 股上市公司（600886），发电业务为公司的核心业务，占营业总收入 95% 以上。2016 年，公司控股装机规模 2953 万千瓦，资产总额 2032.9 亿元，资产负债率 72.1%，经营收入 292.7 亿元，利润总额 100.2 亿元，直接管理 21 家控股投资企业。国投电力资产优良，盈利能力处于行业领先地位。2016 年，在 29 家电力行业的上市公司中，公司总资产排名第六，净利润排名第三，净资产收益率排名第四。

二、改革背景

近年来，我国电力供应总体宽松，电力需求增速持续放缓，产能过剩风险逐渐加大，电力行业效益普遍下滑。同时，电力市场化改革步伐不断加快，发电企业生存和发展正在由“靠政策吃饭”转变为“靠市场吃饭”。发电企业面临着全新的挑战和巨大压力，如何谋发展、促转型是每一家发电企业必须回答的问题。面对严峻的形势和挑战，国投电力遇到前所未有的发展瓶颈，市场化意识淡薄、没有新的利润增长点、计划经济下形成的管理体制不适应新形势等问题日益凸显。

为贯彻落实党中央、国务院关于深化国有企业改革的决策部署，按照国务院国资委的工作要求，国投电力以集团授权改革为契机，以市场为导向，以制度创新为支撑，进行了四项改革探索。通过落实董事会职权改革，确保公司决策更高效、更科学；通过职能重塑优化改革，适应独立经营的市场主体地位；通过推行职业经理人改革，建立市场化用人机制；通过业务结构调整改革，实行内调结构外拓市场，努力实现提高效率，激发活力，打造国际化、综合性能源公司的改革目标。

三、改革实践

（一）落实董事会职权改革，做实董事会

一是推行双向进入、交叉任职。董事长和党委书记实行“一肩挑”，总经理、专职党委副书记进入董事会担任董事，总经理兼任党委副书记，1 名专职董事担任党委委员，有效地坚持了党管干部的原则，保证了党委把方向、管大局、保落实。

二是推行授权改革。集团总部推行授权改革，将《公司法》规定的选人用人权、自主经营权、薪酬分配权等由总部决策的 70 多个事项，授权国投电力董事会行使；将延伸到三级及以下控股投资企业的管理事项，原则上交由公司依法依规决策，推动决策责任归位和管理责任到位，实现产业经营权利下移。

三是推行股权董事制度改革。改革以前，9 名董事中除 3 名内部董事、3 名外部独立董事外，另外 3 名董事均为集团总部的兼职董事。改革后，集团总部的 3 名董事调整为专职股权董事，不再兼任集团其他职务，并独立参与董事会决策，发挥董事独立表决、个人负责的决策作用。

（二）职能重塑优化改革，调整组织结构

国投电力重新梳理了本部与投资企业的职能定位，理清了权责关系。本部管资产，定位为产业投资中心和资产运营中心，突出重大决策、风险

监督、价值挖掘、资源协同四大功能。投资企业管经营，定位为成本和利润中心，主要功能是以市场为导向通过生产过程管理、改善过程工艺管理、改善成本控制水平、提升企业经营回报。国投电力本部与投资企业同为一个市场主体，通过重新进行职能划分，发挥各自优势，从资产和生产经营两个角度参与市场竞争。

根据新的职能定位，重新梳理了职能部门决策的角色配置，优化了组织结构。按照产业投资、风险控制、专业化管理的职能分类，增设了 2 个部门，调整了 8 个部门的职能。针对新增决策职能，增加了必要的审核环节，形成梯次化的风险防火墙。为适应公司国际业务的持续增长，建立了稳定的专业团队，增强了涉外法务能力等风险防控能力。针对国内新增项目占比降低，提升现有项目竞争力为重中之重的形势，加强了国内市场研究职能，深化统筹性的财务分析、资金配置职能，突出了生产管理的监督、统筹作用，增强了技术跟踪与引入合作、信息化与生产类职能的专业关联等。调整后，提升了组织效率，增强了部门监督制衡能力。

（三）推行职业经理人改革，实行全员竞争上岗

一是集团总部选取国投电力试点推行职业经理人改革。按照党组织领导、董事会选择、市场化选聘、契约化管理的方式，将国投电力经理层选聘权交给公司董事会行使，进一步落实了董事会职权，切实维护公司市场主体地位。2016 年 8 月国投电力董事会自主决策选聘 6 名职业经理人为新一届经理层成员，与他们签订了聘用合同、绩效合约，同时明确了薪酬管理办法、绩效考核办法，实现职业经理人身份转换。职业经理人均实行任期制，聘期届满可以续聘，也可以自然终止，年度考核得分 80 分以下，且无董事会认可的正当理由，一律解聘。职业经理人劳动合同期限与聘期一致，聘期届满续聘的，再续签劳动合同；其中由集团内部员工转任职业经理人的，解除原劳动合同，重新签订；聘用合同解除的，劳动合同一并解除。按市场化原则确定薪酬，以业绩对标为前提，匹配相应的市场薪酬，

业绩市场分位就是薪酬总水平的市场分位，强化业绩表现与薪酬联动；同时探索完善中长期激励机制，设置任期激励。公司通过探索建立职业经理人制度，打破了国企干部职务“终身制”“铁交椅”“能上不能下”的传统思维，通过契约化和任期制相结合，明确退出机制，形成优胜劣汰、优上劣下的长效机制，激发了干部人才队伍的生机与活力。

二是推行全员竞争上岗，建立“双向选择”用人机制。在推行职业经理人制度的基础上，2016 年 9 月，在公司范围内开展全员竞争上岗。中层正职采用公开竞聘方式上岗，中层副职及以下人员采用双向选择方式上岗。其中，参加竞争上岗 74 人，有 14 人未能竞争上岗，由公司根据工作需要安排其他岗位。通过用人制度改革形成了“能上能下，能进能出”的合理流动机制。

三是改革员工绩效考核体系，建立市场化的激励机制。按照职业经理人、部门、员工三个层级分解公司经营业绩目标，逐级签订绩效合约，逐级考核评价。考核结果通过市场对标确定，选择行业资产 100 亿以上的 28 家上市公司的经营数据以及中国电力企业联合会公布的数据进行对标。以行业对标确定基本薪酬，业绩考核结果确定绩效年薪，拉开相同岗位、不同业绩之间的薪酬差距。同时，将公司业绩与员工收入捆绑，实现员工收入随公司业绩升降，打破了以资历和组织定薪的收入分配机制，建立起业绩和市场定薪的收入分配机制。对投资企业的考核也同步进行改革，公司本部以契约化方式明确控股投资企业负责人薪酬标准、业绩考核指标、责任和权力，将公司本部考核压力与控股投资企业考核压力有机融合、有效传导。

（四）业务结构调整改革，提高竞争力

根据国家能源转型战略方向，积极调整资产结构。**一是降低火电比重**，退出低效火电资产，停止了总装机 600 多万千瓦火电项目的前期工作，退出拟开工建设的两台百万千瓦的河南地区火电项目以及已投产的 120 万

千瓦云南地区火电项目。**二是**新能源发展重心由西部向东部转移，扩大东部地区资源占有量。完成广西地区风电项目立项、参股福建海上风电项目，同时停建了西北地区70万千瓦无效益保障的新能源项目。**三是**积极开拓海外市场，将国际项目作为新增业务重点。将公司的投资能力转移到投资环境好，有市场发展潜力的国家。通过参与国际项目投标、股权并购等形式，形成一定规模并具盈利能力的海外电力资产。

四、改革成效

一是经济效益显著提高。2013—2016年，公司电力控股装机规模新增575万千瓦，增长了24%，资产总额新增340亿元，增长了20%，资产负债率由84.4%降到72.1%，利润由31亿元提高到100.2亿元，增长了223%。

二是国际化业务实现重大突破。国投电力董事会自主决策了海外收购项目，2016年5月，分别与西班牙雷普索尔公司、马来西亚云顶集团进行股权交割，完成英国海上风电项目、印尼万丹火电项目收购，实现了海外投资零的突破。2017年3月万丹一期投产，形成4亿美元的资产，预计净资产收益率10%。英国项目2019年4月投产后可形成6亿英镑的资产，预计净资产收益率10%。

三是资产质量更加优良。装机结构更加清洁高效，大机组比重不断提高。截至2017年6月底，公司控股装机规模2953万千瓦，其中水电装机1672万千瓦，占57%；火电装机1176万千瓦，占40%；新能源装机105万千瓦，占3%。清洁能源装机占比相比2013年提高了22%。火电装机中百万千瓦机组比重提高了54%。电源布局在全国分布更为均匀，具有区域协同优势。优良的资产质量可确保公司未来经营业绩稳定，保持较强的盈利能力。

四是员工市场化意识显著加强。通过建立职业经理人制度、全员竞争上岗等制度改革，强化了经理层市场意识、契约意识，员工危机感得到加强，为企业内部建立起职务能上能下、人员能进能出、收入能增能减的机制，营造了良好的工作氛围。通过这些体制机制创新，对发挥各类人才积极性、主动性、创造性，激发各类要素活力起到了明显的促进作用。

五、经验启示

一是做实董事会，是完善现代企业制度的“牛鼻子”。董事会是公司决策的最高层，是公司治理的关键。董事会职能的正常发挥关系到公司长远发展与广大股东利益。做实董事会，是公司改革的第一步，也是其他改革措施能够顺利推行的前提。只有充分发挥董事会作用，才能确保公司决策更高效、更科学。

二是建立市场化用人机制，是激发企业活力的“良药”。探索建立职业经理人制度、开展全员竞聘上岗，实施市场化考核评价机制以及工效挂钩的薪酬制度，有效地将公司业绩与职业经理人、本部员工、控股投资企业负责人及各企业员工的收入进行捆绑，将经营压力层层传导至每个员工，提升了各层级员工的履职意识，工作重点更加突出，考核效率更高，进一步激发了企业的活力。

三是坚持市场导向，是国企实现做强做优做大的根本途径。在推进改革的过程中，必须始终坚持市场导向、市场化方向，坚持价值投资，急市场之所需，通过不断地内调结构外拓市场，才能真正推动外延式转型发展，提升企业核心竞争力，实现做强做优做大的目标。

19

强化体制机制创新
加快推进国产民机批生产进程

中国商飞上飞公司

一、基本情况

上海飞机制造有限公司（以下简称“上飞公司”）是中国商用飞机有限责任公司（以下简称“中国商飞”）下属的飞机总装制造中心。2009年6月改制，注册资本40亿元。上飞公司在上海市设有大场、浦东两大生产基地，已形成飞机总装集成、关键零部件制造和飞机维修与改装并举的业务格局。

上飞公司现有员工5100余人，生产制造的ARJ21－700飞机已取得中国民航局颁发的型号合格证、生产许可证，并有2架机在航线运营，C919大型客机于2017年5月5日实现首飞，承担波音B737NG/MAX水平安定面、B787着陆灯整流罩、B777背鳍、空客A320货舱门框等航空零部件转包项目，拥有ARJ21－700飞机4000飞行小时定检维修许可证。

二、改革背景

近年来，民用飞机制造业市场规模持续增长，国内需求强劲，国产民机正面临难得的发展机遇期。随着各国产民机型号项目的不断推进，中国商飞当前正处于从“以产品研制为主”向“以产品研制为基础、逐步实现产品经营”转变，一方面上飞公司原有基于单一型号、单纯面向研制的管理模式已不能适应生产提速的客观要求。另一方面，转包业务、批生产任务、研制任务等多型号并举、多状态并存，对上飞公司的生产组织管理、业务组织流程带来新的挑战。面对紧迫的形势，上飞公司深入贯彻落实深化国有企业改革的有关要求，坚持问题导向，针对竞争性强、有盈利潜力的业务模块，加快推进内部改革，积极参与市场竞争；针对承担国家重大专项任务的业务板块，导入生产经营责任制，探索建立“收入能增能减、干部能上能下、员工能进能出”的体制机制，保障研制生产任务顺利推进。

三、改革实践

（一）探索特色业务的市场化

上飞公司航空零部件转包生产业务由凯飞事业部承担，直接面对波音、空客等客户的严格要求以及激烈的市场竞争，近年来在产品交付和质量稳定的情况下，不断获取新的工作包，具有较大的发展潜力。但受制于生产资源不足、体制机制不完善，市场业务拓展面临瓶颈。2014 年上飞公司针对转包生产业务的特点，编制详细的发展规划，对标国际竞争对手，明确提出开展混合所有制改革、获取发展资源、学习先进管理和技术的战略方向。

经过广泛调研与接洽，上飞公司与中航国际航空发展有限公司、英国吉凯恩航宇服务有限公司达成初步合作意向。自 2015 年起，三方开展多轮艰苦的商业谈判，于 2017 年就出资方式、股权比例、投入工作包等核心问题达成一致，明确成立“上海凯飞航空结构件制造有限公司”的合作意向，并拟导入英方的精益制造与供应链管理体系，将合资公司打造为“盈利的、具有竞争力的、世界水平的飞机结构件一级供应商”，勇于参与市场竞争，为国际飞机结构的零部件供应提供有竞争力的替代来源。

通过混合所有制改革，上飞公司有望承担国际各民机主制造商更多的工作包，获取发展所需资金，扩大市场份额，打造具有市场化特征的特色业务板块。同时学习引进先进的管理体系与制造技术，灵活体制机制，持续获取利润，保障上飞公司的可持续性发展。

（二）探索批产业务的实体化

在陆续取得型号合格证与生产许可证后，上飞公司 ARJ21 新支线飞机项目从研制阶段正式迈入批生产阶段。2014 年上飞公司进行专项研究，提出针对国产民机总装集成业务，集中权责组建产品型号事业部，落实经营责任进行独立核算的设想。经过多轮研讨，2015 年将相关设计蓝图纳入《上飞公司“十三五”发展规划》。2016 年上飞公司落实战略规划，制订机构改革方案并广泛征集意见，2017 年成立专门的机构改革工作领导小组，先后调动 11 个管理部门，召开 8 次筹备组会议，完成 23 个筹备行动项，修订 28 篇规章制度与 75 篇质量程序，顺利完成次级机构设计、人员调配、办公室分配、信息系统更改、资产划分等各项配套工作，正式将原有各装配车间按型号项目重组，成立 ARJ21 事业部、C919 事业部，分别负责 ARJ21 新支线飞机、C919 大型客机两个型号项目的生产装配、制造工艺技术现场管理工作。

配合产品事业部组建，上飞公司针对“阿米巴经营”等管理理念，现场走访 3 家企业进行学习调研，研究深化“三项制度”改革。在借鉴已有经验基础上，上飞公司以“对应任务，对应绩效，按劳取酬，多劳多得”为原则，落实生产经营责任制，改革事业部绩效工资核算机制。**一是**明确收入“能增能减”，在一定托底补贴下，按“完成定额工时 × 工时单价”发放绩效工资，加班费与奖金打包在单价中不再另行发放，绩效工资只与完成任务量有关，多劳多得上不封顶；**二是**鼓励优化人员结构，管理人员绩效也全部打包在工时单价中，新增管理人员不进行托底补贴，鼓励事业部提升技能工人比例；**三是**目标实现员工“能上能下、能进能出”，计划在未来逐步降低托底补贴，最终实现对应任务打包核算经费，事业部自主决定人员晋升与增减。

通过深化“三项制度”改革，上飞公司初步针对国产民机型号项目形成经营责任制，集中权责，调动各型号事业部提速增效的主观能动性。

（三）探索职能业务的精简化

各产品事业部是上飞公司的价值产生部门，为保障各事业部高效运转，《上飞公司“十三五”发展规划》明确提出“业务部门大部制”的组织管理思路，整合功能相近、业务交叉较多的职能部门，“压减”结构、精简人员、减少界面、提高效率。

2017 年上飞公司针对行政管理与后勤保障等业务，合并原公司办公室、行政保障部，统筹管理行政管理类事务，避免部门间业务交叉重叠，精简机构与人员。针对设施设备构建与管理等业务，理顺职责界面，调整原设施保障部、浦东基地建设现场指挥部，按管理对象划分界面，组建设备动力部负责机动设备、动力的全寿命管理，组建基建工程部负责设施工程的全寿命管理。

通过职能服务的整合与“压减”，上飞公司理顺了管理流程、加快了效率、降低了成本，更加高效地支持现场一线的生产制造工作。

四、改革成效

（一）批生产效率提升

通过建立生产经营责任制，调动了各型号事业部的主观能动性，批生产效率得以大幅提升。ARJ21 事业部 150 工位是总体装配的瓶颈，日均归档工序数相较事业部成立前增加 140%，日均完成工序数增加 84%；整个 ARJ21 事业部 7 月完成的装配大纲数量达到 1 月完成量的 6 倍。

（二）优化资源分配与利用

型号事业部的组建及核算机制的建立，明确了项目主要牵头责任部门，各方面生产资源均围绕其为核心进行配套保障，做到“两手抓两不误”，既保障了ARJ21新支线飞机项目批生产任务，又保障了C919大型客机项目研制进度。通过各方面努力，2017年7月上飞公司ARJ21－700飞机107架机实现首飞，2017年8月完成试验试飞任务并取得国籍登记号；2017年5月C919大型客机项目实现10101架机首飞、2017年7月实现10102架机首次全机通电。

（三）提高管理效率、降低管理成本

2017年实施职能服务业务组织机构调整后，统一了外部接口、减少了内部界面，提升了业务管理效率；同时通过精简压缩，减少科室5个、减少干部职数2名、减少员工编制53名，降低了运营成本，保障上飞公司的持续健康发展。

（四）提高员工积极性

通过绩效工资核算机制的建立与实施，将资源向一线员工倾斜，鼓励按劳分配、多劳多得，极大鼓舞了员工的生产积极性。工艺、质量等管理人员强化服务意识，至现场集中办公，及时响应问题；整个ARJ21事业部每月完成装配定额工时相比成立前增加23.5%；累计收到“群策群力”改善提案10833条，其中64%来自生产一线班组。

五、经验启示

（一）深化改革，应以市场客户需求为驱动

企业发展的根本目的是盈利，改革是为了更好地满足市场、客户的需要。上飞公司改革的目标，就是生产提速以抓住市场机遇期、降低成本以提升产品竞争力，与国际民机主制造商同台竞技，保障企业的长期可持续性发展。因此深化改革应当从战略出发、以市场为驱动，才能把握正确方向，“对症下药”。

（二）深化改革，应广泛借鉴先进经验与方法

企业发展有一定的规律，应充分利用后发优势，积极学习先进企业经

验。上飞公司在推行改革的过程中，积极研究波音、空客等行业领先企业的项目制管理模式，同时通过咨询公司牵线搭桥，针对推行“阿米巴经营”有较好效果的企业进行调研。因此深化改革应立足于客观存在问题，借助外力、虚心求教，争取“少走弯路”。

（三）深化改革，应注重前期策划稳步推进

企业的深化改革很可能影响现有利益分配，进而遇到相关方面的阻力，因此在推行改革之前应深入调研、反复论证、广泛征集意见，为改革的顺利推进创造条件。上飞公司的产品事业部制改革，历经两年时间研究谋划、近一年时间筹备，提前与各相关方面充分沟通，在推行时设置了分步实施的计划，还安排了过渡期方案。深化改革应重视前期筹划工作，着重开展风险评估和变革管理，稳步推进并按实际情况不断优化调整，做到“磨刀不误砍柴工”。

20

坚持市场导向　创新体制机制 全面提升企业发展活力

中国有色集团大冶有色

一、基本情况

大冶有色金属集团控股有限公司（以下简称“大冶有色”）是中国有色矿业集团有限公司（以下简称“中国有色集团”）出资企业，始创于1953年，是新中国最早建设的铜工业基地之一。2000年7月，公司由中央下放湖北省直管。中国有色集团分别于2011年、2015年两次对大冶有色增资并取得绝对控股权。

目前，大冶有色下辖20余家全资子公司、参股公司和控股公司，所属企业遍及国内鄂东南、长三角、珠三角、新疆、西藏、香港等广大地区和美国、新加坡、吉尔吉斯、蒙古等国，主体企业大冶有色金属有限责任公司在香港“红筹股”上市。公司截至目前已形成采矿500万吨、选矿500万吨、阴极铜70万吨、黄金20吨、白银1000吨、硫酸100万吨、铁精矿35万吨、铜杆30万吨的主产品年生产能力，销售收入突破千亿，2016年位列中国500强第186位。

二、改革背景

近年来，全球经济一体化的大环境为公司带来了良好的发展机遇，但国有企业历史遗留下来的体制机制不活、运营效率不高、资源配置不优、职工思想僵化等问题也成为制约企业发展的沉重包袱。为了加快培育具有市场竞争力的一流企业，为公司实现跨越式发展提供强大动力保障，使公司成为治理结构优良、资源配置高效、体制机制灵活、基础管理扎实的充满生机与活力的市场竞争主体，公司提出了坚持现代企业制度方向、深化体制机制改革的发展新思路。

三、改革实践

近年来，公司按照国企改革的有关精神和要求，加快推进以市场化为核心的企业内部改革，建立完善适应集团化发展和国际化经营，有利于科学发展、跨越发展的体制机制，为打造千亿级企业提供了有力支撑。

（一）完善公司治理结构，加快建立现代企业制度

一是推进改革改制，完善法人治理结构。先后对有限公司进行了股份制改造，对集团公司进行了公司制改造，建立了规范的法人治理结构、现代企业制度和科学的经营决策机制和监督机制，实现了从传统工厂制企业向现代公司制企业的跨越。**二是**建立管控体系，完善法人治理机制。公司设立外派董事办公室和外派监事办公室，充分发挥协调及督导作用，推进子公司内控体系建设不断完善，规范子公司集体决策机制和法人治理结构的运行，确保公司管控要求落地。

（二）推进混合所有制改革，完善市场化的资源配置机制

一是积极引进战略投资者，大力发展混合所有制经济。积极开展混合所有制改革，以新产业、新项目为切入点，审慎选择战略合作伙伴，引进各类资本7.69亿元，控股的混合所有制企业达到19家，打造了商业贸易、循环经济、高端制造、电子商务等新兴产业发展平台。按照"资产资本化、资本证券化"的思路，加快推进上市进程，矿山、冶炼等主业资产在香港联交所红筹上市，成功进入香港资本市场，湖北鑫鹰环保科技公司在"新三板"挂牌上市。**二是**推进内部资源整合，提高资源配置的效率和效

益。围绕产业布局，按照市场原则，推进业务板块和管理职能整合，构建了“大维修、大内保”等服务平台，建立了“大调度、大安全、大技术”等专业管理模式，提高了运行效率。强力推进“处僵治困”工作，提出了通过“内部重组、对外转让、解散注销、破产清算”的“四个一批”方式，清理处置压缩，力争在2019年底前，完成“压减”37家子企业，将公司管控层级压缩到4级以内，企业法人户数减少28%。

（三）深化“三项制度”改革，强化市场化的激励约束机制

一是建立完善市场化用工制度，畅通员工能进能出通道。完善以劳动合同法为基础的企业市场化用工制度，实行试用期考核、岗位交流制度。按市场化用工原则修订员工管理制度，对违法、违规人员依法解除合同。完善动态管理的市场化用工机制，清理清退长期不在岗人员300余人，规范各类临时性用工1300人，压缩定员3000人。**二是**深化薪酬分配制度改革，建立收入能高能低的绩效薪酬体系。建立健全绩效考核体系，将全面预算管理、安全管理、5S管理等专业管理相融合，将可控成本指标、岗位作业流程融入绩效考核，建立了具有公司特色的一体化职工岗位绩效管理模式，强化了职工收入与岗位价值和贡献、与公司效益和个人业绩挂钩的机制，极大地调动了各方面增收节支的主动性和创造性。积极创新分配机制，逐步建立起以绩效工资制度为主体，包括计件工资、营销提成、超利分成、股权激励等多种分配方式于一体的分配制度。**三是**进一步完善选人用人制度，形成了干部“能上能下”的用人机制。探索建立职业经理人制度，在投资公司、财务公司中开展了职业经理人试点，探索企业高级管理人员市场化、契约化管理的有效方式。对关键核心岗位人员实行竞聘上岗，在企业各类管理人员中试行并逐步建立任期制，实行公开选聘、择优任用。推行高、中管人员“一人一表一季一考”的绩效考核机制，强化了对干部的组织考核、党风廉政建设责任制考核和绩效考核，完善了干部“能上能下”的用人机制。

（四）完善绩效考核模式，全面推进市场化运作机制

以完善市场化绩效考核模式为抓手，不断完善内部市场化核算机制、运行机制、考核机制，全面推进内部市场化经营，对不同的单位采取不同的管理模式，按照效益拉开收入分配差距，充分激发了企业内部活力。**一是**在稳定预期的基础上实行年度预算目标与市场挂钩浮动，加大市场化分享（担）的力度。**二是**进一步规范了关联交易定价，对使用公司内部市场资源的服务单位实行超利分成。**三是**扩大了中长期考核范围，考虑业务的特殊性，以及处于市场培育阶段的实际，对部分单位或项目实行任期考核。**四是**强化市场化投资项目效益达标考核，通过对市场化业务实行管理层及业务骨干风险抵押、对股（债）权投资项目实行团队跟投等方式，完善市场化业务风险共担、收益共享机制。

（五）强化党的领导，从严治党打造红色引擎

公司深入学习贯彻落实党中央系列会议精神和习近平总书记系列重要讲话精神，不断强化“四个意识”，从严管党治党，发挥好公司党委把方向、管大局、保落实的领导作用和基层党组织战斗堡垒作用。近年来，完成公司章程修订，把党建工作的总体要求纳入企业章程，并对公司高管和部门管党职责进行明确，进一步强化了管党责任。将ISO9001质量管理理念导入党建工作，逐步形成了一套结合实际、务实管用的党建质量体系，推动了党建工作规范化、标准化。创新基层党建工作，始终把党建工作的主阵地放在基层，融入中心，着力深化“三联三服务”、“261”先锋工程、党组织共建等工作，发动“红色引擎”为企业发展添劲助力。实施党组织共建和“党建+”工作法，把生产经营指标量化到岗位、机台，激励各级党组织和全体党员立足岗位创先争优，确保提质增效攻坚任务完成。公司党委荣获“湖北省先进基层党组织”称号。

四、改革成效

公司通过深化内部改革，创新体制机制，有力地推动了战略体系的落

实，实现了资源占有量、生产能力、资产总额、经营规模、职工收入等“五个翻番”；完成了经营规模化、产权多元化、资产证券化、产业绿色化、品牌国际化等“五大跨越”，企业综合实力全面提升。

（一）聚集了发展要素，促进了企业战略目标的实现

一是有力地促进了资源开发，铜资源控制量增加到470万吨，矿山铜生产能力实现翻番。**二是**有力地促进了规模提升，公司矿山铜、矿产粗铜、阴极铜生产能力分别提高54%、62%、84%，黄金、白银、铜加工材生产能力实现翻番。**三是**有力地促进了结构调整，通过混合所有制改革发展的“城市矿产”示范基地、盾构机制造、生态农业园、生物技术治理废水等项目进展良好，新兴产业成为新的增长点，多元化格局基本形成。

（二）企业体制机制进一步优化，激发了改革创新的活力

一是积极吸收借鉴先进的经营管理机制和市场运作机制，逐步建立起以市场化为核心的经营机制，激发了创新活力。**二是**“三项制度”改革逐步深入，初步形成了“收入能高能低、人员能进能出、干部能上能下”的局面，激发职工队伍的活力和创造力，提升人才队伍的整体实力和优势，从根本上打破了约束企业发展的管理瓶颈。

（三）改革成果惠及职工，职工生活水平得到明显改善

公司坚持共享发展理念，努力构建“大福利”，通过岗位绩效提升实现了职工收入大幅增长。每年为职工办“十件实事”，在住房、医疗、环境整治、供水供电等方面，加大投入，建立了帮扶基金等四个基金，形成了扶贫帮困的长效机制，充分调动了广大职工投身公司改革发展的热情。公司荣获“全国模范劳动关系和谐企业”“劳动保障最诚信单位”称号。

五、经验启示

一是深化改革必须始终坚持党的领导。与时俱进加强和改进党建工作，切实将政治优势转化为发展优势，始终把党的政治优势和现代企业制

度的优势有机结合起来，围绕中心抓党建、抓好党建促发展，不断改革创新国有企业党建工作，把党的领导、党的政治优势融入现代企业制度之中，转化为企业的核心竞争力。

二是深化改革必须始终坚持市场化方向。在全球经济一体化背景下，经济形势复杂多变已成为常态，来自各方面的风险和挑战无处不在。各项工作部署必须依市场而变，所有工作目标都要依效益而定，才能确立正确的经营理念和政策措施，提高企业经济发展的质量和效益。

三是深化改革必须始终坚持以人为本。只有坚持以人为本，走群众路线，依靠职工办企业，尊重维护职工的合法权益，尽力改善职工的工作、生活条件，解决职工的实际困难，使全体职工共享改革发展成果，才能更好地凝聚广大职工的精神和意志，更好地调动广大职工的积极性，引导职工支持、参与改革。

21

打造独立市场主体 全面激发企业活力 以深化改革推进可持续发展

中国通号卡斯柯

一、基本情况

卡斯柯信号有限公司（以下简称“卡斯柯”）成立于1986年3月，是由中国铁路通信信号股份有限公司（以下简称“中国通号”）控股、法国阿尔斯通参股成立的中国铁路行业第一家中外合资企业，专业从事城市轨道交通和铁路列车运行控制技术的研制并提供系统解决方案。公司注册资本人民币2亿元，总部设在上海，设立有北京、深圳、武汉、昆明、沈阳、成都6个分公司。截至2017年7月，公司资产总额37.1亿元，在岗职工1555人，本科及以上学历人员1454人，占比94%，其中硕博士人员648人，占比42%。

二、改革背景

近年来，公司虽然取得一定成绩，但也面临日益增长的内、外部压力，一方面规模的迅速扩张使得公司的团队结构和经营成本等问题凸显；另一方面外部竞争形势日益激烈，维持领先优势的难度持续加剧。卡斯柯作为中外合资企业，有其特殊性，结合国有和中外合资的两大特点，多年来不断探索适合自身的经营模式。深化国企改革“1＋N”系列文件的发布，为卡斯柯发展指明了方向。在新的历史发展时期，卡斯柯处在新的发展“关口”，在中外股东的有力支持下，卡斯柯不等不靠，在持续打造独立的市场主体上狠下功夫，企业的活力和创造力日益增强，卡斯柯的发展也迎来新的“春天”。

三、改革实践

深化国有企业改革不仅仅是传统国有企业的使命与任务，而且也是中外合资企业的使命与任务，卡斯柯通过“四化一强”建设，坚持党的领导，坚持所有权与经营权分离、坚持权利义务责任相统一、坚持激励机制和约束机制相结合，逐步发展成为具有一定代表性的依法经营、自负盈亏、自担风险、自我约束的独立市场主体。

（一）完善公司法人治理结构，实现“管理决策市场化”

一是建设规范高效的董事会。卡斯柯是一家中外合资国有企业，经营组织以企业法人为基础，严格遵照中外企业法、公司法运行。目前，卡斯柯董事会由7名董事组成，其中中国通号委派4人，阿尔斯通委派3人，设董事长1人（由外方委派）。公司董事会运作有较为明显的外资特点：**第一，**董事会与经理层职权清晰，不干预非董事会审议事项。董事会主要根据公司章程和董事会议事规则对公司的经营情况和财务成果进行审议，对战略决定、年度预算、投资规划、组织调整、重要人员任免等重大事项进行商议和表决。其他事项由经理层召开总裁会进行决策。**第二，**董事长与总裁职权清晰，不干预公司日常管理工作。董事长主要召开董事会会议以及对重大事项实施进行督促落实，公司日常生产管理工作真正由总裁负责。**第三，**董事会决策“完全市场化”与“去行政化”，除利益分配等事项涉及股东意志外，董事会其他议题均按照市场环境要求以及企业的资源与能力进行自主决策，切实做到董事会决策规范、高效。

二是保持“管理决策”市场化。多年来，中国通号和阿尔斯通两家股东始终立足于卡斯柯的长期可持续发展，给予卡斯柯足够的利润留存和自主经营政策支持，从未进行股东职责以外的权力干预，有力保障了卡斯柯依法自主经营，实现了“管理决策”的市场化。公司经理层设总裁 1 人（由中方委派）、常务副总裁 1 人，负责执行董事会的各项决定和组织领导合资企业的日常经营管理工作。在董事会授权下，总裁任免非高管层人员。为了进一步规范公司治理，2010 年起卡斯柯增设了 2 名监事，行使对公司董事和高级管理人员监督职能，确保公司财务状况安全、经营行为合法合规。

三是打造具有卡斯柯特色的管理模式。卡斯柯内部整体经营管理层的配备根据业务需要而定，所有经理层接受董事会聘请，以信任和授权为原则，充分行使经营自主权，发挥经营管理作用。加上中外双方股东的全力支持，卡斯柯能够及时引进国内外最新、最先进的信号控制技术、安全理念和管理方法，并结合国内市场环境及公司自身特点进行消化吸收和再创新，形成特有的卡斯柯模式。

（二）建立特色“三能”机制，实现“选人用人市场化”

中国通号和阿尔斯通给予卡斯柯充分的人事自主权，除股东委派人员以外，公司所有人员的劳动关系均以市场聘用为基础，实现用人市场化、人才资源利用社会化。

一是做到了员工“能进能出”。公司明确责任制和竞争机制，以岗位职责和任务为导向，建立了完善的岗位体系，每年底以岗位问责为基础，针对目标完成情况开展考核，对于不符合岗位要求或考核不合格者进行岗位再培训、调岗或降级处理，对连续两年考核排名末尾者解除劳动合同关系。近三年来因考核不合格调岗 7 人、降级处理 6 人、解除劳动合同 13 人。

二是做到了职位“能上能下”。公司开展内部竞聘优选人才，同时拓宽专业人才成长路径，打造技术管理双轨化通道，并不断优化相关评定方法及标准，每年针对各专业领域骨干的能力素质和绩效贡献进行严格考核和评审，公司构建了内部技术等级序列，引导人才向专家型方向发展，设立内部技术等级序列，制定技术等级管理办法，确保技术人员享受与管理人员绝对对等的级别及收入福利待遇；明确管理人员的晋升以外派和轮岗为基础，鼓励管理层接受向外派遣和岗位轮换，到各分公司、各项目部锻炼或是经历不同的业务口，培养更全面、更高层次的高素质管理人才。近三年骨干团队进入人员 207 人、退出人员 56 人。

三是做到了收入“能增能减”。公司打造全员绩效文化，将每年的预算目标层层分解，对每个人量化考核，实施“薪效联动”机制，整体薪酬与企业预算完成情况直接挂钩，个人薪酬与绩效考核结果直接挂钩，彻底打破“大锅饭”、“论资排辈分奖金”的现象。根据绩效评估结果进行差异化薪酬支付，同职级员工之间考核后的薪酬调整幅度最大达到 50%，年终奖励发放与当年绩效紧密关联，根据考核结果领取市场化薪酬。

卡斯柯通过“三能”机制建设完全实现了市场化选人用人，确保了团队的活力和战斗力，推动公司经营目标的实现及持续发展。

（三）坚持创新驱动，实现“技术发展市场化”

卡斯柯深知创新是企业内在进步之源，是未来立足之本，始终将创新作为增长发展的驱动。

一是保持研发创新。多年来，公司秉承“引进、消化吸收、再自主创新”的发展之道，在技术发展方面持续高投入，每年的研发投入达销售收入的 8% ~10%。在大力推动自主研发的同时，卡斯柯通过知识产权建设加速了研发成果的转化，提升了公司各产品线的竞争力。截至 2017 年 7 月公司已拥有授权专利 176 项，其中发明专利 94 项，软件著作权 210 件。平均每 9 人拥有一项专利，并且专利申请每年保持超过 10% 的增长率。

二是保持组织创新。卡斯柯在 2012 年成立了研发中心，旨在加强市场与研发的联系，提高公司的研发效率与资源利用率，推进公司从产品供应商向系统集成商的转型，而现在正在将研发中心变革为研究设计院，改制后的研究设计院定位于支撑公司新的战略愿景以及未来的市场发展，实现完整的系统集成。公司通过创新驱动，积极应对外部市场竞争的快速动态变化，实现“技术发展市场化”，从而获取源源不断的竞争优势。

目前，卡斯柯已成为国内领先的列车运行控制系统解决方案专家，在技术创新方面收获了累累硕果，更是成为国内轨道交通行业唯一一家获得国家技术创新示范企业、国家知识产权优势企业、国家级企业技术中心的企业。

（四）关注效率和效果，实现“数字经营市场化”

一是绩效考核数字化。数字是企业经营最直观的体现。卡斯柯基于全面预算管理，实施以数字为导向的流程管控和考核制度。公司每年年初召开战略解码会议，梳理公司当年的战略重点工作，将关键任务与公司经营目标层层分解，落实到个人绩效目标，从最高管理层逐级签订绩效合约，确保目标具体量化可考核，责任落实到人、落实到位，使每个人都明晰自己要完成的工作与公司战略任务切实相关，共同推动公司重点目标完成。每年年底基于岗位和职责，回顾目标达成情况，以岗位问责为基础，以业务完成为导向，对各项目标完成情况进行打分，形成最终的考核结果，薪酬完全依照考核结果来分配，绩效优秀的员工与绩效差的员工之间收入差距显著。

二是项目运行数字化。卡斯柯规范了项目结构，对公司项目管理的目的、结构、要求等进行了全面梳理，为项目进行预算管理和控制打下了基础。使用数字化、信息化的手段对项目管理中的业务要求进行了固化，贯穿公司所有职能和业务部门；卡斯柯建立了以项目计划为核心的项目管理制度，以进度为核心，进行端到端、闭环的项目管控，以进度计划指导任务分配和资源分配，以计划驱动项目工作；人员人工费率定义六个等级，以成本为导向，建立项目经理按需用人的制度，合理利用公司人力资源；在统一的系统、统一的数据库中，为不同地域的员工执行同一项目并及时收集工时信息提供了数字化、信息化手段，提升项目经理管理效率。

三是业务流程数字化。为了保证数字的准确和透明，卡斯柯从 2010 年开始搭建信息化管理平台，历经数年的建设和优化，目前信息化系统已 100% 覆盖公司的核心业务流程，成为提升企业内部管理的坚实载体和有效工具，近三年来实现流程改进建议及问题超过 1500 条，整体效率提升 20%。公司经营驾驶舱数据实时动态更新，各项指标充分证明管理的规范化精细化程度正在提高，真正做到可量化、可考核、可追溯。通过实行“数字经营市场化”，卡斯柯经营工作保持快速增长，为企业可持续发展奠定了良好的基础。

（五）加强党的领导，提升党组织在合资企业的地位与作用

目前，卡斯柯建立了比较完善的党组织，设有党总支和 4 个党支部。卡斯柯坚持开展合资企业有特色的党建工作，坚持在工作思路上、载体上、组织保证上不断创新，坚持党政工团一体，积极推动员工关爱计划实施，从政策宣讲和行动计划两个层面入手，把党组织关怀落到实处，把员工队伍的思想工作进一步做扎实。

按照全国国有企业党建工作会议精神，在中国通号的统一部署下，卡斯柯在 2016 年 9 月启动党建工作总体要求纳入公司章程的工作，11 月双方股东同意公司章程修订，就如何将党建工作总体要求纳入中外合资企业公司章程做出了有益探索。在公司章程修订提出议题的初期，阿尔斯通存在消极、不配合的思想。卡斯柯中方股东委派代表不妥协不放弃，积极与外方对话，加强改革政策宣贯与沟通，强调卡斯柯加强党的建设和党的领导不仅不会影响公司的发展，而且通过发挥党的政治优势，更加有利于为合资企业创造良好的发展条件。经过多次沟通和解释，阿尔斯通逐渐由不了解转变为理解、由犹豫转变为接受、由观望转变为信任，不仅在较短时间内同意了章程修订工作，使章程修订进程走在全国的合资企业前列，而且在 2016 年年终董事会上高度肯定了公司的发展业绩和管理成效。卡斯柯

自成立以来一直保持了两位数的增长，最深刻体会就是充分发挥了国有企业独特的体制优势与合资企业现代企业制度体系优势，有力保障了企业走得更远、行得更稳。

四、改革成效

一是经济效益稳步提升。近年来，卡斯柯的生产经营取得良好成绩，营业收入连年突破新高。2016 年营业收入达到 25.66 亿元，是 2012 年的 1.63 倍；利润总额达到4.34 亿元，是2012 年的1.86 倍；各项经济指标年均增长率超过 15%，净资产收益率始终保持在 40% 以上，是阿尔斯通在全球投资的众多企业中效益排名居首的一家合资企业，获得中外股东的一致好评。

二是人力资本有效增值。作为一家高科技企业，人才是卡斯柯最核心的资产之一。卡斯柯为员工提供多方位的关注与关怀，连年被批为上海市优秀雇主三十强，具有良好的人才吸引力，同时卡斯柯的人才管理制度使得一批有想法有潜力的人员得以迅速被发掘并成长起来。目前公司汇聚了一支 284 人的高端研发团队，拥有技术带头人 1 人、科技发展资金资助对象 8 人、行业认可的技术专家 10 人，对于推动公司技术进步，增强公司影响力起到重要作用。

三是技术实力保持领先。卡斯柯基于市场和战略定位，纵向不断完善产品线，补强公司短板和核心要素；横向进一步拓展，完成产品线发展布局，提升综合实力，已成为行业领先的以信号为核心的列车运行控制系统解决方案专家。拥有百余项完全自主知识产权且具备国际先进水平的系统技术和产品，荣获国家科技进步奖、中国铁道学会科学技术特等奖、一等奖、二等奖，上海市科学技术一等奖、二等奖，上海市优秀软件产品奖等数十个奖项。

四是获得社会广泛认可。卡斯柯创造了轨道交通历史上多项纪录，其中地铁 CBTC 系统开通里程超过 1000 公里，达到世界第一；承建的上海地铁 10 号线是国内第一条能真正意义上实现无人驾驶的全自动驾驶线路，代表了目前全球最先进的地铁列车运行控制技术，并获得了有国际工程咨询领域“诺贝尔奖”之称的“菲迪克大奖”；先后获北京“地铁奥运保障先进集体”“上海轨道交通世博保障先进单位”“昆明地铁建设先进单位”等多项荣誉称号，缔造了在轨道交通各领域卓越的声誉与口碑。

五、经验启示

（一）构建现代企业制度是促进国有企业与市场经济融合的“黏合剂”

作为合资性质的国有企业，卡斯柯在深化改革工作的进程中，具备双方面的优势，它没有历史包袱，机制也相对灵活。更重要的是，从成立之初起双方股东就为卡斯柯建立了较完善的现代企业制度，明确了董事会是公司经营的权责机构，严格遵照中外企业法、公司法运行。这种独立市场主体地位的确立使得卡斯柯成为国有企业独特的体制优势与市场经济现代体系优势的完美结合，为公司之后的市场化发展奠定了体制基础。

（二）经营管理的市场化是提升企业活力与竞争力的“催化剂”

相比传统的国有企业，卡斯柯的市场化程度是比较高的，从顶层设计到日常管理，从战略定位到创新发展，从流程制度到团队建设，“市场化”的理念贯穿了公司经营的始终，也促使公司始终保持着蓬勃的活力与内生力，推动企业快速发展。市场是检验竞争力的唯一标尺，卡斯柯的快速稳健发展客观验证了深化改革的方向和措施符合社会主义市场经济规律和企业发展规律。

（三）党建工作是推动合资企业改革发展的“强心剂”

随着我国改革开放的稳步推进，中外合资企业已经成为中国特色社会主义市场经济的重要组成部分，这一经济组织形式对做好党建工作带来了新的挑战。卡斯柯作为国有控股的中外合资企业，与传统的国有企业在管理体制、经营理念、思想意识、文化背景以及人际关系等方面存在一定差异，这使得合资企业开展党建工作具有一定独特性。卡斯柯在处理国有与中外合资关系方面，按照有益尝试、大胆实践、发挥优势的思路，实现观念、制度、组织、方法、领导方式的创新，党建工作水平不断提升。**一是**充分体现相互尊重、相互理解、相互包容的原则与外方股东进行积极有效的沟通，提高外方对中国国有企业的认识和理解。**二是**按照依法合规、有法可依、有章可循的要求履行合资企业的政治地位与责任，引导外方遵循我国的法律法规，维护合资企业各方及员工的合法权益。**三是**通过创新工作机制，结合国情、党情和企业实际情况积极改进党建工作方式，紧紧围绕生产经营工作中心，切实提高党组织活动的质量与效果，形成党建工作与企业经营共赢的发展格局，充分展示党建工作对企业发展的积极推动作用。

22

聚焦问题 转换机制 在深化改革中实现跨越式发展

中国中铁中铁六局

一、基本情况

中铁六局集团有限公司（以下简称“中铁六局”）隶属中国中铁，总部位于北京，注册资本 17 亿元，下设 17 个子分公司、8 个区域经营指挥部和 13 个直属工程指挥部（项目部）。现有员工 14185 人，各类专业技术人员 6662 人。拥有铁路工程施工总承包特级、建筑工程施工总承包特级等 75 项资质，主营业务覆盖铁路、公路、市政、城轨、房建、桥梁、隧道、水利水电等施工领域。

二、改革背景

中铁六局于 2004 年重组成立，成员企业大都是伴随着共和国成长起来的老国企，思想理念比较保守，市场开发主要是“靠天吃饭”，久而久之陷入“三个过度依赖”的困境，即：市场开发对三个铁路局过度依赖；子分公司生存发展对集团公司过度依赖；施工生产对外协队伍过度依赖。这也进一步导致企业规模体量小、创效能力不高、发展后劲不足等问题，特别是有的困难单位长年举债度日、干部职工人心涣散，一些工程项目管理粗放、事故频发、亏损严重、信誉受损，深化改革迫在眉睫。

2013 年以来，根据党中央、国务院关于深化国有企业改革的决策部署，按照国资委有关工作安排，中铁六局认真落实“1 + N”系列文件精神和提质增效、“处僵治困”、企业“压减”、“两金”压降等要求，明确提出将“市场开发的自主经营、子公司的自主发展、项目的自主管理”作为破解“三个过度依赖”难题突破口的改革思路，着力推进区域化经营、困难单位扭亏解困和工程项目精细管理，从体制机制上进行持续的深层次、系统性改革，力求早日走出困境，实现以改革促发展的目标。

三、改革实践

（一）强力推进区域化经营

针对发展步伐不快、规模体量较小的首要问题，中铁六局坚持把区域经营作为破解自身发展难题的“一剂良药”，全面推进了经营资源整合和业务流程再造。**一是**谋布局，建强体系。按照“地域相邻、相对集中、统一管理”的原则，将国内2～5个省（区、市）、1～3个铁路局划归一个经营片区，各经营片区实行“指挥部—省（市）办事处—辅责子分公司联系点”的“2 + 1”组织模式，先后在全国设立了京津冀（雄安）、东北、华北、华南、华东、西南、西北、中南等8个指挥部和25个省（区、市）办事处、23个处属联系点，建立了以集团公司主责区域经营、三级公司辅助区域开发为“两层”；以指挥部主抓市场、三级公司主抓现场为“双线”的新“两层双线”营销格局。**二是**给政策，舍得放权。按照“六给两要”和“五个50%”的要求，在资源、人才、驻地等方面给予了区域经营全方位支持。按照“精英搞经营”的原则，在中国中铁范围内高规格公开招聘经营人才。总部对区域指挥部充分授权，全权代表企业负责区域内的各项经营工作。真正做到了把最优质的资源投入到区域经营开发、把最优秀的人才放在区域经营岗位、把最严格的标准落实到区域经营管理、把最优厚的待遇落实到区域经营人员、把最给力的服务落实到区域经营建设。**三是**抓管理，协同到位。坚持“立体经营”和“全程管控”，通过多种形式经营手段，确保任务承揽“量质双升”。强化标前经营协同，从源头上提高了订单“含金量”；强化项目全程协同，将经营贯穿于信息追踪、前期论证、合同签订、工程建设、清概索赔、收尾销号等项目管理的全周期；强化立体经营协同，全面构建起多种经营“互为补充、兼容发展、分进合击”的立体化大经营格局。

（二）稳步推进困难单位扭亏解困

按照“一企一策”原则，全面启动了太原公司和桥隧分公司的扭亏解困工作，在推进困难单位自立自强中加快集团转型发展。**一是**战略引领，精准定位。坚持以问题为导向，以体制机制创新为重点，以提升发展质量为目标，在深入摸底调研、集体研究决策的基础上，逐级制定了扭亏解困方案和时间表，在顶层设计上做到三个立足：立足困难单位长远发展，发挥上级扶持与自强发展的合力，切实增强自身造血功能；立足集团转型发展，将困难单位自立自强纳入集团业务重组，推动各业务板块的均衡成长；立足做强做优做大，将扭亏解困与区域化经营、专业化发展、品牌化建设同步推进。**二是**量身定制，精准施策。通过“瘦身减负＋专业发展”将体量大、链条长、负担重的太原公司“一分为三”，成立了路桥和建安公司；根据全局战略性布局和区域化经营需要，将路桥公司定位为面向西南、中南市场的综合型子公司，并迁址湖南长沙；根据房建市场竞争对专业化发展的需要，将建安公司定位为以房建为主营业务的专业化子公司，将全局房建资源进行重组并整体划归建安公司；为加快全局地下工程业务的整体聚集，统筹解决好桥隧分公司管理粗放、核心竞争力薄弱的问题，辽宁公司既无市场又无施工力量的问题，盾构分公司管理优、势头好但体量小、资源不足的问题，通过“化零为整＋业务重建”将三家单位“合三为一”，形成了企业隧道和地下工程施工的专业化力量。**三是**对症施治，精准帮扶。通过科学输血造血，合理调整政策，均衡利益分配，对困难单位实施了十项扶持政策，即：不让任何一家困难单位因资金不足错失投标机会；困难单位优先选择自身核心市场区域，核心区域内集团承揽项目优先扶持；降低困难单位降造费和降造费上交基数；降低困难单位归属母公司利润上缴额度；降低困难单位现款上缴额度；减免困难单位内部贷款利息；按计划兑现集团公司资金支持和任务支持；困难单位紧缺人才给予优先引进或调剂；困难单位资质申报给予优先协调；按照新老划断原则，困难单位领导班子考核以扭亏解困方案的指标为准，为困难单位创造了良好的成长环境。**四是**党建引领，精准发力。坚持把党的领导、加强党的建设作为企业的“根”与“魂”，落实全面从严治党的各项要求，为企业深化改革、推进扭亏解困定向指路、保驾护航；坚持把“思想换血”作为改革的核心任务，大力弘扬以“人为本、和为贵、效为先、正为要”为核心的企业价值理念，通过占领精神高地来冲出经济洼地；坚持把“正风肃纪”作为推进改革的重要保障，全面加大亏损项目和亏损企业的审计和监察力度，迅速肃正了企业的歪风邪气；坚持把强化管理作为扭亏解困的基础工作，大力推进区域化经营、专业化发展、规范化运行、集约化管控，为困难单位管理突围奠定了坚实基础；坚持把“班子建设”和“人才补血”作为重要举措，大力推进“百千成才计划”，在短时间内打造了深化改革的中坚力量。

（三）纵深推进工程项目精细化管理

项目管理是施工企业最基础的管理，按照“法人管项目、后台管前台”的思路，坚持以“项目管理标准化、组织结构专业化、要素管控集约化、劳务队伍组织化、经营承包责任化、基础管理精细化、党建工作科学化”的“七化项目管理模式”为改革主体框架，全面推行了以项目部为“主体”，以专业化分公司和作业队为“两翼”的“一体两翼”项目组织模式。主要体现了三个特点：**一是**固定化的建制。项目部是相对稳定的临时机构，专业化分公司和作业队是固定化建制；专业化分公司是由子分公司组建、负责专业化经营管理的一级经营核算单位，是实现资产集中管理和内部市场化配置与服务的责任主体；自建型作业队是由子分公司组建且有固定番号的一级组织，是负责施工生产中安全质量、工期进度、成本控制等责任主体；劳务型作业队是与企业签订劳务分包合同且有良好信誉的外部劳务队伍，作为企业的一类组织主要从事一般工程的施工任务。**二是**单元化的架构。专业化分公司主要有混凝土、机械、钢结构、物资分公司等，按施工的需要可派遣其下设的站、厂、室、队等到项目，负责项目内专业要素的生产、管理和服务。作业队主要由“管控层 + 作业班组”组成，根据项目情况，公司可以从综合施工和专业施工两个角度，从作业队与班组两个层次，对作业层实行“集中式调遣、单元式管理、积木式组合”，最大限度发挥作业层的力量。**三是**多元化的成长。专业化队伍搭建了人员成长的平台，队长、技术人员不仅直接从事现场管理，而且也将成为选拔项目管理骨干的第一梯队人选。同时，专业化分公司掌握着企业的关键设备和核心技术，通过设计不同的成长方向，作业班组可以成长为作业队，作业队依托管控层和作业班组可以成长为项目部或专业化分公司。

在推进项目管理模式变革的同时，中铁六局以标准化管理为保障，组织编制了 18 册 220 余万字的《项目标准化管理手册》，形成了符合项目实际和管理需要的工作指南与标准体系；以集约化管控为抓手，搭建了资金、物资、设备、劳务、商业保险的五大集中平台，推进了项目全周期“十二大集约管控”；以精细化管理为目标，加快了机械化、智能化和自动化的“三化合一”，全面推动工法、工艺、工装的“三工统一”，构建了项目成本管理信息平台、安全质量监管平台，有力推动了项目“一体两翼”管理模式的落地生根。

四、改革成效

通过一系列的全面深化改革举措，企业的主要经济指标连创新高，生产经营各项工作整体提升，改革目标更加清醒坚定，发展道路更加成熟自信。

一是经营规模迅速扩张。四年来，新签合同额由2012年的212亿元提高到2016年的425亿元，翻了一番。经营范围已拓展到国内20多个省（区、市）和3个海外国家，业务范围扩大到铁路、公路、市政、房建、轨道交通、水利水电等领域，基本形成了基建主营业务突出、相关业务板块协同发展的经营格局。

二是施工能力大幅提升。四年来，营业收入由2012年的182亿元增至2016年的281亿元，增幅54%。全面进入了高速铁路、客运专线、地铁盾构、跨海湾大桥、复杂地质隧道、磁悬浮列车试验线等施工领域，先后完成了一大批重点工程建设，连续六年荣获全国安康杯竞赛优秀单位，多项工程荣获鲁班奖、詹天佑奖、国家优质工程奖、全国用户满意工程。

三是经济质量明显改善。四年来，净利润由2012年的2.77亿元增至2016年的3.29亿元；经营性净现金流量由2012年的-6.52亿元增至2016年的15.72亿元；2014—2016年连续三年实现贷款零增长。

四是发展后劲显著增强。困难单位已经基本走出困难局面，整体步入“快速回升、迅速发展”的良好轨道；新组建的路桥、建安、交通公司已经成为集团区域经营和专业发展的骨干企业，企业机构人员更加精简高效，组织架构、产业布局和子分公司业务板块更趋合理，企业发展后劲显著提升。

五是员工生活持续改善。员工队伍与班子建设持续加强，员工权益得到有效维护，人均收入水平大幅提高，和谐发展氛围更加浓厚。全员人均年收入由2012年的5.69万元增至2016年的8.6万元，增幅51%；其中在岗人均收入由6.48万元增至2016年的9.5万元，启动了石家庄、呼和浩特、包头等地区的员工住宅项目，推进实施了企业年金等工作，实现了企业发展成果共建共享。

在深化改革的进程中，企业克服了“三个过度依赖”等突出问题，突破了一些过去不可能突破的关口，解决了一些多年想解决但一直没有解决的问题，真正实现了总量、质量、均量“三量齐升”的总目标，具有“四梁八柱”性质的改革主体框架已经基本确立，企业在困境中奋起改革、在改革中实现了跨越式发展。

五、经验启示

一是深化企业改革，关键要有“一马当先”的闯劲，从最突出、最紧迫的矛盾抓起，力求“春播一粟、秋收万籽”。市场开发是企业发展的龙头，市场不相信眼泪，更不同情弱者，企业改革发展方方面面的矛盾与问题最终都要靠加快发展的办法来解决，而加快发展必须得眼光向外、刀刃向内，通过改革来释放发展的潜能。市场的培育，如同禾苗的成长，必须播种插秧要准、墩苗扎根要深、灌溉施肥要勤，才能破土而出、拔节生长、结出硕果。

二是深化企业改革，关键要有“滚石上山”的拼劲，从最棘手、最艰巨的任务做起，力求“一子落定、满盘皆活”。困难单位犹如制约企业健康发展的“病灶”，是深化企业改革不能回避的头等问题，如果不能及时根治，不但困难单位难以生存，而且整个集团也将被拖垮。推进困难单位解困振兴，关键要敢于直面问题，找准“致病”主因，对症下药才能药到病除；关键要勇于自我革命，以壮士断腕的魄力和勇气去破解致困难题，才能祛除制约发展的痼疾；关键要处理好“解放思想和实事求是的关系、整体推进和重点突破的关系、顶层设计和摸着石头过河的关系、胆子要大和步子要稳的关系、改革发展稳定的关系”，统筹推进才能标本兼治。

三是深化企业改革，关键要有“燕子垒窝”的韧性，从最基础和最根本的工作做起，力求“治本断根、除弊兴利”。工程项目是施工企业的基本作战单元，项目稳则企业稳，项目强则企业兴。强化项目管理如同“燕子垒窝”，是一项抓基层、打基础的长期工作，必须抽丝剥茧、久久为功，通过推进项目管理体制机制改革，治本断根地解决项目管理粗放、创效水平不高、过度依赖外部劳务队伍等痼疾顽症，真正筑实项目管理和企业发展的根基。

23

以创新人才管理模式为重点　以能力业绩为导向
深入推进“三项制度”改革

中国铁建铁建重工

一、基本情况

中国铁建重工集团有限公司（以下简称“铁建重工”）成立于 2007 年，隶属于中国铁建股份有限公司，是集高端地下装备和轨道设备研究、设计、制造、服务于一体的专业化大型企业，总部位于长沙，在湖南、四川、甘肃、新疆、云南、陕西、内蒙古等地建立了多个制造基地，是国家认定的重点高新技术企业和国家级两化深度融合示范企业，企业注册资本 38.5 亿元。

成立 10 年时间，铁建重工充分利用中国铁建长期积累的施工技术与经验，坚持以自主创新为发展底色，成功打造了掘进机、特种装备、轨道设备三大战略性新兴产业，整合了中国铁建大型养路机械产业，正在积极布局轨道交通装备产业、高端农机产业，创造了主要经济指标 30% 以上的年均增长速度，成为全球领先的隧道施工智能装备整体解决方案和高端轨道设备提供商。

二、改革背景

铁建重工成立时间不长，但发展速度很快，主营业务产业跨度大，从产品研发制造到营销售后，各个环节都需要大量的行业内优秀人才和技术高手；“互联网 +”、智能制造对企业发展与创新提出了新要求，人才制度成为影响经营机制转换和市场竞争能力提高的关键因素。

企业要发展，人才是关键。铁建重工在深入贯彻学习国企改革“1 + N”系列文件的基础上，坚持以企业机制体制创新为改革发展的引擎，构建起一套基于创新的人力资源管理机制。通过大力深入推进企业内部竞争机制、有效激励和约束机制等改革创新，在干部人事、劳动用工和收入分配制度上不断与时俱进、大胆实践，使“三项制度”改革成为助推企业发展的根本动力。

三、改革实践

（一）做好深入细致的思想政治工作，为改革顺利推进提供基本保证

铁建重工人才队伍来自五湖四海，有着不同企业文化背景，很多还是专业领域的专家、骨干，大家思想都比较活跃。如何切实地让“干部能上能下、员工能进能出、薪酬能升能降”落地生根，是铁建重工在创新人力资源管理机制上着力突破的难题。

铁建重工各级党组织创造性地开展思想政治工作，充分发挥共产党员在改革中的先锋模范作用。充分利用报纸、网站、微信公众号、专题讲座等途径，加大宣传力度，积极引导广大员工转变观念、提高认识，营造深化“三项制度”改革的舆论氛围，充分赢得广大职工的支持和拥护。

在改革方案制订过程中，努力做到公平、公正、公开，增强透明度；从实际出发，积极探索适合企业特点的改革方式和办法，在求实效上下功夫；涉及员工利益的重大改革措施出台，都认真听取了职工代表大会意见，切实维护员工合法权益，使企业上下思想达到统一，从而确保了改革的顺利实施。

（二）以人才队伍建设为重点，全面深化人事用工制度改革

一是加大人才引进力度。铁建重工逐步建立完善了与市场接轨、与人

才能力挂钩的高端人才引进机制，实行重点引进和公开招聘相结合的方式，把高端人才引进来，把优秀员工招进来。着重引进三类人才：具有自主创新能力且掌握了产品核心技术的科技人才；精通业务且具有现代工业企业管理能力的高级管理人才；懂技术、具有高超操作技能的技能人才。为提高人才引进的成效，铁建重工始终坚持“真正合适的人就算‘掘地三尺’也要请到”的理念，不断拓宽招聘渠道，如通过猎头公司招聘高端人才，既能够更加精确定位到高端人才，又能够提高人才选拔的准确率和及时性；又如通过开展与高校的合作，联合举办盾构定向委培班储备人才，提前做好售后服务、生产人员储备，有力地推进了一线员工整体素质的提高。

二是创新员工职业发展通道。铁建重工所有员工的职业分为三类：职务制（集团公司领导、中层干部）；职衔制（类似技术职衔）；技能制（技能工人）。有了这个基本体系，员工就能够依据自己的特长和能力来设计自己的职业发展生涯，走哪条路由员工自己决定，激发了员工的职业潜能和创业激情。员工的职衔层级晋升、职务晋升、技能等级晋升，以及员工的考核、岗位调整、薪酬待遇、福利待遇等，都是以这个基本体系作为参照物来设计。

三是全面实行关键管理岗位持证上岗制度。铁建重工制定了《关键管理岗位持证上岗规定》，对于财务、人力资源、计划运营、商务招标、采购执行、质量、安全、设备、信息化、档案、实验等关键管理岗位人员，通过由业务部门统一组织的理论、实际考试和工作能力考评，确保关键管理岗位人员持证上岗。对于特殊岗位还引入了第三方权威机构进行考试，不合格者不得上岗。

四是建立在线员工制度。在实体组织架构基础上，基于“互联网＋”、云计算、大数据这个时代背景，创建和融入铁建重工线上组织、虚拟组织、柔性组织、自组织、平台型组织等新型组织形态。设立了项目申报平台、设备管理平台等多个线上平台型组织，没有专职人员，都是兼职人员；没有专门办公室，只是在电脑上有虚拟办公室；用户、供应商、合作伙伴、外部专家等都可以参加设计。为适应新型组织形态，铁建重工建立了“在线”员工制度，将非“在册”的优秀人才引进企业，实现非“在册”员工任职和“在线”办公。让更多优秀人才聚焦到企业的资源池，为企业发展提供智慧与动力。截至目前，已聘请800多名专家顾问作为在线技术支持。

五是对中层干部及职衔制员工每年实行严格的综合考核和竞聘上岗。对中层干部每年进行一次综合考核，对综合排名前十名进行表彰，对后十名免职、降职、诫勉谈话。全部中层职务干部和职衔制员工每年实行竞聘上岗，竞聘前均进入“员工候岗池”中再竞聘上岗，所有竞聘工作5天之内全部完成。竞聘的岗位编制比现员要少，大约5%的员工将会落聘（包括中层干部职务）。落聘员工进入“候岗班”参加培训，培训考核合格后再进行双向选择，以增强员工的危机感和进取心。

（三）以能力业绩为导向，改革完善薪酬分配激励机制

铁建重工大胆改革，以职衔为基础，建立并完善了与职务、职衔紧密结合的薪酬、福利、激励体系，薪酬的分配既基于岗位、能力和资历，更体现工作业绩和工作态度，以适应企业培养复合型人才的人才战略，充分调动领导干部和全体员工的职业潜能和工作热情。

一是年薪机制。对于引进的行业内技术专家和博士，按照市场价值约定年薪，并明确年薪的协议期限为2～3年，同时给予50万元左右具有期权性质的住房补贴，在铁建重工工作满10年后，住房补贴归个人所有。为保障薪酬福利对人才的吸引力，又降低用人的风险，在协议期内，加强对人才的考核，考核不称职或没有业绩的，及时进行淘汰。

二是企业津贴机制。对于具备特殊知识、特殊技能的人才，或者承担企业重大任务与指标的人才，依据综合评定的等级给予企业津贴。企业津贴设10个等级，每月1000元～30000元不等，实行动态评定与调整，岗

变薪变。目前，约有5%的研发、营销人员享有企业津贴。

三是科技期权薪酬激励机制。加大薪酬激励力度，制定重点向承担研发设计人员倾斜的《期权薪酬激励办法》，对年度有突出贡献的人才，铁建重工每年从批准的薪酬总额中拿出数百万元给予具有5年期权性质的薪酬激励。2009—2016年期间，铁建重工期权薪酬奖励总额约为2500万元，获奖人数达299人次。

四是月度积分激励机制。对当月绩效优异的管理人员和技术人员，铁建重工推行月度积分激励机制，给予积分激励，将月度考核与月度积分分配挂钩，与员工年终考核挂钩。

五是职衔激励机制。员工的职衔层级每年动态评定管理，经过严格的考核打分确定职衔晋升，再根据职衔晋升后的层级确定当年的月度薪酬标准，实现了职衔、薪酬、福利、激励等体系的有机衔接。

四、改革成效

铁建重工“三项制度”改革的实施，真正实现了干部能上能下、人员能进能出、薪酬能升能降，人才效应充分显现，有力助推了企业的创新发展，创业创新的积极性持续高涨。

一是形成结构合理的人力资源队伍。截至2017年8月，企业合同制员工3600人，其中：研发设计人员1160人，管理、营销与服务人员904人，技能人员1536人，年龄在25～40岁之间的员工占74%。从学历结构看，博士11人、硕士349人、本科1472人，本科及以上员工占52%，为企业的发展壮大提供了坚强的人才支撑。

二是主要经济指标快速增长。通过以“三项制度”改革为核心的人力资源管理机制创新，2016年底铁建重工资产总额130亿元，资产负债率仅为38.9%，2007—2016年累计实现营业收入307亿元，利税总额59亿元，平均年增幅30%以上，成为行业成长性指标增长最快、规模最大的企业。

特别是 2017 年上半年，铁建重工实现营业收入 33.57 亿元，同比增长 21.37%，净利润 6.31 亿元，同比增长 11.41%，主要经济指标继续保持高位增长态势。

三是科技创新水平突出、成果突出。“三项制度”改革极大地提升了人才创新的活力，体现在技术创新上，以全球首台煤矿斜井双模式 TBM、全球首台永磁电机驱动盾构机、全球首台护盾式掘锚机为代表的 30 余项具有原创性、创新性、战略性、颠覆性的国内和全球首台套产品相继研制成功；在掘进机、特种装备、轨道设备三大产业板块攻克各类技术难题 100 余项，解决行业发展瓶颈；先后主持“十二五”国家 863 计划、973 计划、国家科技支撑计划、重点新产品计划、火炬计划等国家级项目 5 项，参与国家科技计划 7 项，主持省部级科技计划 20 余项，创造了平均每周研发出两项新成果的业界奇迹。

五、经验启示

（一）“三项制度”改革的要义是形成科学合理的解决方案

改革要做到牵一发而动全身，关键要强化效果导向，遵循结果逻辑，有的放矢，决不可眉毛胡子一把抓。一方面将考核机制与激励机制相结合，让考核与激励成为相辅相成、不可拆分的完整体系，应用考核结果来进行激励；另一方面不断地打通员工职业发展通道，将人的潜能激发出来，不断地优化员工队伍，形成物竞天择、适者生存、优胜劣汰的生态圈。

（二）“三项制度”改革的重点是全面提升“机制 +”的牵引、推动与约束能力

铁建重工 10 年创业成功，核心是构建了引进人才、凝聚人才、激励人才的机制，从而掌握核心了技术、开发了高端产品，其源头是机制的关键作用。激励机制、考核机制和人力资源机制构成了“机制 +”的基本体

系，“机制 +”的“ +”是指制定的任何机制都覆盖到任何人、任何团队，让机制在所有人、所有团队都能产生牵引力、推动力和约束力，为企业提质增效和可持续发展提供了强大动力。

（三）“三项制度”改革的关键在真改真为

以创新人才管理模式为重点、以能力业绩为导向人力资源管理制度和人才激励机制的顶层设计，如果不能切实落地，就是纸上谈兵，变成华而不实的摆设。因此，“三项制度”改革既要做到全覆盖、无死角，更要强化过程管控，严格结果定性，要制订年度综合考核、年度竞聘上岗等一揽子分解计划，让改革时刻走在定量定期化考核的路上，使干部能下、员工能出、薪酬能降真正成为常态。

24

红海突围　再攀高峰 市场化选聘激活企业活力

中国农发集团中牧股份

一、基本情况

中牧实业股份有限公司（以下简称“中牧股份”）是中国农发集团的重要成员企业，是中国最大的动物保健品生产企业和中国饲料添加剂骨干生产企业，也是农业部等国家八部委认定的农业产业化国家重点龙头企业和北京市高新技术企业。

中牧股份秉承“保护动物安全，关爱人类健康”的企业宗旨，始终致力于新型、高效、安全、绿色的高科技产品的研发、生产和服务，已成为我国动物保健品和动物营养品领域品种最全、规模最大、技术装备和工艺最先进的产业集群，主营业务领域涉及兽用疫苗与诊断试剂、饲料及饲料添加剂、兽药三大板块，多达 800 余个品种的产品涵盖养殖业服务的全过程。中牧股份坚持以服务现代畜牧产业、引领行业健康发展为己任，致力于成为有较强行业影响力和产业带动力的畜牧业集成服务商，努力打造科技型、国际化、世界级的大型畜牧动保企业。

二、改革背景

随着畜牧业的规模化、规范化，畜牧企业为了生存和发展逐步注重人才的挖掘和培养。目前畜牧业对人才的管理体现了两个转变：**一是**从个人英雄主义到集体管理的转变。畜牧企业运作需要具备兽医专业知识、畜牧养殖知识、营销知识等知识“全才”，而这类人才是少之又少。知识专而深的“专才”是较为普遍存在的，畜牧企业要通过对员工科学的人力资源整合，充分发挥集体中每个“专才”的核心价值，使集体富有凝聚力。**二是**真正意义上的职业经理人队伍开始诞生。这个特殊人群集经营与管理能力于一身，具备扎实的兽医、药理药剂学等相关专业知识，为人谦逊、坚毅、敬业，有高尚的职业道德、极强的团队管理能力、广泛的社交能力、良好的沟通能力，掌握娴熟的营销技巧，敏捷、灵活的市场应变能力，同时能够果断决策企业发展问题。

中牧股份的主营业务市场化竞争程度高，行业人才市场竞争激烈，近年来，先后有6位高管离职。留住高端核心人才已经成为公司改革的迫切需要。中牧股份化药事业部在公司三大主业板块中，市场化程度相对较高，企业基础比较差，下属生产企业技术水平低，产品滞销，盈利能力低，发展缓慢，连年亏损，经营业绩非常不理想，改善化药板块经营状况、使其成为公司新的利润增长点，对公司整体发展意义重大，迫在眉睫。

对此，中牧股份以市场化选聘方式引进高端人才，旨在改善人才引进机制，激活团队活力，提高经营业绩，不断深化国有企业“三项制度”改革，提高企业市场竞争力。

三、改革实践

（一）择优选人，决定“能者上”

通过市场化选聘，使真正有能力的人脱颖而出。为了改变化药板块的弱势，在2013年初，公司率先以市场化选聘方式引进了化药经营团队的领头人及一批技术、业务、生产管理骨干。按照市场化公开选聘的流程，经过层层筛选，从行业中择优选择最终确定了化药事业部核心团队人选。

除了经营团队，市场化程度较高的公司管理人才也需要通过市场化选聘方式产生。为了扩大改革成果、加快企业利润增长的速度，2017年，中国农发集团针对中牧股份总经理岗位首次进行全球公开市场化选聘。通过第三方专业公司的介入，经过论文初试、笔试、能力素质测评和面试复试等环节，优中选优最终确定了中牧股份的总经理人选。

（二）契约化管理，实现“责任到位、利益匹配”

市场化招聘人才，通过契约化管理，明确规定各项管理任务和责任条款。如总经理的第一年部分管理任务是政府采购口蹄疫疫苗工艺技术达到行业先进水平；口蹄疫市场疫苗的工艺技术取得重大阶段性突破和成果；禽流感疫苗生产质量行业领先，市场供应、销售位于行业第一；积极组织落实并完成集团市值管理的目标任务。对于不能按照契约完成任务的市场化人才，严格按照市场机制退出。通过这样责任明确、具体而且执行严格的契约化管理，实现了“责任到位”。

按照责权利对等原则，签订年度和任期经营业绩考核责任书，严格按照市场化管理原则和规定，通过实际业绩兑现薪酬待遇。化药事业部团队连年按合同超额完成任务指标，薪酬待遇得到提升，不仅团队成员得到高收入，也给企业带来了高效益，实现了“利益匹配”。

（三）充分授权，体现“权利对等”

2013年，随着化药事业部核心团队的到位，公司将建立化药人才队伍的权利充分授权给团队。随之，一批有经验与能力的市场化人才陆续在化药团队的选拔下，加入化药事业部，技术总监、销售精英、工厂管理带头人的陆续到来，为化药事业部的发展带来了技术、经验和市场，也为业务持续发展奠定了坚实的基础。

随着公司总经理选聘到位，经中国农发集团及公司董事会充分授权，经理层拥有建立公司人才队伍和改革各项制度、机制的权利。总经理根据饲料贸易板块市场化程度高的特点，率先启动市场化选聘饲料贸易板块领军人才的工作；同时，为了调动员工的积极性、主动性与创造性，深化企业改革，启动了“三项制度”改革工作，从机制上保证人才的引进、激励和使用，从而激活企业活力。

四、改革成效

（一）经营业绩高速增长

经过三年的不懈努力，化药板块终于打破年年经营局面徘徊不前的僵局。2013 年，随着一批有经验和能力的市场化人士的加入，化药事业部实现了跨越式的发展。其中：技术总监，三年来主持 100 多项工艺技术改进，科技即生产力得到充分体现；曾经亏损几千万的工厂，引进的领头人以厂为家，不断通过管理提高工艺技术、降本增效，实现了 2014 年扭亏为盈、2015 年盈利 750 余万元、2016 年盈利 1983 万元的三连增。短短几年时间，化药事业部从一个连年亏损的板块一跃成为利润近亿元的蒸蒸日上的事业部。

（二）竞争优势初步形成

从 2014 年起，化药事业部加大了产品链延伸、拓展力度，促进了产销平衡，2016 年达到了产销两旺，增加了产品附加值，为企业创造了更多的经济效益。2016 年因为技术进步降低成本超过千万。事业部发酵类产品的生产水平与质量水平已达到国内一流、国际领先。各类产品通过科技攻关，品质稳步提升，部分产品的品质已超过进口产品，为市场开拓打下坚实的基础。

调整内部运行机制，各工厂各显其能。有的通过改进工艺技术，实现“提质量、降成本”，取得良好经济效益。有的通过车间改造，使产品的工艺水平和产品质量提升，产品价值和产能提高，增强了产品核心竞争力，赢得了众多客户。

（三）人才队伍稳步建立

面对国家政策变化、市场不确定因素加大，企业的和谐健康可持续发展任务更重。在集团领导、公司董事会的关心和支持下，通过市场化选聘原则吸引了大批优秀人才加入了团队，通过不断加强内部管理，不断提高职工队伍的整体水平，公司成立 20 年来，经过不同时期、不同阶段、不同市场的磨炼，基本形成了一支包括畜牧业生产、研发、技术、销售和管理各方面精英的人才队伍，在动物疫苗、兽药和饲料三大领域形成核心人才优势，为企业发展提供了根本保障。

五、经验启示

（一）市场化选聘是深化国有企业改革的必经之路

市场化选聘的核心就是坚持“市场化选聘、契约化管理、差异化薪酬、市场化退出”的指导原则，只有通过市场化选聘方式才能激发人才潜能，实现干部能上能下、人才能进能出、收入能增能减，使国有企业“三项制度”改革落到实处。

（二）市场化选聘为国企人才提供了职业化发展通道

市场化选聘充分体现了责、权、利对等原则，为国有企业体制内干部提供了一条充分发挥才能、体现价值的人才通道，在深化国有企业改革，留住人才、用好干部方面提供了有价值的经验和启示。

（三）市场化选聘是提高企业市场竞争力的法宝

中牧股份近三年来的市场化选聘成果证明，市场化选聘方式可以充分激活企业活力，释放企业潜能，实现企业利润最大化，提高企业市场竞争力。随着中牧股份新任市场化总经理的到位，公司将红海突围、再攀高峰，把之前以化药事业部为代表的市场化选聘成功经验继续放大、复制到各个经营板块和下属企业，使中牧股份的市场化选聘成果繁衍生根，不断壮大。

25

与时俱进　打破藩篱
以动态的绩效考核管理促进企业提质增效

保利集团保利地产

一、基本情况

保利房地产（集团）股份有限公司（简称“保利地产”），是中国保利集团公司下属四家控股上市公司之一，国家一级房地产开发资质企业。保利地产成立于1992年，2002年完成股份制改造，2006年在上海证券交易所上市，业务涵盖房地产开发、建筑设计、工程施工、物业管理、销售代理、商业会展和酒店经营等相关行业。

目前，保利地产已完成以广州、北京、上海为中心，覆盖84个城市的全国化战略布局，拥有超过720家控股子公司，员工超过38600人。2016年，保利地产总资产4680亿元，营业收入1548亿元，利润总额233亿元，归属母公司净利润124亿元。保利地产连续多年荣获房地产百强企业第二名、中国房企上市公司综合实力10强、中国房地产行业领导品牌。

二、改革背景

保利地产的主营业务为房地产开发经营，属于高度市场化的行业范畴，行业竞争十分激烈，尤其是大型房企之间的竞争，需要持续保持规模与竞争力优势。房地产行业资金密集程度高，政策调控力度大，周期波动性强，对管理团队的风险控制能力要求高。因此，企业的核心经营机制必须持续革新，以适应行业发展特点，保证与主要竞争对手看齐，稳定骨干人员，约束经营团队的重大决策行为。

作为国有企业，保利地产肩负着国有资产保值增值的使命，并承担着一定的社会责任。在国家供给侧结构性改革、“三去一降一补”的政策主基调下，国有企业提质增效、“强身健体”的要求，与保利地产经营管理需要高度契合。保利地产必须要用好考核指挥棒，实现多元的管理经营目标，满足战略升级的需要。

三、改革实践

（一）扭转考核思路，提升考核质量

在行业高速增长阶段，抢占市场规模、提高话语权是首要目标。随着行业的发展，保利地产不仅追求规模发展，更注重质量提升。在考核机制的设计上，**由过去单一的规模导向，转变为发展规模与质量并重**，强调不盲目追求市场规模，始终把推进提质增效、提高核心竞争力放在企业发展的重要地位。考核指标从单纯的规模导向指标，如销售认购、销售签约、投资拓展等，转变为规模指标与质量指标并重，如增加去库存、内控管理、产品质量、客户满意度、党建与纪检工作质量等指标。

为了提高考核工作的科学性、客观性与准确性，保利地产积极引入第三方评价机构，**由内部评价，转变为内部与第三方评价并重**。一方面保证考核的公正性，另一方面加强与市场的接轨，掌握更多竞争对手信息，加强对管理质量的横向比较。

（二）细化考核分类，优化内部分配

房地产行业的地缘特征明显，加上当前调控“一城一策”的导向非常突出，各城市的经营环境差异大，保利地产对各地子公司**由全国“一刀切”考核，转变为分类考核**。保利地产按照业绩、开发规模，将内部子企业分成 A、B、C、D 四档考核，鼓励更激烈的组内竞争，引导子企业做大

规模，提升档位，争取更好的薪酬激励条件。

考核结果与各子公司、各员工的经济利益联系也更加紧密，**保利地产集团内部“切好蛋糕”，实现薪酬“能增能减”**：能效挂钩的原则已运用到分配机制中；保利地产集团层面的考核分数直接用于计算各子公司的奖金包总额；自2017年起，子公司层面的考核分数直接用于计算具体员工的季度奖与年终奖，实现“先进多得、落后少得，优秀多得、平庸少得”。

（三）干部“能上能下”，人员“能进能出”

2017年上半年中国保利集团公司批复了保利地产试点“三项制度”改革框架方案。保利地产依托绩效考核，**一是**对股份公司管理的领导干部推行市场化管理，在干部职数编制内搭建下属企业班子、配置领导干部。**二是**制定内部选拔任用、代理期考核、岗位退出管理等制度，开展领导岗位竞聘、轮岗交流。**三是**建立领导干部年度考评机制，领导干部薪酬与经营业绩考核直接挂钩，系统内部的管理干部收入差距可达到2～3倍。保利地产根据考核结果对末位人员调岗甚至淘汰。

（四）创新考核方式，加强激励约束

绩效考核作为企业管理的核心机制，其动态改革一直推动着保利地产的人事、用工、薪酬等“三项制度”的改革，推动着保利地产的人力资源管理向市场化靠拢。以目前的绩效考核方案为支点，保利地产将**继续创新考核方式，加强考核指挥棒的激励约束作用**，拟建立以项目为单位的激励约束机制，逐步试点实施项目跟投。为构建良好的产业生态体系，助力保利地产战略转型升级，对于房地产上下游行业的发展，如国家政策支持的住房租赁、养老健康服务、特色小镇与产业经营等，后期将考虑设计专项考核方案。

四、改革成效

一是规模持续增长。保利地产2014—2016年销售签约金额分别为

1367亿元、1543亿元、2101亿元，复合增长率达到24%，总资产规模分别为3657亿元、4048亿元、4680亿元，复合增长率达到13%，位于行业中上游水平。保利地产销售业绩在2012年首次过千亿，2016年实现半年过千亿，全年过两千亿，2017年基本完成对中航工业的房地产开发业务的整合。

二是去库存效果显著。2015年和2016年保利地产产成品销售规模分别达到237亿元和334亿元，实现47%和41%的同比增幅。在经营规模持续扩大的情况下，库存水平偏高的问题得到较好控制，2016年底未售产成品的规模较同期下降11%，显示出近年来考核措施的成效。

三是盈利能力持续提升。近几年，在行业整体利润率呈现下滑趋势的情况下，保利地产盈利能力仍保持稳中有升。综合毛利率保持在29%以上的水平，净利率保持在11%以上的水平。在A股上市企业中，公司是为数不多的连续10年分红的企业。2010年至今累计分红161亿元，占净利润的24%，分红规模和分红占比排名行业前二。

四是财务与风控表现稳健。保利地产资产负债率连续6年下降，至2016年为74.8%，扣除房地产行业预售所形成预收房款后，2016年底资产负债率为41.5%。在保持业绩持续增长的基础上，保利地产有息负债规模、综合成本得到较好控制，自2014年起连续三年下降，2016年有息负债1122亿元，同比下降79亿元，综合成本4.69%，同比下降0.51个百分点。

五是品牌价值稳步增长。保利地产积极践行央企责任，依托“和基金”平台，积极参加社会公益活动，重点关注青少年、老龄群体、古迹保护、社会援助等。品牌价值逐年增长，2015年和2016年分别达到361亿元和446亿元，分别同比增长18%和24%，2016年增速为近5年新高。

六是相关产业发展迅速。保利地产持有物业主要分布在伦敦、北京、上海、广州、佛山、成都、重庆等经济发达城市，已开业酒店10家、购物中心7家、会议中心1个、会展场馆2个、自持写字楼4栋，总建筑面积近20万平方米。房地产基金管理规模接近680亿元，达到行业前列。社区消费业务迅速发展，已开业社区中心41家、社区养老服务机构10家、青少年培训教育机构18家。特色产业方面，专业养老机构开业2家、筹备开业3家；展览馆经营规模位列广州市场第二；在全国同步推进多个军民融合产业园、特色小镇项目。2016年底，相关产业的营业收入达到63亿元，利润总额约20亿元。

五、经验启示

一是在完全竞争市场中，要以开放的心态改革国有企业的绩效考核机制，积极与市场接轨。房地产行业属于完全竞争、变化迅速的行业，企业数量多达上万家，其中包括像恒大和碧桂园等优秀的民营企业，它们在绩效考核上更加灵活、有魄力，很多经验值得借鉴。作为国有房企，公司以开放的心态去学习对标，与时俱进，并以国资管控原则为准绳，实现效益与风控的均衡发展，提升经营的健康度。

二是激励和约束并存，在有效的风险控制下，要以激励为主。激励机制与约束机制是绩效考核的两面，保利地产坚持做“有温度的企业”，把企业目标与员工价值有机结合起来，激发员工的积极性，让激励机制充分发挥其应有作用。另一方面，将风控的意识融入考核体系，让指挥棒自身发挥约束功能，促使子公司在经营上重视风险控制，潜移默化至具体的经营措施中。

三是只有配套市场化的“三项制度”，绩效考核才能真正在经营管理中做实。企业内部的管理机制是有机统一的整体，改革举措牵一发而动全身。如果没有“人、财、物”三大关键要素的支持，绩效考核难以发挥实质作用，考核结果的应用往往是一纸空谈。要发挥考核的指挥棒、火车头作用，必须同步推动“三项制度”改革，将企业的核心机制互动、串联起来，达到提升管理质量、增强企业效益的目的。

26

以市场化选聘、契约化管理为核心深化“三项制度”改革

新兴际华新兴铸管

一、基本情况

新兴铸管股份有限公司（以下简称“新兴铸管”）是国务院国资委监管中央企业新兴际华集团的核心企业，前身是原铁道兵兴建的军队唯一钢铁联合企业，1997 年改制后在深交所上市（SZ. 000778）。20 年来，新兴铸管坚持以市场为导向、以科技创新为支撑，倾力打造各种规格和涂层的离心球墨铸管及管铸件、高等级建筑钢材、钢格板、特种钢管等特色产品。

作为球墨铸铁管行业龙头企业，目前新兴铸管产品产销规模世界第一，综合技术实力世界前三，是国内行业标准制定者和国际行业技术领导者。铸管国内市场占有率 50%，出口量占全国出口总量的 50%。2016 年公司实现营业收入 521.6 亿元，实现利润总额 8 亿元。

二、改革背景

近年来，新兴铸管在不断延伸完善产业链和价值链、实施跨区域并购重组的基础上，逐步发展成为一个跨区域、跨行业的大型制造企业集团。与此同时，企业扩张快、层级多、效率低、冗员负担重等突出问题也逐渐凸显。为解决这些问题，新兴铸管认真贯彻落实党中央、国务院决策部

署，按照国资委工作要求，把深化“三项制度”改革作为重要突破口和着力点，努力通过深化用人机制改革，构建“能上能下、能进能出”的新机制，理清各级人员的责、权、利关系，不断健全激励约束机制，努力实现管理层级“压减”、机构人员精简、岗位配置优化、组织结构扁平化等目标。

三、改革实践

（一）市场化选聘、契约化管理形成“强激励、硬约束”

2016 年 3 月，新兴铸管以芜湖新兴为三级企业市场化选聘试点单位，率先完成了对芜湖新兴中、高层管理人员的市场化选聘工作；2016 年 9 月，又完成了股份公司层面总经理、副总经理等高管人员的市场化选聘工作；2017 年 6 月，全面完成了三级企业经理层市场化选聘工作。目前新兴铸管有 5 名 30 岁以下的年轻干部被选聘到三级企业副总经理岗位，二、三级企业管理人员中 40 岁以下年轻干部的占比达到了 20% 以上，进一步实现了企业管理团队的年轻化、知识化和专业化。

在以“一个聘书、两个合同”为主要内容的市场化选聘机制的基础上，建立了以“一个责任书、两个办法”为主要内容的契约化管理模式。市场化选聘的高级管理人员全部实行聘任制和契约化管理，具体由聘用合同、业绩考核办法、薪酬管理办法界定，聘用合同明确职责、聘期、考核目标及市场化退出办法，业绩考核办法和薪酬管理办法规定经营考核目标及薪酬兑现等事项。

通过市场化选聘、契约化管理，使二、三级企业管理人员以职业经理人的身份重新定位，完成了“要我干”到“我要干”的角色转换，形成了市场化的、适应企业发展新需要的“强激励、硬约束”管理机制。

（二）常态化淘汰机制助推“能上能下、能进能出”

新兴铸管在全面开展市场化选聘的基础上，结合历年大数据的统计分析结果和各单位装备水平的差异，核定出各单位高层、中层、基层管理职数，按照“能者上、平者让、庸者下、劣者汰”的原则，每年对各层级管理人员分别按3%～5%、5%～8%、8%～10%的淘汰率实行末位淘汰，形成了常态化的硬性淘汰机制。

在推进常态化硬性淘汰机制过程中，新兴铸管注重促进经营管理、专业技术和科技研发等各类人才的循环流动，初步形成了公司内部各类人员的新陈代谢系统。以实现各层级管理人员能力保鲜和动态优化为目标，通过管理上“统一规范、分级负责”，评价上“客观量化、基于事实”，任用上“优进劣退、动态管理”等手段，构建了各层级管理人员的流动新秩序，激活了各层级管理团队的工作活力，营造了“有激情、在状态、敢担当、勇作为”的企业团队精神和工作氛围。

（三）优化岗位资源配置实现“减员增效、良性循环”

一是根据不同的部门规模制定各级管理岗位职数和比例，自下而上，通过一专多能、一岗双责、岗位优化配置等，提升专业技术人员技能水平和综合素质，严格控制机关管理岗位职数。

实业部规模	中层职数	占比	机关职数	占比
300人以下	3人	1%	5～7人	1.6%～2.3%
301～500人	3～4人	0.8%～1%	6～8人	1.6%～2%
501～1000人	4～5人	0.5%～0.8%	7～10人	1%～1.4%
1000人以上	5～6人	0.5%～0.6%	8～10人	0.8%～1%

二是全面推进纵向管理层级压缩及管理人员管理职数优化计划，主抓直线职权，弱化参谋职权，针对各类管理人员，取消副职岗位，管理职能下沉。由“实业部－工段－班组”三级管理向“实业部－工段”或“实业部－班组”两级管理压缩。同时，设定职能承担原则：同时设立工段及班组的，工段长（副）兼专业技术主管，实业部机关主要负责行政管理职能，班长负责班组行政及技术管理；单设工段的，班组行政管理上移到工段，当班技术管理可通过在主工序岗位设首席操作手负责；单设班组的，实业部同时负责行政及专业技术管理，班长负责班组行政及技术。

三是根据不同企业的规模和性质，通过各级人员工资比例范围的设定，倒逼各企业自下而上优化人员结构，主动进行减员增效、“瘦身健体”。

企业规模	中层管理工资占比	工段班组长工资占比	实业部机关工资占比	管理人员工资合计占比	一般员工工资占比
1501 人以上	1.4% ~1.6%	8.5% ~8.7%	1.1% ~1.2%	11.1% ~11.5%	88.5% ~88.9%
601 ~1000 人	1.7% ~2.5%	8.8% ~9.6%	1.8% ~2.2%	11.6% ~14.3%	85.7% ~88.4%
300 人及以下	3.5% ~5.0%	9.5% ~10.5%	3.4% ~4.5%	16.4% ~20.5%	79.5% ~83.6%

四、改革成效

一是管理层级得到明显“压减”。2017 年 7 月与 2015 年初相比，用工总数减少 24%，三级企业实业部及机关部室减少 79 个，中层管理人员减少 97 人；工段数量减少 98 个，工段管理人员减少 303 人；班组个数减少 558 个，班组长减少 894 人。

二是岗位配置得到不断优化。实现了管理人员占比的逐年降低，科技研发和生产工人占比的不断升高；职工人均收入逐年提高，且工资向一线岗位倾斜，收入分配去向更加科学化、合理化；吨人工成本降低的同时人均劳效持续提升，实现了“减员→增效→增收”的目标。

三是经济效益得到明显提升。近年来，通过以市场化选聘、契约化管理为核心的“三项制度”改革，新兴铸管各项经营指标稳步提升。特别是 2017 年 1—7 月，产品销量比上年同比增加 81 万吨，营业利润比上年同比增加 4.1 亿元，期间费用比上年同比降低 0.82 亿元，资产负债率比上年同比降低 5.8%。目前，新兴铸管已经具备了与国内最优秀的民企比试成本、与最知名的老牌国企比试品牌与售价的竞争实力，企业实现了持续健康稳定发展。

五、经验启示

一是经理层的市场化选聘、契约化管理是深化企业内部“三项制度”改革的“牛鼻子”。抓住这个“牛鼻子”，就会产生“牵一发而动全身”的改革效应，就能对企业从上至下、从干部到职工起到示范作用，进而带动整个企业转换经营机制，彻底解决困扰多年的干部能上不能下、员工能进不能出的问题。

二是科学合理的考核分配机制是深化企业内部“三项制度”改革的重要基础。标杆选得准，对标才有意义。通过科学考核引导企业经理层一方面眼睛向内、苦练内功，另一方面对标先进、追赶超越。考核目标既要有一定前瞻性、挑战性，又要有一定的合理性，确保“跳起来、够得着”。通过将各层级管理人员收入与经营业绩挂钩，明确管理人员“权责利”相对应的“契约”，就能把以前的“要我干”变为现在的“我要干”，充分调动各层级管理人员的积极性和创造性。

三是良好的干事创业环境与企业文化氛围是深化企业内部“三项制度”改革的根本保障。“三项制度”改革改到最后，最核心、最本质、最深层次的就是要改变广大干部职工的理念与心态。只有让大家真心认可、真心认同、真心支持、真心拥护，才能确保上下、进出、增减都平平稳稳、心甘情愿；只有形成公平公正竞争、鼓励干事创业、领导干部带头的良好环境和文化氛围，才能让市场化理念和契约化精神真正融入广大干部职工的血液和基因里，形成动态的良性循环，持续推动企业改革发展。

27

全面推进基于组织绩效提升的管理变革

武汉邮科院烽火通信

一、基本情况

烽火通信科技股份有限公司（以下简称“烽火通信”），是武汉邮电科学研究院（以下简称“武汉邮科院”）旗下的上市公司，1999 年 12 月 25 日由武汉邮科院发起成立，并于 2001 年 8 月 23 日在上海证券交易所成功上市。作为国内优秀的信息通信网络产品与解决方案提供商，烽火通信经过十余年的稳健发展，成长为“武汉 · 中国光谷”的龙头企业之一。烽火通信的主营业务立足于光通信，深入拓展至信息技术与通信技术融合而生的广泛领域，成为我国“网络强国建设”领域的领军企业。

二、改革背景

十余年的发展历程中，烽火通信顺利接过了中国光通信产业排头兵的旗帜，通过持续变革完成三大转变：**一是**由基础技术和软课题的研究，向产品研究转变；**二是**由科研样机研制，向适应客户需要的商品和解决方案研制转变；**三是**由事业单位体制的科研机构，向具备现代企业制度的公众公司的转变。然而，尽管公司成立以来一直保持着良好稳健的增长态势，但行业的快速发展，以及市场竞争的日趋激烈，也使得烽火通信面临着许多新的挑战。公司意识到，“头痛医头，脚痛医脚”的变革思路，已经无法满足公司转变经济发展方式、谋求内涵式发展的需要。唯有深化改革，在突破公司以往管理变革局限性的基础上，通过系统性的机制设计和制度安排，重塑企业文化，优化资源配置，细化工具方法，提升干部素质，才能练好内功，形成发展质量和效益提升的长效机制。为解决经营发展过程中的系统性问题，加快转变经济发展方式，烽火通信于 2012 年开始全面推进“基于组织绩效提升的管理变革”。

三、改革实践

（一）加强组织，细化推进措施

为确保管理变革暨管理提升活动总体目标的实现，烽火通信在管理实践中首先明确了“五个强调”，以此作为各项基本措施的根本出发点。**一是**强调联动，实现战略目标任务、资源费用、绩效评估与经营分析之间的动态连接，实现指挥者、作战者与支持者之间行动的连接。**二是**强调产出，让产出来拉动资源的信息传递与决策指挥方式，让一线呼声得到快速响应，由产出最终决定费用、决定收入。**三是**强调增长，通过优化超额业绩的超额奖励机制，来鼓励总额增长，通过做好整体薪酬管理来激励和控制员工人数，鼓励人均增长。**四是**强调闭环，通过月度经营报表、季度经营分析会等形式，做好经营预警、费用控制，及时分析问题，实现闭环管理和过程监控纠偏。**五是**强调实操，注重标准、流程与工具的开发，让管理变革与经营任务落地。

烽火通信成立了由公司总裁任总指挥，公司各副总裁任副总指挥，部门负责人、骨干员工为成员的变革机构，全面推进管理变革的各项工作。其中，公司将管理变革划分为战略绩效与薪酬设计、营销体系与产出线建设、产品技术开发管理、企业文化与干部体系建设四个方面，每一方面工作都配备了与之适应的公司高、中层干部及业务骨干组成的项目组。同时，公司还设立了总体组，确保各个项目组协同推进。

（二）推行开放式预核算，变“要我干”为“我要干”

公司坚持资源投入一定要有增量产出，建立起基于体系的战略绩效管理体系，以此作为牵引公司全面改善综合绩效的根本保障。该体系的核心是：建立以费用为核心的各项资源与所完成任务之间的动态匹配关系。通过费用包占比设计和超额奖励制度来鼓励各部门以及各位员工关注有效增长和人均产出效率。费用包与利润空间挂钩后，有增量的部门，就能够享受更多的资源投入。在此基础上，公司把战略目标层层分解为各级组织的任务，并根据任务目标来制定预算。管理层要做的，则是积累经验数据，及时监控、预警和修正公司的总体运营。随着战略绩效体系的建立和完善，各产出线和业务部门逐步由被动地要投入，向主动地求增量转变。管理者也增强了提高能力、做好经营的积极性。

（三）完善产出机制，让“炮火”拉动资源

公司力求建立真正面向市场，能快速响应客户需求的市场营销及产出线管理体系，大力推进“营”“销”分离，强化营销服的“铁三角”关系。所谓“铁三角”，就是市场部门力争让产品好卖，密切跟踪分析行业动态、研究制定市场策略；销售平台力争把产品卖好，重点加强高端客户的关系拓展力度。通过全面加强合同的过程管理，提高合同转正和回款效率；服务部门则致力于品牌形象提升，努力提高国际客户满意度。同时，公司把市场、研发、交付和工程等关键节点都放到产出线来，使各产出单元的端到端服务响应能力显著增强。通过各种机制设计，公司产出及平台部门的传统层级观念逐渐弱化，最接近客户、最了解情况的人拥有了指挥权，单一层级领导指挥也被产出拉动资源和决策的模式所取代。通过对组织架构的调整，产出的全环节都能及时倾听到客户的声音。响应客户的流程有所简化，相关责任更加明确，客户需求的响应速度和专业化的服务能力也有所提高。

（四）以市场成功和财务成功牵引产品技术开发

公司坚持将增强核心竞争力的内在需求，与顺应技术演进、贴合网络

转型、助力客户持续实现价值结合起来，走有烽火特色的自主创新之路，坚持以市场成功和财务成功作为检验研发项目成败的唯一标准。着重增强产品线拉动研发人员向市场承诺产出的能力。产品线、项目团队和专项技术人员之间，坚持产品线对客户负责，根据客户需求组织开发立项；项目团队对产品线负责，根据产品线要求拉动专项技术；专项人员对项目负责，根据项目要求输出技术成果，并扎实推进共享平台建设。重点强化了需求管理和产品规划，做好项目的分级分类管理，逐步建立产品 CBB 管理规范和制度。

（五）打造“以贡献论英雄、以产出论回报”的干部队伍

公司把推动文化的传承和再造放在重要战略地位，在继承武汉邮电科学研究院的文化传统基础上，为烽火的文化体系注入新内涵，鼓励员工付出额外努力、做出独特贡献，初步建立起新的文化体系架构，提炼出了“客户导向、诚信敬业、持续创新、增量发展”的核心价值观，为公司的长远发展提供了强大的精神支撑。干部的任用提拔上，公司借助任职资格管理工具，进一步优化干部队伍建设。根据干部的不同特点，设计相应的素质模型，重点推动管理者与执行者之间的成长衔接。在此基础上，公司重点推进经理人管理的“五上”流程，优化员工激励机制，形成“赛马识马用贤能，拉开差距论公平”的局面。同时，逐步实践“721”的经理人培养模式，即在各种学习和培养形式中，70% 是工作实践学习，比如安排工作轮换，安排担任更高层级干部的助理；20% 是向他人学习，比如案例学习、参加培训课程；而剩下的 10% 是自我学习，通过公司的 E－learning 系统，学习自己急需的知识技能。

四、改革成效

一是经营成果方面。业务规模由 2012 年的 90 亿元扩展到 2016 年的 200 亿元，建成华中、东北、华东、西北、华南、西南，南美、南亚、北

非等产业基地，以及全资、控股、参股等数十个子公司。公司在全球50多个国家构建了完备的销售与服务体系，产品与服务覆盖90多个国家和地区。公司已跻身全球光传输与网络接入设备、光纤光缆最具竞争力企业10强。其中，光传输产品收入全球前5；宽带接入产品收入全球前4；光缆综合实力全球前4；连续七年在中国光缆企业中排名出口第一。

二是自主创新方面。公司在光通信行业的领先地位更加稳固，信息行业的技术产品创新取得长足进展。超大容量、超高速率、超长距离传输的“三超技术”全球率先商用，相关产品目前已广泛应用于国家骨干网、城域网等通信网络的建设。ICT领域，楚天云平台已成为“智慧湖北”核心工程，成为国内安全等级最高的省级政务云。FitCloud虚拟数据中心解决方案荣获中国SDN最佳实践奖；楚天云获评“中国OpenStack卓越案例”。持续深耕以大数据平台为核心的网安产品，已经在全国180多个用户单位部署。携手十几家上市公司打造智慧城市投资联合体。投资建设的多个云计算中心项目，专注为客户挖掘大数据时代的业务增值潜力，提供领先的云计算业务、数据处理、存储服务、IDC基础业务等。

三是专利及知识产权方面。截至2016年底，累计申请国内外专利近2000项，发明专利比例超过80%。担任ITU－T SG20 Q6“物联网及其在智慧城市和社区等的应用”全会副报告人；成功连任新一届CCSA（中国通信标准化协会）TC6主席。

五、经验启示

一是管理创新释放增长活力。释放增长活力的本质在于充分调动业务单元的内生动力，推动其从“要我干”转变为“我要干”，进而从“任务导向”转变为“增量导向”。为此，着手建立健全开放式预核算机制，让以前“按预算要花多少钱”的核算思路转变为“按结果可花多少钱”。

二是田忌赛马锻造干部队伍。坚持“有为才有位，有贡献才有回报”，能力提升是职位晋升的基本前提。干部选拔和培养，遵循上学、上架、上位、上岗、上薪的“五上”原则。同事，推行立体化的评价模式，从业绩、综合能力两个维度，将干部定位在不同的区域之中，对于不同区域的干部，有针对性地为其制定改进策略。通过推行这一系列举措，干部“能上能下”的机制更为健全。

三是落地生根塑造增量文化。提质增效不仅要在业务和管理层面予以落实，更要从文化的角度加以牵引和保障。文化的影响力和凝聚力，只有深入人心、触及灵魂，才能真正发挥出来。因此要大力推动企业文化百姓化，基于员工体验，创新文化建设的载体和渠道，让文化被员工认识和感知，进而理解和内化。

四是面向业务重塑管理价值。管理部门的价值，源于对业务提升切实起到促进作用，要按职能分工，为公司“当家做主”。尝试将有效合同额、新业务占比、人均利润空间等经营目标，在业务管理和职能部门分解落实，牵引其也为公司的总体盈利找路径、想办法，真正成为公司的“伙伴”，代表公司统筹好自己领域内的工作。管理部门在日常工作中，按“服务优先、建章立制、监督反馈、优化改进”的原则，结合实际持续改进管理工作。

28

以市场为导向　创新体制机制
打造黄金价值链

中国西电集团西电西变

一、基本情况

西安西电变压器有限责任公司（以下简称“西电西变”）系中国西电集团公司全资子公司，专业从事交、直流输变电工程用变压器、电抗器和冶炼、化工、铁道、科研及军工用特种变压器的研发与制造，是中国规模最大、核心技术最强、产品种类最全的变压器制造企业。

西电西变始建于1958年，目前拥有50多个产品种类，规格近700个，产品遍布全国30多个省（区、市）和香港特别行政区，并远销世界20多个国家和地区。公司占地33.65万平方米，注册资本12亿元，员工3200余人，总资产49.9亿元，年产值近50亿元。

二、改革背景

受国家直流及特高压新建项目减少、发电企业产能过剩和全球经济增速放缓等因素影响，西电西变面临的市场营销环境持续严峻，企业原有的管理机制已逐渐不能满足新形势下发展需要，经营效益未能与业务规模保持同向增长，利润空间受到严重挤压，公司价值链管理亟待优化。近年来，西电西变坚持以市场为导向，扎实推进国有企业改革，创新体制机制，发挥技术优势，补齐管理短板，努力向技术创新要效益，向结构调整要效益，向成本管控要效益，全方位打造公司黄金价值链。

三、改革实践

（一）组织机构标准化，创造价值链新条件

西电西变重新定位部门功能，重新划分部门职能，重新梳理管理流程，创新了管理机制，打破了部门壁垒，经组织机构标准化，部门数量净减少 1/3，从业人员减少 139 名，各级组织定位更加科学，职责更加清晰，流程更加顺畅，为优化价值链创造了新条件。

（二）研发设计标准化，凸显价值链新优势

西电西变设计标准化工作以研发中心为依托，实施项目管理，建立了高效的管理、监督、评审、验收和奖励流程。制定了《变压器类产品统一设计原则》，推广设计手册和工艺规范手册的应用，推动 CAD、PDM、CAE 建设，将信息化、智能化引入设计研发环节，实现了设计原则统一化、组件和材料选用规范化、产品设计标准化、设计过程数字化，进一步凸显了企业价值链的新优势。

（三）配送模式专业化，打造价值链新途径

西电西变致力于建立互惠互利、合作共赢的供应商管理模式，先后与中国宝武、中国石油等央企建立了战略合作伙伴关系，签订了长期合作战略框架协议。改变采供模式，从需方个性化采购变为供方专业化配送，由供应商直接将所需物资配送至现场，不仅提升了物流效率，降低了库存和采购成本，而且提高了顾客满意度，打造了提升价值链管理的新途径。

（四）营销服务市场化，探索价值链新方向

西电西变坚持以市场需求为导向，以实现从生产型制造向服务型制造转型为目标，转变销售管理模式，整合销售管理单元，设立合同履约部门，明确履约主体责任，统一组织和协调产品履约，有效提高销售人员市

场开拓的专注度。另外，坚持以“市场化运作，专业化提升”的原则和“互联网+用（客）户服务”的思维，创新服务模式，开展“变压器全生命周期管理”模式，先后实施了阳江核电、郑州智能化改造等综合运维服务项目，开发了远程巡视系统、变压器运输远程监控系统，为企业创造了新的经济增长点。服务机制由计划式管理转变为承包制管理，极大地调动了服务人员的工作积极性，专业团队的灵活性和用户满意度明显提高。

（五）管理理念精益化，搭建价值链新架构

西电西变将精益思维运用于管理全过程，将价值链中低效率作业逐步转包和整合，强化主业，优化价值链。**一是**对公司包装箱制作、机械加工、盖板加工、产品磁屏蔽、铁轭绕制、饱和电抗器铁心加工、测量装置加工等业务进行了调整和优化，促进了生产层面的专业化制造进程。**二是**推进了硅钢片裁剪和绝缘件加工一体化建设，逐步将加工中简单的、不增值的业务外包出去，集中精力做好、做强主业。**三是**对固定资产、技改工程、国网项目电子投标、产品押运等业务进行了调整和优化，推动专业化管理进程，搭建价值链的新架构。

（六）员工发展人本化，注入价值链新动力

西电西变人力资源管理工作坚持以奋斗者为本，加强分类管理，不断完善企业差异化薪酬分配办法，收入分配逐步向高水平技术人员和高技能人员倾斜。开展员工职业生涯建设，明确员工发展方向，先后在技术岗位和技能工人序列开展试点，增设技术非领导职务人员和首席高级技师，并进行月度绩效考评，动态调整，员工职业生涯发展体系建设工作取得了较好效果，为企业价值链注入了新动力。

四、改革成效

一是企业经营效益得到明显提升。通过价值链和机制的不断优化和创新，西电西变经营效益得到明显提升。2017 年上半年，在市场需求大幅度

下降、原材料成本不断上升的情况下，企业新增订货与2016年同期基本持平；工业总产值较上年同期增加25.6%；营业收入较上年同期增加71.4%。

二是行业技术地位得到有效巩固。西电西变通过推进设计标准化，完成1000kV、750kV、换流变、并联电抗器、单向发电机、牵引变设计手册并上线运行，形成了从35kV～1000kV全系列产品自主知识产权的技术体系及标准规范，750kV及1000kV自耦变压器设计标准化程度达到100%，220kV及500kV变压器标准化程度超过80%。近年来，西电西变获得多项国家级技术奖项特等奖和一等奖，参与编制修订国家标准18项，通过国家级鉴定新产品19项、省级鉴定28项，国家专利授权87项，专有技术13项，行业地位得到进一步巩固。

三是企业客户满意度进一步提高。西电西变通过推动营销服务工作的切实转变，充分发挥合同履约部门“抓好中间，服务两端”的功能定位，有效地解决了企业与用（客）户之间信息不对称、信息沟通不畅等问题，进一步激发了公司市场营销动力，提高了服务水平，践行了让用（客）户放心、省心、舒心的“三心”服务宗旨和目标，用（客）户满意度连续五年超过80分。

五、经验启示

一是深化国有企业改革，要以市场为导向，要有披荆斩棘和攻坚克难的勇气。我国电网高端市场特高压交直流工程经过近几年的快速建设，未来建设速度将趋缓，电网常规市场、电源市场以及工业用户市场受行业环境和国家政策影响，需求也在逐年缩减，为此，企业必须审时度势，科学统筹，主动作为，要深入细分市场，紧随国家“一带一路”倡议等发展战略，按照国家能源发展、电力发展等“十三五”规划路径，以破坚冰、通阻滞的勇气，克险关、破难题，加大市场开拓力度，快速适应市场形势，提升综合竞争力。

二是深化国有企业改革，要以创新为核心，要有先进的理念引领和机制保障。创新是企业发展的动力和源泉，抓创新就是抓发展，谋创新就是谋未来。通过创新发展理念，提升战略思维，加强机制建设，将技术创新与提高企业生产力、竞争力紧密结合，不断激发创新活力，加快企业发展。同时，要立足客户价值创造，转变服务模式，开展产品全生命周期管理、信息增值服务等业务，完成向智慧变压器解决方案服务商的现实转变。

三是深化国有企业改革，要以效益为目标，要有精准发力和有的放矢的魄力。效益最大化是企业生产经营的根本。深化国有企业改革必须坚持习近平总书记提出“三个有利于”基本原则，要紧扣关键领域的改革谋划。首先要精准发力，强化在技术攻关、生产制造、选人用人等工作效率和质量，促使资金、人才、技术和信息等重要资源合理流动和有效配置。其次要有的放矢，坚持为客户创造价值，努力实现客户价值和企业效益双提升，做强做优做大国有企业。

推进混合所有制改革

29

抓住“混改”重要突破口　践行军民融合创新绩

兵器工业集团一机集团

一、基本情况

内蒙古第一机械集团有限公司（以下简称“一机集团”）是隶属于兵器工业集团的国家重点保军企业，是国家“一五”期间156个重点建设项目之一，我国唯一的陆战主力装备研发制造基地。军品主要有主战装备、消防坦克、反恐装备等，民品主要有铁路车辆。一机集团生产的主战装备，为取得珍宝岛战役、对越自卫反击战的胜利立下赫赫战功，在历次大阅兵中彰显了国威军威，为国防建设和国民经济发展做出了重大贡献。一机集团现有21家子公司（含上市公司内蒙一机和“新三板”公司宏远电器），2016年末在职职工1.2万人，总资产190亿元，实现主营业务收入131亿元，利润总额4.7亿元，企业建成以来从未发生过亏损。在中国机械500强（2016年）排名41位。

二、改革背景

一机集团经过60年发展，基本建立起以军为本、以车为主、军民结合的经营格局，成为兵器行业的骨干企业。但在我国新军事变革和经济发展新常态的环境下，企业发展面临的结构性矛盾日益突出。深化改革、结构调整、转型升级成为紧迫任务。目前，自身存在的突出问题表现为“两多三少”，即人员总量多、精益管理水平低浪费多，领军人才少、高附加值产品少、支撑发展新经济增长点少，深层次看，是大而不强的问题。解决这些矛盾和问题，必须深入贯彻党中央、国务院关于深化国有企业改革的重大部署。深入推进中国兵器工业集团全价值链体系化精益管理战略，以建设中国特色先进兵器工业主力军为目标，一方面，坚持创新驱动，聚焦供给侧结构性改革，深化产品产业结构调整；另一方面，以混合所有制改革为重点突破口，全面深化企业内部体制改革和机制创新，为企业在新常态下实现经营改革发展，实现新跨越提供不竭动力。

体制和机制是国企改革发展的“瓶颈”，推进混合所有制改革是国企改革的重要突破口，也是解决一机集团突出矛盾和问题的有效途径。在国家有关部门的指导支持下，一机集团争取到国家重点领域混合所有制改革先行先试任务，**一是**贯彻落实党中央、国务院发展混合所有制经济的决策部署，保持国有控股，支持非国有资本参股，推进军民深度融合发展；**二是**通过核心军工资产证券化，探索军工科研生产总装企业“混改”新突破，全面撬动公司治理机制、“三能”改革等市场化经营机制改革创新，加快转方式、调结构、稳增长；**三是**发挥国有企业独特优势，在“混改”中探索并加强党的建设。

三、改革实践

（一）基本完成一机集团军工资产整体上市

以国有绝对控股为方向，以体系化提升核心能力为内容，通过国家投入、社会资本注入等方式，将一机集团超过80%以上的优质资源包括直接经营掌控的军工核心资产整体注入一机集团北方创业上市公司，实现军工核心资产证券化，成为国有绝对控股的覆盖军品研发、工艺、试验检测、核心零部件制造、总装总调在内的整体上市公司。

在推进整体上市过程中，着力抓好以下环节：

一是确保国有资产保值增值。整体上市后，一机集团持股 51.68%，资产证券化率达到 83%。重组中以 32.87 亿元军工资产募集到近 20 亿元各类社会资本，有力地放大了国有资本功能。经过资本市场价值的发现，一机集团持有的 8.73 亿上市公司股份按 8 月 30 日收盘价计算达到 121 亿元市值，军工资产价值倍增。

二是确保体制机制真正转换。围绕整体上市，聘请国际化专业咨询公司，合理确定符合实际的集团化管控新框架，完善治理结构，推进董事会规范建设，落实并维护一机集团及上市公司董事会依法行使重大决策、选人用人、薪酬分配等权利，探索区域企业监事会监督管理模式，建立健全相关规章制度，蹄疾步稳，统筹推进，既满足全面深化改革要求，也符合企业经营发展实际。

三是确保历史遗留问题妥善解决。通过此次整体上市，一机集团军民品核心业务全部进入上市公司，有利于集中优质资源实现做强做优做大。同时，强力推进“压缩管理层级、减少法人户数”，计划到 2018 年底“压减”10 户子企业，现已提前完成 5 户子企业“压减”工作。加快剥离企业办社会职能和解决历史遗留问题，已签订全部“三供一业”框架协议，计划移交 285 名辅业从业人员；2018 年完成医院、幼儿园移交，涉及人员 907 人；按国家要求 2020 年底前全部实现退休人员社会化管理。充分利用国家政策开展“处僵治困”，计划三年内减少冗员 1579 人，实现“瘦身健体”提质增效，解决好历史遗留问题。

（二）分类推进一机集团具有代表性的子公司实施“混改”

一是主辅分离辅业改制单位实施新三板挂牌。其中宏远电器公司成为在“新三板”挂牌的首家军工企业并进入创新层，正在收购神鹿焊业公司。路通弹簧和林峰铸造两家子公司正在申请“新三板”挂牌，已进入方案审批力争年底前完成。通过“混改”解决这类企业融资难、职工股权流转难等问题。**二是**完全市场竞争行业引入民企提高效率和竞争力。通过产权交易市场公开择优选择外部非公资本战略投资者成为积极股东，对专用汽车公司进行增资，民营企业控股经营并试点职业经理人制。**三是**信息网络公司引入民营资本参股增资并探索实行企业员工持股。现已找到两家符合条件的投资者，正在进行资产评估、产权交易准备工作。

在民营资本引进过程中，坚持优先选择产业相近、具备相当实力的优势民营企业，尊重市场经济规律和企业发展规律，充分发挥市场机制作用，做到优势互补、互利共赢；坚持保护产权、维护契约，调动各类资本参与发展混合所有制经济的积极性。坚持依法合规、科学评估国有资产价值，完善市场定价机制，切实做到规则公开、过程公开、结果公开，防止暗箱操作、低价贱卖、利益输送、逃废债务，杜绝国有资产流失；坚持有进有退，合理确定持股比例，注重引进、吸纳民营企业在体制机制方面的优势，把引资本和转机制结合起来，把产权多元化与完善治理结构结合起来，凝聚共识共同发展。

（三）打造军民融合科技创新平台

一是注重研发能力建设和投入。坚持按销售收入3%提取科研经费，年均投入规模超过4亿元。拥有国家级企业技术中心和重点实验室，在北京设立重型车辆研发中心，深圳设立自动化研究院，实现筑巢引凤、借脑引智，承担产业孵化器作用。**二是**突出领军人才培养，着力强化科技人才队伍建设。推行“长家分离、长师分设”培养模式，建立科技人员职业发展通道。实行项目专项奖励、新产品收益提成、特殊贡献奖励等多种激励政策。高端人才给予北京户口、优先解决住房和实施工资谈判。**三是**走开放合作的自主创新、集成创新之路。瞄准国际一流、以拥有自主知识产权为前提，与国内外知名团队合作，在反恐防暴特种车辆、稀土高效节能电机等研制开发上取得显著成果。**四是**大力推进军民技术双向转移，突破核心技术难关、提高基础技术水平，提高产品技术含量和附加值。一方面民用推土机产品通过竞标战胜对手成功进入军品市场。另一方面利用特有军工技术，开发出特种履带消防车、抢险救援车、特种防暴岗舱、高铁部件、军车部件等一系列军民融合新产品，成功实现产品转型升级。

（四）稳妥推进产融结合组建金融租赁公司

在实体经济发展模式不断创新以及国内经济新常态背景下，破除实体经济发展瓶颈，在防控风险的条件下促进产融结合是重要途径。有利于企业由单一产品经营走向产品经营与资产经营相结合，实现产融结合和业务协同发展。根据国务院《关于促进金融租赁行业健康发展的指导意见》（国办发〔2015〕69 号），经银监会规划审核同意，兵器工业集团作为主发起人，联合一机集团、兵工财务公司与内蒙古交通投资公司等共同出资筹建内蒙古金融租赁公司，目前已进入筹建阶段，计划 2018 年上半年挂牌开业。

四、改革成效

一是企业活力得以充分激发。一机集团净资产由重组上市前 32. 9 亿元上升到重组上市后 74. 1 亿元，增值 41. 2 亿元。资产证券化率由 18% 增长到 83%，持股比例由 23. 6% 提升到 51. 68%。通过市场价值发现，进一步吸引了资本市场对军工股的瞩目和青睐，国有资本功能得到放大，国有资产保值增值率倍增。体制机制创新成效初显，各类资源效率得到最大限度发挥。高标准完成承担的国家重点工程建设、建军 90 周年阅兵保障、实战化国际军事竞赛、“装甲与反装甲日”活动等重大专项任务。积极对接“一带一路”，VT4 坦克战胜强劲竞争对手在军贸上实现新的突破。

二是企业市场竞争力和效益水平显著增强。军品连续三年保持高增长，技术装备及关键技术能力进一步提升，全面开展了体系化能力建设。智能制造国家级企业重点实验室获批建设，填补了兵器工业和内蒙古自治区相关领域空白。主要民品铁路车辆、专用汽车、工程机械、石油机械等有进有退，产品结构、市场结构不断优化，新产品贡献率超过 50%。2017 年 1—8 月份，一机集团主营业务收入同比增长 12%，利润同比增长 27%，保持稳中求进、进中创优良好势头。

三是军民融合发展优势进一步凸显。依托军民融合上市平台，更好地吸收社会资源，实现融资渠道多元化，有效改善了资本结构。抓住国家“军转民”“民参军”政策机遇，主动破除军工壁垒，在一机集团适宜民营企业发挥优势的领域，积极向各类资本开放，做到宜控则控、宜参则参。引入民营企业宁波杉杉股份投资新能源汽车项目，进入新能源汽车领域。引入民营企业上海盛卓公司，成立北方嘉瑞防务公司，进入防护新材料领域。同时，将核心军工技术融入民品发展，先后培育出大功率AT变速器、特种消防坦克、稀土永磁高效电机、反恐防暴特种车辆、高铁部件等一系列军民融合新产品，成为公司新的经济增长点。

五、经验启示

一是把握军工国企“混改”正确方向。充分认识国企推进“混改”的复杂性和艰巨性，克服“为混而混”的倾向。坚持正确的改革方向，作为军工国企不管怎么混怎么改，强军报国本色不能改，坚持党的领导政治优势不能弱、做强做优做大国有经济目标不能变、把“一切献给党”的人民兵工精神不能丢。

二是把“完善治理、强化激励、突出主业、提高效率”作为“混改”的基本遵循。加快形成定位清晰、权责对等、运转协调、有效制衡的法人治理结构；加快建立能上能下、能进能出、能增能减的经营机制；加快建设践行强军首责、军民融合发展的一流军工企业；加快“瘦身健体”提质增效，全面提高军工国企的活力、影响力和市场竞争力。

三是蹄疾步稳依法合规操作。建立健全试点工作机制和风险防控机制，涉及资产处置、股权变更等严格履行法定程序，防止国有资产流失；强化职工利益维护，充分保障职工知情权和参与权；强化军工事项保密管理，确保军工能力安全完整有效。

30

以“混改”促转型 多措并举增强企业活力

中国海油安技服

一、基本情况

中国海油安全技术服务有限公司（以下简称“安技服”）是2008年注册在天津的国家高新技术企业，是中国海油所属的中海油能源发展股份有限公司（以下简称“海油发展”）全资子公司，现有安全咨询服务、安全工程服务和安全培训服务三大板块，拥有安全评价甲级、职业卫生甲级、消防设施工程专业承包一级、港口与航道工程监理甲级等40余项资质。

作为国内规模最大的从事安全技术服务业务的国有企业，安技服已成为国家安监总局和中国海油主要安全技术支撑与资源保障平台。2016年，公司实现营业收入4.07亿元，实现利润总额0.62亿元，固定资产净值6301万元。现有人员650人，技术人员占比80%，本科以上学历90%，硕士及以上学历30%，是典型的轻资产、重技术、重人才的科技服务型公司。

二、改革背景

“十二五”期间，安技服抓住国家大力发展安全环保等战略新兴产业的有力机遇，在不断推动产业重组、完善产业链条、加强技术研发的基础上，保持了年复合增长率超过60%的高速增长，逐步发展成为国内安全技术服务领域规模最大、能够提供系统解决方案的专业服务公司。但是受用工总量、工资总额、经营体制等因素的制约，不能满足外部市场竞争的需求，人才流失严重，发展速度趋缓，亟需通过改革解决体制机制等问题，释放市场潜力，重新走上可持续发展的“快车道”。

2015 年以来，安技服以混合所有制改革和“三项制度”改革作为突破口，引进社会资本，发展混合所有制经济，落实员工中长期激励举措，推动建立市场化的经营决策和人才机制，进一步激发组织活力，加快外向型产业发展步伐，扩大海外和外部市场比例，努力实现“国内第一、国际一流安全技术服务品牌”的发展目标。

三、改革实践

（一）多元股权结构形成灵活高效的经营体制

2016 年，安技服启动了混合所有制改革工作，以增资扩股方式引入外部投资者，构建多元股权结构，完善公司法人治理机制。**一是**引入财务投资者和战略投资者。先行引入财务投资者，为公司赢得更多的发展资金，再引入战略投资者，实现公司发展过程中的资源互补及行业影响力提升。2017 年 3 月 1 日，深圳第一创业创新资本管理有限公司以 8560 万元的交易对价增资获得安技服 10% 股权，混合所有制改革迈出实质性第一步。计划 2018 年上半年出让 15% 股权引入战略投资者（行业内国际领先的公司、国内大型投资与产业集团），以促进国际化发展和提高品牌影响力。**二是**探索落实董事会职权试点。在引入财务投资者后，明确党委、股东会、董事会、经理层和监事（会）以及海油发展的责权体系，建立定位清晰、权责对等、运转协调、制衡有效的公司治理结构，实现董事会、经理层决策权限与公司章程逐步统一，海油发展充分授予安技服董事会在战略决策、投融资、预算考核、管理层选聘、薪酬分配等方面的自主决策权，减少大股东事前核准事项，建立有效授权下的市场化经营模式。**三是**实现国有资本监管与公司治理模式的有效衔接。设计形成了“三管一放三监控”的管理模式，即中国海油及海油发展管资本、管干部、管党建，放经营，健全股东董事监控线、审计监控线、纪检监察监控线。在党委会“三重一大”和党管干部的前提下，发挥党委领导作用，实现国有资本监管与公司治理的有效衔接，建立“弹性授权，动态监控”机制，在保障了国有资本的安全和回报的同时，也有效释放了公司经营的活力。

（二）资本化运作模式构建开放包容的发展平台

安技服积极探索国有资本投资公司模式，以开放、共赢的原则开展合资、兼并与收购，整合市场资源、技术资源、人力资源，构建开放的产业发展平台，实现区域市场、行业领域的快速扩张发展，放大国有资本的影响力。**一是**与地方政府合资合作。与地方政府国资委或投融资平台企业合资，搭建区域市场开发平台。2016 年，安技服与山东蓬莱财金公司合资成立山东蓬渤安全环保公司，开拓山东地区市场，预计 2017 年实现收入 2000 万元以上，贡献利润 200 万元以上；与重庆安全产业集团、长沙市国投集团、鄂尔多斯市国资委等达成合资意向，合资公司正在审批注册之中。**二是**与大型央企、国有企业进行合资合作。依托对方产业资源实现优势互补，不断延伸新的服务领域。与天津港集团成立合资公司，为天津港提供 HSE 管理支撑与服务，并与九江中船消防设备有限公司等央企所属单位达成合资意向，实现由能源化工领域向核电、船舶、轨道交通等领域的拓展。**三是**与拥有核心技术的企业合资合作。与资质门槛要求高、技术水平领先的科研院所或研发型企业进行合资合作，弥补产业链的短板，增强核心技术能力，为规模化发展搭建技术支撑平台。2016 年，公司以增资扩股的方式获得北京管通科技开发有限责任公司 40% 股权，提升了公司在管道泄漏预警、带压堵漏、带压封堵、应急抢险及培训等领域的技术实力。

（三）市场化组织变革探索业绩导向的激励机制

一是实施模拟岗位分红激励。为进一步提高科技创新能力，推动高新技术产业化和科技成果转化，安技服申请实施模拟岗位分红激励，分红激励向科研岗和技术岗倾斜，首批分红岗位 146 人，技术人员超过 85%。建立整个公司和每个岗位的业绩考核体系，推动全员绩效考核，强化激励与约束措施。**二是**推行市场化选聘经营管理者。通过市场化选聘经营管理者，实现去行政化，破除平均主义和“旱涝保收”思想，经营管理者面对刚性考核和解聘风险，直接肩负经营压力激发经营者的积极性和创造性。2014 年在资产完整性业务率先推动职业经理人试点，从国际知名机构引进了业务带头人。2016 年 10 月，以咨询分公司为市场化选聘试点单位，进行了经理和总工程师等中高层管理人员的市场化选聘。2017 年 8 月，完成了安技服管理层市场化选聘及契约化管理方案的制定，将采用“董事会选择、市场化选聘、契约化管理、差异化薪酬”的模式，面向全社会公开招聘公司高管。全面推进管理层的市场化选聘工作，并建立了以“市场化的‘选’、合同化的‘管’、契约化的‘考’、对标化的‘酬’、制度化的‘退’”为主要内容的职业经理人管理机制。**三是**实行全员竞聘上岗。在全公司范围内自上而下实施全员竞聘机制，谁用人谁选人，打破了干部终身制，上至干部，下至员工，全部竞聘上岗，真正实现“能上能下”。2017 年 4 月，完成了全员竞聘上岗工作，组织开展 80 余次岗位竞聘工作，554 人通过竞聘上岗，24 名未竞聘上岗人员进入创业中心待岗，实现优胜劣汰。通过全员竞聘使优秀人才脱颖而出，实现了内部人员的合理流动和岗位资源的优化配置。**四是**建立扁平化的高效组织。2016 年 11 月，安技服进行了业务整合和职能优化。机关部门由 8 个减少为 4 个，机关管理人员减少 20% 以上，业务中心由 15 个减少为 9 个。2017 年 7 月，撤销了安技服所属咨询分公司、培训分公司、工程分公司 3 个分公司的建制，实现了向“机关 - 中心”的管理转变，全面提升工作效率和服务能力。

四、改革成效

安技服通过全面深化改革，展现出强大的发展动力和潜力，已经成为中国海油最具活力的下属企业之一，正以全新的面貌参与市场，受到资本市场的青睐。

（一）经营业绩显著提升

净资产得到大幅增加，资产负债率进一步降低，各项经营指标得到了明显改善。2017 年 1—7 月，实现收入同比增长 12.5%，利润总额同比增长 143%，净资产与 2016 年底相比实现翻番，资产负债率由 59% 降低到 23%。预计 2017 年收入、利润将双双实现同比增长 20% 以上，重新走上快速发展的道路。

（二）外部市场迅速扩张

2017 年 1—7 月，外部市场同比增长 119%，预计 2017 年外部市场同比增长 60% 以上，服务范围扩大到国内近 20 个省（区、市）和 10 余个海外国家和地区。

（三）产业平台初步构建

截至 2017 年 7 月，已经有山东蓬勃、北京管通、陕西海山、天津津港汇安等 4 家合资公司实现挂牌运营，另有中海船安全科技等 9 家合资公司达成合资协议，产业生态圈平台初步搭建，产业链条不断完善，产业布局更趋合理。

（四）管理效率大幅提升

管理层级压缩两级，机关管理部门减少 25%，业务部门减少 35%，中层干部减少 20%，管理人员减少 40%，管理人员占比不到 4%，建立了无边界、扁平化的高效组织机构。

（五）激励机制得到完善

通过竞聘上岗，18 名中层干部退出岗位，3 名中层干部竞聘到下一级岗位，3 名技术人员竞聘到中层干部岗位，10 余名 2012—2015 年统招的大学生竞聘成为业务单元负责人，未竞聘上岗人员进入创业中心，真正做到

“三能”。通过市场化考核与激励，使一线骨干员工收入提高30%以上。

五、经验启示

（一）坚强的领导和良好的氛围是深化改革的重要保障

中国海油党组听汇报、把方向、定方案，海油发展成立改革领导小组，由一把手担任组长，自上而下建立高效的协同推动的工作机制，提高了改革工作效率和力度。推进改革的过程中，始终坚持党的领导、处理好改革发展稳定关系、维护好和谐稳定大局是改革能够实现快速突破的关键。只有营造干事创业的良好环境，让干部员工卸下思想包袱，敢想、敢试、敢做，才能让改革成为发展的源动力。

（二）充分发挥员工的主体作用是深化改革的内生动力

坚持公开、公平、公正原则，改革中充分征求员工意见和听取有关建议，让员工成为改革的主力和动力，是改革成功的重要前提。“三项制度”改革的终极目标是从根本上改变员工与企业的关系，通过职业经理人、分红激励等机制创新，实现公司与员工在收益和风险等方面的共享、共担，充分调动核心经营管理人员和骨干员工的经营积极性，以内生动力进一步推动公司的快速改革与发展。

（三）建立市场化的体制机制是深化改革的根本目标

国有企业改革最主要的是解决活力问题，关键是体制机制的市场化。做实董事会管理模式，实行决策层和执行层、监督层分离和有效制衡，实现国有资本监管与现代公司治理模式的有效衔接。只有解决制约企业发展的体制机制问题，推动企业成为完全市场化的经营主体，建立完善的现代企业制度，才能真正解决活力和控制力问题。

31

以混合所有制改革为抓手 大力推动“互联网+”战略转型

中国电信号百控股

一、基本情况

号百控股股份有限公司（以下简称“号百控股”）是中国电信下属子公司中唯一一家A股上市公司，股票代码600640。号百控股前身是中卫国脉通信股份有限公司，2010年1月，中国电信受让中国卫通持有的该公司全部股份成为第一大股东。为顺应国企改革和中国电信的转型战略要求，号百控股于2012年和2016年先后实施了重大资产重组，成功转型为一家互联网智能文娱服务公司。

号百控股主营业务有7大板块，分别是互联网视频内容应用、游戏、数字阅读、数字动漫、积分运营、商旅预订和酒店运营管理。2017年上半年，号百控股实现营业收入24.26亿元，实现净利润1.4亿元，其中归属于母公司的净利润为1.28亿元，同比增加135%。

二、改革背景

在供给侧结构性改革与实施“互联网+”的宏观背景下，中国电信在发展基础电信业务的同时，着力把握信息产业变革发展机遇，以结构调整和业务创新推动企业转型升级。中国电信以号百控股为平台，以市场化程度高、核心优势突出的互联网相关业务为主体，通过实施重大资产重组，积极发展混合所有制经济，充分借助资本市场力量，放大国有资本在互联网领域的影响力。同时，通过将中国电信旗下互联网传媒和内容类业务的整合，打通视频、游戏、阅读和动漫等领域之间的跨平台合作壁垒，实现优质资源的共享与多媒介协同运营，提升中国电信在文娱产业链各环节的变现能力，将号百控股打造成中国电信转型与改革的先行兵、创新的主力军、价值的贡献者，实现号百控股的跨越式发展。

三、改革实践

（一）推进专业化重组整合

第一次资产重组。2010年初，中国电信刚刚接手号百控股时，其主营业务已多年亏损，且依靠自身力量扭亏无望。中国电信精心筹划，将号码百事通商旅预订、实业下属酒店运营管理业务整合至号百控股，重组当年就实现了扭亏为盈。2013年，中国电信又将天翼电子商务部分资产注入号百控股，促其参与并承接中国电信天翼积分体系的运营管理工作。号百控股发挥专业化整合优势，提升资源配置效率，如期兑现了对资本市场的三年盈利承诺。

第二次资产重组。2016年为进一步推进中国电信战略转型3.0，中国电信牵头对号百控股实施第二次重大资产重组。上市公司整合涉及监管政策和资本市场，各方高度关注，操作极为复杂。上市公司整合，重在把握好整合方案、停牌时机、信息披露、股东大会表决等关键环节，确保依法合规操作。中国电信综合考虑业务结构、资本市场等因素，针对不同的收购标的设计了相应的收购方案，为重组成功奠定了坚实基础。最终号百控股通过发行股份及支付现金方式购买中国电信等10余家交易方所持有的天翼视讯、炫彩互动、天翼阅读及爱动漫四家中国电信控股的混合制公司100%股权方案获得证监会通过。重组工作已于2017年3月顺利完成。

（二）优化公司管治框架

一是完善公司治理。2016年重组促使原天翼视讯等四家标的公司股东转化为号百控股的股东，其中同方投资、顺网科技、凤凰传媒等 9 家公司持有号百控股 0.26% ~1.76% 的股份，号百控股股权结构更趋多元化。事实证明，引入外部资本，既能提升关联业务竞争力，还能带来新的资源和合作伙伴。中国电信在前期运作号百控股重组经验基础上，将进一步加快开放，让更多外部资本加入，将“混改”推向更深层次。此外，号百控股第九届董事成员也进行了变更，新增 2 名文化传媒领域翘楚和掌管百亿文化基金的经理人为独立董事，为公司发展引入新活力。

二是优化组织架构。公司本部是企业发展的“火车头”，号百控股积极推进管控模式与组织架构调整和流程再造，构建功能定位明确、责权关系清晰、层级设置合理的管控体系。号百控股在遵循互联网行业运营规律、适应业务重构要求、符合上市公司治理结构要求三个原则前提下，实施公司管理组织结构调整，不仅设立了战略投资部、市场部和运营支撑部，细化了部门职责，还明确提出职能部门要以“产品导向”为中心，充分发挥“统筹协调、服务支撑”的作用，积极营造“三创”文化氛围，协同业务单元共同促成公司战略目标和整体利益的顺利兑现。

三是规范子公司管理。根据上市公司管理要求，结合子公司发展需要，按照“先点后面”原则，出台了《子公司管理办法》，明确 9 项重大事项的接口部门及决策机构。规范子公司管理有收有放、充分授权经营，激发经营热情。

（三）战略牵引改革落地

一是明确转型战略。在中国电信转型战略 3.0 引领下，号百控股明确了“155”战略。“1”是 一个愿景，致力于成为一家领先的互联网智能文娱服务公司；第一个“5”是“做五大业务”：做大视讯业务、做新内容分发、做厚 IP 业务、做实商旅酒店、做活积分业务；第二个“5”是“强五项能力”，从而提升价值创造的活力和产品导向牵引的能力。同时出台了转型升级指导意见，更好促进中国电信“业务生态化”的枝繁叶茂。

二是加强战略合作。2017年8月号百控股与阿里体育建立了战略合作伙伴关系。既响应了中国电信和阿里巴巴两方大股东的要求，更推动了大股东之间全面战略合作的布局与落地。号百控股旗下子公司天翼视讯、炫彩互动、翼集分后续将与阿里体育分别开展系列业务合作。双方将互为渠道，盘活资源，共同为客户提供价值服务，为会员提供更完整、更多样的优质服务体验，携手并肩推进文娱产业生态发展。携手BAT生态企业，携手文娱龙头企业，拓展合作、布局文娱是号百控股改革落地一项重要举措。

三是开展资本合作。资本合作重在产融互动。在中国电信指导下，号百控股已编制了2018—2020年三年股权投资规划，制定了投资策略和投资目标：一是组建基金，实施产业布局、服务中国电信业务生态五圈；二是直接投资，旨在增强内功，助力号百控股夯实“五做五强”；三是实施“混改”，力求创新突破，提高运营效益。

四是探索整合新模式。号百控股将业务整合作为重组后期工作的重中之重，在积极践行集约管理、提质增效的同时，还积极探索各业务板块的横纵联合，创新“积分协同文化传媒内容平台发展”模式。目前，号百控股旗下积分运营主体翼积分公司拥有客户体量（3亿用户）、积分体量（37亿存量积分）、商品体量（80多个加盟品牌、4万家线下合作门店）三大优势。通过深化积分业务同文化传媒业务的合作，在促进积分业务盈利能力提升的同时还能增进资源整合，提升号百控股市场占有率和营收水平。

四、改革成效

一是公司整体业绩提升明显。天翼视讯等四家标的公司正式并入号百控股后，其2017年1—6月业绩报告显示重组后的号百控股业绩趋势向好，各板块业务稳步推进。2017年上半年号百控股合并实现营业收入24.26亿元，同比持平略有增加；报告期实现净利润 1.4 亿元，其中归属于母公司的净利润为 1.28 亿元，同比增加 135%。作为号百控股业务增长引擎之一的视讯业务“天翼视讯”，主客户端月活稳定，拉动流量增速较快，并积极通过提升热播剧数量来提高内容吸引力。天翼视讯月均活跃用户较 2016 年第四季度增长 47%，月均移动流量较 2016 年第四季度增长 23%。2017 年上半年，视讯业务实现营业收入 6.34 亿元，同比增加 22%；实现净利润 6483 万元，同比增加 215%。

二是集约运营实现降本增效。号百控股在深化改革的同时，还积极统筹推进提质增效工作，确保同步筹划、同步实施、同步推进，形成重组整合与相关改革的工作合力。通过 CDN 服务采购的统一招投标进行集约专项管理，经初步测算，该项成本费用 2017 年费用水平将较年初预算下降 300 多万元。通过集中采购营销资源降低营销成本，营销资源集约投放后 2017 年 4—6 月平均下载成本较 2016 年降低 41%。

三是资本市场倍增效应有提升。中国电信 2016 年对号百控股实施重组“百合计划”，通过资本市场有效放大了国有资产价值。中国电信对天翼视讯等四家标的公司初始投资为 7.1 亿，重组中四家公司估值 39.34 亿，其中中国电信持股部分为 29.81 亿，增值了 320%，实现了国有资产的保值增值。重组还增加了股东回报，2017 年 6 月 30 日号百控股净资产收益率为 7.46%，同比提升 6.4 个百分点。

五、经验启示

一是推进混合所有制改革必须要注重深化战略转型。中国电信围绕转型升级战略 3.0，通过号百控股这个上市平台实施的两次并购重组工作，充分利用资本市场平台汇聚中国电信在互联网传媒产业的优势资源并加以整合，对中国电信加速深化战略转型具有重大意义。

二是推进混合所有制改革必须要注重增量存量相促进。中国电信凭借在国企“混改”领域率先实践的丰富经验，充分发挥市场化机制优势，打造全新互联网文化传媒版块，盘活利用好号百控股商旅、酒店的存量资产，整合天翼视讯等增量资产，通过积分打通存量增量资产，促进相互有机结合，实现了结构调整和转型升级。

三是推进混合所有制改革必须要注重后期资源整合。中国电信一方面集中优势资源形成合力，减少无序竞争和同质化经营，提高中国电信互联网传媒文娱产业集中度；另一方面借助重组加快业务整合，推动业务向价值链高端发展，进一步提升资源配置效率。

32

混合所有制铸就中国网际长城

中国电子长城网际

一、基本情况

中电长城网际系统应用有限公司（以下简称“长城网际”）成立于2012年7月，是中国电子信息产业集团有限公司（以下简称“中国电子”）控股的混合所有制创新创业高科技企业。长城网际以服务国家基础信息网络和重要信息系统安全为使命，总部突出打造网络安全服务平台，所属重点企业可信华泰（全称“北京可信华泰信息技术有限公司”）突出提供可信操作系统安全产品及服务，融合本质安全与过程安全，致力于建设全球领先的信息系统全生命周期安全服务体系。

自成立以来，长城网际始终致力于网络安全产业，营业收入每年以65.92%的平均增长率快速成长，2015年营业收入突破亿元，2016年首次实现盈利，2017年在军民融合网络安全关键领域取得实质性突破，企业已进入健康快速发展的新阶段。

二、改革背景

中国电子作为中央管理的最大国有综合性IT企业集团，以服务国家战略、保障国家安全、维护国家利益为首要责任，确保国家网络和信息化安全。当前，IT技术日新月异，网络攻击层出不穷，震网病毒、斯诺登“棱镜门”、勒索病毒等网络安全事件频频发生，严重威胁国家网络安全。习近平总书记强调指出，“网络安全的本质在对抗，对抗的本质在攻防两端能力较量”。中国电子立足整合内部资源，提出建设“信息安全”系统工程，打造“本质安全、过程安全、工控安全”的网络安全完整产业链，全力打造网络安全和信息化产业国家队。基于内部资源重配、系统内部网络安全力量薄弱，2012 年 7 月，中国电子引入网络安全领域职业化经营团队，在混合所有制模式下，成立了长城网际，在“平台”“聚合”产业理念下，高起点打造网络安全产业的影响力和带动力。

三、改革实践

（一）混合所有制改革为企业快速发展增添新活力

长城网际作为以网络安全服务为主业的二级企业，参与混合所有制经济改革，这是中国电子适应网络安全产业发展规律，依托混合所有制模式在网络安全产业领域实现重点突破的重要尝试。在长城网际资本层面上，既有中国电子作为中央企业和国有资本占据主导地位，又有中国电子发起的电子信息产业领域创新基金和国内信息安全专门机构参与，还引入了曾创办天融信等网络安全企业、在网络安全领域拥有极强影响力的民营企业团队，导入活力因子，发挥鲶鱼效应，提升企业发展活力。在企业运行机制上，把引进的职业团队核心成员作为中国电子网络安全产业的“事业合伙人”，将中央企业的转型升级和民营企业家的专业能力有效结合起来，聚焦同一事业目标，共同打造协同创新的业务发展平台。在企业经营管理团队上，既包括中国电子党组管理干部，又有职业经理团队参与，而且职业团队在经营班子中占绝对多数，在坚持国家战略的前提下，充分信任团队干事创业。在企业文化理念上，长城网际确立了“创造智慧、沉淀智慧、推广智慧”的核心理念，以新的思维、新的架构、新的力量构建网络安全产业和服务新模式。

（二）聚合安全服务平台为网信产业发展提供新动能

长城网际成立之时，国内网络安全产业竞争激烈，360、天融信、启明星辰、绿盟等网络安全企业和产品实力雄厚。在这种环境下，长城网际如何发展成长、如何协同推进中国电子网信产业布局，是当时长城网际职业团队面前亟需解决的难题。经过充分研判，长城网际给出的答案就是，构建网络安全聚合式的服务平台——NISSP，打造网络安全产业和服务新模式，换道超车为网信产业发展增添新动能。

NISSP 平台，是长城网际职业化经营团队认真研究分析全球信息技术和业态发展形势，找到的一条适合国内网络安全环境的产业新道路，以“平台、聚合、数据”实现“共建、共享、共御”，把单一能力聚合成平台能力，把专门机关、社会企业、研究机构的能力聚合成网络攻防的国家能力，实现产业能力和国家需求双向促进。同时，长城网际依托重大项目积聚攻关核心技术，以网络安全服务“金刚钻”，揽国家重要领域信息系统和地方新型城市治理、产业管理等信息化的“瓷器活”，拓宽业务地域版图，带动地方和民营经济发展，实现网信产业“国进民升”。2014 年 8 月，长城网际得到财政部批复，成为中央企业目前唯一的网络信息安全保障服务平台。成立五年来，长城网际 NISSP 平台在北京、上海、广东中山、四川成都、浙江杭州、福建厦门、湖北武汉、河北承德等近 20 个城市，以及国资委、中国神华、中国石油、杭州华数等中央部委、中央企业、重要领域得到应用和产业落地。

（三）党政同责为混合所有制企业党建工作提出新要求

长城网际党建工作，既面临国有企业基层党组织工作的共性困惑，更有混合所有制下加强党建工作的现实担当，那就是党政同责，共同担当中国电子网信产业链条中的使命和责任。在长城网际党组织看来，如何促进党建工作和业务工作“融合发展”，这是党建工作面临的关键问题；如何形成党委和职业经理团队新的“统一战线”，这是党建工作面临的基础问题；如何在人才兴企进程中实现“党管干部、党管人才”，这是党建工作面临的重要问题。

发展中的问题要在实践中解决。近年来，针对上述问题，长城网际着力推动三大实践。**一是**党委与职业经理团队共同把握企业发展方向，推动党建工作与经营工作深度融合。将服务于党政军及中央企业等党和国家的重要部门作为公司发展方向，形成中央企业经营业务价值观，努力使长城网际成为党和国家网络安全工作最可信赖的依靠力量，“强政兴业惠民”，同时在实现经济效益中履行政治责任，促进职业经理团队真正理解、支持、投入党建工作。**二是**正确处理好混合所有制中央企业党的领导体制和现代企业制度的关系，把党的领导融入公司治理各个环节，党建工作要求进入公司章程。公司党委书记先后担任公司副总经理、董事长，与担任总经理的职业团队核心，从相识、相知到工作信任、默契，共同表率示范，共同强化作风纪律，共同建设和发挥中央企业基层党组织的战斗堡垒作用。**三是**在人才兴企进程中实现“党管干部、党管人才”，不局限于党委对某个具体干部提拔任命的决策建议，而是积极参与“干部库”“人才池”的建设，推动党员“三培养”机制，支持职业经理团队依法合规大胆选人用人。

四、改革成效

（一）网络安全服务产业初步实现既定目标

长城网际按照中国电子要求，在成立时就提出了“建平台、搭体系、保重点、进国防、走出去、抓应用”六大目标，目前基本实现。**一是**在“建平台”方面，NISSP 平台已投入应用，功能逐渐完善，申请专利近 60 项。2014 年 7 月，长城网际云平台防护系统率先通过了公安部增强级的测试认证，取得全国首个该类产品的销售许可证。2016 年 12 月，长城网际 NISSP 平台荣获中国电子“十二五”优秀科技进步奖银奖。**二是**“搭体系”方面，长城网际已构建“安全的IT服务”“整体安全服务”“定制化安全服务”三种业务模式，实现差异化发展战略，在中山、成都、武汉、厦门、承德、孝感等全国各地成功拓展。**三是**在“保重点”方面，长城网际重点保障政府、能源、广电等“8+2”客户，已经成为国家信息安全保障的重要支撑力量。2017年1月，长城网际获得国家发改委批复“大数据协同安全国家工程实验室”共建承担单位，在产业生态圈内积极引领、深度融合。截至2016年，长城网际共签署122份合作协议。**四是**在“进国防”方面，可信华泰的可信计算技术已经开始为国防信息安全服务，2017年，长城网际NISSP及其攻防技术也将为国防做出贡献。**五是**在“走出去”方面，长城网际已经签订服务合同，为“两带一路”及传统友好国家提供网络安全服务。**六是**在“抓应用”方面，长城网际持续创新，为客户需求特别是地方政府网络应用重点开发。如在新疆克拉玛依，公司联合业内各家企业为IPV6和大数据分析提供应用开发和支持。

（二）企业经营管理成效和行业地位逐渐显现

长城网际充分利用混合所有制，在股权分配、法人治理及生产经营上探索出较好的机制，业务快速开拓发展。长城网际已经在核心团队持股基础上，成功实施第一轮员工持股计划，员工持股占比11.1%，建立了比较有吸引力的人才激励机制，人才队伍不断健全合理。长城网际紧盯国家网络安全责任担当和网络安全服务主业，在“G20”峰会、“金砖”国家峰会等重大活动安全保障发挥了重要作用；从2012年至2016年分别实现营业收入2026万元、9540万元、13139万元和15355万元，平均增长率为65.92%，2016年实现盈利。生态圈队伍逐渐壮大，NISSP平台的产业影响力逐渐显现。

五、经验启示

（一）“事业合伙人”的视野胸怀是混合所有制企业改革成功的前提

国有混合所有制企业的根本特点在于国有资本与社会资本并存，以及不同资本利益诉求的管理团队并存，国有混合所有制企业顺利改革发展的关键在于“资源互补共享、利益诉求共赢、发展理念契合、团队肝胆相照”。中国电子在长城网际的组建过程中，不是简单地把职业化经营团队吸引进来的团队收编，也不是职业经理团队依托中央企业简单的资源利用，而是基于壮大网络安全产业、提升国家网络安全防护能力的共同理想责任和使命，共同把对方当作“事业合伙人”，构建企业治理体系，谋划产业发展路径，保持战略规划定力，实现战役战术突破，共同应对发展难题。

（二）党政同责是混合所有制企业改革成功的重要保障

加强党的领导、加强党的建设，是我国国有企业的光荣传统，是国有企业的“根”和“魂”，是我国国有企业的独特优势，这是在混合所有制企业中更要得到充分利用和充分展现。党委要发挥领导作用，做到做好把方向、管大局、保落实，关键是要党政同责，全力避免两张皮现象。充分发挥党组织在领导班子职业理想教育、治企兴业方法论学习、职业发展规划指导等方面的积极作用，充分发挥党组织在团队培养建设、企业文化建设、职业道德建设等方面的主导作用，充分发挥党组织在各级团队动力、活力、执行力建设中的推动和保障作用，这些都是党政同责的具体体现。

（三）发展模式和商业模式持续创新是混合所有制企业改革成功的基石

企业发展离不开市场环境，长城网际从创立开始就面临网络安全产品的白热化竞争。长城网际坚持在中国电子网络安全产业链中的企业定位，成功探索构建“平台” + “聚合”的能力模式，并在此基础上，顺应网络安全产业规律，开辟了三大业务模式，成功拓展市场、扩展业务。在市场洽谈和项目建设过程中，不断分析地方网信产业实力优势，强化区域产业合作；不断学习网信产业新形势新动向新政策，增强产业发展适应能力；不断分析客户网络安全建设“痛点”，精准迎合市场需求，在发展模式和商业模式创新中，实现以不变应万变。

（四）科技创新是混合所有制企业改革成功的核心竞争力

企业发展离不开核心竞争力，离不开科技创新推动下的技术领先，这在科技型企业特别是网络攻防手段千变万化、攻击方式层出不穷的网络安全服务企业来说，更为重要。长城网际从成立开始，注重 NISSP 平台架构和功能建设，注重关键防护技术研究，大力投入科技创新。五年来，研发投入持续增长，NISSP 平台中核心产品和技术居于业内前列，确保长城网际在网络安全行业生态圈内的带动力、影响力。

同时，长城网际在发展过程中特别是基于互联网的发展模式，NISSP 平台服务逐渐推广，企业发展资金需求不断扩大，虽然企业价值不断增长、国有资产不断增值，但面临着国有资产比例逐渐缩小的现象，在管控方式上也面临着国有资本管控模式创新等实际问题，这些问题也将在发展中不断探索、不断完善。

33

构建“共创、共享、共担”机制
打造人才追梦事业平台

国机集团中国电器院

一、基本情况

中国电器科学研究院有限公司（以下简称“中国电器院”）前身为广州电器科学研究所，始建于1958年，原为隶属于机械工业部的一家多专业综合应用型研究院所，1999年改制为企业进入国机集团。主要围绕电器、汽车及相关行业，开展技术研发、技术服务和科技成果产业化，提供的主要产品和服务包括：工业产品环境适应性研究；家电及家电工厂整体设计、家电生产智能装备和检测试验装备；产品认证与检测技术研究、开发及服务；电力电子智能装备；电器及汽车环境试验室；环保及耐候性涂料和聚酯树脂的研发、生产与销售等。2016年末总资产17.81亿元，营业收入15.82亿元，员工1500余人。

二、改革背景

作为转制科研院所，人才，尤其是科技人才，是企业的核心资产，是企业核心竞争力的来源。中国电器院在吸引、留住和激励科技人才方面做了大量尝试和探索，也取得了一定成效，但受制于体制机制等多方制约，人才问题始终未能得到有效解决，主要存在以下问题：

一是核心人才流失严重，持续发展动力不足。由于中国电器院业务处

于完全市场化的竞争性领域，且地处珠江三角洲，民营经济活跃，创业氛围浓厚，面对民营经济灵活的体制机制和创新创业大潮，人才流失尤其是核心团队流失日趋严重。核心团队流失，一方面造成快速发展的业务失去动力，发展放缓、停滞，甚至后退，部分业务长期亏损，需要较长时间重新培育；另一方面，流失的团队或直接创业成为竞争对手，或加入竞争对手增强了对手的实力，致使竞争加剧，利润下降，严重影响了企业的持续发展。

二是人才激励不足，企业活力不强。长期以来，国有企业监管与效率的矛盾、企业活力与内部人员控制的矛盾一直未能得到有效解决。企业内部缺乏有效的激励机制和激励手段，科技人员和骨干经营管理人员积极性未能得到充分调动，人员劳动效率不高，企业活力不强，制约了企业的快速发展。如何吸引、留住和激励人才，如何建立长效的人才激励与约束机制，营造完善的制度环境，充分调动人才积极性，这就需要在体制机制方面进行探索，通过深化改革突破瓶颈。

自改革开放以来，中国电器院一直是科研院所改革的排头兵，面对企业发展的困境，积极寻求解决方案。近年来，先后调研了江苏苏美达集团、杭州前进齿轮箱集团等多家在员工激励方面取得一定成效的国有企业，深入研究了中国瑞林、海康威视、上海绿地、华为、万科等企业员工持股的实际案例，结合自身实际情况，确定了通过实施员工持股，构建“共创、共享、共担”机制，实现人才与企业“利益共享、风险共担”，打造人才追梦事业平台，建立激励与约束的长效机制，留住和激励核心人才，实现促进企业持续健康发展的改革目标。

三、改革实践

（一）以“共创、共享、共担”为核心，确定员工持股总体思路

中国电器院把构建“共创、共享、共担”机制作为改革的核心，确定了员工持股改革的总体思路：**一是**有引力。员工股份要有吸引力，员工参

与意愿强。一旦吸引力不够，员工不愿意买，员工持股计划难以推动实施，就无法发挥应有的激励与约束作用。**二是**有流动。员工股份必须流动，不能僵化固化，否则就发挥不了应有的激励效果。员工持股必须和岗位、贡献与绩效挂钩，通过内部流动，实现岗变股变、股随绩调、人离股退。**三是**有力度。员工持股要起到“利益绑定”的效果，必须有一定力度，不能“不痛不痒”，必须要让持股员工重视和关注企业发展，和企业发展目标一致。**四是**看长远。员工持股应着眼长效激励，不能只顾眼前利益和短期回报。员工持股也不是“一持就灵”，必须同时深化各项改革，尤其是要深化“干部能上能下、薪酬能增能减、员工能进能出”的“三项制度”改革，充分调动员工的积极性和创造性，激发出企业活力。

（二）以“共创、共享、共担”为主线，推进员工持股改革

围绕“共创、共享、共担”主线，从“谁持股、如何分、怎么持、如何动”四个方面，公平、公正、公开地推进员工持股改革。

一是在“谁持股”方面，坚决摒弃“官本位、分福利”思想，突出对公司未来发展的重要性，突出岗位和业绩关联度，突出员工的不可替代性，把对公司未来发展影响大、与业绩关联度高、可替代性低的核心骨干纳入持股范围。

二是在“如何分”方面，突出业绩和战略导向，“统分”结合。针对企业各业务板块业绩和战略地位差异较大的实际，中国电器院按各板块的业绩贡献和战略重要程度、各板块人才对企业业绩贡献大小，分板块核定持股人数和持股数量，由各板块负责板块内员工股份的分配，再经公司统筹平衡，经过上下反复沟通，保证员工股份分配的总体公平合理。

三是在“怎么持”方面，突出动态管理和合法合规导向。针对持股员工人数较多、员工股份需要流动管理，以及代持预留股、部分解决员工入股资金问题等需求，通过设立两级持股平台的方式实现间接持股，不仅便于员工股份流动，同时又可通过持股平台统一融资，加大员工与企业的

“绑定”力度。

四是在“如何动”方面，按照“股按岗定，岗变股变，股随绩调，人离股退”原则建立股份分配、调整及管控机制。通过每年动态调整转让价格、股份强制退出、股份转让限制等方面的制度化设计，确保员工股份与岗位和个人业绩紧密挂钩，实现员工持股“能高能低，能进能出”，形成可操作性的股权内部流转和退出机制，避免持股固化僵化。

（三）打造内部创新创业平台，营造“共创、共享、共担”的创新环境

为鼓励创新，实现员工内部创业，2016 年中国电器院建立了科技成果孵化项目试行模拟合伙制，由项目团队出资与公司成立独立运作的分公司，员工模拟持股。同时，设定三年的评估周期，三年后评估确定或者成立团队持股的独立公司，或者撤销模拟持股并注销分公司。

为充分激发员工创新创业的激情，中国电器院计划在总结经验的基础上，推广新业务合伙制或模拟合伙制的创新创业模式，促进创新、创业，将中国电器院打造成创新创业的平台。新业务可以是与现业务无关的科技成果转化业务、新拓展业务、新的业务模式、新的创意理念等，也可以是引进外部团队的新业务（管理团队不参与合伙制项目）。

四、改革成效

（一）股权结构多元化，公司治理进一步完善

作为国资委中央企业员工持股改革 10 家试点企业之一，中国电器院于 2017 年 5 月完成引入民营资本和骨干员工持股的改制工作，实现股权结构多元化。实施改革后，中国电器院从国有全资子公司调整为国有企业控股（股比 60%）、战略投资者参股（股比 18%）、骨干员工持股（股比 22%）的混合所有制企业。

在中国电器院新一届董事会中，外部董事占董事会 2/3 席位，广泛代

表了各方股东的利益，形成了外部董事、内部董事和职工董事相互制约的机制。董事会设立了提名委员会、薪酬与考核委员会、审计与风险管理委员会三个专门委员会，其中薪酬与考核、审计与风险两个委员会主任由外部董事担任，建立了外部董事发挥重要作用的董事会治理架构，具备依法履行董事会职责的机制和组织基础。

为建立适应市场经济的高管激励约束机制，中国电器院根据国机集团《全资、控股企业主要负责人薪酬管理暂行办法》制定了《公司高管薪酬分配暂行办法》，落实董事会对经理层的考核及薪酬管理权。目前，公司正在逐步落实和维护董事会依法行使决策权，积极推动形成各司其职、各负其责、协调运转、有效制衡的公司治理机制。

（二）思想观念转变，经营业绩大幅提升

改革面临的最大问题是思想观念的转变，实施员工持股后，中坚层由被动的外部监管转变为主动的自我约束，“主人公”“共同体”意识增强；各业务板块结束了传统的“单打独斗”业务模式，自下而上地形成了“资源共享、携手共赢”的新模式，创新实践意识凸显。2017年1—8月，中国电器院经营合同额超出预期，同比增长50%，营业收入增长23%，利润总额同比增长25%，进出口额同比增长70%。

（三）推动全面改革力度加大

通过实施员工持股，全面启动企业内部机制改革，改革力度加大，进程加快。目前已针对现阶段制约公司发展的主要问题和主要矛盾，确定了加强党的建设、完善公司法人治理结构、推进“三项制度”改革等重点改革方向和措施。

五、经验启示

（一）改革要有针对性，要以问题为导向

改革不是简单的移植照搬，需要企业根据现阶段自身的突出矛盾和问

题，在借鉴他山之石的基础上，探索有针对性的、符合自身特色的最佳方案。

（二）改革需要坚定的领导力

国企改革已经进入深水区，涉及利益面广、关联度高，既面临复杂多变的外部形势，又面临一系列突出的内部矛盾和挑战，因此，改革需要有思路、有毅力、有决心的管理层，改革的最终成功离不开强有力的领导力。

（三）改革不是一蹴而就，“混改”只是第一步

中国电器院员工持股改革的改制工作已经完成，但员工持股改革试点才刚刚开始，需要在后续的实践中不断探索、持续调整，制度设计只有更好、没有最好，试点的成效更是需要历史的检验。因此，试点工作永远在路上，要始终坚持“不忘初心”。为充分发挥混合所有制的体制优势，中国电器院将借员工持股契机，以构建“共创、共享、共担”机制、打造人才追梦的事业平台、激发企业活力、实现企业可持续健康发展为目标，全面推动和深化企业各项改革。

34

混合共建共享　创新体制机制 加快钢铁供应链生态圈建设

中国宝武欧冶云商

一、基本情况

欧冶云商股份有限公司（以下简称“欧冶云商”）是中国宝武钢铁集团有限公司（简称“中国宝武”）于2015年2月全资设立的第三方钢铁服务平台。经历两年多的快速成长，欧冶云商已经发展成为中国钢铁电商行业的领先者，并以“共建共享、值得信赖”为价值观，积极推动钢铁行业转型升级和重塑钢铁流通新秩序，助推供给侧结构性改革。欧冶云商以资源整合为路径，以钢铁供应链效率提升和成本降低为目标，通过“平台+生态圈”的模式，为钢铁生态圈用户提供电商交易及配套物流、金融、技术、资讯等供应链增值服务，并积极探索在大宗商品领域的跨界融合。2016年欧冶云商实现GMV交易量3876万吨、销售收入387亿元，同比接近翻两番，交易规模和增速均居行业第一。

二、改革背景

近几年，“互联网+钢铁”得到了快速发展，也吸引了大量社会资本的进入，钢铁行业已成为B2B电商渗透最深的领域，目前全国各类钢铁电商平台已超过300多家，竞争激烈。以找钢网、钢银电商、欧浦智网、五阿哥等为代表的社会资本主导的钢铁电商相对占据主流，它们决策相对快捷，激励机制灵活，创新意识强，取得了较快的发展。欧冶云商初创期作为纯国资背景的钢铁电商，存在资本结构单一、治理结构不健全、决策流程较长、缺乏市场化激励机制等问题，深化改革势在必行。为此，欧冶云商根据电商行业的特点，积极探索通过深化混合所有制改革，健全公司治理结构，促进经营机制转换，放大国有资本功能，走出一条国资背景互联网企业成功之路。

三、改革实践

（一）发展混合所有制经济，实现股权多元化改革

2016 年 11 月，欧冶云商获得国务院国资委批准开展国有控股混合所有制企业员工持股试点的资格。欧冶云商第一次股权开放工作全面展开，并受到了不同资本投资者的广泛关注。2017 年 3 月，欧冶云商股权开放项目在上海联交所正式挂牌，最终本钢集团、首钢基金、普洛斯、建信信托、沙钢集团和三井物产 6 家战略投资者以及员工持股平台入股欧冶云商，获得增资近 10 亿元，中国宝武作为国有股东股比降至 72%，实现了国有资本、民营资本、外资和员工持股多种资本共存的混合所有制企业。

通过股权改革，欧冶云商初步实现了股权多元化，践行了“共建、共享”的发展理念，平台的第三方属性显著增强。同时以资本为纽带，引入了国有和民营品牌钢铁企业、跨国物流地产企业、综合商社和金融机构，为平台带来了优质资源和能力，同步配套核心员工持股，为平台创新发展注入了活力。

（二）开展核心员工持股，创新激励机制

员工是互联网企业的核心资产，唯有充分激发员工的创业激情和创新潜力，才能实现爆发增长和迭代创新。依照“依法合规、公开透明、增量引入、利益绑定、以岗定股、动态调整”的原则，2017 年 3 月，欧冶云商制定员工持股方案并报国务院国资委备案。在持股方案实施过程中，欧冶

云商员工积极响应，充分体现了员工与企业风险共担的精神，以及对欧冶事业的坚信和情怀，最终共有 126 名核心员工入股欧冶云商，员工持股平台认购 5% 的股份。2017 年 7 月，欧冶云商员工持股平台召开首次全体会议，员工持股方案成功落地。

欧冶云商通过实施核心员工持股，建立了激励约束长效机制，使企业发展和员工利益紧密挂钩，有利于营造创业创新的氛围，为公司长远发展保驾护航。持股后欧冶云商员工的精神面貌焕然一新，成本效益意识进一步增强，公司经营业绩也取得了更快的增长。

（三）优化法人治理结构，提升决策效率

2017 年 5 月 31 日，在股权开放及员工持股签约仪式的当天，欧冶云商 2017 年第一次股东大会和第二届第一次董事会同步召开，体现了欧冶云商股权改革后在法人治理结构上的进一步优化。欧冶云商新一届董事会由 9 名董事组成，包括 6 名中国宝武系董事、1 名本钢集团董事、1 名普洛斯董事和 1 名首钢基金董事。新一届监事会由 3 名监事组成，其中中国宝武系派出 2 名监事、欧冶云商 1 名职工监事。经营管理层由 5 名高管组成，通过总裁办公会形式进行经营决策，从而形成了股东大会、董事会、监事会和经营管理层之间权责对等、运转协调、有效制衡的决策执行监督机制。董事会决策体系的加强，使公司运行效率和市场反应进一步提升。同时，欧冶云商充分发挥国有控股企业的独特优势，坚持和加强党的建设，按照“把方向、管大局、保落实”的要求，充分发挥党组织的政治优势，党委会由 6 名党委委员组成，并严格履行重大事项决策、重要干部任免、重大项目安排、大额资金使用等“三重一大”前置决策程序。

通过优化公司治理结构，欧冶云商经营决策效果和决策效率显著提升，进一步加快了发展战略的落地和推进，集体智慧和力量得以充分发挥，为欧冶事业指路引航。

（四）推进创业创新发展，增强核心能力

欧冶云商持续推进商业模式的迭代创新，充分满足并发掘供应链用户

的个性化需求，帮助用户提升效率、降低成本。2015 年，创新推出欧冶学院、交易助手等电商交易产品，帮助中小用户在线专业选材和用材，并实现第四方物流平台——运帮平台升级上线，为用户提供委托竞价、专线运输等服务。2016 年 1 月，欧冶加工平台上线运行，为终端蚂蚁用户提供加工交易、订单跟踪以及技术服务等。9 月份云仓平台上线，为用户提供仓单、信息、监管、作业等配套服务。10 月份绿融产品成功上线，基于用户交易征信和货物风险管控，为中小用户提供在线快速供应链金融服务。2017 年，绿融螺线产品、欧冶价格指数、产能预售等新产品和新业务相继实现落地和试运行。此外，欧冶云商持续推进技术创新工作，实现人工智能应答上线，以及物联网智慧仓库的落地，并在区块链、大数据等新技术上加快探索和实践。

通过商业模式和技术创新，欧冶云商形成了差异化的供应链服务能力，对风险的管控能力进一步增强，构建了自身的核心竞争力，行业地位得到进一步巩固。

四、改革成效

一是实现业务规模和服务能力快速提升。欧冶云商已经形成了完整的供应链服务体系、能力和架构，尤其是实施混合所有制改革以来，各项业务规模和供应链服务能力均取得了快速发展，市场影响力进一步提升。2017 年 1—8 月，欧冶云商实现 GMV 交易量 4032 万吨，同比增长 62%，继续保持行业领先水平。同时，欧冶云商线下服务能力取得了飞速发展，截至 2017 年 8 月底，宝盈通仓储管理系统覆盖的合作仓库达到 1649 家，基本形成覆盖全国的仓储网络，可以提供绿融服务的绿融库达到 509 家，仓库可以协同推广绿融产品，并协助风险管控。截至 2017 年 8 月底，绿融服务累计用户达到 1020 家，平均每单融资规模不超过 20 万元，2 次及以上的用户复购率达到 80%，具备“小额、分散、高频”特征。

二是强化规范运作和风险控制。通过实施混合所有制改革，欧冶云商在公司治理、职能管理、业务开展等各方面进一步加强规范化、合规性运作。在法人治理结构上，充分发挥非国有股东和外部董事的决策力，形成了较为健全的决策体系。在职能管理上强化财务、技术、营销等总部集中管控，加强内部审计、纪检监察、档案管理等职能管理，业务开展上明确各板块职责、边界和定位，并制定了完善的制度流程体系。此外，欧冶云商始终将风险控制放在第一位，对关键业务风险点进行辨识，拟定风险管控措施及预警方案，并建立和完善内控自查自纠机制。欧冶云商在加强线下物流体系风险防控的同时，充分利用大数据分析和物联网技术手段，实现数据征信和智慧监管能力提升。

三是落实推进“三项制度”改革。通过优化员工绩效管理、强化绩效结果应用，以绩效考核结果作为薪酬分配的主要依据，明确绩效等级强制分布比例，将绩效结果强制应用于年度绩效薪酬兑现等方式，实现员工收入能增能减，员工能进能出。2016 年欧冶云商绩效考核为待改进人员共 20 人，其中劝退离职 5 人，另外 15 人 2017 年目标薪酬均下调，薪酬下调幅度超过 5%，最高降幅 15%。同时，对于考核结果为较优秀及优秀的人员按照规则进行岗位提升，实现员工能上能下。

四是增强“三个意识”和“一项能力”。欧冶云商各级管理者和全体员工的经营意识、市场意识、风险意识和变现能力显著增强。作为处于初创期的互联网企业，欧冶云商仍处于投入期，混合所有制改革尤其是员工持股实施以来，大家为用户创造价值并实现盈利的意识非常强烈，实施了各项降本增效举措，真正做到了同心同力、砥砺前行。同时，欧冶云商各单元开拓外部市场和内部市场化意识有效提升，风险防控意识得到进一步强化。此外，欧冶云商供应链服务变现能力得到快速提升，电商交易等产品已经实现了收费，部分产品已经具备收费潜力，并不断创新和打磨其他产品的变现能力。

五、经验启示

（一）混合所有制改革和体制机制创新是国资背景互联网企业走向成功的重要途径

互联网企业需要具备经营机制活、市场反应快、创新能力强、人才素质高等特征，同时在初创期需要资本的持续注入，通过混合所有制改革，增资扩股引入各种所有制资本，能够放大国有资本功能，促进国有企业转换经营机制，提高经营决策效率，实现各种所有制资本取长补短、相互促进、共同发展，同时，通过核心员工持股，形成企业与员工利益共享机制，充分调动人才的积极性和创造力，才能探索出一条成功之路。

（二）商业模式和技术创新是互联网企业提升核心竞争力的关键举措

互联网时代是日新月异、迭代创新的时代，平台能集聚无数的生态圈用户和合作伙伴，而用户的需求是千差万别的，只有真正解决用户痛点、满足用户个性化需求的平台才是有生命力的。互联网企业必须持续开展商业模式和服务产品创新，并配套完善的创业创新机制，促进员工和生态圈伙伴的大众创业万众创新，才能构建差异化竞争优势。同时，新技术创新往往能引发商业模式的变革，因此互联网企业尤其是电商平台必须重视物联网、云计算、大数据、人工智能等技术创新，推动精准营销、智慧物流和科技金融的发展，进一步提升核心竞争力。

35

积极稳妥抓改革　规范有序促转型
以"混改"为企业持续健康发展助力

中铝公司中铝瑞闽

一、基本情况

中铝瑞闽股份有限公司（以下简称"中铝瑞闽"）是中国铝业公司（以下简称"中铝公司"）控股的一家从事高精铝板带加工的现代化企业，地处中国福建自由贸易试验区福州片区、福州新区、海上丝绸之路核心区、两岸经济合作示范区及国家级开发区的"五区叠加"重点开放区域内，前身为1992年筹建的福建瑞闽铝板带有限公司。

20多年来，中铝瑞闽励精图治、创新求强，用精湛的工艺、真诚的服务，倾力打造以金属包装用材、印刷版材、3C电子电器用铝、交通用铝为主导产品，大力推进铝合金应用产品的特色产品体系，现资产总额58.59亿元，注册资本16.96亿元，铝板带加工规模处于国内同行业前四。2016年完成营业收入36.81亿元，实现利润1亿元。

二、改革背景

2013年党的十八届三中全会通过的《中共中央关于全面深化改革若干重大问题的决定》明确指出，国有资本、集体资本、非公有资本等交叉持股、相互融合的混合所有制经济，是基本经济制度的重要实现形式，允许更多国有经济和其他所有制经济发展成为混合所有制经济，国有资本投资项目允许非国有资本参股，允许混合所有制经济实行企业员工持股，形成资本所有者和劳动者利益共同体。中央鼓励发展混合所有制经济，为中央企业深化改革加快发展提供了新方向和新思路。

为深化内部改革，加快扭亏脱困转型升级，中铝公司决定在下属企业中试点实施混合所有制改革（以下简称“混改”），激发企业及员工动力活力。中铝瑞闽管理规范，扁平化、体系化、信息化特点鲜明，产权结构清晰，员工市场意识强，推进“混改”具有较好基础，中铝公司决定把中铝瑞闽作为“混改”试点，并于2013年底正式启动。

三、改革实践

（一）以“三个必须”筛选战略投资者

企业的核心竞争力决定着企业的经营业绩和寿命，而核心竞争力是一个长期积累、合力提升的过程。对于实施“混改”需引进的战略投资者，中铝瑞闽要求对方必须充分认同己方的潜在价值和发展愿景，能够共同提高企业核心竞争力，因此在挑选战略投资者、制订推进方案时，中铝瑞闽确定了“三个必须”原则：**一是**潜在投资者必须是注重长期回报的战略投资者。如果只注重短期回报，则很可能会打乱中铝瑞闽的中长期规划，引发与己方经营方针的冲突，给生产经营带来不利影响。**二是**潜在投资者必须了解铝加工行业。通过合作，既能提升企业管理能力，也能提升行业竞争力。**三是**潜在投资者必须是非同行业者。这样可避免同业竞争。根据以上“三必须”原则，中铝瑞闽到深圳联合产权交易所进行了推介，在相关新闻媒体和网站进行了公告，以引进更有实力、更适合自身的战略投资者。期间，中铝瑞闽与15家投资者进行了10个多月20多轮谈判，最后引进了两家符合预期要求的战略投资者。

（二）以“两个关键”促进形成利益共同体

中铝瑞闽是处于充分竞争领域的高科技企业，人才的因素至关重要，稳妥有序实施管理层和骨干员工持股，形成资本所有者和劳动者利益共同体，实现企业上下同心同力，是增强和保持企业竞争力的重要举措，也是管理层和骨干员工对企业未来发展有信心的直观体现。为此，中铝瑞闽确定了管理层和骨干员工持股的“两个关键”：**一是**企业不对管理层和骨干员工持股作出任何担保和承诺，完全以企业未来的发展后劲吸引管理层和骨干员工持股，从而避免了可能会给企业未来发展带来的不必要负担。**二是**管理层和骨干员工持股完全自愿，不搞硬性摊派，不与他们的现有职务、待遇挂钩，不影响不持股员工的未来发展，不对个别或小部分员工进行单独宣讲，以避免管理层和骨干员工不必要的心理负担。仅通过召开职工代表大会和部门会，由总经理和经营班子宣讲，让广大员工对企业的发展思路、经营理念有更深入的认识，从而坚定对企业未来发展的信心。通过坚持“两个关键”，在184名符合持股条件的管理层和骨干员工中，共有171人参与了持股，人均认购股数超过40万股。

（三）以规范操作确保“混改”过程合法合规

在“混改”过程中，国有资产交易是首道环节，如何避免国有资产流失、确保“混改”全流程合法合规是“混改”能否成功的关键。经与上级主管部门及相关专家汇报沟通，中铝瑞闽确定的主要做法：**一是**由国有大股东聘请评估审计机构，对资产进行评估审计，并将评估结果报国务院国资委备案。**二是**以不低于评估值的每股价格，在产权交易市场进行挂牌，通过市场确定资产价格。对参与“混改”的非公经济，不作任何非公开承诺，“混改”所有条款均是公开条款。同时，管理层和骨干员工持股与非公经济同股同价。**三是**聘请了福建省内知名律师事务所到企业进行指导。要求凡是涉及股改、“混改”的会议，律师必须参加；凡是涉及股改、“混改”的文件，律师必须会签；对于职代会表决性决议，律师必须到场监票，确保项目推进过程中的每个环节都在法律法规框架内运行并留下文字佐证，确保了“混改”推进合法合规，得到相关部门充分肯定及监管机构大力支持，各项审批工作顺利进行。经过近两年的试点探索，中铝瑞闽于2015年11月17日取得“混改”变更后新的营业执照，成为十八大后中铝公司第一家完全按照市场化完成“混改”的子企业。

四、改革成效

一是生产效率明显提高。各工序生产效率、产能利用率不断提高，其中熔铸工序2016年各月产量均超设计产能20%以上，热轧工序与冷轧工序产能利用率达到96%。同时，企业产销规模从2015年的20万吨增长到2016年的25万吨，增长率25%。

二是结构转型扎实推进。通过技术创新，产品结构转型加快推进，金属包装材料、CTP和3C电子用铝三大新产品已占产销总量的65%。其中，金属包装罐盖拉环料2016年月均产销量达到5000吨，成为国内主要供应商；中高端印刷CTP版成为国际印刷业三大巨头爱克发、富士、柯达的主要供应商；3C电子用铝2016年月均销量超过3000吨，5252合金晋升为国内最大供货商，成功实现替代进口。

三是各项指标持续优化。成本指标不断优化，2016年平均制造成本同比降低了12%。质量指标趋于稳定，冷轧综合成品率稳定在83%左右，同比提升了1.8%。盈利指标显著提升，实现了从2015年盈利不足400万元到2016年盈利1亿元的飞跃。

四是员工精神面貌焕然一新。中铝瑞闽混合所有制和员工持股改革完成后，资本所有者和劳动者利益共同体初步形成，广大干部员工积极性得到充分激发，精神面貌大为改观，敢于担当、主动作为、全员参与的管理改革氛围开始显现并逐渐浓厚。

五、经验启示

（一）总部的支持和指导是“混改”顺利实施的前提

不管哪项改革，股东特别是大股东的支持都至关重要。中铝瑞闽是十八大后中铝公司第一家实施“混改”的子企业，对中铝瑞闽推动落实“混改”，中铝公司始终给予了大力支持和政策辅导，由专业部门安排专人负责协调，多次召开专题会议，审批“混改”方案，并积极与国务院国资委对接，帮助企业梳理“混改”中的重点和难点，逐项解决遇到的问题，确保了“混改”顺利进行。

（二）正确的认识和配套的措施是“混改”顺利实施的保障

国企改革存在着国有资产流失的风险，中铝瑞闽“混改”更引发社会各界的关注。作为先行先试的“混改”试点，既要实施改革，又要防范国有资产流失，必须有正确的认识和周密的配套措施。在中铝公司和第三方法律机构的指导下，中铝瑞闽对如何定价、如何防范国有资产流失的认识逐渐清晰，确定了由中铝公司聘请第三方机构进行评估，再到深圳联合产权交易所挂牌，引入非公经济，让市场确定价格，管理层和骨干员工再同股同价购买，深圳联合产权交易所予以见证的方式实施“混改”。这既确保了改革顺利推进，也有效防范了国有资产流失。

（三）中高层干部的积极参与是“混改”顺利实施的关键

企业管理层和技术骨干积极参与持股是实施“混改”的难点之一。中铝瑞闽的领导层和中层干部是持股的主要力量，通过广泛宣传、多次沟通，领导层和中层干部对企业实施“混改”有了正确认识，对自己干好工作、与企业共创美好未来充满了信心，并对企业充满了感情。虽然中铝瑞闽实施“混改”时正处于行业周期低谷，企业经营面临的压力很大，但领导层和中层干部参与热情高，两次调查中，参与度均近100%。在完全自愿参与的情况下，符合条件的管理层和技术骨干持股比例达到93%。正是领导层和中层干部充满信心的积极带头参与，使“混改”工作顺利推进，成功引入资金近1亿元。

（四）符合自身经营管理实际是“混改”顺利实施的基础

国家允许混合所有制经济实行企业员工持股，有利于形成资本所有者和劳动者利益共同体，激发各合作方和员工的积极性创造性，推动企业持续健康发展。但企业改革发展的核心还是应严格按照现代企业制度进行规范管理，遵循市场规律和行业发展规律深化创新引领，提高持续发展能力。因此，不能把“混改”作为改善企业生产经营的唯一手段，而应把它作为“锦上添花”的重要举措。要按照“宜混则混”的原则，从自身管理实际出发，稳妥有序推进改革。中铝瑞闽是按照现代企业制度成立的企业，产权明晰，也不存在企业办社会的问题，且主业集中，基本无闲置资产，也无下属企业。同时，企业管理规范，内控完善，信息化程度高，管理业务流程基本实现了电子化，透明高效。明晰的产权结构和良好的管理基础，为实施“混改”提供了基础保障。

36

积极推进混合所有制改革和员工持股试点充分激发企业活力

中国远洋海运泛亚航运

一、基本情况

上海泛亚航运有限公司（以下简称“泛亚航运”）成立于2004年5月，原为中国远洋海运集团有限公司（以下简称“中国远洋海运”）所属中远海运集装箱运输有限公司（以下简称“中远海运集运”）的全资子公司，主要经营中日航线、沿海与长江支线、珠江支线、中韩渡轮航线，以及国内铁路、拖车等延伸服务和航运电商平台业务。泛亚航运拥有集装箱运输航线近150条，经营船舶近500艘，总运力约35万标准箱（TEU）。是内贸和近洋集装箱航运市场处于领先地位的航运企业。

二、改革背景

2016年8月，国务院国资委等三部委联合印发了《关于国有控股混合所有制企业开展员工持股试点的意见》，决定从各央企所属三级及以下企业中遴选10户作为首批员工持股试点企业。中国远洋海运对子企业进行了反复比选，考虑到对下一步推广员工持股、深化体制机制改革的良好示范效应，筛选出泛亚航运作为试点候选单位，并最终成为国务院国资委确定的首批10户试点企业之一。拟通过改革着力实现以下目的：

一是形成可复制可推广的改革经验，发挥示范效应。泛亚航运作为首批中央企业员工持股的试点企业，要切实承担起改革的责任，试出成效、试出特色，力争形成可复制可推广的经验。为国资委、集团等下一步扩大试点范围积聚力量；为推广员工持股、深化体制机制改革形成良好的示范效应。

二是提升企业效益，实现国有资产保值增值。近年世界经济整体处于低速增长，中国经济面临结构再调整，日本、东南亚等经济体增长放缓直接影响到中日等近洋航线的进出口贸易增长乏力，运输需求不足，市场争夺日益激烈。泛亚航运要通过混合所有制改革试点，不断提升企业效益，实现国有资产的保值增值，稳固其在业内的领先地位。

三是配合业务转型发展，推进体制机制创新。泛亚航运目前在全程物流供应链方面，门到门业务的收入、箱量已占内贸总量20%以上，后续工作重点是继续加强与铁路、公路、堆场、仓储等供应链上下游企业的合作，在未来几年里完成由传统海运企业向现代化综合全程物流供应商的转型。

三、改革实践

（一）抓好组织领导和顶层设计，确保改革有章可循

中国远洋海运制定了《中国远洋海运集团有限公司关于推进国有企业混合所有制改革的指导意见》和《中国远洋海运集团有限公司关于实施员工持股试点工作的暂行规范》，做好全方位组织、指导和保障工作，并指导督促中远海运集运、泛亚航运做好相关改革的规范操作。按照“坚持依法合规，公开透明；坚持以岗定股，动态调整；坚持增量引入，利益绑定；坚持自愿参与，风险自负”的原则，制订了《“混改”和员工持股试点方案》，关于股权架构：中远海运集运对泛亚航运的持股比例从原先的100%降至82%，员工持股8%（其中的25%，即总股份的2%将作为预留股份），外部非公战略投资持股10%。关于资产评估：以2016年12月31

日为评估基准日，泛亚航运评估值较股东全部权益账面价值评估增值159%。关于员工持股范围：根据“以岗定股”原则，泛亚航运持股员工包括公司核心管理人员，即公司经营班子成员、部门负责人和享有部门负责人及以上待遇的岗位和通过岗位、学历、“司龄”、近 3 年业绩考核结果，实施综合评价打分排序筛选出的核心骨干员工，由此共产生持股名额162 人，约占公司员工总数的 33%。关于员工个人持股比例：泛亚航运员工个人持股最高比例 0.1945%；最低比例 0.0075%，共分 23 个序列；对应最高最低出资比例控制在 25 倍。最终，泛亚航运实际参与持股员工 157人，其中，高级管理人员占 7%，中层干部占 41%，骨干员工占 52%，另有 5 人放弃（主要是人员调离、资金压力等原因），157 位持股员工持股占总股本的 5.89%。

（二）深入全面开展宣贯，统一广大员工思想

随着《员工持股试点方案》《“混改”增资方案》的确定，泛亚航运开展了多轮次面向公司全体员工的宣贯工作，先后召开了 5 场全员宣贯会和 10 多期多渠道材料宣传。中远海运集运领导亲自参加，泛亚航运总经理、党委书记现场解答，统一了全体员工思想，解开了员工心中的“包袱”，获得了员工的广泛信任和支持，为后续员工持股实施提供了有力保障。

（三）依法合规操作，完成各项规定程序

泛亚航运对方案和持股员工名单等进行了公示，相关方案经泛亚航运总经理办公会、职代会、董事会会议、监事会会议审议通过后，报中远海运集运总经理办公会审议通过后提交集团总部，经集团总部同意后上报国务院国资委。4 月 17 日，泛亚航运“混改”增资项目正式在上海联合产权交易所（以下简称“联交所”）挂牌，公开接受投资者报名。6 月 9 日，泛亚航运下达持股员工认股承诺书，至 6 月 14 日，157 位持股员工签署承诺书并支付保证金。同时，所有参与持股员工签订了合伙企业合伙协议。

6 月 13 日，复星集团所属上海复星产业投资有限公司（以下简称“复星产投”）向联交所递交投资意向申请。经审核，泛亚航运确认了复星产投的投资资格。6 月 27 日，中远海运集运、泛亚航运、复星产投、员工持股平台四方正式签署《泛亚航运增资协议》；6 月 29 日，联交所出具增资交易凭证，泛亚航运同日完成工商变更手续，顺利取得完成“混改”和员工持股后的营业执照。

（四）开展职业经理人和人事“三项制度”改革，建立市场化用人机制

为提升混合所有制改革成效，泛亚航运配套开展了职业经理人制度改革，建立市场化契约化管理机制。泛亚航运职业经理人方案核心内容为“一个基础、五项机制”，即在健全的治理结构体系基础上，重点围绕选拔机制、聘用机制、绩效管理、薪酬激励、退出管理等五要素展开，构建职业经理人管理机制。2017 年 6 月中旬，中远海运集运党委会通过了职业经理人制度方案，中远海运集运组织泛亚航运领导班子成员签订了《转聘职业经理人申请表》。2017 年 8 月 22 日，中远海运集运举行泛亚航运职业经理人签约仪式，标志着泛亚航运职业经理人制度进入正式实施阶段。在推进混合所有制改革的同时，泛亚航运配套开展人事、劳动用工和考核分配“三项制度”改革，即坚持市场化导向，强化任职条件和考核评价，实现管理人员能上能下，强化劳动用工契约化管理，实现员工能进能出，并推进收入分配市场化改革，实现收入能增能减，建立与社会主义市场经济相适应、与企业功能定位相配套的市场化劳动用工分配管理体系。2017 年 7 月 25 日，泛亚航运召开三届三次职工代表大会，会议审议并全票通过了《关于泛亚航运实施“三项制度”改革相关配套制度的议案》，包括《关键岗位管理办法（试行）》《关键岗位竞聘管理办法（试行）》《员工招聘管理办法（试行）》《员工待岗培训管理办法（试行）》《员工持股动态管理办法（试行）》《薪酬管理办法（试行）》《绩效考核管理办法（试行）》

《员工内部退养管理规定（试行）》等8项配套制度文件。

四、改革成效

一是现代企业制度进一步健全，国有企业治理结构实现优化。民营股东的引入，完善了泛亚航运的企业法人治理结构。通过分享资源要素和核心技术，形成战略协同和能力互补，创造价值增量，有助于促进泛亚航运的健康发展。

二是通过建立利益共享和风险共担机制，进一步激发员工的主人翁意识。泛亚航运引入员工持股，形成了员工与企业“同命运、共荣辱”的氛围，实现了利益共享和风险共担的捆绑机制，将进一步激发员工的积极性和创造力。

三是切实引入和发挥“鲶鱼效应”，实现企业创新发展。混合所有制改革和员工持股，将充分激发企业活力，促使泛亚航运尽快成为服务创新、成本领先、具备规模优势和综合服务能力的航运企业，也为泛亚航运更好地向现代化全程物流供应商和航运综合电商转型，助推提升核心竞争力、实现跨越式发展打下了坚实基础。

五、经验启示

一是国务院国资委的正确领导和支持、集团组织保障有力、各方协同到位是改革成功的关键。泛亚航运作为国务院国资委第一批“混改”试点企业，在央企子公司层面进行员工持股及混合所有制改革尚属新鲜事物，需统筹各方因素，并在时间和政策条件的限制下做出最为合理的方案选择。在集团推进“混改”过程中，国务院国资委全程予以指导支持，确保集团“混改”工作依法合规、有序推进，并结合企业实际进行了开创性的实践。集团对推进员工持股试点工作高度重视，集团、中远海运集运分别成立了泛亚航运混合所有制改革领导小组和工作小组，给予了全方位的组织保障。此外，中远海运集运还聘请了多方专业机构共同研究制订方案，严格按照相关法律法规全程监督把控，方案设计严谨合理，考虑周全、统筹兼顾各方权益，保证了项目实施推进依法合规。

二是科学规范引入非公战略投资者，有利于未来市场化发展。泛亚航运作为内贸、内支、近洋集装箱航运市场中的领军企业，未来力求转型成为“全程物流供应商”和“航运综合电商”。理想的非公战略投资人应与泛亚航运存在产业链/价值链协同效应，通过分享资源要素或核心技术形成能力互补，以获取更多市场资源、提升运营效率、发展延伸业务链条、加速推动信息化进程，助力泛亚航运的转型升级。同时，部分非产业链直接相关，但自身管理运营高度市场化或拥有丰富的资本市场运作经验的企业，也可为泛亚未来发展提供较强的助力，有效补充泛亚的资本市场运作经验，以及完善的人才引进与培养机制，释放企业活力。基于以上考虑，在本次的战略投资者引入对象选择中，泛亚航运拒绝短线财务投资者，而聚焦于与企业拥有共同理念的长期战略投资者，通过战投所带来的管理体制、机制方面的优势并结合其高度市场化的运作，为泛亚航运未来市场化发展起到引领作用。

三是结合企业实际创新运用政策，进一步增强企业活力。为提升“混改”和员工持股改革成效，在两大任务的基础上，泛亚航运同步推进职业经理人与人事“三项制度”改革配套任务，改革力度非常大。通过职业经理人制度的建立，改变以行政级别为参照的人才评价标准，建立科学合理的人才市场价值评价体系，进而提高企业管理效率，增强企业活力；通过人事“三项制度”改革，以期形成“能上能下、能进能出、能增能减”的人事机制，彻底改变目前国企常见的用人“瓶颈”。最终通过公司体制、机制的创新，激发出员工的主人翁精神和工作激情，更好地释放改革红利。

37

以“混改”激活力　强实力　蓄潜力

东航集团东航物流

一、基本情况

东方航空物流有限公司（以下简称“东航物流”）原为东航集团所属东航股份下属全资子公司。2017 年 1 月，东航股份将所持有东航物流 100% 股权协议转让给东航产投，东航物流成为东航产投下属全资子公司，系东航集团下属三级企业。东航物流注册资本 11.5 亿元，业务范围包括航空货运物流、航空地面操作代理、货站仓储、卡车运输、物流解决方案、货运代理以及快递、电商和贸易等。经审计，2016 年东航物流营业收入和利润 90% 以上来源于所在企业集团外部市场。2016 年，东航物流完成营业收入 58.83 亿元，实现利润总额 5.67 亿元。截至 2016 年 12 月底，东航物流总资产 52.16 亿元，负债 45.83 亿元，净资产 6.33 亿元，在册员工 6482 人。

二、改革背景

（一）全球航空物流行业发展趋势促使东航物流“混改”

伴随着全球化电子商务产业的迅猛发展，物流产业逐步形成了“大数据＋现代仓储＋落地配”的新型商业模式，单一企业的核心竞争力正在向系统竞争力、产业链竞争力、生态圈竞争力演化，从而形成了新型物流产业体系。在这个过程中，国有资本和民营资本互有优劣势。一方面，民营资本占据物流服务体系的主导地位；另一方面，国有资本占据传统航空货运产业的主导地位，双方都有进行深度融合与合作的强烈意愿。东航物流“混改”就提供了这样一个契机。通过“混改”，东航物流在航空物流、货运产业基础上，可以整合民营资本的第三方物流、物流地产、跨境电商以及传统快递产业的落地配功能，真正走出一条引领全球航空物流转型发展之道。

（二）国家航空物流产业重组整合需要东航物流“混改”

由于三大航的全货机业务持续出现亏损，2013—2015 年，国务院国资委、民航局、国家发改委等国家部委多次就重组整合中国航空货运“国家队”开展调研。东航集团深入分析行业特点和现状，提出“纯货机业务难以为继、商业模式转型才是解决之道”的意见。事实证明，东航物流自 2012 年起走“天地合一”的转型发展之道，通过多次内部重组整合，形成了当前东航物流战略布局较优、企业结构合理、业务顺畅有序的良好局面，是中国民航第一个转型为航空物流服务集成商的国有航空运输企业。国家把东航物流列为首批“混改”试点企业，正是看到了东航物流的转型成果，希望通过国有资本和非国有资本的紧密融合，有效带动国有航空货运企业的重组整合，把中国航空物流产业做大做强，努力打造出一支属于中国自己的、比肩 FedEx、UPS、DHL 的航空物流国家队。

（三）实现做强做优做大亟待东航物流“混改”

做强，就是要成为市场竞争的佼佼者；做优，就是要成为经营管理的优胜者；做大，就是要成为行业发展的领跑者。从商业模式来看，东航物流需要融合民营资本的第三方物流和物流地产优势资源，推动以“股权为纽带，业务为抓手”的产业整合。从机制体制来看，航空物流是一个市场化程度高、竞争充分的行业，传统的国有企业管控模式和用人机制难以适用于航空物流产业。推行“混改”，可以加快形成有效制衡的公司法人治理结构、灵活高效的市场化经营机制，彻底打破沉积多年的“大锅饭”，进一步解放和发展生产力。从激发活力来看，物流“混改”增加了核心员工持股计划，核心员工持股层与战略投资者以同样价格入股东航物流，真正成为“老板”。核心员工持股层通过股权分红、上市股票增值等途径，获取股东权益。员工与公司结成命运共同体，员工既为国有资本大股东打工，也是为自己的未来打工，有助于进一步激发了企业活力。

三、改革实践

（一）坚持五项基本原则

一是坚持党的领导，加强党的建设。加强党在混合所有制改革中的领导，落实全面从严治党要求，充分发挥党组织的领导作用，把加强党的领导、完善公司治理结构相结合，确保国有资本在混合所有制企业中的保值增值。

二是坚持市场运作，稳步推进改革。在国家统一部署和引导下，充分尊重市场经济规律和非国有经济发展意愿，充分发挥市场机制作用，把引资本与转机制结合起来，稳步推进民航领域混合所有制改革试点工作。

三是坚持制度改革，增强企业活力。以混合所有制改革为契机，不断深化体制机制的深层次改革，引入外部市场活力，实现企业内部市场化改革目标。

四是坚持规范操作，杜绝国资流失。严格按照国有企业改革“1 + N”系列文件的要求，坚持依法依规和公开、公平、公正地开展混合所有制试点工作，坚决杜绝国有资产流失。

五是坚持安全生产，确保人员稳定。认真做好正面引导和正能量宣传，确保改革期间的安全生产和人员稳定，实现“推改革、促发展、保稳定”目标。

（二）突出五项主要做法

一是加强党建。贯彻落实全国国有企业党的建设工作会议和习近平总书记系列重要讲话精神，坚持党的领导，加强党的建设，明确党委发挥领导作用；把加强党的领导和完善公司治理统一起来，明确和落实党组织在公司法人治理结构中的法定地位，将党建工作总体要求写入公司章程；坚持“四同步、四对接”，确保党的领导、党的建设在改革过程中得到体现和加强。

二是改革体制。按照现代企业制度，建立规范的股东会和董事会；按照同股同权的要求，给予参与“混改”的各类资本股东法定的话语权，依法保护各类股东权益。在“混改”后的东航物流董事会中，东航集团拥有绝对多数席位，非国有资本和核心员工持股方享有充分的独立表决权。东航集团以“管资本”为主，按照现代法人治理结构，通过股东会和董事会行使权益，不具体参与决策东航物流经营活动。

三是创新机制。“三项制度”改革是“混改”的重点。“混改”后，东航物流按照市场化原则，所有员工“脱马甲”，脱离国有企业员工身份，打破大锅饭，真正实现“管理人员能上能下、员工能进能出、收入能增能减”；在中高层管理人员中推行混合所有制企业职业经理人制度，建立市场化的激励和约束机制。科学合理地建立完全市场化的薪酬管理体系，建立完善中长期激励机制。

四是促进转型。东航物流依靠自身的航空货运网络和地面航空货站优势，融合非国有战略投资者的大数据应用、第三方物流、物流仓储和落地配送网络等多个航空物流产业链的上下游资源，根据市场需求侧要求，快速推进供给侧结构性改革，转型发展为具有物流产业生态圈竞争力、创新商业模式、布局全国、着眼全球的现代航空物流服务集成商。

五是推动整合。实施“混改”后，东航物流建立客机腹舱经营的数学模型，以科学公允的估值买断东航股份客机腹舱资源。一方面，通过整合全货机资源和客机腹舱资源，实现航空货运资源专业化经营，推动产能效益最大化，快速形成布局全球的航空货运网络体系，全力赶超 UPS、FedEx；另一方面，通过买断资源方式彻底解决同业竞争问题，即实现东航股份和东航物流的双赢，又为下一步东航物流“混改”上市的第三阶段任务奠定基础。

四、改革成效

东航物流“混改”通过上述做法，企业活力进一步增强，呈现出积极向上的发展势头，主要有四个方面的成效：

一是放大国有资本。东航集团在东航物流累计投入16.7亿元，由于前几年经营亏损原因，截至2016年底，东航物流账面净资产为6.33亿元。通过本次“混改”，有效带动了22.55亿元的非国有资本投入，切实放大了国有资本的带动力和影响力，推动国有航空物流龙头企业的良性发展；同时，东航物流“混改”也促进了非国有资本与国有资本的优势互补，使得各种经济主体共享国家改革红利。

二是降低财务杠杆。“混改”前，截至2016年12月底，东航物流资产负债率为87.86%。“混改”后，按照挂牌增资8亿元测算，东航物流资产负债率将降低到75%左右，达到全球一流航空物流企业2016年资产负债率平均水平（FedEx为70.07%，UPS为98.93%，DHL为70.17%），企业财务杠杆有效降低，有利于东航物流轻装上阵。

三是探索改革路径。东航物流“混改”是国家首批“混改”试点，也是东航集团推动国有企业改革的重点项目，具有开创性，没有任何先例可循。东航集团借国家“混改”试点的东风，本着先行先试原则，探索改革难题的解决路径，既为集团进一步深化国企改革奠定基础，也为其他中央企业开展“混改”工作积累可复制、可推广的改革经验。

四是促进产业升级。东航股份和东航物流都是东航集团的核心支柱产业。通过实施“混改”，东航物流有效提升了自身产业整合能力、经营能力和可持续发展能力，未来将逐步完善和构建成领先的航空物流产业生态圈。同时，东航物流“混改”促进东航集团形成航空客运与航空物流“双轮”驱动的产业发展模式，通过适当的产业对冲，平抑单一产业的周期性波动，使得集团产业收益整体平稳有序。

五、经验启示

在推进东航物流“混改”的过程中，东航集团深刻感受到，必须坚持以习总书记系列重要讲话精神和治国理政新理念新思想新战略为指导，准确把握精神实质和科学内涵，特别是要学习和运用蕴含其中的科学方法论。

一是做好顶层设计。东航物流“混改”整体方案是根据中央统一部署，结合国企改革“1+N”文件体系，在有关主管部委指导下根据企业自身实际设计和确定的。方案明确了改革目标、基本原则、领导机构、改革路径、改革内容，确保“混改”有目标、有原则、有路径、有方法。

二是抓住“关键少数”。东航物流“混改”是一把手工程，东航集团注重发挥“把方向、管大局、保落实”的领导作用，一把手亲自抓、亲自管，主要领导和分管领导多次深入东航物流，开展调研，召开现场协调会，征求意见，听取建议，形成最大公约数，画出最大同心圆。同时注重发挥东航物流党委班子作用，特别是员工安置环节，东航物流的“关键少数”发挥了带头和示范作用。

三是夯实改革基础。自2012年以来，贯穿东航物流发展的主线就是“深化改革”，主题就是“转型升级”。通过五年多的实践，东航物流实现了三个转型升级：一是管控模式的转型升级，以物流业务来管理货运业务，符合现代航空物流业发展趋势；二是商业模式的转型升级，在“天地合一、两端延伸”方面大胆尝试；三是盈利模式的转型升级，一举扭转连年亏损的局面，实现3年连续盈利。这些工作成效为此次“混改”奠定了坚实基础。

四是坚持问题导向。首先，东航物流“混改”是由问题倒逼，不改不行。其次，在东航物流“混改”过程中，坚持问题导向，有什么问题就解决什么问题，什么问题突出就重点解决什么问题，较好地保证了改革不断、工作不乱、队伍不散。第三，坚持开门搞改革。“混改”中遇到的大部分问题，主动科学制订方案，依法合规操作，积极宣传引导，努力在内部解决。对于难以解决的个别问题，及时向上级单位汇报请示，恳请协调解决。

五是建立长效机制。改革只有进行时，没有完成时。在实现生产要素优势互补、建立健全法人治理结构、建立完善职业经理人制度、提高国有资本配置和运行效率、加强和改进新时期国有企业党的建设等等方面，东航集团持续积累经验，建立全面深化国企改革的长效机制。

六是坚持共赢发展。东航物流“混改”后，股权结构发生巨大变化，除了国有资本，还有非国有资本和核心员工持股，可以兼顾各方利益，实现共赢发展。

38

加强结构调整　优化产业布局 积极探索混合所有制

南航集团南联公司

一、基本情况

广州南联航空食品有限公司（以下简称“南联公司”）隶属中国南方航空股份有限公司（以下简称“南航股份”），是南航集团下属三级企业，成立于1989年，由南航股份和香港锐联投资有限公司合资经营，南航股份持股51%。主要从事航空食品的生产加工和配送保障。

2017年5月18日，南航股份以南联公司为平台，整合旗下所有航食资源，实现了航食系统整体公司化运作。南联公司的合资方变更为南航股份、法国SERVAIR、香港锐联和盈信（香港）四方，南航股份持股70.5%。整合后的南联公司注册资本金2.4亿元，下设14个分子公司，有员工5300人。除了为南航航班提供餐食和机供品服务保障外，南联公司还为近40家中外航空公司航班提供机上餐饮保障服务，日配餐量超过21万份，日均服务航班1200架次，成为中国民航规模最大的航空配餐服务公司。

二、改革背景

南联公司自成立以来，得益于航空运输市场持续稳定快速增长，公司不断发展壮大，提供优质航空配餐产品，在安全、服务和经营方面取得一定成绩。2016年，南联公司共生产7280万份餐食，经营收入为14.5亿元，利润总额为1.5亿元。

在不断发展壮大的同时，公司也深刻认识到航空食品公司存在的困难与挑战，对比国际优秀航空食品公司，尤其在经营理念、市场化程度方面存在较大差距。近年来，全球各大航空公司纷纷努力通过布局上下游，形成完整产业链条，探索新的利润增长点，其中发展航空食品产业已成为产业化重要项目。目前，南航集团航空食品资源产业化发展严重滞后，主要问题包括：**一是**管理主体分散，法人治理结构有待完善。长期以来，南航集团各家航食生产单位独立运营，产权结构复杂，管理层级较多，造成资源无法共享，加大管理成本，难以发挥集团规模经营优势。同时，一些航食公司沿袭传统国企食品厂管理方式，尚未建立现代公司法人治理结构，缺乏有效的激励机制，公司对外拓展市场积极性不足。**二是**对航空主业依赖过大，对外缺乏统一品牌形象。目前，南航航食业务的经营管理并未走向市场，其生存和发展完全依赖主业。2016年，南联公司经营收入75%来源于南航集团内部单位。同时，南航集团各航食公司、航食厂没有统一运作标准，对外缺乏统一品牌形象，造成了资源浪费、重复投资，甚至出现了一定的内耗，严重影响企业生产经营效率。

为解决上述问题，经过认真分析研究，南航集团党组决定按照“市场化、专业化、一体化”指导方针，推进航空食品产业化改革。以南联公司为平台，整合南航集团所有航食业务资源，积极推进航空食品产业化转型，完善航空食品产业链布局，向加工、供应、研发、配送等业务领域纵深发展，打造具有国际竞争力的餐食产品和服务，在3~5年实现建设成为国内领先、世界一流的航空食品公司目标。

三、改革实践

（一）先行先试，积极探索混合所有制，完善公司法人治理结构

一是认真制订改革方案。南航集团航食系统资源整合涉及中外合资企

业、全资控股公司、分公司或独立厂房等16家单位资产，产权结构复杂，各生产流程差异较大，整合工作面临存在较多困难。为此，南航集团成立专项工作小组，深入调研，攻坚克难，与合作方、行业专家、中介机构等反复磋商，逐一解决股权转让、生产经营和流程再造等领域问题。经过几易其稿，不断磨合，最终出台的整合方案论证充分、思路清晰，获得各方认可，为南航推进航食产业化改革工作奠定了良好基础。

二是积极发挥改革示范作用。通过改革，南航重组航食资源，将航食资产打包进入南联公司，南航股份控股70.5%，三家外资（民营）企业合计占股比29.5%，形成了股权结构清晰，国有控股，多种所有制投资参股、参与管理的混合所有制公司形态。新南联公司控股深圳航食，下设新疆、沈阳、大连、哈尔滨、郑州、揭阳、武汉、长沙、桂林、海口、长春、贵州、珠海等地13家分子公司，形成了结构扁平、规范高效的组织架构。

（二）严管安全，完善制度流程建设，“零容忍”控制安全风险

为适应新南联公司安全管理工作，确保安全管理有章可循，编写完成新版《安全运行管理手册》，明确了安全管理组织机构和工作职责；制定了值班管理规定，明确了值班人员组成、值班工作职责和流程，提高公司对突发事件的处置能力和全系统运行指挥的水平；进一步修订人员车辆进出厂区的制度，有效降低车辆剐碰风险和高峰期车辆等待时间，减少安全检查漏检风险和东门安检压力。

进一步加强风险管控体系建设，针对航空食品行业的安全风险重点，重新梳理并明确了食品车靠机作业流程和食品安全风险点及控制措施；为确保各项安全风险得到有效控制，南联公司深入调研，全面梳理，对新公司的23个关键环节、55项风险点制定了154条有针对性的预防控制措施；采取先进科技改善安全管理，各单位的厂区和食品车已全部安装了视频监控，各种不良习惯和无后果违章行为得到了明显遏制，取得了较好的

效果。

加强绩效考核管理，按照对安全“零容忍”的要求制定了《南联安全“零容忍”处罚措施》，明确责任主体，强化执行力度；严格落实月度安全讲评考核排名，对于月度排名靠后或安全业绩不佳的单位，采取电话提醒、约谈分管安全领导，约谈安全第一责任人和现场督导等措施，促进安全业界的整体提升和改善；积极开展安全主题活动，推进“三无四有”和“五零四坚持”活动，将安全管理的压力传导至生产一线，也将安全管理的措施落实到生产一线。

（三）改善服务，对标国际先进标准，打造企业品牌新形象

对标法荷航、美国航空等国际优秀航空公司航空餐食管理标准，完善、统一管理餐饮服务标准。以服务航空公司旅客为导向，进一步优化机上餐食、机供品细分标准，提升餐饮服务质量；积极推进国内航线餐饮一体化项目，统一标准，选拔特色，缩小各地餐食差异，做到简化流程，旅客满意；编制产品生产标准手册（配方、制作工艺、操作流程），稳固餐食品质，从制作源头上统一并稳固餐食品质。

推进品牌建设打造服务新形象。全程参与《国家食品安全标准－航空食品卫生规范》编写及试点运行，完善了食品检验工作，调整了检验项目和频率，成为国内首家通过达标检查的航食公司；成立南联食品公司品牌委员会，优选南航机供品品牌，将南航大碗面、腊味煲仔饭等拳头产品按照统一原料、统一用具、统一加工流程方法逐步推广至国内各配餐站点；南联公司与岭南集团进行强强联合，共同研发粤式特色餐食产品，满足广大旅客需求，进一步提升南航品牌影响力。

（四）提升效益，扩大营收规模，全面提升收益品质

加强集中采购管理。发挥规模资源优势，推进集中采购项目。2017年，南联公司首选大米、面粉、食用油、牛肉、鱼肉等产品进行集中采购，取得良好效果，采购成本得到控制，成为南航集团先进采购单位。目

前，南联公司积极探索，大胆实践，进一步深入推进集中采购管理，发挥专业化整合优势，与岭南集团合作集中采购腊肠、酱汁等餐食原材料，为旅客提供地道、优质餐饮产品。

稳步投资餐饮上游产业，控制和降低产品成本，提高收益。南联公司将用1~2年时间，通过不同的投资方式，进入餐饮产品的上、下游市场。**一是**建设“南航空厨”电子商务销售网络，目前大米、红酒等部分商品已开始上架销售。**二是**选择并投资合适的大米产地、红酒酒庄和茶叶生产基地，满足顾客升级消费体验。**三是**进入冷冻餐饮等高附加值产业项目，已率先在北京新机场南航基地配餐楼启动冷冻餐项目，将进一步提升南联公司的经营品质。

四、改革成效

自南联公司改革重组以来，按照稳中求进改革总思路，各项改革措施不断推出，成效逐步显现，获得各方一致认可。南联公司的合资合作方，不论是外资，还是港资，都以实际行动对南联一体化运行表示支持，资源整合各项工作开展顺利，改革成效明显。

一是通过机构重设，破解流程不顺的困局。南航股份在本次改革中将配餐业务管理职能赋予南联公司，南联的公司属性较以前发生较大变化。南联公司各部门既是广州本部的生产管理执行者，也要对全系统的安全、服务、运行和经营等工作履行管理职能。为避免业务流程不顺、运行效率降低，南联公司管理者重设部门机构，理顺了餐具、机供品的采购、配发、调拨等流程，强化了航机、生产等一线部门的管理职能，逐步破解了工作职责不清、流程混乱、“都管都不管”的管理困局。

二是定标准、勤检查、严讲评，发挥矩阵式管理效力。南联公司改革中强化系统管控，提倡“内行管理”。航机管理部（负责航班配餐服务保障）、生产管理部（负责餐食生产）、采购管理部（负责原材料和供应品采购）等部门对系统内各单位的对应工作实行矩阵式管理。通过制定明晰的标准、实行高频次的严格检查，定期开展工作讲评，对存在的问题能准确找到“病因”，开出的“药方”也具有较强的针对性。

三是全系统一盘棋，确保服务标准落地不走样。南联公司管理层在改革中对所属14个航食单位纳入一盘棋考虑，保证了各单位按照统一的服务要求，执行同一标准的服务指令，对提高餐饮服务的一致性和产品质量的稳定性起到了很好作用，航班上推行的纸袋餐服务和“地道中餐”服务就是很好的例子。

南联公司改革重组后，各项工作迅速走上正轨，并逐步取得良好成绩。安全态势平稳，南联在南航集团非飞机执管单位的安全考核排名中列第3位；产品和服务得到旅客高度认可，旅客对餐食的评价得分同比提高5个百分点；二季度民航资源网的南航餐食排名再次位列国内航司前三；经营效益上大幅提升，利润同比增加38%。

五、经验启示

一是南航集团航食资源整合改革重组工作有良好的“顶层设计”做支撑。南航集团认真研究，制订出符合公司实际情况，又引领未来发展的改革总体方案，按照“总体规划、分步实施”原则，以南联公司为整合平台，充分发挥了南联公司作为合资公司的制度优势，带动、盘活了南航集团其他航食资产。通过建立规范法人治理结构，完善董事会制度，为企业注入活力。同时，南航集团深化航食资源改革，率先启动探索混合所有制改革，积极开展对标国际先进航空食品产品标准，进一步提升餐食服务品质，促进培养企业核心竞争力。

二是南联公司管理团队在整合过程中表现出强大的干事创业精神。在一体化推进过程中，南联公司管理团队在机构设置、人员安排和制度完善等方面，都围绕着南航赋予南联公司的核心使命“打造中国餐食最好的航空公司”来开展，要求将南航对航食改革思想及战略落实到每位干部员工具体行动之中，充分调动干部员工积极性，一方面通过南联公司的精细化管理来提高产品服务质量，推进南航服务品牌再上新台阶，另一方面，鼓励南联公司大胆实践，改革创新，积极开拓第三方市场，将自身打造为南航的利润中心。

三是南联公司各方股东对南联混合制改革的认可和支持，持续推动公司改革重组有序开展。各方股东认可南联公司的改革理念、管理机制和企业文化，对南联公司经营班子有信心、能放心，这也确保了南联公司实施重组的前期工作能顺利落实。南联广大干部员工在重组后也是上下一心，人心思定，人心思进，乐于融入南联公司良好的创业环境和文化氛围，对公司未来的发展前景充满信心，为公司持续发展注入了源源不断的生命活力。

39

混合所有制改革推进业务新发展

中粮集团中粮包装

一、基本情况

中粮包装控股有限公司（以下简称“中粮包装”）是国内综合消费品包装龙头企业，作为中粮集团有限公司（以下简称“中粮集团”）“十八路军”之一，自中粮集团成为国有资本投资公司改革试点以来，在集团党组的领导下稳步推进混合所有制改革，有力促进行业的资源整合，并将骨干员工利益与公司利益结合起来，进一步改善内部管理机制，提升公司竞争能力，从而达到公司长远健康发展和国有资产保值增值的目的。

二、改革背景

中粮包装属于完全竞争的包装产品制造业，于2009年在香港联交所主板挂牌上市，业务经营一直处于良好状态。近年来，市场环境与中国包装行业出现较大变化：

（一）行业产能过剩，竞争加剧

2014年以来，多家民营企业进行股份制改造，并陆续完成企业上市，筹集大量资金后大幅扩充产能，国际包装巨头也增加了在华业务的产能投入，行业产能严重过剩，竞争不断加剧，优秀人才的争夺也日益白热化。在此背景下，中粮包装的经营业绩呈下滑趋势，团队长期发展愿景和骨干员工稳定性受到不利影响，国有资产保值增值工作也面临很大挑战。

（二）国企改革蓬勃开展

2014 年 7 月，国务院国资委发布了央企“四项改革”试点名单，中粮集团成为国资委首批确定的中央企业改组国有资本投资公司试点企业之一，中粮集团积极探索旗下企业的混合所有制改革。2016 年 7 月，国资委对中粮集团董事会给予 18 项改革授权，涉及资产配置、薪酬分配、市场化用人等多方面，促进改革工作推进。

（三）中粮包装顺利推进战略投资者引入

截至 2016 年初，中粮包装顺利引入产业资本持股，实现股权多元化，公司运营更加市场化，同时各方股东积极支持公司开展管理层与骨干员工持股，以实现公司更好发展。

面对严峻的行业竞争局面和国企改革的时机，在赵双连董事长和集团党组的推动下，集团成立由多个部门参与的深改项目小组，严格遵守相关法规和流程，有序推进混合所有制改革，改善企业经营模式和治理结构，以实现提质增效和国有资产保值增值的目的。

三、改革实践

（一）战略投资者引进情况

经公司与潜在投资者的广泛沟通，审慎筛选，最终确定引进奥瑞金包装股份有限公司（以下简称“奥瑞金”）为战略投资者，实现股权多元化。奥瑞金是国内金属饮料包装行业的领先民营企业，在金属包装行业拥有近 20 年的历史，客户基础雄厚，于 2012 年在深圳交易所挂牌上市，业绩表现优异，财务实力强劲。2016 年 1 月 27 日，中粮集团（香港）有限公司（以下简称“中粮香港”）以每股 6 港元的价格对奥瑞金出售其持有的中粮包装 27% 股份，总交易对价约为 16. 2 亿港元。

本次交易中，中粮香港对奥瑞金出售股份的定价，综合考虑了中粮包装所处市场地位、团队能力和发展趋势等因素，同时参考了香港公开市场第二大股权收购溢价水平先例，采用可比公司分析，经过多轮谈判，双方最终确定以每股6港元的价格进行交易，比交易前最后交易日价格溢价30.4%，比交易前十天的成交量加权平均价溢价34.2%，有利于国有资产保值增值。根据集团总股权投入以及历年收到的股息收入和本次出售股权收回的现金计算，中粮集团年化股东投资回报率为17.8%。

此次交易完成后，集团持股比例由60.1%降低为33.1%，奥瑞金与公众投资者持股比例分别为27.0%、39.9%。

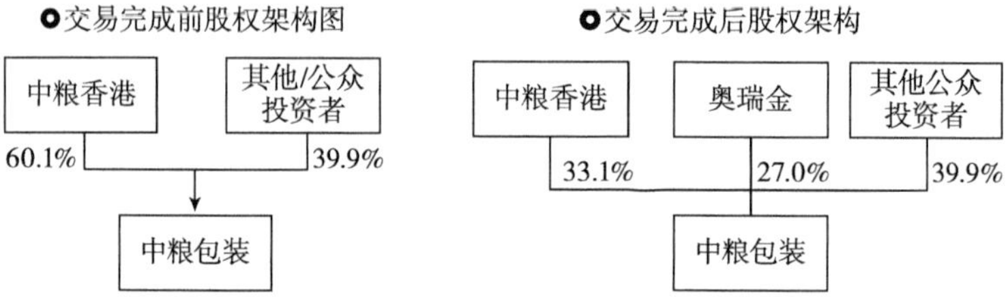

交割前后股权架构图

（二）管理层及骨干员工持股情况

2016年以来，包装行业经营状况更加严峻，原材料价格持续上行，产品销售价格不断下挫，整个行业都面临巨大的盈利压力，投资者对中粮包装的业绩也十分担忧。为了进一步凝心聚力闯过行业低谷时期，并步入健康长远的发展之道路，根据中粮包装实际情况，并参照市场实践趋势（自从2014年6月20日证监会发布《关于上市公司实施员工持股计划试点的指导意见》以来至2015年底，共计388家A股上市公司推出了员工持股，其中包括30家国有控股上市公司），经与国资委改革局、产权局等部门的沟通，中粮集团党组研究决定深化对中粮包装的混合所有制改革，推行管理团队和骨干员工持股，实现核心团队利益与公司长期业绩表现绑定，进一步提振资本市场信心，提升公司市值表现，确保国有资产保值增值。

集团成立了由战略、人力资源、法律和财务等多个部门参与的专项小组，精选专业的中介机构，最终选聘韬睿惠悦为本次项目的人力资源方案顾问，福而德律师事务所为法律顾问。项目团队多次修改项目方案，在征询中粮包装企业职代会意见，并通过中粮包装党委讨论审核后，形成初步版本。5 月 20 日，方案通过了集团党组会和集团董事会的批准。5 月 22 日和 24 日，公司发布员工购股事宜的公告。7 月 15 日，公司召开股东大会，员工持股事项获得股东投票通过。2016 年 9 月 9 日，公司顺利完成 1.77 亿股的定向增发，203 名骨干员工通过自筹资金和抵押贷款，完成认购持股。

新发股份定价综合考虑了员工出资能力和持股成本、认购股份的限售期约定、持股变现难度与风险等多方面因素并参考了近期香港联交所主板上市公司估值水平、新股认购价格折让水平，按照公平合理的市场原则，确定认购股份定价规则，即以公告日前五个交易日平均收市价的 80% 为定价依据，最终确认每股认购价格为 2.6 港元。

在定向增发与员工持股完成后，中粮集团、奥瑞金、管理层及骨干员工分别成为公司的前三大股东，持股比例依次为 28.2%、22.9%、15.1%。

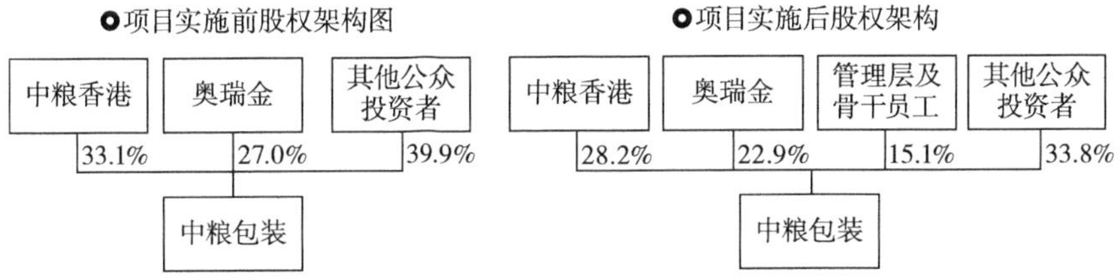

交割前后股权架构图

通过管理层及骨干员工持股的实施，投资者看到中粮集团旗下的上市公司"混改"工作又迈出了坚实的一步，反响积极，股价逐步回升，交投渐趋活跃。

（三）精细化管理，狠抓提质增效

面对激烈竞争与行业整体微利的现实，中粮包装持续推进精细化管理，坚守“点点滴滴节约，厘厘毫毫增收，挣钱才是硬道理”的成本意识，继续深挖各个环节中的降本增效空间。

1. 优化组织管理，提升人力效能

通过组织架构、人员编制等标准化，实现一人多岗、一岗多能，对同类业务利润点分部门对比人员配置，按内部标杆推进减员目标；通过开展行业对标，优化工艺流程和设备自动化等，从生产、管理大对标到食堂、保洁小对标，以微信群或专题会议形式定期督进。2015 年至今，中粮包装下属利润点由 23 个增加为 30 个，员工人数却由 6600 人降为 6168 人。

2. 加强技术创新，提升成本优势

利用指令性计划，严格实施节材、节能环保、新罐型开发、产品轻量化、自动化提升等项目，打造技术优势。上半年重点在新材料引入、减薄材技术推广上发力。累计使用新资源铁约 28000 吨，减薄铁累计使用约 1300 吨。制订各产品线“一项新产品开发、一项新技术应用”开发计划，开展包装级研发项目 21 项，在技术原创性、行业领先性、提升竞争力上有较高的创新度。

3. 务实标杆管理，融合信息化能力，提升运营水平

强化对标改善氛围，持续标杆管理系统推进，按总部、利润点改善项目分层分类开展。过程中打开每一个关键流程，逐一分析问题，找出机会点，通过完善对标数据库实施立标、对标、达标的过程解决问题。2016 年以来共完成 37 个项目，年化收益 1506 万，2017 上半年又立项开展 71 个。自主实施信息系统优化，基于现有 SAP 和 OA 两大核心平台，自主开发优化程序 1087 个，累计节约 1088 万元。

4. 严抓费用压降，多措施并举严控成本

按照“三压一降”工作要求，严控费用，重点对履职待遇、业务支出等刚性管理。2017 年上半年费用较上年同期下降 8.3%，费率下降 2.1 个百分点。聚集供应成本，在基础材料普遍上涨的背景下，通过对供应商持续施压、材料体系完善、结合行情调整采购节奏、定价机制改变、改善付

款方式、做好产供销联动等多种方式力控采购成本，年累计压降成本超亿元，通过严控成本、提质增效，保障业绩稳步成长。

四、改革效果

（一）“混改”焕发活力，推动公司市场化

通过“混改”，中粮包装实现了公司利益与员工利益的紧密捆绑，既强化了员工的市场危机感，又提升了团队凝聚力，组织氛围变化明显：大家更关注投资回报，整个管理氛围由被动推进变为自主自发；更注重业绩导向，通过 6S 系统推进，对 25 个利润点、12 个产品业务线进行业绩考核排名公示，根据业绩排位确定参会座位排序；更强化成本控制意识，精简岗位。公司持续提升每一位员工节能降耗意识。如，员工们在离开座位去开会或就餐等情况时，自觉养成了及时关灯的习惯。良好的成本控制意识深入各基层利润点，成都一工厂在前期设备安装调试阶段，通过租赁 5 只集装箱，进行适当改造后作为过渡期间的食堂，既以较低的场地成本同时满足 70 人就餐，有效保证就餐质量和食品卫生安全，又比快餐外卖节省费用。

近年来，行业原材料价格剧烈波动，市场低价竞争白热化，企业盈利受到上下游双重挤压，主要竞争对手大都处在盈亏平衡点附近，甚至出现严重亏损，中粮包装却能在 2016 年全面完成年度业绩预算目标，2017 年上半年也实现了销售与利润稳步成长的业绩。

（二）多种形式推动行业整合

1. 与第二大股东奥瑞金开展战略合作，改变行业格局

与同样位居行业前列的奥瑞金开展战略合作，实现强强联合。在双方保持自身优势的基础上，进一步深化在市场营销、技术创新、产能布局和供应链等多领域的交流合作，开展业务协同，资源共享，紧密合作，实现共赢发展。2017 年 3 月，中粮包装联合奥瑞金控股海宁纪鸿，其中中粮包

装持股 51%，奥瑞金持股 19%，提升区域两片罐产能，促进行业格局健康发展。

2. 收购与联合并举，促进行业良性发展

在国内铝制两片罐行业低迷的背景下，中粮包装依托坚实的客户基础及完善的区域布局，整体两片罐产能利用率高于行业约 20 个百分点，盈利水平行业领先。面对客户的发展需求，把握时机，快速出击实施收购兼并。2017 年上半年，以较低的代价先后全资收购成都高森、携手鞍山永安开拓东北两片罐市场，拓展产能布局，消除区域竞争对手，为后续罐型多样化组合营销提供可能，促进行业良性发展。同时，钢桶业务迎合服务区域市场和国际品牌的需求，面向金山化工市场，新建布局平湖工厂，拓展高端产品市场。

3. 采用多种商业模式，加强客户合作

根据市场及客户需求的变化，采用合资运营、厂中厂、租赁经营等多种模式组合应用，加强与重要客户的利益绑定。2015 年以来，先后通过联合厦门古龙食品设立厦门合资公司、携手奥瑞金控股海宁纪鸿、联合鞍山永安设立两片罐公司，合资运营，实现与客户、竞争对手的优势互补，共同促进业务健康发展，引领行业良性发展；在瓶盖、塑胶领域，探索推进厂中厂模式，在降低成本和提升客户满意度的同时，提高客户黏性，促进业绩稳健成长。例如塑胶宿迁海天、重庆蓝月亮、武汉蒙牛，奶粉罐龙江飞鹤等多个“厂中厂”，将生产线直接设在客户工厂内，既节省运输成本，又形成有效的竞争壁垒，加固了与客户的长期合作；在传统的业务领域，尝试开展租赁经营，通过设备租赁或厂房租赁模式，实现轻资产运营，提升业绩表现。天津喷雾罐产品创新开拓“固诺模式”，免费使用客户自有生产设备，通过运作客户资产提升效率提供产品加工服务，加快资产周转和改善现金流。

五、经验启示

一是坚持合法合规，公开透明。有序推进混合所有制改革，做到符合“三重一大”决策流程，方案经过职代会讨论通过，在实施过程中严格遵守香港联交所的相关规则。

二是合理确定员工持股范围。中粮包装的管理层及骨干员工持股方案较好地把握了持股范围，覆盖了对公司未来发展及业绩起着关键作用的管理层及骨干员工，得到员工们的积极响应，快速实施完成。

三是持股锁定期的合理设置。通过合理的锁定期，既考虑到持股人员持股风险及压力，又很好地实现相关人员与公司中长期的利益绑定，促进公司的持续健康发展。

四是通过设立统一的持股平台。通过成立持股委员会，实现对持有股份的科学管理与决策，做到同进同出，避免持股过程中分散员工的精力、个人差异化操作引起的不平衡矛盾以及对市场短期流动性和市值的影响。

40

成功实现整体上市 践行国家对央企混合所有制改革的要求

华润集团华润医药

一、基本情况

根据国务院国资委“打造央企医药平台”的要求，华润集团于 2007 年在香港设立华润医药集团有限公司（以下简称“华润医药”），作为华润集团医药板块的统一平台。华润医药是中国位居前三的综合性医药集团，经营范围涵盖了医药研发、医药流通、医药制造等业务板块，作为中国领先的垂直一体化医药综合企业，华润医药的产业链布局横跨研发、生产制造、医药分销和网点零售，并在多个细分领域占据领先地位。

2016 年华润医药总资产为 1339.86 亿元，实现营业收入 1567.05 亿港币，净利润 59.7 亿港币，股东应占净利润 28.2 亿港币，综合实力位居中国医药行业第二位，是华润集团下属的重要子公司之一。

二、改革背景

华润医药先后重组整合了三九医药、华源集团、北京医药集团，兼并收购了长富金山、天和药业、顺峰药业、众益制药等一批优质医药企业，实现了资产规模和营业收入的迅速增长，成功抢占了国内医药行业的领军地位。

近年来，医药行业整体转型升级趋势加强，医药企业分化明显，研发力量雄厚、拥有高质量核心产品、掌控下游营销渠道、运作规范、品牌声誉良好的优质医药企业在新一阶段的发展中显现出竞争优势，并将逐渐拉大与其他企业的差距。面对近年来医药行业转型的现状，华润集团为全面贯彻党的十八大和十八届三中、四中、五中全会精神，积极响应国家对央企混合所有制改革的号召，决定华润医药在香港联交所作为红筹股整体上市。通过上市，一方面募集发展资金，以继续做大做强主营业务，开展对其他企业的并购整合，增强研发力量，迅速扩大竞争优势；另一方面，通过引入新投资者，实现混合所有制改革，改善经营机制，以实现跨越式发展。

三、改革实践

（一）精心准备，确保公司符合上市条件

作为在全国范围内开展业务的一体化综合性医药公司，华润医药的业务遍及医药工业，医药商业及医药零售，业务较为复杂，同时业务分布地域范围极广，子公司众多。为满足香港上市对于尽职调查的规定，华润医药协调各中介机构制订了详尽有序的尽职调查计划，并积极支持各中介机构对华润医药以及下属子公司的业务、法律、财务以及公司治理、内部控制等多方面内容开展全面尽职调查。在仅为期 3 个月的尽职调查中，华润医药高效开展了四百多场尽职调查访谈，行程遍及全国，涉及山东、广东、江苏、浙江、云南、黑龙江、甘肃等二十余个省及六十余个城市，调取近百家子公司的工商税务档案，开具各类合规证明近 300 份。

针对华润医药上市涉及的法律法规的合规性要求，公司与各中介机构共同核查了华润医药集团及其境内子公司的相关资料文件，主要包括主体的合法设立及有效存续、业务合规性、知识产权、物业、税务及财政补贴、重大合同、重大债权债务、外汇、环境保护及质量卫生、劳动及社会保障、诉讼、仲裁和行政处罚等方面，及时发现存在的瑕疵并进行充分有

效的完善，确保华润医药满足上市的合规要求。

（二）挖掘公司亮点，体现公司价值

作为集医药研发、医药流通、医药制造为一体的大型综合性医药企业，华润医药的经营范围较广、业务规模较大、可比公司较少。为充分反映公司的特殊性和稀缺性，华润医药会同保荐人团队结合公司实际情况和市场情况对投资题材进行深入讨论，逐步确立了以“中国领先的综合医药公司”作为公司整体定位，以“强大的并购整合能力”“领先的医药制造商”“全国性医药分销零售平台”“一体化的商业模式”“专业管理团队和高效管理体系”为核心亮点的投资题材框架，并通过和投资者的后续接触与反馈对投资题材进行不断优化，充分体现华润医药的投资价值，为后续市场推介工作打下良好铺垫。

（三）提前锁定基石，激发示范效应

考虑到本次发行规模大且市场整体波动较大，为确保本次发行成功，华润医药预设了较高的基石投资者比例，并采取了“两阶段”基石签署策略：在通过聆讯后第一时间开展基石投资者谈判工作，确定了广东恒健、中国人寿等一批高质量、投资意向坚定的基石投资者；利用该部分高质量基石需求的示范效应激发全市场的基石锚定投资热情，制造需求张力和竞争氛围，并与潜在基石投资者进行持续接洽，使得最终高质量投资者反馈的基石需求远超可供分配的基石额度，确保后续在挑选投资者时掌握主动权，也为公司在国际配售和香港公开发行阶段获得成功奠定了坚实的基础。

华润医药本次发行共引入8家高质量基石投资者，合计认购金额达9.16亿美元。在引入的基石投资者中，既有国内外知名的财务和长线投资者也有主权基金以及境外战略投资者，基石结构均衡且优质，为2015年以来外资基石投资者认购占总发行规模比例最大的10亿美元以上港股IPO。所有基石投资者的锁定期均为6个月，能够有效保证华润医药上市后的股

价稳定。各基石投资者的认购规模如下表所示：

序号	投资者名称	投资金额
1	广东恒建	3.4 亿美元
2	中国人寿（包括人寿股份 1.0 亿美元、人寿集团 5000 万美元和人寿富兰克林 5000 万美元）	2.0 亿美元
3	富士胶片	8.2 亿港元
4	Nordea Investment	7.0 亿港元
5	利洁时	5000 万美元
6	中国诚通	5000 万美元
7	安邦投资	5000 万美元
8	刘銮鸿	2.34 亿港元
	合计	**约 9.16 亿美元**

（四）充分并有层次的市场推介工作

华润医药协调全球协调人分析师团队进行分工协作，于 9 月 27 日—10 月 10 日开展了分析师预路演，分别与投资者召开 618 场会议，覆盖了绝大多数活跃的市场参与者，包括各类长线基金、对冲基金、主权基金、企业投资者以及其他金融机构。充分了解投资者对公司的认可程度和主要顾虑，并获取其对发行估值的看法。为确定价格区间奠定了基础，为随后的管理层路演完成了投资者摸底，并为后续簿记工作进行了事先预热。

华润医药管理层于 2016 年 10 月 13—20 日进行了全球路演，举行了一对一会议、一对多会议、大型午餐会等合计 40 场会议，向主要潜在投资者详细讲解了华润医药的基本情况和投资价值，有效地对投资者进行了全面的培育。一对一转化率达到 50%，其中最终在簿记期间下单的投资者既包括了 Value Partners（5350 万美元）、Wellington（2500 万美元）以及 Fidelity（1100 万美元）等高质量的长线投资者，也包括 Duet（2 亿美元）、Citadel（1.8 亿美元）以及 Key Square（1.5 亿美元）等活跃的对冲基金。为吸引高质量需求、搭建优质簿记结构打下了坚实的基础。

四、改革成效

（一）发行认购情况

本次发行由国际配售和香港公开发行两部分组成。在国际配售方面，簿记第一日中午收到的需求即可完全覆盖可配售规模，最终扣除基石后的投资者簿记名义需求为 43.0 亿美元，绿鞋前超额认购 5.3 倍；香港公开发行方面，最终共获得 4824 份申请，合计认购约 1.9 亿美元，超额认购 0.9 倍。本次发行投资者认购情况踊跃，超额认购倍数较高，充分体现了资本市场对华润医药投资价值的认可，也反映了华润医药管理层市场推介工作的良好成效。

（二）定价情况

在定价方面，本次发行设置的最初每股价格区间为 8.45 ~ 10.15 港元。华润医药会同各家承销商所有已下单以及潜在有意愿下单的投资者均进行了一对一沟通，正面介绍整体簿记情况并进一步说明公司投资价值，并积极引导投资者提升限价。

根据簿记的投资者实际需求覆盖情况，并以争取最高定价作为定价原则，华润医药本次发行最终定价于价格区间中端附近，即 9.10 港元/股，对应绿鞋后 2017 年预期市盈率为 16.12 倍。该发行估值为 2017 年初以来国资企业在香港 IPO 时获得的最高发行估值，并且该估值与可比公司均值存在 2.20% 溢价。由于资本市场通常给予首次公开发行公司股票相较于其可比公司以 10% ~15% 的折价，华润医药本次的发行定价已体现了市场对于华润医药投资价值的充分认可，实现了国有资产的保值增值。

（三）配售情况

本次发行取得了优质的配售结构，其中铁锚获配 63.5%、长线基金获配 22.7%、对冲基金获配 6.9%、其他机构和个人获配 6.9%。其中，获配 5000 万美元以上的机构包括了中化集团、太平保险、施罗德以及新华人寿，均为质量非常高的长线投资者，此类机构通常较对冲基金拥有较长的持有期，非常有助于公司股价在后市交易中保持稳定。

（四）发行结果

华润医药于 2016 年 10 月 28 日在香港联交所成功实现整体上市。本次 IPO 发行规模绿鞋前为 1543141500 股，绿鞋发行 111940500 股，绿鞋后发行数量为 1655082000 股，对应募集资金规模为 150. 61 亿港元（约合 19. 41 亿美元）。为 2016 年香港市场最大的非金融类 IPO、第 2 大 IPO，有史以来第 2 大中资医药 IPO 以及有史以来全球第 10 大医药类 IPO。本次发行完成后，华润医药股本总数增加至 6284506461 股，华润集团持股比例为 53. 04%，北京国有资本经营管理中心控制股权比例为 20. 63%，公众股东持股比例为 26. 34%。

五、经验启示

（一）提前布局，搭建红筹股结构

华润集团是自设立之日起一直以境外（港澳）企业的身份在境外开展经营业务和投融资的产业和资本运作平台，属于由国务院国资委直接管理的“港澳企业”类央企。在华润集团旗下七大战略业务单元中，在华润医药集团上市之前已有五个业务单元在香港独立挂牌上市，华润集团已相应构建了与境外资本市场相接轨的成熟管理体系。

作为华润集团旗下未上市的重要战略业务单元之一，华润医药在香港上市与华润集团长期以来境外国际化央企的定位相匹配，与华润集团现有的成熟管理体系相契合，并可与已在香港上市的五个业务单元相呼应，有助于巩固华润医药自身的国际化背景，进一步规范和完善华润医药的人才引进体系和内部管理机制，提升华润医药的综合治理水平。

在华润医药的重组和发展过程中，提前通过资产归集和资产出境等安排，搭建了适合在香港实现红筹股上市的股权结构，为本次成功上市奠定了坚实的基础。

（二）把握时机，提高融资效率

在本次发行中，华润集团通过积极选择有利的市场窗口启动发行，华润医药本次发行价格定为 9.10 港元/股，处于上市前报送国务院国资委说明中绝对估值法下 6.17～9.44 港元/股和相对估值法下 6.03～9.72 港元/股区间上端，而本次发行定价对应 2016 年及 2017 年预期市盈率分别为 19.93 倍及 16.12 倍，接近前述报送国务院国资委说明中预估的 2016 年 15～20.5 倍区间的顶端，在波动较大的市场情况下最大程度实现了争取最优定价水平的目标，有效提升了国有资本保值增值率。

（三）引入国际知名医药公司作为战略投资者

在选择战略投资者的过程中，华润集团着眼于未来发展需要，充分重视引入国际知名医药公司作为战略投资者，在本次发行中引入利洁时和富士胶片作为战略投资者。IPO 之后，华润医药同这两家公司签订了一系列合作协议，给华润医药引入了新品种和可以带来技术进步的研发合作项目，在实现全球化的资源获取方面开创了新局面。

华润医药在香港上市，是华润集团贯彻落实中央十八大以来方针政策，在国务院国资委领导下努力践行深化央企改革的结果。成功上市后，华润医药将把握医药产业发展机遇，做强做大医药产业，向成为中国医药行业的引领者的目标不断迈进。

41

"混改"激发动力　改革成效初显

中国节能大地公司

一、基本情况

（一）公司概况

中国节能大地环境修复有限公司（以下简称"大地公司"）由中国节能环保集团公司在国家环保政策指引下于2012年成立，是中国节能旗下唯一一家专业从事污染场地及地下水调查和修复等相关业务的生态环境修复公司，目前正在土壤修复和地下水修复、存量生活垃圾处置及建筑垃圾资源化利用、矿山荒漠化治理、农林修复、油泥治理等土地环境综合整治领域进行积极探索和实践。大地公司自设立以来共经历两次股权变更，股权转让均已按照《公司法》等相关法律、法规及规范性文件规定履行了验资、评估、工商变更等必要程序。目前，公司股权结构为：中国环境保护集团有限公司持股46.5%，杭州普捷环保科技有限公司（民企）持股28.5%，员工持股25%。

（二）公司经营情况

截至2016年末大地公司总资产22555.20万元，2016年营业收入11554.27万元，利润总额3041.70万元。目前主要业务覆盖场地调查、风险评估、修复方案咨询、修复工程实施及后期运营监测，全流程参与环境修复过程，提供污染场地（土壤及地下水）修复的一站式服务，具体包括：污染场地调查及风险评价、污染场地修复方案编制、污染场地修复工程实施、修复过程环境监理、场地修复运营及监测、环境（土壤及地下水）审计、修复设备开发及制造等。2016 年底大地公司在职员工总人数为 135 人（含下属子公司），其中各种专业技术人才 67 人，市场技术人员占全部员工比例达到 80%，中高级技术人员占全部员工比例近 50%。

二、改革背景

大地公司历经四年的发展，正由初创期向成长期过渡，过渡期间公司在战略规划布局、业务领域拓展、人才队伍建设等方面，遇到一系列有待解决的问题。在此背景下，国家开展员工持股试点工作，以期通过混合所有制改革从机制上化解当前遇到的挑战，进一步激发企业潜在的动力与活力，促进企业可持续发展。

（一）行业竞争激烈，跨越式发展遇到瓶颈

土壤污染问题受到国家与社会的高度关注，其他传统企业纷纷转型进入土壤修复行业。截至 2016 年底国内涉足土壤修复的企业多达 2000 多家，以中小民营企业为主。行业竞争出现白热化，部分企业为中标不惜展开价格战，严重影响修复项目的实施质量，造成市场无序化竞争。同时，因修复行业缺少充分的资金支持，每年新增的项目规模远远低于专家的预测，修复行业遇到发展的瓶颈。从业企业的跨越式发展迫切需要改革。

（二）人才流失严重，业绩出现下滑趋势

在市场需要大量技术人才的情况下，大地公司面临着严重的人员流失状况，甚至影响公司正常的生产运营。土壤修复行业依托的是人才与技术驱动，在行业高速发展时期，整个行业技术人员供给稀缺，同业竞争主体采用高薪、员工股权等多种手段来争夺行业内各公司的技术骨干。据统计，2015 年大地公司本部员工离职率接近 30%，人才的流失导致长期跟踪的项目随着市场人员的离职发生转移，新增合同与往年相比出现大幅下

降，公司已到非改革不能持续发展的地步。

（三）工作作风有待改进，企业经营缺乏活力

我国土壤修复市场起步晚，环境综合修复实际经验较少，尚未形成首屈一指的综合型龙头企业，同时土壤修复业务大多由地方政府为招标主体，本地的中小型企业占据地方优势，土壤修复 EPC 工程的利润逐年下降。面对严峻的行业形势，原有的管理模式，无法充分调动员工的积极性，部分员工存在“事不关己、高高挂起”的心态，难以激发员工不断探索、创新的动力。公司急需调动公司中高层管理人员的积极性、凝集员工丰富的行业经验、探索政策前沿，拓展业务边界，突破公司现有商业模式，实现发展模式的创新。

三、改革实践

（一）在决策程序上，防止国有资产交易性流失，强调完善内部监督机制

大地公司作为混合所有制改革首批员工持股试点企业，严格按照《国资委、财政部、证监会联合发布关于国有控股混合所有制企业开展员工持股试点的意见》（国资发改革〔2016〕133 号）、《国资委关于中央企业所属 10 户子企业开展员工持股试点的通知》（国资发改革〔2016〕293 号）相关文件内容，以增强国有企业活力为中心，制订本次改革方案。特别是在履行内部决策程序方面，召开职工大会，通过员工访谈、征询意见、调查问卷等形式，深入了解公司的业务状况和改革需求，形成职工大会、董事会、股东会决议，然后召开母公司党委会、总经理办公会，集团公司党委常委会、总经理办公会和董事会，对实施方案从三个层面上审议通过，确保员工持股的每一个设计过程、每一个操作步骤都具有合规性和有效性。

（二）在完善法人治理上，贯彻“混改”原则，确保国有股东控股地位

本次国企改制实施的重要目标是以法人治理制度保障国有股东的管控地位。本次大地员工持股方案实施后，国有股比例由62%下降为46.5%，而员工持股比例为25%。为实现在法人治理结构上国有股东管控，员工持股平台的股东权力行使设计由员工持股专门管理委员会执行。通过国有股东在员工持股专门管理委员会委员人选的委派，以及大地公司董事会席位数量设置、国有股东委派公司董事长、董事会对重大事项表决权的行使、董事会对高管人员任免权等一系列现代公司管理制度的设计，确保国有股东的实际控制权、国有股东决策在试点企业得以贯彻落实。

（三）在股权分配上，建立长效激励机制，坚持以岗定股

针对公司在激励机制、薪酬待遇等方面尚不完善的现状，通过设置“以岗定股、动态调整”的激励机制，同时约定员工自取得股权之日起股权锁定期至少为36个月，确保对公司经营业绩和持续发展有直接或重大影响的科研人员、经营管理人员和业务骨干持有相应额度的股权比例和持股最低时限，将持股的管理层、核心技术人员以及公司捆绑在一起，通过动态调整建立收益共享、风险共担的激励机制，构建公司稳定的核心团队。

（四）在顶层设计上，激发员工活力，强调实施股权的动态调整

为打破国有企业员工持股中出现员工持股固化、错配的现象，公司建立员工持股的动态调整制度，实现“能上能下，清出去、引进来”的有效员工激励机制，公司建立定期考核的管理制度。每年依据员工业绩、实际岗位的层级变动，动态调整其所持股权比例、数量。杜绝可能出现的老员工持股比例高、新进高层管理人员、骨干员工持股比例少，形成的股权分配不均带来的激励动力不足问题。真正实现股权的动态调整，避免持股僵化，实现权责利更趋一致的企业激励机制和运营机制。

四、改革成效

（一）员工队伍基本得到稳定，公司“混改”初步显现吸引力

创新驱动型企业的发展主要依靠核心技术团队，人才战略的实施落地需要稳定的经营队伍。在员工持股试点顺利完成后，公司吸引了行业内的技术专家、市场人才的关注，甚至部分表示有意愿加入。公司人才队伍得到稳定并不断充实，近期公司没有发生持股员工离职的现象。截至 2017 年 8 月底，员工离职率较上年同期相比降低 10%，员工总数增加 20%，核心骨干基本稳定，中层以上未有主动离职现象发生。近期大地公司高管团队增加 2 人，还有部分正在办理相关入职手续。

（二）员工主人翁意识大大增强，工作作风改进较大，内部凝聚力得到提高

本次员工持股以现金购买形式出资，持股员工成为公司股东，以所有者的身份通过法定程序参与公司的经营决策，一改过去“推推动动、不推不动”的被动局面，对公司管理行为进行主动监督，积极主动地提出公司经营管理中出现的问题，并针对问题出谋划策，提出一些针对性的措施，能够充分发挥董事会的决策作用和监事会的监督作用；同时员工持股后实施经理层市场化选聘，强化董事会建设，能够增强公司的管控能力。无论是管理层还是一般员工都在关心如何突破现实经营的困境，以“最大的红利”抓住“最大的机遇”。

（三）改革动力与压力并驱，共同促进公司战略升级，有效提升公司行业竞争力

本次员工持股认缴资金总额约 4572 万元，对目前 36 名持股员工而言平均每人出资近 114 万元，这些都是公司员工持股支付的现金成本。员工持股涉及整个改革的结构问题、效率与公平问题，既有动力又有压力，这就要求公司不断创新思维，重新调整业务布局，激发公司在投资模式、商

业模式、运营模式等方面进行更多探索，积极参与到市场竞争中去，促进新兴产业的有序发展。经研究，土壤修复业务模式单一，业务范围有限，近期较难出现业务爆发式增长，在战略上公司应当由“土壤及地下水修复”升级为“土地环境综合治理”，积极拓展垃圾填埋场修复，矿山整治，盐碱地、荒漠化治理，油泥、油砂治理等业务领域，全面挖掘相关潜在市场，提高整体规划能力，为社会提供更多的价值创造能力。

五、经验启示

（一）精准解读政策，既要合法合规又要创新突破

在深入研究改革政策的前提下，结合公司人员数量、管理结构的特点探索员工持股模式。根据 133 号文的规定，持股员工可以个人名义直接持股，也可通过公司制企业、合伙制企业、资产管理计划等持股平台持有股权。在法律服务机构的建议下，大地公司最终以有限合伙企业的模式作为员工持股的持股平台。在采用这一较新的法律主体模式时，重点加强对国有股东的管控、保持公司股权结构的稳定、积极争取有限合伙企业的税收优惠，最终实现集团对本次持股方案合法、规范性审核。

（二）合理设置预留部分，缓解员工出资困难

在完善员工持股方案时，考虑到公司成立时间不长，持股员工普遍相对年轻，收入不高，存款较少，在缴纳资金的设置中，规定首批员工获授的财产份额对应价值可分三期缴纳，缴纳时间分别为此次员工持股工商变更前（缴纳不少于 40%）、2018 年 6 月 30 日（缴纳不少于 30%）、2019 年 6 月 30 日（缴纳不少于 30%），认购价格按照此次经核准或备案的所有者权益评估值价格确定。同时，发现预留给新进入员工的 12% 股权资金来源难以解决，在实际操作时考虑到由现有持股人员代持，但存在着单人持股比例超过 1% 的问题以及代持人员资金压力过大的问题。经过咨询与讨论，在合法合规的前提下，预留股份由有限合伙企业认缴的方式实施。具

体操作时有限合伙企业认缴但未实缴的出资额，所对应的预留股份的财产份额在员工实际出资前，不参与分配分红收益，大大缓解员工出资的困难。

42

创新体制机制　降低财务杠杆　着力打造混合所有制企业典范

中煤集团华昱公司

一、基本情况

中煤集团山西华昱能源有限公司（以下简称“华昱公司”）成立于2009年8月28日，位于山西省朔州市山阴县，是中国中煤能源集团有限公司（以下简称“中煤集团”）对当地知名民营企业山西金海洋集团增资扩股、重新组建而成的一家混合所有制大型循环经济企业。总资产207亿元，在册职工1990人，下属企业24个，产业涉及煤炭、电力、冶化、建材、房地产业、酒店服务业及现代农业等领域。煤炭产销为公司主营业务，煤炭产能达2000万吨/年。

二、改革背景

华昱公司是一个典型的混合所有制企业。成立后，一直在深入挖掘央企和民企的优秀基因，积极探索高效与规范运营的最佳结合点，打造具有自身特色、适应企业高速发展的运营管理方式。在改革发展的过程中，特别是2013—2015年煤炭市场持续低迷期间，华昱公司曾一度陷入“三大困局”，即：管理困局、经营困局和发展困局。2015年初，华昱公司资产负债率一度达到87%，管理方式较为粗放，非煤企业普遍盈利能力不强，企业整体抗风险能力较弱，导致运营效率低下、发展后劲不足等问题，

2013—2015 年连续三年亏损，企业处在生死存亡的边缘，改革迫在眉睫。

中煤集团先后两次对公司领导班子进行重大调整和补充，加强股东协调和沟通，统一思想，凝聚共识。领导班子紧紧抓住国有企业深化改革的有利契机，大力倡导“艰苦奋斗、业绩导向、和谐共赢、创新发展”的文化理念，以安全高效、低成本运营为切入点，对企业法人治理结构、管理体制和运营机制进行持续化、深层次、系统性改革，力求早日扭亏脱困，实现健康稳定可持续发展。

三、改革实践

（一）构建混合所有制管理新模式，激发企业活力

华昱公司利用混合所有制的体制优势，积极寻找科学规范与高效灵活管控的最佳结合方式，勇于尝试，大胆改革，努力打造混合所有制企业经营管理典范。

一是发挥央企管理和人才优势，科学决策规范运行。凡涉及公司战略规划、项目实施等重大决策事项，华昱公司均严格执行中煤集团对控股企业管理的相关制度，履行报批程序，经中煤集团审核通过后实施；公司资金、人事等关键领域全部纳入中煤集团管理平台集中管控，确保各项重大决策科学合理，促进企业规范运行。在中煤集团的正确引领下，华昱公司始终保持正确的发展方向。同时，加强内部控制，从建章立制入手，修订完善党委会、董事会、党政联席会、总经理办公会等会议议事规则，规范决策权限和决策流程，严格控制决策风险；按照“凡事有标准，凡事有责任人、凡事有考核，凡事可追溯”的原则，共梳理 345 项制度、165 个业务流程，增补、修订 46 项制度、37 个业务流程，防范管理风险，强化内部控制。充分发挥中煤集团的人才和技术优势，从集团总部和各兄弟单位累计引入各类专业技术和管理人才近百人，满足了华昱公司安全高效发展的需求。

二是发挥民企精干高效优势，“瘦身健体”激发活力。对机构、人事和薪酬体系进行大刀阔斧的改革，总部机构由 17 个精简为 10 个；总部人员由原来的 259 人“压减”至 85 人；职工总数由最高时的 2589 人“压减”至 1990 人；精简控制中层干部职数，由 190 人精简到 120 人。对采购、维修、销售、机电等关键岗位实行轮岗，对核心单位及关键业务完善党政班子的配备，强化内部监督。开展劳动用工专项清理整顿，共清退各类人员 16 人。作为一个煤炭产能 2000 万吨/年及“煤—电—X”循环发展的企业，华昱公司实现了机构设置和员工队伍精干高效。

三是加大改革创新力度，提高企业运营效率。引进移动网络办公模式，提高物资采购、合同法务、销售管理等审批效率。创新审批方式，采用总经理授权各分管领导及有关单位负责人审批权或合同签署权的方式，提高决策效率。推进服务型机关建设，深入开展“五好一满意”创建活动，机关部室加大对基层单位的调研和服务力度。全面开展对标管理，各所属企业与兄弟单位、行业先进、民营企业对标，通过学习提升改善运营质量。开展“查问题、促提升”大讨论，通过集体讨论、分析，深入查找安全生产、经营管理、成本控制等方面存在的问题，剖析原因，制定措施，提升管理。在操作岗位全面推行“菜单式”管理，让每个岗位工作精细化、程序化、格式化。

四是加快产业结构调整，收缩战线夯实基础。根据华昱公司以往的经验和教训，园区外的项目由于地域较远，难以管控，将尽快实现收缩，未来公司的发展将聚焦循环经济产业园区建设。截至 2017 年，已完成股权转让公司 4 家；已注销公司 1 家；正在进行评估、审计、推进股权转让的公司 2 家；正在办理注销手续的公司 1 家。

五是加强审计巡视整改，防范企业运营风险。华昱公司以落实国资委审计整改为契机，强化审计监督，堵塞管理漏洞，降低运营风险。对国资委审计组提出的 74 项问题的整改工作，进行细致的任务分解，明确了责任部门、责任人和整改时限，截至 2017 年 9 月，已完成 52 项问题整改，剩余22项问题持续跟进落实整改。立足“发现问题、督促整改、堵塞漏洞、反对腐败”，全面推进审计工作制度化、精细化管理，做到精准选题、及时跟进、强化监督，把问效、问责、问绩贯穿于审计全过程，开展全方位、全过程的审计监督。以中煤集团巡视为契机，认真查找工作中的问题和不足，并根据巡视组现场指出的问题和巡视反馈意见，努力做好整改工作，按照“把方向，管大局、保落实”的要求，聚焦企业中心任务，发挥党的领导作用，推动各项工作进位争先。

（二）多措并举降杠杆，持续改善企业经营质量

在经历了煤炭资源整合、煤矿技改后，资产实现翻番，但负债也成倍增加。在煤炭市场出现断崖式下跌后，华昱公司出现巨额亏损，现金流不足以支撑到期的带息负债，甚至出现短暂的债券违约事件，一度呈现举步维艰的局面。面对困境，各股东方及时对公司融资提供按股比担保的增信支持，同时华昱公司以壮士断腕的决心进行改革，增强企业的盈利能力和自身造血能力，使企业逐步回到健康发展的轨道。

一是狠抓提质增效，提高企业盈利能力。通过优化煤矿生产系统，强化生产过程管理，2016年，华昱公司原煤产量完成2227万吨，单月最高产量235万吨，均创历史最高水平。煤炭洗选设备运行效率始终保持在2700吨/小时。煤炭运输、销售、生产各环节始终保持平衡，做到产运销环节顺畅衔接。通过优化生产布局，加强原煤生产过程管理，华昱公司原煤发热量持续保持在4300大卡以上，洗选回收率保持在80%以上，商品煤发热量保持在5100大卡以上。大力推进材料设备配件采购及劳务外包的集中采购和招标工作，各类物资采购成本及劳务外包费至少压降8%。在煤炭销售方面，华昱公司坚持“集团支持、港路联动、紧贴市场、高效决策”的原则，在集团公司的统一领导和大力支持下，本着紧贴市场、随行就市的原则，积极改进销售策略，下水煤销售紧追港口现货市场售价；地销煤采用竞价销售的方式，实现效益最大化。

二是严格控制投资，合理压缩资金支出。面对煤炭市场持续低迷状态，为了解决企业生存问题，缓解资金压力，华昱公司果断压缩新的基建项目、资本性支出项目，使有效的资金用于保证生产经营所需的正常支出，用于偿还到期付息债务本息，避免发生偿债危机。2015年、2016年投资资金支出分别为5.3亿元、2.5亿元，2017年将控制在3亿元以内。

三是大力压控“两金”，大幅减少资金占用。煤炭价格断崖式下跌后，较长时间处于低谷，现金流严重不足，随时出现偿债危机。华昱公司按照国资委和中煤集团关于压控“两金”的有关要求，下大力气清理“两金”，并采取严控措施防止反弹。在中煤集团公司的大力协助下，2016年，清理存货库存商品房11.43亿元。将应收煤炭销售款从2016年初6亿元下降至0.6亿元以内，并一直保持最低水平。“两金”的清理，盘活了沉淀资金，极大解决了资金不足的困难，同时节约了资金成本约1亿元。

四是优化债务结构，大幅压缩债务规模。2015—2017年，是华昱公司带息债务集中到期的阶段，每年到期债务本金超过80亿元，三年到期刚性兑付债券53.5亿元，面临巨大还款压力。为了避免出现偿债风险，华昱公司一方面采取上述一系列措施增加现金收入，保证按时偿还到期债务本息；另一方面，利用2016年下半年煤炭市场好转、现金流相对充裕的有利时机，压缩债务规模，调整债务到期时间，防止集中到期金额过大。

五是加强资金管理，有效防范资金风险。按照中煤集团资金集中统一管理的规定，华昱公司编制年度资金收支预算，经中煤集团公司批准后，严格按照资金预算执行，坚持“有预算不超支，无预算不列支”。将年度预算分解为月度预算、日计划，中煤集团资金管理平台每天进行上收下拨。按照资金计划，坚持“付款从紧”的原则，优先保证偿还到期债务本息，支付铁路运费、员工工资、生产性付款、税款等款项。为了保证到期债务本息的及时偿还，中煤集团与华昱公司分工协作，提前统筹安排，分别协调各银行总行和地方省市行，积极拓展融资渠道，通过新增贷款、续贷到期贷款等措施，保证金融机构不抽贷、不压贷，避免资金出现大的缺口。针对个别月份还款压力大的情况，通过和银行提前沟通、倒贷，化解债务集中到期而资金缺口大的矛盾。

四、改革成效

（一）高效灵活的管理体系基本形成，有效增强了企业核心竞争力

通过深化改革，华昱公司逐步探索出了适合混合所有制企业发展的安全高效低成本运营模式，法人治理结构更加科学规范，企业运营效率显著提升，风险控制能力有效增强，各产业板块基本实现扭亏，华昱公司进入了自成立以来股东沟通合作最佳时期、运营管理水平最佳时期和经济效益最佳时期。

（二）降杠杆成效显著，公司经营水平明显改善

一是公司成本优势和盈利能力不断提高。通过采取降本增效、“处僵治困”等一系列措施，华昱公司原煤单位生产成本始终保持同地区、同行业先进水平，2015—2017 年连续三年成本控制在 70 元/吨以下，商品煤单位销售成本同口径下降 18. 8 元/吨。2016 年，一举甩掉了自 2013 年以来连续巨额亏损的“帽子”，实现利润总额 2. 2 亿元，较 2015 年增加 14. 7 亿元，2017 年预计利润总额超过 15 亿元。经营净现金流逐年增加，2015 年、2016 年分别为 10. 6 亿元、27. 6 亿元，2017 年预计超过 28 亿元。

二是负债规模大幅“压减”。通过大力压控“两金”，严格控制投资，解决了到期偿债的资金压力，并大幅压缩债务规模。截至 2017 年 9 月，华昱公司付息债务已从 2015 年最高额 157 亿元降至 103. 53 亿元，资产负债率由 86. 97% 下降为 77. 8%，预计年底可控制在 75% 以下。通过到期债务延期、期限置换、不同产品置换等措施，2017 年，付息债务一年内到期 31. 4 亿元，两年内到期 45. 25 亿元，三年内及以上到期 26. 88 亿元。

三是资金风险得到有效防控。中煤集团将华昱公司及所属企业全部纳

入统一资金管理平台实行资金集中管理，并加强预算管理，有效杜绝了由于资金管理不善造成损失的情况。

五、经验启示

（一）高效与规范是混合所有制企业管理提升的着力点

能否构建高效和规范相结合的运营管控模式是混合所有制企业提升管理水平的关键点和着力点。华昱公司在中煤集团的大力支持下，近年来在管理模式和管控方式创新改革上破旧立新、大胆尝试，从建立健全制度流程体系入手，同时引入移动化办公、授权管理、“菜单式”管理等一系列提效方式，初步构建起具有华昱自身特色的安全高效低成本运营管控模式，打破了传统管理模式“一统就死、一放就乱”的管理怪圈，企业风险管控能力和运营效率均有效提升。

（二）降杠杆、减负债是保证企业持续健康发展的基础

公司的发展必须经过科学合理的规划、决策，立足主业及自身现有规模，不能通过远远超过自身偿债能力的大规模负债来过度扩张，高杠杆、高负债，势必面临高风险，最终资金链成为压垮企业的“一根稻草”。同时，加强资金内控管理是日常企业管理的重要内容之一，严控“两金”，规避资金风险，保证资金正常周转，是保证企业健康、持续发展的基础。

43

战略引领　整合资源　转型突围
实现跨越式发展

中国钢研安泰环境

一、基本情况

安泰环境工程技术有限公司（以下简称“安泰环境”）成立于2015年，属中国钢研三级企业，由中国钢研所属安泰科技股份有限公司（以下简称“安泰科技”）控股55%、骨干员工30%、社会资本10%、安泰创业投资（深圳）有限公司5%共同投资的混合所有制企业，注册资本1亿元，职工240余人。2017年，被认定为高新技术企业。

公司主业为节能环保领域：以工业过滤与净化、高效换热与节能、环境保护与治理、能源清洁利用、资源再生利用等为主要发展方向，以高端精细化工、先进装备制造、工业自动化等为补充业务，致力于从单纯的元件制造商转型升级为拥有产品研发、装置配套、系统集成、工程设计、工程转化与总包能力的整体解决方案提供商及项目运营服务商。

二、改革背景

中国钢研和安泰科技认真落实中共中央、国务院关于国资国企改革的指导意见，将全面推进改革调整作为解决当前在经营管理、发展模式和运行机制等方面制约发展的深层问题，推动转型升级的重要抓手。

结合国企改革形势要求，安泰科技明确提出“利用现有核心技术、产品和资源，整合社会资源，实现机制创新，打造新的增量业务”，将推动存量业务转型升级与拓展增量业务作为“十三五”重要任务并举推进。同时，顺应改革形势，推行混合所有制改革，探索员工持股，建立共享机制，以增强产业发展驱动力，实现股东利益与员工利益共赢。

三、改革实践

（一）合理谋划，优势互补，成立混合所有制企业

在广泛调研基础上，安泰科技提出整合其下属的安泰过滤分公司与工程技术事业部现有业务，组建安泰环境工程业务板块的设想。以过滤材料分公司和工程技术事业部的全部资产和业务出资，同时引入外部具有优势资源（资质）的战略投资者宁波远东化工集团有限公司，核心骨干人员以现金出资，共同发起设立“安泰环境工程技术有限公司”，再由安泰环境向远东集团收购宁波化工研究设计院（以下简称“宁波化工院”）100% 股权。实现以现有多孔过滤材料和工程制造集成能力为依托，以并购外部优质资质企业、解决行业准入为路径，在现有市场优质客户基础上，围绕过滤净化、节能环保工程领域强化存量业务、拓展增量业务。

（二）吸引人才，整合资源，拓展业务领域

安泰环境组建以来，通过高端人才和顾问团队的引进，积极整合宁波化工院的人力资源，初步搭建了“煤炭清洁高效利用”领域的人才、技术建设平台。同时，通过承接项目的工程设计、工程建设和运营管理来锻炼和磨合人才队伍、积累工程经验、提升业务水平。通过具体的项目实践，提升了工程项目管理能力、工程技术服务能力，进一步提升了提供系统解决方案的能力。

通过资源整合，充分发挥收购的宁波化工院的化工工程和化工储运设计甲级资质以及在煤焦油加氢领域的技术基础和人才优势，在战略规划的指引下，焕发机制活力，发挥协同效应，在石油石化、煤化工、能源等环

保工程领域迅速拓展业务，尤其在煤炭清洁高效综合利用工程方面取得重大进展。2016 年以来，相继获得甘肃张掖、甘肃华盛煤焦油加氢项目设计总包，内蒙古蒙兴低阶煤分质清洁利用项目 EPC 总包等项目签约，在国内煤焦油加氢行业崭露头角，展示了良好的业务增长前景。同时，通过成立合资安泰环境建设运营内蒙古黄河 10 万吨/年蒽油加氢示范项目，引领未来 EPC 总包业务发展，这也是安泰环境依据企业使命，对接“十三五”战略规划的具体项目落实。同时，该业务板块将成为未来安泰环境构筑上市平台的关键支点。

（三）健全公司法人治理结构，完善内部管理，促进快速融合

安泰环境成立后，为了建立健全规范的法人治理结构，为长远发展建章建制，于 2016 年 3 月召开了首次股东会、第一届董事会第一次会议和第一届监事会第一次会议。首次股东会选举产生了第一届董事会以及监事会，还审议通过了《公司章程》《股东会议事规则》等制度；第一届董事会第一次会议选举了董事长并完成了对总经理及其他高管的聘任，还审议了《董事会议事规则》《总经理工作细则》等相关制度和年度经营预算；第一届监事会第一次会议选举了监事会主席并审议了《监事会议事规则》。安泰环境首次三会达到了规范公司治理和全面布局整体工作的目的。

安泰环境成立后迅速调整，设置了 4 个部门、5 个业务单元及 2 个子公司。除了明确各部门的职责外，还在研发体系、项目管理模式及考核激励机制上层层创新，不断通过共享资源、协同创新的新协作方式助力安泰环境的快速发展。譬如，EPC 工程中心利用技术部的核心优势技术或投资部分关键系统，获得系统设计及工程 EPC，再通过配合运营中心进行新型业务拓展投资、总承包、运营或工程 BOT，采取运营期回购等业务模式，获取持续利润回报，做到工程 EPC 与投资运营相互支撑，不断发挥其专业化优势，体现协同联动的整体效应，为所服务的客户提供完整的工程技术与服务解决方案。再如，利用原优势业务团队组建的智能制造、过滤净化

和节能工程中心均依托各自部门的经验和资源优势，通过技术部和生产中心的大力配合与支持，不仅发挥了原有行业及应用技术优势，还进一步提升了系统集成化程度，增强了核心竞争力。另外，综合管理部与财务部建立了制度保障和资金资产管理措施，发挥着管理规范化、资源高效利用化的重要作用。

（四）探索整合社会资源、市场化运作项目的新模式

安泰环境创新业务模式、实业经营与资本运作并举，与优质民营企业合资建设运营煤焦油（蒽油）加氢装置，从传统的金属材料、冶金装备走向节能环保领域，是安泰环境积极响应改革要求，努力实现产业突围、领域拓展、创新发展的具体体现。并且，通过投资运营煤焦油（蒽油）加氢项目，进一步拓展了相关行业的信息渠道和资源，并以此为基础广泛接触行业内相关企业，深挖相关行业内市场潜力，不断延伸安泰环境的产业链。同时，带动了能源化工以及安泰环境其他技术的更广泛应用和推广，从而扩大了安泰环境品牌在行业内的影响力。

成立一年多来，安泰环境在工业过滤净化与工程、智能装备制造、资源再生与综合利用、环境保护与治理工程、工程设计与总承包方面均取得较大发展，过滤净化与智能装备等原有主营业务在新的发展思路及战略规划指导下，在市场开拓、运营模式方面不断创新；煤焦油（蒽油）加氢项目、阳光料场项目、垃圾处理示范项目等的建设体现了安泰环境新布局下战略规划的逐步实现。

四、改革成效

（一）协同效应充分显现

得益于“安泰版”“混改”措施的具体实施，安泰环境充分发挥了三家原有各块业务的协同效应，遵循“重视技术、确保质量、打造团队”三大原则，并通过快速融合各自的优势平台，有效集中利用品牌与技术优势

以及化工、石化等行业的相关专业资质，在煤炭清洁高效利用项目、焦煤料场封闭项目、节能环保资源再生项目及燃料电池开发利用项目等方面进行了新业务的拓展，同时在与石油石化、煤化工、能源、环保工程等行业重点客户和合作伙伴签订多项战略合作和重大项目合作协议的基础上，成功签约和承接了多项 EPC 工程建设总承包及大型合作项目，充分展现了安泰环境“混改”后的显著新成果。

（二）存量业务稳步增长

在存量业务领域中，过滤净化工程中心非对称滤芯组件项目通过了中石化燕山分公司组织的专家评审，总体性能已达到进口滤芯的水平。该组件已应用于燕山油浆过滤器中，标志着中石化油浆关键过滤器国产化进程已迈出了坚实的一步。另外，续签了中石化 S Zorb 集中储备协议并打通了中石化 EPEC 上网流程，彰显了安泰环境在国内石化细分领域的领先地位。再如，智能制造工程中心在行业逆境中积极拓展市场，与温州宏丰电工等公司签订多台精密轧机及改造合同，累计合同额达 1.5 亿，冶金装备发展迎来新的曙光。

（三）增量业务实现“突破”

在增量业务领域中的煤炭清洁高效利用版块，安泰环境与内蒙古蒙兴签订了《1000 万吨/年低阶煤分质清洁高效综合利用示范项目》的 EPC 工程总承包合作协议，项目总投资达 13 亿元，其中于 2016 年 5 月签订了首期工程 15 万吨/年煤焦油深加工 EPC 项目合同 5750 万元；在此基础上，安泰环境与内蒙古振东化工又签订了 24 万吨煤焦油加氢改质项目 EPC 总包合同 4.67 亿元。

安泰环境与内蒙古黄河集团签署了“长期战略合作协议”，其中焦煤料场封闭 EPC 项目协议合同额 6600 万元，一期工程正在建设中；同时，安泰环境与黄河集团通过合资组建项目公司“内蒙古安泰万河清洁能源有限公司”，注册资金 1.5 亿元，其中安泰环境出资 7650 万元，占股 51%。

投资建设和运营首期 10 万吨/年蒽油加氢项目，采用安泰环境工艺包技术并进行工程 EPC 总包。安泰环境组织宁波化工院编制了项目可研报告，先后通过了安泰环境、安泰科技、中钢研等三级公司的风险评估和决策，并最终获国资委正式批复。

此外，宁波化工院在安泰环境组建后共签订包括煤焦油加氢、硫磺回收等设计及 EPC 总包重大合同 7 项，新签合同额超过 4.6 亿元。

（四）研发创新呈现亮点

安泰环境在整体发展战略的引领下，以多年在燃料电池气体扩散层等关键材料的研发制造基础，精心筹划并积极争取，在科技部 2017 年批复的由一汽牵头的“高比功率燃料电池发动机”重大专项中具体实施参与并负责“大功率燃料电池电堆技术研究与开发应用”子课题研发工作，配套经费 2890 万元。宁波院还与华能签订了加氢站改造及新建设计合同，为未来打造国内领先、全球有影响力的氢燃料电池关键材料供应商和氢燃料电池系统解决方案提供者奠定了基础。

安泰环境自成立以来，共计投入研发经费 1293 万，申报专利 8 项，授权专利 3 项、软著 7 项。研发成果《耐高温抗腐蚀 Fe3Al 粉末金属滤芯》获中国石化联合会科学技术三等奖、《一种双层烧结金属粉末滤芯的制备方法》获北京市发明专利奖二等奖、《表面多孔高通量换热管》获北京市新技术新产品。安泰环境于 2017 年通过国家高新技术企业认定。

纵观安泰环境重组成立以来的业绩与效益，自 2015 年 12 月成立之日到 2017 年 8 月，安泰环境新签合同额已达 11.5 亿元，2016 年营业收入已达 25006 万元，比上年增长 48%，利润总额 3020 万元，比上年增长 86%，充分表明安泰环境“混改”后的成效显著，展现出了安泰环境强劲的可持续发展能力，同时也体现出了安泰人追逐梦想、迎难而上和踏实奋进的优良品质。

五、经验启示

(一) 战略协同资源整合，打通瓶颈跨越发展

深化企业改革，应根据自身发展阶段、战略规划制定改革调整的“顶层设计”，有了顶层设计还需要仔细分析清楚各下属公司或业务版块的“神经末梢”，找对目前各自存在的瓶颈问题，对症下药。通过有针对性的吸收社会资本，搭建多元化股权结构，引入战略资源，加强资源整合，补齐技术、资质、资金等短板，加快拓展围绕核心战略的产业领域，提升行业影响力，从而打通瓶颈，提升盈利能力，提高企业核心竞争力，实现跨越式发展。

(二) 创新体制机制，“混改”激发内在活力

在企业改革的过程中，一是要“树木”，营造有利于企业改革的环境和氛围；其次是“树人”，通过有效的体制和机制创新，激发人的积极性和创新性，特别是团队骨干。引入骨干员工持股，有利于增强员工的归属感和凝聚力，可以有效实现企业内部资源的整合与员工利益的协同，并且可以稳定骨干员工队伍，以利于安泰环境的长远发展。而通过引入社会资本，企业决策与治理更加以效率为导向，可以促进企业转换经营机制，放大国有资本功能。混合所有制的核心，是帮助企业建立市场化体制机制，增强企业竞争力。“混改”必须经得起政策的检验、法律的监督、时间的锤炼，绝非简单地一混了之。

(三) 战略引领持续创新，转型升级产业突围

紧密围绕企业的核心战略，通过战略引领，持续进行技术创新，加快转型升级，成为企业实现逆势增长、取得骄人成绩的“密码”。依靠对技术创新的持续投入，越来越多的企业从传统的单一材料及产品供应商，向产业链的上下游不断延伸，从而实现转型升级，从单纯的制造商向成为拥有产品研发、装置配套、系统集成、工程设计、工程转化与总包能力的整

体解决方案提供商甚至包括项目运营服务商进行转变，从“制造”迈向“创造”。企业的转型升级是企业从价值链的中低端向中高端的上升过程，是企业竞争力全面提升和经济效益迈上新台阶的关键，必须紧紧依靠创新驱动。尤其在能源与资源领域、先进材料与制造等领域，新技术的多点突破和融合互动必然会推动新兴产业的兴起，给企业转型升级带来新的重大机遇。

44

混合所有制成就世界级“隐形冠军”

中国建材中国巨石

一、基本情况

中国巨石股份有限公司（以下简称“中国巨石”）是中国建材集团旗下新材料板块核心企业。公司成立于1998年，由原中建材集团与民营企业振石控股集团联合组建，1999年在上交所上市（SH. 600176）。中国巨石践行中国建材集团“央企市营”的理念，坚持“规范运作、互利共赢、互相尊重、长期合作”的十六字混合原则和“央企的实力 + 民企的活力 = 企业的竞争力”的融合公式，走出一条以“国民共进”方式进行市场化改革的新路。

作为全球领先玻璃纤维制造商，中国巨石玻纤年产能140万吨，位居世界第一，占国内产能40%、世界产能20%左右。截至2016年底，公司资产规模超过240亿元，全年实现营业收入74.46亿元，同比增长5.55%；海外销售收入占47.72%；利润总额18.26亿元，同比增长54.61%，两项指标均创历史最好，继续保持了良好的发展态势。

二、改革背景

中国巨石的前身为浙江省桐乡市振石股份有限公司，是浙江首批股份制改造试点企业，总经理张毓强持股18%，职工集体持股82%，经过多年发展，在当地政府的指导和扶持下，组建为桐乡巨石玻璃纤维有限责任公司，成为一家具有年产8000吨的中碱玻璃纤维池窑拉丝生产线的小型民营企业。在改革之初，中国巨石虽然已经具备一定的技术实力和管理水平，但面对外部全球金融危机的冲击和玻纤市场的剧烈波动，公司主体生产设备到期冷修、筹资能力捉襟见肘、科技创新后劲不足等问题凸显。与中国建材集团合作后，按照“国企实力＋民企活力＝企业竞争力”的混合公式，中国巨石大力发展混合所有制，通过上市解决资金难题，引入战略投资者和境外投资机构，不断优化股权结构，全面实行职业经理人制度，建立市场化的人才选拔和考核评价机制，加强混合所有制企业党的建设，努力建设为新材料领域世界级的“隐形冠军”。

三、改革实践

（一）探索适度多元股权结构，完善现代公司治理机制

1999年中国巨石前身中国化建上市，2015年中国巨石作为中国建材集团“混改”试点实施单位，通过定向增发，中国建材持股比例从最初的40.17%下降到26.97%，保持实际控制人并为第一大股东；原民营创业团队振石集团持股15.59%，弘毅投资间接持股4.20%，其他流通股52.63%。中国巨石股东涵盖了中央企业、民营企业、外资企业以及战略投资者，引入战略投资者虽然稀释了中国建材的相对控制权，但通过“混改”，不仅企业的资金需求得到满足，战略投资者更是带来了国际化运营视野，同时，有效制衡的决策机制更加健全，企业科学决策水平也得到提升。中国巨石的股本结构既不是国有股一股独大，也不会使股权过于分散，实现了规范治理，促进了所有者真正到位。

中国巨石重视通过股东大会、董事会、监事会的有效运作加强对企业的规范管理，确保公司治理机制能落实到位。中国巨石董事会拥有9名成员，其中4名来自中国建材集团，2名来自振石集团，另有3名独立董事，

均是战略、财务、管理方面的专家。在这种董事会构成下，任何重大事项均需在各方充分协调沟通的基础上进行决策，从而保证公司的重大决策科学合理，共同实现股东利益的最大化。

（二）建立市场化的人才选拔和考核评价机制

中国巨石充分发挥用人机制更加灵活的优势，全面实施职业经理人制度，建立起了竞聘上岗的人才选拔机制，构成企业委托代理的“完整闭环”。公司生产车间从班组长到车间主任再到厂长经理，都实行竞聘上岗制度，每届任期三年。评选中由高管组成的推荐委员会和员工组成的群众委员会，在述职现场打分决定选拔结果，评选分数由竞岗陈述、与会竞岗人评议、群众评议、公示分、评审委员会评分和总裁评分六部分组成，竞岗陈述、群众评议等环节权重增加，建立起开放、自由、平等的人才选拔机制，逐步形成了民主决策氛围，为企业带来了无限活力。

中国巨石建立了全面考核的管理机制，形成了从集团领导到一线员工，从职能部门到生产分厂的考核体系，总结提炼出“增、节、降工作法”，采用项目管理方式持续推动增加收入、节约开支、降低成本活动。巨石总部每年考核有 18 大类内容，子公司考核包括 8 大类内容，每类制定若干项 KPI 指标，细分为 10 多项措施方案。任务下达不是按照职能部门，而是根据任务形成任务组。其考核也不同于传统方式，总部考核是由各项目成果使用单位对承担单位进行考核，子企业由总部管理部门进行考核。项目制管理和考核方式，创造了内部无边界创新组织模式，形成了公平、透明、自由、宽松的全员创新氛围。

（三）不断加强混合所有制企业党的建设

一是坚持把党建牢筑在心上，强化主责主业意识，在准确把握“三个注重”中形成党建工作新常态。注重思想引领，始终把学习教育作为首要任务抓紧不放；注重层层传导，始终把逐级示范作为关键环节抓紧不放；注重强化担当，始终把落实责任作为职责所系抓紧不放。

二是坚持把党建牢筑在行动上，自觉融入生产经营，在大力实施“三四五”机制中彰显党建工作新魅力。“三”即坚持“三个突出”，突出增强党员学习提高的原动力、突出激发党员追求卓越的创新力、突出发挥党员先锋模范的带动力。“四”即开展“四大活动”，开展“创先争优”活动，打造活力型企业；开展“创新降耗”活动，打造创新型企业；开展“提质增效”活动，打造高效型企业；开展“争当金牌销售员”活动，打造开拓型企业。“五”即深化“五项工程”，深化转型攻坚工程，提升企业综合实力；深化党员人才工程，提升党员干事创业能力；深化和谐劳资工程，维护职工合法权益；深化关心关爱工程，主动承担社会责任；深化清风廉洁工程，营造廉洁务实的工作环境。

三是坚持把党建牢筑在实效上，紧密联系形势任务，在有效契合组织需求和员工诉求中打造党建工作新亮点。确保基层组织功能有效发挥，严格基层组织设置，选优配强支部成员，不断形成工作能自传、问题能自解、安全能自保的工作局面。确保党员先锋模范作用明显，在生产管理、技术研发等环节重点培养了43名党员骨干，先后走上基层领导、技术骨干等关键岗位，成为企业发展的中坚支柱和骨干力量。

四、改革成效

（一）经济效益增长显著

2002—2016年，中国巨石总资产增长了15.90倍，复合增长率达31.87%；销售收入增长了11.43倍，出口创汇增长了13.75倍，营业收入复合增长率27.59%；利润总额复合增长率47.50%、净利润复合增长率39.37%，利税总额年均复合增长率48.93%。在2016年收入利润均创历史最好水平的基础上，2017年上半年再创佳绩，实现营业收入40.77亿元，同比增长9.72%；归母净利润10.06亿元，同比增长32.08%；基本每股收益0.3448元；产品毛利率46.27%。

（二）科技创新世界一流

中国巨石作为全球最大也是品种规格最全的玻纤制造商，技术能力和硬件设施水平均已达到世界一流。中国巨石自主研发建造了全球规模最大、国际领先的单座年产 12 万吨无碱玻纤池窑拉丝生产线，拥有一批具有自主知识产权的世界一流核心技术。自主研发的 E8 配方模量达到 95MPa 并实现池窑化生产；新一轮生产线技改升级全部完成，生产效率和技术水平达到历史最好。中国巨石玻纤产业智能制造基地正式奠基，独立承担的“高性能玻璃纤维低成本大规模生产技术与成套装备开发”项目，荣获 2016 年国家科学技术进步二等奖。中国巨石还被评为全国首批制造业单项冠军示范（培育）企业。

（三）国际化进程效果明显

中国巨石大力实施“市场全球化、布局国际化”的“走出去”战略，埃及年产 20 万吨生产基地全部建成投产，美国生产线项目正在建设；已在美国、韩国、意大利、加拿大、西班牙、法国等 14 个国家和地区设立了海外子公司，并在英国、德国拥有 2 家独家经销商，建成了较完备的全球营销网络。2016 年，中国巨石海外销售收入占全年主营业务收入的 48.20%，全球市场占有率达到 20%，是世界最大玻纤市场美国市场的四大供应商之一。

五、经验启示

（一）深化股权改革是体制基础

股权多元化是提高现代公司治理的重要途径。中国巨石的实践探索出了均衡股权结构下的混合所有制模式，当前这种的股权结构是国有股保持 1/3 或第一大股东，引入 2 ~ 3 家社会投资机构作为积极股东，其余为流通股，既不搞一股独大，又防止股权过于分散、内部人控制，根据企业战略定位和市场环境动态调整持股比例，形成高效灵活的经营机制。

（二）充分发挥非国有股东的生产管理能力

在混合所有制企业中，国有股东充分信任和使用非国有资本派出的管理者，稳定管理者的领导地位，给予其应有的中长期激励机制，积极构建各类股东、管理层、员工利益与企业效益的正相关关系，使得企业活力、竞争力显著增强，同时保障了国有资本的保值增值。中国建材集团对中国巨石初始投资金额为 1.30 亿元，中国巨石历年对中国建材集团分红金额合计为 4.57 亿元。截至 2016 年 12 月 31 日，中国巨石股票市值约为 265 亿元，其中中国建材股份持有中国巨石的市值为 71 亿元。

（三）加强党的建设是坚实保障

在中国巨石的发展实践中，党委发挥了强大的组织优势和政治优势，是公司竞争力的重要组成部分，是公司发展的重要动力资源。越是深化改革，推进投资主体多元化，越要坚持党的领导，充分发挥党组织的领导作用，毫不动摇地加强和改进党建工作。多元投资主体企业党组织发挥领导作用，不仅是必要的，而且是可行的，完全能够与现代企业制度相融合，与公司法人治理结构相融合。

45

优势互补促升级　多方协作谋发展
以混合所有制改革打破企业发展困局

中国有色集团金和化工

一、基本情况

宁夏金和化工有限公司（以下简称“金和化工”）是中国有色矿业集团有限公司（以下简称“中国有色集团”）所属三级子企业。金和化工的前身为中国有色集团所属中色（宁夏）东方集团有限公司（以下简称“中色东方”）从事氟化盐生产的化工分厂，是我国最早的氟化盐生产厂之一。2005 年，金和化工改制为有限公司，主要从事干法氟化铝、无水氟化氢和工业氢氟酸的生产。公司注册资本为 1.28 亿元，中色东方与宁夏电力投资集团有限公司（以下简称“宁电投集团”）各占股 50%，中色东方为控股股东。

二、改革背景

近年来，随着氟化铝行业整体产能过剩与国家对下游电解铝行业的发展限制，金和化工因其主要产品干法氟化铝的生产工艺落后，产品等级偏低，缺乏市场竞争力，陷入连年亏损和资不抵债的状态，截至 2016 年末，公司所有者权益总额为 -1.16 亿元，历年累计亏损 2.47 亿元。其母公司中色东方也于 2016 年被列为国务院国资委督导的特困企业，无法对其提供高额技改资金，亦无力继续提供流动资金支持。

在企业举步维艰的情况下，为了走出困境，中色东方及金和化工积极贯彻党中央、国务院关于深化国有企业改革的决策部署，通过实施混合所有制改革，引入民营企业多氟多化工股份有限公司（以下简称“多氟多”）对金和化工进行重组。具体重组方案为：由金和化工与多氟多共同新设公司，金和化工以其主要经营性资产作价入股，多氟多以现金出资，成为控股股东。金和化工原有业务与员工全部转入新公司，原公司择机注销。

三、改革实践

（一）紧盯困局、发挥优势，明晰企业改革发展思路

重组前，金和化工面临的主要问题是：行业整体产能过剩，市场竞争激烈，公司原有生产线技术落后，其生产的干法氟化铝含磷等成分较高，纯度低导致价格偏低，市场竞争力薄弱。而多氟多目前是我国氟化盐产能、产量最大的企业，也是我国无机氟化工行业第一家上市公司。该公司以技术创新为发展路线，现为国内无水氟化铝技术的领军企业。

综合分析多氟多和金和化工两家公司的优势与劣势，经过充分调研论证，明确了金和化工重组的总体思路：**一是**由多氟多向金和化工对其提供发展所必需的项目建设改造资金和行业领先技术；**二是**通过多氟多高效的生产供应链与管理体系，充分提高企业经营效率；**三是**将金和化工打造为具有稳定且具规模产量的氟化盐企业，为多氟多下游产业提供生产原料，联合打造氢氟酸等全产业链，三年内使金和化工实现20亿元产值。

重组后，多氟多对金和化工的投资一次到位，管控制度全面落地并迅速见效，技改项目建设不断提速，员工士气得到极大振奋。短短两个月，金和化工不仅实现了“混改”的平稳过渡，且生产经营、项目建设、组织管理、工作氛围等多方面均有明显改善，月度产量创历史新高。

（二）各方加强互信合作，促进企业扭亏脱困

在金和化工的重组过程中，地方政府机关、原股东中色东方与多氟多

始终本着积极、真诚、开放的合作态度，共同发挥改革“正能量”，助力企业实现扭亏脱困。**一是**地方政府正确引导，倾力支持。宁夏国资委、石嘴山市国资委多方协调推进重组工作，主导对金和化工另一方股东宁电投集团所持股权实施整合，积极帮助企业化解了改革难题。**二是**原控股股东坚决改革，大力推进。中色东方作为金和化工原控股股东，充分发挥国有企业的组织保障作用，在人员安置方面做了大量工作，使员工队伍整体平稳实现身份转换，为公司快速发展提供了重要支撑。**三是**多氟多诚信为本，促进融合。作为上市公司多氟多规范的公司治理机制、科学高效的管理体制和灵活健全的管理制度为国有企业、民营企业的文化融合奠定了良好的基础，在“资合”之外较好地实现了“人合”。

（三）以人为本，稳妥安置，为企业发展提供坚强保障

人员稳定是企业改革发展各项举措平稳落地的前提。金和化工在重组过程中，将维护稳定的关口积极前移，坚持“改革的最大受益者是员工”的原则，在重组后实现了“人不变、事不变”，即：企业生产经营业务保持不变、机关职能与部门设置保持不变、人员岗位与薪酬待遇保持不变。**一是**原控股股东中色东方充分发挥组织保障作用，先后组织金和化工召开4次职工代表大会，充分宣贯国家政策，真诚应对员工诉求，逐一吸纳合理建议，及时引导职工舆论。针对重组期间职工群体中出现的负面信息与不实传言，中色东方专门邀请多氟多董事长与白银中天（即多氟多控股子公司白银中天化工有限责任公司，该公司曾为国有企业，多氟多入股后对其进行了民营化改革，情况与金和化工类似）在职职工到金和化工讲解改革思路、分享经验体会，有效平复职工情绪。并在重组后给予所有员工半年“过渡期”，有效保证了员工安置“后墙不倒”。**二是**金和化工党政工团发挥了强大组织力量，以公司原总经理（现党委书记兼副总经理）为代表的领导班子以身作则，在全体会议上当众表态，首先签订合同置换身份，形成了逐级带动的“领头羊”效应。**三是**多氟多重组后仅向金和化工派驻

了一名总经理（原为白银中天总经理，具有丰富的改革改制与管理经验），充分保障了人员与业务的延续与稳定性，并对金和化工引入股权激励，授予高、中层管理人员及技术骨干人员上市公司受限流通股。在上述各方努力下，金和化工重组前召开的职工代表大会上，人员安置方案获得全票通过。

（四）创新管理机制，激发企业发展新活力

金和化工重组后，在其控股股东多氟多“效率为先、兼顾公平”的经营理念下，迅速形成了“以企业战略为导向，以管理机制为保障，以制度措施为准绳，以考核激励为动力”的“四位一体”管控模式，引入了“能上能下、能进能出”的选人用人机制，制定了一系列鼓励创新、优化效率的管控制度，企业活力得到显著提升。**一是**激励措施多样化。除股权激励外，公司设计了职务、职称与学历三种职业上升通道与灵活的工资体系，每年对 20% 以上的员工给予“先进”“标兵”等不同级别的奖励。**二是**选人用人公开化。中层以上干部接受月度考核与年度公开述职，控股公司直接对各分子公司的干部进行考评和择优提拔，分子公司仅有建议权。**三是**管控模式扁平化。多氟多总部各事业部直接对接各分子公司的中层管理人员及车间，实现点对点的矩阵式管理与考核，每星期定期召开远程视频会议，信息沟通与决策高效顺畅。**四是**管理制度标准化。公司重组后迅速引入了多氟多以流程文件化、文件表格化为方针的标准化管理模式，以扁平高效的管控手段有力地促进了各项制度迅速落地执行，充分实现了“向管理要效益”。

四、改革成效

金和化工通过实施混合所有制改革，成功打破了企业连年亏损、举步维艰的经营发展困境，企业面貌焕然一新，经营活力显著提升。

一是经济效益明显改善。随着氟化铝市场回暖，2017 年上半年，金和

化工实现营业收入 2.06 亿元，利润总额 1696 万元，全年有望实现盈利 3000 万元以上。

二是生产产能迅速扩大。多氟多拟对金和化工投资新建一条 8 万吨无水氟化铝的生产线，同时对公司原有的 8 万吨干法氟化铝生产线进行整体技术改造，全面提高产品质量。项目投产和改造完成后，金和化工的产能将达到全国最大规模。目前，项目进展迅速，超出预期。

三是员工工作积极性与企业经营活力显著提高。金和化工原有员工 293 名，重组过程中共有 18 名工人与 1 名中层管理人员离职（此离职率低于重组前正常经营的年度），实现了平稳过渡。根据中国有色集团国企改革调研工作组对该公司员工的访谈情况，重组后金和化工的中、基层员工普遍感觉工作量加大，加班次数增多。但与此相对的是，员工对企业的信心显著增强，工作积极性不降反增，多数员工认为工作节奏可以适应，重组后的工作状态好于重组前。随着员工主动工作意识增强，工作效率提高，企业整体焕发出积极进取、奋发向前的活力，精神面貌焕然一新。

四是党建工作欣欣向荣。金和化工重组后正式组建了党委，并全票选举通过了公司第一届党委、纪委委员。石嘴山市高新区党工委对重组后的金和化工党建工作给予了高度评价，称其为“非公企业党组织的典范”。

五、经验启示

一是实施混合所有制改革，是国有企业提高资源配置效率的有力举措。近年来，国有企业虽然在改革发展、管理创新上取得了较大成绩，但与优秀的民营企业相比，个别国有企业仍存在改革理念保守、发展思路固化、体制机制僵化、管理手段单一等多方面的不足。金和化工重组前后的转变证明，混合所有制经济有利于国有企业依托多元产权架构和市场化、民营型的运营机制发展壮大，能够有效增强国有资本对其他资本的辐射功能，提升企业整体经济的竞争力，从而使企业加快实现做强做优。

二是实施混合所有制改革，是国有企业进一步增强国有经济活力的有效途径。对国有企业来说，“混改”有利于激发“放”的活力，解决企业在市场经济环境的要求下从经营者选聘到企业管理、从资源配置到投资管控、从收入分配到薪酬管理的自主权问题。对改革主体企业来说，“混改”有利于激发“闯”的活力，营造企业的市场意识与创新热情，在自主寻求生机的过程中不断增强企业的市场竞争力。对员工来说，“混改”有利于激发“干”的活力，在“能进能出、能上能下”的人事机制下充分提高工作效率，解决人浮于事的问题。

三是实施混合所有制改革，必须强调多方协同配合，依法依规操作。成功的混合所有制改革具有一些共性特点，如双方股东及企业经营者在发展理念与企业价值观上的协同一致，国有、民营资本的优势互补与文化的良好融合，地方政府与上级企业有力的保障支持，企业党组织及领导班子组织协调作用的充分发挥，改革过程中国有股权转让的依法合规与公开透明、企业治理结构的规范建设，现代企业管理激励制度的有效执行等。总的来说，混合所有制改革必须处理好两个协同关系：政府、国有企业与民营企业协同推进的关系；公司治理、产权和资产交易、资本管理、人事和分配制度协同推进的关系。

46

“混改”促进科研体制机制转型

建研院建研科技

一、基本情况

建研科技股份有限公司（以下简称“建研科技”）是2001年成立的以中国建筑科学研究院作为主发起人的股份有限公司，注册资金5455.83万元，是一家集成了中国建筑科学研究院建筑结构研究所、建筑工程软件研究所、工程抗震研究所、建筑材料研究所优势资源的高新技术企业。

建研科技以建筑业新技术、新产品研发与应用为主业，主要业务涉及建筑工程软件与信息化系统、工程设计与咨询、专业工程施工、结构及材料的检测鉴定、建材与结构产品等。2016年主营业务收入6.64亿元，利润总额0.64亿元。

二、改革背景

建研科技的核心业务板块为软件与信息化，面临的市场竞争非常激烈。主要的国内竞争对手为民营股份制软件企业，机制灵活，股权期权激励方式多样；主要的国外竞争对手资金和技术实力雄厚，管理和软件开发经验丰富。建研科技近年来虽不断加强软件研发，但资金实力较弱，薪酬体制僵化，在科研成果转化、稳定研发人员队伍等方面都遇到了一些问题。通过引入非公资本及员工持股，能够筹集研发资金，激发员工的积极性，加大产品研发力度，积极推动科研成果产业化，为企业持续稳定发展提供原动力。

三、改革实践

（一）开展混合所有制改革，寻求体制突破

建研科技以深化国有企业改革为主导思想，根据《关于国有控股混合所有制企业开展员工持股试点的意见》文件精神，由建研院向国资委申请将建研科技作为员工持股试点企业，开展混合所有制改革。在获得国资委批准后，立即组成工作组，积极推进试点相关工作。

改制方案经多轮研讨和调整，最终确定为先成立新公司、再增资引入非公资本和员工持股的方式开展。建研科技出资1300万元成立全资子公司“北京构力科技有限公司”（以下简称“构力公司”），置入软件与信息化板块业务及其机构和人员。根据员工持股试点方案、资产评估结果及引进战略投资者的目标等制订了构力公司增资方案。股权比例确定为建研科技占比65%，员工持股占比25%，非公资本占比10%。

从2016年底至2017年6月，经过半年多的时间，建研科技完成了混合所有制改革工作，以更灵活的体制迎接激烈的市场竞争。

（二）引入员工持股，激发团队活力

建研科技就试点范围内的机构、业务和人员进行了整合和调整。适应全产业链和市场化运营需求，在保证现有业务正常开展的情况下，完全打破原有部门和岗位设置，按照管理、营销、产品设计与研发等职能需要，设计了全新的组织架构。构力公司发布了新公司的组织架构和各级关键管理及技术岗位人员的聘任通知，实行全员岗位竞聘上岗。经过内部竞聘及市场招聘，确定了持股岗位的员工，按照岗位持股比例配售股权，未确定人选的岗位待确定人选后从预留股份中配售。

预留股份是推动企业后续发展和治理机制完善的重要手段，构力公司

为此制订了详尽的配售方案，对配售对象、数量、进度、价格、审批程序等都做出了明确并且有利于吸引和留住人才的规定。

除了推行员工岗位持股，根据软件行业的特点，制订了员工内部创新创业奖励办法，激励员工进行内部创新创业。员工可以业余自主开发新产品，或者由构力公司提供资源开发新产品，纳入构力公司的产品体系销售，员工参与产品效益分成。

（三）吸引非公资本，建立战略合作

建研科技通过设定投资者资格条件和竞争性谈判的方式引入战略投资者，战略投资者应具有一定的规模和实力，在经营管理上应该有自己的特色，以促进建研科技体制机制转型和市场化竞争。

建研科技在增资挂牌的同时，与意向战略投资者进行了深入的沟通与合作条件谈判。启迪设计集团有限公司最终以 4040 万元认购 200 万股，占总股本 10%，成为战略投资者。启迪设计属于设计行业的上市公司，实力突出，改革经验丰富。通过投资入股，启迪设计与建研科技建立了深入的战略合作关系，双方将在产品和服务方面加强合作，支持构力公司提升建筑设计软件的研发水平，助力绿色节能软件的研发和市场推广，提升核心竞争力，推动构力公司跨越式发展。

四、改革成效

一是焕发组织活力。公司在建筑软件行业的传统地位不断遭到挑战，此时主动做出调整成为未来发展至关重要的一步。在组织机构改革中，公司打破原有部门和岗位设置，打破级别限制，不拘一格选拔合适的人才，将大量年轻骨干充实到各研发、营销和管理岗位。公司一改近乎固化的局面，形成了注重以能力和贡献为核心任用人才、职位能上能下的组织文化，成为一个充满活力的新公司。

二是强化全产业链优势。经过梳理和调整，构力公司将延续产品规划

和研发结构软件、节能和绿色建筑软件业务，重点开发 BIM 装配式建筑全产业链应用模式和 EPC 模式全流程应用，重新定位信息化业务，专注擅长领域，打造核心竞争力。通过业务梳理与转型，打通了建筑规划、设计、施工与运维全产业链，充分发挥综合优势，成为提供整体软件与信息化解决方案的行业专家。

三是提升发展后劲。软件企业的发展需要不断的推陈出新，新产品的集中研发阶段更需要充足的人员和资金投入。通过混合所有制改革，构力公司获得建研科技出资 1300 万元，公开挂牌引入非公资本出资 4040 万元，员工持股实际出资 3252.2 万元。这些资金成为构力公司实施三年发展战略的重要保障，从而加快实现业务转型、新产品研发、布局营销网络等目标。

四是激发员工积极性。公司发展与核心员工利益绑定，激发了员工的工作热情和关心公司发展的积极性。在部门和业务整合过程中，虽然触动了很多员工的个人利益，员工还是展现了极大的耐心，对公司表示理解和支持，积极参与岗位竞聘，为公司发展献计献策。在引入员工持股过程中，首先通过竞聘组建了经营管理团队，管理团队与每一位员工尤其是自荐竞聘的员工进行沟通交流，获得了员工的信任与支持。改革使年轻员工看到了希望，也大大激发了骨干员工创新创业的积极性，团队精神面貌焕然一新。

五、经验启示

一是抓住机遇调整发展思路。软件研发投入大、周期长、高风险、高收益，而且研发要有前瞻性、先进性。公司在传统发展思路下，完全依靠自有资金积累对研发进行投入，但投入规模较小，研发周期较长，一些很有潜力的项目因此失去了市场先机。公司抓住引入资金的有利条件，调整了发展思路，进行顶层设计和规划后，加大资金和人员投入，以尽快将新产品推向市场，从而提高竞争力，巩固行业领先地位。

二是抓住机遇进行转型。公司原有部门和岗位设置沿袭多年、逐渐固化，不适应现代软件企业的发展要求，在与新兴企业的竞争中显得缺乏活力。公司抓住试点改革的机会，新设构力公司并设计了全新的组织架构，初步完成管理转型。在业务上，梳理和整合现有软件业务，发挥全产业链的优势，实现从工具软件供应商向建筑行业信息化及 BIM 整体方案提供商的转型。

三是面向目标进行决策。改革的目标是为了促进软件业务的跨越式发展，在制订改革方案、实施改革工作中必须时时以目标为导向。改革中遇到人员思想的冲突、对持股方案的质疑等，都最后统一到新公司发展的目标上。一切措施以有利于新公司发展为原则，一切人员以满足新公司要求为条件，共同的目标是改革顺利完成的指路明灯。

四是改革体制实现利益共享。骨干员工是软件企业的核心竞争力之一，骨干员工的努力程度直接影响公司的盈利能力。通过员工持股改革，将公司发展与骨干员工利益绑定，更能体现人力资本的价值，促进科技成果转化。骨干员工与外部战略投资者同股同价，入股锁定期三年，激励和约束科研、技术和管理骨干人员与公司共同长期发展。入股员工与公司共享发展成果，有利于稳定科研队伍，以保证科研水平的持续提升，提升公司核心竞争力。公司将未认购的部分股份划入预留股份，以吸引更多优秀的人才加入。同时坚持“以岗定股，动态调整”的原则，真正实现让符合条件的员工持有股权，持续调动骨干员工的积极性、主动性和创造性。

47

央地协同 资源共享 探索混合所有制改革新模式

中国中车集团中企云链

一、企业基本情况

中企云链（北京）金融信息服务有限公司（以下简称“中企云链”）是由中国中车集团发起，经国务院国资委批准，于2015年5月正式成立。为深入贯彻国家关于“大众创业、万众创新”战略部署，落实国务院国资委对中企云链央地协同创新的指示，2016年11月进行增资扩股，现有股东23家，包括中国中车集团、中国铁建、国机集团、航天科技、中船重工、鞍钢、中铝公司、中国远洋海运、招商局集团、中国能建、中国铁物11家央企，首钢总公司、北汽集团、上海久事、厦门国贸、云天化、紫金矿业6家地方国企，中国工商银行、中国邮储银行2家金融机构，金蝶软件、智德盛、北京华联、云顶资产4家民营企业。

中企云链旨在以互联网思维，依托金融科技，为大型实体企业提供免费供应链金融管理服务，致力于打造大企业与供应链上中小企业、银行金融机构协同发展的产业互联网共享服务平台，盘活大企业优质信用资源，解决大企业财务费用居高不下、企业三角债及中小企业融资难融资贵等问题，助力实体产业转型升级，促进产业链企业提质增效，实现共同发展。

二、改革背景

在传统的商业模式中，一般央企、国企在其各自产业链中居于核心和主导地位，各产业链间相对封闭，资源流通不足。上下游广大中小企业由于其规模小、积累少，资信等级较低，一直存在融资难、融资贵的问题。中小企业居高不下的融资成本，通过供应链的传导效应转化为核心企业的额外支出，客观上抬高了行业成本，降低了行业收益，尤其对一些信用良好、技术优秀、跨供应链提供服务的中小企业增加了经营难度，不利于国民经济的良性发展。

2015 年，党中央、国务院综合研判世界经济形势和我国经济发展新常态，制定印发《中共中央、国务院关于深化国有企业改革的指导意见》（中发〔2015〕22 号）。中国中车集团以此为契机，发起设立中企云链，通过灵活的股权结构聚集更多产业资源，通过规范、合理、扁平化的治理结构建立现代化商业公司体系。中企云链以“互联网 +”和“四众”创新理念为指导，创新商业模式，用互联网思维打造服务于实体产业的供应链金融创新共享平台，通过跨产业链的资源整合，充分发挥核心企业在供应链中的骨干作用，在确保国有资产保值增值的前提下，降低中小企业融资成本，促进产业链共同发展，实现建立可持续发展工业生态体系的目标。

三、改革实践

（一）央地协同，整合资源促进产业协同

自设立开始，中企云链始终坚持“四众”（即众筹、众创、众包、众扶）的创新理念。**一是**以众筹的理念组建企业，充分汇集产业资源，广泛吸纳央企、地方国资、民营企业优质资产；**二是**以众创的理念吸引人才，汇聚众智，针对行业特征积极创新，打造企业信用流转共享平台；**三是**以众包的理念定位平台，深度整合不同领域产业链在供应链金融方面的共

性，通过标准化、规范化的操作流程，化繁为简，在核心企业提质增效，构建各央企、国企协作平台；**四是**以众扶的理念开展供应链纵向梳理，通过大企业优质信用在供应链上的疏导传递，缓解链属中小企业融资困难，降低产业链的整体成本，最终构建和谐有序、可持续发展的产业生态圈。

（二）扁平管理，市场为主推动产品创新

为适应互联网企业快速、灵活的经营特点，中企云链在充分保证股东权利、严格遵守中国中车集团管控的同时，经股东会决议对董事会、公司管理层在经营上的进行充分授权。在合法合规的前提下，由管理层根据实际经营状况会商讨论、共同决策，打破传统公司层层汇报的沟通模式，确保经营一线信息实时反馈。

中企云链平台上线初期，密集走访央企总部开展营销工作，线上以“云信”为主要产品，受到各大央企总部的一致好评与高度赞许，但由于央企总部主要以行政管理为主，生产经营由二级公司自行决策等因素影响，项目落地效果并不理想。中企云链管理层适时调整推广思路，将对象逐渐由央企集团向央企二级、地方国资及民营上市公司进行了全面拓展，建立起中企云链总部负责央企总部，区域营销负责经营主体的多层次市场开发策略。

（三）能进能出，增强企业人才竞争力

企业的竞争实质是人才的竞争，为建立适应市场的国有企业人才体系，中企云链建立了具有云链特色的劳动用工、人事管理制度。**一是**坚持市场化人才机制。实现全员竞聘上岗，涉及国有股东派出人员必须需与股东单位解除劳动关系，唯才是用。**二是**加强企业使命与文化认同感教育。所有员工入职第一件事是了解企业创立背景及发展历程，清楚深刻认识到大型国企应该承担的社会责任。发扬奉献精神，做新时期国有企业的劳动标兵。从每个人做起，从点点滴滴做起，将企业的发展战略落到实处。**三是**适应新形势采用灵活的用工方式。鉴于中企云链的创新运营模式，打造

北京总部、天津基地及布局全国的多地用工方式，并与人力资源公司外协合作，解决区域人员社保，解决全国社保不联网给外地员工带来的后顾之忧。另外结合区域人力成本特点，北京总部除管理层、总部营销人员外严格限制人员增加；大力发展天津基地的用工规模，降低公司运营成本。

（四）损益共享，员工投资入股激发企业活力

为了使管理团队及员工的利益与中企云链股东的利益捆绑在一起，共同承担投资风险，参照《关于国有控股混合所有制企业开展员工持股试点的意见》（国资发改革〔2016〕133 号），经中企云链董事会及股东会讨论并审议通过，管理团队及核心骨干发起设立一家有限合伙企业，按照国资监管要求对中企云链进行投资，激发了员工的创新、创业激情，不断提高公司治理水平，企业发展活力进一步增强。

（五）做好党建，保证国有资产保值增值

中企云链作为国有控股企业，在上级党委的领导下，抓好企业员工的思想政治工作，落实好党建工作，保证党和国家方针政策、重大部署在中企云链的贯彻执行。加强管理层及核心骨干团队的党性教育、宗旨教育、警示教育，严明政治纪律和政治规矩，引导大家不断提高思想政治素质、增强党性修养。强化对关键岗位、重要人员的监督管理，把提高企业效益、增强企业竞争实力、实现国有资产保值增值作为党建工作的出发点和落脚点。

四、改革成效

（一）创新金融服务实体，助力实体经济发展

为实体经济提供资金支持是金融机构的核心职能，通过云链平台，银行等金融机构将给予大企业闲置的银行授信盘活，安全便捷地将资金引导给产业链上的广大中小企业，获取线上批量融资利润。通过中企云链构建的大企业、中小企业与银行的共生生态体系，中国邮储银行、中国工商银

行等金融机构已为平台 5000 多家中小企业提供融资 70 多亿元，将金融机构支持实体经济的工作落地了实处，真正实现了金融服务“脱虚入实”。截至 2017 年 8 月，平台注册企业用户 7100 家，已实现核心企业“云信”支付 190 亿元，流转交易累计 600 亿元，累计为近 5000 家中小企业提供融资 80 亿元。其中单笔 100 万以下的融资占 90%，单笔 50 万以下的融资占 68%，单笔 10 万以下的融资占 24%。直接降低中小企业融资成本 2 亿元，实现当天申请、当天放款的高效融资，快速满足中小企业融资需求，解决了中小企业融资难融资贵的问题。中企云链创新体系深得实体产业认可，已与五十多家央企以及多个省（区、市）国资委下属近百家大型国有企业进行了业务交流和路演，引起了广泛关注和一致认可，将继续在工业制造、建筑、军工、能源和现代服务五大实体产业领域深耕细作，构建具有不同行业特色的供应链金融服务体系，全方位服务于上下游企业。

（二）聚集产业资源，实现实体经济提质增效

中企云链汇集了大量产业资源，股东涉及工业制造、建筑、军工、能源、现代服务五大领域，包括两家银行金融机构，股东资产总值超过 3 万亿。通过构建新模式，践行提质增效要求，十几家央企和地方大型国资的上百家核心企业入驻平台，财务费用大大降低。中国中车集团、中国铁建等央企集团自推广应用云信业务以来，云链平台已为入驻企业集团降低有息负债，节省财务费用 2 亿元，直接增加财务收益 2000 万元，提高集团 EVA 增加值 2%。随着云信业务的广泛推广使用，仅央企即可降低央企融资成本超百亿元，同时对供应链上的中小企业乃至整个实体经济的降本增效起到不可估量的推动作用。

（三）发挥市场化机制，开展商业模式再创新

中企云链针对各方反馈的需求进行分析、梳理、方案设计、IT 讨论、排期、系统实现，不断完善既有产品的迭代。2016 年既有产品需求总计 550 多个，形成方案 31 项，较大规模的系统迭代升级 6 次。规划和实施了

四大类13项新产品方案，已初步实现了全产业链应用场景的供应链金融解决方案。

中企云链通过打造天津供应链共享运营服务中心，以标准化、工业化操作模式建设金融标准服务体系，通过任务池、抢单模式、计件等金融工场创新方式大幅降低运营成本。积极拓展合作伙伴，建立在全国30余省（区、市）的专业运营服务团队开展专属企业服务，全方位追踪供应链、服务供应链。

（四）发挥员工主人翁精神，实现精细化管理

公司持推进无纸化、无经营场所的移动办公体系，减少管理流程，让公司始终保持着敏感的市场神经。通过坚持内部“宁越位、勿缺位”，外部“不为所有，但为所用”的企业文化理念，调动各方人力资源和社会资源，让云链事业成为所有参与者的事业，人人都是银行家、都是营销专家，让企业的信用转化为价值。

五、经验启示

（一）改革创新必须依法合规，牢牢把握改革正确方向

金融服务实体，实现金融脱虚入实是党中央、国务院对金融改革的最新要求。中企云链强大的实体产业资源是发展产业链金融服务的基础，从产业链整体利益出发，才能更好地打造良性、高效的产业链生态圈。自公司筹建，中企云链就主动与金融监管机构积极沟通，获得北京市石景山金融服务办公室的设立批复，并在业务运营、资金托管、网络安全方面严格按照监管要求合法合规开展经营。

中企云链严格遵循国家现有的法律框架，并经过中国邮政储蓄银行、中国工商银行、中国建设银行总分支三级风控的法律审查，突破传统业务模式，积极创新商业模式和金融产品服务，在大力促进产业供应链金融发展的同时严控金融系统风险发生。

（二）深刻领会和执行党中央、国务院对国企“混改”的本质要求，牢牢把握国有资产保值增值底线

央企、国企在政策、资源等方面具有优势，但不具备民营企业灵活、高效的经营优势，中企云链通过管控结合的混合所有制结构设计，在保证央企控股的同时，由没有绝对控制关系的控股股东，建立起现代化的公司治理结构，兼顾各方利益，既整合央企产业链资源，又保持了市场化的运作机制。

中企云链始终坚持中国中车在整体股权结构中相对强势的持股地位，积极配合和落实好国有股东对国有资本出资的监管工作，确保企业改革在国资监管体系内有序开展、合规运营，保证国有资产的保值增值。

（三）国企“混改”必须程序规范，牢牢把握整合资源做强做大做优国有企业目标

中企云链增资扩股工作严格按照国务院国资委、财政部 32 号令要求，履行公司董事会与股东会相关决议，获得中国中车集团批复后，启动审计评估工作，在资产评估备案后于 2016 年 11 月 10 日在北京产权交易所公开挂牌公示，截至 2017 年 2 月 22 日共有 16 家大型企业集团成为中企云链新股东。在此次增资扩股工作，无论是审计、资产评估及备案，还是投资者进场摘牌都严格按照国资监管要求程序，做到了合法合规，规范运作。因此，中企云链增资扩股工作也成为北京产权交易所央企增资扩股的典型案例。

48

推进员工持股试点　创造企业内生动力

中国中铁中铁设计咨询

一、基本情况

中铁工程设计咨询集团有限公司（以下简称“中铁设计咨询”）是中国铁路工程总公司（以下简称“中国中铁”）所属中国中铁股份有限公司（以下简称“中铁股份”）控股子公司，注册资本73081.8286万元，总部位于北京，是集建设工程规划、勘察、设计、咨询、监理、总承包、检测、运营维护服务、工程建设标准与标准图编制以及产品和技术研发于一体的大型综合勘察设计咨询企业。中铁设计咨询持有国家住建部颁发的工程设计综合资质甲级、工程勘察综合类甲级等12项甲级资质，拥有商务部批准的对外工程承包经营资格，是北京市科学技术委员会认定的国家级高新技术企业和北京市设计创新中心。中铁设计咨询主要服务领域包括铁路、城市轨道交通、公路、市政道路、房屋建筑、矿产冶金等，核心业务铁路、城市轨道交通勘察设计与咨询位居国内第一梯队。

中铁设计咨询现有在岗员工2648人，本科及以上学历人员占员工总数的近90%，其中博士19人，硕士820人，本科1496人，拥有中国勘察设计大师2名，享受国家政府津贴人员、省部级专家和拔尖人才95人，教授级高工108人，高级工程师1021人，工程师794人，取得国家各类注册执业资格690人次。

二、改革背景

中国中铁积极推进系统内企业深化改革，2014 年，制定出台了《全面深化改革指导意见》，提出了包括员工持股在内的产权结构混合化等 16 项改革工程。按照中国中铁深化企业改革的总体要求，中铁设计咨询对自身发展所处的环境进行了深入的分析。作为工程勘察设计咨询行业企业，随着国家改革的全面推进和宏观经济环境的变化，保持企业长期稳定发展的压力日益增加。从体制改革环境看，已经转企的勘察设计咨询企业体制改革在不断深化，转型升级在不断发展。同时，事业制勘察设计咨询单位转企建制步伐加快，将有大批单位进入市场，形成更多竞争对手。未来，包括员工持股在内的多元化股份制改造、企业改制上市、引进战略投资者、重组整合等模式，是工程勘察设计咨询行业企业深化改革的趋势。从竞争环境看，勘察设计咨询行业市场竞争激烈，设计咨询企业作为智力密集、技术知识密集的人力资本型企业，人才是创造企业价值的根本，对企业的生存和发展起着决定性作用，企业的竞争就是人才的竞争。根据这一性质特点，实行以企业员工持股为重点的改革，实现企业骨干人员由职工向股东的转化，实现员工按劳与按资相结合的分配新机制，留住人才，吸引人才，增强企业的凝聚力和员工对企业的忠诚度，从而激发出企业发展新的内生动力，是解决设计咨询企业持续稳定发展的根本途径。在此背景下，中铁设计咨询制订了探索员工持股的深化改革工作方案，并向中国中铁申请作为改革试点单位。

2016 年 8 月，国务院国资委、财政部、证监会三部委印发了《关于国有控股混合所有制企业开展员工持股试点的意见》，国务院国资委下发了《关于开展中央企业员工持股试点有关事项的通知》，深化改革进一步向基层延伸。中国中铁抓住机遇，经慎重研究决定推荐作为建筑业上游业务、在企业发展中具有较强带动力和影响力的中铁设计咨询上报国资委作为员工持股试点单位。2016 年 11 月 28 日国资委印发了《关于中央企业所属 10 户子企业开展员工持股试点的通知》（国资发改革〔2016〕293 号），正式确定中铁设计咨询为中央企业首批开展员工持股试点的十家企业之一，开启了中国中铁系统混合所有制改革的先河。2017 年 5 月，作为国务院国资委中央企业首批十家员工持股试点企业之一，中铁设计咨询以增资扩股方式成功完成了员工持股及同步引入非公有资本股东混合所有制改革。

三、改革实践

中铁设计咨询在国务院国资委的正确领导下，认真落实，严密组织，大胆实践，依法合规，扎实稳妥地推进员工持股试点及同步“混改”工作。

（一）加强组织领导

为确保试点工作积极稳妥有序推进，中铁股份公司于 2016 年 12 月 27 日成立了员工持股试点工作领导小组。中铁股份公司总裁担任领导小组组长，总会计师、总法律顾问担任副组长，战略规划部、劳资社保部、财务部、法律事务部、工会等部门负责人为领导小组成员。中铁设计咨询也成立了员工持股试点领导小组和工作小组，小组下设方案组、资产组、持股员工组、方案评议组、宣传组、监督组等专项工作组同步推进试点工作的实施。

（二）制定周密方案

按照国务院国资委的部署，中铁股份公司和中铁设计咨询制订了详细的工作方案和推进计划，准确把握财务审计、资产评估、公开征集战略投资者进场交易、持股员工的确定以及各阶段决策程序的履行等重要节点，以确保工作质量和进度要求。

（三）确保依法合规

严格遵守《公司法》《企业国有资产交易监督管理办法》《关于国有控股混合所有制企业开展员工持股试点的意见》等有关法律法规、管理办法和政策规定，规范履行内部决策和审批备案等各项程序，有效保证了员工持股方案内容合法，操作程序合规。中铁设计咨询引入非公有资本战略投资者按照增量引入原则，在产权交易市场公开挂牌征集战略投资者；员工持股计划认购中铁设计咨询股权的价格按照公开征集战略投资者进场交易确定的非公有资本股东的价格确定，确保国有资产不流失。

（四）维护企业稳定

在员工持股试点实施过程中，公开披露员工持股涉及的重要事项和信息，充分保障员工的知情权和监督权，做到规则公开、程序公开、结果公开，防止暗箱操作、利益输送，依法保护各股东的权益，同时不侵害公司内部非持股员工的合法权益；员工持股方案在充分听取广大职工意见建议的基础上，通过职工代表大会的审议，有效保障了企业的稳定和员工队伍的稳定。

四、改革成效

中铁设计咨询推进员工持股试点工作半年多以来，改革与生产经营取得了明显成效，企业主要经营指标再创新高，科技创新能力明显增强，承担的国家重点建设项目推进顺利，混合所有制的协同效应开始显现。

一是企业主要经营指标增长显著。广大骨干员工经营积极性空前高涨，2017 年上半年以来，经营业绩明显提升，主要经营指标大幅增长，企业发展稳中有进，经营指标再创历史新高。2017 年 1—6 月完成新签合同 301729 万元，比上年同期增加 47369 万元，同比增长 19%；完成企业营业额 166147 万元，比上年同期增加 28487 万元，同比增长 21%；实现利润 1.7 亿元，完成全年预算目标的 60%。

二是科技创新积极性进一步提升。2017 年中铁设计咨询承担外部研发项目与内部研发立项共计 207 项，比上年增加 120%。2017 年 1—6 月公司申请专利 28 项，其中发明 11 项，比上年同期增加 56%；取得专利授权 25

项，其中发明 16 项，比上年同期增加 32%。

三是承担的重点工程项目推进顺利。中铁设计咨询承担的 2022 年北京冬奥会配套项目北京—张家口—崇礼高速铁路，积极采用 BIM 技术进行设计，打造我国首条智能铁路。加班加点完成郑州—济南时速 350 公里高速铁路施工图设计，保证了施工的顺利推进。开展国内首条轻型跨座式单轨芜湖市城市轨道交通 1 号线、2 号线一期工程详勘与施工图设计，保证先期开工的实施。

三是非公投资者战略协同效应显现。引入的战略投资者比亚迪股份有限公司近年来积极投身我国城市轨道交通事业的发展，研发了新型跨座式单轨车辆——比亚迪“云轨”，诞生了我国拥有自主知识产权的跨座式单轨车辆。中铁设计咨询发挥自身在跨座式单轨系统规划、设计及系统集成上的领先优势，与比亚迪合作取得显著成效。受广东省汕头市、安徽省蚌埠市、河南省安阳市、广西壮族自治区桂林市、吉林省吉林市等多个城市委托，中铁设计咨询采用比亚迪“云轨”制式进行城市轨道交通线网规划及建设规划的编制与研究，总规模近 300 公里，总投资规模近千亿，其中汕头试验线已开工建设，蚌埠、安阳两城市试验线年内开工。

五是员工持股助推引进人才效果强劲。在人才引进、招聘过程中披露公司为员工持股试点企业，对吸引人才起到良好作用。2017 年 1—6 月中铁设计咨询自社会引进城乡规划、建筑、结构、轨道交通站后系统、工程监理等专业短缺人才 30 余名。截至目前已顺利完成了 2018 年高校招聘工作，与同济大学、中南大学、天津大学、北京交通大学、西南交通大学、东南大学等国内重点高校 2018 年毕业生达成招聘意向 150 人，比上年增加 15%。

五、经验启示

一是加强领导、高度重视、积极沟通是开展员工持股试点工作的重要

保障。员工持股试点是深化国有企业改革的重要举措，政策性强，操作复杂。中国中铁高度重视，将其列为2017年度的重点工作，多次主持召开专题会议，研究、讨论、部署相关工作，责成相关单位、部门落实员工持股试点工作进度，并积极向国务院国资委汇报、沟通，得到了国务院国资委的帮助指导和大力支持，有力地保障了员工持股试点工作的顺利开展。

二是抓住员工持股方案这个重点是开展员工持股试点工作的关键。员工持股方案包括了股权结构、各方股东出资入股方式及金额、持股人员名单及确定标准、员工持股比例、入股价格及确定依据、持股方式、动态调整机制、持股平台管理、股权分红确定原则和程序等事项，是具体实施员工持股的重要依据，只有抓住这个重点，在政策范围内结合企业实际创新，制订出全面、准确、合规、可操作的方案，才能确保员工持股试点工作顺利开展。

三是激发企业新的内生动力是员工持股试点工作的主线。现阶段，中铁设计咨询正处在企业改革发展的关键时期，经过十多年的快速发展，面临发展瓶颈的考验，急需激发新的内生动力，提升企业的核心竞争能力，必须抓住“开展员工持股试点”这一历史机遇，建立利益共享、风险共担的长效激励约束机制，将劳动关系与资本投资挂钩，使员工利益与企业利益紧密结合，实现骨干员工由职工向股东的转化，增强人才队伍的向心力、凝聚力和忠诚度，激发企业发展新的内生动力，确保企业“成为一流的国际型工程咨询公司”战略目标的顺利完成。

49

"三个坚持""三个不变"国资民资共同推进混合所有制改革

中国农发集团巨明公司

一、基本情况

山东巨明机械有限公司（以下简称"巨明公司"）是中国农业发展集团有限公司探索混合所有制改革，于2015年以战略并购的方式并入的一家为落实集团"服务现代农业"战略、发展农业机械装备板块的核心平台企业，原属100%民营，现国资控股51%，民资股占49%。加入中国农发集团后，巨明公司立足"三个坚持"，保持"三个不变"，正在积极努力争创混合所有制改革的示范企业与标杆企业。

作为国家重点农机装备制造企业之一，巨明公司的技术水平、生产规模、产品品质目前走在同行业的前列，收获机械产销量和综合效益稳居全国前三甲，中国农发"巨明"品牌是老百姓用出来的知名品牌。2016年公司实现利润总额6013万元，同比增长14%。

二、改革背景

从中国农发集团层面来看，历经不断调整产业结构，优化业务布局，综合实力不断提升之后，"十三五"期间，仍需通过描绘新的成长曲线解决现存的发展问题，实现由传统农业企业向现代农业企业的转型。其中抓住央企改革重组的机遇，以国资并购民资的"混改"方式，整合涉农资源，外引内炼，以外促内，启发思路，引导创新，获得新的体制机制活力，成为巨明公司探索出的一条“捷径”。巨明公司一方面在当前农机工业“供给侧”需求改革新常态的巨大压力和机遇下，整合国资民资混合所有制的优势，催新活力，创新动能，发展壮大；另一方面避免了“混改”产生“体制上混同、战略上混流、经营上混利”等不良现象。通过积极对接中国农发集团的战略发展规划，巨明公司撑起“农业机械装备板块核心发展的平台”，打造成为“农业生产全程机械化解决方案提供商”，为用户提供最有价值的农业装备成套解决方案。

三、改革实践

（一）保持与推进混合所有制活力

巨明公司牢固执行战略并购合作协议，积极探索建立适合于国有资本管理增值的风险管理机制，以保持与发挥混合所有制各方产权的优良基因作用。**一是**完善法人治理结构，在并购完成后组建新的股东会的前提下，按 3:2 的比例组建了由 5 人组成的新一届董事会，确保国有资本在公司战略引领、“三重一大”事项等的决策权，从体制设计和法人治理上保证“三个充分”：充分信任经营班子、现有团队，充分授权经营层，充分支持巨明的发展，企业内外资源相继得到补充，先后获得了中国农发集团来自三个方面的支持：融资支持、战略支持和管理支持。**二是**保持了民营职业经理人团队，在生产经营中开展“三个坚持”：坚持贴近百姓，面向市场，服务社会，为民造福。农民需要什么机械就开发什么机械，国家需要什么机械就生产什么机械；坚持自主创新，产学研用结合，以人为本，科学管理。研发适合中国国情、市场需要、农民适用的先进农机产品；坚持品牌战略，保证产品质量，全员售后服务。**三是**大胆从市场引进新人才为企业注入新血液，成功引进了大马力拖拉机事业部团队，实现团队式引进人才；引进的日本精益生产管理专家团队，快速推进了精益生产理念在巨明的落地。

（二）优化调整战略发展目标与规划

按照集团农业机械装备板块的“十三五”战略发展规划，公司战略发展业务组合逐步成型，“十三五”期间巨明公司以国家农机装备“十三五”发展战略为指导，按照农机装备发展的具体要求，利用自身的技术优势、生产优势和市场优势，致力成为农业生产机械化整体解决方案服务商为目标，形成了“收获机械＋收获前机械＋收获后机械”三大战略业务和“个性化、差异化”的竞争策略，即以谷物机与玉米收获机为基础，通过转型升级，提升竞争优势；学习借鉴全球先进的拖拉机制造技术，引进开发同步器拖拉机、新型动力换挡拖拉机和果园型拖拉机，以大型、高端、园林拖拉机为支点，拓展动力机械领域；以青贮饲料机、玉米籽粒机为切入点，逐步拓展畜牧装备、粮食干燥领域；密切关注根茎类作物收获技术的发展，提升花生机、大豆机技术含量，适时展开大葱、马铃薯等经济类作物收获机的研发，逐步建立主要农作物全程机械化产品产业链。

（三）内引外联补足短板加快产品结构的调整

一是坚持以全球化为视角，采取资本合作、技术引进等多种方式，整合全球技术及市场资源，以创新为驱动力，打造具有国际竞争力的农业装备品牌。2016 年 7 月与日本洋马集团实现技术共同开发，共同开发自走式轮式收获机的新型驱动系统，对传统产品进行升级换代。2017 年 6 月与意大利卡拉罗集团实现资本合作，成立艾格瑞巨明农业装备有限公司，引进其全球先进的大马力拖拉机动力换挡传动系技术和异型拖拉机（果园型拖拉机）产品并实现国产化。

二是申建并成功获批山东省认定企业技术中心，并着眼于建立长期战略合作的产学研联盟，又申请获批聘用“泰山产业领军人才”1 名。公司 2016 年共申请专利 27 项，其中 14 项已获授权。2017 年推出了收获机械板块两行履带机、大型青贮机、茎穗兼收型、花生捡拾果茎兼收机和秸秆打捆机等新产品，获得较好收益。收获机械与动力机械共享网络，齐头并进，同时推出了收获前机械（动力机械）板块拖拉机 1504、1304 等新产品业务，促进了不利市场环境下的全年市场的开拓。以上产品都应用了新技术与新工艺，如静液压驱动技术、HMT 变速技术、同步器技术、国三发动机传动技术等。公司在研究开发费用方面的投入，占营业收入比达到了 4% 以上。

四、改革成效

（一）战略发展上，公司转变成农业全程机械化整体解决方案的提供商

适应我国农业全程机械化的趋势和市场特点，结合中国农发集团战略与资源，巨明公司继从“从背负机到自走机”“从小麦机到玉米机”实现经营战略转移后，又实现“从收获机械到动力机械”“从单一生产型企业到生产创新贸易型企业”的两大经营战略转移，成为国家重点农机装备制造企业，成为国内有较大影响力、国外有一定知名度的农机装备制造商。目前，已形成了收获前动力机械（拖拉机）、收获机械（小麦机、玉米机、水稻机、花生机、大豆机、籽粒机、青贮机）、收获后机械（打捆机、烘干机）等三个系列产品同步开发与同步经营的局面，是同行业中品种最全、产品线最丰富的生产制造企业之一，可以根据中国不同地区农艺的需要，同时为农户提供收获前、中、后组合式产品，奠定了真正让巨明成为中国农业全程机械化方案提供商的战略基础，也有力地适应与促进了农业行业“供给侧”需求的改革。依靠“个性化定制、差异化销售、方案式服务”，2017 年 1—8 月份公司实现利润总额同比增长 33% 。

（二）技术研发上，公司形成自主研发、引进技术、合作研发共生共长的局面

公司小麦收割机、玉米收获机拥有完全的自主技术，并在积极打造国

家级技术中心，这为公司的发展壮大奠定了坚实的技术支撑，玉米收获机2016市场占有率第一。新技术与新工艺催生的新生代分段捡拾花生摘果收茎收获机、大型青贮饲料机和大马力拖拉机因其广泛的区域适应性、大气美观、实用可靠，受到用户的欢迎和认可，一度出现了供不应求的喜人形势。与卡拉罗公司的合作，学习掌握国际知名农机配套商整合农业机械上、中、下游产业链制造理念的同时，还引入先进的农机装备工业设计方法，产品先后获得山东省“省长杯”工业设计大赛铜奖和淄博市工业设计大赛金奖。技术引进、合作开发等方式的积极借鉴和先进技术的消化吸收，更好、更快地提升了企业整体的研发水平，开发、制造出更优质、高效的产品，为中国的老百姓服务。

（三）生产制造上，公司信息化促进工业化实现了产供销研信息的共享

公司制订技术改造与设备更新计划，积极引进先进的生产加工设备，有序进行生产线与焊接等制造装备的升级。主动催化生产制造与产品的智能化，增加产品附加值。积极引入电子商务营销模式，通过电商平台推广中国农发“巨明”品牌产品，接受生产订单，企业品牌和产品的社会知名度和影响力大大提高。公司编制内控手册，开展内控管理，积极推进信息化建设，规范业务流程，提高工作效率。组织财务管理信息化系统整合，完成财务管理的规范与对接。目前，已成功实现企业ERP信息系统与OA办公自动化系统上线运行，逐步完善、建成了企业产、供、销、管的统一的综合性信息化平台。

五、经验启示

（一）国资与民资保持战略利益一致，是混合所有制改革后企业各方资源有效整合的关键

保持战略利益一致，是为了更好地“一起过日子”。因此需要国资产

权管理代表与民资产权人在“混改”初始和之后的合作经营中，制订符合双方利益的战略发展规划，达成并保持和同步调整在企业发展中的发展基本原则和总体思路，保持产业定位、发展方向和目标的一致，使之成为企业共同的发展纲领，指导在战略举措、核心能力、资源配置、保障措施、规划管理等方面的统一行动，协同互补，实现互利共赢。

（二）国资有效管控情况下让民资股权有说话权，是混合所有制改革后企业经营活力的源泉

建立与保持“混改”之后企业有民营的活力在于“三个不变”：**一是**企业的市场化意识不能变，公司仍然要不等不靠地去拼市场；**二是**经营决策效率不能变，不能因为决策程序的规范使决策开了慢车；**三是**民企的经营活力和艰苦创业的精神不能变。因此，在“混改”企业中国资与民资应当互相尊重、平等合作、互相理解、取得信任和协调一致，要通过交流沟通来求同存异，努力寻求一致利益。要充分理解各方生产决策的出发点，不回避观点不同的问题，并且在统一有效的法人治理结构下，努力打造建立以职业经理人为首的经营管理系统。

（三）国企与民企文化的整合，是混合所有制改革后企业规范发展和发展活力的根本

正规化是现代企业管理的基础，在混合所有制企业里，要建立起适合国情和企业实际情况的，包括管理标准化、规范化、制度化在内的正规化运行机制。同时，民企干事创业、勤俭持家的企业灵魂，贴近百姓、来自田间地头的全员技术创新方式，去往田间地头的全员售后服务模式，快速彻底的团队执行力和广大职工的凝聚力、向心力，也具有巨大的、无穷的养分。两方面文化的正向融合，能够产生巨大的文化导向、凝聚、激励、约束和辐射作用，对企业深层次地创造、创新与创效，具有非常重要的意义。

50

以市场为导向　创新体制机制 深入推进混合所有制改革

国药集团国药控股

一、基本情况

国药控股股份有限公司（以下简称“国药控股”）是中国医药集团总公司（以下简称“国药集团”）的核心企业，成立于2003年1月，2009年9月在香港上市。目前已发展为中国最大的药品、医疗保健产品分销商及领先的供应链服务提供商，拥有并经营中国最大的药品分销及配送网络，形成了医药健康产品分销配送、医药健康产品零售连锁、医药工业、化学试剂、医疗器械、医疗健康服务多元产业等相关业态协同发展的一体化产业链。公司市值名列全球医药分销企业第四位。2005年以来，连续蝉联中国医药商业企业销售额榜首。2011年，荣膺“国内首家医药流通业务超千亿元”企业，强势保持中国最大的药品及医疗保健产品分销商和领先的供应链服务商的市场地位。

二、改革背景

国药控股是在医药流通领域里首开混合所有制先河的企业，经过十多年的发展，企业规模实现了跨越式发展，奠定了国内最大医药分销企业的市场地位。但是，随着混合所有制的不断深入，也暴露出由于改革不彻底、不到位带来的阻碍企业发展的一系列问题，如混合所有制企业党建工作薄弱、公司治理某些方面仍延续传统的上下级行政管理模式，以及薪酬管理市场化程度偏低、未建立有效的激励约束机制等。2014年7月，国药集团被国资委确定为中央企业发展混合所有制经济试点单位，选中国药控股和所属8家子公司为试点企业。国药控股以此为改革契机，进一步探索适合混合所有制经济发展的体制机制和管理模式，实施了一系列改革创新举措，取得了积极成效。

三、改革实践

（一）健全党组织充分发挥领导作用的有效机制

一是进一步加强基层党组织领导班子建设。公司党委在加强子公司党务干部队伍建设过程中，从选配、培训、交流等各个环节入手，致力于打造素质过硬、专兼职结合的基层党务干部队伍，通过内部选拔、干部交流、岗位轮换等方式，把系统内政治素质好、懂经营管理、善于做思想政治工作的党员干部选派出来担任子公司的党委书记、副书记，充实子公司党务干部力量，切实解决党组织弱化、边缘化的问题。

二是切实抓好党员领导干部履行“一岗双责”。公司党委连续四年制定领导班子开展调查研究方案并对开展调研活动提出了具体要求，要求领导班子成员切实做到抓经营和抓党建“一岗双责”。根据国药控股领导班子分工原则，班子成员承担行政分管职责范围内的子公司党建督导工作。

三是实施党建纪检片区管理。公司党委从一体化协同共建的思路出发，将国药控股各级党组织纳入东北、华北、华东、华南、西南、西北等六个片区，实行党建、纪检工作分片区管理。片区党建纪检管理按照工作协同、沟通协调、模式共建的管理宗旨，有效延伸和增强了国药控股党建纪检的管控能力，实现区域联动、相互促进的工作格局，加快提升各级党组织党建科学化水平。

（二）完善有效制衡、平等保护的公司法人治理结构

一是修订公司章程。将“在公司中，根据中国共产党章程及《公司

法》的规定，设立中国共产党的组织，开展党的活动。公司应当为党组织的活动提供必要条件”的表述纳入国药控股《公司章程》，进一步明确了党组织在法人治理结构中的地位和作用，并明确要求所属各级公司将“切实加强国有企业党的领导”等内容加入公司章程。

二是细化界定职责。进一步科学界定并细化了董事会及各专业委员会的作用，明确落实董事会对高管人员的选聘、考核以及薪酬管理权。明确董事会提名委员会由公司党委书记兼任，强化体现党管干部和董事会选聘权的结合；明确战略与投资委员会由大股东董事占多数，以切实保障大股东（国有产权）的战略决策权；进一步强化了以外部董事为核心的薪酬委员会的薪酬决策职责和权限。

三是加强子公司治理。国药控股对现有制度和实际操作进行了全面梳理，系统化更新了子公司“三会”管理制度，建立“两级负面清单”管理模式，给子公司董秘和代表国有股权的外派董监事履职提供了清晰的依据，提升了执行层面的可操作性。国药控股建立了子公司“三会”信息数据管理系统，组织开展子公司董事会秘书业务培训，并且在日常工作中不断加强督导和检查，有效提升了下属企业公司治理的规范性。

（三）探索完善职业经理人制度

国药控股将党管干部原则植入职业经理人管理体系，建立了“酝酿提名—组织考察—纪委联审—个人有关事项报告审核—任前公示—党委讨论”等一系列完善的职业经理人选拔任用程序；建立了职业经理人任职标准体系和胜任素质模型，不断健全职业经理人的市场化选聘机制，积极拓展职业经理人队伍的渠道来源；对职业经理人实行契约化管理，建立了分层分类考核、定量考核与定性评价相结合的职业经理人考核机制；进一步加强了职业经理人任职及履职风险防范机制建设，建立个人有关事项报告、经济责任审计、亲属回避、超龄任职清理、责任追究等多种风险防范机制。

（四）探索完善市场化激励和约束机制

国药控股遵循市场化付薪理念，建立了激励和约束相结合的职业经理人薪酬体系，职业经理人实行与市场化接轨的年薪制，薪酬标准与所任职企业效益直接挂钩，根据每年考核结果给予兑现，确保公司利益与股东利益的一致。同时，建立了以绩效为导向的员工薪酬福利管理制度，明确了职业经理人以外的员工匹配市场化的薪酬福利体系。同时，国药控股开展了中长期激励工作，以限制性股票作为激励工具，以中长期的优秀业绩实现作为获得激励收益的前提条件，从时间约束、业绩约束和持有约束三个方面形成和强化相应的考核约束机制。《国药控股H股股权激励方案》于2016年8月获得国资委批复。

（五）探索建立对混合所有制企业有效监管制度

国药控股针对混合所有制企业产权的形态及治理结构，按照有利于建立现代产权制度、有利于促进混合经济发展、有利于国有资产保值增值的原则，建立完善混合所有制企业产权管理制度体系，从“国有产权的确权”“国有产权的运营管理”“流转管理”“国有产权的监督”“信息公开”“问责管理”等方面形成了明确的改革措施。在执行中，通过专项治理和强化督促整改，降低了合规经营风险；通过开展管理提升，“两降一减”初见成效；通过对部分缺乏市场长期竞争能力、未来发展不确定性较大的项目，视情况逐步调整、降低比例，乃至退出，进一步强化了对国有产权管理的保值增值与风险可控能力。

四、改革成效

国药控股坚持创新发展，建立并完善了充满活力、管理有序、内部和谐、互利共赢的混合管理机制，持续呈现出强大的发展生机，获得了快速发展和长足进步。

一是规模增速保持行业领先，国有资产持续壮大。公司经营配送网络已覆盖全国31个省（区、市）的197个城市，在19个省（区、市）医院直销市场竞争排名第一，服务逾16万家行业客户，公司在岗员工6万余人。2016年公司营业收入同比增长13.77%，利润总额同比增长22.14%；2016年公司市值有6个月维持在千亿之上，平均市值较2015年上涨约11%；继续保持港股最大市值医药公司地位，《财富》中国500强排行榜第22名，《财富》2016“最佳投资回报公司”，入选富时中国50指数成分股。

二是战略性新兴产业快速发展，公司业态结构进一步优化。公司通过“资本、价值、创新、运营”四大驱动，推进企业增长方式、产业布局、服务模式的转变，在夯实全国药品、医疗保健用品与分销配送主营业务的基础上，大力发展零售诊疗业务；成立融资租赁、产业投资基金，提升企业金融服务能力；顺应“互联网+”，成立国药健康在线，抢占线上市场份额；创新业务模式，以4D模式强化药械（药服）联动战略，从而积极推动公司由传统商业贸易向现代化综合服务模式转型和转型升级。2014年以来，国药控股分销业务占比下降3%，零售业态发展迅猛，占比提升2%，公司多元化、大健康业态结构新格局初步呈现。

三是混合所有制形式更趋多元，民营资本活力持续释放。在国药控股的各级子企业中，多层级、多元化的股权结构，持续丰富了公司混合所有制的结构与内涵，为企业注入了新的活力，不断提高了企业的市场竞争力。截至2016年底，公司所属混合所有制企业在整体销售规模中的占比达45%，比2013年上升15%。公司以118.85亿余元的国有资本，实现了对1736亿余元企业资产的管控，国有资产的杠杆作用进一步放大，也充分体现了国药控股国有资源嫁接小股东活力，混合机制充分融合、力量充分释放的典型效应。

五、经验启示

一是混合所有制必须公平保护各方股东权益。混合所有制强调的是不同所有制交叉持股和相互融合，各方股东按照公司法的规定规范行使权力，各自的合法利益都应受到平等保护。在发展混合所有制经济中，国有企业应充分保障各种股权资本的决策话语权，绝不能因为控股的地位而忽视或侵占其他股东权益。只有与各股东方建立了良好合作信任关系，才能使国有企业的政治定力、管控能力、品牌效力，与民营企业的市场潜力、逐利动力、机制活力有机结合起来，才能实现混合所有制企业健康快速的发展。

二是混合所有制必须充分发挥民营股东作用。混合所有制经济本质上是不同产权主体的利益共同体，这是混合所有制经济充满活力的根源。在推进混合所有制改革的过程中，国有企业在保持控股地位的前提下，留给原民营股东一定比例的股权，或是通过交叉持股的方式，将一部分国有股权置换民营股东股权，同时，继续留用那些有能力、有业绩、有干劲的民营股东和原经营团队，吸引其成为职业经理人，既稳定了重组企业，又将民营股东的利益和企业利益紧密结合在一起，使企业发展充满内生动力。

三是混合所有制必须坚持战略认同、管理整合、文化融合。混合所有制成功的基础是国有和民营股东双方的相互认同。国企和民企在体制、管理、文化上存在差异，在混合前，必须与合作方就战略目标、发展方向、文化理念等方面进行充分沟通，只有在达到认同和产生协同的基础上才能进一步开展合作；合作后，应当严格制定管理制度，规范流程，注重有效开展业务和管理的整合，将混合所有制企业纳入国资监管体系和央企战略规划体系，实施经营一体化管控，充分发挥好“央企平台、民企机制、国企传统”的优势和活力。

51

以混合所有制改革为契机实现企业跨越式发展

中国黄金中金珠宝

一、基本情况

中国黄金集团黄金珠宝有限公司（以下简称“中金珠宝”）成立于2010年12月，并于2015年1月完成了中国黄金集团旗下的全国黄金零售企业的整合。整合后中金珠宝共管辖了30个二级机构，其中职能管理体系6个，支持维护体系5个，业务运营体系19个，系中国黄金集团公司控股的子公司和七大板块企业之一，是国内从事“中国黄金”品牌运营的大型专业黄金珠宝生产销售企业，承载着集团延伸产业链的重要使命。

中金珠宝以“中国黄金”品牌为依托，实施“品牌+连锁”的经营战略，形成了以“中国黄金”品牌为主，高端轻奢品牌“珍如金”与快时尚品牌“珍尚银”为互补的品牌战略体系。截至2016年底，中金珠宝累计实现销售收入2866.29亿元，利润总额14.76亿元，分红共计3.14亿元。

二、改革背景

目前我国黄金珠宝行业市场竞争激烈，外资品牌（如卡地亚、蒂芙尼等），港资品牌（如周大福、周生生等）、内地品牌（老凤祥、老庙等）历史悠久且品牌知名度高，资金实力雄厚，市场机制灵活，吸引人才能力较强，中金珠宝发展遇到了严峻挑战。

中金珠宝面对法人治理结构单一、流程僵化效率低下，融资渠道狭窄、资产负债率高，员工激励和约束机制脱离市场、引进优秀人才困难等困境，进行大刀阔斧的混合所有制改革，以此为突破口引入外部“活水”，实现股权结构多元化、治理结构制衡化和人力管理市场化，坚定不移地推动自上而下的、系统内与系统外联动的混合所有制改革。

三、改革实践

（一）以“混改”为契机，提升企业核心竞争力

2017 年 4 月，中金珠宝在国家发展改革委、国务院国资委等部委的具体指导下，制订了混合所有制改革试点方案并获得了正式批复，被列入发改委第二批混合所有制改革（以下简称“混改”）试点。成功引入战略投资者及产业投资者，共引入中信证券、京东、兴业银行等在内的 7 家战略投资者，持股比例合计为 24.52%；引入北京彩凤金鑫商贸中心（有限合伙）作为产业投资者，持股比例为 9.81%；核心骨干员工（包括管理层）以合伙平台的方式，持股比例为 6.00%。

（二）在“混改”新形势下，打造珠宝公司党建工作新格局

1. 启动“两学一做”学习教育工作

2016 年 4 月中旬，珠宝公司党委全面启动“学党章党规、学系列讲话，做合格党员”（简称“两学一做”）学习教育工作。组织召开了珠宝公司“两学一做”学习教育动员部署会，对“两学一做”学习教育实施方案进行细致部署和积极动员。制订了《中金珠宝公司“两学一做”学习教育工作开展计划表》和《中金珠宝公司中心组“两学一做”学习教育工作计划表》，组织开展了“手抄党章”和“党员身份亮出来”主题活动，活动取得良好反响。

2. 领导班子讲党课，建立学习型党组织

坚持以学习正导向，以学习提素质，以学习转作风，努力打造学习型

领导班子和学习型党组织。为浓厚党组织学习氛围，开展“领导班子上党课”活动，要求每个班子成员自选主题，结合工作思想情况，轮流为公司中层干部上党课，进一步深化“两学一做”的教育活动成果。

3. 加强党风廉政建设，建立党委主体责任机制

签署党风廉政责任书，以进一步落实“一把手负总责，分管领导各负其责，班子成员齐抓共管、纪工委协调督查”的领导体制和工作机制，严格执行中央八项规定和集团24条措施，将党风廉政建设与生产经营工作做到同部署、同落实、同考核。

4. 强化党风廉政建设考评工作

结合签订党风廉政建设责任书内容和具体工作安排，发挥纪委监督责任，组织开展总部党风廉政责任落实考评工作。对总部各部门中层领导干部在年度党风廉政建设方面开展工作情况进行民主调查考评，通过年度党风廉政责任落实情况的考评，进一步强化党风廉政责任落实。

（三）实施创新驱动，激发体制活力，构建业务发展新优势

1. 加盟体系严抓管理整顿

从客户实际需求出发，研究适应市场形势的各项政策举措，试点工价分离、钻石巡展等新型业务模式，推进供应链融资、0元换新、大店支持和开店新政等，引入相关业态辅助黄金销售，同时采取一方控股、核心客户参股的方式，有效实现中国黄金的战略布局；畅通沟通机制，利用微信等移动交流平台，广泛听取一线声音，“同城同价”形成良性互动；通过不断开设新店树立良好市场形象，保持渠道活力，目前已在重庆、江西、浙江等11个省（区、市）开设500平方米以上大型优质店面16家，市场形象优化升级。

2. 直营体系突出优势

弥补劣势，加强与合作伙伴深度合作，商业谈判效果显著；多方升级改造现有店面形象，提升软实力；关闭“僵尸企业”和亏损店面，增加盈

利空间；适度关注有消费潜力及影响力的高端商圈、商场和城郊市场，提升品牌影响力，扩大品牌辐射面；北京旗舰店推出积存金、投资钻石新兴业务，展开琥珀、翡翠联营合作，不仅丰富了产品种类，也增强了客户体验感；昆明公司拿到云南省第一批“离境退税商店”授牌，与世博文化在昆明旅游商品市场的推广合作；四川公司阶梯式提成，郑州公司钻石巡展等，都充分利用当地优势和资源，市场低迷时期实现转型升级。

3. 新兴业务创新业态

创新引入“供应链金融”及“消费金融”这一新的业态，以中金珠宝、银行、加盟商信用资质做背书，将传统经营与金融手段相结合，增加业务黏合度实现战略共赢。同时，与广州银行和东方国信共同申请消费金融牌照，打造国内独一无二的黄金珠宝产业类消费金融公司。

（四）推进全过程成本管控，多措并举降本增效

“成本人人管，指标大家控”。降低用工保证金，节约招聘费用、人工成本等40余万元；统一部署营改增，节约税费202万元。“千足换足”以“换新为主，改字印为辅”为指导，大力度促销和以旧换新等消耗160公斤千足金老签饰品；流动资金贷款“次日达”提高筹资效率、降低资金成本；积极研究税收政策，谋求税务筹划，降低企业税负；洽谈商场扣点，鼓励微信、支付宝等降低刷卡费，废旧电脑内部重组变卖，包装辅料二次回收，“走出去”调整为引流到店的内展宣传。

四、改革成效

（一）顶层设计得到落地，“混改”工作顺利推进

中金珠宝按照国资委等部委批准的“混改”方案有序稳妥推进上市工作，珠宝公司IPO事宜已经进入实质阶段，已按时间表完成增资扩股，建立了证券事务联系处理机制，加速IPO进程。进一步借助资本市场，不断扩大市场份额，增强市场影响力，以实现“中国黄金”央企品牌的保值和

增值，打造具有国际影响力的黄金珠宝行业领军企业。

中金珠宝通过本次“混改”中引入先进的管理模式和市场运作经验，实现引资本和转机制相结合，企业产权多元化与完善法人治理结构相结合，进一步增强企业活力、释放发展潜力，拓展新的业务板块，构建新的商业模式，培育新的盈利增长点，进一步增强可持续发展能力。

（二）做优做强传统主业，积极构建“大金融”战略体系

加盟体系推进落实产品全品类战略，推进新常态业务，创新营销模式，加速定价改革；直营体系加强与国有企业总部和地方政府深度合作，打造中心旗舰店；大客户要以中国集邮和工商银行战略合作为起点，深挖客户资源。加大电子平台开拓力度，推进贵金属在线回购及贵金属托管项目落地。银行业务以“投资类产品创规模，文化类产品创效益”为经营理念，推进三方服务的标准化、流程化。同时，积极探索供应链金融及消费金融等新的业务模式，再创新的增长点。

（三）牢固了党要管企的意识，党建和反腐成效凸显

以习近平同志在国有企业党建会议上的讲话精神为指导，切实履行党建工作责任制和一岗双责，落实“三重一大”，以章程修订为契机，将党的领导融入公司治理各环节，明确和落实了党组织在公司法人治理结构中的法定地位；严格遵守中央“八项规定”和集团二十四条措施，完善监督机制，落实加强作风建设及廉洁自律监督；开展效能监察畅通信访渠道，打造了“忠诚、干净、担当”的人才队伍。

五、经验启示

（一）借助“混改”契机，再塑企业竞争力

中金珠宝秉承“混改”政策东风，推进IPO，增强了企业活力。同时，充分发掘自身优势，增强战略定力、保持改革韧劲，不断深挖传统渠道销售，提高独立决断、独立运营和管理所属企业的能力，实行“大财务、大

人事、大营销、大供应、大考核”模式取得明显效果。形成了以“中国黄金”品牌为主，高端轻奢品牌“珍如金”与快时尚品牌“珍尚银”为互补的品牌体系。

（二）优化管理流程，内控先行，促进了管理水平的全面提升

一是继续按照精细化管理要求梳理基础管理工作，进一步完善各项制度，优化管理流程，使各项工作流程化、制度化、规范化、精细化。

二是通过构建内部控制体系，确保对经营风险的全过程、全要素监控。以风险管理为核心，完善适合公司发展的风险控制体系，加强库存管理，降低因市场波动导致的经营风险，完善原料采购及出库流程。

（三）聚焦从严治党，为公司运营提供强力保障

严格遵守中央“八项规定”和集团二十四条措施，坚持“三重一大”，健全规章制度，完善监督机制，落实党建工作责任制和一岗双责，加强作风建设及廉洁自律监督；纵深推进“创先争优”党群共建；开展效能监察，加强内部审计，畅通信访渠道，打造“忠诚、干净、担当”的干部和人才队伍。

52

借力混合所有制改革　实现跨越式发展
打造具有全球竞争力的一流核技术应用企业

中广核核技术公司

一、基本情况

2011年，中广核集团立足全球新一轮科技革命和产业变革的新趋势，瞄准核技术应用方向，斥资5000万元成立二级企业中广核核技术应用有限公司（以下简称“核技术公司”）。作为中广核集团核技术应用产业发展平台，核技术公司业务主要覆盖加速器制造、辐照加工、改性高分子材料、核仪器仪表等领域。该公司以“混改”为突破口，经过7年探索，已成为全国核技术应用领域重要龙头企业，在电子加速器、辐照加工、高新材料等重点领域全面实现国内领先，并打入国际市场。截至2016年底，实现营收31.19亿元，利润总额3.20亿元，总资产118.83亿元，净资产54.98亿元。

二、改革背景

核技术公司一开始并没有走上高速发展的快车道，在起步阶段就面临重重困难。截至2012年底，公司实现营收839万元，亏损1541万元。成立2年时间，产业布局没有实质进展、队伍流失严重、核心产品竞争力不足，没有形成自我滚动发展能力。经过深入分析，发现主要原因在于发展方向路径不清晰，经营机制不适应激烈市场需要。要实现扭转，必须重新探索发展方向和路径，转换经营机制。

2013 年，中广核集团对核技术公司领导班子进行了调整。新的领导班子努力探索新的商业模式和发展方向，把混合所有制改革作为重要突破口和着力点，以战略并购方式实现产业布局和价值链快速延伸，实现行业资源整合；推进并购企业管理融合与业务整合；开展科技项目研发，不断增强自主创新能力；实现内生发展与外延发展有机结合，通过重大资产重组完成上市，推动混合所有制发展进入新阶段。

二、改革实践

核技术公司在“混改”过程中坚持问题导向，系统谋划改革路径、创新体制机制、优化产业布局，探索出一条企业快速做强做优做大的新道路。

（一）把准方向，明确路径，推动业务实现跨越式发展

一是把握行业特点，聚焦业务发展方向。核技术公司在对行业 200 余家企业调研基础上，掌握了核技术应用产业发展规律和竞争态势，充分认识到，在核技术应用细分市场中，既有高度垄断的领域，也有市场竞争比较充分、相对开放的领域。作为后来者，短期不具备与老牌企业在垄断市场区域直面竞争的实力，必须发挥机制灵活优势，进军市场化程度较高的领域才有可能抢得市场份额。经系统规划，公司将业务范围聚焦在电子加速器制造、辐照加工、改性高分子材料三个处于价值链高端的细分市场，推进混合所有制改革。**二是**借力并购重组，快速整合行业资源。根据核技术应用产业民营企业主导发展的特点，公司采用兼并重组的方式，积极与优秀的民营企业开展股权合作，既保留其市场化优势，又结合中广核的央企资源、品牌优势，探索优势互补、互利共赢发展新模式。推进过程中严格按照市场惯例规范并购操作，在短短的两三年时间内快速完成行业整合与产业布局。**三是**推动整体上市，形成自我滚动发展能力。2017 年 2 月 27

日，核技术公司“借壳”大连国际完成上市，上市公司更名为“中广核技”，正式成为我国非动力核技术应用第一股，也成为中广核集团旗下首家 A 股上市公司。公司上市后打通了资本市场渠道，奠定了行业龙头地位，实现了行业整合、与民企协同发展。

（二）规范治理，加强管控，建立有效制衡的法人治理结构

并购完成之后，核技术公司全面履行大股东职责，按照“治理管控为主、行政管控为辅”的总体思路，明确管理红线，持续完善公司治理、规范子公司管理。**一是**加强制度建设。建立和完善“三重一大”决策管理制度，推动各子公司均按要求建立《授权管理制度》和《董事会议事规则》等制度程序，清晰界定各级治理主体的权责边界，规范公司重大事项的决策流程。**二是**优化股权结构。以上市为契机，将少数股东股份上移至上市公司层面，实现了股东利益的一致化，优化了股权结构和公司治理，为后续推进混合所有制经济的深度融合发展做好了铺垫。**三是**规范董事会运作。核技术公司在各子公司的董事会均占半数以上席位，根据不同情况分别派出总经理、财务总监、副总经理等高级管理人员，实现对子公司重大事项的控制。同时对公司股东、董事会、总经理部等方面的管理权限进行规范化管理，保证了“治理管控”落实到位。**四是**加强对关键岗位的管理。关键岗位进行人员派驻，强化培训，确保各所属企业在合法合规的前提下，保持经营活力及业绩持续提升。

（三）利益捆绑、目标牵引，推动各类资本所有者共同发展

“混改”面临的最大困难，来自如何促成民营企业家放弃自己“大当家”身份，以“小股东”身份跟着核技术公司干。通过实践，核技术公司探索总结出一套行之有效的方法，即优选伙伴、利益捆绑、目标牵引。**优选伙伴**就是在投资并购和引入战略合作伙伴中严格设定“门槛”，确保并购企业和引入战略合作伙伴运作规范、效益良好、认同核技术公司的发展战略和中广核集团的企业文化，能与现有业务产生协同效应。**利益捆绑**就

是在项目股权和交易结构的设计等方面，要让合作伙伴与核技术公司的利益保持一致，把双方利益牢牢捆绑在一起，让双方共生共赢。**目标牵引**就是要设定一个良好目标，以此带动双方共同努力。对于并购后所设定的目标不能无限远，要“跳一跳”能够得着；同时，设定公司清晰的发展愿景，用宏伟的战略目标引领各方股东共同奋斗。

（四）创新驱动，优化布局，打造可持续发展核心竞争力

一是加强科技研发力量建设。坚持市场牵引科研战略布局，围绕核心技术进行研发，已累计拥有有效专利300余项、技术秘密2000项以上；大力推进集团级、国家级平台建设，已组建国家能源局非金属材料寿命评价与管理技术实验室、中国轻工业汽车用改性塑料重点实验室和电子加速器技术及应用研发中心等科研基础设施。**二是**完善高端产业链布局。核技术公司在整合工业电子加速器、辐照加工等细分领域基础上，推动核技术应用向核医学等更高端领域布局。目前，已成功建设运营的全球首个电子束辐照处理工业废水示范工程，利用集团发电用核反应堆制备医用放射性同位素业务已获得国家许可，初步形成核技术应用高端产业链，构建集团内产业协同发展的新平台。

四、改革成效

核技术公司通过“混改”，快速实现了整合行业、做强做优做大的目标，显著增强了企业活力、市场竞争力和抗风险能力，具体体现在五个方面：

（一）实现国有资本保值增值

五年来，核技术公司规模迅速扩张，营业收入呈几何级增长，由2012年的839万元增至2016年31.19亿元，年均复合增长率超过300%；总资产由2012年3719万元增至2016年118.83亿元，增长319倍。在实现做大规模同时，利润总额也由2012年的-1541万元增至2016年的3.2亿元，

有效实现了国有资产保值增值，民营企业作为小股东也共享到了企业改革发展的成果。

（二）构筑市场竞争新优势

核技术公司目前在众多细分市场领域已是国内第一，部分领域已实现全球领先。其中，在工业电子加速器领域是全球可生产类型最多的加速器设备供应商，已经占据国内70%市场份额；以加速器为核心的污水处理装置处于全球领先地位；电子加速器辐照加工领域拥有国内最大产能；高端电缆料领域市场份额国内第一；低压电器、汽车用工程塑料领域处于国内第一梯队位置。

（三）提升强大科研能力

核技术公司目前拥有国家级研发平台3个、国家级第三方认可的实验室2个，院士工作站1个，博士后科研工作站5个，地方级（省、市级及以下）科研中心23个。公司研发团队逾400人，高级技术职称人员67人，享受国务院特殊津贴、列入“百千万人才工程”和地方（省、市）人才计划的专家12人，外聘专家34人，并掌握有效专利和技术秘密3100余项，能够为业务的可持续发展源源不断提供动力。

（四）带动全产业链转型升级

通过“混改”，核技术公司结合国企与民企的优势不断整合行业资源，完成高端产业链布局，打破了国外企业对某些高端领域的技术垄断，不仅实现替代进口，而且产品已经出口到美国、印度、韩国、巴西等10多个国家。2016年以来，电子加速器实现海外销售12台套，成为中国第一家成功打入欧美市场的制造商。

五、经验启示

核技术公司通过“混改”实现跨越式发展的道路和实践，充分证明了党中央、国务院深化国有企业改革方针是正确的。在深化改革中，只有坚持以习近平总书记系列重要讲话精神为指引，准确把握精神实质，用科学理论体系指导改革实践，才能推动国有企业改革行稳致远。

（一）企业要主动作为，积极发挥改革主体作用

改革是一项复杂系统工程，很多领域没有现成的经验可供借鉴。作为改革主体，企业要不等不靠，不能等政策、等细则，因循守旧、畏缩不前。要“摸着石头过河”，在实践中不断积累经验，只要政策把准了，方向看准了，流程合法合规，就要大胆往前走；同时，国企在充分竞争领域发展，“混改”是一把金钥匙，把央企的资源、品牌优势与民企的机制、活力有机结合在一起，能够形成其他单一所有制企业难以抗衡的不对称优势。

（二）重视企业家作用，充分调动企业家积极性

推进混合所有制改革，就要激发市场蕴藏的活力。市场活力来自人，特别是来自企业家，来自企业家精神。核技术公司对于选聘的企业家给予高度信任，为其搭建充分施展才华的平台，充分授予经营自主权，保护其创新创业的热情，并建立项目跟投、股权激励等一揽子激励约束制度，完善容错纠错机制，营造干事创业的良好氛围。

（三）坚持互利共赢，注重建立长效机制

深化改革永远在路上。在实现生产要素优势互补的同时，还要注重长效机制建设，建立健全有效制衡的法人治理结构，完善职业经理人制度，围绕人才的选、育、用、留建立一整套灵活高效的市场化经营机制；完善监督体系和制度流程建设，确保合法合规，防止国有资产流失；要充分发挥国有企业党建优势，扎实推进混合所有制企业党的建设，加快企业文化融合，为公司快速发展提供坚强保障。

53

按行业发展规律办事　建产业资源运营平台

华录集团华录百纳

一、企业基本情况

北京华录百纳影视股份有限公司（以下简称“华录百纳”）是一家综合性娱乐文化传媒企业，成立于2002年，2012年在深交所创业板挂牌上市。截至2016年末，华录百纳总资产为72亿元，净资产为63亿元。华录百纳是国务院国资委直接管理的中央企业中国华录集团的子公司，是中国广播电视协会制片委员会常务理事单位、中国电视剧制作产业协会会员单位、《中国版权》理事会常务理事单位。

华录百纳成立以来，通过自主发展、战略合作、资本整合等多种形式，逐步建立起了以影视剧、电视栏目、演艺经纪、内容营销等传媒娱乐内容为核心，多板块协同发展的产业布局，多次被中宣部等五部委授予国家文化出口重点企业称号，先后获得中宣部精神文明建设“五个一工程”奖、金鹰奖、飞天奖、白玉兰奖等国际国内各级各类奖项330余项，其中国家级80项、省部级30项、国际奖项18项。华录百纳自成立以来，经济运行良好，近三年来业绩持续增长，国有资产保值增值率一直保持在100%以上。

二、改革背景

华录百纳秉承“近市场、大制作、出精品”的经营理念，借力资本市场平台与国有资本的思想政治优势，发展成为具有国际影响力的综合性娱乐文化传媒企业集团。在体制机制上充分遵循行业发展规律，围绕核心专业人才打造混合所有制的事业部体制，建立以总资产收益率为基准的投资管理机制；在经营模式上积极推进内容与营销“双轮驱动”体系建设，不断深化两个转变：一是从产品型公司向平台型公司的转变，二是从产品优势向资源优势的转变。影视文化产业社会关注度极高、战略地位重要，但竞争激烈、民营体制为主、行业泡沫严重，面对上述情况，华录百纳发展应如何做好产业布局，如何创新体制、机制，使公司在经营发展的过程中，能最大限度发挥国有体制的优势，需要在公司各层面进行深入探索。

三、改革实践

（一）围绕核心专业人才打造混合所有制的事业部体制，建立以总资产收益率为基准的投资管理机制

华录百纳是一家按照混合所有制方式成立的企业，华录百纳下属的子企业中，有9户子企业是与国内知名导演、制作人、经纪人等高端人才合资成立。公司内部在加强公司总部建设、增强公司总部的资源配置能力和风险管理能力的基础上，设立了影视事业部、综艺事业部、体育事业部，共同组成以细分业务为区分的事业部组织架构，并建立了以“总资产收益率”为基准考核指标的经营管理机制，促进公司在激烈竞争的市场环境和快速发展的细分产业格局中持续提高公司的凝聚力和竞争力。另外，公司还参与发起设立了一支产业投资基金，通过该基金发挥公司作为行业领导者的产业资源优势和上市公司的资本平台优势，为优质标的和优质资本搭建桥梁，推动公司快速成为传媒娱乐平台型企业，推进外延式扩展和并

购。产业基金作为公司布局泛娱乐新兴业务的孵化平台，对盈利周期较长的新业务，在体外孵化成熟后再注入上市公司。通过产业基金整合外部机构资本和资源优势，将投资并购关口前移，从而避免因直接大规模产业并购带来的投资标的发展前景、整合效益等不明确风险。未来公司将用事业平台吸引人才、激励人才、聚集人才，充分调动公司干部员工的积极性和创造性，进一步提高经营质量和管理效能，为事业部机制的实施及管理、运行、考核等奠定基础。

（二）大力推进内容与营销“双轮驱动”经营体系建设，不断深化“两个转变”

华录百纳上市以来，始终坚持以体制机制改革为发展核心动力，充分利用公司所有的娱乐资源、媒体资源和客户资源，不断深化推动从产品型公司向平台型公司的转变、从产品优势向资源优势的转变，使公司的面貌与成立之初发生了加大变化。2014 年，华录百纳实施重大资产重组，对广东蓝色火焰文化传媒有限公司进行了并购，在进一步发展混合所有制的同时，拓展了经营范围，完善了产业布局，有力地推动两种所有制资本相互促进、共同发展。

蓝色火焰在电视媒体内容营销领域耕耘多年，创造了众多品牌内容整合营销的经典案例，拥有丰富的商业客户资源，与众多强势电视媒体缔结紧密的战略合作伙伴关系，并在电视栏目以及电视栏目衍生电影等文化内容制作领域取得了较大的成功，是品牌内容营销的领先企业和具有独特商业模式的文化传媒企业。并购之后，通过持续有效地协同利用华录百纳与蓝色火焰的资本、客户、媒体等资源，实现协同效应最大化，打通产业链。华录百纳的精品内容，将为蓝色火焰的客户供应更多内容推广的优良资源；蓝色火焰的内容推广能力，将进一步增进华录百纳精品内容的商业价值。通过本次并购，公司初步构建了综合型文化传媒领军企业的战略架构，实现了公司发展战略的阶段性目标，搭建起互联网时代领先的综合性文化传媒集团的战略雏形。

（三）借力国家“文化走出去”战略，积极参与国际市场

华录百纳积极响应国家“文化走出去”战略，连续 5 届被评为“国家文化出口重点企业”。公司制定了“携手港台、进军日韩、渗透欧美”的海外市场发展战略，经过多年发展，海外业务取得较大进展，累计有 40 余部、超过 1000 集影视作品发行至海外市场，覆盖亚洲、北美、欧洲、非洲等各大洲的 170 多个国家和地区，在港澳台、日韩，新加坡、马来西亚等东南亚地区，以及蒙古、俄罗斯、北美等地区建立了成熟的海外发行渠道，在海外同业中享有较高的知名度和影响力。

从出口模式看，公司已从传统的版权出口、项目合作升级到与海外主流媒体平台和新媒体平台合作运营的新模式；同时，华录百纳还积极响应国家新闻出版广电总局“中非影视合作工程”“丝绸之路影视桥工程”和中宣部“中国当代作品翻译工程”等对外交流项目，选送优秀影视剧目，配合政府层面推动影视产品“走出去”，用影视作品去讲好中国故事、传播好中国声音。公司的电视剧已经成为中外文化交流的名片，如《媳妇的美好时代》是国家新闻出版广电总局“中国电视剧走进非洲”项目的开篇之作，在整个非洲地区掀起一股“中国文化风”；《金太狼的幸福生活》作为缅甸播出的首部缅语配音的中国电视剧和“中国电视剧走进东盟”的首部作品，为增进中缅、中国与东盟国家的了解和友谊发挥了情感纽带作用；李源潮副主席曾将《咱们结婚吧》作为国礼，赠送给俄罗斯圣彼得堡大学校长。

（四）重视和加强企业党建工作，引导公司干部员工思想政治的正确方向

作为一家混合所有制企业，始终重视和加强党建工作，充分利用党建工作优势为公司科学发展保驾护航。公司将党建工作内容列入《章程》，积极组织党员活动、宣贯上级党组织的决策部署，以服务党员的成长成

才、服务企业的科学发展为重点，积极参与企业在选人用人管理、风险管理、“三重一大”决策管理等经营管理活动，努力发挥党组织的思想政治工作优势。同时，通过党组织关心员工思想动态、畅通员工沟通渠道、切实保障员工权益、积极采取各种措施务实帮助员工解决在工作和生活中遇到的后顾之忧。同时，公司党组织重点以“两学一做”等重大活动为载体，积极组织开展理想信念教育和社会主义核心价值观宣传教育，使正确的价值观在员工中“入脑入心”，公司出品的内容产品都能够符合社会主义精神文明建设的要求，出品了《嘿，老头》《旋风孝子》等一批社会效益优良的精品节目。

四、改革成效

（一）综合实力不断提升

随着全球化市场经济的逐步深入，我国文化企业将直接面对国际领先文化企业的冲击，国际竞争日趋激烈。华录百纳认真贯彻落实“积极发展混合所有制经济”“推动文化企业跨地区、跨行业、跨所有制兼并重组，提高文化产业规模化、集约化、专业化水平”的精神，借助资本市场力量整合优质文化资源，拓宽业务渠道，提升综合实力，逐渐摆脱了完全依赖电视剧实现利润的局面，形成了以电视剧为中心，综艺业务、电影业务、经纪业务等各产业版块全面发展的新格局。

（二）海外影响力逐步加强

公司积极落实国家“中华文化走出去”战略，通过中外合拍、影视作品海外推广发行等途径，立足商业角度、配合政府层面，积极参与国际文化交流、大力传播中国主流文化，连续五届十年被授予“国家文化出口重点企业”称号。截至目前，华录百纳已经累计出口电视剧 79 部（含代理业内其他公司电视剧“走出去”）、电影 4 部、综艺节目 3 部，出口剧集总数超过 2500 集，范围覆盖包括北美洲、南美洲、欧洲、非洲、大洋洲、亚洲共约200个国家及地区。公司作品在东京国际电视节、澳门国际电视节等国际影展上，斩获了中美电影节金天使奖、亚洲彩虹奖、东京国际电视节“最佳海外电视剧奖”等近20个重量级国际奖项，国际影响力不断提升。

（三）主要经济指标显著增长

华录百纳2014年营业收入7.59亿元，归属于上市公司股东的净利润1.49亿元；2015年营业收入18.84亿元，归属上市公司股东利润2.67亿元，增幅分别为148.15%和78.65%；2016年营业收入25.74亿元，归属上市公司股东利润3.78亿元，增幅分别为36.61%和41.80%，公司收入规模和盈利能力逐年提升，综合实力大幅增强。

五、经验启示

（一）充分发挥混合所有制优势

华录百纳是中央企业实施混合所有制的践行者。2002年，华录集团前瞻性地投资文化产业，与民营资本共同出资设立华录百纳，形成混合所有制的股权架构。公司成立后，国有股东积极履行股东职能，行使外部监督、审计、国有资产管理职能，确保公司依法经营和规范运作；民营资本锐意进取，凭借多年的行业经验，紧跟时代脉搏和市场主题，源源不断推出兼具经济效益和社会效益的精品力作。在国有、民营股东的共同努力下，华录百纳奠定在影视剧行业的领先地位，并于2012年成功上市，为公司借助资本市场实现跨越式发展奠定基础。

（二）深度融合、扩大优势

在企业多年的发展过程中，国有体制机制带来的规范管理与非国有体制机制带来的市场活力，为企业的健康持续发展提供了有力保障，合资合作对于整合行业优质资源、保证企业经营质量发挥了重要作用，体现了混合所有制的活力和吸引力。在市场竞争尤其是市场关键人才竞争日益激烈的情况下，需要加大国有管理体制机制与非国有管理体制机制相互融合的深度，充分吸收借鉴双方的优势和长处，在市场竞争中形成自身独特的优势。

（三）政府指导必不可少

在改革推进实施过程中，需要国有管理主体针对混合所有制企业在投资、人才引进与管理、收入分配与业绩激励等方面提供更加具体的配套政策和操作指引，以支持和保障两种体制机制相互融合的顺利推进。

推动资源整合与优化配置

54

专业重组抓机制创新
整体上市推体制变革

航天科技航天时代公司

一、基本情况

中国航天时代电子公司（以下简称“航天时代公司”）是中国航天科技集团（以下简称“航天科技”）直属的、按照母子公司体制构建的集研发、设计、生产为一体的全资子公司，于2003年3月28日正式挂牌成立。航天时代公司辖属7家全民所有制企业，委托管理8家研究所，是上市公司航天电子的第一大股东，主要从事我国军工领域惯性导航设备、遥测测控设备、计算机、集成电路、机电组件产品的研制和生产。

作为航天电子专业领域的核心企业，航天时代公司辖属单位六十多年来，先后承担了我国导弹武器、运载火箭和载人航天、探月工程惯性系统、计算机系统、遥测遥控系统、电子元器件及机电组件的研制和批生产任务，是我国航天电子专业领域不可或缺的力量。近年来，航天时代公司充分发挥自身军民融合的专业优势，坚持走市场化的改革发展道路，孵化培育了工业机器人、集成电路等一批民用产业化项目，依托资产置换推进整体上市，建立起了国家出资与社会融资并存的资本配置通道，形成军民融合发展的新局面。2016年末公司资产总额381亿元，拥有员工22000余人，公司实现营业收入182.5亿元，实现利润10.4亿元。

二、改革背景

航天电子专业是航天科技集团公司旗下最具军民融合、产业化发展潜力的专业。航天领域传统院所体制以及历史上型号任务牵引形成各院自成体系的能力格局，造成航天科技集团公司内航天电子专业管理分散、能力重复、无法形成整体合力的突出问题，据此航天科技集团公司实施了辖属资源最大范围的一次专业重组，组建了航天时代公司。

航天时代公司组建后，坚持促进航天电子专业能力整合，实现资源的优化配置，提升电子专业技术与产业应用的结合层面，为航天电子技术的集成、融合发展打造平台；努力推进院所管理模式向市场经济体制下的母子公司管理模式转变，引入社会资源助推产业发展；依托市场化、资产证券化，解决航天电子专业发展的体制性障碍；全力加速产业化、国际化，实现航天电子专业由以军为主向军民结合的转变。通过专业重组、资产证券化等系统性的改革探索，努力实现航天电子专业寓军于民跨越发展的目标。

三、改革实践

（一）整合资源、清晰主业，完成专业重组

实现航天电子专业资源整合优化，形成合力并统筹发展，是航天时代公司改革重组的首要任务。自2003年组建伊始，航天时代公司分阶段持续推动了资源的整合重组工作。

一是坚持研产一体化，完成惯导专业的整合。对公司北京、宝鸡两地两厂一所惯导专业研制、生产能力的整合，完成北京13所与230厂的合并，形成13所（230厂）统筹管理北京、宝鸡惯导专业资源及发展的格局。

二是以董事会管理机制，实现计算机与微电子、测控通信、机电组建

三大专业的统筹管理。跨地域专业布局的现实情况下，立足专业内各单位董事会的统筹管理，实现对北京、重庆、上海三地遥测测控研制生产能力，杭州、桂林、驻马店三地机电组件研制生产能力，北京、西安两地两所计算机与微电子研制生产能力的统筹管理。

三是完成两厂债转股，解决历史遗留问题，实现轻装上阵。按照国家实施债转股的政策，完成重庆289厂、宝鸡7107厂债转股，通过289厂债务回购以及7107厂债转股新公司的设立，减轻债务负担2.5亿元，扭转两厂的发展困境，实现轻装上阵。

四是实施项目分立运作和实体化改革，加速项目的产业化发展。以项目模拟法人运作或实体化改革，加速孵化项目的产业化、规模化发展。先后完成IC设计、激光惯导项目、光纤惯导项目的法人实体化改革，完成无人机项目、微机电项目模拟法人实体的设立，显著推进了孵化项目产业化和规模化发展的进程，成为航天时代公司重要的增量产业。

五是清晰主业，完成制药、汽车减震器两大业务的剥离。先后完成成都制药转让和天德减震器划转，退出制药和汽车零配件的业务，成功完成非主业的剥离。

（二）资产置换、融资增发，推进资产证券化

针对公司配套地位处于航天产业链下游，且小批量、多品种、产业化程度低、市场竞争日趋激烈的问题，提出充分利用控股上市公司原火箭股份的资源，通过资本运作逐步实现体制变革和市场机制的引入，依托资产证券化实现公司投资主体多元化的战略，从根本上解决公司在新型国防工业体系下的发展问题。

第一步，资产置换实现航天时代公司辖属机电组件、遥测测控领域资源及业务的改制上市。先后在2002年（与组建航天时代公司同步）完成了3个厂与火箭股份的资产置换，2005年完成了693厂与火箭股份的资产置换，通过两次资产置换，公司机电组件产业、遥测测控产业领域的投资

主体多元化改革基本完成，使公司在以资产置换实现体制变革的历程中迈出坚实一步。

第二步，实施第一次融资增发，完成航天时代公司旗下激光惯导、集成电路设计为主体的资源及业务的改制上市。在 2007 年，随同融资及定向增发，完成激光惯导项目、集成电路设计项目、289 厂、200 厂资源及业务的改制上市。通过第二步业务及资源的改制上市，实现航天时代公司旗下遥测测控、惯性导航、微电子、机电组件四大航天电子专业核心业务、资源在上市公司的全覆盖，实现了辖属所有民品企业及业务的全面上市，并于 2009 年 10 月将上市公司名称变更为航天电子。

第三步，实施第二次融资增发，完成航天时代公司旗下惯性导航、电缆企业资源及业务的改制上市。2017 年 2 月，航天时代公司通过融资及定向增发，将旗下 3 个厂以及航天电工资产及业务注入航天电子，至此航天时代公司旗下除事业单位外所有企业单位的资产和业务成功进入上市公司，公司整体资产证券化率超过 45%，公司资产证券化，实现整体上市的改革完成重大阶段性工作。

（三）管聘分离、身份转换，用人机制市场化

航天时代公司成立后，结合资产证券化的总体改革战略，始终坚持以建立市场化用人机制为目标，推动人事劳动关系的改革探索。

一是探索推动人员的管聘分离。在不断改革完善经营机制的同时，大胆推行劳动关系管理与岗位聘用管理的分离，公司总部完成了聘用制改革，公司旗下非法人单位启动了聘用制改革工作，京区单位新进人员统一实行劳动合同制管理，不断使公司员工由身份管理向岗位管理转变，由国家用工向企业用工转变。

二是推动职工身份转换。立足改制上市，稳步解决改革中涉及的国企职工身份转换、劳动合同、养老保险等热点问题，实现了员工由“企业人”向“社会人”的转变和企业劳动用工制度的根本变革，先后完成 5 个

厂7000多人的身份转换，实现资产置换后的平稳过渡。

三是推进工资体系、养老配套改革。建立以岗位绩效工资为主的分配办法，彻底打破了长期以来沿用的工资体系结构，为企业规范化、市场化劳动用工奠定了基础。推行养老制度改革，建立以基本养老保险为主、补充养老保险为辅的养老机制，实现养老金社会化发放管理。

（四）创新拓展、融合集成，发展走向国际化

一是坚持走技术创新、专业拓展的发展之路。完善技术创新体系建设，提升研发能力，实现专业技术和科研领域的加速拓展，先后实现公司在光学惯导、抗辐射集成电路、激光通信等技术领域的重大发展，奠定了在众多领域的行业领军地位。同时也实现了在导航、微波器件、MEMS、动中通等领域的重大拓展，成为公司重大的增量空间。

二是坚持贯彻系统集成、专业融合的发展战略。立足发挥航天电子专业的整体合力，实现总体牵引向专业推动的传略转变，先后集中投资研发了精确制导、无人机两大系统级项目，成立了空间论证中心、物联网研究院两大总体实体，依托系统级项目研发和总体实体的建立，形成了航天时代公司系统集成、专业融合的核心牵引和平台，实现了航天时代公司由专业配套向专业配套与总体并存的重大跨越。

三是坚持国内、国际并重，依托军贸牵引，实现国际化发展。实现航天时代公司走向国际化发展，是航天电子专业在航天大国走向航天强国战略下的必然选择，也是航天时代公司发展的重大方向。公司在组建国际合作部的基础上，以国际市场突破为先导，形成了以精确制导系统项目、无人机系统项目为牵引、以宇航元器件出口为重要拓展方向，以电线电缆为主体的国际化发展格局。

四、改革成效

航天时代公司通过改革探索，运作机制逐步转换，市场开拓与技术创

新成效显著，产业化进程大大加快，经济效益快速增长。

（一）市场化的运作机制逐步建立

公司成立以来，运作机制逐步转换，实现了从计划经济体制下的研究院管理模式向市场经济体制下的专业子公司管理模式转变。进入上市公司的企业和实体建立起了母子公司管理格局，在市场环境中参与竞争并受到公众的监管，管理体制、组织模式、用人制度等按照现代企业制度建立，实现了责、权、利的清晰。分配制度改革、市场化的用人机制的建立，激发了各置换企业前所未有的活力。

（二）市场开拓与技术创新成效显著

航天电子专业的统筹整合，推动了增量市场的开拓，国际化收入从无到有，提升至目前的 5.2%，航天外市场收入由 5% 提升到 21.5%，军民产业结构由 8:2 达到目前 6:4，市场拓展和军民产业结构的调整取得显著成效。专业化优势初步体现，技术创新成果显著，260 余项预先研究任务、军民共用技术取得标志性成果，申报国防专利 800 余项，获得国防科技成果奖 160 余项。

（三）产业化、规模化发展迈上新台阶

航天时代公司成立后，加速推动基础技术的产业化。利用上市公司融资渠道，累计从资本市场募集发展资金 43.9 亿元，为产业化项目的发展提供了坚实的资金保障。先后完成北京、西安等产业基地的建设，为整体军民产业能力的发展奠定了坚实的硬件基础。在此基础上通过整合、运作、发展一系列产业化项目，形成了航天时代公司多项目、多方向发展的新格局，使航天时代公司产业化、规模化发展迈上新台阶。

（四）经济规模效益持续快速增长

航天时代公司自推进改革以来，经济水平持续增长，经济效益显著提高。资产由 2003 年 95 亿元增至 2016 年的 381 亿元，增幅 301%；净资产由 2003 年 10.4 亿元增至 2016 年的 154.8 亿元，增幅 1388%；营业收入由

2003 年 32 亿元增至 2016 年的 182. 5 亿元，增幅 470%；利润由 2003 年 1. 6 亿元增至 2016 年的 14. 4 亿元，增幅 550%。

五、经验启示

（一）统一思想是改革重组有序推进的基础

航天电子的改革重组涉及来自总体的、用户的、各专业的、各单位的不同领域、不同文化的冲突，是在总体利益最大化前提下不断统一思想的过程，也是利益格局调整的过程，促使各方用发展的眼光、战略的思想、全局的立场来认识改革重组而达到思想的统一，意义重大。

（二）在发展中解决改革问题是确保改革成功的关键

航天时代公司的改革探索，核心在于融合提升、打造航天电子的应用平台，促进航天电子迈向体系化、信息化应用的更高层面。正确看待改革过程中的冲击和震动，加快发展，坚持用发展的眼光看待问题，在发展过程中解决问题，这是确保改革成功的根本所在。

（三）干部职工队伍的稳定是开展改革工作的前提

针对干部职工中存在的对改革工作的各种想法和担心，开展了大量的思想政治工作，始终把融合列入思想工作的重中之重，深入下属各单位、机关各部门，了解工作情况和职工思想状况，有针对性地开展思想工作，针对各单位存在的管理问题和干部职工关心的热点问题，进行了认真剖析，阐明公司的工作方针，从而消除了广大干部职工的疑虑，统一了干部职工思想，振奋了干部职工精神，坚定了干部职工搞好重组与发展工作的信心。

（四）正确看待和处理改革中的问题对改革探索意义重大

改革探索涉及的具体对象和实际情况千差万别，不可能有固定的模式全盘继承，航天时代公司的改革就面临着改革上市打破了原有协作配套关系、改革重组的成效体现是需要时间检验、新管理格局下对原有的管理模式带来冲击等问题。这些问题的存在，对我们的改革工作提出更高的要求。只有正确看待和处理好这些改革过程中的问题，坚定改革探索的信心，才能实现改革的最终目标。

55

坚持服务国家战略　坚持改革创新发展
打造以军为本、军民融合、
海陆并进的动力装备龙头企业

中船重工中国动力

一、基本情况

中国船舶重工集团动力股份有限公司（以下简称“中国动力”）是中国船舶重工集团公司（以下简称“中船重工”）对旗下原上市公司风帆股份有限公司（以下简称“风帆股份”）实施重大资产重组，打造的动力装备业务平台，现为中船重工二级子公司，是我国舰船动力装备的主要供应商。2016 年，中国动力总资产 395.20 亿元，实现营业收入 207.41 亿元，同比增长 15.54%，净利润 10.73 亿元，同比增长 16.23%。

目前，中国动力拥有 13 家子公司，业务涵盖军用舰艇、民用能源领域等各类高端动力装备的设计、研发、制造，并致力于推进军民技术相互转化的良性发展。

二、改革背景

中船重工是我国海军装备研发及供应保障的主体力量，在动力领域拥有国内技术最全面的燃气动力、蒸汽动力、化学动力、全电动力、民用核动力、柴油机动力、热气机动力等七大动力装备研发、设计和制造能力，在舰船动力自主化方面承担着重要责任。但发展中存在以下问题：**一是**动

力业务领域多，科研生产能力较为分散，动力整体品牌不突出，厂所资源、军民资源协同不够，优势未充分发挥，难以适应我国海军装备及国民经济对动力装备发展的需要。**二是**为抓住动力产业全面发展机遇，满足军民市场需求，尽快强化产业化能力，进一步加快技术研发速度显得尤为迫切，但仅靠自有资金已经不能满足上述发展的需求。

为整合动力优势资源，树立中国动力品牌，实现动力产业跨越发展，承担支撑国家动力自主化的历时使命，中船重工提出对风帆股份实施重大资产重组，通过资本市场运作和内部整合重组，打造以军为本、军民融合、海陆并进具有国际竞争力的动力装备龙头企业。

三、改革实践

（一）借壳风帆股份，实现集团动力业务整体上市

中船重工旗下的风帆股份是化学动力产业的优质公司，同时还有五家研究所和四家生产企业涉及其他动力产业，已具备一定的上市条件。中船重工积极响应国有企业深化改革、推进军工资产证券化的政策号召，先行先试，通过对集团内动力业务梳理，会同中介机构积极筹划重组方案，明确按照燃气蒸汽动力、柴油机动力、全电动力、海洋核动力、热气机动力七大类别进行资产重组的总体安排，对研究所下的可产业化业务单独包装成立公司，再由上市公司以发行股份进行收购的方式，成功推动集团动力业务整体上市。

（二）围绕动力业务发展，积极谋划上市项目，募集发展资金

资产重组后，中国动力凭借注入较大规模且具有行业竞争优势的动力业务相关资产，成为国内技术全面的动力装备龙头企业。为进一步提高资产重组的整合绩效，扩大重组后公司研发优势，增强动力发展中的产业化能力，提升持续经营能力，中船重工结合国内外动力产业发展趋势，深入分析发展逻辑，遴选16个符合发展方向的优质项目募集配套资金134亿

元，借助资本市场，解决研发、制造环节的瓶颈问题，尽快抢占行业发展机遇。

（三）加强与市场沟通，实现融资价值最大化

资产成功注入后，在配套融资阶段，中船重工加大推介力度，路演超过50场次，接触200家以上的机构投资者。同时加强媒体宣传，采取大股东增持、推动股权激励计划等积极措施，消除了当时A股大幅下调甚至出现三轮股灾的不利影响。在发行主体大面积调低增发价的背景下，实现溢价发行，圆满完成项目建设资金的募投工作。

（四）启动上市后内部专业化整合重组

中国动力资产重组完成后，公司对内部所属七大动力板块进行二次梳理。以专业、高效为原则，通过统筹业务布局，强化研发生产实力，精简管理层级等举措，提升同一动力业务综合竞争力。

一是率先推进低速柴油机业务整合重组，整合旗下大连船柴、宜昌船柴、青岛船柴资产，在青岛设立中国船柴总部，优化能力结构布局，打造“一总部+三基地”的战略布局，建立统一的销售平台、战略采购平台、全寿命服务保障平台、集成研发平台和管理平台，致力打造最具竞争力的柴油机研制与服务企业。公司总资产106亿元，具备年产400万马力低速柴油机能力，其低速柴油机产品将占国内市场份额的45%～50%、国际市场份额的15%～20%。

二是积极推进化学动力整合重组，以中国动力全资子公司风帆公司为主体，整合淄博火炬能源和武汉长海电推军民电池业务，致力形成涵盖军用电池、汽车电池、牵引电池、工业电池、锂电池、循环经济等板块协调发展的军民融合产业格局，打造中国第一、世界前列的科技型电池产业集团。

（五）引入市场化中长期激励，凝心聚力，促进产业发展

为了进一步发挥整体协同效应，促进公司建立健全激励约束机制，充

分调动公司员工积极性、责任感、使命感，中国动力针对公司董事、高级管理人员、中层管理人员以及公司认为应当激励的业务骨干，制订实施了股权激励计划。此次股权激励计划涉及 854 人，占公司全部职工人数的 4.43%，获授权额度占总股本的 0.9913%，激励对象在未来 36 个月内分三期解锁，以 2015 年度财务指标为基础，从 2018 年到 2020 年三年间，每年度较 2015 年度净利润复合增长率不低于 15%，即 2020 年度较 2015 年度净利润增长率不低于 101%；净资产收益率分别不低于 4.5%、5%、5.5%，以上数据不低于当年同行业对标企业的相应 75 分位值。同时每年度经济增加值分别不低于 5.8 亿、7.9 亿、8.9 亿元。有效地将股东利益、公司利益、经营者自身利益结合在一起，使得管理层与员工共同关注公司的长远发展。

四、改革成效

一是实现动力板块整体上市，充实产业升级所需资金。公司整合七大优质动力业务并募集配套资金 134 亿元，用于加快舰船与工业用 40MW 燃气轮机研发、燃气轮机关键部件试制及生产能力建设、高端蒸汽动力装置验证能力提升建设、船用综合电力推进试制能力提升等项目的建设，为更好地提升我国大型水面水下舰艇动力装备的研发能力与制造水平奠定良好基础。配套融资后中船重工合并持有中国动力股比达到 57.78%，保证了国有股权的绝对地位。中国动力成为全球动力领域专业覆盖面最全、国内自主创新能力最强、“国内龙头、国际一流”的动力装备公司。

二是初步完成部分业务整合重组，内部协同效应显现。柴油机动力已率先发挥出整合效力。自 2017 年 5 月成立以来，中国船柴由总部统一负责战略规划、市场开发与销售、服务保障与培训、集成研发与设计、经济运行、供应商管理、财务管控与资本运作，产能布局得到优化、减少内部竞争，有效降低了采购和制造成本，同时资金使用成本也得到明显改善，使公司低速机业务整体竞争力得到提升，加速打造低速机研发、销售、售后服务于一体的服务体系。

三是建立健全中长期激励约束机制，为企业改革发展提供不竭动力。现代治理机制的引入，发挥了积极的激励作用。自 2017 年 1 月实施股权激励以来，公司上下在核心员工的带动下凝心聚力，坚持以军为本、以军促民的发展战略，在保证军工订单任务的前提下，积极探索军民融合业务，在天然气长输管线建设、分布式能源、民用全电推进等领域取得突破。2017 年上半年，公司实现营业收入 116. 41 亿元，同比增长 10. 14%；净利润 5. 61 亿元，同比增长 21. 53% 的良好业绩。

五、经验启示

（一）推进业务重组上市是落实供给侧结构性改革的重要途径

动力装备是中船重工具备较强核心竞争力的装备领域，涉及的厂所较多，在重组上市前内部协同不够，科研生产资源较为分散，部分领域还存在内部竞争，集团整体优势未充分发挥，不适应国防建设和国民经济发展对动力装备自主发展的强烈需求。此次借壳风帆实施资产重组，对于深化军民融合、产融结合、产研结合，促进动力装备专业化、规模化、集约化、国际化发展具有重要意义。

（二）实现军工科研院所资产证券化是推动企业转型升级的有利推手

本次重组上市整合了中船重工旗下几家动力军工科研院所的资产，开创了上市公司的先例，成为军工科研院所实现资产证券化和产融结合的标杆案例。作为资本市场重大无先例的重组项目，同时又是执行周期最高效的军工资产证券化项目，除中国动力自身的充分准备外，离不开我国实现军民融合、推动混合所有制改革政策导向的引领，离不开相关主管部门的大力支持。

（三）资本市场是推动军民融合、混合所有制改革的重要途径

此次整合重组，主要借力资本市场，实现了军民领域七大动力业务注入上市公司，既推进了业务军民融合式整合重组，又通过引入社会资本实现了混合所有制改革。同时，依托资本市场的监管，推行股权激励计划等现代治理机制，推动建立完善法人治理机制。

56

以重组整合促“老厂”展新颜

兵器装备集团重庆建工

一、基本情况

重庆建设工业（集团）有限责任公司（以下简称“重庆建工”）是中国兵器装备集团公司（以下简称“兵器装备集团”）直属骨干企业，前身为1889年张之洞创建的被誉为“民族工业摇篮”的湖北枪炮厂，1914年改名为“汉阳兵工厂”，1938年改名为“兵工署第一工厂”，是中国近代24家军工企业之一，是国家“一五”计划国防建设重点企业，2001年被列为国家第一批重点保军企业。127年兵工历史，30载军转民历程，公司已成为中国轻武器的重要应用研究制造基地，产品广泛装备国家陆海空三军、公安、武警及驻港澳部队，为我国国防建设做出了重大贡献。

二、改革背景

重庆建工与重庆长风机器有限责任公司（以下简称“长风机器”）两个企业产业相同、产品相似、工艺相通、地理位置相近，互补性极强。为贯彻落实中央关于深化国有企业改革的决策部署，适应国防科技工业体制改革和军队武器装备采购体制改革的需要，兵器装备集团紧紧抓住国家第四次特种产品能力调整和汽车产业优化升级的重要机遇，提出“加快提升特种产品产业规模和实力，积极探索内外部特种产品资源整合”的工作思路，努力实现企业转型升级和军民融合深度发展。按照“平行合并、深度整合、统筹推进、分步实施”的原则，在充分论证的基础上，兵器装备集团于 2014 年 10 月决定将重庆建工与长风机器两个公司整体合并，注销长风机器，成立新的重庆建工。

三、改革实践

重组后的重庆建工确定了“打造世界一流的特种产品应用研究制造基地和国内重要的汽车零部件研发与制造基地”的发展目标，提出了“做大特种产品、做强汽车零部件、做优民用枪”的产业发展思路。在充分论证的基础上，系统推进整合工作。

（一）系统整合业务，重新搭建机构

按照“统一管控、精干高效”的思路，新公司组织架构以直线职能制组织形式为主体，以形成“一个集团、两个基地、三大业务板块”为目标，综合考虑业务（产品）、地域、人员、管理和风险等要素，精干特种产品主体、健全民品架构，管理层级保持在二级。新公司共设立职能部门 13 个、党群部门 3 个、业务单元 18 个、分/子（合资）公司 5 个，二级机构数量共 39 个，较合并前减少了 20 个，实现了精干扁平。

（二）全面聚焦资源，实现优势互补

一是整合人力资源。打破中层管理人员原有岗位，以年度综合考评结果为依据，新重庆建工共重新聘任 138 人，解聘 19 人，新聘任 4 人，职位变化近 100 人，每个单位的中层管理人员均有原两厂人员组成。通过统一岗位、严格定员、严把管辅人员调配入口关、清理清退劳务等措施，持续调整优化人员结构。

二是加强资金集中管理。印发资金管理办法和流程，明确资金管理流程和资金支付审批权限。对资金收支提前 3 个月考虑，做到用钱必须先有计划。将原长风机器利率上浮 10% ~20% 的贷款和保证金 50% 的银行承兑

汇票全部切换为重庆建工基准利率的贷款和保证金10%的银行承兑汇票。按物资类别、供应商等级统筹两厂商务政策，每月按时按规则无条件执行付款政策。充分利用司库管理平台，加强资金集中管理，确保资金价值最大化。

三是统筹生产采购管理并融合研发资源，系统规划，合理利用两基地生产制造资源，统一组织，生产管理向一体化迈进，有力发挥了两基地优势资源，提高零件制造水平。通过整合品种类别，全面推进年度集中招标采购、月度比价采购，有效降低采购成本，大幅减少配套商数量。逐步建立形成高效、开放型的科研开发体系和企业独有的核心竞争能力，组建了以非行政人员为主体的特品领域基础技术研究团队，逐步形成公司独有的专业技术和理论基础，新建科研试制工段，构建“小核心、大协作”的科研试制体系，为多品种同时试制创造了条件。

（三）统一管理体系，重建管理流程

一是统一薪酬分配体系。按照“统一政策、同岗同酬、公正公平”的原则，统一薪酬、社保及福利政策、标准，对中层管理人员统一推行宽带薪酬及绩效年薪，对职能后勤部门统一推行宽带薪酬，对分厂实行“全员绩效”分配形式，并统一调整了职工社会保险、公积金、餐饮、交通等福利标准。

二是统一规范财务管控体系。按照“集中管控、统一协调、分级管理、分层核算”的原则，进行财务管理顶层设计，构建新建设的财务管控模式，明确界定财务部和各单位财务的职能职责；同时，将原两厂“分户管理，分户核算”的财务模式转换成总部信息平台下统一处理的“集中分户核算”模式。实现了财务管控体系统一标准、统一规范、统一体系、统一数据，各类数据统一调用。

三是统一内部结算和工艺质量体系。对能源、1.4万种工装、辅料重新制定了统一结算价格，对德感基地9个产品建立了标准成本，对450个外购件的外购成本和 492 种原辅料的采购成本进行对标分析。建立工艺指标评价体系，统一管理标准，形成无缝对接；统一了工艺文件格式、工艺技术评价要求及技术工作程序、标准和要求。建立了两个基地统一的质量管理体系，健全了德感基地的检验机构，统一了两个基地的质量基础数据平台和质量目标体系、质量责任奖惩体系。

（四）加大投资力度，推动转型升级

一是加快江津基地搬迁力度。2015 年 1 月 17 日启动了江津基地搬迁，仅用一个月时间，江津基地主体高效、安全地完成了搬迁，2015 年 5 月份全面复产。

二是加大投资力度。对德感基地新区军民品投资进行重新规划。在工艺优化的基础上，投资 1800 万元淘汰了老旧设备，引进了五轴加工中心和自动装配线等先进设备；投资 5000 万元改造了汽车零部件生产条件，提高零部件自制率；提升了军、民品制造质量。

三是认真落实“十三五”规划。按照兵器装备集团“十三五”规划编制总体安排，2015 年 6 月重庆建工编制完成特种产品、民用枪、汽车零部件三大产业规划和 15 个子规划，15 个专项课题研究，并结合两厂整合实际，制定了“1233 战略”，理清发展思路，明确发展方向，确定发展目标。

（五）加强思想工作，促进文化融合

一是大力开展思想教育工作。通过领导干部深入一线大力宣讲、答疑释惑，做通员工的思想工作，统一员工思想；充分运用“报刊屏网窗”立体宣传平台，营造良好氛围；开展了“打造新建设，我来献良策”十大金点子评比，“如何适应新建设”“质量就是饭碗”主题征文等活动，引导员工转变观念、坚定信心；开展了季度走访，形成走访报告。

二是加快推动两厂文化融合。整合以后，新重庆建工完善了《公司企业文化建设三年规划（2015—2017 年）》和年度工作推进计划，进行了“十三五”企业文化规划顶层设计和“七个一”文化品牌活动；发布了

“JS1612”军工领先文化理念体系，启动了建设司史编撰；开展“同守一个规范”系列活动，修订了员工手册，大力宣贯员工行为规范，统一传播企业品牌形象。

三是全力推行“六字”工作作风和“四化”工作方法。利用会议、LED 屏、展板、标语等形式，全面宣贯“六字”工作作风和“四化”工作方法，转变工作作风，统一行为方法。“六字”即“严、细、实、专、精、特”。“四化”即“细化、量化、深化、固化”。

四、改革成效

一是合并同类项，实现“瘦体”。按照“以市场为导向、以客户为中心，以创新为驱动”设计组织架构，实施业务整合、流程再造。组织机构由 53 个减少到 41 个，减少 12 个，员工数量由 4275 人，减少到 3525 人，减少 750 人，实现“1 +1 <1”。

二是聚焦资源，实现“强体”。资源集中后，资源效益得到充分发挥。如利用重庆建工毛坯锻造和弹簧制造能力生产长风机器原来外协的锻件、弹簧，利用长风机器的冲压设备将重庆建工外协的冲压件回收自制，将长风机器的身管加工调整到制造条件较好的重庆建工生产。资源利用率提高了 8%，每年减少直接支出 5000 万元以上，企业经营质量明显改善。

三是优势互补，实现“健体”。两个厂的产品、工艺、设备、布局进行系统整合和技术改造后，特种产品谱系拓展，民品形成产业链，军民品结构更加合理，实现“1 +1 >2”，企业持续发展能力大幅提升。新成立的重庆建工现已形成“一个总部、两个基地（巴南花溪基地、江津德感基地）、三个产业（轻武器、汽车零部件、民用枪）、五大业务板块（枪械、精锻传动轴、转向系统、脚踏板、民用枪）”的集团化管控格局，企业创新能力、保军能力、军民融合发展能力、经营质量等显著提升。

五、经验启示

（一）企业发展战略目标是支撑

战略就是力量，战略就是方向。企业整合后，以兵器装备集团战略为牵引，结合实际制定了本企业发展的“1233”战略，努力实现发展领先、改革领先和党建领先，这样的战略目标，就是要把干部职工的主要精力投入企业发展问题的解决上，最终实现企业的快速、健康、持续发展。

（二）军民融合、业务整合是重点

企业整合之后，产业布局更加科学化，军民品结构更加合理，资源更加集中，设备利用效率不断提高，上下游产业链逐步形成了“合纵连横”。

（三）细致的思想政治工作是基础

将职工思想统一到集团公司的决定上来，凝聚到公司的发展蓝图上来，团结带领全员把心思集中在“谋事”上，把本领体现在“干事”上，把目标锁定在“成事”上，充分发挥基层党组织的战斗堡垒作用，发挥党员的先锋模范作用，把职工群众的积极性，创造力凝聚到整合的实践中来。

57

以重组驱动发展　以改革激发活力 在重组改革中浴火重生

中国大唐中新能化

一、公司基本情况

中新能化科技有限公司（以下简称“中新能化”）是大唐集团实施煤化工板块特别重组的平台公司，是集科研开发、生产运营、检维修、产品销售于一体，煤、电、化一体化的大型综合煤化工示范企业，拥有1个46万吨/年煤制聚丙烯项目、2个40亿立方米/年煤制天然气项目（已成为北京第二大气源地）、1个30万吨/年褐煤制尿素项目、1个储量70亿吨的褐煤矿。

二、改革背景

2005年始，大唐集团在国内率先开展现代煤化工示范，但因选择的技术不够成熟，人才资源储备不足，以及建设经营管理粗放等原因，示范项目建成投产后难以达产达效、成本居高不下、亏损不断加大、资金捉襟见肘，成为大唐集团的“三座大山”之一，与国内煤化工先进企业相比，运营水平存在相当大的差距，对煤化工板块实施战略重组和内部改革势在必行。

大唐集团认真落实党中央、国务院关于深化国有企业改革的决策部署，积极探索对煤化工板块实施战略重组，确立了“三阶段”的重组改革思路：**第一阶段**开展内部特别重组，按照煤、电、化一体化配置资源，对大唐内部煤化工及相关资源重组整合；**第二阶段**实施战略重组，引入新的战略投资者，实现股权多元化，完善公司治理结构；**第三阶段**开展债务重组，减轻企业债务包袱，实现轻装上阵。为配合重组，按照“瘦身健身”目标大刀阔斧开展企业内部改革，使重组和改革相辅相成，最终实现中新能化“五年三大步”发展目标和良性与可持续发展。

三、改革实践

（一）全力推动资产重组

一是成立平台公司，实现内部整合。2016 年 4 月，大唐集团独资组建中新能化，按照煤、电、化一体化原则，对大唐集团内部煤化工业务和资源重新整合，重点对锡林浩特地区开展资源配置和业务重整。如针对煤化工装置“吃”剩的“末煤”消化困难问题，将 1 个发电项目划归煤化工板块，使各种资源及能量达到平衡。**二是**引进战略合作方，实现外部重组。2016 年 12 月，大唐集团与国新控股、诚通集团两家股东正式签署了中新能化重组协议。通过引进战略合作伙伴，中新能化完善了治理结构，分散了投资风险，明确了新的目标。**三是**加强银企合作，推进债务重组。中新能化成立了债委会平台，定期向债委会汇报进展，加强与重点债权人沟通，努力盘活国有资产，减轻债务包袱，实现轻装上阵。

（二）积极开展业务重整

一是按区域整合业务。按照经营权和所有权分离的原则，本着有效利用资源与实现“瘦身健体”目的，以某一区域核心企业为中心，通过“合并同类项”，在同一区域内设立 1 家公司，或由 1 家公司主导区域内项目的生产经营工作，通过减少企业数量、合并同类业务、压缩管理层级、调整管理权限、减少管理人员等方式，进一步提高管理效率，降低运营成本，提升区域内项目生产经营的协同性。**二是**按区域“共享”资源。先后开展了区域内财务管理、库存物资、闲置资产及人力资源的共享，探索出区域企业各种资源“共享”管理的新经验。

（三）全面推行内部改革

一是选好试点，定好方案。中新能化选择问题多的“硬骨头”企业先行试点，把准问题的“任督二脉”，针对企业长期存在的“机构多、部门多、干部多”的“三多”现象，以及体制僵化、机制陈旧、管理落后、长期亏损的“病症”，制订方案时“对症下药”，精准设计了以机构扁平化、全员竞聘上岗、薪酬与业绩挂钩的改革方案。**二是**公开透明，合理疏导。针对企业人员结构复杂、管理人员过多、各种矛盾集中等因素，方案确定以后，向全体干部员工公开并征求意见。在人员竞聘等关键环节的操作中，严格按照公正透明原则，坚持事先定好的程序“一步都不能少”。改革过程既坚持“刚性”原则，又推行“人性化”管理。对改革中落聘干部及员工做好疏导工作，合理安排岗位。**三是**总结经验，稳步推进。继试点企业改革并取得成功经验之后，在其他企业稳步推广。改革坚持实事求是，“一厂一策”，不搞“一刀切”，不求进度快。对生产任务重、稳定经营的企业，暂以“小改小革”为主，重在激发基层活力，调动员工劳动积极性；对与试点企业存在类似问题的单位，则实行“脱胎换骨”式的改革。

（四）探索新的管控模式

一是坚持“小总部、大业务”定位。以“扁平化”管理为改革方向，实行中新能化—项目单位的两级管理体系。公司本部按照精干高效原则，不求形式上与上级公司搞“对口”，只以满足实际管理需求为目的，坚持管理机构最小化、管理人员最少化、管理流程最优化。**二是**减少基层企业管理层级。项目单位合并原有分厂，每家单位只设 6 ~ 7 家产品生产中心，直接管理生产班组，缩短企业决策链条，提高生产管理效能，降低产品成本。**三是**实行领导干部交叉任职。中新能化 4 位领导真正下沉到基层，分别兼任 4 家重点企业的“一把手”，提高公司决策的执行力；公司本部党委主要负责人兼任行政职务，实现党政工作的相互融合。

（五）坚持人才兴企战略

一是依托行业选聘人才。中新能化对企业人才需求状况进行梳理，提请上级公司给予特殊政策支持，对紧缺的关键岗位人才从全行业选聘和系统外引进，先后引进了各类高级管理及技术人才30多名，补齐了专业管理及关键技术岗位存在的人才短板，对促进项目优化运行发挥了积极作用。**二是**内部流动盘活人才。打破系统内企业间的用人樊篱，制定政策，为系统内人才流动创造条件。对企业一时用不上的专业人才，公司引荐到需要的其他企业。通过系统的内部竞聘，引导人才的合理流动，更好地发挥了现有人才的作用。**三是**按照需求培养人才。公司与有关大专院校联合办班，培养企业短缺人才；制定政策激励员工兼职学习，提高在岗员工专业素质；开展技术竞赛选拔人才，给普通员工成长空间。

四、改革成效

一是产品产量迭创新高。运行工况不断刷新，生产运行渐入佳境。天然气单月生产突破1亿标方，达设计值的91%，为国内最好水平；煤制甲醇日产量相继11天超过5000吨设计值，不断刷新产量纪录；锡林浩特矿业公司上半年完成进度计划的132.98%。

二是“瘦身健体”效果显著。“三项制度”改革基本完成，达到预期目的。共计减少直管企业4家，减少各类部门和机构25个，减少各级管理人员277人，预计年可节约管理费用近亿元。其中，试点企业多伦煤化工公司机构由29个减少至18个，中层干部由131人减少至40人，一般管理人员由337人减少至165人，操作人员由1025人增加至1158人。

三是技术瓶颈不断攻克。重组改革激发创新活力，技术难题不断攻克。从“煤头水尾”两个关键环节入手，集中开展技术攻关活动，基本解决了三大煤化工项目气化炉的稳定性问题，关键装置气化炉的运行周期大为延长。同时，针对长期制约装置运行的废水处理难题，从技术、操作、管理等方面多措并举，阶段性解决了这一关键性技术瓶颈，为项目的较长周期稳定运行创造了条件。

四是管理提升经济质量。管理水平得以提升，成本费用率逐步降低，企业大幅减亏。公司2017年1—8月，实现销售收入26.268亿元，同比增加39.3%，实现减亏17亿元。

五是发展目标更加清晰。“五年三大步”发展目标曙光初见。“1～2年从根本上解决制约企业安全生产长周期运行问题，3年实现安全稳定高负荷运行”的目标提前实现已成定局；“5年实现整体扭亏增盈，步入良性循环的发展轨道”的目标有望提前实现。

五、经验启示

（一）重组改革要成功，需要国家层面的政策支持

重组事关企业的生存与发展，又涉及重组各方的根本利益，首先需要政策支持。发展现代煤化工是保障能源战略安全的“国家意志”，大唐集团率先进入煤化工领域是“为国示范”，符合国家产业政策。

（二）重组改革要成功，需要内部改革的全面深化

重组对企业而言好比浴火重生、凤凰涅槃。但打铁还须自身硬，如果企业不通过深化改革强身健体，难以经得起这样的摔打。因此，企业无论重组前还是重组后，都需要积极开展内部改革，通过改革苦练内功，增加优势，战胜困难，取得成功。

（三）重组改革要成功，需要制定明确的发展目标

企业重组和改革直接关乎全体员工的切身利益，必须得到员工的积极配合和全力支持。重组和改革前必须将目的和目标、困难和希望、现状和愿景清晰地告诉员工，让大家方向明确，信心增强，并自觉自愿地配合支持，是重组和改革能否取得成功的关键因素。

58

借势而为　深度重组　精准施策
打造全程全网一体化供应链服务体系

中国电信中国通服

一、基本情况

中国通信服务股份有限公司（简称“中国通服”）是由中国电信、中国移动、中国联通三大电信运营商控股的大型企业，是国内信息化领域具有领导地位的服务商，主营业务包括电信基建服务、业务流程外判服务及应用、内容及其他服务三个板块，为通信运营商、通信设备制造商、政府机构和其他企业客户提供通信信息业务的一体化、一站式的解决方案。拥有超过60年的服务经验，140多家专业公司，2006年在香港成功上市。截至2016年底，公司拥有员工近9万名，总资产626亿人民币，总收入近900亿人民币。

中国通服供应链业务共拥有物流资质企业21家，其中8家子公司，13家分公司，在全国建有华南、华东、西南、华中、华北、西北和东北七大国内区域中心和海外区域中心（香港），覆盖全国的30个省级服务中心及2000多个运营网点；自有、租赁、代管等物流仓储资源总面积约107万m^2，500多个直营网点及1500多个间接网点；自有车辆230辆，总吨位1158.4吨，可调用2083余辆社会车辆。

二、改革背景

近年来，随着物流行业市场需求量的不断增大，国家给予物流行业巨大的政策支持，为物流行业营造了良好的发展环境。与此同时，中国电信、中国移动、中国联通等重要客户对物流服务提出了更高的需求，其他“集客”市场的跨区域供应链整体服务需求量及要求也大幅提升，为中国通服的发展带来机遇，也带来了挑战。特别是中国通服在供应链领域的专业服务水平不高、全程全网服务能力不强的问题日益严重；管理分散、标准化程度低、资源分散等短板日益凸显；资源未得到有效整合，客户关系资源、物流基础资源、资质条件等资源价值不能得以充分发挥，深化改革迫在眉睫。2016 年以来，中国通服紧抓国务院国资委压缩中央企业管理层级、减少法人户数工作（简称“压减”）的有利契机，聚资源、提能力，深度重组，着力打造全程全网一体化供应链服务体系，努力实现集约化运营，加快了中国通服供应链业务的转型升级步伐。

三、改革实践

（一）夯基垒台，成立供应链公司

中国通服拥有供应链子分公司共 21 家，但各子分公司物流服务分散、物流信息系统功能简单，不能提供统一的标准化服务和整体一揽子解决方案。为充分整合资源，中国通服于 2015 年 7 月 1 日成立供应链管理有限公司，注册资金 5000 万元，公司本部内设机构分为业务运营、运营管理和管理服务三大功能板块。同时，中国通服围绕供应链业务，制订了三年计划，分阶段实现资源整合、能力再造及行业主导。2016 年起，供应链公司成为中国通服唯一物流品牌。供应链公司成立伊始积极推进中国通服申请物流行业最高资质，顺利成为通信信息领域唯一一家“5A”级综合型物流企业，在市场开拓中享有明显优势，并将在行业中发挥不可估量的积极作用。

（二）整合重组，聚集内部资源优势

国务院国资委下发《关于中央企业开展压缩管理层级减少法人户数工作的通知》后，中国通服以此为契机，加快推进供应链公司对相关专业公司的重组整合。**一是**选择条件成熟的三家公司福建中通通信物流有限公司（以下简称“中通公司”）、湖北信通通信有限公司（以下简称“信通公司”）、贵州中通招标咨询有限公司（以下简称“招标公司”）作为试点，采取总部谋划、省公司和专业公司执行的方式，制订整合方案、整合时间表、整合方式等，全面加快了内部资源重组进度。**二是**中国通服多次与国资委主管部门沟通，确定最佳路径，各省公司主动与当地工商税务部门联系，争取最佳税收优惠政策，尽力做到资源整合路径畅通、整合成本最小。**三是**重组整合最终确定以2017年1月1日为基准日，将中国通服福建公司持有中通公司的100%股权、中国通服湖北公司持有信通公司的100%股权、中国通服贵州公司持有招标公司的100%股权划转到供应链公司。目前，供应链公司整合三家公司的工作紧锣密鼓推进中。后期，在试点基础上，供应链公司将于2018—2019年陆续对其余专业公司进行整合。

（三）创新管理，提升运营服务能力

供应链公司作为龙头企业，统领21家专业公司，重点完善一体化集约配送服务能力。**一是**提升终端项目运营能力，实现终端配送厂家—省际—省内—门店无缝衔接，打造大宗物资一体化配送能力，降低成本，提升质量。**二是**加快仓库建设，完善仓储网络：制定仓库布局规划，统一建设标准，建设重要基地仓，完善省配送中，打造覆盖全国的中通服仓库监控体系 。**三是**开展品牌建设，发布了全新的渠道品牌“中通福”，完成了全国零售门店统一系统上线工作，通过多种方式搭建沟通平台，在QQ、微信、钉钉等网络工具上建立“操盘手群”“中通福门店沟通群”“中通服渠道业务沟通群”“零售IT系统沟通群”等渠道业务沟通群。2016年已完成改

造的“中通福”门店91个，力争未来三年内打造5000家“中通福”门店。

（四）聚焦IT建设，统筹全国运营网络

供应链管理有限公司成立前，中国通服相关专业公司IT系统建设情况参差不齐，缺乏统一的信息系统作为运营和管理工具。供应链公司成立后，建设了物流信息系统和终端零售门店系统，物流信息系统于2016年3月1日投入使用，满足了终端类物资仓储配送全流程的需要，也满足了大宗物资全程全网物流服务需求。目前该系统已向承接大客户如中国电信集团集采物流业务的全部省份推广使用，实现了中国通服物流业务资源整合及全程全网一体化服务。终端零售门店系统是一个完全服务于终端渠道市场，该系统于2016年4月启动，上线以来已支撑1700多家门店运营使用，为实现中国通服渠道业务管理的系统化、标准化、规范化奠定了基础。

四、改革成效

整合后，供应链公司积极拓展全国性项目。**一是**承接了中国电信集团天翼终端物流配送项目，为客户提供手机终端配送服务，日吞吐量最高可达40万台，年航空运输手机终端近350万台，构建了全国所有省会城市48小时送达的配送网络，市场份额由30%提升至60%。**二是**承接了中国电信集团集中采购物资的统一配送服务项目，年运营物资金额超过300亿元，运营量超过20万立方米。**三是**建立了一套较为成熟的运营体系，实现了与中国电信MSS物流信息系统的对接，完成了全国客服电话的开通和测试、微信公众号的设立等工作，总体运营成本降低20%以上，凭借优异的服务质量，获得客户一致好评。**四是**积极开展战略合作，与长飞、东航签署战略合作协议，打造互惠共赢的产业价值链。2016年，中国通服供应链业务收入合计72.1亿元，同比增长12.7%。

五、经验启示

（一）主动求变方能浴火重生

供应链业务的资源整合，让中国通服看到了供应链业务未来发展的希望。外部环境和客户需求变化的日益加快，给供应链业务带来了难得的历史机遇，同时也带来了严峻的压力与挑战，“变”对于中国通服来说已经是迫在眉睫。被动调整不如主动求变，主动求变方能突出重围。改革发展必须要跟上变化的节拍，走在变化的前面，只有自身发展符合时代和大众的需求，企业才能找到持续发展的动力。

（二）借势而为才能事半功倍

“压减”工作是一项重大政治任务，也为中国通服改革发展提供了良好契机。中国通服借势而为，加快推进供应链业务的资源整合，统一品牌，提升集约运营能力，力争获得更多的商机，减少了改革的阻力。通过资源整合、能力互补来解决发展不均衡的问题，使能力较强的专业公司把较弱的公司带动起来，对整合双方是一种双赢的整合方式。通过专业整合，能够更好地促进中国通服业务的发展，有效解决现阶段打乱仗、乱打仗的现象和问题，也能够解决面临的生存难题。

（三）精准发力才能立竿见影

供应链业务作为供给侧改革，可以为客户提供更好的服务质量和更高的效率。在未整合之前，中国通服供应链业务存在公司数量多、能力弱，不能很好满足客户需求的短板。中国通服以问题为导向，着力从供给侧方面入手，精准发力推进改革，积极整合物流企业，缩减企业数量，不仅企业能力得到提升，还节约了资源，提升了服务质量和效率，市场份额稳步提升。

59

共享合作　协同创效　打造信息安全专业产业集团

中国电子中国长城

一、基本情况

中国长城科技集团股份有限公司（以下简称“中国长城”）是中国电子信息产业集团的核心企业，由原长城电脑、长城信息、中原电子、圣非凡等四家公司重组整合组建，致力于打造守护国家第五疆域安全的中国网络安全长城。公司的重组整合，涉及两家上市公司的合并、两家军工企业的注入、一家香港上市公司的置换以及公开募集配套资金，被作为国务院国资委 2015 年三大重大资产重组项目之一，创造了我国资本市场重大无先例事项，是中国电子为践行国家网络安全战略、实施中国电子网络安全和信息化系统工程的重大举措。

2017 年 1 月 18 日，长城电脑换股合并长城信息及重大资产置换和发行股份购买资产顺利完成。3 月 28 日，公司正式更名为“中国长城科技集团股份有限公司”。目前公司总股本为 29.44 亿股，员工 13700 多人，总资产 146 亿元。拥有自主可控、军工、行业信息化、电源、电池等多个业务板块，2016 年度实现营业收入 90 亿元，实现利润总额 5 亿元。

二、改革背景

就外部环境而言，从世界范围看，网络安全威胁和风险日益突出，并向政治、经济、文化、社会、生态、国防等领域传导渗透；我国网络、信息安全形势日益严峻，根据首次全国范围的关键信息基础设施网络安全检查工作结果反馈，“后门”和“漏洞”问题亟待解决，自主可控国产化全面替代势在必行。

从内部环境来看，整合组建后的中国长城，业务行业跨度大、形态多样，拥有自主可控、高新电子等 13 类业务；自主可控业务单元跨地域，重复投入问题严重，资源相对分散，尚未形成有效的合力。

针对这些问题，中国长城积极贯彻落实习近平总书记在网络安全和信息化工作座谈会上的重要讲话精神，全面依托中国电子在信息安全领域的占位优势、资源优势，采取合作共享、双轮驱动战术，实现从芯片、整机等到操作系统、应用系统等计算机信息技术各方面完全自主可控；推动内部资源整合，实施专业化分工，打造完整的自主可控产业链；以顾客满意度为焦点，解决问题为导向，实现核心竞争力的稳步提升。

三、改革实践

（一）合作共享，双轮驱动，实现完全自主可控

尽管我国市场需求庞大，但计算机信息设备的国产化替代进程不可能一蹴而就，而是必须循序渐进。从国际经验看，微软、英特尔等国际巨头经过数十年的创新积累，才建立了相对完整的网络信息安全产业链。只有千方百计争取由“弯道超车”转向“变道超车”，才能加快实现这一替代进程，满足紧迫的市场需求。中国长城作为中国电子近年来全力构筑的自主可控的计算机产业发展生态的重要成员，第一策略是借势而为，依托中国电子在自主可控的芯片和操作系统上的核心技术优势，发挥作为后端整机单元的拉动作用，与集团信息安全产业链上的兄弟单位开展全方位的协同合作，实现在自主可控计算机整机产品上的突破。同时，在资本层面采取开放合作的方式，与国防科技大学共同组建专业公司，依托国防科大在

计算机领域的强大技术优势、人才优势，加快技术突破和创新积累。中国长城充分结合计算机信息产业发展的共性特点，采取双轮驱动的模式。**一方面**，抓住自主可控产品的国产化替代机遇，全面参与国家党政军国产化替代重大项目，赢得市场份额和品牌影响力；同时通过在公司内部建立试验田的方式，率先实现自身信息设备的国产化替代，先行先试，发现问题，持续改进优化。**另一方面**，利用现有的资源继续发展 X86 业务，为自主可控业务提供支持，通过自主研发和联合开发 X86 服务器，促进后续国产平台服务器产品可以满足目标用户的未来发展需求，加快提升自身研发能力。

（二）资源整合，分工合作，打造完整产业链

通过借势而为、共享合作、双轮驱动等诸多举措，中国长城在自主可控领域形成了较为明显的领先优势。但就重组后的中国长城内部而言，自主可控资源相对分散，4 家承接单位同时兼具研发、生产、销售等多项职能，甚至在一些领域相互之间还存在竞争关系。为进一步提升竞争力，中国长城启动了自主可控资源整合优化工作，以打造一体化的自主可控整机产业链为主线，按核心业务流程实施专业化分工。协同 4 家自主可控业务单位，统一品牌、生产、销售，在研发领域分工合作、优势互补，共同提升中国长城自主可控计算机产品在国家重点示范项目推广中的竞争力。**一是**协同产业分工，将长城信安作为整机研发和销售核心，长城银河依托国防科大技术优势专攻板卡研发，信息终端事业部作为供应链平台进行统一采购、生产，系统与方案事业部作为智慧城市等业务销售平台；将原来各自为政的售后服务交给中国长城行业信息化板块专业售后团队统一管理，提升售后满意度。**二是**坚持“专业的人干专业的事”这一原则，配合产业分工安排，将核心研发人员按专业技术优势，合理安排到各产品研发领域；全力打造自主可控与 X86 并行的精英销售团队。**三是**进一步将业务协同向管理协同延伸，联合各方成立公司计算机整机产品成本管理工作组，

开展研发、采购、销售三位一体的协同，对产品成本进行精细化管控，共同提升计算机整机产品价格竞争力，实现长城品牌自主可控产品市场占有率第一的目标。协同湖南长城和长城开发进行制造可靠性过程分析及工程试验技术研究，开展专项改善行动并导入生产单位。

（三）顾客满意度为焦点，问题为导向，提升核心竞争力

中国长城在自主可控产品的研发、测试验证、工程化、生产制造等方面以及产品的质量上实现了产品从当初的“不可用”到“基本可用”，再到“可用”、目前的“基本好用”的实质性突破。在自主可控产品的研制过程中，中国长城始终坚持“以顾客满意为关注焦点、以X86为标杆、以问题为导向、以制度建设为抓手”的工作方针开展各项工作。在前期面临的自主可控计算机产品产业链和生态环境相对不完善的情况下，中国长城坚持与产业链上下游企业密切合作，采取了技术联合攻关、共建联合实验室等形式解决重点、难点问题，与上下游企业共同解决了一批基础性问题、性能问题、兼容性问题、稳定性问题。在研发过程中，切实落实可靠性设计原则，以QFD、DFM等方法为指引，全面融入可靠性设计方法；在自主开发了自主可控产品的全自动测试系统、全自动产品老化系统基础上，建立了测试系统与MES系统的同步，使整个制造过程可控。

四、改革成效

目前中国长城已全面具备了自主可控整机和服务器从设计、研发、验证到生产的能力，中国长城基于国内多家CPU厂商自主研制了的近百款计算机主板，整机涵盖了终端产品、服务器和存储设备。在自主可控领域累计申请了近200项专利。

经过这些年的实践，中国长城在解决自主可控整机产品问题的过程中有失败的教训，也取得了丰硕的成果积累了宝贵的经验，打造了一支国内领先的专业团队。通过坚持不懈的协同提升，目前自主可控产品的一次开

箱合格率提升到98%以上。在2016年底国家测试机构针对国内10多家集成商的解决方案进行封闭式全面测试和评估，采用中国长城基于FT1500A的终端和服务器的系统在测试中排名第一。

有了产品质量、性能、客户体验的提升，中国长城自主可控整机产品始终保持市场占有率的领先地位，在国家某国产化替代试点示范项目中，中国长城的终端和服务器的市场占有率分别超过了60%和30%。搭载着飞腾CPU、麒麟操作系统的整机系统已经在国家核心关键领域发挥越来越重要的作用，日常办公和上网速度的用户体验与目前国外主流产品相当，如同时播放4个高清视频也十分流畅。2017年上半年，中国长城推出了基于全新一代国产FT2000处理器的高性能服务器，提供企业级的强劲计算性能和扩展能力，代表了目前国产自主可控安全整机的最高水平。

在改革创新、整合协同重大举措的强力助推下，2017年上半年，中国长城经营业绩取得阶段性成果，实现营业收入45亿元，同比增长10%；利润总额3.9亿元，同比增长79%。

五、经验启示

从中国长城改革创新的发展过程和取得的阶段性成效来看，首先得益于在战略布局上的顶层筹划、战略执行上的持之以恒。为落实中央关于网信事业的战略部署，中国电子以“大网信”概念重新审视并进一步优化集团公司产业格局和发展方向，提出打造网信产业国家队的发展目标，中国长城是在中国电子集团（CEC）超前布局的“二号工程”战略规划指引下，在原有积累多年的基于X86平台的安全技术和产品研发的基础上，坚持不懈推进改革创新系列举措，实现进一步的发展提升。

从中国长城重组整合到聚焦自主可控业务发展的过程来看，解放思想，合作共享，是要在重大创新领域有所作为所应持有的态度和方式。解放思想，才能以正确的态度看待差距，合作共享，方能在广阔的生态圈中吸收足够的养分，为“换道超车”提供足够的动力支持。同时，保持内部资源的最优配置，进行专业化分工合作，形成最大化合力，是提升产业竞争力的有效方式。

中国长城的组建，是中国电子贯彻落实国家网络安全战略决策的重要部署，更是积极落实国资委国有企业改革的重要举措。事实将进一步证明，始终坚持正确的改革方向，保持不忘初心的高昂斗志，中国长城将在改革创新的引领下再创新辉煌！

60

推进宝武重组整合 创建世界一流钢铁企业

中国宝武宝钢股份

一、基本情况

宝山钢铁股份有限公司（以下简称“宝钢股份”）是全球领先的现代化钢铁联合企业，是中国宝武钢铁集团有限公司国有控股的上市公司。2017 年 2 月，宝钢股份通过资本市场吸收合并武钢股份，拥有上海宝山、南京梅山、湛江东山、武汉青山等 4 个主要制造基地，公司合并净资产 1622 亿元，在岗员工 6.31 万人，产能 5260 万吨钢，在全球上市钢铁企业中粗钢产量排名第三、汽车板产量排名第三、取向电工钢产量排名第一，是全球碳钢品种最为齐全的钢铁企业之一。

2016 年公司全年实现合并利润 115.2 亿元，同比增加 97 亿元，在全球 2000 万吨以上规模的钢企中吨钢利润排名第一，公司利润排名第二。

二、改革背景

2016 年 12 月，原宝钢集团与武钢集团实现联合重组成立中国宝武钢铁集团有限公司（以下简称“中国宝武”），这是党中央、国务院深化国资国企改革，推进我国钢铁行业结构调整和转型升级，促进我国钢铁行业布局优化和健康发展的重大举措。中国宝武成立伊始，就立即启动宝钢股份通过资本市场吸收合并武钢股份，实现了两家核心钢铁企业的重组整合。

根据国务院国资委和集团公司的总体部署，重组后宝钢股份始终将推进整合融合、发挥协同效应，持续提升规模、品种、成本、技术、服务等全方位优势，尽快释放改革红利作为各项工作的重中之重，取得了初步成效。

三、改革实践

（一）快速开展整合策划

宝钢股份按照多制造基地管理模式，明确整合总体安排、推进原则、分阶段工作目标等顶层设计工作思路，公司成立营销、采购、研发、财务、信息化整合五大专项组，制订并完成“首日计划”“百日计划”，推进“年度计划”，策划“三年整合计划”，强化快赢项目实施和里程碑进度的管控，发挥协同效应。

一是确立管控模式。借鉴国外先进钢铁企业经验，结合自身的发展背景和经营管控需要，提出了多制造基地（宝山基地、青山基地、东山基地、梅山基地）管理模式，强化集中一贯管理，实现同品种、同质量、同服务。整合工作是按照多制造基地管理模式这一基本原则进行策划和推进。

二是明确整合思路。整合策划工作之初，确定了整合的总体安排、推进原则、分阶段工作目标等顶层设计工作思路和整合蓝图。将整合工作划分为初步整合、年度整合、深度整合等三个阶段。明确了三阶段的整合目标和效益提升、效率提升、客户价值提升、聚焦统一、共同责任、以终为始等整合原则。

三是规划协同效应。系统展望整合协同效应是整合策划工作的重中之重。宝钢股份通过全面、深入审视双方核心竞争力和优势，识别出未来通过整合将获得的协同机会，包括区位协同、研发协同、采购协同、生产协同、产品协同、营销协同等。通过协同机会的识别，为整合计划中快赢项目的制定奠定了基础。

四是建立推进组织。为全力、快速、有效推进整合工作，宝钢股份建立了一支由集团总部和武钢有限相关人员组成的整合工作联络员队伍，构成了覆盖全体系的整合工作推进组织体系，同时也形成了体系覆盖、工序技术、重点产品产销研的三维整合推进组织体系，简称“1234567”推进体系：即1个平台（整合管理办公室）、2个覆盖（信息化系统和财务体系覆盖）、3个统一（营销、采购、研发统一管理）、4个技术管理推进委员会（铁区、炼钢、热轧、冷轧）、5个整合专项工作组（营销、采购、研发、财务、信息化）、6个战略产品产销研团队（汽车板、硅钢、镀锡等）、7个职能条线整合推进团队。

五是编制整合计划。2017年2月14日全面启动整合计划编制工作。经过近一个月的努力，5个专项工作组、7个职能条线和整合管理办公室全面编制完成“百日计划”“年度计划”“三年整合计划”。包括8个模块、449项任务、120个里程碑、40个快赢项目。

（二）全力推动计划落地

宝钢股份快速实施“百日计划”，加快管理对接，促进整合计划快速落地。

一是开展全面业务对接。业务对接是业务整合的前提，宝钢股份将各条线的业务对接任务纳入整合计划进行统一管理。2017年3—4月，各专项组和职能条线纷纷组织调研、走访、沟通、专题会议等活动，开展全面对接交流，对业务模式、流程、职责界面划分进行差异分析，“百日计划”中制定的400余项对接任务全部按节点完成。

二是推动快赢项目落地。为激发所有人员对于宝武联合重组的信心，宝钢股份在整合计划中设立了滚动更新的40个快赢项目。为了推进快赢项目有效落地，公司定期召开推进会，重点分析快赢项目落地过程中可能存在的风险，调整公司内外可调配的资源和渠道，为项目落地创造有利条件。

三是信息系统覆盖先行。在整合推进之初，集团公司主要领导就明确了以信息系统覆盖倒逼业务整合的指导方针。20 项管理信息系统中，8 项在 2017 年实现覆盖，11 项在 2018 年实现覆盖，1 项在 2019 年实现覆盖。截至 2017 年 7 月底，信息化覆盖工作按照时间节点均有序推进或完成，部分覆盖工作已提前完成。

四是配套开展机构改革。为保证整合工作的顺利推进，实现管理体系的有效对接，武钢有限坚决开展机构改革。通过改革，总部二级机构从 31 家精简为 28 家，总部三级机构从 213 家精简为 113 家，三级机构精简率约为 47%。

（三）全面构建保障机制

一是建立分层次推进会议机制。为保证过程中整合进度得到及时控制和推进，整合风险和问题得到及时揭示和协调解决，宝钢股份构建了分层次的推进会议机制。

二是建立全体系工作指引和简报机制。为保证整合推进过程中的信息充分沟通，实现整合语言统一、方向一致，公司建立了全体系的整合工作指引和简报机制。

三是建立全覆盖专项评价激励机制。2017 年 4 月 27 日，公司董事会审议通过了《关于宝武整合协同专项激励计划的议案》，为整合工作的有效推进提供了坚实的机制保障。

四是建立全过程整合风险管控机制。宝钢股份对整合阶段将面临的风险进行了全面梳理，识别出战略风险、业绩风险、快速见效风险、组织与文化风险、关键人员流失风险、运营风险等六大风险，并制订了相应的对策和预案，纳入整合计划进行管理。

五是建立全面配套的培训支撑机制。为促进双方交流理解，统一认识和管理语言，掌握整合工具和方法，提高变革管理能力，宝钢股份建立了全面配套的培训支撑机制，在过程中根据整合工作需要举办针对不同对象的研修培训。

四、改革成效

宝钢股份层面通过近半年整合工作的策划和推进落实，宝武整合“百日计划”节点基本全面达成，各项目进展良好，整合工作已初显成效。

（一）实现协同效益

2017 年上半年，宝钢股份实现利润总额 85.1 亿元，同比增长 58.2%，经营业绩创七年以来新高，继续保持同期国内业界最优。通过对整合百日计划和年度计划中 40 个快赢项目的推进，1—7 月累计实现协同效益约 4.6 亿元，整合成效初显。

（二）助推“瘦身健体”

宝钢股份利用整合推进契机，在营销网络领域大力推进“压减”工作。完成两家剪切加工中心的吸收合并及业务承接；推进武钢有限 6 家销售公司的吸收合并工作以及 2 家配送公司的注销工作；推进武钢 6 家海外公司及 3 家办事处注销工作。

“百日计划”完成后，与 2016 年 12 月相比，武钢有限下放干部任用与管理权限比例达 53%，实施分层分类管理；直管领导数量减少 53%，E 层级领导数量减少 7.9%，一级机构领导减少 6.7%，大幅提高了劳动效率。

（三）完成制度修编

武钢有限从多维度开展改革，建立了相对应的管理流程，截至 2017 年 7 月底共修订了 698 项管理制度。已基本完成武钢有限运营管理手册和宝钢股份综合管理手册的编制，稳步将“3 个统一、2 个覆盖”在制度层面按计划向前推进。

（四）转变思想观念

武钢有限在整合初期对整合工作心存疑虑，随着双方频繁的对接、交流和沟通，逐渐认清差距，转变了观念，并积极主动参与到整合工作中来，求新求变，期待整合后的青山基地能够涅槃重生。例如：宝钢股份连续组织两期青山基地设备管理人员专题实战研修，学员通过对标学习，深受触动，全身心地投入到了后续聚焦差距制订改革方案的行动之中。

五、经验启示

（一）上下同欲，用一致的认识引领整合

中国宝武各级领导均把宝钢股份层面的整合融合作为各项工作的重中之重，集团公司领导多次作出重要指示，宝钢股份将整合工作列为公司 2017 年度商业计划和深化改革计划中的首要任务，充分发挥党组织的领导作用，通过多种方式迅速统一公司上下对于整合工作的认识，在全公司范围内形成了认同、支持、投身整合工作的氛围。

（二）协同融合，用清晰的目标驱动整合

宝钢股份在整合计划的策划中，特别关注协同效益的获取，在整合之初，就明确提出实现 10 亿元协同效益的年度目标，并以快赢项目的落地为载体，确保整合协同效益获取。宝钢股份还提出通过体系的覆盖达到管理和文化融合的整合路径，从而原点思考、以终为始策划业务对接和覆盖方案。

（三）体系推进，用科学的方法实施整合

一是以信息系统覆盖为整合龙头。通过系统覆盖倒逼业务整合，在宝钢股份多制造基地信息系统架构指引下，整合构建“统一语言、统一规则、统一平台”的信息系统，支撑实现武钢有限管理框架重新构建、管理过程重新布局。

二是以现有业务体系为整合依托。本次整合立足宝武自身力量开展，充分发挥各业务部门和职能部门的能动性，明确总部和武钢有限在整合中的共同责任，明确要求各条线在内部形成整合的 PDCA 闭环，完成整合的全过程任务，并通过绩效评价激励加以引导。

三是创新具有宝武特色的管理工具。宝钢股份在借鉴学习的基础上，以我为主，结合企业自身特点和整合需求，合理划分整合工作模块，并构建了一种基于多制造基地管理模式的整合方法论、一套具有宝钢特色的整合“百日计划”管理核心工具包。

（四）知行合一，用文化的力量促进整合

文化融合是整合融合最终能否取得成功的关键所在。宝钢股份不仅聚焦业务整合，还在吸收合并之初就同步策划，融合原宝钢和原武钢文化中的优秀成分，提出了新宝钢股份的企业文化理念体系，并通过深入宣贯学习、开展践行活动、加强基地间交流共建等形式，发挥企业文化的“指南针”“座右铭”和“黏合剂”作用。

61

勇于担当　整合发展
守护13亿国人的餐桌幸福

中粮集团中粮粮谷

一、基本情况

中粮粮谷公司（以下简称“中粮粮谷”）是中粮集团旗下主粮业务平台，总部位于北京，是中粮集团“粮油棉糖”核心主业的重要组成部分，主营稻谷、小麦和大麦加工、贸易及销售，各项业务均处于行业领先地位。中粮粮谷在全国优质产区和销区布局了34个现代化的加工企业，年综合加工能力超过850万吨，建立了覆盖国内主要消费市场的销售网络，并通过进出口贸易将业务延伸至国际市场。2016年，中粮粮谷各业务合并实现营业收入185亿元，净利润4.1亿元。

二、改革背景

中粮集团认真贯彻落实党中央、国务院的决策部署积极践行农业供给侧结构性改革，开展国有资本投资公司试点，以“责权利一体”“产供销一体”“人财物一体”为目标，于2016年12月整合旗下主粮业务，组建成立中粮粮谷专业化平台，作为中粮集团保障国家口粮安全的执行主体。作为新组建成立的主粮专业化公司，中粮粮谷面临旗下稻谷、小麦和大麦三大业务在战略、组织、团队、运营等多方面的整合任务，以达到“1+1+1>3”的效果。为使公司发展快速步入正轨，中粮粮谷聚焦战略规划与布局、组织架构与团队、业务运营与发展“三大整合”，努力实现整合出效率，整合出优势，整合出效益，构筑“大国粮仓”，做强“大国粮商”，保障国家粮食安全和食品安全。

三、改革实践

（一）践行战略整合，勇于担当主体责任

中粮粮谷成立伊始便着手推进三个业务战略层面的整合，统一思想，明确目标，为公司改革发展绘制蓝图。

一是确立“两个担当”的战略定位。作为主粮加工行业的排头兵，承担集团核心主粮业务，中粮粮谷将勇于担当保证国家粮食安全的重担，敢于担当集团打造国际大粮商的责任，立志成为国内最优质、最专业的米面产品供应商，最大的主粮零售品牌运营商。为实现上述使命愿景，中粮粮谷提出了“612246”的“十三五”战略目标：即稻谷加工能力600万吨，小麦加工能力1000万吨，品牌米面销量各200万吨，主粮业务营业收入400亿元，净利润6亿元。

二是实现“两个优质”的战略布局。经过原有三个业务的不懈努力，中粮粮谷已经初步建立了覆盖东北、江苏、宁夏优质粳稻产区，长江中下游优质籼米产区，黄淮海平原优质小麦产区，内蒙古大麦产区以及大连、张家港、江阴、成都、厦门、东莞等物流节点和销区的产业布局。在国家明确提出发展优质稻谷、强筋弱筋小麦，提高优质农产品供给的背景下，中粮粮谷进一步推进“优质产区＋优质市场”战略布局，在内蒙古、新疆、陕西、黑龙江等优质小麦稻谷产区和京津冀、珠三角等核心粮食销区再布新“棋子”，为消费者建立了贯通南北、连接东西、快速便捷的主粮加工链和物流供应链，通过“订单种植＋产后服务＋加工转化＋品牌营销”的全产业链模式，切实提高主粮产品的供给质量，助力农业供给侧结构性改革。

三是打造“两个市场”的战略优势。中粮粮谷旗下大米、啤酒原料业务都有丰富的国际贸易经验，公司将各品类进出口业务进行一体化运作，共享国际贸易平台，贯通国外国内两个市场，利用全球粮源配置资源，建立企业核心优势，助力行业结构调整。中粮粮谷从“一带一路”沿线国家适度进口中高端优质籼米，通过产品研发和技术创新，以进口大米改善国产南方籼米的营养、口感等指标，为市场提供可信赖的绿色大米产品，优化口粮的供给侧结构，保障老百姓舌尖上的安全。鼓励优势农产品出口，在继续巩固日、韩、港澳等传统出口市场的基础上，中粮粮谷攻坚克难，积极进取，时隔近十年后重新恢复了对中东、东非、西非、南太平洋、美加、澳新、欧洲等市场的大米出口，极大提升了中国大米在国际市场的影响力和知名度，推动大米行业“走出去”。

（二）推进组织整合，实现企业“瘦身健体”

中粮粮谷积极响应央企“瘦身健体”的要求，发扬“大中粮，无边界”的阳光文化，稳步推进，完成了中粮粮谷组织架构与团队的整合。

一是实现平台资源共享，推进品类专业化。中粮粮谷整合原有三个业务的职能部室，由 16 个缩减至 9 个，人员由 107 人压缩至 80 人，实现平台行政、战略、财务、人力等资源的共享，达到效用最大、效率最优。同时，中粮粮谷根据行业发展、商业模式、客户渠道等因素，将原有大米、小麦加工和啤酒原料三个业务进一步拆分为大米、面粉、面条、啤麦和综合食品五个品类，促进品类专业化管理，并将品牌零售业务、工业大客户业务、国际贸易业务分别整合至统一的营销平台，推进公司一体化运作。

二是打开业务职能边界，不拘一格降人才。随着业务的快速发展，人才储备工作变得尤为重要。中粮粮谷在组织整合期间打通了不同业务间、不同区域间、职能到业务的人才边界，引入新鲜血液，获取优秀人才，给广大基层干部员工提供发展和“走出去”的机会，实现粮谷平台的人才交流和共享，促进团队发挥最大价值，创造最优效益。

三是加强平台垂直管控，统一筹划人财物。米、面、啤麦三个业务的人事、财务、资产，过去由各业务分开管理，中粮粮谷成立后，加强人财物的统一管控。实行财务垂直管控，贯彻中粮集团资金集中管理的刚性要求，通过统一融资平台管理，实现外汇风险对冲，防范汇率利率风险；实现资产集中管理，资产的进退由平台总部负责，统筹规划，通过业务间的协同发展，盘活低效无效资产，例如在啤麦内蒙古工厂、大米盐城工厂增加面粉生产线，在面粉海宁工厂增加大米生产线，充分利用现有土地、配套设施等资源，提升资产效率。

（三）聚焦运营整合，深化业务提质增效

中粮粮谷以“品牌营销一体化”和“区域供应链一体化”为两大抓手，实质推进业务的产供销一体化运营，达到提质增效的整合目标。

一是品牌业务一体化。中粮粮谷整合原有米面品牌业务团队，实现管理上“三个一体化”：以中粮国际（北京）有限公司作为运营管理平台，操作米面品牌业务，实现营销一体化；米面协同，渠道共享，提升销量和规模，提高人均产出，降低单吨费用，实现渠道一体化；决策上升、执行下沉，营销公司与销售大区合理分工，实现运营一体化。同时整合品牌，对标竞品，聚焦资源，建立跨品类的多品牌架构。作为中国人一日三餐两大主食，米面产品具有天然的同源效应，中粮粮谷重点打造跨米面品类的核心主粮品牌“福临门”，打造“最懂面食专家”的面粉全国品牌“香雪”。中粮粮谷以品牌引领，连续三年开展福临门开耕、开镰稻米文化节，宣传中国农耕和稻米文化，宣告将国人的饭碗端在自己手里，得到社会各界和广大业内人士的好评，进一步提高福临门米面的市场影响力、知名度和美誉度，推动粮谷公司品牌业务专业能力提升和产品盈利能力的提高。

二是区域产供销一体化。中粮粮谷通过实施供应链一体化项目，对品类管理部组织架构进行系统梳理，围绕“总部管总，区域做实”，有针对性补充缺失职能，将产品管理、渠道管理、价格管理、跨区产销对接、仓

储物流布局等职能上收品类总部，整体上实现品类管理专业化；供应链管理与销售管理分别与各区域生产及销售对接，实现区域范围内产销协同，总部监督协调确保全程利润最优；将区域作为利润中心运作，将工厂作为成本中心运作，以考核驱动成本改善和利润目标达成；针对目前工厂和营销公司之间自由对接结算价导致的全程利润受限的情况，构建了内部结算和价格调整机制。

四、改革成效

一是经营规模不断扩大。目前中粮粮谷旗下稻谷、小麦、大麦三大主粮品种年加工能力合计超过 850 万吨，预计至 2020 年将达到 1700 万吨，总规模位居国内前列，已经初步形成行业领先地位，产业基础扎实，市场地位突出，具备了在更高层次上参与国内国际市场竞争的能力。2017 年 1—8 月，米面麦芽实现销量 350 万吨，同比增加 20%，超额完成本期预算；中粮粮谷整体实现营业收入 139 亿元，同比增加 21%，超额完成本期预算。主粮加工业务集中在一起产生了强大的协同集群效应，中粮粮谷更有能力、有信心维护国家粮食安全。

二是出口内销全面开花。中粮粮谷国际贸易团队抓住国际市场机遇迅速恢复出口市场，积极开拓新市场，2016 年出口米面麦芽 47.5 万吨，2017 年预计全年出口量将突破 100 万吨，增幅 111%。2016 年品牌米面内销 142 万吨，2017 年预计全年将达 196 万吨，增幅 38%，市场占有率超过 15%。福临门品牌大米连续八年获得同类产品综合市场占有率第一位。出口和内销业绩两旺，带动工厂达产率大幅提升，普遍达到 90% 以上。

三是运营效率不断提高。通过内部降本增效，中粮粮谷管理费用占收入比率同比下降 0.6 个百分点。中粮粮谷通过业务整合也磨炼形成了一支忠诚度高、专业能力强、业绩过硬的优秀团队。其中，营销公司米面业务团队融合，通过九大区业务管理建立了全国基本统一的营销平台，销售人员的岗位都得到了整合，提升了人员效益，预计人均产出提高500吨，增长40%以上，为进一步强化中粮品牌米面业务融合奠定了基础。

四是经济效益大幅提升。中粮粮谷成立不到一年，业务不断理顺，业绩显著提升。2017年1至8月，中粮粮谷累计净利润已达5.5亿，同比上年翻一番，提前超额完成全年预算目标。中粮粮谷依据集团“321155”目标制定了“十三五规划”，按照现有成功的改革发展路径坚定走下去，预计至2020年，营业收入、毛利额、经营利润均实现倍增，米面主粮业务实现净利润约6亿，量利齐升，再造一个新粮谷公司。

五、经验启示

（一）深化企业改革，要勇于担当，从主观意识上解放思想、转变观念

国有资本专业化投资公司改革首先是思想的改革，只有从思想上深刻理解改革的重大意义和核心内涵，才能发自内心的认同和拥护改革，才能在行动上自觉贯彻执行。

（二）深化企业改革，要敢于创新，从体制机制上破除障碍、激发活力

专业化公司必须有专业的组织架构、管理体制、运营机制、人才机制、考核机制、激励机制等一系列先进的体制机制，才能有效应对日趋激烈的市场竞争，才能走出国门、走向世界。做好了顶层设计和战略规划，企业改革才能方向明确、目标清晰、事半功倍。

（三）深化企业改革，要善于扬弃，在资源整合上巩固优势，补足短板

改革就要建立完善现代企业制度，促进国有资本合理流动，提高资本运营效率和增值能力，实现国有资产保值增值。要实现这一目标，必须将改革的关注点放在优化资源的配置分布上，扬长避短，提高资源的配置效

率，实现资源价值提升。

（四）深化企业改革，要坚决执行，在工作实践中脚踏实地、埋头苦干

千里之行，始于足下，改革并非一蹴而就。有了清晰的认识、明确的目标、科学的方案，还需要将目标任务分解落实，需要全体干部职工在日常工作中以企业主人翁精神、放牛娃的责任心使改革真落地、见实效。

62

实施重大无先例重组　构建长效激励机制
打造改革创新、转型发展、
自贸区建设和资本市场的新标兵

招商局集团招商蛇口

一、基本情况

招商局蛇口工业区控股股份有限公司（以下简称“招商蛇口”）是招商局集团旗下城市综合开发运营板块的旗舰企业，是招商局集团在国内重要的核心资产整合及业务协同平台。2015 年招商蛇口吸收合并招商地产（SZ000024/200024）实现无先例重组后在深圳证券交易所上市，成为国企改革的典范和中国资本市场创新的标杆。

招商蛇口确立“前港－中区－后城”的开发模式，以“产、网、融、城一体化发展”为业务抓手，协同园区开发运营、社区开发运营、邮轮建设运营三大业务，配套提供多元化的、覆盖全生命周期的产品与服务，包括：精品住宅、商业综合体、智慧及创意园区、片区产业带、邮轮母港、写字楼、酒店公寓、养老产品、长租公寓、健康医疗等，为城市发展与产业升级提供综合性的解决方案。

二、改革背景

在多年的发展的过程中，招商蛇口融资渠道有限，存量资产有待盘活，管理效率有待提高，激励机制亟需创新。为了推动地产板块整体上

市，进行资产重组整合和体制机制创新，响应国家自贸区建设及“一带一路”倡议，积极推动招商局在国家产业、城市的全面升级中发挥更大的作用，招商蛇口启动了多项改革措施，通过全面构建覆盖公司各业务板块、各管理层级的长效激励约束机制，充分激发员工的责任担当意识，实现跨越式发展。

三、改革实践

（一）实施重大无先例重组及员工持股和股票期权激励

为传承蛇口品牌历史，充分挖掘蛇口自贸区与前海区域的概念，招商局集团经通盘考虑和周密策划，采用“吸收合并整体上市”方式对地产业务进行整合，招商蛇口作为合并后的唯一主体存续。本次整合首先将蛇口工业区由全民所有制企业改制为股份有限公司，然后由招商蛇口发行A股股份换股吸收合并招商地产，并同时向8个特定对象以锁定价格方式募集配套资金，锁定期3年，募集资金总额118亿元。这是中国资本市场非上市公司换股吸收合并上市公司同时配套融资的首例，股东层面又引入了以产业资本、金融资本为代表的战略投资者以及员工持股计划。通过本次整合，招商地产的A、B股同时转成了招商蛇口的A股，同步完成招商地产新加坡B股退市，创新性地解决了B股历史问题。

招商蛇口在“五年进入世界五百强”战略目标引领下，在换股吸收合并同时配套融资时，员工持股计划作为特定对象之一认购了招商蛇口2833.68万股，认购金额近7亿元。整合完成一年内，继实施员工持股计划后，为促进业绩提升和战略落实，完善公司薪酬激励体系，2016年11月推出股权激励方案。股权激励计划向激励对象授予公司A股股票期权4934.5万股，占当时公司总股本的0.624%。

（二）推出项目跟投机制

招商蛇口结合行业跟投实践和自身企业特点，推出项目跟投这一重要的约束与激励机制，旨在通过实现员工和公司的共担（风险共担）、共创（价值共创），促进公司业绩的快速增长。项目跟投方案于2017年6月1日起正式执行。2017年8月，招商蛇口已有4个项目完成项目跟投，认购总人次达200人次，认购总金额达1200万元。

招商蛇口在设计跟投方案时，注重五个方面：**一是**借鉴行业，兼顾实际。方案设计对标万科、碧桂园等行业标杆，同时充分研究国企监管的相关政策法规，确保合法合规。**二是**以市场化项目为主要跟投对象。开放跟投的项目主要是城市公司操盘开发的，通过市场化的方式获取的所有销售型项目。**三是**核心人员强制跟投，同责同利。强制跟投与自愿跟投相结合，对项目成败具有关键影响力的管理者纳入强制跟投范围；鼓励其他员工自愿跟投。**四是**强化业绩牵引，挂钩业绩指标。以IRR及成本利润率为业绩指标，设计与项目跟投收益挂钩的业绩系数，鼓励提高项目周转率，为公司创造超额利润。**五是**合理设计跟投比例与返本分红，确保公司利益。跟投额度设计上，必须满足跟投权益比例不得高于跟投总金额占注册资本金比例的要求，以确保公司作为大股东的利益。

在具体实施策略上，坚持三项原则：**一是**先试后推，不断优化。遵循先试后推原则，选择一线和二线城市公司为跟投试点。其他城市公司、经营单位经申请，报公司办公会审批通过，可纳入跟投试点。**二是**专设组织，分级授权。设立跟投工作小组，负责公司跟投工作的统筹、审批和具体推进工作，确保跟投实施科学决策、高效执行。**三是**平台支撑，技术保障。同步开发了线上跟投管理平台，以实现员工线上认购、项目信息披露、投资过程跟踪等功能；同时与资管公司合作，通过APP进行付款操作，简化认缴程序，监控资金实况。

（三）打造成为自贸区发展的旗舰平台

2014年前海蛇口自贸区获批，招商蛇口作为自贸区发展的旗舰平台，创新融入、积极参与前海蛇口自贸区的开发建设，与前海管理局一起打造

"小政府、大社会"的创新型治理模式。为了进一步推动前海蛇口的一体化发展，招商蛇口就前海土地整备加快开展与深圳市政府的战略合作，由招商蛇口主导与前海管理局共同成立合资公司，全面推动自贸区的开发建设与运营管理。通过双方的合资合作，打造了整合政企资源、央企与地方政府成功合作典范，推动了市场化运作、自贸区体制机制创新，创新了土地整备模式，为全国土地升级利用提供先行先试经验，为进一步将前海蛇口自贸区打造为"一带一路"建设支点、共同打造世界 500 强企业奠定基础。

（四）打造成为"双创"战略的资源整合平台

为落实国家"大众创业、万众创新"战略，招商蛇口以"互联网 +"为核心，以资本为纽带，整合蛇口网谷、南海意库等特色亮点，通过"三产一科创"及"数字化、国际化、平台化"的战略举措，集成打造了蛇口滨海深港创业创新产业带，目标是成为区域产业转型和城市升级新标杆。按照国资委推进中央企业"双创"工作总体部署，招商蛇口在蛇口自贸片区积极筹建央企"双创"平台，通过央企"双创"工作协同，开展互联互通，提高创新发展能力，积极带动中小企业的创新发展，打造一体化的央企创新创业生态圈。招商蛇口还将结合自贸区片区的产业规划、空间规划、交通规划等，进一步推动蛇口的创新发展。

四、改革成效

（一）稳妥有序推进混合所有制改革

招商蛇口的"无先例重组"形成了多个"国内首例"的创新亮点，如 A、B 股同时被换股吸收合并 + A 股 IPO、非上市公司换股吸收合并上市公司 + 配套募集资金、换股吸收合并 + 员工持股计划、新加坡 B 股退市等。这是中国资本市场非上市公司换股吸收合并上市公司同时配套融资的首例，以混合所有制形式实现产权多元化，有利于建立现代企业制度，完善公司治理结构，形成灵活高效的市场化经营机制。

（二）助推企业实现快速健康发展

招商蛇口通过建立长效激励约束机制，充分激发了员工的责任和担当意识，助推企业实现快速健康发展。**一是**业务规模快速发展。招商蛇口土地储备超3000万平方米，开发精品项目超200个，在建面积超1300万平方米。2017年预计实现签约销售收入1000亿元，同比增长35%；实现利润总额200亿元，同比增长21%。在深耕现有城市的基础上，招商蛇口进一步完善城市版图，已进入中国内地39个城市，此外还进入了中国香港及新西兰市场。**二是**人均效能持续提升。2017年招商蛇口人均效能指标保持持续快速提升态势，预计人均创收358.76万元，同比增长23.8%；人均创利53.50万元，同比增长22.5%。**三是**创新平台成果显著。招商蛇口产业转型的标杆项目——蛇口网谷，已入驻企业419家，从业人数约30000人，每平方米土地年产值由2010年的不足2000元飞跃至50000元。

五、经验启示

（一）改革目标要明确，信念要坚定不移

招商局集团明确要求2015年完成新公司挂牌上市，由于历史久远、资产繁杂、方案复杂，且在方案设计、审批时间、整合资产数量等方面创出多个资本市场之最，可以说是时间紧、任务重、难度大。招商蛇口上下团结一心，理想信念坚定，不到两个月完成一个拥有30多年历史的大型国企的清产核资、资产剥离、股份制改造等工作；不到两个月完成了重大无先例事项在国资委、商务部以及证监会的审批；不到一个月完成了招商地产A、B股退市并转成招商蛇口A股的工作。在各方的努力之下，2015年4月3日招商地产停牌，2015年12月30日招商蛇口挂牌，历时不足9个月。重大无先例重组的顺利完成，离不开监管机构的大力支持，离不开中介机构的专业支持，离不开招商局集团从上至下的艰苦卓绝的奋斗。

（二）策划实施要周密合理，执行过程要高效

招商蛇口重组上市的整个过程需要协调财务顾问、法律顾问、评估机构等10家中介机构；土地及资产评估、股改、审计、尽职调查、引入战投、员工持股计划、与招商地产A股B股股东的沟通、新公司组织管理架构及战略的梳理等多项事件并行；交易涉及国资委、商务部、证监会、外管局、住建部、前海管理局、深圳市政府等多个政府机关的认可、审批及备案，所有环节的打通都经过整合小组的周密布局，合理规划，提前准备并高效执行，才得以环环相扣，实现了年底挂牌的目标。

（三）人才是动力，机制是保障，创新是灵魂

人是企业最核心的要素，因此深化改革必须充分调动人的主观能动性，使广大干部员工理解改革并积极支持改革、参与改革。激励政策由于关涉到每位员工切身利益，天然具有“杠杆效应”，因此善用激励设计推进改革，能够“四两拨千斤”，收到事半功倍的效果。深化改革需以创新为火种，方能促成星火燎原之势。改革是对原有生产要素及其相互关系的优化和提升，必然伴随创新。因此要积极主动地拥抱创新，主动求变，以变应变，在发展中解决活力的问题。

63

瞄准“中国制造 2025”打造节能环保装备高端平台

中国节能中环装备

一、基本情况

中节能环保装备股份有限公司（以下简称“中环装备”）是 2016 年由西安启源机电装备股份有限公司与中节能六合天融环保科技有限公司重组后成立的新公司。

在电工装备方面，是亚洲最大的变压器装备制造商；在大气污染减排方面，多年来在火电、钢铁和其他工业企业的烟气净化业务上成绩斐然；在环境能效监控与大数据服务方面，以全国几千套在线监测设备运营业绩成为在线监测领域的领军企业。中环装备以高端节能环保装备为依托，积极开展节能环保装备产品的设计、研制、生产和环境治理工程，致力于成为高端节能环保装备制造与环境治理综合服务商。

二、改革背景

受国内外经济形势下行、电力投资放缓的影响，变压器专用设备制造行业出现产能过剩，竞争压力日益加大。而与此相对的是，节能环保产业国家政策利好，市场快速放大，随着“气、水、土”十条的实质性推进，在政府购买环境服务、政府和社会资本合作、环境污染第三方治理等多层面带动下，原来滞后的环境综合整治、水体修复、土壤治理、环境监测、智慧环保、小城镇及农村环境治理等将成为新兴市场。近几年来，节能环保产业受到追捧，竞争日趋激烈。

面对此种情况，中国节能围绕集团的战略规划及业务布局，践行“专业化、规模化、大型化方向发展”的集团理念，积极推动专业化整合和资本化运作，以节能产业、环保产业、清洁能源产业、资源循环利用产业为主要方向，2015 年集团决定在装备制造上市公司与大气治理板块实施重大资产重组。装备制造业务稳定释放现有产业产能，减少经营业绩波动、打造新利润增长点。大气环境治理主营业务通过本次重组实现资本化运作。中国节能对重组公司的定位也不仅限于原有业务的简单叠加，而是要打造中国节能环保集团旗下节能环保装备制造业务平台，以弥补产业链上的短板。此举既能充分发挥集团在非标装备制造方面的研发和加工优势，又能盘活存量厂房与设备；同时能充分发挥环保业务特别是环境监测和烟气治理方面的优势，带动环保装备业务的起步，更好更快地实现集团战略。

2016 年 9 月，重大资产重组顺利通过证监会核准；10 月 20 日，取得中国证监会正式核准文件；11 月 30 日，此次重组非公开发行新股发行登记工作完成并进入资本市场，标志着重组工作圆满完成；2017 年 2 月 22 日，新重组公司正式更名为“中环装备”。

三、改革实践

（一）明确定位，打造集团装备高端平台

中环装备瞄准“中国制造 2025”，深刻研读与探究《“十三五”节能环保产业发展规划》《绿色制造工程实施指南（2016—2020 年）》《中国智能制造“十三五”规划》等行业政策，结合中国节能环保集团对中环装备的主营业务发展定位，确定了中环装备的“A + 2 + N”主营业务，即：

A：能环大数据及智能化监测检测

2：水处理系列装备及核心部件　固废处理及资源化利用核心装备

N：其他装备产品体系

综合考虑集团公司现有装备业务基础、核心装备业务的市场与技术协同、集团其他主业装备需求等因素，在集团公司资源能力可承受情况下，重点在大气治理、区域（分布式）能源、土壤修复等领域循序稳定发展“N”系列装备产品。

在找准公司定位的基础上，中环装备编制了战略发展规划，明确了战略愿景——成为以高端智能化装备为核心的国际一流的节能环保系统服务商，确定了打造高端节能环保装备平台的战略目标，明确了自身战略定位：即作为集团装备制造核心平台，专注节能环保装备制造业务，为集团内投资、建设和运营业务提供装备服务，在服务集团内部市场的基础上积极拓展集团外部市场，围绕核心关键产品/技术和设备成套化智能化构建产品优势，在节能环保若干核心区域和重点行业取得市场领先，积极开展国际化经营，尽快发展成为技术水平领先、管理水平先进、规模优势突出的节能环保装备制造国内龙头企业，并成为集团科技创新核心主体和重要收入利润来源。

（二）科研先行，抢占核心竞争力制高点

对生产制造类企业来说，先进的技术水平和过硬的产品品质是企业长期安身立命之本，只有不断完善核心技术体系，才能不断增强持续科技创新能力。完成重大资产重组后，中环装备着力对原有科研团队和资源进行了统一整合与调配，搭建了更加适合公司战略发展需求的“矩阵式”研发体系及“章鱼式”研发模式，与国内外高校、科研院所、企业强强联合，在多项技术方面进行了深入的合作。并积极参与国家课题申报，是两项国家重大仪器专项（PM2.5 成分分析、土壤监测）的牵头单位。

中环装备在科研方面有优良的科研传统，通过国外先进技术引进、快速消化吸收、再研发这一过程，积累了许多成功经验。重组后的中环装备从环保、机械、自动化到 IT 专业，人才专业面齐全。科研部门牵头梳理技

术路线，绘制各类装备技术图谱，逐步清晰了公司装备发展方向和发展策略，确定了要围绕核心业务的关键技术和节能环保关键领域的成套或集成技术打造集团装备制造业务的核心技术体系。未来 3 年内，主要以引进、学习和模仿技术领先者的创新行为，在追随中求得生存和发展。先进技术可以通过并购技术企业、引进技术团队、合作开发等多种方式获取。高端产品主要通过引进、消化、吸收的路线，中低端产品则引进吸收与自主研发双轮并进。目前已通过多种方式逐渐形成公司装备产品系列，有望于 2018 年初生产出样机。

科研管理方面，中环装备用精简管理层的方式实现研发中心对市场需求做出快速反应。通过考核科技贡献率，引导研发人员进一步贴近市场需求，做好业务支撑。为公司节能环保装备业务的稳步推进奠定技术基础。

（三）吸引英才，打造高端装备人才梯队

借助上市公司平台，中环装备梳理各专业层级所需人才需求，搭建人才库，建设装备制造业务所需人才梯队。内部现有人员做好各类培训，做到人员知识、能力结构优化；对于公司急需的关键人才从外部引进。逐步通过以员工职业化为目标的分层分类发展人才梯队建设培训体系，在管理、技术、营销等领域形成配备一流的、职业化的、高效的人才团队，以支撑公司更高的发展战略。

（四）营销拓展，多种商业模式探索并行

中环装备在组织机构调整过程中，整合营销力量，组建了总部营销拓展中心，下设市场合作部、营销部、产融业务部、海外业务部等部门。各营销及市场部门围绕公司总体战略的变革，逐渐理清工作思路，不断调整自身重点业务方向，明确工作目标。在保持传统优势业务持续稳定推进的同时，优化资源利用，发挥综合业务能力，积极开拓新的业务领域、探索新的商业模式，取得了一定的成绩。

在中国节能集团公司战略指引下，集团公司与西安市签订了战略合作

协议，中环装备在西安建设“中节能·西安国际节能环保装备示范园”。示范园区的建设充分体现了内部协同、资源共享、多方共赢等理念，是“投资换市场、项目换产业”这一商业模式的有效实践。既为地方政府的经济发展做贡献，又为社会提供大量就业岗位，大力推行集团综合解决方案，一举实现多方共赢。

另外，中环装备还进行“产业联盟”创新，发挥央企、上市公司的平台优势，联合资本力量，将国内节能环保装备企业和相关机构聚拢，共享资源、聚焦市场、协同发展，快速弥补公司在装备业务的短板，大大缩短自主研发的时间，具备了面对各类市场需求的能力。

（五）资本助力，加快规模与竞争力增长

中环装备的装备业务底子薄、经验差、技术缺，同时节能环保领域特别注重和要求设备运行可靠、技术成熟度高，单纯靠内生自我发展方式实现业务做强做大不太现实。因此中环装备确定了内生增长与外延并购“双轮驱动”的发展方式，以外延并购弥补存量业务战略短板，快速增加新业务、新市场，存量业务与并购标的有机协同实现经营规模和每股收益的持续增长。中环装备对行业进行深入分析，圈定并购标的，目前已与相关公司进行了一定的接触，并购项目正在逐步推进。

为配合公司上市后的并购重组需求，中环装备努力拓宽项目来源渠道、建立多元化的资金来源通道，同时在项目投资实践中，进一步探索更加适合公司实际情况的投融资体系。通过资本运作杠杆发挥投资推动结构的调整作用和创新业务项目运作形式，提高市场竞争能力和价值创造能力，提升公司利用金融资本的能力。

（六）结构调整，加强内部控制效率提升

中环装备在双方融合的基础上，做好重组后的内部管理工作与基础职能建设，调整总部的组织结构，在总部层面设立营销拓展中心、职能中心、科技中心三大中心。战略、市场、投融资和企业管理有机整合，推动

企业高速发展。促进科技中心的助攻能力，精炼职能中心的高效服务职能。

为全面实施公司承接的设备供应合同的招标、采购任务，探索开拓装备制造领域，协力打造集团公司节能环保装备支撑平台，提高整体装备制造能力和水平，公司成立了集采中心，总体统一公司招标采购管理工作，着力打造集团公司节能环保装备协同支撑平台。

（七）加强党建，凝聚人心推动业务发展

中环装备高度重视党建工作，将党建工作与业务工作有机结合，做到业务工作和党务工作同部署、同推进、同落实。用有效的党建工作形成积极向上的企业文化，推动党员职工形成政治上坚定、行动上自觉的意识，促进对事业发展思路的清醒认识，工作努力方向的准确把握，增强党员责任感和使命感，打造出一支素质高、能力强、作风正、业务硬的队伍。

四、改革成效

（一）上市公司实力明显增强

本次重大资产重组按照国资委、证监会的各项规定完成。交易完成后，上市公司资产规模将从11.6亿元增长到30.5亿元，净资产将从7.8亿元增长到11.7亿元，营业收入将从2.9亿元增长到11.9亿元，扣除非归属于母公司的，净利润将从439万元增长到8233万元。

（二）业绩实现得到保证

从公司整体及各板块情况来看，2016年及2017年上半年，在外部经营环境复杂多变的情况下，公司上下凝心聚力，团结拼搏，各项生产经营管理工作在全面快速融合中扎实有效推进，新签合同、营业收入、利润总额等主要指标呈现良好发展态势并实现大幅增长，夯实了经营和发展的质量，2016年已圆满完成既定业绩指标，2017年仍将圆满完成业绩指标任务。

（三）品牌影响扩大

重组之后，中环装备成为中国节能环保集团公司的装备制造平台，为集团公司装备业务发展提供了资本运营平台，为中环装备的战略转型发展提供了重大支持，中环装备的市场竞争能力得到了极大提升。

（四）科研成就汇聚

重组后的中环装备整合双方科研优势之后，公司拥有合作 30 所研发单位、30 余个研发联盟，拥有近 300 名专家团队，自主开发专利技术近 200 项，研发实力强劲。多项产品荣获国家级、省部级科技进步奖（共 18 项），国家重点新产品，国家火炬计划项目，其中中国资源综合利用协会科学技术奖二等奖、环保部科学技术奖二等奖、承担国家级项目重大仪器专项 2 项、参与 863 项目 2 项、科技支撑项目 2 项、国家重点研发计划项目 3 项。

（五）企业文化发展

重组之后的中环装备通过文化引导，利用重组上市的利好形势，适应新业务拓展及转型的实际需求，将传承十几年的“黄埔营”打造为新型培训体系“延河营”，并于 2017 年 9 月在西安—延安举行了第一期开班拓展。这期间，用新思想撞击经典，用新思路承载传统，企业文化又融入了新的内涵。

五、经验启示

（一）顶层设计实现集团战略布局

发展节能环保装备业务是为了弥补集团公司的短板，积极应对未来节能环保市场变化，提升综合解决方案和竞争能力的需要。中环装备的成立正是立足于“搭建平台、突出重点、勇于创新、重视合作、贵在坚持”的基本思路，考虑到集团内大部分专业公司在装备制造领域没有经验技术的积累、资源有限，做强做大难度较高，集团公司倾集团之力尽快打造一个节能环保装备制造业务平台，以弥补产业链上的短板。

（二）推进上市公司转型升级，实现多元化发展战略

本次重组是双方优势资源强强联手、短板互相弥补的过程，通过重组，上市公司的实力大为增强，业务板块资源整合，具备了战略转型升级的基本条件。重组后，在集团及公司领导的正确领导下，确定了战略发展方向，对业务选择、商业模式以及保障措施等进行了深入探讨，形成了初步共识，为实现上市公司更快更稳定的发展打下了坚实的基础。

64

践行供给侧结构性改革　推进轮胎板块重组实现产业升级、国际化运营

中国化工橡胶公司

一、基本情况

中国化工橡胶有限公司（以下简称“橡胶公司”）是中国化工集团有限公司（以下简称“中国化工”）全资二级子公司，专注于橡胶轮胎和橡胶制品的研发、生产和销售。截至 2016 年底，拥有资产超过 1000 亿元，年销售收入超过 500 亿元，员工人数约 5 万人，是中国最大、全球排名前五的轮胎制造企业，在 13 个国家建有 25 个工厂，业务遍及世界 160 多个国家和地区，主要产品包括乘用胎、工业胎和橡胶输送带等，主要下属企业包括倍耐力轮胎、风神轮胎和橡六输送带等。

二、改革背景

（一）我国橡胶轮胎行业整体面临的低端产能过剩困境，亟需加快行业整合，实现国际化发展

我国轮胎制造企业有 500 多家，市场竞争非常激烈。国际轮胎巨头占领了大量的中高端轮胎市场，而国内轮胎企业产品质量和利润率较低，低端轮胎产品结构性产能过剩严重。近年来，天然橡胶、合成橡胶、炭黑等轮胎生产的关键原材料价格大幅上涨，工业胎业务尤其受下游需求行业增

速减缓的影响，产能开工率下降。此外，占销售比重较大的出口市场还受到各主要轮胎进口国“双反”政策和贸易摩擦的威胁。此外，轮胎消费正在逐步转向高性能和绿色轮胎，未来数字化、智能化轮胎亦将快速引领市场。我国轮胎行业亟待转型升级，以更好地满足未来轮胎市场消费需求。对于中国轮胎企业而言，机遇与挑战并存，重组整合和国际化发展谋求长足发展的关键步骤。

（二）橡胶公司本身的发展瓶颈和短板，亟需深化改革，推动转型升级

橡胶公司的主要业务是轮胎业务，原有 4 家轮胎企业除风神轮胎有少量低端乘用胎业务外，其他全部为工业胎业务，包括卡客车轮胎和工程机械轮胎，产品结构单一；规模最大的风神工业胎产品档次处于中端，虽然产能利用率较高，但利润率较低；其他规模较小的 3 家轮胎企业产品档次处于竞争最激烈的低端，产能利用率较低，常年处于亏损运营状态；4 家企业所生产的轮胎虽然有近一半出口，但主要通过中间商渠道，没有建立自己的销售网络，4 家企业工厂全部在国内，国际化程度较低，国际竞争力较弱，国际业务盈利能力不强；此外由于历史原因，4 家轮胎企业运营一直以来相对独立，每家企业都有自己相对独立的研发、产品、品牌、采购、生产和销售体系，无法发挥规模效应和协同效应，运营效率较低。

三、改革实践

根据我国橡胶轮胎行业整体面临的低端产能过剩困境以及橡胶公司本身的发展瓶颈和短板，围绕中国化工积极推进国际化的整体战略，橡胶公司拟定了通过国际并购和重组整合实现轮胎产业升级和国际化跨越式发展的整体改革思路，设定了在“十三五”期间将橡胶公司打造成为国内第一、世界领先的具有较高商誉和价值的橡胶轮胎高端制造产业集团，积极推进工业化和信息化的融合，率先践行中国制造 2025 的总体目标。

（一）以战略重组为手段整合全球资源，推动产业转型升级

通过对全球领先轮胎制造商的分析和筛选，境外与多家国际领先的轮胎制造商的多次接触和谈判，中国化工最终锁定了技术和品牌全球领先的倍耐力作为并购目标，并于2015年11月完成对倍耐力的收购。2015年11月，中国化工通过橡胶公司和丝路基金联合原控股股东意大利堪芬公司以约73亿欧元全面要约收购意大利倍耐力轮胎公司并从米兰交易所退市，橡胶公司控制倍耐力65%股权。中国化工收购倍耐力是当年中国企业最大的海外并购项目，也是当时中国在欧洲最大的并购项目，被《亚洲金融》评为年度最佳并购交易，是中国化工贯彻落实国家“走出去”“一带一路”“中国制造2025”战略的重要举措，为轮胎业务结构调整、转型升级和国际化发展创造了新的机遇和平台。

（二）以多梯次多品牌为战略引领，实现业务差异化发展

橡胶公司基于乘用胎和工业胎差异化的价值主张和商业模式，确定了轮胎业务板块的总体发展方向，即乘用胎业务以“精准高端、客户驱动”为发展战略，专注于巩固倍耐力高端品牌定位，并计划未来在境外重新上市；工业胎业务全部注入国内上市公司风神股份，实施多梯次多品牌发展战略，打造成为全球领先的工业胎制造商。

（三）以公司上市为主要路径推动资产重组，实现全球布局优化

2015年11月完成并购倍耐力之后，橡胶公司按照之前制定的发展战略立即启动了轮胎资产重组和业务整合计划，把橡胶公司和倍耐力的工业胎资产全部注入上市公司风神股份，把风神的乘用胎资产转入倍耐力，从而实现工业胎以风神为平台整合，乘用胎以倍耐力为平台整合。2015年底，风神股份停牌进入资产重组。2016年1月，倍耐力完成了其境外工业胎资产与乘用胎资产的分拆，并在意大利设立倍耐力工业胎公司。2016年4月，风神股份完成了其乘用胎资产的分拆并设立风神乘用胎公司。2016年6月，风神股份收购双喜轮胎和黄海轮胎100%股权以及倍耐力工业胎

10% 股权，倍耐力收购风神乘用胎公司 80% 股权，完成第一步重组。2017 年 1 月底，风神股份收购倍耐力工业胎合计 90% 股权、桂林倍利 100% 股权以及黄海轮胎相关土地房产，推动全球产能布局优化、产品及工艺提升。

（四）以推进管理融合为重要抓手，推动业务深入整合

在进行资产重组的同时，工业胎和乘用胎的业务整合工作也在同步推进。2015 年 3 月倍耐力并购协议签署后，4 月倍耐力和橡胶公司聘用波士顿咨询公司协同倍耐力专家对橡胶公司原有工业胎业务进行调研，对工业胎未来的业务整合进行规划。2015 年底启动工业胎重组的同时，工业胎业务整合也同步启动，由橡胶公司和倍耐力组建业务整合工作小组并聘用外部业务整合顾问，对橡胶公司原有轮胎企业运营进行深入调研和指导，制定工业胎整合提升计划。2016 年 10 月第一步重组完成后，11 月正式在北京组建新风神总部，管理团队成员来自倍耐力、原风神股份和橡胶公司等，目前有超过 20 名来自倍耐力的专家和管理人员长期在新风神总部及下属轮胎企业工作，由新风神总部对风神、双喜、黄海和桂林在业务方面进行深度整合，引入倍耐力先进的产品、技术、工艺、流程和管理体系，同时与 PTG 进行业务协同。

四、改革成效

倍耐力具有 145 年的轮胎制造技术积累，在研发创新、产品性能、工艺流程、管理体系、国际化运营、品牌市场等方面居于全球领先地位。通过上述资产重组和业务整合，实现了跨越式发展，快速成长为中国最大，世界领先的橡胶轮胎企业。橡胶公司正在引入倍耐力先进成熟的产品技术和管理体系，对原有的轮胎资产进行升级改造，提升了产品档次和核心竞争力，弥补了乘用车轮胎和高端轮胎的短板，完成了全球国际化运营布局。

（一）提升了产品档次和核心竞争力

新风神通过与倍耐力签署的技术授权使用和服务协议，在PTG的协助下，结合中国市场的实际情况，引入倍耐力的工业胎制造技术，开发符合中国市场需求的产品，目前已经或正在引入20多项核心技术，对新风神的现有产品进行升级改造，即将推出一系列中高端卡客车产品。此外，为了更好地承接和发展倍耐力的工业胎技术，新风神正在筹建全球工业胎研发中心，集中整合橡胶公司和倍耐力原有的研发资源，为持续推出创新性和差异化工业胎产品提供强有力的支撑，不断提高产品的技术含量和附加值，进一步提升企业的核心竞争力。

（二）实现了全球产业布局

新风神的4家工厂全部在国内，PTG在巴西、土耳其和埃及有4家工厂，覆盖欧洲中东和美洲地区。在第二步重组完成之前，新风神和PTG正在准备通过贴牌生产的方式进行协同，通过新风神的4家工厂生产倍耐力品牌的工业胎供给中国和亚太市场，通过PTG的巴西和埃及工厂生产风神品牌轮胎供给欧洲/中东和美洲市场以规避双反的负面影响。此外，倍耐力工业胎在南美、中东和欧洲等市场具备完善的深度分销渠道，与新风神在北美和亚太市场的现有销售渠道形成良好的互补。第二步重组完成后，新风神可以借助倍耐力工业胎在国际市场的业务基础和销售网络，更好地接近区域市场目标客户，迅速开拓海外工业胎高端市场。

（三）建立了先进成熟的产品技术和管理体系

在信息化管理方面，依托倍耐力全球化的信息化业务管理系统，新风神正在引入数字化信息技术，搭建全球一体化的ERP运营管控平台，实现供应链与配送、销售和订单管理、生产及产品质量控制、采购及人力资源的统筹优化，全面提升企业的信息化与先进制造水平。在生产和工艺方面，新风神正在引入倍耐力成熟的生产管理体系PMS，并对原有的设备和工艺流程进行改进，有来自倍耐力生产管理和技术专家常驻4家工厂，对工厂的员工进行全方位培训，使员工尽快适应从倍耐力引入的生产管理体系。采用倍耐力先进的生产管理体系和工艺流程后，新风神的产品质量和生产效率出现了明显提升。

随着工业胎业务整合的深入推进，橡胶公司全球工业胎业务在营销市场布局、渠道资源共享、运营效率提升和产品升级创新等方面的协同效应将逐步释放，实现跨越式发展。重组整合后的橡胶公司工业胎将拥有 1800 万条的年产能，成为技术领先，业务遍布全球，中国最大、全球第四大的工业胎制造商。

五、经验启示

一是以并购国际领先企业实现产业升级和国际化发展，是快速打造全球领先的世界级企业的重要路径。橡胶公司通过并购倍耐力整合提升国内原有轮胎企业实现产业升级和国际化经营也正是中国化工整体战略在橡胶轮胎板块的实践。中国化工和橡胶公司深入贯彻实践国家供给侧结构性改革和“一带一路”倡议，结合国内外轮胎行业发展趋势和业务经营实际，合理优化全球业务布局，持续推进内部专业化重组和业务整合。

二是“一带一路”倡议为中央企业着眼全球配置资源提供了强大支撑。倍耐力总部及制造基地多位于“丝绸之路经济带”和“海上丝绸之路”沿线国家，收购并整合倍耐力也是丝路基金在制造业领域投资的首例项目。与倍耐力的重组和整合将使中国化工和橡胶公司提升在国际轮胎制造行业的地位、品牌知名度和市场影响力，促进“一带一路”国家与中国的经济交流和共同繁荣。

三是推动国有资本向产业链高端转移对于实现供给侧结构性改革具有重大意义。橡胶公司工业胎以国内上市公司为平台，搭建国际化运营平台，通过提升轮胎产品质量和品牌定位，有效改善轮胎产品的供给结构，实现高性能产品的有效供给，作为国有企业，对于推动行业供给侧结构性改革发挥了引领带动作用。橡胶公司的工业胎业务一举实现从国内经营向全球化经营、从生产规模扩大向运营效益提升的转型升级，显著提高企业发展质量、运行效率和经营管理水平，这对于我国轮胎行业调整产业结构、实现高端制造具有重要的战略意义。

65

联合重组助力供给侧结构性改革

中国建材南方水泥

一、基本情况

南方水泥有限公司（以下简称“南方水泥”）是中国建材集团有限公司水泥业务板块的核心企业之一。南方水泥创立于2007年9月，通过快速推进区域内的联合重组，先后吸引了浙江、上海、江苏、安徽、湖南、江西、广西等七省（区、市）上百家水泥企业加盟，整合成为管理高效规范、生产节能低碳、技术成熟先进，具有区域市场话语权的大型水泥集团。截至2016年12月底，南方水泥拥有水泥企业121家，商混企业180家，熟料产能1.2亿吨，水泥产能1.6亿吨，商混产能2亿方。

二、改革背景

水泥行业作为国民经济重要的基础原材料产业，多年来在为社会经济发展和国家经济建设做出巨大贡献的同时，还存在许多突出的问题：生产规模虽大，但落后产能仍占较高比例，产业技术结构亟待调整；部分省（区、市）虽完成了技术结构的调整，但由于发展过度，产能严重过剩；企业数量多，集中度不高，市场恶性竞争严重，企业经济效益较低。根据国际水泥工业发展的基本规律和国家产业政策的基本要求，下大气力开展联合重组助力供给侧结构性改革，优化市场格局、提升行业价值、引导产业健康发展势在必行。

当时，中国建材确定了回归水泥等大宗建材领域的发展思路，但在水泥装备技术和管理基础较好、竞争最为激烈的华东区域却没有一家水泥企业。通过与市场资源的联合和与社会资本的混合，中国建材用联合重组的方法对水泥和大宗建材产品板块进行改革，同时助力我国水泥行业的供给侧结构性改革。

三、改革实践

（一）联合重组，混合所有制模式探索水泥行业组织结构调整之路

面对华东地区水泥全行业出现亏损、东南经济区市场跌至谷底、众多企业在盈亏线上挣扎求生的局面，中国建材顺势而为，毅然抉择组建南方水泥，在东南经济区推动了一场区域性、跨所有制的大规模战略性重组。

中国建材确立了联合重组的目标、策略和原则：即通过联合重组，扩张企业规模，提高水泥产业的集中度，通过优化布局，实现产品市场的适度合理竞争；基于中国水泥产业的发展特点和西方水泥工业发展的基本规律，制定了的区域性重组整合策略；明确了联合重组三大原则、六大组织机构、六大程序的“三六六”原则，确立联合重组的区域、对象，规范联合重组流程。中国建材端出了公平合理定价、留给创业者部分股份分享整合收益、保留原企业管理团队者这“三盘牛肉”，同时以包容的文化理念吸引不同所有制企业加盟。仅用三年时间，南方水泥产能规模实现破亿吨，位居行业前列。

（二）整合创新，央企市营模式探索国有企业改革发展之路

在历经大规模联合重组之后，为了真正发挥好规模效益和协同效益，提升企业综合竞争力，南方水泥不断深化体制机制改革。

一是加强组织整合。南方水泥全面推进以集中、统一管理为核心内容的“三五”管理整合模式，正式确立了以区域化、成本领先、市场拓展为

内容的“RCM”经营策略，并建立了与之相适应的总部、区域公司、成员企业三级组织架构。2015—2017 年，相继在湖南和浙江成立专业化商混公司，以市场化模式聚焦商混业务，打造核心竞争力。以“机构精简、人员精干”为指引，持续提升组织效能，累计吸收合并企业 16 家、管理合并企业 179 家；通过减员增效，劳动生产率上升 65%。

二是优化市场布局。南方水泥对内实行产销分离和“一个市场、一个主体”，消除内部竞争；打造和巩固了环太湖、浙中南、长株潭等 8 个“核心利润区”，提升核心市场话语权。对外积极沟通，发扬“三不四千”精神，促进长江沿线各省区大企业达成共识，有力推动区域以销定产，改善供求关系，追求合理产品价格，实现了行业价值的理性回归。

三是明确业务考核。南方水泥通过“五集中”优化决策、资金、营销、采购、技术五大要素，形成协同效应；通过 KPI 管理将企业的经营目标层层分解为可操作的数字化目标，推行滚动预算、动态考核，传导经营压力，实现成本降幅始终领跑赢市场；通过对标管理和辅导员制，对外对标，追赶先进企业，对内充分发挥大企业平台的人才优势、技术优势和规模优势，比较、复制先进的管理手段和经营理念。

（三）转型升级，创新优化模式探索传统制造业可持续发展之路

在探索传统行业实现可持续发展的道路上，南方水泥围绕中国建材“提质增效、转型升级”等工作原则，不断提高企业竞争力、盈利能力和科学发展能力。

一是不断进行技术创新。南方水泥充分发挥集团研发优势，实施水泥工厂智能化、商混业务生产信息化和三级运维体系，提升公司信息化管理水平；开展节能、脱硝脱硫、工业污染土和危废品处理示范线建设。

二是提高资产经营水平。为盘活低效资产，南方水泥通过建立完善资产经营公司化经营管理机制，有序推进嘉兴、绍兴等地资产经营项目，并按照资产经营规划，有序推进阳羡、宝山、德清南方等企业资产经营和开

发，累计创效1亿多元。加强参股企业和存量股权投资管理，实现投资价值增值，累计实现净收益4亿元。

三是加快转型升级。南方水泥确立了集群发展、区域领先的发展战略，积极延伸上下游产业链，抢抓矿山配套资源、整合物流渠道、进军混凝土和骨料行业、盘活闲置资产，做强做优有规模、工艺、资源、物流优势生产基地，加速推进结构调整和产业布局优化。目前，配套石灰石矿山储量已达39亿吨，核心利润区熟料企业基本实现石灰石自主供应；一批商混骨料矿山建设正有序推进。斥资近10亿元的湖州南方物流项目一期工程于2016年投运；640万吨/年的海盐河海联运水泥粉磨项目一期工程已经投产，实现布局优化、工艺升级。产能规模超过2亿方的商混业务不仅成长迅速，整合效益也日益显现，利润贡献占比逐年提升。

（四）合作共赢，供给端协同管理模式探索过剩行业价值提升之路

南方水泥秉承“行业利益高于企业利益，企业利益孕于行业利益之中”的思想，以企业自身的力量结合行业内在发展逻辑来带动水泥行业探索供给侧结构性改革，率先举起了引领和促进行业“去产能、去产量、提质量”的旗帜，引领和推动了行业的组织结构调整和价值提升。

一是大力推进去产能工作。南方水泥以减量置换为原则呼吁、监督和推动区域内停止新增和有序削减产能。主动带头关停机立窑及高成本旋窑38条，淘汰落后产能2000余万吨；通过熟料置换、大小窑对接，积极推动区域内其他企业关停落后熟料生产线。

二是合理控制企业产量。南方水泥积极探索区域联动合作模式，推行资源整合、错峰限产和协同限产，有力缓解供需矛盾，持续改善行业生态。通过集群发展整合生产要素和市场资源，打造“核心利润区”，从供给端优化调节区域内供需关系。以包容共赢理念为导向，促进大企业间的协调联动，获取中小企业的积极配合，有力推动区域停窑限产，加强供给

侧管理，缓解供需失衡的现状；倡导并推行错峰生产，在平衡供需的前提下兼顾环境保护，既保障了企业和行业利益，也履行了社会责任。

三是努力提高产品质量。南方水泥通过商混化和制品化发展，进行水泥深度加工和技术创新，增加产品的附加值，向产业链的集成化、高端化持续延伸。南方水泥朝着高标号化、特种化发展，不仅生产高质量、高性能、高技术含量的水泥，更在原材料配比、工艺指标掌控方面做了充足的技术储备以应对产业升级；积极推动技术改造和创新，减少料耗、能耗，努力为水泥行业提升形象，推动行业价值的回归和提升。

四、改革成效

（一）水泥行业供给侧结构性改革成效显著

在南方水泥联合重组的积极参与下，国内水泥行业集中度从 2007 年的 12%一跃升至 2016 年底的 57%，行业结构和资源配置也得到大幅调整改善，全行业利润持续创历史新高。十年间，水泥行业经历了 2008 年金融危机、原材料成本大幅上升和 2015 年以来水泥需求进入平台期且略有下滑等困难，在南方水泥等大集团的引领下，仍保持年平均利润 540 亿元的高水平，行业价值得到大幅提升，南方水泥所在华东和中南地区也明显好于全国水平。

（二）企业自身规模实力与业绩大幅提升

十年来，南方水泥累计实现税收 296 亿元，税后净利 170 亿元，支付利息 221 亿元，股东分红 77 亿元，2016 年末净资产 206 亿元。南方水泥以优良的业绩，完成了国有资产保值增值的任务。

十年间，南方水泥在寻求自身发展和推动行业健康化发展两个层面持续发力，通过战略明晰、合规有序的大规模重组整合了众多水泥、商混企业，实现了协同效益凸显、经营业绩优良的良好局面。截至目前南方水泥已成为水泥产能超过 1. 6 亿吨、商混产能超过 2 亿方、总资产超过 900 亿元、下属成员企业超过 300 家的超大型混合所有制企业。

（三）节能环保绿色发展取得实效

经过十年的规划改造，南方水泥所有水泥熟料生产线全部配套余热发电，年可发电 43 亿度；实施了 20 余条线预热器改造、23 台水泥粉磨系统优化，年可节约标准煤 7.2 万吨、节电 6300 万度以上；实施了 87 条生产线脱硝项目，年可减排氮氧化物 10.7 万吨；实施了 7 条水泥协同处置线，年可消纳废弃物 60 万吨。

五、经验启示

（一）联合重组是解决产能过剩的重要方式

联合重组是减少过度竞争、实现市场良性发展、治理产能过剩的有效方式。南方水泥的联合重组一是提高集中度，解决了过于分散和恶性竞争的问题，二是构建混合所有制大平台，让小企业的大股东变成大企业的小股东，提高了国有资本的市场竞争力和话语权。

（二）积极响应政府政策是保证联合重组的关键

企业发展的规律是在成长过程中完成从竞争到整合的发展规律，有益于企业与市场可持续性的健康化的成长与运行。企业应该积极响应政府的政策措施，尤其是在产能过剩行业自发推进供给侧结构性改革，对过剩产能必须坚决限制新增，同时依法反对不正当竞争，禁止为挤压竞争对手而进行的低于成本的销售，维护市场公平。

（三）大企业要充分发挥自己应有的行业和市场使命感

大企业通过稳定市场秩序与价格，获得合理利润，使企业进入正常经营状态，投资者、银行、员工等各方利益才能得到保证，收购溢价和减量损失才能够得到补偿，从而实现产业结构调整的正循环。实践证明，大企业整合市场既可达到行业减量发展、去产能化的目的，又能通过理性有序的优胜劣汰，把各种资源、各种利益兼顾好。

66

落实整合重组　推进转型升级　以改革创新促进公司裂变式、突破性发展

冶金地质总局正元地信

一、基本情况

正元地理信息有限责任公司（以下简称“正元地信”）隶属于中国冶金地质总局，总部位于北京国家地理信息科技产业园，注册资本3.7亿元，从业人员超过3000人，下设10个子公司、21个分公司、1个研发中心，在20多个省（区、市）设有分支机构。

作为国内地理信息龙头企业，正元地信是国内注册资本最多、规模最大、资质最强、获奖最多、科研实力最雄厚、产业链最完整、市场足迹分布最广阔的地理信息企业，是全国首批甲级测绘和甲级物探资格单位，共有7个测绘甲级单位、5个地球物理甲级单位；拥有计算机信息系统集成、双软企业、CMMI国际认证、涉密等多项资质。2016被认定为国家高新技术企业。

二、改革背景

地理信息产业作为国家战略性新兴产业，其产业链分为数据获取、数据加工处理、数据应用三个环节。整合前正元地信大部分业务处于产业链的上游和中游，以基础测绘、工程测量、地质物探、管线探测等传统数据采集处理为主，陷入了“高端产业、低端操作”的困境。

为彻底改变这一状况，抓住地理信息产业发展机遇，做大做强正元地信，2012 年中国冶金地质总局研究提出了“转企改制，整合资源，打造以地质勘查为基础的矿业集团”的发展方向和战略目标，逐步推进产业板块内部的资源整合，以地理信息为突破口，率先迈出了资源整合步伐，按照打造上市公司的要求，整合系统内山东正元、武汉科岛、河北天元等多家地理信息知名企业，围绕战略定位对资产、人员、业务、组织架构等进行整体设计与配置，组建成立了一体化运行的大型集团公司。

三、改革实践

（一）整合重组，发挥优势，推进资源优化配置

按照整合重组方案，正元地信在 2013 年完成工商变更和迁址工作，正式入驻国家地理信息科技产业园。2014 年 3 月底完成了整合三家单位的股权划转及人员调整工作。整合后，正元地信按照现代企业运行模式不断推进组织结构和管理模式改革，集中整合优势打造和培育公司战略业务与核心能力，促进各公司的业务发展各具特色并形成协同优势。通过整合，总部逐步发展成为集团战略决策中心、资本运作与财务控制中心、人力资源考评中心、技术研发及核心能力培育中心，各单位也最大限度地发挥了自身能力，创造性地进行具体业务经营活动，成为整个公司发展的战略执行中心、利润中心和业务运营中心。

整合四年来，正元地信组织结构优化取得新突破，产业链经营取得新进展，经济运行质量取得明显改善，管理效能显著提高，竞争能力和创新能力进一步增强，推进高端市场运作和战略合作收到实效，整体创利水平和抗御风险能力大幅提升，队伍面貌和整体素质明显改观，真正实现了“1 +1 +1 >3”的整合效果。

（二）主动求变，全力破局，推进业务和商业模式转型

整合重组后，如何实现整合的目标、培养核心竞争力？实现的路径是

什么？这是正元地信首要需要解决的问题。

紧跟国家行业发展趋势，立足于公司发展实际，正元地信在整合重组后迅速确定了打造地理信息龙头企业的战略目标，确定了新的业务战略，即成为地上地下全空间的地理信息数据获取运营服务商，打造两大核心业务板块，即以智慧管网为突破口的智慧地下空间建设和中低空航空遥感数据运营服务商；转变公司服务模式，由产品服务型向服务运营型转变，推进公司业务和商业模式转型升级。

在转型升级推进过程中，由于惯性思维严重、缺乏新兴业务开拓经验等原因，转型推进缓慢。面对转型困境，正元地信主动求变，认真反思，在2015年下半年提出要推进业务战略聚焦，发挥全产业链优势，立足于自身规模优势和科研优势，紧紧围绕智慧城市建设，聚焦于以智慧管网及市政设施智慧化管理为核心的城市安全智慧产品，逐步实现了公司传统业务高端化、新兴业务规模化、优势业务特色化。

（三）规范管理，改制上市，推进体制机制转轨

整合完成后，在转型升级战略引领下，在总局的正确领导和大力支持下，正元地信经营规模、经济效益和行业地位稳步快速提升，治理结构和管理体系不断优化完善，为进一步实现跨越式发展，强化资本运作，公司正式启动了改制上市工作。

2017年正元地信将转型升级和改制上市确定为发展的“两条主线”，有序推进改进上市工作。**一是**确定了改制上市进度计划。以2017年6月30日为股改基准日实施股份制改造，计划于2017年底前进入上市辅导期，力争在2019年上半年完成股票发行并上市，募集资金主要用于新兴业务拓展与对外并购。**二是**引进战略投资者。通过公开挂牌征集合格投资者的方式，顺利完成3家战略投资者引进工作。**三是**建立了有效的法人治理结构，组建了公司新的董事会、监事会，完善了总部职能部门调整和设置。**四是**扎实推进内控体系建设，以内控目标为指引，着力推进规范运营。**五是**加

强上市风险管理，建立健全风险预测、风险评估、风险控制和风险约束机制，防范和控制影响上市工作的各类风险。

四、改革成效

自整合以来，正元地信一直在改革中前行，以改革促转型，以转型促发展，取得了明显的经济效益和社会效益。

一是生产经营实现快速增长。2014—2016 年分别实现经营收入 8.4 亿元、11.2 亿元和 13.3 亿元，实现利润 6600 万元、8696 万元和 10023 万元，保持了高速增长态势。数据获取业务量和能力居全国第一位，地下管线探测检测占全国 70% 以上的市场份额，近三年来累计获得省部级科技进步奖 126 项，省部级优秀工程奖 291 项，省部级优秀成果奖 366 项。

二是核心竞争力不断强化。围绕管线信息化、智慧化建设，先后成功研发了井盖智能监控预警装置、排水水位监测装置、智慧市政管理平台。引进了当今国际最先进的中低空航测遥感设备，一举成为国内高分影像快速获取与数字产品生产加工能力最强企业。2017 年通过了 CMMI－5 级国际认证，成为国内软件开发领域少数几家拥有该证书的企业之一。目前公司设有 3 个院士工作站、3 个省级研发中心、1 个市级研发中心，与相关院校共建产学研基地 12 处；获得软件著作权 320 项、软件产品登记 210 项、专利 25 项。

三是业务转型助力国家智慧城市建设。正元地信利用全产业链优势，积极开展智慧城市建设，成为国内为数不多的从事地上、地下全空间智慧城市建设的服务运营商。公司新兴业务实现快速发展，2017 年上半年实现新兴业务合同额 6.09 亿元，占合同总额的 33.86%。在国内首先提出智慧管网概念，并研发出一套完整的智慧管网产品体系，有效解决城市洪涝、管道爆炸、自来水渗漏等问题，为我国城市管理和安全运维以及环保领域水资源保护利用做出了应有的贡献。

四是品牌知名度和社会影响力不断增强。近几年来公司先后被评为“中国地理信息产业十佳单位”“中国软件业务收入前百家企业”“十二五中国智慧管网领军企业”，入选2016全球空间信息企业TOP100，名列中国企业第16位、全球第70位。连续三年入选中国地理信息百强企业前十名，名次逐年提升，2017年排名第三。主编参编国家标准3部、行业标准5部，确立了行业标杆地位。

五、经验启示

（一）企业改革要不断解放思想扫清障碍

改革必须持续用力、久久为功，干部思想的持续解放是关键。尤其是在转型期，每一步成绩的取得都伴随着思想观念的更新。解放思想要“破立结合”，一方面要**“破”**，彻底摒弃项目思维，彻底改变传统惯性思维和按部就班思维；另一方面还要**“立”**，做到“观念常新，思路常新，举措常新”，在事关本单位转型的问题上拿出新方略，在解决固有问题上探索新招法，在提高管理效率上挖掘新潜能，真正以新的举措推动转型升级。

（二）企业改革要坚持三个“立足”

一是立足于国家经济发展战略，如“一带一路”、长江经济带和“互联网+”、大数据行动纲要等，准确把握政策红利。**二是**立足于行业发展规律和前沿科技，研判行业未来发展趋势，找准改革和转型路径方向。**三是**立足于自身优势，坚持特色化发展，在经营中做“精”品牌，做“专”业务，做“新”机制，做“特”产品，将本单位特色、优势转化为胜势。

（三）企业改革要着力发挥“人”的作用

发挥领导干部的积极性、主动性、创造性，对于企业改革至关重要。发挥“人”在企业改革中的作用要做到“三个有”。**有规划**，建立与企业改革发展相匹配的人才培养、管理中长期规划；**有激励**，建立与经营业绩相挂钩的差异化薪酬分配方法，探索完善中长期激励机制；**有惩戒**，干部“能上能下”“能进能出”，严把进口、畅通出口，提升人才活力，推进企业可持续发展和改革不断深化。

67

目标导向　改革创新
扎实推进基础工程建设板块整合重组

中煤地质总局中煤建工

一、基本情况

中煤建工集团有限公司（以下简称“中煤建工”）隶属于中国煤炭地质总局（以下简称“中煤地质总局”或“总局”），总部位于北京市丰台区，注册资金10.05亿元，在北京、上海、广州、澳门等地拥有11家子（分）公司，在册职工约1100人，是集建筑施工安装、市政基础、地下管廊建设、资本市场运营、PPP模式运作于一体的大型项目总承包企业，部分子公司已成长为国家级高新技术企业。

二、改革背景

近年来，劳动密集型的传统建筑行业产能过剩，许多生产能力无法在市场实现，房地产调控及市场波动进一步加剧，加之社会生产成本上升，实体经济边际利润率和平均利润率下滑，建筑行业深度“洗牌”的风潮席卷。为了积极应对市场风险、抢抓机遇，中煤地质总局于2014年底组建中煤建工，成员企业是中煤地质总局系统内基础工程建设产业板块5家相对较好的建筑单位，但这几家单位体量规模小、创效能力弱、发展后劲不足等问题突出，难以适应市场经济要求，有随时倒闭的风险。

中煤建工认真贯彻落实国企改革“1＋N”系列文件精神和总局总体发

展战略，聚焦目标路径资源，坚持改革创新调整，积极稳妥地推进总局系统基础工程建设产业板块整合重组，圆满完成既定任务，攥紧了“拳头”，提高了市场竞争能力，走出了一条有效提高发展质量和效益的新路子，实现了三年三大步、每年上台阶。

三、改革实践

（一）坚持理念先导，强化战略引领能力

针对整合前诸多职工市场意识滞后、对经济规律欠缺把握和预判、缺少市场目标导向的实际，中煤建工从解放思想、转变观念入手，大力倡导“以市场为导向、以客户为中心”的经营理念，强化顶层设计，制定了“打基础、练内功、拓市场、树形象、增效益、促发展”改革发展工作思路，明确了战略定位、竞争模式和主攻方向，并以此为统领，做好整体谋篇布局，制订整合重组方案，以专业优势单位为支撑，统筹相关资源，成立子（分）公司，让强者恒强、优者更优。同时，抢抓工作主动权，提早谋划，加强调研，确定了“十三五”发展战略和经济发展目标。2017 年又根据市场环境和内部条件，及时调整了 2017—2019 年工作目标，以分别开展“管理年”“效益年”和“发展年”活动为抓手，确保一年一个新台阶。

（二）稳妥完善组织架构，提高市场竞争能力

坚持以市场为导向，积极稳妥地构建公司架构。**一是**精心筹划，落实责任，党政主要负责人把整合重组作为“一号工程”亲自抓，分管负责人靠上抓，业务部门具体抓，严密实施，扎实推进。**二是**摸清底数，统筹多方面因素，打破原单位建制，重新规划，第三方审计，实行人、财、物随着产业板块走，按照“老人老办法、新人新办法”解决员工身份问题，较好地化解了矛盾和问题。**三是**分步完善，优化产业结构：首先，以中煤江南公司、中煤地瑞丰公司、中煤地建设公司、东泰建材公司和东泰劳务公司为基本单位组建中煤建工集团公司；其次，优化资源配置，把中煤地瑞

丰公司及五大工程总承包部注册成立广东、北京、海南、湖南、江苏和陕西 6 个直属分公司；第三，整合后再细分板块，把长板做长，注册成立澳门公司、地产开发公司、市政公司、一建公司和检测检验公司，筹建地下空间技术研究院；第四，充实产业布局，扩大水利、路桥、机电安装等基础工程资质范围，努力“开疆扩土”，积极进入“长三角”、新疆、雄安新区市场。中煤建工在完善组织架构的同时完成资质平移工作。

（三）坚持改革创新，提高内生发展动力

一是规范建设董事会。2016 年底以来，先后到新兴际华集团、神华集团、中建八局三公司调研，编制了近 4 万字以外部董事为重点的《实施方案》，将党建工作写入《章程》，有关工作于 9 月底前全面落地。**二是**推进扁平化管理。根据市场需求科学设置组织机构，逐步撤销各子（分）公司属下的分公司，实行集团—子（分）公司—项目部三级管控模式，缩短管理链条，减少管理层级，降低管理成本。集团总部专注战略发展、结构调整、资源配置、资本运营，子（分）公司负责市场开拓、经营管理和经济发展，项目部承担组织生产、安全质量、成本管控。**三是**推进专业化经营。进一步优化产业结构，重点围绕建筑工程、地基与基础工程、市政与公用工程、地产开发四大产业板块“四轮驱动”，集中优势资源，打造一批占领高端市场的专业公司。

（四）加强基础管理，提高经营管控能力

一是加强制度建设。坚持以制度管人管事管生产经营，围绕中煤建工集团、直属单位、项目部三个层面，全面预算、成本控制、资金集中、规范经营、安全生产、人力资源管理等全方位改革建章立制 200 余项，集中汇编使用，完成质量体系认证和职业健康认证，推进了企业“七化”（扁平化、专业化、精细化、信息化、差异化、工业化、国际化）管理，对树立品牌起到了积极的推动作用。**二是**建立激励约束机制。建立健全对中煤建工总部部室、直属单位、特殊人才的绩效考核办法，深入开展劳动竞

赛，重奖重罚，推进了市场开拓力度，提高了经济创收能力，保证了经济稳健增长。**三是**全面开展对标工作。中煤建工落实中煤地质总局《对标管理办法》，签订责任状。编制工作方案，突出企业管理的核心工作，立足于组织标准化、业务专业化，主要指标全面对标中建八局三公司，根据部门职责进行任务分解，专门编印《对标管理手册》，方便携带学习。

（五）强化预控管理，提高风险防范能力

整合重组后，实行人员统配、财务统管、物资统供、资源统划、资金统筹，使中煤建工生产经营活动迅速走向正规。加强源头管控，坚决做到项目工程“三不接、五不开、十不揽”原则。加强法律审核，不断完善预结算管理，要求各单位加强项目成本管控，处理好规模、效益和风险防范之间的关系，提升项目盈利能力。加强项目施工管理，不断完善《合格供应商名录》，保证经营质量。加大“双清”工作力度，跟踪落实。加强亏损企业专项治理，对低效无效企业进行整顿清理，推动了资金、技术、人才等资源向主业板块和优势业务领域集中。加强财经纪律检查，加强审计工作，开展重点领域、环节专项整治和督导，严格约束惩戒，发现重大问题，迅速断然处理，决不姑息手软。

四、改革成效

一是实现了平稳健康发展。2015 年实现了当年整合重组、当年业务规模快速壮大、当年经营业绩稳步上升，利润总额同比增加了 64.6%，完成中煤地质总局考核指标的 108%。2016 年利润总额同比增加了 6.01%。2017 年上半年实现了“时间过半、任务过半”，经营收入、利润总额同比分别增长了 60.6% 和 56.2%。三年来，安全生产形势持续平稳，没有发生责任伤亡事故。

二是提高了经济创收能力。重组不仅是企业组织结构的调整，更是生产关系的调整，有利于生产力的充分发挥，把各方面积极性调动起来，使

被整合企业彻底摆脱了游兵散勇式的小施工队形象，凝聚了产业发展优势。2015年履行合同331个，合同额107亿元；2016年新签合同276个，合同额31.59亿元；2017年上半年新签合同造价约17.94亿元，尤其是市政与基础设施PPP业务取得实质性进展，落地PPP项目约70亿元。

三是提高了品牌效应。中煤建工迅速成长为集项目运作、建筑施工、土地开发、建材贸易于一体的集团公司，尤其在建筑施工安装、市政基础、地下管廊建设、资本市场运营、PPP模式运作等大型项目总承包方面具有较强竞争力，在16个省完成市场准入备案，与哈尔滨、青岛等10多个地方政府达成合作意向，与中铁二局、中交第四工程局、山西建筑集团等10多个大型企业集团达成战略合作协议，同时培养锻炼了一批年富力强且具有丰富实践经验的经营管理技术人才。

四是推进了党风廉政建设。整合重组后，推行"五统一"管理模式，在大宗物资集中招采、财务管理、资金使用、关键岗位的用人等方面建立了监督约束机制，消除了大量易发腐败现象的条件和土壤，从源头上防止了各种违法违纪行为的发生。

五、经验启示

（一）整合重组要聚焦目标，战略引领

企业竞争力的关键是能否把战略目标树立起来，用目标带着组织架构和所有员工朝前走，竭尽全力求胜。所有的聚焦都源于目标，目标不能聚焦，路径和资源也都无法聚焦，后果必然是业务的崩塌。针对煤炭产能过剩、矿业经济低迷等不利因素对地勘行业的影响，中煤地质总局确立了改革创新、转型发展的方向和目标，从战略层面规划了路线图，中煤建工认真贯彻落实中煤地质总局总体部署，保证了整合重组始终坚持正确的发展方向，提高了企业核心竞争能力。

（二）整合重组要聚焦路径，深化改革

在传统行业普遍产能过剩的大背景下，国家提出深化供给侧结构性改

革，具有产品、技术和经营优势的企业为了规模经济效益，实行整合重组不可避免。企业应发挥核心竞争优势，围绕目标去剖析路径做策略，优化资源配置，使要素结构、产业结构符合市场和客户需求，提高效率和资本回报率。中煤建工强化供给侧管理，拉动经济健康增长，探索出了一条利用市场经济手段真正实现传统企业转型升级的新路子。这种增长是基于效率的内生增长，推进了产业专业化、板块化、集团化、可持续发展。

（三）整合重组要聚焦资源，做长长板

专业化分工协作已成为企业真正做强的有效途径。优秀公司的第一要务就是做好平台，运营品牌，聚焦资源把专长做到极致，充分发挥比较优势。中煤建工紧紧围绕基础工程建设主业板块，统筹总局相关优势资源，全面构建市场竞争主体，集中力量推动市场化、专业化发展，强化了比较优势，提高了发展质量，市场竞争和经济创收能力大增，同时避免了内部同质化竞争，实现了差异化发展。

68

优化资源配置　培育优势业务 在深化改革中推进企业持续发展

中国电建昆明院

一、基本情况

中国电建集团昆明勘测设计研究院有限公司（以下简称“昆明院”）是综合实力排名一直居于全国百强前列的大型勘察设计单位，具有工程设计综合甲级、工程勘察综合甲级、工程咨询甲级、工程监理甲级等19项工程建设领域国家级最高资质，共持40余项各类资质。自1957年1月建院60年来，昆明院共勘测设计了500余座水电站，积累了丰富的水电工程实践经验，拥有雄厚的人才和技术优势。

二、改革背景

2013年以来，中国经济发展进入新常态，经济增长速度放缓。经过一段时间的高强度、规模化开发，水电市场急剧萎缩，市场环境发生了重大转变。以水电为核心的单一业务结构无法持续，昆明院生存和发展面临严峻的挑战，长期耕耘水电行业形成的人才、技术等优势必须通过深化改革才能持续发挥作用。

面对传统勘测设计咨询业务产能过剩、多元化业务市场竞争激烈、新的转型优势尚未形成的严峻考验，昆明院不等不靠，贯彻落实党中央、国务院关于深化国有企业改革的决策部署，按照国资委安排，认真落实国企改革“1+N”系列文件精神，以改革为总抓手，以培育优势多元业务为重点，推动企业健康持续发展。

三、改革实践

昆明院认真分析企业内外部环境，系统梳理企业的优势、劣势、机遇和挑战，进行院战略发展的顶层设计，2013 年 12 月制定了《昆明院发展战略规划》，明确了“多元化、国际化”的发展方向。围绕战略落地，在组织机构设置、人才队伍建设、创新驱动发展、优化考核导向、完善分配机制等方面持续开展深化改革，持续优化资源配置，着力培育优势多元业务，支撑了企业的快速发展。

（一）有序推进组织机构调整，加快培育优势多元能力

围绕发展战略，昆明院持续梳理完善组织架构体系，2014 年适时调整机构定位、完善组织构架、改进管控模式。注销、合并了部分所属公司，整合了部分同质专业和监理业务，强化了工程总承包业务管理，重组了国际市场开发机构，进一步整合专业技术力量、优化资源配置、理顺内部管理层级、充分发挥整体效能、持续提升组织运行效率。2017 年 1 月，昆明院再次对组织机构进行了调整。聚焦四大核心领域，重组生产经营单位；以签约、履约一体化为核心，改革调整了内部运营管理流程；设置内部交易仲裁机构，加强项目执行内部监管；设置招标采购中心，加大工程建设项目分包管控；统筹国际市场资源，优化国际市场布局。围绕水利水电、新能源与电力系统、水环境与生态、城建与交通等业务，提供整体解决方案，加快培育优势多元能力。

（二）大力推动干部轮岗交流，为企业持续发展奠定人才基础

昆明院统筹规划、周密安排，大力推动干部轮岗交流。适应组织结构、业务调整、生产流程变革、生产手段提升等方面的要求，加大了中层干部在生产经营单位之间、生产经营单位与管理部门之间及管理部门之间

交流力度。一些原来一直从事技术管理、市场经营等工作，政治素质高、履历丰富，熟悉现场、市场相关情况的同志，相继轮岗到党群、人事、纪检监察等管理部门工作。而一些长期在同一部门同一岗位上工作的同志，也被合理地安排到其他部门和岗位上锻炼。合理设置干部退出标准，干部能上能下、能多岗胜任的机制。仅2017年1月进行的组织机构调整，昆明院就对30余名中层干部进行了轮岗交流，6位中层干部改任调研员或副调研员职务。干部轮岗交流、外部人才引进等举措的落地实施，使人才引擎在企业转型升级中的强劲动力得到充分发挥，为企业持续发展、转型升级奠定了基础和支撑。

（三）加强市场布局，推动优势多元业务发展

为适应多元化、国际化业务发展的需要，昆明院加强了市场布局，并根据市场布局设立分（子）公司。目前，全院共有13个全资子公司和控股子公司（其中云南省内有9家、省外1家、国外3家）。各子公司业务领域、地域各不相同，但都坚持以市场为导向，充分发挥驻外经营机构的窗口作用，加大市场营销力度，积极做好优质资源储备，积极为昆明院的利润增长做贡献。同时，这些子公司的设立，对加快建立行业线、业务线与区域线相结合的矩阵型市场开发网络发挥了积极作用。

（四）持续推动企业创新，不断驱动市场经营和业务发展

在深化改革过程中，昆明院大力推进创新创效。全院上下高度重视三维设计技术、建筑信息模型技术（BIM）、数字流域技术、空间数据集成应用技术、大数据、云计算、移动互联等新技术的应用转化研究，建立完整的理论基础和技术体系自有品牌，研发形成“综合平台＋子平台＋专业系统”集群平台，对推动业务转型和市场拓展发挥了重要作用。在综合管廊、水环境综合治理、城市综合体智慧建设、农村土地确权、水库安全运营等新业务板块均开展了BIM咨询业务，目前正在向轨道交通、电网、机场等业务市场突破。加强商业模式创新理论运用。以创新的商业模式，积

极整合外部资源，已在石屏异龙湖水环境治理等项目探索混合所有制经济的改革合作。下一步将以信息化为手段，按照互联网思维，立足云南，辐射南亚、东南亚，打造南亚、东南亚辐射中心建设的规划、设计、建设的智力共享资源平台，服务“一带一路”建设。

四、改革成效

（一）核心业务实现转型升级

水利水电、新能源与电力、水环境与生态、城建与交通四大核心业务和七个基础板块已形成相应规模并进入良性发展，能有效应对市场变化的风险。

（二）经营指标连创新高

2014—2016 年，累计实现营业收入 128.819 亿元，由 2014 年的 37.09 亿元增长到 2016 年的 48.85 亿元，年均实现收入 42.94 亿元，年均增长 14.77%；累计实现利润总额 15.77 亿元，年均实现利润总额 5.26 亿元。在实现经营业绩稳步增长的同时综合实力进一步提升。

（三）发展后劲显著增强

2014—2016 年，昆明院在市场经营方面取得重大突破，累计新签合同总金额约 283.38 亿元，由 2014 年的 80.01 亿元增长到 2016 年的 110.83 亿元，年均增长率 17.69%，发展后劲显著增强。

五、经验启示

（一）做好顶层设计，持续开展深化改革，是推动战略落地的重要路径

昆明院紧密结合市场变化，深入分析企业内外部环境变化，编制好战略发展规划，提出切实可行的战略举措；以战略发展规划为顶层设计，围

绕战略规划持续开展深化改革，及时调整企业业务结构，适时、有序调整组织机构，推进资源整合，支撑推动战略规划落地。

（二）围绕企业核心能力，释放活力动力，是深化改革的关键

昆明院作为知识密集型企业，人才和技术是企业的核心能力，是深化改革的重点。结合机构改革进行干部轮岗有利于培养综合性人才队伍，通过健全人力资源内部配置和竞争机制，进一步推动员工向新业务、新领域、新市场转型。通过深化改革，把技术核心能力向相关多元业务移植，是推进企业业务结构调整的关键。

（三）创新驱动发展，有效整合资源，是深化改革的有力措施

有效整合资源，快速弥补新业务领域的不足，能够迅速打开局面。勘测设计企业必须转变仅完成勘测设计产品的原有观念，深入分析客户特点，通过规划引领、高端切入创造客户需求，利用融资推动解决客户困难，通过商业模式创新推动项目实施。

国企改革探索与实践

——中央企业子企业150例（下）

国务院国资委改革办◎编

中国经济出版社
CHINA ECONOMIC PUBLISHING HOUSE
·北京·

目录(下)

结构调整　转型升级

“瘦身健体”“处僵治困”

坚持党的领导 加强党的建设

结构调整　转型升级

69

转变发展思路　创新商业模式 在深化改革中乘势而上

中核建设集团中核华兴

一、基本情况

中国核工业华兴建设有限公司（以下简称“中核华兴”）隶属于中国核工业建设集团公司（以下简称“中核建设集团”），总部位于江苏省南京市，注册资本金 10 亿元，下设 4 个事业部、8 个区域分公司以及 20 余家参控股子公司。现有员工 7856 人，各类专业技术人员 5410 人。拥有房屋建筑施工总承包特级资质、电力工程、市政公用工程施工总承包等 40 余项一级资质，主营业务覆盖军工、核电、市政、房建、基础设施等业务领域。

二、改革背景

近年来，中核华兴的发展遇到了严峻的现实问题，主要表现在产值、利润过度依赖核电建设市场。2011 年日本发生福岛核事故之后，国际核电发展形势受到影响，我国放缓了核电发展和审批速度，公司核电建设业务持续下滑。此后，公司转攻民用市场，但好景不长，传统建筑行业主要经济指标开始呈现“断崖式下跌”，传统民用工程业务开始萎缩，一些工程项目甚至出现亏损。面对传统核电、军工市场不景气，民用市场开发举步维艰等困难，公司产值、利润、新签合同、任务储备等主要经济指标，开始出现阶段性下滑；新开工项目凤毛麟角，随着部分核电、军工项目收尾，开始出现人员富余；传统民用项目垫资严重，“两金”、资产负债率持续攀高。公司转型升级、深化改革迫在眉睫。

2014年9月，《国务院关于加强地方政府性债务管理的意见》（国发〔2014〕43号）正式出台，过去政府基建项目的模式产生翻天覆地的变化。随后，国家发改委也印发了《关于开展政府和社会资本合作的指导意见》，提出开展政府和社会资本合作（PPP）模式，有利于创新投融资机制，拓宽社会资本投资渠道，增强经济增长内生动力。各级政府积极推出PPP项目吸引社会资本进入，多个省份相继推出了千亿规模的PPP项目计划。面对PPP系列政策的相继出台，中核华兴深刻认识到新一轮改革发展的历史机遇已经到来，必须转变商业模式，探索实践PPP业务，推动公司创新发展、转型升级。

三、改革实践

（一）加强顶层设计，明确战略方向

2015年初，中核华兴开始着手总结“十二五”期间的得与失，并在此基础上明确“十三五”的发展思路。

一是分析“十二五”期间发展存在的问题。找准问题，才能对症下药。中核华兴“十二五”期间的劣势主要表现在，经营模式以房屋建筑为主，业务单一，业务格局分布不尽合理，围绕建筑业主业的“同心多元化”格局尚未形成，盈利模式主要以传统的工程建设收入为主。

二是明确“十三五”期间的战略方向。为适应新常态，谋划新思路，中核华兴明确提出“十三五”期间要大力实施资源、市场和创新战略，着力做强做优做大主业，着力深化企业改革，着力推动创新引领，不断提升综合实力和市场竞争力，将公司打造成为“建筑业全产业链资源整合者和一体化解决方案服务商”。

三是统一思想，转变发展思路。要改变商业模式和业务结构，首先要改变的是经营层的思想和管理思维，从2015年开始，中核华兴启动了中层干部“领导力培训班”，旨在分析公司当前面临的形势、存在的问题并寻求破解之道。主要领导亲自上台授课，就如何转变商业模式、如何深化改革、推动公司发展进行大讨论，切实增强了经营层的危机意识，并在“抓住国家政策机遇，公司必须要改革转型”上达成了共识，统一了思想。

（二）搭建业务平台，优化组织机构调整

一是成立金融业务部，打造PPP业务平台。作为产融结合的业务平台，金融业务部以“市场开发、投融资”为主要职能，网罗各级政府发布的PPP项目信息，深入学习研究PPP业务交易结构和操作流程。对内整合中核华兴各业务板块的施工管理能力，对外广泛对接地方政府和金融机构，积极参与PPP项目的投标洽谈。

二是广纳贤才，组建专业的金融团队。通过内部选拔和外部招聘相结合的方式，培养和吸纳金融专业人才，不断提升PPP业务水平。为激励团队的市场开发动力，中核华兴制定了市场化的考核和薪酬激励办法，把市场开发额度与考核直接挂钩，逐步实现了业务水平的专业化和业务运作的市场化。

三是以PPP业务倒逼公司组织机构优化调整。PPP业务的运作是对中核华兴实力的综合考量，包括规划、设计、投融资、建造、运营等各个环节。在国有企业深化改革的背景下，在结构优化的同时，还应充分发挥管理和价值创造功能。从2014年开始，中核华兴开始围绕建筑业全产业链布局，在市场上扮演的角色、竞争方式、客户层次以及项目管理模式都在发生着深刻的变化，为打造与“建筑业全产业链资源整合者和一体化解决方案服务商”目标相匹配的组织架构，2016年，公司在总部层面设置了四大业务中心——金融业务中心、项目管理中心、工程管理中心和资产管理中心，分别对应PPP业务的前期开发洽谈和投融资、中期项目管理和建设以

及后期的运营、移交。

（三）创新商业模式，狠抓市场开发

通过转变思维、搭建平台、提升能力，中核华兴在 PPP 业务市场不断探索并取得突破，实现了“金融端”和“工程端”的有机结合，向市场提供多种形式的一体化解决方案。

一是明确内部分工，提升专业能力。中核华兴从以施工方的身份承接项目，转变为以社会资本方投资者身份参与 PPP 项目；从之前的只负责项目施工转变为参与项目全生命周期。金融业务部详细梳理 PPP 业务流程，从项目洽谈阶段、立项阶段、投标阶段、执行阶段、运营管理五个方面提升业务水平。各区域公司、专业公司根据 PPP 项目不同的地域和业务领域划分，通过内部甄选和竞争性流程负责项目的施工，确保工程质量和效益的最优化。

二是整合外部资源，广开市场渠道。为补齐短板，中核华兴先后与民营资本合作成立了中核华信资本管理公司、中核华瑞投资管理公司、北京信璞资产管理有限公司、中核聚能热力有限公司。结合战略发展需要、紧跟目标市场，打造市场反应迅速、运营高效、多方资源有效整合的平台。其中，中核华信资本管理公司、中核华瑞投资管理公司充分发挥市场开发和基金管理作用，服务 PPP 项目的拓展；北京信璞资产管理有限公司密切跟踪“一带一路”国内核心区新疆等西北市场动态，搭建平台，推动新疆市场任务储备超过 100 亿元。中核聚能热力有限公司的成立实现了各股东方的优势互补，在清洁能源、民生领域开辟了途径，公司正式进入特许经营行业，实现了“投资拉动建设”的主营业务需求，锁定了相关工程 EPC 和设备加工制造业务。此外，公司对接各级地方政府，与辽宁省抚顺市，江苏省常州市天宁区、无锡市梁溪区，山东省齐河县，湖南省醴陵市，新疆生产建设兵团六师、二师等先后签订战略合作协议数十份，提前介入或锁定了目标地区 PPP 项目。

三是拓展多种商业模式，市场开发效果显著。中核华兴通过“市场开发平台＋融资平台的建立”形成合力开发市场，例如中核华兴参与的“南京市浦口区政府投资基金”，通过入股基金，锁定基金投放项目的建设任务，目前已承接浦口区三个基金投放项目，合同额约20亿元。通过“市场开发＋融资平台＋运营平台的建立”，形成通过运营能力反推获得市场的能力，例如通过中核聚能热力有限公司在供暖领域的运营能力反推获得EPC工程。此外，公司还参与了产业导入模式下的PPP、商业运营模式下的PPP、特色小镇建设模式等等，广开渠道，多措并举助力市场开发。

四、改革成效

中核华兴通过商业模式创新，抢抓PPP政策机遇，有效打开了市场局面，企业主要经济指标连创新高，生产经营各项工作整体提升。

一是经济指标稳步提升。2015年，中核华兴实现营业收入136.32亿元，同比增长6.35%，实现利润总额4.65亿元，同比增长4.19%，新签订合同额193.85亿元，同比增长了65.56%，任务储备突破300亿元大关，同比增长9.79%。2016年，公司营业收入和利润连续增长，实现营业收入137亿元，实现利润总额4.75亿元，市场开发主要指标继续高歌猛进，新签合同额238.88亿元，同比增长了23.23%，任务储备突破500亿元大关。公司从2015年以来共中标PPP项目23个，项目总投资200.38亿元，有效支撑了公司主要经济指标的增长。

二是业务区域和领域迅速扩张。三年来，中核华兴通过转变商业模式，抢抓PPP业务，经营范围已遍布全国20多个省（区、市），尤其是新疆和东北区域市场取得了重要突破，业务范围扩大到道路桥梁、综合管廊、水利水电、生态建设、环境保护、景区开发建设等领域，先后承接了山东财经大学（莱芜校区）PPP项目、新疆昌吉头屯河综合整治基础设施PPP项目、新疆莎车县县城饮水安全和保障工程等一系列工程项目，基本形成了以建筑业为核心的“同心多元化”发展格局。

三是经营管理和施工能力显著提升。依靠在军工、核电领域形成的质量、安全文化，中核华兴在民用市场坚持标准化施工、精细化管理，以军工、核电标准建设优质工程。公司持续加强总承包能力建设和项目公司管理能力建设，尤其是在 PPP 业务方面，实现了项目管理和工程管理“两手抓、两手硬”的局面。2016 年，公司荣获中国建筑业竞争力两百强企业第 60 名、江苏省建筑业综合实力百强第 9 名，获 2016 年度“全国优秀施工企业”“江苏省知名承包商”等荣誉称号。同时，公司依靠在 PPP 业务领域的竞争力和影响力还获得了“2016 年度中国 PPP 项目咨询服务机构百强”等荣誉。

四是发展动力显著增强。通过商业模式创新，转变发展模式，中核华兴任务储备已经突破了 500 亿元，为公司未来的发展奠定了坚实的基础。与此同时，公司的市场开发动力也得到了显著提升，新签合同总额持续保持增长。组织机构的调整和金融人才的培养，则把这一“发展动力”稳固下来，形成公司的固定板块和内生动力，从而推动公司保持持续、健康发展的良好势头。

五、经验启示

一是深化企业改革，要紧跟国家政策，审时度势，抢抓机遇。党中央、国务院高度重视国有企业改革，作出一系列顶层设计、制度安排和决策部署，破除束缚企业发展的体制机制障碍，国有经济布局不断优化，国有企业活力不断增强，国有企业改革取得显著成效。所以当企业发展面临困境时，首先要把大势、态势、形势看清楚，转变发展模式必须紧跟国家政策，通过改革提质挖潜。国家推行 PPP 业务模式系列文件的出台，给建筑企业的改革可以说插上了一双翅膀，只要审时度势，抢抓机遇，必定能乘风破浪，勇立潮头。

二是深化企业改革，要转变思维，统一思想，与时俱进。思想是行动的先导。中核华兴在推进商业模式转型过程中，高度重视转变思维，统一思想。深化改革必须上下一心，达成共识，才能有效推进。只有坚持在统一思想中转变思维，准确把握改革的原则和方向，紧密结合公司实际，采取切实可行措施，扎实有序加以推进，才能以改革推动公司持续健康发展。

三是深化企业改革，要敢于亮剑，真抓实干，持之以恒。在深化改革中，中核华兴通过统一思想达成共识，落脚于转变商业模式的实际行动。主要表现在要敢于对传统经营管理模式进行革新，通过组织机构的调整，为改革做好配套，解决改革过程中的人力、物力和行动力。市场开发不是一句口号，尤其是PPP业务的市场开发，需要从项目前期伊始便介入洽谈沟通，深入参与项目前期的规划设计，紧跟项目的实施进度，负责项目全过程和全生命周期的管理，这需要真抓实干，更需要持之以恒。

70

创新驱动　精准发力
坚定不移走军民融合发展道路

中船集团海鹰公司

一、基本情况

海鹰企业集团有限责任公司（以下简称“海鹰公司”）成立于1958年，由苏联援建，是国家“二五”计划重点项目之一，是国内首家水声设备厂、国家军工科研和生产双保骨干单位，现隶属于中国船舶工业集团公司。

公司现有职工1000余人，践行“水声报国、强企富民”核心价值观，持续发展声学技术优势，形成了以声纳装备、海洋电子、医疗电子、机电装备等为主体的科研生产体系，两次荣获“高技术武器装备发展建设工程突出贡献奖”，走出了一条独具特色的军民融合发展道路。

二、改革背景

改革开放初期，海鹰公司响应“军民结合”方针，利用军工技术，成功研发“海鹰牌”医疗超声诊断仪、纺织电子清纱器，填补了国内空白，提升了行业自主水平，创造了良好的社会和经济效益。公司于1994年实行公司制改革，形成了母子公司管控模式，曾一度创造历史辉煌。但随着社会主义市场经济的建立和发展，本来具有一定竞争力的民品受到民营企业和跨国公司的双重挤压。医疗超声业务与通用电气的合资、分手，谋求以市场换技术愿望落空，医疗超声业务发展大伤元气。纺织清纱器由于进入门槛较低，市场陷入恶性竞争，加之行业转型升级加快，产品更新换代滞后，最终清盘退出。赖以生存的军品任务严重不足，产能大幅放空。海鹰公司在“十五”“十一五”期间举步维艰，蹒跚前行，勉力维持。干部职工负面情绪滋生，士气消沉，人才流失严重。曾经因改革而一度辉煌的海鹰公司，亟需新一轮改革的洗礼，焕发新的发展活力。为解决这个问题，公司认真贯彻国有企业改革“1 + N”系列文件精神，开展全员解放思想大讨论活动，明确了集中有限资源、发展壮大主业的总思路，总结教训，把创新驱动、人才驱动、资本驱动、改革驱动、管理驱动作为发展引擎，力争通过改革扭转被动局面。

三、改革实践

（一）坚持战略引领，坚定发展信心

海鹰公司树立了“抓住机遇就是海鹰功臣、丧失机遇就是海鹰罪人”的功过观，确立了“十二五”经济规模、效益、职工收入三个翻一番的目标。2015 年公司以中国船舶海洋探测技术产业园在无锡的落地为契机，提出了“二次创业”的战略目标，形成了“以军为本、军民融合、创新驱动、军强民优”新的发展战略，确立了“十三五”建设“经济强、实力优、职工富”大海鹰的新目标。这些战略思路的形成，有效统一了全体海鹰人的意志，凝聚成了海鹰公司发展的强大动力。

（二）坚持军工第一，履行强装使命

军工是海鹰公司立企之本，是核心业务，是海鹰人的“金饭碗”。**一是**紧紧抓住海军装备大发展的宝贵机遇，增强政治使命意识，增强军工第一意识，增强质量责任意识，持续巩固和拓展三大优势领域和一个特色专业，全力以赴、毫不动摇地确保装备研制生产进度和质量，加强军工科研生产和维护保障能力建设，确保装备全寿命周期可靠顶用。**二是**积极打造

协同创新平台，分别联合中国科学院院士张仁和、中国工程院院士马远良共建海鹰企业院士工作站，推进重点领域项目的攻关突破。**三是**加强与中国船舶系统工程研究院的合作，实现核心设备与系统工程的对接。公司创新模块化生产模式，打通生产工艺瓶颈，深度挖潜产能，实现生产效率的大幅提升，在线军工任务当量达军工生产纲领的数倍多。作为提供装备数量最多的企业，海鹰公司正向跻身水声行业“三甲”目标而不懈努力。

（三）坚持技术创新，发展民品主业

海鹰公司坚持以市场需求为牵引，以技术创新为驱动，提升产品档次，拓展服务领域，积蓄民品主业的内生动力，提高核心竞争力。**一是**做大做强医疗电子业务。公司在跨国公司和民营企业的夹攻中，艰难转型、顽强求生，实现了从模拟到全数字、由黑白向彩色、从低档向中档、从诊断到治疗的升级跨越，拥有具有完全自主知识产权的系列中端彩色超声诊断产品、高强度聚焦超声治疗系统，打开了更大的市场空间。**二是**发展壮大海洋电子业务。公司坚持亦军亦民定位，专注于海洋测绘、海洋地质与勘察、水文与环境监测等领域，用好海鹰军工品牌和国际合作优势的影响力，坚持自研与代理双管齐下，丰富了海鹰海洋电子产品线，为客户提供产品集成、技术支持等一揽子服务。**三是**加快发展机电装备业务。公司深耕机电液一体化领域，形成了轨道交通专用设备、海环境模拟测试设备、船舶液压产品三个系列，探索向“互联网+”智能设备领域拓展，树立了海鹰机电装备制造品牌。

（四）坚持体制创新，开拓新兴业务

一是在中国船舶工业集团公司的领导下，探索资本驱动，积极发展混合所有制，成立了海鹰医疗科技股份有限公司，吸收外部投资，实行员工持股，创新“产品营销+医疗服务”商业模式，与有实力的医疗机构联合建立高端医疗服务示范点，实现从产品向服务的延伸。**二是**与国内知名民营企业强强联合，成立中船海洋工程有限公司，打造服务军民两用的水下

施工和维护保障能力，延伸水下探测产业链。**三是**谋划涉足新能源业务领域，正在联手相关企业，引入核心团队，围绕石墨烯电池的应用开发，打造适合军用要求的新型电源系统。**四是**以中国船舶海洋探测技术产业园建设发展为契机，发挥产业园溢出效应，利用中船“感知海洋”产业基金，开拓新领域，吸收新项目，加快军民融合产业落地，形成海洋探测技术领域具有全球竞争力的产业集聚。

（五）坚持管理驱动，追求抓铁有痕

一是大力倡导“准狠快新活”执行观，以结果导向，以细节制胜。狠抓战略落地，学习华为“狼性管理”的先进经验，始终按照改革思路，咬定发展目标，循序渐进，毫不动摇，一步一个脚印、一步一个台阶，不断超越自我、持续突破。**二是**实施方针目标管理，完善经营业绩考核办法，科学确定考核基数，在考核基数上确立更高的必保指标和力争指标，鼓励“蹦一蹦、跳一跳”去完成指标，设立发展重大突破奖，褒奖实现高超越的主要业务单位。**三是**根据“集权有度、分权有效，激励有力、约束有效”原则，进一步完善母子公司管控模式，完善内控体系建设，严控经营风险。

四、改革成效

一是规模效益持续攀高。近年来，海鹰公司一心一意谋发展，规模效益连创新高，“十二五”期间，海鹰公司营业收入以每年递增17.5%的速度，利润以每年20.1%的增幅，圆满超额完成了“十二五”经济规模和效益两个翻一番的发展目标。2016年经过全体海鹰人的共同努力，营业收入同比增长10.3%、利润同比增长11.2%，实现了“十三五”开门红。

二是发展后劲明显增强。近年来，海鹰公司把业务结构调整、产品结构更新放在突出位置，军工核心、民品主业都得到了新的拓展，以自身的持续突破有力支撑海鹰公司的持续做大，新兴业务的布局也已渐次展开，

必将迎来更大的发展。当前，海鹰公司军民两个轮子的协同作用正在放大，军民融合的促进效应更加凸显。特别是中国船舶海洋探测技术产业园的建设发展，为海鹰公司装备研发和制造能力提升创造了更高平台，随着中船“感知海洋”产业基金运作，海鹰公司作为承接探测产业落地，必将获得更多的宝贵机遇和更大的发展空间。

三是干部职工心齐劲足。近年来，海鹰公司坚持共享发展理念，让海鹰人充分享受改革红利，以每年13%的速度持续增加在岗职工收入，兑现了“十二五”末在2009年基础上翻一番的承诺。“十三五”期间，公司将通过改革发展，进一步增强干部职工的获得感，努力赶超中国船舶工业集团公司职工平均收入水平。随着干部职工的心气越来越高、信心越来越强、干劲越来越足，当前海鹰人比以往任何时候都更加自信，创新创业的正能量比以往任何时候都更加高涨。这种精气神和正能量正是海鹰公司改革发展的宝贵精神财富。

五、经验启示

作为国有军工企业，必须遵循党中央、国务院的决策部署，从海鹰公司实际出发，坚定不移走军民融合发展道路。

一是实现跨越发展必须致力军民融合。要瞄准国家战略性新兴产业，深耕海洋探测装备产业，通过军民市场共通融合、军民技术共创融合、军民人才共享融合、军民能力共建融合，亦军亦民、互为促进，共同发展、军强民优，推动国内海洋探测装备产业迈向中高端，实现海鹰新的跨越发展。

二是推进结构调整必须强化创新驱动。要把创新作为一种追求、作为一种习惯、作为一种状态、作为一种标准，融入各条线、各个环节、各个岗位，建立容错纠错机制，推进创新实践，从企业重点矛盾、突出问题等短板瓶颈着手，促进新技术、新产品、新业态、新模式的创新突破。

三是打造百年基业必须凝聚众志成城。要坚持人人参与、人人尽力、人人享有，真心实意地尊重人、发展人、依靠人、爱护人，调动和激发人的主观能动性和无限创造力，构建事业共同体，打造命运共同体，实现企业强盛与职工富裕的良性循环，才能保持基业长青，打造“百年海鹰”。

71

聚焦主业　创新驱动
努力提高航空发动机研发制造能力

中国航发黎明公司

一、基本情况

中国航发沈阳黎明航空发动机有限责任公司（以下简称“黎明公司”）隶属于中国航发集团，拥有员工 13000 余人，主要产品涵盖航空发动机、燃气轮机、国际转包业务等。公司始建于 1954 年，是我国“一五”时期 156 项重点工程之一。自成立以来，公司共修理、仿制、改进改型、研制了数十种型号的发动机，生产、修理了数万台军用航空发动机，为国防建设提供了强有力保障。并先后在陕西、四川、贵州等地援建了多个航空发动机企业，被誉为我国“航空涡轮喷气发动机的摇篮”。

二、改革背景

黎明公司作为航空发动机主机厂之一，经历了从航空发动机修理、仿制、改进改型到部分自行设计、研制的过程，建立了相对完整的航空发动机制造技术体系，但随着内外部技术环境的不断变化，批产机型更新换代，新机研制型号增多，多机种、多阶段交叉研制生产，一些长期制约科研生产的技术质量问题未得到彻底解决，尖端制造技术储备不足，技术提升的效能与效率不能满足公司快速发展需求。

为满足现代航空发动机研制生产需求，黎明公司从贯彻落实创新驱动战略入手，强化科技创新、推进管理创新，以体制机制改革激发创新活力，加快创新型企业建设。公司坚持以重点型号为引领，以推进 AEOS（中国航发运营管理体系）为主线，重点围绕建立自主工艺研发体系、创新攻关管理模式和加强创新型人才队伍建设等方面开展改革创新工作，努力提升航空发动机研发制造能力，为实现航空强国目标做出贡献。

三、改革实践

（一）构建自主工艺研发体系，努力掌握先进制造技术

一是以技术成熟度为评价原则，建立开放协同的工艺研发模式。通过强化与设计单位协同，提前识别产品新材料、新工艺、新结构研发需求，根据成熟度的不同，采取有针对性的工艺研发方式。成熟度低于 4 级的，由黎明公司技术中心负责协同高校和科研院所，通过“合作→吸收→应用”的方式，尽快掌握关键制造技术。在全面调研高校和科研院所技术专长后，公司形成了技术合作单位名录，将自身短板技术与名录中单位的优势专业进行对接，采用合作技术研发、联合申报国家项目、联合共建实验室等形式开展技术合作。成熟度在 4 ~6 级的，由公司技术中心主承担，以具体产品为对象，以满足小批试制为目标，多专业协同进行工艺研发。最大限度平衡质量、效率和成本，快速实现工程研究向产品小批生产顺利转接。成熟度 6 级以上的，由技术中心将工艺要素转移到各专业化生产线，通过快速反应的科研试制管理模式，以效率、成本达到批量生产要求为目标，进一步开展试制改进，快速提升技术成熟度，直至成熟度达到 8 ~ 9 级。

二是以提升产品研制效率为目标，深化与设计单位的协同。黎明公司与设计单位共同成立了联合组织机构，包括领导组、工作组，以及职能 IPT 团队，建立了相对完善的厂所协同工作制度、工作流程，形成了厂所间固定、长期、有效的沟通交流机制。深化业务融合，对航空发动机产品

设计、制造、装配等研制全过程的工作流程、协同业务进行规范和固化，提升产品研制效率；依托公司技术中心，开展基于设计需求的制造技术预先研究；对厂所协同数据发放、会签、接收管理等业务进行优化和规范。强化基础共建，支撑产品研制发展，建设工程数据库，收集和分析设计、制造过程数据，实现厂所间数据共享；完善制造标准体系，针对设计制造一体化所需要的技术标准进行系统研究，提炼转化形成相关标准。

三是以深化广度深度为重点，对工艺人员进行分类管理。将工艺人员业务分工调整为“产品工艺员”和“专业工艺员”，着力解决加工技术研究的深度不足和家族类零部件加工的共性规律没有总结固化的问题。产品工艺员主要负责产品技术集成研究，掌握产品制造技术，研制“三新”产品，制定家族工艺模板、说明书；专业工艺员主要负责单一专业技术研究，研发出先进技术成果，为客户提供标准、数据库等技术保障，为达成产品制造过程目标提供工序模板、说明书。

四是以推进AEOS为主线，完善工艺管理制度流程。结合AEOS建设要求，对技术业务活动中存在的问题进行全面梳理，用流程思维将问题明确到具体执行环节，系统改进技术状态管理、工艺准备、产品试制过程控制等相关技术管理标准，完善工艺过程管理的规章制度。建立区别于批产的科研与试制技术流程，简化工艺文件审批和技术问题处理相关流程与环节，提高试制效率，使型号研制技术风险和技术状态得到有效控制。调整优化公司技术中心机构，建立新技术成熟与应用的组织模式，对于技术成熟度较低的新件试制任务，由技术中心的技术人员负责，生产厂提供设备并配备操作人员进行试制，待新件技术成熟后再转移到生产线上。

（二）突出问题导向，创新攻关管理模式

一是以技术发展规划为牵引，制订三级网络推进计划。依据“核心技术产品，自主保障；重要技术产品，比例分流；一般技术产品，战略协作”原则，对产品和专业技术发展进行精准定位，编制完成黎明公司“十

三五”技术发展规划。为保证规划的有效深入落实，提出了实施科研攻关三级网络计划，即零级、一级、二级网络计划的管理方式。零级计划即科研攻关总计划，明确了产品/专业发展方向及目标、攻关项目及目标，按年设置节点；一级计划即攻关项目试验验证年度计划，按月设置节点；二级计划即试验验证的准备工作计划，按周设置节点。科研攻关三级网络计划管理方式的实施，实现了从“规划”到“计划”、从“科研攻关项目”到“试验项目验证计划”、从“试验项目”到“试验准备计划”的逐步分解，为技术发展规划真正落地打下了坚实基础。

二是以重点瓶颈问题为焦点，改变攻关立项方式。结合重点型号研制过程中存在的瓶颈问题，将科研攻关任务自上而下传递到各承研单位，转化为具体可实施的科研攻关项目。分级明确并量化攻关总目标及年度目标，为实现科研攻关量化评价奠定基础。探索科研攻关管理和激励机制，设立科研攻关专项奖，采取竞标方式确定攻关团队，集中精力攻克批产产品瓶颈问题和研制产品关键技术，在竞标任务书中明确各阶段攻关目标及成果应用评价要求，促进攻关团队瞄准目标，不断提高攻关质量和效率，降低产品制造成本，提高科研攻关质量和效率。

三是以试验验证为抓手，加强攻关全过程管理和管控。针对科研攻关任务亟需解决的问题，制订试验方案和试验验证计划，将科研攻关任务分解到试验验证项目。为客观、及时掌握科研攻关进展情况，制定项目跟踪表，监督检查试验验证迭代情况、验证结果及资源需求。同时，建立由公司技术部作为组长单位，多部门为成员的科研攻关资源保障平台机制，统一协调解决实施过程中的问题，保障科研攻关资源需求，提高攻关效率，确保攻关按计划稳步实施。

四是以客户满意为宗旨，改变攻关成果验收方式。为确保科研攻关成果稳定应用，采取以客户为主的方式进行攻关成果验收，增加现场验证环节，由客户从产品应用效果对攻关成果进行验收评价，并根据攻关项目类别由不同客户组织现场验证。将结题结论由是否通过的定性评价，改为

"年度积分×攻关效果系数"的定量评定，更加注重攻关应用和实效，而不仅仅是追求验收通过率。

（三）激发技术人才积极性，加强创新型人才队伍建设

一是以培养高端人才为引领，广泛加强对外交流合作。积极践行人才强企战略，在立足人才自主培养的基础上，拓宽人才引进渠道，针对高端人才需求专业，进行精准招聘，有针对性地引进重点专业发展急需的高端、成熟人才。在技术合作中，明确专业带头人，负责与高校、院所对接，并组织技术研发和工程应用工作，充分借助外部技术资源，快速提升技术人员的研发能力和工艺技术水平。通过搭建科技创新平台、完善人才培养机制，优化工艺研发职能分工，有的放矢地选拔各层次专业人才。

二是以攻关成果参与考核为依托，激发技术人员积极性。为充分调动技术人员的积极性，黎明公司制定下发了技术专家考核工作指导细则和排序规则，与科研攻关积分管理机制相结合，形成了分类考核、同级比较的技术专家考核体系。在同级比较中，技术攻关型专家优先排序，鼓励专家切实解决科研生产中的瓶颈问题，挑重担、做实事、重实效，实实在在的"现场验证性量化评价"及"专业项奖励性投入"较好地拉动专业技术人员攻坚克难的积极性和主动性。彻底改变了过去专业技术人员在重点工作内容选择上以个人利益为主、避重就轻的矛盾，使专业技术人才的角色意识大大增强，价值展现热情大大提高。

四、改革成效

（一）产品研制生产能力得到快速提升

两年来，黎明公司通过分解落实技术发展规划，集中力量对制约发展的技术瓶颈问题进行攻关，组织实施了336项公司级科研攻关项目，已结题177项。一大批制约科研生产的技术瓶颈问题得到了解决，产品制造能力水平得到显著提升。其中新材料涡轮叶片制造技术、钛铝粉末合金近净

成型制造技术等尖端技术得到突破，为先进发动机研制奠定了技术基础；整体机匣铸造合格率大幅度提高，并达到批产能力，为批产型号确定设计改进方案奠定了基础；应用自动焊接技术，使管路产品合格率得到大幅提升。

（二）形成了激励创新的良好氛围

新管理体系的实施，实现了科研攻关的量化管理，使技术人才个人成长与公司发展紧密关联。论“攻”行赏，形成了积极向上的科研攻关氛围，激励培养有决心、有信心、有耐心的“三有”科研人才。2016 年黎明公司共有 884 人参加了攻关活动，占公司工程技术人员总数的 60%。当年结题公司级科研攻关项目 85 项，通过生产、质量、财务等部门的联合评价，对取得明显进步的 47 项发放了奖励，进一步激发了广大技术人员的攻关热情。

（三）攻关效率得到提高，降低了产品制造成本

在新的管理体系下，黎明公司统一协调保障资源，协调解决工装、采购等问题，以产品为验证平台，由用户联合验收攻关效果并进行定量评价，使相关单位和技术人员的创新思维发生重大转变，更加关注科研攻关的价值和成效。通过实施瓶颈攻关、技术创新、工艺优化实现降本增效，其中某产品毛料减重优化工艺降低成本在 4000 万元以上；改进某产品试车工艺，单台发动机降低 45 分钟运转时间，降低试车成本约 2.4 万元。

五、经验启示

（一）创新是企业发展的源泉，大力开展技术和管理创新是企业实现战略目标的重要手段

创新是企业发展的动力之源，企业创新是人的素质提升与企业标准提高双向进步的过程。坚持把深入开展管理创新、技术创新作为企业战略推进、实施创新超越的重要手段，提高技术水平、提高员工素质、提高企业

品质，企业就能始终保持昂扬向上的生命力，能够披荆斩棘，实现既定的战略目标，在日益激烈的竞争中始终占有一席之地。

（二）人才是企业发展的第一资源，坚持以人为本，就抓住了企业发展的根本保证

人才是企业发展最核心的要素，是实现企业战略发展目标的基础，拥有一支高素质的人才队伍，是推动企业进步的关键。企业必须极力营造尊重劳动、尊重知识、尊重人才、尊重创造的氛围，贯彻人人重要、人人平等、人人尽责的理念，把感情留人、事业留人、待遇留人、文化留人、培训留人工作落实到位，创造吸引人才、留住人才的有利条件。

（三）机制是企业发展的活力，是调动各方能动作用的内在驱动

通过机制的引导和调动，形成共同的价值观，激发员工勇于担当、敬业奉献的工作热情，在发展问题上产生共鸣、达成共识，营造上下同欲、共生共荣的工作氛围。告诉员工应该前进的方向和应该采取的行为方式；给予员工不断提升自我价值、能力和业绩的动力；保证员工的行为始终处于公司发展的正轨之中，而不发生破坏和偏离；将员工主动的能动作用发挥到最大，和企业真正融为一体，实现企业和员工的双赢共进。

72

突出质量效益　推进结构调整　努力开创低油价下可持续发展新局面

中国石油吐哈油田

一、基本情况

吐哈油田公司（以下简称“吐哈油田”）是中国石油集团公司所属地区分公司，是在我国陆上石油工业“稳定东部、发展西部”战略背景下，坚持“新体制、新技术、高水平、高效益”工作方针，开发建设的现代化油田，主要业务包括油气勘探开发、工程技术服务、矿区服务等。探区包括吐哈、三塘湖、民和、银额、总口子5个中小盆地，总面积22万平方千米，矿权面积4.64万平方千米，累计探明石油地质储量5.42亿吨、天然气地质储量1210亿方，油气探明率分别为56.7%和42.3%。开发建设26年以来，累计生产油气当量7304万吨，实现销售收入1428亿元，利润331亿元，上缴税费258亿元。

二、改革背景

2014年下半年以来，国际油价断崖式下跌，吐哈油田困难单位多、员工总量多、低效资产多、非常规储量占比高、完全成本高的“三多两高”问题日益凸显。面对低油价的严峻挑战，吐哈油田牢固树立新发展理念，认真贯彻落实国家关于深化国有企业改革精神，结合发展实际，突出问题导向，精准实施内部改革和结构调整，持续强化创新驱动和提质增效，重点突破，激活全局，企业改革发展取得新成效。

三、改革实践

（一）推进业务结构调整，实现转型增效

按照“组织结构扁平化、生产组织规模化、服务业务社会化”的要求，持续调整业务结构，推进提质增效，为吐哈油田转型发展打下坚实基础。

一是整合同质业务。对原同属鄯善弧形带的鄯善、温米、丘东三个采油厂进行合并，整合生产系统，打破原地域区块、层系和井网的传统概念，将鄯善弧形带视为一个整体，深挖地层、工艺、管理潜力，全面优化井位部署和地面建设，节约投资1.15亿元；调整优化资产使用方式，实施生产设施设备运行一体化管理，停用1套轻烃处理装置，优化整合天然气输出系统、油水井管网系统、污水处理系统，节约成本1.06亿元；集合油藏、储运、轻烃等技术人才，加大油藏开发技术力量，进一步提高了整体研发实力和技术攻关能力；新增井下作业监督站、地面工程监督站、质量安全环保监督站等监督管理部门，加强监管力量，真正实现监管分离。

二是外包低效业务。按照“业务高端化、人员精干化、资产轻量化、技术优特化”的发展思路，凭借2014年上半年国际油价高位运行的有利时机，成功实施低效业务外包工作。**首先，**对工程技术服务单位业务结构、资源配置及可持续发展能力等方面进行全面分析研究，明确业务发展定位，划分优势业务和低端低效业务，确定外包服务范围，即突出发展与油气主营业务关联度大、技术含量高、经济效益好的18项优势业务，外包退出19项技术含量低、劳动密集型的低端低效业务。**其次，**分析业务人员构成，将社会化用工向外包业务集中，为推进业务外包创造条件；采取公开自愿的原则，协调中标队伍优先考虑聘用被清退的社会化用工，同时，按照劳动合同法规定，对被清退社会化用工发放经济补偿金，确保了员工

队伍稳定。**最后**，针对业务外包形成的闲置设备，在合同中约定要求外包队伍承租，租赁价格充分考虑设备折旧、资产保值增值、风险等费用，同时对设备维修、保养、考核等内容进行了明确，定期开展出租设备巡查，确保设备安全受控。外包业务通过打包招标，每年降低上市业务成本 1.05 亿元，对外租赁闲置设备累计创效 1.39 亿元。

三是退出亏损业务。20 世纪 90 年代，吐哈油田建成甲醇、原稳、顺酐、溶剂油 4 套炼化装置，创造了可观的经济效益。近几年，随着国内产业政策和市场环境的变化，原料价格上涨，成本居高不下，4 套装置相继陷入严重亏损且扭亏无望。2014 年关停甲醇装置，减亏 1.1 亿元；2015 年关停巴喀原稳装置，减亏 8500 万元；2017 年关停顺酐和溶剂油装置，减亏 1 亿元。按照公开公平原则，把员工分流到油气生产单位，确保了队伍稳定；把退出的天然气、石脑油等资源投放市场，增强了市场保供能力；探索对外租赁装置，盘活闲置资产。通过关停炼化装置，止住效益“出血点”，转岗员工补充了生产一线缺员，减少了安全风险点源，达到了“一石三鸟”的效果。

（二）推进用工结构调整，实现减员增效

按照“严控用工增量、盘活用工存量，减少用工总量”的思路，持续调整用工结构，实现减员增效。

一是严控用工总量。认真落实中石油集团公司“三控制一规范”要求，按照“出五进一”原则，严把员工入口关，控制新增用工规模，保障油气开发主业用人，工程技术和矿区服务业务用工只减不增。充分利用业务外包有利时机，清退外雇工、劳务派遣用工等社会化用工，优化了用工形式，降低了用工法律风险，实现了减员“瘦身”。近三年，通过清退社会化用工、自然减员等方式，累计减少用工 4096 人。

二是盘活用工存量。根据业务结构调整工作实际，以工作量和效益为基础，经常性地开展“五定”工作，提高人岗匹配效用。开展薪酬制度改

革，划小考核单元，推行全员多维度互评，打破以往以职务职级兑现为主的考核机制，薪酬分配向前线倾斜，合理拉开奖金差距，引导结构调整后富余人员和两级机关及后勤人员向生产一线缺员岗位分流，有效缓解了用工总量富余与结构性短缺的矛盾。

三是推进人事制度改革。认真落实中石油集团公司《关于结构调整中人员分流安置的指导意见》，畅通人员退出岗位渠道，结合实际适当放宽离岗歇业条件，满足前线员工赡养生病老人、照顾子女上学的实际需要；有序推进员工内部退养，落实政策待遇，把内退员工纳入离退休职工管理中心进行集中管理，丰富老年大学课程，为离岗员工提供充实的文化生活；实施“春风行动”，回收部分已外包岗位为离岗员工提供再就业机会，对生活困难的人员进行就业帮扶，为内部退养员工解决了后顾之忧。截至2016年底，距退休年龄5年的1940名员工全部办理了内退手续。

（三）推进资产结构调整，实现降本增效

按照“集中库存资源、控制库存规模、减少资金占用、提高保障水平”的原则，挖掘生产经营各环节潜力，盘活和消化已有闲置物资，避免产生新的闲置物资，实现降本增效。

一是严控库存增量。结合吐哈油田点多、面广、战线长的实际，构建“三总库、四分库”管理模式，收缴各单位库房，由公司统一组织物资仓储管理，避免各单位自己备料。坚守库存限额目标底线，严格物资采购计划管理，通过标准化采购、代储代销、集中仓储、检查考核等手段，坚决杜绝新的积压料和账外料产生。坚持“六平一代、先进先出”原则，强化通用物资的年度需求计划管理，避免重复采购。严格把关项目设计，组织设计单位关口前移，对通用、常用物资制定技术参数目录，对同一工况条件和用途的设备、仪器仪表、阀门等，统一规格型号，便于备品备件调剂使用，为推进标准化采购创造条件。两年来，吐哈油田物资和产品库存同比下降10%。

二是盘活和消化存量。制定闲置物资调剂使用专项奖惩办法，对完成任务较好的单位进行奖励，对未完成任务的单位在年度决算时扣减等额成本，充分调动各单位多消耗、多使用闲置物资积极性。建立低效无效设备资产动态评估体系，加强闲置物资调剂使用和库存信息的动态管理，抓好计划平库工作，简化结算手续，为用户单位“照单抓药”提供方便。注重与工程项目结合，加强源头设计，协调设计单位就地取材，在保证项目质量前提下，优先选用闲置物资。加大闲置物资租赁、拍卖等工作力度，出租闲置设备年均创效 5600 万元，公开拍卖 84 台闲置车辆，成交金额 499. 3 万元，溢价率 70%，资产增值率达 276%。

四、改革成效

（一）业务结构持续优化，可持续发展能力显著增强

通过在油气生产业务、工程技术服务业务以及炼化业务开展系统性改革和结构性优化，近三年吐哈油田共减少处科级机构 81 个，减少处科级职数 108 个，机构设置更加规范，管理效率不断提升，业务结构日趋合理，油气勘探开发主营业务更加突出，非核心低端低效业务实现市场化，工程技术服务业务核心竞争力和抗风险能力显著增强，吐哈油田年均增效 16. 8 亿元，充分释放了改革红利。

（二）员工队伍精干高效，“瘦身健体”成效显著

用工总量大幅减少，截至 2016 年底用工总量 13550 人，较 2013 年减少 4096 人，队伍结构进一步优化。通过改革优化了人力资源三项管理制度，形成了人员能进能出、岗位能上能下、薪酬能高能低的机制，打破了“铁交椅”“铁饭碗”和“铁工资”，员工思想观念发生了明显转变，危机意识、竞争意识显著增强。

（三）经营业绩持续好转，实现全方位降本增效

吐哈油田通过深化改革创新，释放了发展活力，增强了内生动力，实

现了“投资、油气完全成本、单位操作成本、员工总量”四个硬下降，与2013年相比，2016年投资下浮36.6%、油气完全成本下降27%、单位操作成本下降15%、用工总量下降幅23%，有效缓解了低油价的冲击，油气开发主营业务收入利润实现增长，工程技术服务业务连续五年保持盈利。

五、经验启示

（一）突出问题导向、加强顶层设计是深化改革取得成效的前提基础

吐哈油田深化改革工作不是单个领域、单项业务的改革，而是全局性、系统性、一体化的改革，是一系列改革措施的配套衔接和集合，通过聚焦矛盾困难，找出问题症结，整体设计改革方案，统筹优化资源配置，积极引导各方参与，按计划分阶段有序推进，分类指导，典型引路，带动全局，确保改革步步为营，协调推进。

（二）坚持统一领导、强化多方联动是深化改革取得成效的关键所在

吐哈油田改革创新举措涉及面广，情况复杂，需要党政领导、部门之间、油田上下的共同参与及落实。实施每一项改革都成立了专项工作领导小组，党政领导牵头抓总，专业部门组织方案实施，纪检监察部门开展全过程监督，工会维护员工合法权益，宣传和维稳部门开展政策宣传解释，基层单位严格执行改革部署，各责任主体各负其责，党政同向发力、部门齐抓共管、基层勇挑重担，形成了推进改革的强大合力，确保改革蹄疾步稳，纵深推进。

（三）坚持公平公正、维护员工利益是深化改革取得成效的根本保障

改革必然会涉及管理体制的变化和利益格局的调整，吐哈油田始终坚持“四个公开”，改革政策公开、干部竞聘公开、岗位调整公开、薪酬分

配公开，广泛接受群众监督，广大员工在改革中受益，感受到公平公正，思想观念明显转变，逐渐理解改革、支持改革、投身改革，最大限度减少改革阻力，确保了改革难题迎刃而解、平稳推进。

73

审慎开拓 稳健运营 开创国际业务发展良好局面

国家电网国网国际公司

一、基本情况

国家电网国际发展有限公司（以下简称“国网国际公司”）自2012年重组成为国际业务专业公司以来，依托国家电网公司战略优势、技术优势和管理优势，认真落实中央“走出去”战略部署，围绕“一带一路”建设，积极开展境外能源电力领域存量投资并购、绿地项目开发和资产运营管理。

国网国际公司持有境外全资子公司2个（国家电网巴西控股公司、格鲁吉亚东部电力公司），控股境外公司2个（国网澳洲资产公司60%股权、巴西CPFL公司54.6%股权），参股境外骨干能源网公司7个（菲律宾国家电网公司40%、葡萄牙国家能源网公司25%、澳大利亚南澳输电网公司46.56%、澳网公司19.9%、港灯电力投资有限公司21%、意大利存贷款能源网公司35%和希腊国家电网公司24%的股权）。根据资产运营需要，国网国际公司在境外派出12个资产管理团队，派驻人员近120人。截至2017年6月底，国网国际公司账面资产总额2730.51亿元；2017年1—6月营业收入268.04亿元，实现利润总额38.12亿元。

二、改革背景

当前，我国已成为世界三大对外投资国之一，但中企海外项目盈利的仅占一成多，国际化发展面临较大挑战。对国网国际公司来讲，挑战主要体现在：**一是**国际形势错综复杂。“一带一路”沿线国家众多，投资环境存在巨大差异，发达市场投资保护主义抬头，欧元区、巴西等经济体政治不确定性仍存，风险隐患不容小觑。**二是**业务开拓面临挑战。一方面，发达国家电力能源类资产出售意愿降低，优质项目稀缺，国际资本竞争激烈，高溢价并购挤压收益空间；另一方面，各国对外国投资和反垄断审查日趋严格。**三是**效益提升压力增大。境外在运监管资产重置条件持续从紧，监管业务收入下降趋势明显。

作为国家电网公司海外投资运营专业平台，国网国际公司利用自身优势，结合境外资产实际，实施了以项目投前管理为前提、差异化管控模式为原则、内部管控体系为抓手、全过程风险管控为导向、良好外部环境为保障的境外资产运营管理体系，审慎开拓境外项目、稳健高效运营境外资产，提质增效，取得良好投资收益。

三、改革实践

（一）以多方位投前管理为前提

全面的尽职调查确保项目优质。国网国际公司注重从财务、税务、法律、技术等多专业、多角度对目标资产进行精细调查，实现对目标资产的全面了解，评估项目意义、运营状况及潜在风险。对优质资产中隐性的税务、法律等风险，通过调低资产报价，以及在股权购买协议中设置保护条款进行规避；对风险较大的资产，在周密审慎的前期工作基础上，主动放弃。做到有取有舍、有所为有所不为，确保投资项目的质量。

合理的公司治理结构确保管控地位。对控股、参股项目，深入研究东道国公司治理法律法规，确保我方获得与股比相应的最多董事席位，并争取关键岗位的人员派驻。对一些在运项目，争取扩大股比，强化我方管控地位，并派驻董事高管团队参与运营管理。

（二）以差异化管控模式为原则

对全资公司，派驻管理团队，加强对发展战略掌控和综合计划、预算、资金、用工等集约管理。对全资的巴西公司，在资金管理方面，利用跨国银行的网银平台，实现对其银行账户的全面监控；在运营成本管理方面，完善其标准成本体系，提升预算管理的规范性、精益性；在劳动用工方面，建立规范的汇报、审核、批准、实施流程，严控劳工成本和人员入口关。

对控股公司，以派出董事和关键高管为依托，以商业计划审批、预算管理、绩效考核为抓手，加强重大事项决策管理，并在运营中积极拓展我方股东影响力。近日，国网国际公司控股的巴西 CPFL 集团公司喜获高于其国家主权的国际信用评级，也是巴西国内目前仅有的 11 家获得超越巴西国家主权评级的公司之一。预计 CPFL 公司新债务融资成本可降低 0.42%。

对参股公司，以派出股东代表参加董事会、股东会、专委会为主要方式，依托公司治理参与重要经营管理事项决策，确保股东权益。近期，因极端天气等原因，南澳州多次发生大范围停电事故。为优化南澳州电网规划，南澳项目股东和董事推动成立电网技术专委会，我方董事被推举为专委会主席，提高了在澳洲的影响力。

（三）以完善的内部管控体系为抓手

运营组织机构和团队。在部门层面，为每个境外项目设立运营管理小组，运营归口管理部门配备 A、B 角两位项目经理作为小组牵头人，负责与境外联络沟通，以及内部的横、纵向统筹协调。财务、法律和技术等专业部门为每个项目指定两位骨干进行项目专业支撑。运营管理小组对项目境外团队和董事提供有效的运营和决策支撑。在公司层面，借鉴矩阵式管理模式，成立海外运营管理委员会，保证在董事会议题多、时间紧的情况下，群策群力，为参会董事提供智力支持，保证决策的审慎、缜密，防堵审议漏洞。

运营机制和制度。建立投前投后交底机制。项目成功交割后，及时召开交底会，将主要交易文件等重要文件汇编成册作为交底资料，并由投前团队分专业汇报项目的风险点及应对措施，为运营奠定基础。国网国际公司不断优化管理思路，先后制定境外资产管理实施细则、股东会董事会参会工作管理规则等涵盖境外运营管理工作各环节的制度体系，凡事有章可循、有规可依，规范化运作水平不断提升。

（四）以全过程风险管控为导向

在投资的各个阶段进行严格扎实的风险管控是保障境外投资取得良好收益的必要条件。**一是**在前期开发阶段，开展国别情报收集和舆情分析，进行案头和实地尽职调查，夯实决策基础，规避投资风险。**二是**在境外差旅管理方面，引入国际 SOS 专业服务，提升境外安保能力，防范人身风险。**三是**在资金管理方面，利用业务避险、融资避险、金融工具避险，降低汇率风险；严格境外账户资金“双签双控”，严防资金风险。**四是**在税务管理方面，密切跟踪国际税收征管政策动态，做实境外投资平台，规避税务风险。迄今，国网国际公司境外投资保持盈利，风险在控，树立了中央企业境外投资的成功典范。

（五）以良好政治社会环境为保障

国网国际公司投资的境外能源电力资产主要是政府监管资产，收益水平与监管政策息息相关。在境外项目运营过程中，国网国际公司境外资产管理团队充分尊重当地文化，严格遵守所在国法律法规，按照商业规则，加强与当地政府部委、监管机构、合作伙伴的互动和沟通，实现合作共赢。

在菲律宾，参股公司菲律宾国家电网公司（NGCP）积极应对洛坦、海燕等多次台风灾难，为灾后抢修、重建提供大力支援。圆满组织NGCP高级经理和高级技术人员来华培训，在中菲两国关系紧张时期改善了同菲方的合作氛围，确保我方投资收益。在巴西，支持巴西公司不断提升电能质量和资产经营业绩，2012年和2014年两次获得“巴西电力行业最佳公司”称号。

四、改革成效

一是砥砺攻坚，实现境外投资接连突破，开创了广阔的发展空间。境外资产总额从2011年12月底的273亿元增加到2017年6月底的2730亿元，增加9倍。成功投资我国香港及巴西、澳大利亚、意大利、希腊等国家和地区骨干能源网，中标巴西美丽山水电送出特高压直流一期、二期绿地项目，形成了地域领域多元、投资收益稳定、业务风险可控的境外基础设施资产组合。

二是凝心聚力，稳健运营境外资产，国际化发展取得良好回报。国网国际公司境外资产年均投资回报率达10%，利润贡献度升至国家电网公司系统前列。连续三年获财政部、商务部国际业务专项奖励补贴累计超过3亿元。

三是锐意创新，奠定坚实基础，保证了公司快速健康发展。国网国际公司获得三大国际评级机构A+水平的国际信用级别。有效拓宽融资渠道，成功发行10亿欧元债券；压降融资成本，近期更是创新实现了“零利率”和“负利率”融资，公司内生发展能力显著增强，形成国际业务自我滚动发展模式。

四是追求卓越，持续提升团队能力，实现企业与员工共同成长。经过国际市场的锤炼磨砺、摸爬滚打，公司干部员工展现出锐意进取、昂扬向上的精神风貌，队伍素质和能力得以全面提升，成为国际化发展取得丰硕成果的重要支撑。

五、经验启示

（一）科学研判世界经济形势、成功抢抓市场机遇是国际化发展的关键

抢抓国际金融危机对世界经济的影响，大力拓展欧洲、澳洲、南美洲市场。2012年初，在国际资本对欧洲经济观望之际，科学决策、果断出击，一举拿下葡萄牙国家能源网公司（REN）25%股权，首次作为单一最大股东入股欧洲国家级能源网。同年，又抓住澳大利亚地方政府因资金缺乏售卖资产股权的良机，收购澳大利亚南澳输电公司部分股权，首次进入澳洲市场。短短五年半时间，国网国际公司收获十余个优质大型骨干能源网项目，当前年利润约80亿元人民币，相当于在海外再造了一个大型省级电力公司，大大拓展了国家电网公司国际化发展空间，国际业务成了国家电网公司新的利润增长点。

（二）遵守当地法律、法规和商业规则实现"本土化"运营是国际业务稳健发展的基础

致力于在当地长期经营，全面推进经营理念、管理模式、人力资源、沟通处理方式等"本土化"，有效降低跨国经营中的价值观冲突。尊重国际商业惯例，恪守诚信经营，严格遵守当地税法、劳工法等法律法规和行业监管规定，做遵纪守法的模范企业。"本土化"运营，树立了国家电网公司良好的品牌形象和在国际资本市场的良好声誉，赢得了所在国政府、合作方和社会各界的认同和尊重，为深耕欧洲、澳洲、南美洲市场，为与"一带一路"沿线国家进行国际产能合作奠定了良好的基础。

（三）国家电网集团公司的战略、技术、品牌等优势是国际业务取得成功的坚强后盾

国际化发展成绩的取得，得益于近年来国家实力的提升和"走出去"战略的指引，得益于国家电网集团公司对国际化发展的高度重视。国家电

网多次境外发行债券，以优先股方式对国网国际公司注资，为国际业务提供资金支持。国家电网制定国际业务相关制度，使驻外人员等的管理更加规范、高效。国家电网派驻人员赴境外实岗锻炼，从系统内各单位抽调员工进行外语培训、适时外派，支撑国际业务发展。国家电网综合实力是国际业务快速突破和稳健运营的坚强后盾。

74

激发新活力　增添新动力
以深化改革打造"走出去"发展新引擎

中国华能巴基斯坦公司

一、基本情况

华能山东如意（巴基斯坦）能源有限公司（以下简称"巴基斯坦公司"）由华能山东公司和山东如意集团按照股权比例50%∶50%联合投资，2014年5月在巴基斯坦拉合尔市注册成立，主要负责巴基斯坦萨希瓦尔2×660兆瓦超临界燃煤电站的投资、建设、运营和管理。

萨希瓦尔2×660兆瓦超临界燃煤电站位于巴基斯坦旁遮普省萨希瓦尔市东北18公里处，总投资约18亿美元，占地面积1000英亩，预计年发电量90亿千瓦时，是目前巴基斯坦最大的燃煤发电厂。电站列入中巴经济走廊"优先实施"项目清单，享受中巴两国政府签署合作协议确定的安全、税收、融资、土地、电费、汇兑等一系列优惠政策，巴基斯坦政府为电站提供主权担保。电站于2017年6月8日投产发电，是中巴经济走廊框架下第一个投产的能源项目。

二、改革背景

2013年，习近平总书记提出了"一带一路"倡议，为国有企业做强做优做大提供了重要契机，打开了"走出去"发展的窗口。华能山东公司抢抓机遇，加大海外发展力度，成立巴基斯坦公司，积极拓展巴基斯坦电力市场。在巴基斯坦公司运作上，华能山东公司认真贯彻落实党中央、国务院关于深化国有企业改革的决策部署，按照国资委、华能集团公司有关工作安排，在发展混合所有制、市场化用工、管理体制机制、党的建设等方面深化改革，为“走出去”发展激发新活力，增添新动力，实现了以改革促发展的目标。

三、改革实践

（一）探索发展混合所有制

华能山东公司致力于建设华能一流国际化区域公司，大力响应国家“一带一路”倡议和华能集团“走出去”发展战略，积极寻求海外投资机会。山东如意集团耕耘国外市场多年，具有丰富的海外投资经验，但其缺乏电力建设运营经验。两者的合作，是中央企业和民营企业的一次大胆尝试，也是混合所有制改革的一次新突破。双方投资比例虽然各占 50%，但华能山东公司凭借管理、技术优势，占据了企业运营管理的主导权。根据国家混合所有制改革的相关政策和巴基斯坦政府外资投资相关法律要求，双方在香港注册成立了相应的投资公司，在此基础上成立了合资公司，通过健全完善法人治理结构，实现了央企和民企合作的优势互补，既发挥了国有发电企业的管理、技术、人才、队伍优势，又激发了企业活力，有效降低了资产负债率。项目由华能山东公司负责开发、建设、运营，使华能山东公司充沛的人力资源得到了利用，打开了人才创效的空间，也为项目健康运营提供了坚强保障。

（二）探索开展市场化用工

巴基斯坦公司在华能内部人才选聘上，建立了内部市场化招聘机制，从华能山东公司 17 家电厂选拔了 222 名管理、技术人才赴巴工作；先后出台薪酬补贴、援建轮换、考核激励等制度，实现了人才的合理、有序、有效流动，激发了队伍活力，形成了人才“走出去”发展的良性循环。按照

“管理国际化、用工本土化”的思路，依据巴基斯坦法律，按照市场化原则，择优公开招聘巴籍员工 192 名，其中 164 人赴中国同类型电厂进行了实习，创造了中巴历史上单批次交流培训人数最多的纪录。制定了《巴籍员工管理办法》，从入职管理、薪酬管理、培训管理、绩效考核、违纪处理、劳动合同管理等方面进行了明确。启动实施了 EOBI（员工老年福利机构）、备用基金及医疗保险等福利待遇，提高了巴籍员工的忠诚度和归属感。

（三）探索推进体制机制创新

为确保混合所有制经济健康发展，华能山东公司制定了《境外国有资产管理暂行办法》等制度，巴基斯坦公司先后建立制度 187 项，形成了完善的制度体系和规范的管理流程。针对海外企业特点，重点做好境外资产管理体制的完善，提高国际化业务的抗风险能力；健全具有华能海外项目特点的内控体系，确保股东利益最大化，确保境外资产安全、国家利益不受损失。为适应工程特点，本着简化流程、分级管理的原则，华能集团创新了萨希瓦尔项目管理界面，明确了三级管理范围和程序，在较短的时间内规范、高效地完成了设计和设备、施工、监理、物流、造价咨询等公开招标工作，满足了工程里程碑计划的需要。建立协调推进机制。项目开工之初，便建立了包括所有参建单位主要负责人在内的协调议事机构，对重要事项日通报、周督办、月协调，各参建单位为项目设立了绿色通道。坚持共商共建共享原则，与旁遮普省政府建立了定期互访、沟通协商机制，紧急事项通过视频会议形式协商确定。加大与巴基斯坦电网、铁路等部门的沟通协调，打造责任共同体，按照时间节点推进送出工程、运煤铁路等外围工程进度。

（四）探索加强海外项目党的建设

业务发展到哪里，党建就延伸到哪里。华能山东公司党委始终高度重视海外项目党的建设，创新方式方法，把加强党的建设贯穿于项目前期、基本建设、生产运营的全过程，形成了完善严密的海外项目基层党组织体系。成立巴基斯坦公司党委，配备了专职书记、党委副书记和纪委书记，并按照国内党建工作标准，结合海外项目特殊要求，成立了党建工作机构。科学创新基层党支部设置，成立了四个党支部，配齐了党支部书记、委员和党小组长，建立健全了党委会议管理办法、党委议事规则、“三会一课”等20多项党建工作制度，党组织与行政组织既有工作上的侧重，又有核心目标上的高度一致。以党的组织体系与行政管理架构的相互融入，促进了党建工作与业务工作的有效融入。试运阶段，成立了业主、施工、监理、设计等单位组成的试运联合党支部，组织了“争当急先锋、打赢节点战”党员示范行动，为工程优质高效投产提供了重要保障。加强党风廉政建设，强化党内监督，研究制定了“三重一大”决策、述职述廉、境外工作人员监督管理等一系列制度，认真开展“四种形态”下的廉洁谈话，打造了风清气正的海外发展环境。

四、改革成效

（一）组织结构得以精简

巴基斯坦公司现有13个部门（基建尾工尾项结束后，部门将精简为11个），员工421人，其中中方员工229人，巴籍员工192人，远低于国内同容量电厂人员和部门配置。将来，随着巴籍员工业务能力的不断提高，中方员工将逐渐退出，人员将会进一步精简。

（二）前期工作高效完成

由华能山东公司与山东如意集团组成联合体参与巴基斯坦电源项目投标，充分展示了中国国有骨干电力企业与民营企业合作的工作效率和综合竞争能力，仅用一年时间便高质量完成了全部审批手续，赢得了中巴两国政府的高度评价。2014年4月11日，巴基斯坦政府将萨希瓦尔2×660兆瓦煤电项目开发权授予华能—如意联合体，同年5月21日出具项目的中标意向函。2014 年 11 月，项目列为中巴经济走廊的“优先实施项目”；2015 年 3 月下旬，项目分别取得国家发改委、商务部和外汇管理局的备案审批，完成国内所有审批手续；2015 年 4 月 17 日，项目取得巴基斯坦电力管理委员会和旁遮普省电力管理委员会联合颁发的项目支持函，正式取得巴基斯坦政府批复。

（三）工程项目率先投产

2015 年 7 月 31 日，萨希瓦尔项目在中巴经济走廊能源项目中第一个实现开工建设；2017 年 5 月 24 日和 6 月 8 日，两台机组先后一次性顺利完成 168 小时满负荷试运，创国内外同类型机组整套启动时间最短纪录；工程建设历时 22 个月零 8 天，比内控里程碑计划提前 22 天、比合同工期提前 200 天投产发电，创造了华能参与中巴经济走廊电力建设的“萨希瓦尔速度”和中国海外电力建设工程最短工期纪录，成为中巴经济走廊框架内首个投产的能源项目，为国家和中央企业赢得了荣誉。萨希瓦尔电站年发电量达 90 亿度，可解决巴基斯坦近 1000 万人口的用电。两台机组位于巴基斯坦骨干电网中心，对整个电网起到了强劲的支撑作用，电网运行稳定性和电能品质大幅度提高。电站日耗煤量约 1 万吨，巴基斯坦铁路因此增加了近 50% 的货运量，对经济的拉动作用十分显著。

（四）打造了“萨希瓦尔精神”

项目建设过程中，全体参建人员担当负责、只争朝夕，战高温斗酷暑，用拼搏奉献打造了以“对党忠诚、为国争光的赤子精神，开拓创新、敢为人先的担当精神，攻坚克难、艰苦奋斗的拼搏精神，顾全大局、甘于付出的奉献精神，尊重科学、精益求精的工匠精神，精诚协作、同舟共济的团队精神”为主要内容的萨希瓦尔精神，成为支撑华能山东公司科学发展的强大精神动力。

五、经验启示

（一）不折不扣地贯彻落实国家战略部署，是国有企业的重大责任和发展机遇

统筹国内、国际两大资源和市场，全面落实国家“一带一路”倡议和华能集团公司“走出去”发展战略，认真履行国有企业政治责任、社会责任、经济责任，切实推进企业发展规划与国家战略布局同频同向同步，不断抢抓发展机遇、激发发展活力、拓展发展空间、提高发展质量，实现创新、协调、绿色、开放、共享发展，持续推进做强做优做大。

（二）毫不动摇地加强党的领导，是海外项目健康发展的根本保障

实践证明，萨希瓦尔项目进程中的每一个关键环节和重要阶段，都离不开思想政治组织保障，项目的每一点突破，都凝聚着各级党组织和广大共产党员的智慧和力量。必须毫不动摇地坚持党对海外业务的领导这一根本原则，坚持正确的政治方向，必须着眼于其特殊历史使命，服从服务于党和国家战略大局，必须在推动项目创造经济效益、社会效益的过程中，落实全面从严治党要求，落实党建工作“把方向、管大局、保落实”职能定位，才能够实现海外项目的健康可持续发展。

（三）规范有序地发展混合所有制，是海外项目增强竞争力的重要抓手

混合所有制改革是社会主义市场经济体制下的企业制度创新，有利于激发企业活力、提高企业竞争力、培育壮大市场竞争主体、提高全要素生产率。国有企业推进混合所有制改革，能有力促进国有企业转换经营机制，放大国有资本功能，提高国有资本配置和运行效率，实现国有资本、非公有资本取长补短、相互促进、共同发展，也能更有效发挥国有资本的控制力、影响力和带动力，有效提升海外项目的竞争力。

（四）从严从紧地扎好制度的笼子，是国有资产保值增值的关键前提

国有资本和民营资本相互融合，形成“你中有我、我中有你”的利益共同体，优势互补、协同发展，有效提升了企业竞争力。但也应看到，混合所有制改革不是“一混就灵”。要想取得显著成效，还需要建立完善的现代管理制度，形成规范灵活的管理机制、能上能下的用人机制和收入能增能减的激励约束机制。这一切的前提，是必须扎紧制度的笼子，健全完善内控体系，确保国有资产保值增值，防止国有资产流失。一方面企业本身要增强制度的执行刚性，围绕财务、重大决策、运营过程中的重要事项和关键环节，完善内控体系，加强内部监督。另一面，要强化外部监督，整合各方面监督力量形成合力，推动国有资产和国有企业重大信息公开，自觉接受监督，加大追责问责力度。加强对国有企业境外投融资、产权变动和资金的管控，强化境外风险防范，开展常态化的监督检查和年度审计，做到境外业务监督全覆盖。

75

创新发展　勇于变革
服务国家智能网联战略

中国联通智网科技

一、基本情况

联通智网科技有限公司（以下简称“智网科技”）成立于2015年8月，是中国联通旗下全面负责汽车信息化服务的专业子公司，是中国联通向运营服务转型的重要平台。

智网科技以“美好车生活的建设者”为愿景，立足中国，走向世界，致力于成为国际一流的汽车信息化服务运营提供商。两年来，智网科技积极投身于国家智能网联战略建设，通过专业的汽车信息化平台为车辆行业用户提供以车辆联网和服务运营为核心的综合解决方案，为城市智能交通的构建提供先进的解决方案。

当前，智网科技正全面服务于国内外55家车厂，联网车辆数超过900万，市场占有率已经达到70%，是国内签约车厂数最多、市场占比最高、服务运营经验最丰富、业务种类最全面的专业公司，遥遥领先于竞争对手。

二、改革背景

为深入贯彻落实《中共中央 国务院关于深化国有企业改革的指导意见》（中发〔2015〕22号）相关精神和要求，结合互联网行业发展趋势，联通集团于2016年发布《关于搞活创新业务专业子公司体制机制指导意见》，推进创新业务领域专业子公司的专业化、市场化运营，简政放权、鼓励创新业务子公司自主经营，建立适应互联网行业特征的管理体制，2016年11月，中国联通批复同意智网科技作为联通集团做实董事会的首批试点单位，要求智网科技建立责权利相统一、激励与约束相匹配的企业治理结构体系，快速推进公司市场化体制机制改革。

三、改革实践

（一）打造现代企业治理结构

一是以中国联通做实董事会试点单位为契机，智网科技率先建立了“股东（会）-董事会、监事会-经营管理层”为核心的现代企业治理结构，实现了党组织、董事会、监事会和经营管理层的有效协同。智网科技真正成为中国联通依法自主经营、自我约束、自我发展的独立市场主体，企业创新活力和市场竞争力得到进一步激发。**二是**通过建立“分级授权、分级决策、分级负责”机制，实现了快速决策和对市场变化的灵活应对。**三是**积极引进战略投资者，在保证国有控股的前提下，通过资本化运作的方式，实现国有资产的保值增值。目前，公司已与德国大陆集团合资成立公司，深化双方在电子汽车零配件生产领域的合作，公司与力鼎集团、奇瑞汽车等业内企业的合资合作事宜也在稳步推进过程中，行业生态圈的建设已初具规模。

（二）构建市场化的组织结构体系

以业务布局为依托，立足行业深耕，逐步细化专业分工，打造扁平化、矩阵式的组织结构，以提高战略聚焦能力和组织执行力。同时，借鉴优秀互联网企业管理经验，积极探索事业部制改革和项目制改革的管理路径。**一是**实施市场化运营。对满足市场化运营的产品单元，进行事业部制管理，采取市场化考核管理，授予事业部制负责人绝对的经营自主权，以激发产品单元的创新活力和发展动力。**二是**实施市场化薪酬。对于事业部员工，实现市场化薪酬管理，部门内员工收入与业绩完成情况100%挂钩，多劳多得。**三是**实施全成本精细化管控。对于创新业务，通过项目制管理的思路推进落实，划小核算单元，进行全成本精细化管理，切实实现生产经营过程中的降本增效。

（三）打造战略性薪酬管理理念

一是对标行业先进的薪酬管理策略。对标行业平均薪酬75分位值，明确管理序列和专业序列员工的薪酬水平定位，薪酬激励管理的客观性和科学性得到有效保障。**二是**加大薪酬激励与绩效考核的挂钩力度。充分实现正向激励，智网科技以行业对标数据为支撑，改变传统的薪酬结构体系，将大部分福利性收入进行货币化、显性化、透明化处理，强化业绩导向，奖勤罚懒。

（四）实现人工成本精细化管控

充分发挥效益在人工成本配置过程中的决定作用和主导作用。**一是**在总成本占收比降低且用工效率提升的前提下，提高人工成本占收比。**二是**按差异化价值贡献，核算部门薪酬包，实行人工成本配置与部门效益和效率相匹配，提升整体资源配置效率。**三是**实行高绩效薪酬激励。对于现有人员低于合理用工总量目标值，且人工成本配置效率较高的，公司将把空编人工成本的一部分作为部门自有用工效率提升的激励，鼓励部门人均效能提升。**四是**各部门负责人根据岗位价值贡献和能力要求，核定部门内岗位的职级薪酬，实现部门内人工成本的差异化分配。同时，根据员工月度绩效考核成绩，按月考核兑现绩效工资。**五是**根据不同阶段专业序列员工的考核结果，实现薪酬管理的动态调整。

（五）建立管理干部的市场化选聘机制

一是发挥探索党管干部、董事会依法选择经营管理者，以及经营管理者依法行使用人权相结合的有效路径。探索组织推荐、公开招聘、市场选择、民主选举、竞争上岗等多种选拔方式，完善委任制、选任制和聘任制等多种任用形式。拓宽渠道，增加市场化选聘比例，积极引进外部优秀管理人才，合理优化管理人员队伍结构。目前，智网科技经营管理人员中，外部招聘人员占比达到50%。**二是**对管理干部实行契约化管理。为实现管理者身份的市场化，通过签署《经营业绩承诺书》《廉洁从业责任书》《保密责任书》等协议，约定管理人员的责、权、利。**三是**建立科学完善的考核评价机制。结合实际，建立以严格审计为基础，以经营业绩和工作实绩考核为重点，分层分类"多位一体"的企业领导干部考核机制。对年度考核排名末位、业绩不达标、违法违纪和违规经营的管理人员，实现强制退出。

（六）实施员工双向选择

启动岗位双选工作，结合组织结构优化调整和职位薪酬体系的落地实施，充分尊重和肯定人才价值，实现"能者上、庸者下、劣者汰"。**一是**初步实现了人员能力与岗位级别匹配，构建了公司内部人才流动的新秩序。智网科技员工知识结构和年龄结构得到合理改善，其中，大学本科以上人员占比达到93%。**二是**重新定义了员工价值行为准则，在公司内部形成"有责任、有担当、敢风险、勇超越"的企业文化氛围。

（七）大力推进理念创新、模式创新、技术创新

一是以服务运营为核心。建立健全服务运营体系，提升服务运营能力，保障客户运营、产品运营的落地实施，形成重点突破，实现公司业务转型和持续创新发展。**二是**引入互联网运营模式。以客户触点和痛点为抓手，将互联网运营模式引入传统汽车服务业。结合互联网运营模式研发场景化、个性化的产品，逐步探索与智慧家庭、智慧医疗、智慧旅游等领域的深度融合，打造美好车生活。**三是**引领技术发展。开展智能网联关键技术与标准化的工作，与行业合作组织联合发布《5G 及 V2X 应用白皮书》；积极参与国家智能网联创新试点，把握产业战略机遇，打造差异化的核心

技术能力；建立共赢发展的生态环境，与产业合作伙伴共同推进5G及V2X的应用场景验证；自主研发了国内唯一支撑车联网国际一体化服务的eSIM远程管理平台。智网科技还全面参与了工信部5个中国智能网联应用示范基地的建设。

四、改革成效

作为汽车信息化行业的先行者，通过机制体制改革、管理优化、业务调整、技术和商业模式创新等举措，智网科技业务得到快速发展，产生了良好的综合效益，在业界树立了良好的口碑，实现了品质和品牌新的跃升，进一步巩固了在业界的领头羊地位。

（一）机制体制得到革新优化

通过机制体制的改革创新，公司进一步明确了经营管理思路，公司的整体框架包括角色定位、功能定位、经营定位、产业定位与管理定位得到进一步优化。**一是**进一步明确了与集团公司的管理关系，重点厘清了核心管理机制（人、财、物）的边界。**二是**优化了企业功能定位，形成了适应车联网产业发展的业务格局。**三是**进一步明确了企业经营定位，明确了集团公司领导下的企业市场化独立经营责任和经营导向。**四是**基于自身的定位，进一步明确了企业发展的战略选择、产业组合及协同关系。**五是**优化了企业组织架构，简化了管理层级。

（二）业务能力实现跨越提高

两年来，智网科技着力打造面向未来运营的核心能力。**一是**构建了面向场景的通信服务能力。依托中国联通大网水平能力，实现通信基础能力元素标准化，推出面向车联网流量经营产品，打造基于eUICC的国际化能力，保持通信能力持续领先。**二是**构建了面向未来的运营服务能力平台。依托运营商大网的服务体系，构建了基础共性能力平台。面向各个细分市场，建立了基于云服务和大数据的专业车联网通信行为和服务管理平台，以及国际唯一部署并支撑百万级车联网用户运营的在线商店和账务管理平台，为行业客户提供便利的服务。**三是**研发了系列场景化的个性化产品。以大数据为基础，结合行业发展趋势，推出了多个场景化的个性化产品。服务产品逐步涵盖综合通信与IT集成、车辆导航与安全救援、信息娱乐与内容集成、呼叫中心与互联交互、大数据与精准营销等多个细分领域。**四是**国际化服务能力进一步提升。自主研发了国际物联网通信管理平台，为国内外车企提供全生命周期的全球综合通信服务保障，支持国内车厂走出去以及国际品牌车企的全球化部署和运营。推进国际化合作，联合来自14个国家26个通信运营商共同发起倡议，建立了面向车联网全球化部署的合作联盟。积极响应国家“一带一路”倡议，与产业联盟合作，在俄罗斯、乌克兰等多国推广了基于ERA－GOLNASS的紧急救援服务、卫星多媒体服务等产品，服务全球一体化。

（三）经济、产业和社会效益明显提升

在经济效益方面，智网科技在2016年度完成业务收入2.22亿元，实现利润0.81亿元。其中，服务运营类收入占比一举超过通信收入达到70%，创造了运营商与垂直行业结合的优秀案例。**在产业收益方面**，智网科技通过汽车信息化综合服务模式的拓展，促使产业链围绕“互联网＋”的新模式重新组合和优化，并促进了车厂向服务型制造和生产性服务的战略转型，为实现“中国制造2025”和落实三部委《汽车产业中长期发展规划》的目标提供了助力。**在社会效益方面，**随着围绕“车、人、生活”的智能网联服务理念的推广，以及通过与智能交通和智慧城市的结合，将进一步促进人民群众在出行和日常生活中的便利性，并将车内空间和时间的围墙花园与移动互联网的大环境融为一体。

五、经验启示

（一）推动企业改革要坚持完善法人治理结构

建立现代企业法人治理结构，重点推进董事会建设，建立健全责权对

等、运作协调、有效制衡的决策执行监督机制，规范企业治理。建立对经营管理层的考核评价和管理机制，强化结果管控，弱化过程管理，彻底解放思想、简政放权，充分落实法人财产权和经营自主权。

（二）推动企业改革要坚持优化选人用人机制

市场化用工及薪酬机制改革关乎广大干部职工切身利益，必须坚持群众观点，从群众利益着眼，为真正干事创新的人提供发挥才能的舞台，并提供有效的激励和认可，这是市场化用工及薪酬机制改革的根本所在。

（三）推动企业改革要坚持商业模式创新和技术创新

企业改革就要紧跟行业技术发展，创新商业模式，打造面向客户的长效运营机制，实现盈利和价值提升，用发展成果检验改革成效，为国家战略落地发挥积极作用。

76

深化“三集中”改革　推进精细化管理 以风险防控体系建设促进国企转型升级

中国移动浙江移动

一、基本情况

中国移动通信集团浙江有限公司（以下简称“浙江移动”）隶属于中国移动通信集团公司，目前公司员工总数近2万人，总资产规模超过920亿元，通信服务年收入近440亿元，累计上缴各类税收704亿元，规模和经营效益位居集团内各省公司前列，是全集团的标杆企业，也是浙江省内规模最大的电信运营商。

二、改革背景

随着“互联网＋”时代的到来，通信运营商借助信息经济发展的东风，顺势而为、高歌猛进，但随之而来，新形势、新技术、新架构乃至新业态下萌生出的潜在业务风险日益暴露；“大象快跑”与国家所倡导的效益与质量兼顾之间的矛盾也日益显现；原有经营体制下的属地化运营、差异化管理、标准化流程长等现状，权力分散，标准不一，效率较低，而且往往伴随合规性风险乃至廉洁风险，使得企业既无法应对互联网公司的挑战，也无法胜任未来的转型愿景。

为解决上述问题，进一步推进企业高效运营，有效防范业务风险，近年来浙江移动认真贯彻落实党中央、国务院决策部署，按照国资委工作要求，在集团公司的统一指导下，以集中化改革实践为“五化”改革的重要突破口和着力点，特别是将“三集中”精细化管理改革项目作为改革重点项目，全面梳理事权、物权、财权，延伸下沉管理重心，实现业务的集中处理、业务的集中稽核以及资金的集中支付，改革聚焦全流程闭环风险防控体系的塑造，呈现出全面发力、多点突破、蹄疾步稳、纵深推进的良好态势，从而进一步夯实精细管理和转型发展基础，提高了经营效率，管控了经营风险，该成果也成为全集团样板和最佳管理实践。

二、改革实践

（一）夯基垒台打基础，大力推进业务集中处理改革

一是在管理集中化方面，公司深入推进IT系统统一云平台建设，集中开发、统一迭代，解决了各类子系统子平台“多烟囱”的问题；实施各类设备、物资和产品的省级集中采购，两级集采集中度达到98.9%，在全国率先实现需求集中处理、物流集中运营，建成以省库为核心的集中仓储和配送网络；全面推行内审集中化，由省公司统一组织对各下属机构的内部审计工作并统一建设全省内审队伍，该“基于风险轮廓模型构建的风险集中管控模式”项目荣获集团公司管理创新评比一等奖。

二是在市场集中化方面，建立省级渠道运营中心，在全国率先实现了大众市场实体渠道业务的省级集中化处理；实行“九统一”集中运营管理，生产执行一盘棋，渠道酬金系统归集率达100%，省级统一营销案1～2天就能部署到最基层一线，实现工单无纸化、电子流转的全面覆盖；统一对接并批量处理外部电商（全网）充值订单需求，上半年全网运营达748亿元；成立集中统一的订单处理室，负责受理审核、收账入账、统一调度、业务稽核、培训管理等功能；以“最多跑一次”为目标开发一线人员掌上APP，支撑客户经理、直销员移动办公，极大提高业务处理效率。

三是在网络集中化方面，依托全省统一的网络管理平台，实现网络集

中监控、故障集中处理、质量集中分析优化、IT 集中支撑，范围覆盖交换、数据、无线、传输、基站动环、家宽、政企等业务共 880 万网元；针对电费、租赁费、代维费建立完善、齐备的数据资源基础台账信息，包含系统管理 15.3 万个电费站点、5.6 万个铁塔租赁点和 1.3 万个非铁塔租赁站点（100%），实现了 100% 覆盖。

（二）自我诊断构防线，大力推进业务集中稽核改革

一是强化组织保障。公司为改革配套了相应的组织机构和人员保障，建设了“三横一纵”管理矩阵，即：横向三条线（财务、市场、网络），纵向一集中（省市县集中），同时成立集中业务稽核中心及网络重点费用稽核中心等专门稽核机构；面对集中稽核后内容更多、要求更高，公司通过跨业务、跨部门、跨地区人力资源复用、IT 换人等方式实现减员增效。

二是建立制度流程。公司从业务、营销、酬金、实物、异动、资金等六方面着手，建立业务集中稽核制度流程，明确稽核内容及稽核方式，综合运用“点、线、面”立体化稽核手段，通过人工稽核、电子化稽核与报表稽核等方式，保证稽核工作全面性和完整性；同时，建立“事前审批－事中部署－事后监测”机制，实现“规则前置、响应快速、管控有效”，并通过信息化手段，综合运用大数据分析、自动化和人工稽核相结合的方式实现稽核流程的 100% 系统自动化流转、闭环管控。

三是打造集中化大 IT 手段。一方面，打造自动化、智能化业务集中稽核平台，依托智能化云平台支撑，实现实时稽核与事后稽核，平台承载包含实物、资金、业务、异动等在内的各类稽核维度，实现了“部署－监控－优化－拓展”全流程闭环集中管理。特别针对渠道套利、结算倒挂等异动数据，应用大数据建立套利模型，提升风险识别度；而针对人像稽核，创新引入图像识别技术，该功能上线以来，人像稽核量由过去 300 笔/天提升至 2000 笔/天，大大提升了稽核效率。**另一方面，**依托资源管理系统搭建“网络重点费用稽核管理平台”，涵盖电费、租赁费、代维费、

有线装维材料和家客终端的费用管理、业务量及订单管理、台账及合同信息管理、标杆管理、统计分析预警、计费稽核出账等功能，实现与合同系统、代维管理平台、OA 系统等对接与多层稽核管控，实现与铁塔 CRM 系统的数据同步更新，实现与电子报账平台的一键式报账，报账费用经业务稽核后直接发起报账。

（三）严控企业现金流，大力推进资金集中支付改革

企业作为经济主体，一切生产经营活动的本质最终还是要体现在资金流上。在改革之前，浙江移动全省有 81 个子账户，各单位均可按权限对外自行付款，如果资金的问题处理不好，企业将存在较大的经营风险。公司落实统一资金支付、统一账户管理、统一业务规范“三统一”，完善制度建设、做好流程管控，把控资金支付环节关键控制点，确保 100% 资金集中支付、100% 账户统一管理、100% 集中制证，实现了所有资金支出均在省公司一个出口。公司资金集中支付改革由公司领导亲自挂帅，财务部经理责任落实，资金会计需求落地；同时，省（区、市）间纵向协同，部门间横向协作，业务、财务职责明确，以业务的灵活思辨结合财务的求真务实，积极探索集中支付高效举措，用 1 个“一户通”集中托收账户取代了全省 81 个托收账户，实现全省托收费用集中扣缴，并通过开通银行网点受理公司一户通账户托收业务权限，免去了省市间实物传递流程、提高了新增托收协议的签约效率。同时，公司还创新时限承诺，建立“服务承诺制”，力争做到“当天送达单据，当天完成支付”，高效率保障生产运营需求。

四、改革成效

（一）减员增效、提质提量成效显著

2012 年至今，公司集中处理、集中稽核、集中支付改革极大地推动了公司减员增效工作，成果明显。员工总数由 2.3 万人减至 1.9 万人，减幅

达19%，减幅居同组公司（广东、江苏、山东、浙江等四省为同组）第一；人均主营业务收入达217.9万元，居同组公司第一。业务处理和渠道集中化后，营业人员就从6741人减少为2498人，地市自行支付金额从改革前的44.6亿元直降为0，支付人员数量由过去101人降至目前的10人；集中稽核后，市场条线的电子化稽核量从日均47万笔提升至82万笔，营销活动稽核时长从7天缩短至当前的5分钟，全省稽核人员数量从400人降至当前140人。

（二）客户规模、市场发展水平明显改善

截至2017年6月，公司通信客户已超过6000万户，其中4G活跃客户超过4000万；手机上网客户DOU（客户月均流量消费）达到1.9GB，4G手机客户DOU达到2.2GB，始终处于全集团前列；VoLTE（高清语音通话）客户总数达1356万，规模居全集团第一；宽带客户达到870.6万，累计净增108.8万；通信和信息化收入累计达到37.5亿元，同比增长26.3%；通信和信息化收入市场份额达到37.2%，同比提升5.2PP，全面实现“三分天下”。

（三）经营业绩、大势掌控能力持续提升

2017年上半年累计完成收入217.2亿元，同比增长6.5%，高于行业增幅2.0PP，较行业增幅差创2012年以来新高；累计完成净利润54.3亿元，净利润率达到25.0%，高于集团公司考核要求3.5个百分点；资产保值增值率达119%，高于全集团平均3.8个百分点，居同组公司第一；主营收入份额达到56.7%，同比上升1.1个百分点；客户份额方面，6月份日通客户份额达到80.7%，同比提升0.16个百分点；1—6月累计净增客户份额达到82.4%；4G客户份额达到79.3%；1—6月流量份额达到76.0%；6月份家庭宽带客户份额达到39.0%，同比提升4.7个百分点。

五、经验启示

（一）深化企业改革，要踏石留印抓铁有痕，勇于“爬坡过坎”

要充分地认识改革的困难，改革工作并非一蹴而就。浙江移动的“三集中”改革和风险防控体系建设，涉及利益、资源和权限的重新调整和分配，更是对传统管理理念的变革和挑战，会面临阻力，也会面对各种不理解的声音。但是面对深化改革工作，要始终坚持问题导向，聚焦改革痛点，围绕改革重点，突破改革难点，不断通过改革来释放发展的潜能，加快企业发展转型突破。

（二）做好风险防控，要自始至终层层套环，做到“流程贯通”

要清醒地认清改革的目的，做到全流程贯通。其中：业务集中处理是基础和前提，也是风险防控的第一道防线，直接决定业务活动的效率、效益和真实性；业务集中稽核是问诊把脉，是第二道防线，只有加强稽核力度，才能防止跑冒滴漏，并通过稽核发现管理上的深层次问题、持续改善管理水平；资金集中支付是守关把隘，只有管严手上的“一支笔”，才能为公司严防死守好风险管理的最后一道城防。

（三）融合业务发展，要精益求精智慧运营，打通“任督二脉”

数据流和资金流，是现代企业极端重要的资产，要打通“数据流+资金流”的任督二脉，既要高度重视数据流，坚持“智慧运营”通过大IT平台支撑，挖掘大数据的价值，做到用“数据说话”；又要高度关注资金流，要构建更为合理的企业资金流内部控制体系，建立从业务行为到业务结果、从业务结果到财务结果的全流程风险管理方法论，使风险防控真正有效地落实到经营的各个环节。

77

以市场为导向　以改革激活力
推进产业结构转型升级

中国电子中电系统

一、基本情况

中国电子系统工程总公司是1975年经国务院批准成立、隶属于中国电子信息产业集团有限公司（以下简称“中国电子”）的全民所有制企业，主营承包各类电子系统工程、机电设备安装工程以及相关的建筑工程，是全国电子信息及生物医药工程服务领域的龙头企业，业务规模近百亿。2016年7月25日，中国电子系统工程总公司完成改革改制，更名为中国电子系统技术有限公司（以下简称“中电系统”），成为国有控股企业。

改制后，中电系统在发展传统工程服务业务的基础上，大力开拓综合环保业务，同时培育智慧城市业务及园区运营服务，逐步形成“两大两小”的产业布局。2016年完成营业收入111.50亿元，实现利润总额2.86亿元。

二、改革背景

近年来，由于全球经济增速放缓，国家在社会、经济领域实施一系列结构调整，中电系统所处的工程行业整体出现业务毛利率走低、工程垫资风险增大、回款周期拖长等趋势，企业经营风险逐步显现，此外，历史遗留的项目债务问题尚未彻底解决。如果不积极主动调整，不仅难以适应复杂多变的市场环境，更难与行业中机制灵活、效率占优的民企和外企正面竞争。同时，长期以来，由于政企不分、股权结构单一等原因，行政化管理色彩浓厚，远未建立完善的现代企业制度，成本高、效率低等弊端日积月累，问题日益凸显。在国有企业中“单一任命”式的企业用人机制存在着诸多风险，越来越不能适应新形势下日趋激烈的市场竞争环境。

为解决这些问题，中电系统贯彻落实党中央、国务院关于深化国有企业改革的决策部署及“1＋N”系列文件精神，在中国电子的统一部署和积极推动下，2016年，以提质增效为中心，以供给侧结构性改革为主线，以市场化转型为支撑，全面推进改制工作。

三、改革实践

（一）坚持市场导向，探索实施改革改制

一是引入外部优质战略投资者，优化股权结构。本着优势互补、合作共赢等原则，确定最有利于提升企业价值的投资者，吸纳优质社会资本参与国有企业改革。**二是**积极探索员工持股计划，核心团队出资入股。根据岗位的重要性确定持股员工范围及持股比例，引入核心团队，由高管、中层经理、业务主管、技术骨干等组成。建立股权随岗位变化而调整的动态机制及退出机制，实现股权的持续激励。**三是**完善法人治理结构，健全现代企业制度。设立股东会、董事会、监事会、经营班子，实行董事会领导下的总经理负责制。各机构之间权责明确、各司其职，规范运作，确保生产经营工作顺利推进。

（二）创新发展思路，推动主营业务转型升级

面对工程行业竞争日趋激烈、毛利率下降等问题，中电系统围绕国家政策导向，进一步明确业务发展方向：**一是**继续做强做大高科技产业工程服务。在保持原有竞争优势的基础上，推进规划设计及总承包能力的提升，强化行业渗透，提升内部管理，提高项目利润率。**二是**明确环保业务作为中电系统主业的定位。立足京津冀，服务国家战略，重点布局清洁能

源、水处理、固废及环卫业务，深化与地方政府整体合作，打造防治结合的立体环境治理结构。**三是**大力培育智慧城市业务。以智慧城市顶层设计为切入点，参与智慧城市领域公共服务、城市建设和治理等项目，并提供技术服务和保障。**四是**开展科技园区服务。采取轻资产运营的方式，打造“一平方公里”精品园区，服务地方政府招商运营。

（三）完善人力资源管理体系，提升企业核心竞争力

在公司战略转型及改革创业的关键阶段，中电系统以人员动态管理为重点，着力创新完善人才选拔、培养、考核、任用机制。**一是**开展选人用人制度改革。对标先进、广纳贤才。通过市场化选聘，成建制地引进新业务的高端人才及专业团队；通过契约化管理，严格执行任期管理和目标考核，建立以归母净利润为核心的“强激励、硬约束”业绩考核机制，把职业经理人收入与企业当期经营效益、长远发展目标和重点工作任务紧密结合。推进干部队伍年轻化。大胆提拔任用年轻有为、品行俱佳、有抱负、敢担当的骨干人员，打造朝气蓬勃、奋发有为的干部队伍。目前，总部中层以上干部中 40 岁以下人员比例已经超过 40%。同时，提高新员工的入职门槛，从源头入手改善队伍基础。**二是**改革薪酬分配体系，完善激励约束机制。针对原有薪酬分配机制僵化、大锅饭思想严重、按资排辈等弊病，坚持薪酬分配市场化理念，针对不同类型、等级员工，建立与之相适应的差异化薪酬管理策略和分配办法，健全规范化的薪酬管理体系。以业绩最优化为目标，建立健全激励约束机制，强调“业绩好的往前站，业绩不好的往后站，不好好干的靠边站”，形成企业薪酬水平与效益水平挂钩、企业负责人收入水平与业绩贡献挂钩、员工收入水平与任职能力和绩效水平挂钩的机制。**三是**加大人才培养力度，通过开展“中电 TALK”大讲堂、内训师培养、新员工入职引导“馒头”计划等，大力宣传“让学习成为习惯”理念，建设学习型组织氛围；多措并举、创新内部培养方式，促进企业内知识的交流共享；构建梯次管理的干部队伍，加强关键岗位后备人才的储备。

（四）强化管理、持续改善，为业务快速发展保驾护航

以业务规模提升、重大项目投资、资本运作、降低管理成本等为目标，全方位对标先进企业，扎硬马，下笨功夫，狠抓技术提升和管理改善，切实增强职能部门履职能力。**一是**围绕业务，调整优化组织架构及业务流程。结合新兴业务特点，调整优化原有组织架构，强化资产、融资、风险和运营管理职能；对原有管理制度、业务流程及授权体系进行梳理优化，提高管理规范度；在业务规模快速扩张的同时，严格控制职能部门人员数量，通过提高专业技能及履职能力，满足业务发展需求，截至目前，总部职能部门人数占员工总数的比例为31%，比2015年底下降了46.55%。**二是**多措并举，开门开展融资工作。2017年，针对投资业务规模快速扩张，资金需求急、任务重的现状，在做大传统授信规模的基础上，充分发挥金融机构平台优势，积极探索，创新融资方式；扩宽思路，开门开展融资工作，构建立体式的伙伴关系；针对不同业务，提供差异化的资金解决方案。**三是**借助信息化手段，推进全系统职能部门垂直线上的交流。强化中电系统一盘棋的意识，注重总部层面的统筹协调，加强人事、财务、审计法务、规划、党群等部门在垂直层面的交流，推进干部交流、统一会计核算制度、集中采购等工作，提升协同发展水平。**四是**强化服务意识，持续改善提升。在全系统明确“求实、诚信、和谐、勤奋”的企业核心价值观，并细化提炼出中电系统十条工作文化，具体指导员工行为，切实转变工作作风。持续推进商业理念的确立和市场意识的增强，对外要求业务单元要以客为尊，对内要求职能部门要熟悉业务、增强服务业务的意识。

（五）持续抓好党建纪检工作，发挥引领带头作用

一是坚持加强党的领导，发挥党委的领导作用。根据“双向进入、交叉任职”的方法，由董事长兼任党委书记，把加强党的领导与完善公司治理结构有机结合。党委负责人积极支持董事会、监事会和经营班子依法行使职权，并对其贯彻执行党和国家的各项政策情况实施正确有效的监督。

二是聚焦党建工作与经济工作的切入点和结合点，立足业务开展党建工作。提出共产党员要在实际工作中切实发挥党员先锋模范作用；健全党支部建设，针对工程项目分散、人员流动性大的特点，创新建立临时党支部，充分发挥党组织的凝聚力。严格开展干部任前考察及谈话，并将干部不作为、不担当列为纪委监督检查内容。

四、改革成效

（一）新兴业务发展初见规模，转型升级布局逐步落实

传统工程业务逆势增长，新兴业务已展现出蓬勃的生机和强劲的发展势头，市场开拓工作突飞猛进，重大投资项目进展顺利，转型升级各项布局逐步落到实处。高科技产业工程服务方面，设计能力逐步提升，产业规模不断扩大。综合环保业务：首个生物质热电联产项目已并网发电；集中供热项目稳步推进，2017 年，预计可接入供热面积 5150 万平方米，实供面积可达 3600 万平方米；正在推动及储备的环保项目达 35 亿元，预计未来 5 年内投资超过 30 家水处理及环境业务项目管理公司。智慧城市业务方面，目前已取得较大进展。科技园区服务方面，正定、邯郸、邢台等园区已落地，招商引资工作进展顺利。

（二）职能部门履职效果明显改善，管理人员工作能力显著提升

职能部门在人员结构、专业能力、作风建设及履职效果等方面明显改善，“五加二”“白加黑”“当天事情当天办”“有补位意识、工作捞过界”等现象逐渐成为工作常态。各级管理人员的经营管理理念深刻转变，宏观系统思维和过程管理意识明显增强。办公效率显著提升，整体展现出良好的精神风貌。

（三）企业经营效益稳步提升，新兴业务发展后劲十足

2016 年是中电系统改制年，全体员工共同努力，实现了改制、发展双丰收。2017 年企业经营效益继续稳步提升，上半年共完成营业收入 564927

万元，比上年同期增长 13.54%；完成利润总额 13311 万元，比上年同期增长 19.83%；完成归母净利润 2975 万元，比上年同期增长 13.55%。由于新兴业务尚处于创业培育阶段，对利润的贡献力量较小，相信随着新兴业务布局的落实，企业将呈现更加良好的发展势头。

五、经验启示

（一）坚持以市场为导向，推进国有企业改革

只有坚持不懈推进以社会主义市场经济为导向的改革，才能从根本上打破制约科学发展的观念、利益和体制障碍。在改革过程中，要切实增强市场意识，从市场导向出发打造专业团队，努力经营信用、管控风险，围绕市场主体的需求，不断提高服务的质量和效率。

（二）从实际出发细化方案，稳步推进改革

充分考虑到每个企业及行业自身存在着巨大差别，在实施改革时，坚持从实际出发，量身打造适合企业的改革方案，并稳步推进。要正确认识改革中出现的问题，建立改革创新容错机制，及时对业务方向、组织架构、人才结构等进行调整完善，以问题为导向持续完善发展规划。

（三）推动企业文化建设，打造发展软实力

随着企业整合优化与转型升级的持续推进，企业干部员工队伍思想观念、利益诉求和精神文化需求日益多样，可能出现许多不适应、不协调的环节。如何营造良好的企业环境、充分调动员工积极参与、有效推进“三项制度”改革，是国有企业改革取得实效的关键。通过塑造积极向上的企业文化，多渠道加强宣传引导，可以使改革创业、奋斗拼搏的理念深入人心，激活企业的凝聚力，提高企业的竞争力。

78

以改革创新精神推动企业转型发展

哈电集团哈汽公司

一、基本情况

哈尔滨汽轮机厂有限责任公司（以下简称“哈汽公司”）是哈尔滨电气集团公司的核心骨干企业之一，始建于1956年，是我国第一个五年计划期间由苏联援建的156项重点建设工程项目中的两项——电站汽轮机和舰船用主动力装置的生产基地。哈汽公司是以设计、制造大型火电汽轮机、核电汽轮机、舰船主动力装置和燃气轮机为主的国家重点大型骨干企业，公司注册资本8.6亿元，资产总额127.4亿元，现有在岗员工4174人。

建厂60多年来，哈汽公司从应用苏联技术起步，相继设计制造了多个等级型号的国产首台电站汽轮机组，创造了我国汽轮机发展史上无数个“第一”，产品遍及全国29个省（区、市）和亚洲、非洲、欧洲、拉美等国家和地区，为国家水面、水下舰艇供应了大量的动力装置，为我国电力装备制造业作出了巨大的贡献。

二、改革背景

随着我国经济进入新常态，电力装备需求迅速回落，行业竞争持续加剧。由于思想观念守旧、创新意识不强、产业结构调整缓慢、管理基础薄弱等原因，哈汽公司的自身发展遇到了严重的瓶颈，效益出现大幅下滑，尤其是 2012 年以来，企业经济运行质量急剧恶化，2012—2015 年连续四年巨额亏损，亏损总额达到 26.5 亿元，企业生存遇到前所未有的困难和挑战。

2015 年开始，哈汽公司党委坚决贯彻落实党中央、国务院有关国企改革的各项决策部署，坚持党对企业的领导，剑指问题，借力中央巡视，以供给侧结构性改革为指引，以“二次创业、重回一流”为目标，实施了“三年三步走”战略（即 2015 年止跌回升、2016 年扭亏增盈、2017 年走向复兴），大力推进了企业改革创新工作，在深化“三项制度”改革、推进产业结构转型升级、组织机构改革和管理流程再造等方面做了大量的基础性工作，逐步引领企业固本培元、触底回升，重回良性发展轨道。

三、改革实践

（一）推进管理体制机制改革

自 2015 年以来，哈汽公司以资源整合和提高效率为核心，按照“机构精简、责权明晰、流程简洁、协同高效”的总体原则，大力推进了组织机构精简和管理流程优化。**一是**精简组织机构，压缩管理层级。2015 年以来，哈汽公司进行了两次组织机构优化，将独立建制的行政部门由 40 个精简至 30 个。管理部门实行业务大整合，推行职能封闭管理，逐步缩短管理链条，打造精简高效的管理团队；生产作业部门实行分工再优化，对工艺设备按照新的生产工艺流程进行再调整再优化，打造了加工范围清晰的六大生产基地。**二是**优化管理体系，推进流程再造。在物理压缩机构的同时，强调流程的再造与创新，近几年陆续优化了项目管理体系、质量管控体系、生产组织体系等，使公司的业务流程更加清晰，管控体系更加科学。**三是**落实精益思想，追求卓越管理。在加快建立现代企业制度过程中，哈汽公司高度注重新思维、新理论、新方法的实践与应用，善于借助外脑的作用，导入先进的管理思想，自 2016 年起在质量管理、现场管理、班组建设等方面陆续引进专业的咨询公司进行专项的管理工具培训、管理诊断及管理提升工作。公司2017年以生产分厂为试点，推进精益生产项目，有序开展“精益现场”“精益班组”工作，逐步落实精益管理理念。

（二）深化“三项制度”改革

近年来，哈汽公司以“三项制度”改革为抓手，按照“控总量、调结构、促优化”的总体思路，持续加强人才队伍建设，**一是**大力推进减员“瘦身”，优化劳动用工模式。针对产业结构调整和生产管理方式变革带来的冗员问题，近年来不断深化全员业绩考核，推行“定岗、定编、定员”，持续开展员工自愿协商解除劳动合同工作，2015年实现减员607人，2016年实现减员815人，2017年减员目标为577人，三年减员比例已经达到在岗员工总数的32%，减员工作将持续到“十三五”末期。**二是**深化干部制度改革，打造高效执行团队。哈汽公司党委坚持正确的选人用人方向，以业绩为核心，构建了基层领导班子目标绩效考核体系，按照考核结果对干部进行动态调整，解决了干部能上不能下的问题，自2015年以来共免职70人，降职11人，提职69人，同时还压缩了干部总体规模，人数由2015年初的185人降到143人，降幅22.7%，形成了“严、实、快、细、新”的干部队伍执行力文化。**三是**抓好人才队伍建设，打造技术人才团队。在管理技术人才队伍建设方面，自2016年开始，开始实施“156”人才工程（领军人才10人，核心人才50人，骨干人才600人），在科研开发、薪酬待遇等方面予以一定支持，构建领军人才、核心人才和骨干人才专业梯队，现已评聘领军人才4人、核心人才38人，骨干人才527人。在技师队伍建设方面，制定了《高技能人才建设方案》《高技能人才评聘管理办法》，评选出哈汽十大工匠，按层次、等级分批建设“高技能人才队伍”。**四是**优化薪酬分配机制，增强激励导向作用。将传统的一维工时考核调整为多维考核模式，生产分厂的月工资指标与任务完成量（工时和产值）、完成的符合性（计划完成率）、产品质量等考核指标挂钩，实现多维度评价、考核分厂生产指标完成情况；一线操作者的工资收入与工件的完成质量、完成节点、设备管理、现场管理等各方面因素挂钩，收入不再“唯工时论”，薪酬体系的改革极大地提升了薪酬分配对强化管理的促进作用。

（三）加快企业转型升级

哈汽公司产业结构调整以供给侧结构性改革为指引，全面落实“三去一降一补”要求，做强做精传统产业，做大做优战略转型产业，构建多产业协调发展的新格局。**一是**加快由以传统火电为主向多元化转变，构建火电、核电、燃机、军工、新能源、服务业六大产业均衡发展、多业并举的新局面，自 2015 年以来，公司非传统火电产业的比重持续提高，2017 年预计占总产值的 40%。**二是**加快由传统制造向高端制造转变，2015 年，公司以国家产业政策为导向，以“中国制造 2025”重要支持产业为重点，实施了核电、重点工程关键部件生产能力建设项目，目前已有近百台设备陆续投入使用，该项目的实施对核电和燃气轮机关键部件的研制和生产能力起到了巨大的推动作用，促进内部产能向价值链高端转移。**三是**由生产制造型向制造服务型转变，近年来，哈汽公司积极改善用户服务能力，积极组建专业化的现场检修服务队伍，筹建备件网络超市，并大力发展个性化定制服务、全生命周期管理和在线服务支持等服务项目，为用户提供了高质量的老旧机组改造升级服务，其中绥中项目创造了世界上轴系最长机组稳定运行的奇迹，这也是国内成功改造的最大容量的机组，机组性能达到国内外先进水平。

四、改革成效

一是经济效益明显好转。通过实施全面深化改革，哈汽公司基础管理能力得到夯实，成本费用管控水平明显提升，企业经济效益实现触底回升，2015 年实现减亏 8.77 亿元，2016 年实现扭亏为盈，2017 年实现持续盈利，公司销售收入规模总体呈现稳中有升的态势，企业经济运行质量逐步好转。近三年，公司出产电站汽轮机117台/4692.89万千瓦，实现营业收入137亿元，产品订货215亿元，货款回收173亿元。

二是员工队伍建设明显改善。2015年以来累计减员1997人，减幅28.5%，通过减员“瘦身”，公司人力资源知识结构、年龄结构和岗位配置更加合理，生产辅助岗位人员比例下降10.7%，技术人员比例上升6.8%。公司减员“瘦身”带来的人力资源红利逐步释放，人工成本累计降低6300万元，减幅9.7%；劳动生产率提高8.2万元/人，增幅69.9%；劳动分配率降低36.1%，减幅39.6%；人事费用率降低1.79%，减幅13%。

三是企业发展后劲显著增强。公司产业结构得到了逐步优化，火电、核电、燃机、军工、新能源、服务产业多产业协调发展的格局初步形成，基本退出低端制造业，完成了铸造业务停产、热处理业务减产、低端焊接业务退出等产能调整举措，人力、物力、装备资源进一步向高端制造聚集。通过开展系列改革，公司以市场为导向的意识进一步树立，用户至上的要求得到有效贯彻，产品质量性能显著提升，企业市场形象明显好转，国内市场占有率重回1/3以上，国际市场融入“一带一路”，取得了印度纳佳、伊拉克萨拉哈丁、土耳其西纳克等多个项目。

五、经验启示

（一）向高端制造转型是我国电力装备企业走向世界的必由之路

中国装备制造企业的发展，要面向未来，面向国际，这既是“中国制造2025”的要求，更是中国装备走出去的先决条件。因此电力装备制造企业的产业结构调整要志存高远，心怀世界，要紧紧把握国家产业政策方向，在制造强国战略的引领下，以创新驱动为核心，优性能、提质量，加快向价值链高端转移。

（二）打造精简高效的员工队伍是企业持续健康发展的动力之源

在激烈的竞争中，企业要抢占市场制高点，谋求快速、持续发展，人才已成为第一资源。要深入贯彻党管人才原则，坚持以人为本，营造良好的尊重人才、重视人才、培养人才的氛围和环境，实现“人尽其才、才尽其用”。只有充分调动全体员工干事创业的积极性，才能实现人才队伍建设与企业创新发展的深度融合。

（三）推进管理体制机制改革是释放企业发展活力的创新之魂

面对日益激烈的市场竞争，企业生存环境时刻发生变化，建立一套适应企业发展、用户需求、市场竞争的管理机制和体系至关重要。必须以效率和效益为中心抓好基础管理工作，加快先进管理方法和管理工具的应用，结合企业管理实际，将追求卓越和持续改进的精益思想落实到各项管理工作中，才能推动公司管理工作由粗放型向精细型方向发展，进一步促进资源配置和整合能力实现新提升，推动企业实现科学可持续发展。

79

以创新发展理念引领商业模式转型构建企业核心竞争力

中航集团国航股份

一、基本情况

中国国际航空股份有限公司（以下简称“国航股份”）是中国航空集团公司（以下简称“中航集团”）控股的航空运输主业公司，是中国唯一载国旗飞行的民用航空公司以及世界最大的航空联盟——星空联盟成员，具有国内航空公司第一的品牌价值（2016 年品牌价值 1156.89 亿元），在航空客运、货运及相关服务诸方面，均处于国内领先地位。旗下拥有中国国际货运航空、深圳航空、大连航空、北京航空、内蒙古航空、澳门航空、山东航空等，共拥有飞机 628 架。截至 2017 年 6 月 30 日，国航股份的客运航线条数达到 408 条，航线覆盖全球六大洲；透过星空联盟，航线网络可覆盖 191 个国家的 1307 个目的地；凤凰知音会员达到 4628 万人。2016 年，国航股份实现利润总额 102.3 亿元，核心盈利能力进一步增强。

二、改革背景

近年来，航空公司的营销面临多方面的压力，**一是**电子商务和互联网的发展对航空公司原有的营销模式造成冲击。**二是**在线旅游业利用资源多元化与航空公司单一产品展开激烈竞争。**三是**客户的需求特征、消费习惯在多种因素的影响下发生改变。航空公司迫切需要进行商业模式的转型，迎接挑战与竞争，寻求生存和发展的长期动力。为此，国航股份将商业模式转型列为深化改革的重要课题。

三、改革实践

（一）巩固长期发展能力，制定商业模式转型决策

经过一年多的研究、判断和探讨，国航股份确定了商业模式转型的基本战略。**一是**在现有电子商务能力基础上构建商业模式创新系统，打造一体化的电子商务平台。**二是**依托国航股份强大的枢纽网络，整合资源设计产品。**三是**依托云服务、大数据实现精准营销，推动商业模式创新，推进产业链拓展。国航股份商业模式转型要实现“五大转型”：从渠道导向向客户导向转型，从产品、服务、营销分割策略向组合策略转型，从线下营销向线上营销转型，从分销渠道为主向战略性直销渠道转型，从单一价值链向延伸价值链转型。

国航股份商业模式转型项目于 2016 年 6 月进入开发程序，分为两期进行实施。第一期以贡献收入占 40% 的常旅客为核心，在知音商城系统基础上优化运营模式、升级技术架构，打造积分兑换平台；第二期全面建设电子商务平台。

项目第一期从 2016 年 9 月正式实施，2017 年 8 月结束并验收。积分兑换平台从功能落地，服务夯实到建立完善的会员互动生态系统，通过整合资源和异业合作延伸旅游打包产品、拓宽平台服务面，以国航股份里程为纽带，以会员权益体系和操作体验为着力点，最终提升会员的黏性，挖掘会员的潜在价值。项目第二期目前已经确认需求并进入开发阶段。

（二）创新内部管理机制，保障转型项目顺利推动

商业模式转型项目投资数额多、业务跨度宽、改革深度大、资源协调难，按照国航股份现有的管理机制，调动大量的人力、资金，协调众多的部门、领导，需要长时间、多环节的审批等管理流程。为了保障项目的顺

利开展和推动，国航股份创新了一系列管理机制。

一是建立了项目集中决策机制。国航股份成立了业务、信息、财务、采购和规划等跨部门参加的项目领导小组，定期研究决策和协调沟通，对项目的目标、策略和推动起到了决定作用。

二是建立了业务人员和技术人员融合工作机制。项目时间紧、任务重、技术实现复杂，业务人员和技术人员组成的实施团队全程参与整个项目建设和实施，负责项目集成管理以及每个子项目的范围、进度、质量和测试验收等工作。团队统一场地、统一管理、统一考核。确保项目需求制定详细、切合业务要求，也促进了双方在项目实施过程中及时沟通、提高效率。

三是建立了项目敏捷开发模式。在不影响项目质量的前提下，项目领导小组协调各部门，简化审批流程、缩短流程时间，改变以往瀑布开发模式，采用敏捷开发模式，对促进项目提高效率起到了积极作用。

四是采用了先进的项目管理工具。项目所有任务都通过 Redmine 进行需求、开发、测试、问题的管理和进度跟踪；使用 DevOps 理念及相关工具实现系统的持续开发、自动化测试和持续部署与集成，使项目可以通过敏捷迭代方式不断向前演进；应用 Jenkins 持续集成平台，实现代码自动化编译，静态代码检查、集成代码扫描工具，自动打包发布；利用思维导图、visio、Axure 等专业工具，帮助项目组准确梳理需求。项目管理工具的应用，保障了业务信息传递的有效性，提升了项目开发和管理的工作效率。

（三）广泛应用先进技术，奠定转型项目成功基础

信息技术的先进性和稳定性是转型项目实现功能、顺利运营和达到效果的关键因素。项目组通过项目研究、对标分析等，建立和提高了积分兑换平台技术开发基本定位和原则、技术框架技术功能，确保积分兑换平台技术的先进性、快速性和稳定性。

按照“薄应用、厚平台”的原则，积分兑换平台以微服务架构为核心，采用容器化技术进行服务封装、部署、管控，并为不同类型的微服务提供差异化管理策略，通过管控中心进行编排、授权、配置，实现敏捷交付、独立快速部署、高可用及弹性扩展。这种架构设计满足业务弹性扩展需求，支持应用快速部署、高效运营需求，确保系统高可用、高可靠、高性能、高安全。

项目的基础架构采用混合云部署，实现了IaaS层面的混搭架构和自由切换能力，支持系统产能快速扩展以及应对快速变化的需求；采用Docker + Kubernetes技术实现了PaaS层面的容器云技术，保证基础平台能力的平滑扩展和业务连续性、波动性的有效支撑；采用最先进的Docker，Kubernetes技术、微服务系统架构，实现业务服务、技术和平台的容器化，保证业务的可扩展性和连续性；平台部署在公有云 + 私有云的混搭架构上，公私云部署可自由切换，基础资源的动态可调整，保证业务的稳步增长和弹性扩张；使用Zabbix监控告警、Grafana可视化工具，对系统运营情况随时掌握，预防故障发生，有效保证系统持续稳定的运行；积分兑换平台在技术上充分考虑互联网、移动APP、呼叫中心以及第三方渠道的发展需求，实现会员服务渠道的统一客户体验，为全渠道电子商务整合提供框架基础。

四、改革成效

国航股份商业模式转型一期项目建设经过三个阶段实施，初步构建起航空零售平台框架，支撑国航股份积分兑换业务。同时，初步搭建起开放的互联网基础能力架构；以里程为核心，实现第三方产品管理与销售、里程兑换网站、知音网站、微信、会员服务中心座席系统，统一常客入口。

（一）搭建了积分兑换平台

实现了航空产品、非航资源的管理和固定打包、灵活打包销售，制定和推广了供应商流程管理，实现了产品、资源的现金销售、里程兑换和里程+现金销售，完成了商品订单、产品订单、商品物流信息的管理流程，在APP、微信中实现了积分商城的嵌入；建设了常旅客会员呼叫中心系统，实现了会员服务全部在线电子化，实现了拍卖等营销管理功能。截至2017年6月底，商家数量和商品SKU数量比上线前增加10倍多。

（二）优化了常旅客业务管理模式

积分兑换平台在业务流程、系统整合、运营管理上大胆创新，协调资源、打通环节。通过积分兑换平台，国航股份建立、整合运营团队、管理机制和业务流程，实现了常旅客核心业务的自营；优化和简化了商家、商品的准入与评估机制，提高了平台运营效率；集中打包产品，提高了营销资源配置效率；全面实现会员服务线上办理，会员电子化服务日均过12.5万次，提升了客户体验；充分利用系统数据，开展多渠道营销；增加开店费等收入，拓展了收益来源，截至2017年6月底，非航收入同比提高45%，非航利润同比提高37%；优化会员服务的线上操作，简化信息录入过程，优化了客户消费体验。

（三）提升了常旅客的客户黏度

从2016年12月上线以来，积分兑换平台运行平稳。由于平台的系统优化、商家增加、产品增加、功能改善，销售业务大幅增长，客户黏度明显提高，常旅客贡献收入比重同比提高4.3个百分点。

（四）提高了业务管理能力

积分兑换平台完成了以B2C与B2B2C两种模式共存的完整的电子商务体系的构建，通过重建运营模式，打造运营团队，创新业务机制，提高了业务管理能力。项目积累了商城商家合作管理、商品发布管理、商城营销管理、奖励客票及里程价值化、合作伙伴联合营销等业务经验；先后发布商家选择、商品审核、会员营销等业务流程和管理机制；营销团队在项目建设、组织培训、传递知识中，提高了业务技能、技术水平、管理能力，获得了新理念、新知识、新产品和新技术。

（五）取得了良好社会效益

一是在向社会招标积分兑换平台商家过程中，国航股份向社会、商家广泛开展国航股份形象和产品等方面的推广宣传，提高了国航股份品牌形象。**二是**截至 2017 年 6 月，积分兑换平台已上线商家 310 家，单品商品 17377 件；国航股份的积分兑换平台在某种程度上成为一个“双创”平台，为商家创造了商业机会、为社会创造了就业机会。

五、经验启示

（一）深化改革必须统筹规划和重点突破相结合

推进深化改革工作，一方面要重视全面性、系统性、长期性，要明确改革的目的、目标、战略、策略、计划和步骤，统筹考虑各种因素、问题和矛盾，改革才能联动开展、触及根本、持续进行，才能保证达到改革的最终成果；另一方面要在注意抓重点、抓要害、抓急事，解决主要矛盾和矛盾的主要方面，改革才能集中精力、集中资源、不断实现阶段性效果，提高改革的推进效率。

（二）深化改革是国有企业自我实践、自我提高的过程

改革的抉择很艰难、改革的蜕变很痛苦、改革的探索很迷茫。但是只有深化改革，国有企业才能杀出一条血路，才能重生。在这种蜕变过程中，企业会在经营、管理和营销的思维、方法、系统、能力、制度和流程方面打破旧框架、再上新台阶。

（三）深化改革必须以满足客户需求、提升客户体验为导向

所有企业特别是国有企业的经营、营销和管理都要围绕市场发展与客户需求，企业经营、营销的主要问题与主要矛盾就是不适应市场发展和客户需求，企业深化改革的目的就是要满足市场发展和客户需求；假如客户

的价值在营销中得不到体现和提升，国有企业的经济价值和社会价值也得不到实现，改革的成果也得不到社会的认可和分享。

（四）深化改革的关键问题是创新企业管理机制

国有企业的经营管理机制有成熟、规范和稳定的一面，也有老化、固化和僵化的一面。深化改革需要有新理念、新机制予以保障和推进，国有企业经营管理机制也必须破旧创新，为深化改革保驾护航。经营管理机制的创新，**首先**要求企业领导培养创新的魄力、尝试的担当和改革信心，**其次**要求企业领导大力传播机制创新的理念、推广机制创新的尝试，并在各业务领域形成机制创新的共识，这是深化改革中，协调和沟通各种问题与矛盾的关键。

（五）深化改革的重要基础是提高企业信息技术

在当代社会的各个领域，信息技术是比较重要的发展因素；在企业经营、营销和管理过程中，信息技术是战略、策略和措施实现的基础手段。市场和客户的研究、产品服务的设计与营销、运营控制和营销管理等，都需要信息技术能力的保障。国有企业在深化改革的信息技术发展中，**一是**要保持关键领域、关键业务技术的先进性，**二是**要保持和提高关键技术的自主性，**三是**要处理好新旧系统的替代关系和各种系统之间的整合关系。

80

多点推进结构调整　深入开展资源整合 助推企业顺利实现转型升级

中国建筑中建钢构

一、基本情况

中建钢构有限公司（以下简称“中建钢构”）组建于2008年9月，是中国最大的钢结构企业、国家高新技术企业，连续五年排名中国钢结构行业第一，隶属于世界500强第24位的中国建筑股份有限公司。中建钢构聚焦以“钢结构+”为核心的工程业务，为客户提供“投资+建造+运营”整体解决方案。中建钢构经营区域覆盖全国，下设投资发展公司、东西南北中五个大区及现代化钢结构制造基地，制造年产能超过120万吨，位居行业首位；践行“一带一路”倡议，进入了港澳及东南亚、南亚、中东、北非、澳洲、美洲等海外市场。2016年，中建钢构完成合同额206.57亿元，营业收入91.86亿元，实现利润总额6.03亿元，净利润5.07亿元。

二、改革背景

近年来，随着中国经济实力的增强和建筑技术的发展，钢结构桥梁、钢结构装配式住宅等发展势头十分迅猛。在建筑中采用钢材，我国大致经历了“节约用钢”“合理用钢”和“积极用钢”三个时期。钢结构产业作为一种朝阳产业、绿色产业、环保产业，在国家“积极用钢”政策指引下，进入了新中国成立以来最好的发展时期。

在上述行业和国家政策背景下，中国建筑落实“专业化”发展策略，整合系统内的钢结构业务，组建了中建钢构有限公司，由中建钢构逐步承担起统筹中建系统钢结构业务发展的任务，解决了以往集团内部钢结构业务规模小、管理分散和同质竞争导致的效率低和资源浪费问题。同时，中建钢构通过“产业一体化”“产品多元化”“业务国际化”“布局区域化”“股权多元化”等措施开展了一系列结构调整和资源整合工作。

三、改革实践

（一）推进“产业一体化”实现产业结构调整

中建钢构以传统占优的安装板块为基础，同时向产业链上、下游进行延伸拓展，通过产业一体化的深入推进，发挥协同优势，提升产业效率。**一是**合理布局钢结构制造基地。综合考虑区域市场规模和产能辐射半径，中建钢构在江苏、广东、四川、天津、湖北投资建设了“东南西北中”5个大型钢结构制造基地，制造年产能超过120万吨，全部通过欧标、美标资质认证。同时，钢结构制造厂作为企业重资产，不适宜过多投资布局。通过与云南昆钢、广西柳钢等大型钢铁集团进行少量参股合资，既能降低重资产运作的风险，又能降低周边区域项目构件的运输成本、人工成本等，并在一定程度上弥补企业自身制造产能不足的缺口。**二是**积极打造研发设计能力。根据“研发促转型、设计创价值”总体思路，中建钢构先后组建了中建钢构研究院、中建钢构设计院，建立了博士后科研工作站，打造了海洋人居系统工程、深海网箱系泊系统、厦门自行车高速公路等系列科技产品的示范项目，以点带面，快速提升企业影响力和品牌效应。2012年，中建钢构被认定为国家高新技术企业。同时，中建钢构与深圳大学建筑设计研究院、奥意建筑工程有限公司等多家单位开展战略合作，整合利用外部设计资源，优势互补，设计能力的不断提升有力推进了市场营销模式由“拿项目”向“造项目”转变。**三是**完善配套检测中心。基于“对内保障房屋建筑钢结构检测质量，对外拓展其他新兴业务板块检测业务”的战略定位，中建钢构成立了江苏中钢检测有限公司，并获得了 CMA 认证及 CNAS 认可资质，基本满足内部检测所需，具备对外开展检测业务的资格能力。

（二）推进“产品多元化”实现业务结构调整

中建钢构以“科技创新”为支撑，以“资本运营”为驱动，大力拓展“钢结构 +”业务，致力于通过产品多元化构筑企业新的利润增长点。**一是**提质增量，巩固传统业务核心竞争力。一方面，利用“精益化、智能化、信息化”手段，降低综合运营成本，全方位提升企业的运营效率，促进传统业务的升级发展。另一方面，坚持“主攻高端、兼顾中端、放弃低端”的市场营销策略，加大对高端项目的信息获取和跟踪力度，紧盯中心城市的超高层、大跨度项目。**二是**内外并举，扩大基础设施业务规模。一方面加大与中建股份基础设施部及下属机构的联动，实施“包产到户”，提供钢结构专业化支撑，有力保障中建集团“上下一盘棋”拓展基础设施市场。另一方面深挖客户并积极关注新兴潜力市场，拓展“钢结构 +”产品，成功找到了“钢结构 + 城市轨道交通”的契合点。**三是**持续发力，强化绿色建筑业务优势。一方面，聚焦顶层设计并加大研发成果转化力度，牵头主编国家《装配式钢结构建筑技术规范》，夯实行业内权威地位；另一方面，在国家、政府大力推广政府和社会资本合作（PPP）模式的大环境下，与地方政府加强合作，采用 PPP、BT 等投融资模式带动工程总承包项目，实现产融结合“造项目”，使得绿色建筑业务成为企业规模增长的第一爆发点。

（三）推进“业务国际化”实现市场结构调整

中建钢构着力通过三大关键举措拓展海外市场。**一是**目标市场深耕辐射。在最具潜力和可行性的核心目标市场进行属地化深耕，派驻海外分支机构实现常驻运营，以“阵地战”实现稳定产出，随后以此为立足点辐射周边更广泛的区域。先后成立了中建钢构中东有限公司、港澳经理部等区域营销中心。**二是**业务模式多元发展。全产业链出海竞争，通过设计、制造、安装一体化运行推动多模式发展，立足传统安装领域核心优势，实现工程承包、产品出口与技术咨询三者有机结合下的业务模式转型升级，顺利承接了巴新小学 EPC 项目，实现了海外业务总承包模式“零”的突破。**三是**开拓方式内外并举。即“跟随、联合、自主”三引擎驱动，追求海外跨越式发展。依托中建平台，跟随母公司及“一带一路”相关的中方投资企业“乘船出海”。联合利用自身优势与当地或跨国建筑巨头、跨国设计咨询机构建立合作关系“借船出海”。积极培育海外市场自主开拓能力，实现“驾船出海”。

（四）推进“布局区域化”实现公司内资源整合

2013 年，中建钢构对下属制造、安装业务按区域实施产业链上的垂直整合，打破原有制造、安装子分公司各自独立运营的模式，相继成立了“东南西北中”五大区域公司。通过内部区域整合，中建钢构组织架构升级为“集团总部 - 区域公司 - 制造厂/项目部/经理部/营销经理部”，管控模式升级为“总部控产业、区域统业务、基层做标准”。在推进区域化整合过程中，中建钢构稳扎稳打，全盘统筹。**一是**“一地一策”，成熟一个实施一个。根据不同区域业务发展成熟度、制造安装业务协同情况等，分步实施区域整合，每一个区域公司的成立均历经多轮调研、方案评审、专题研讨，确保整合的科学性和有效性。**二是**合理划分市场区域，一个区域准入一家区域公司。综合考虑区域经济发展状况、市场规模、构件运输半径等因素，对各大区域的市场划分进行研究和调整，保证各大区市场规模的均衡性，避免集团内同一区域的同质竞争。**三是**推进区域内实现产业一体化。在区域公司全部具备制造、安装能力的基础上，沿产业链不断完善研发、设计和检测能力，推进区域内实现产业一体化，打造钢结构建筑集成服务商。

（五）推进“股权多元化”实现系统内资源整合

为推进“专业化”战略，中建系统内钢结构资源整合遵循“由易到难、由内向外”的原则稳步推进，先后历经三大阶段。**一是**工程局内钢结构资源整合。依次整合了中建三局下属建达、建隆公司的钢结构资源、中建三局一公司下属钢结构公司、中建钢构江苏有限公司（含原中建三局金属结构公司）等工程局内钢结构优势资源，组建了中建钢构有限公司。**二是**跨工程局钢结构资源整合。对中建二局阳光厂实行增资扩股，迈出了跨工程局钢结构资源整合的步伐。**三是**增资扩股，股权多元化。2013年，为了实现“专业化”战略升级，满足部分优秀专业公司更快更好发展的需要，遵循“以复杂产权关系构筑简单管理关系”的理念，中国建筑以中建钢构为载体，进一步整合中建系统内钢结构资源并将中建钢构升级为旗下二级单位进行管理。通过股权转让、增资扩股等一系列方式，整合后的中建钢构引入系统内相关单位成为股东，形成了多元化股权结构，股东增至8家，注册资本增加到近12亿元。至此，中国建筑基本完成系统内钢结构制造业务的整合。整合过程中，中建钢构坚持抓文化融合，通过制度、企业文化的宣贯和人员交叉任职等方式，使得整合从形式深入内容，确保了整合效率的发挥。

四、改革成效

（一）整体业绩实现跨越式增长

近五年，中建钢构签约额、营业收入、利润总额、资产总额复合增长率分别达到24.63%、11.35%、10.18%、18.59%，迄今已连续5年蝉联全国最大的钢结构产业集团，并从2015年起，连续两年成为全国钢结构行业唯一一家“双百”（产值超100亿、钢结构产能超100万吨）企业。

（二）商业模式发生显著性转变

“东西南北中”五大制造基地的布局完成，彻底改变了安装“一业独大”的商业格局，构建了一条集研发、设计、制造、安装、检测于一体的全产业链运作模式，极大提高了中建钢构的市场竞争力。同时，中建钢构从过去的单体运营模式转变为集团运营模式，深层次调整了原有的制造、安装板块利益分配机制，最大限度地提高了企业资源配置效率，从而发挥产业协同效应，实现规模经济，较好地培育和发展了企业区域竞争能力和优势。五个大区东中西呼应、南北中联动，均已成为所在区域内一流的钢结构企业。通过加快推进转型升级，实施“科技 + 资本”双轮驱动，打造“钢结构 +”“产品 + 服务”“投资 + 建造”的转型升级之路，推出了慢行系统、装配式建筑、智慧车库以及海洋工程等一批新产品，采用 PPP、EPC 以及施工总承包等模式承接的业务蓬勃发展，2017 年上半年中建钢构中标额 197 亿元，同比增长 45%，呈现出强劲的增长势头。

（三）品牌实力获得全方位提升

截至目前，中建钢构承建了全国 24 座 400 米以上的超高层大厦中的 22 座，彰显高端建造实力；在北京中国尊、敦煌文博会、阿布扎比国际机场等一批中国建筑承建的国内外重大项目履约中提供了强有力的专业化支撑；获得了“全国文明单位”“全国五一劳动奖状”“全国建筑业先进企业”“全国科技进步与技术创新先进企业”“全国企业文化建设十大典范组织”等一系列荣誉。

（四）海外拓展取得实质性突破

海外业务是中建钢构实现全球化长期目标的重要支撑，通过明确海外业务发展战略，以工程承包、联合经营、产品出口等多种方式，中建钢构实现了海外业务“从无到有”“从有到稳”的深刻转变，形成了“三主两辅”的海外市场布局，即以“中东、北非、港澳”为主要市场，“南亚、东南亚”为辅要市场。同时，依托国内区域公司的资源和实力，中建钢构海外业务拓展从最初的“1 +5”模式（海外事业部 +5 个区域公司）转变为“5 +5”模式（5 个区域公司负责 5 个海外区域市场），企业国际化水平不断提高。

五、经验启示

（一）必须坚持战略引领

战略是企业发展的关键。要不断加深对市场经济规律、产业发展规律和企业发展规律的认识，及时顺应市场环境实施“调结构、促转型”，建立较为完善的战略管控体系，充分发挥凝聚人心、促进发展的指引作用。要高度重视发展战略问题，坚持把明确发展战略作为实现科学发展的重要前提，定目标，出思路，不断引领企业改革发展的正确方向。

（二）必须坚持科技引领

科技是企业发展的第一动力。企业拓市场、调结构、转方式，都必须依靠科技创新的强大力量。掌握的核心关键技术越多，未来的发展后劲和空间就越大。要切实把科技创新摆在优先发展地位，不断加大科技投入力度，着力突破一批关键和核心技术，推动科技创新与产业发展有效结合，充分发挥科技创新在加快转型升级中的重要作用。

（三）必须坚持人才引领

人才是企业发展的根本。科学发展拼的是人才量与质，讲的是智力储备，靠的是知识经济。只有创新人才理念，把握人才成长规律，快速聚集、培育一批素质高、业务精、作风硬的人才队伍，匹配企业发展需要推进人才“调结构、强能力和提效能”，才能为企业的跨越发展和转型升级提供智力支持和人才保障，从而支撑企业战略达成。

（四）必须坚持文化引领

企业文化是企业发展的灵魂。要把企业文化建设上升到战略高度，支撑企业不断挑战极限、创造奇迹。企业管理的最高层次是文化管理，企业竞争的最高境界是文化竞争。整合不能止步于形式上“1+1=2”的集合，而是要把来自不同企业不同背景、具有不同文化不同风格的人员“拧成一股绳”真正实现文化上“1+1>2”的融合。

81

发挥央企基金引领作用　推动国家战略有效实施

国投高新

一、基本情况

中国国投高新产业投资公司（以下简称“国投高新”）成立于1987年，前身为原国家计委轻纺出口产品基建项目办公室，1999年组建中国高新投资集团公司，2010年12月，按照国务院国资委结构布局调整的要求，整体并入国家开发投资公司（以下简称“国投”）。2015年12月，国投根据国有资本投资公司改革试点整体工作部署，把国投高新定位为国投前瞻性战略性新兴产业投资平台。

国投高新先后组建了5家基金管理公司，形成了覆盖VC、PE、FOF、政策性专项基金、区域性基金的全产业链格局。截至2017年6月底，基金管理规模1568亿元，是央企中从事股权基金业务最早、品种最全、规模最大、国家级基金支数最多的股权基金投资管理机构之一。

二、改革背景

2004年，国投开始涉足股权基金业务，经过十几年的探索，积累了较为丰富的运作经验。近年来，国投高新认真贯彻落实国资委有关部署与国投试点工作要求，把发展壮大股权基金业务作为服务国家战略、探索转型升级、优化资本布局的新模式、新路径的重要抓手。国投高新把市场化基金运作模式与贯彻落实国家战略部署及国家投融资体制改革的要求紧密结合，多支国家级政府引导基金先后落户国投高新，推动股权基金业务跨越式发展，进一步彰显了国投在央企队伍中的独特价值和引领作用。

三、改革实践

（一）聚焦国家战略，聚合各方资本助力强国梦

一是服务“中国制造2025”，发起设立先进制造产业投资基金。2016年6月，由发展改革委等有关部委与国投牵头发起设立，首期规模200亿元，其中，中央财政出资60亿元，国投出资40亿元，其余为8个省（区、市）和其他社会资本共同出资。基金聚焦先进制造业的八大重点领域，针对制造业亟待突破的制约瓶颈，重点投资了一些重大项目及优势企业。截至2017年7月底，基金投资项目50个、投资金额195亿元。

二是服务“大众创业、万众创新”，发起设立新兴产业创投引导（母）基金。2016年9月，国务院决定设立国家新兴产业创投引导基金，其中国投高新管理基金规模178.5亿元，由中央财政出资22.5亿元、国投出资20亿元，其余向社会资本募集，主要投向战略性新兴产业，重点扶持处于初创期、成长期的创新型企业和高成长性企业。截至2017年6月底，已投资参股基金40余支，参股子基金规模超过300亿元，扶持创新型企业244家，实现社会就业3万余人。

三是服务“创新驱动战略”，发起设立重大科技成果转化专项基金。2016年3月，由科技部、国投与社会资本设立，首期规模100亿元，其中，国投出资21亿元、科技部出资20亿元，其余向社会募集，主要投资于国家科技重大专项和科技创新2030－重大项目。2016年12月，科技部、国投与京津冀三地科技部门联合设立国投京津冀科技成果转化创投基金。截至2017年上半年，2支基金完成投资项目14个、投资金额17.8亿元。

四是服务“脱贫攻坚战略”，发起设立两支产业扶贫基金。2014年6

月，由财政部、中国烟草、国投联合发起设立28亿元规模的贫困地区产业发展基金，其中，中央财政出资8亿元，国投出资10亿元。2016年10月，在国务院国资委、财政部、国务院扶贫办的指导下，国投、国家电网等51家央企出资设立中央企业贫困地区产业投资基金，首期规模122亿元，国投出资10亿元。2支基金主要投资于14个集中连片特困地区、国家级贫困县，重点支持老、少、边、穷地区及革命老区脱贫。截至2017年6月，2支基金合计投资决策项目50个、投资金额64.6亿元。

（二）创新基金管理，开创政府引导基金运作新模式

一是建立政府指导与市场化运作相结合的基金治理规则。基金设立理事会，由政府和主要出资人代表担任理事，负责确定基金投资策略和协调基金运作重大问题。设立专家咨询委员会，为基金投资提供智库支持。设立市场化的投资决策委员会，确保投资决策的独立性和专业性。成立战略协调指导委员会，进一步加强国投高新与各基金管理公司的业务协同。实行观察员制度，确保出资人的知情权和监督权行使到位。

二是健全满足市场需要的基金投资方式。基金投资在传统的股权投资方式基础上，增加了债权投资、债转股、可转债、优先股、子基金、夹层投资等多种方式，可有效地满足拟投项目的不同需求，对于更好更快地完成政策目标，兼顾社会资本的财务目标，都起到了积极促进作用。

三是构建全覆盖的风险防控体系。投资前，通过把握宏观经济、产业、行业和市场发展趋势，重视被投企业财务、法律、经营的规范性，关注被投企业核心成员的品格、强调投资协议的约束性条款等方式以规避风险；投资后，通过完善项目信息披露机制、基金估值、提供增值服务等方式以预警风险，确保基金投资风险可控在控。

四是完善管理团队的激励约束机制。引入职业经理人制度，畅通职业经理人身份转换通道，打开薪酬空间，吸引业内高端人才和业务骨干。实行管理团队持股、超额收益分成、管理公司跟投等行业惯常做法，把个人

利益与出资人利益紧密捆绑，较好地激发了管理团队的动力和活力，也可规避管理人的道德风险。完善对管理公司的考核办法，重点考核基金投资回报水平、管理公司基金管理规模与到账规模增长率、管理费收入增长率等指标，确保股权基金的发展规模、质量和效益符合财政资金和社会资本的要求。

（三）加强战略协同，构建新兴产业投资生态圈

一是构建基金投资与产业投资的融合联动机制。国投高新以新兴产业为发展方向，以基金投资为先导，以控股投资为支撑，以资本运营为基本模式，控股投资与基金投资相结合，实现募、投、管、退全过程管理，使资源配置更合理、产业结构更优化、投资组合更恰当。

二是加强对基金投资全生命周期的生态建设。募资阶段，国投高新积极协助各基金管理公司发起设立新的国家级基金。投资阶段，统筹基金与基金、基金与国投高新的协作开发，进行联合投资与跟进投资。退出阶段，遵循社会效益与经济效益相结合的原则，实现财政资金与社会资本的共赢。

三是实现战略性投资与财务性投资双轮驱动。一方面，坚持阶段性持股理念，培育“投得准、管得好、退得出、能投会卖”的核心竞争力。另一方面，坚持战略投资方向，培育重点产业控股项目，推动资产证券化，培育符合国家战略需求的新兴产业板块。同时，依据“基金在前、直投在后，VC 在前、PE 在后，PE 在前、控股在后”的投资策略，进一步放大基金投资与产业投资的协同效应，更好地服务实体经济的发展。

四、改革成效

（一）服务国家战略能力不断提高

先进制造基金出资 15 亿元领投宁德新时代，带动社会资本 95 亿元，使动力电池产能由 2.4GWh 提升至 18GWh，为新能源汽车需求爆发式增长

提供了保障；向中集来福士出资 10 亿元，支持自主设计建造“蓝鲸 1 号”第七代超深水双钻塔半潜式钻井平台，在我国海域可燃冰首次试采取得圆满成功。新兴产业创投计划参股创投（母）基金实现社会就业超过 20 万人，吸引 200 余家中外知名投资机构参与子基金设立，带动地方财政资金、社会资金、贷款资金等合计 968 亿元。2016 年 10 月成立的央企扶贫基金实现了当年筹备、当年设立、当年资金到位、当年完成 10% 以上投资任务的良好开局，据不完全统计，2016 年投资的 27 个项目共带动 41967 人就业，其中 5559 人为建档立卡贫困人口。

（二）国有资本引导带动作用有效发挥

截至 2017 年 7 月，在国投高新管理的基金中，国投认缴出资规模 216 亿元，带动社会资本 1350 亿元，基金的一级引导放大效应达到 6.2 倍；实缴出资规模 99 亿元，通过基金的投资项目（含子基金），带动社会资本 5240 亿元，项目投资的二级引导放大效应达到 52 倍。经过多年发展，国投高新旗下基金吸引了来自国家部委、地方政府、社保基金、保险、银行、外资和其他社会资本的加入，形成了混合所有制相互融合、政策导向与市场需求有机衔接的多元化格局。

（三）基金市场化运作水平得到社会各界广泛认可

在既有基金的投资质量和投资进度得到各级政府和社会出资人肯定的基础上，近期先进制造业基金二期、京津冀产业协同基金、军民融合产业基金、央企贫困基金二期等多支国家级基金获国家有关部门批准，并相继进入筹备设立阶段，国投高新基金品牌声誉不断提升。同时，国投高新管理基金财务效益优良，IPO 和并购上市项目个数占投资项目个数（除扶贫基金）比例为 18%，5 支市场化基金的 IRR 年化收益率平均为 25% 以上，达到行业一流水平。

五、经验启示

一是必须准确把握国家战略需求。作为推进落实中央重大决策部署、国家重大战略的平台，国投高新始终坚持服从服务于国家战略的理念，积极发挥国有资本布局和结构调整的作用，并根据外部形势变化和内部“二次创业”及推进“六个转变”的需要，把国家战略与企业自身发展紧密结合起来，勇于探索，勇于创新，先人一步，使得企业能够在国家需要的时候，乘势而上、勇挑重担、不辱使命。

二是必须引入市场化运作模式。由于所处行业属于充分竞争领域，因此市场化的运营模式是国投高新发展的生命线。国投高新始终坚持市场化改革方向，遵循基金行业发展规律和基金管理公司成长规律，虚心学习借鉴行业先进经验，注重把国企体制与市场化机制充分嫁接，凭借市场化的体制机制和专业化的管理水平，赢得了社会各界的广泛认可。

三是必须充分运用国投整体资源和品牌优势。国投在深刻把握基金行业发展趋势的基础上，果断把集团资源向基金业务集聚和整合。在基金募投管退的全周期，都积极提供全方位支持；从人员调配、法人治理结构搭建、体制机制创新等诸多方面，都体现了市场化、专业化、差异化的特色，为基金业务腾飞创造了有利条件。

四是必须营造政府引导基金发展的良好生态。基金业务是国投高新落实国家供给侧结构性改革、深化中央与地方产业互动协作的有益实践。改革必须主动加强与各级政府和社会出资人的沟通交流，充分发挥国投高新基金的业务特色，加强市场信息与政府引导的互动反馈，充分对接社会出资人的诉求，共同探索实现政策目标和经济目标的有效途径，从而形成政府、社会出资人、投资企业、国投等多方良好互动的局面，共同打造政府引导基金的产业链、价值链和生态圈。

82

创新引领　转型升级
在深化改革中发展“蓝色经济”

招商局集团招商港口

一、基本情况

招商局港口控股有限公司（以下简称“招商港口”）于1992年在香港联合交易所上市，是首家在香港上市的红筹公司，2004年9月纳入恒生指数成份股。招商港口在15个国家和地区，投资和运营29个港口，基本形成了覆盖亚洲、非洲、欧洲及北美的全球港口网络，现有员工6600余人。2016年，完成集装箱吞吐量9577万标准箱，位列世界第二大港口运营商。

二、改革背景

招商港口虽然前期成长非常迅速、总资产规模不断扩大，但近年来受全球集装箱运输供过于求、市场需求低位徘徊、各项成本刚性上涨、码头卸费率难以提高等因素影响，净资产收益率呈现下行趋势，已处在“滚石上山、爬坡过坎”的关键时期。为应对短期经营压力、谋划长远发展大计，招商港口认真贯彻落实党中央、国务院关于深化国有企业改革的决策部署，在招商局集团统一指导下，重点推行由资源主导型向市场主导型企业转变，把“引进来”和“走出去”有效地结合起来，借助“一带一路”历史机遇，从结构调整、资源整合、发展混合所有制经济等方面深化改革，着力打造集约发展、创新发展、开放发展和共享发展的“蓝色经济”。

三、改革实践

（一）实现以点带面，助力港口整合、谋求共赢发展

招商局以港航起家，改革开放初期在深圳蛇口创新经济模式，创办了中国第一家中外合资的港口——赤湾港，第一个由企业兴建的港口——蛇口港。随后，招商港口准确把握区域经济腾飞机遇，充分发挥广东自贸区及前海湾保税港区优势，推进深圳西部港区整合及港口生态圈建设，强化港口创新能力和国际供应链控制力，从业务上、管理上、股权上推动整合工作，“分进合击、合作共赢”，通过几代招商人共同努力，深圳西部港区已成为粤港澳大湾区国际航运中心的重要枢纽。凭借在深圳西部港区转型创新与资源整合的成功经验，结合国企改革及国内港口整合的迫切需要，招商港口积极发挥作为第三方的关键作用，促进区域港口转型升级和一体化发展，夯实港口行业“供给侧”改革的基础。

（二）抓住历史机遇，加强国际合作、服务国家战略

受全球经贸增长乏力影响，招商港口国内港口业务面临增速放缓的压力。在党中央、国务院的政策引导下，招商港口积极谋划“如何走出去”，明确从中国码头运营商向世界一流港口综合服务商转型的战略目标，在全球范围内尤其是“一带一路”沿线，积极开拓海外市场、寻求国际合作、实践“前港－中区－后城”的综合开发模式。经过几年的培育，招商港口海外业务贡献日益凸显，已成为“新引擎”。

招商港口首个海外绿地项目——斯里兰卡科伦坡国际集装箱码头（简称“CICT”），2014年全面投产，次年箱量即突破150万标准箱并实现盈利，在业务和经营效益上作出突出贡献。同时，CICT项目的建成，不仅高度契合习近平总书记提出的“21世纪海上丝绸之路”的伟大构想，积极践行中国“走出去”倡议，同时也高度契合斯里兰卡总统提出的国家发展规划，为斯里兰卡海运立国战略贡献力量。CICT项目已成为央企实施“走出

去”战略的典型案例，在项目建设、运营效益、践行国家战略等方面取得突出成绩。此外，招商港口与众多中资企业一起“抱团出海”，在吉布提、尼日利亚、多哥洛美、土耳其等海外各关键点位，建设全球港口网络，肩负起中国国际产能合作物流枢纽的重担。

（三）坚持创新驱动，推动转型升级、激发企业活力

近年来，以“互联网”应用为代表的新经济发展迅猛，对传统行业如贸易、金融、物流等产生巨大影响。招商港口把握“互联网＋”带来的机遇，顺势而为，主动探索公司业务转型升级之路，强调以客户为中心的服务理念，分别从“港口＋互联网”及“互联网＋港口”两个层面推进。

“港口＋互联网”侧重于利用互联网技术，依托现有港口、物流资源，促进现有码头、园区业务的效率提升和成本优化，为客户提供更加优质的服务。重点打造的“深圳西部母港智慧港口”已被列入广东前海蛇口自贸区重点项目，建设自贸区范围内自动化、智能化、绿色低碳的现代集装箱港区，并打造招商局全球港口运营管理中心。

“互联网＋港口”侧重于对现有业务流程、价值链、商业模式、组织架构以及管理体系等进行重构，主动寻求创新突破、跨界合作。探索并实践了多种混合所有制形式，引入民营资本和技术力量，组建合资公司，推行管理层持股，实现了国有资本、民营技术、员工干劲的有效结合，提高国有经济影响力、控制力和带动力。

四、改革成效

（一）资源效率提高、经济效益提升

国内港口整合方面，招商港口下属各港口之间以资本为纽带进行整合，企业之间可以平衡利益，协同港口之间发展的重点和趋向，有利于整个港口群的良性发展，尤其是珠三角地区，有效维护了良性竞争与合作。通过积极参与国内各区域港口整合，招商港口从资金、技术和管理上协助

地方政府提高港口资源利用效率，避免港口资源的过度开发。海外业务拓展方面，招商港口打开了海外市场的广阔大门，为可持续发展注入了新的动力。从业务量贡献看，2012 年至 2016 年，海外集装箱吞吐量年复合增长率达 156%，远高于国内项目 7% 的增速，2016 年海外业务集装箱吞吐量贡献 1696 万标准箱，占总吞吐量 18%，较 2012 年增加了 17 个百分点。从利润贡献看，2012 至 2016 年海外业务净利润年复合增长率达 93%，2016 年海外业务净利润贡献 8.3 亿元人民币，占总利润的 18%，较 2012 年增加了 16 个百分点。

（二）契合国家战略、展示企业形象

以斯里兰卡 CICT 项目为例，新码头的建设和运营，高度契合国家建设“一带一路”倡议，同时也契合斯里兰卡的国家发展规划，成为中斯两国落实“21 世纪海上丝绸之路”合作的重要载体。CICT 为当地培养大量港口人才，2016 年为 CICT 项目直接工作的员工数达到 1200 多人，其中中方外派员工只有不到 20 人。CICT 为当地带去先进港口技术，包括集装箱场桥 RTG 油改电技术、船舶岸电供应供电解决方案、码头核心操作系统和 LED 节能系统等，展示了招商局绿色港口理念，将科伦坡港区打造成为环境友好型港口，在行业中树立绿色典范。人才获益、技术获益、经济获益，CICT 项目受到斯里兰卡政府和人民的高度评价，与东道国建立起了互信共同体、利益共同体、责任共同体。除斯里兰卡 CICT 项目以外，招商港口正在向全球发展中国家带去当地急需的外来投资和先进的港口运营管理经验、提高当地的港口运营管理水平并为当地培养与国际接轨的运营管理人员队伍，以此为契机面向世界传播中国的企业文化。以“在国内是招商人，在国外是中国人”的理念，锐意开拓，展现中国投资企业的优良形象。

（三）管理层级压缩、运营效率提高

招商港口始终坚持贯彻落实国家关于推动“瘦身健体”、提质增效的重要部署，杜绝“摊大饼”的粗放式增长、崇尚“集约化”的发展理念，注重平衡好“做强做大”与“瘦身健体”间的关系，沿着正确方向积极推进国企改革。招商港口统筹全局、克服困难，打破香港公司为海外投资而设置多层持股公司的商业惯例，法人户数从 136 家“压减”至目前的 117 家，预计三年内将进一步“压减”至 100 家以内，“压减”比达 30%。

五、经验启示

（一）改革发展要把好风险底线，做到“科学决策、未雨绸缪”

针对海外业务开发中市场风险、政治风险、法律风险较高的实际，招商港口建立了全面风险管控体系和科学决策机制：海外项目在进行投资申报前要开展全面的尽职调查，结合外部专业机构的评估分析，对风险进行预判，并通过合理的商业模式设计最大限度地规避潜在风险；经过严格筛选，对实施风险在可接受范围内的项目才能批准实施；同时，通过购买海外投资保险、建立海外应急预案、外派干部培训、海外项目管理人员培养、市场化薪酬福利等配套办法控制风险。

（二）改革发展要提倡合作共赢，鼓励“抱团出海、优势互补”

招商港口积极寻求内外部合作伙伴，共同开拓市场，优势互补、风险对冲。“抱团出海”模式之所以成功，一是要建立“权责利”清晰的协调机制，主动协调各合作方的投资目的、经营理念和利益诉求，化解可能在沟通决策过程中出现各类矛盾，统一思想、协调一致；二是要平衡长期投资与短期利益的关系，财务投资者秉承短中期财务回报并退出，但港口行业具有长期投资和运营的特点，需要合理引导、步步为营，处理好长期与短期之间的矛盾。

（三）改革发展要激发全员热情，推动“吐故纳新、求索不止”

在运营管理过程中，招商港口意识到只有当企业与员工利益捆绑一致时，才有可能保持活力、长久发展。在向市场转型及世界一流企业迈进的过程中，员工激励机制改革是所有改革的前提与原动力。招商港口借鉴国内外领先企业的实践经验，分层次、有步骤、多方式地制定与推进薪酬体系与激励制度改革。具体方案因地制宜，形式灵活多样，只要将员工与企业结成互信共同体、利益共同体、责任共同体，提升员工成就感和幸福感，就能最大限度地激发员工的工作热情。

83

专于旅游　工于匠心
在旅游特色转型中加快改革发展步伐

中国旅游集团焦作中旅银行

一、基本情况

焦作中旅银行的前身是焦作市商业银行，2012 年 10 月份，引入中国港中旅集团（现中国旅游集团）作为战略投资者，成为中央企业控股管理的城市商业银行。2015 年经河南银监局批复同意，正式更名为“焦作中旅银行”（以下简称“中旅银行”），开启了“旅游 + 金融 + 互联网”特色业务发展之路。2012 年以来，中旅银行紧紧围绕“打造特色化一流银行”愿景目标，改革发展、锐意创新，在公司治理、组织架构、风险防控、人才队伍、产品研发等方面均取得了跨越式发展，与四年前相比发生了翻天覆地的变化，为深化国有企业改革提供了有益经验。

2017 年，作为全国唯一一家以旅游为特色的银行，中旅银行发展质效进一步提升。截至 8 月末，中旅银行资产 600. 5 亿元，较年初增加 33. 6 亿元，增幅 5. 93%，实现净利润 4. 34 亿元。

二、改革背景

近年来，面对错综复杂的外部形势，中旅银行自身发展中遇到了信息科技、不良资产、人力资源三大瓶颈，面临着管理基础较薄弱，产品体系不丰富，创新能力不足等问题。为了解决这些问题，中旅银行认真贯彻中国旅游集团及中旅金控公司的决策部署，努力通过强化公司治理、加强机构建设、调优业务机构、提高风控能力、优化人才结构等举措，实现体制机制上深层次、系统性的改革，达到以改革促发展的目标。

三、改革实践

（一）强化公司治理，坚固抗风险“堡垒”

近年来，中旅银行持续推进公司治理。**一是**加强股权管理。四年前，中旅银行股本总数仅有6.47亿元，抵御风险能力弱。经过2012、2014、2015、2016年四次增资扩股，中旅银行股本总数由6.47亿变为50亿股，股权结构逐步由“地方政府+民营企业”为主蝶变为以“国有企业+地方政府+上市公司”为主的法人主体。目前，中旅银行第一大股东中国旅游集团公司持股18.34亿股，占比36.68%，焦作市政府下属企业持股9.67亿股，占比19.34%，其他股东中包括雏鹰农牧、多氟多、焦作万方等多家民营上市公司，以及中原大地传媒、河南日报报业集团、河南国土资产运营管理公司、中原信托等省属优质企业。**二是**强化机制建设。中旅银行进一步明确了党委会、股东大会、董事会、监事会、高级管理层、股东及其他利益相关者之间的相互关系，建立了包括组织架构、职责边界、履职要求等治理制衡机制，以及决策、执行、监督、激励约束等治理运行机制，各治理主体逐步实现了独立运作、有效制衡、相互合作、协调运转，使决策、执行、监督工作更加规范、科学、高效。

（二）加强机构建设，坚持提质增效

近年来，中旅银行加大了机构优化力度。**机构建设方面，**为满足业务发展需要、尽快缩短与同业间的差距，四年来，中旅银行先后设立了小微金融部、金融市场部、资产管理部、投资银行部等重要部室，并按前、中、后台进行设置和管理，形成了前台冲、中台促、后台控的扁平化组织架构。同时，邀请普华永道为中旅银行设计总分支架构及配套的薪酬、绩

效体系，逐步形成以战略为导向、以客户为中心，有效制衡、精简高效的总分支组织架构。**网点建设方面**，中旅银行分区域实施不同的网点定位，构建多层次、立体式的服务体系，在县域实施“网点下沉、业务下沉”转型战略，在市区坚持“全面统筹、区域互补”原则，跨区域统筹推进郑州分行、北京研发中心建设，积极筹备深圳研发中心建设。四年来，网点数量由26个发展为38个，逐步实现公司业务集约化管理，实现资源配置更加优化、业务重心更加明确、网点效能逐步提升。

（三）调优业务机构，打出旅游特色营销“组合拳”

2016年以来，中旅银行紧紧抓住国家加快发展旅游业战略机遇，全力打造旅游金融特色业务，在业务拓展上已初步形成公司、零售、小微“铁三角”模式。**一是**自更名以来，明确了“先焦作、后河南、再全国”“先集团内、后集团外”的发展路径，开启了“旅游+金融+互联网”的特色业务发展之路。为加快特色业务发展步伐，2015年10月成立了专营旅游特色业务、实行准事业部制的旅游银行部，实现产品研发、业务营销、预算管理、资源配置、风险管理自营，并加大资源倾斜力度，确保资金足、人员强、管理优，备足旅游业务发展后劲。**二是**倾力打造“i旅游”卡品牌。围绕“吃住行游购娱”六要素，不断丰富“i旅游”卡权益，先后将机场贵宾厅服务、旅游年票功能等融入卡权益，使持卡客户在特惠商户、优惠景区刷卡消费享受折扣优惠。**三是**加大产品研发。为满足旅游产业链条上不同客户群体的金融需求，中旅银行创新推出了景区门票收益权质押贷、旅游小镇贷、景区维修贷等特色产品20余种。其中，针对旅行社业态企业规模小、有形资产不足、流动资金缺乏、短期融资困难的行业痛点，与新兴旅游金融企业“溢美金融”合作推出“旅行社特色贷款”项目，截至2016年末，业务范围覆盖12个省、直辖市。**四是**积极拓展市场。与河南省旅游局签订战略合作协议，积极与政府旅游平台对接，预计未来5年内对河南省内的旅游项目贷款投放将达到200亿元。截至2016年末，旅游贷款余额45.9亿元，占全行贷款余额的19.25%，同比上升11.88%；旅游贷款新增29.9亿元，占全行新增贷款的43.73%，同比上升32个百分点。

（四）提高风控能力，坚定可持续发展目标

受经济形势日益复杂、金融市场持续波动等因素影响，中旅银行不断加大风险防范的控制力度。**一是**逐步完善全面风险管控体系。通过风险责任划分、严格审批流程、打通小微贷款业务独立审查审批通道、派驻风险主管、强力不良清收等方式，把好各类风险关口，严防风险发生。**二是**积极贯彻监管政策要求。通过开展制度年活动、落实“双录一区”制度、贯彻联动监管要求、强化“三十个”严禁标准、开展“两个加强两个遏制”回头看活动等方式，进一步提升精细化管理水平。2016年对2001年至2015年期间下发的510个规章制度进行了清理、评价、审查，共修订制度96个，废止制度40个。**三是**持续开展不良贷款问责工作。截至2016年末，中旅银行共召开不良信贷资产问责委员会12次，对63户不良贷款进行了问责，问责人员达466人次，落实“有规必依、违规必究、尽职免责”的问责机制，强化合规创造价值的新理念，全行“合规运营、违规必究”的经营氛围进一步浓厚。

（五）优化人才结构，提升快速发展“冲劲”

近年来，中旅银行在人才引进方面开展了大量工作。**一是**通过四年来外部引进、内部培养、市场化机制改革，中旅银行2016年末在岗员工人数达到1060人，较2012年末增长56.11%，其中，本科及以上学历人员从2012年末的57%提升至81.2%。2013年以来，共引进人才483人，人力资源结构进一步优化，整体素质进一步提高。同时，进一步加强市场化管理，规范人员引进、调整、辞退流程，形成“能者上、平者让、庸者下”的人才保障机制，备足发展后劲、提升核心竞争力。**二是**强化人才培训，特别是新员工素质培养，举办了首届“拜师学艺、岗位成才”拜师大会，

全行“比学赶超”的学习氛围进一步浓厚。**三是**完善绩效考核和薪酬激励机制，制定了全新的综合考评办法、序列人员考核办法，坚持“外部竞争力、内部公平性、业绩导向、审慎经营”的薪酬管理原则，不断优化完善员工薪酬福利体系。

四、改革成效

经过一系列改革，中旅银行主要经营指标连创新高，风险防控水平持续增强，发展道路更加清晰。

一是跟自己比，实现了跨越式发展。2016 年底资产规模达到 566.87 亿元，较 2012 年末增长了 416.78 亿元；甩掉包袱，轻装上阵，四年累计消化不良包袱 19.26 亿元，其中 61% 为现金清收，39% 为核销处置；盈利能力大幅提升，2016 年创利 5.31 亿元，达到 2012 年度的 4 倍，在人员扩张 1.5 倍的情况下，人均资产、人均净利润均达到 2012 年末的 2.3 倍。2016 年，受宏观经济影响，在行业不景气的情况下，中旅银行总资产规模在保持较年初 47% 增幅的同时，ROA（资产利润率）达到 1.06%，在全省城商行平均 ROA 下降的趋势下实现小幅增长，人均资产、网均资产的增幅在省内城商行中名列前茅，做到了资产规模的内涵式增长。

二是跟监管要求比，实现了持续提升。港中旅集团入驻前，当时的焦作商行在贷款集中度、资产质量偏离度、全部关联度等方面有多项指标达不到监管要求，监管评级一度被下调至 4A。经过四年的不懈努力，各项监管指标已全面达标，监管评级从 2012 年的 4A 提升至 2C（内部掌握）；针对联动监管提出的公司治理、内控管理、流动性风险等 8 个方面的问题持续整改，逐步靠近监管眼里的好银行标准。

三是风险防控水平持续增强。四年来，中旅银行逐步实现了向全面风险管理模式的转变。**风险治理架构方面，**形成了以风险管理委员会为核心，以风险管理部门、核心业务风控团队、风险派驻团队为抓手，以审计部门为保障的决策层、执行层、监督层三层一体的风险管理架构。**风险管理工具方面，**系统、模型持续优化完善，信贷风险管理系统不断增加新的管理模块，拓展管理边界，风险计量模型量化参数设置更加合理，以求结果更加客观真实。**风险管理队伍建设方面，**风险条线人员从 2013 年初的 20 多人发展到现在的 86 人，人员学历水平也有大幅提升，本科以上学历达到 94%，其中硕士学历达到 23%，风控队伍日渐壮大。

五、经验启示

一是明确引入战略投资者的目的，选择与自身发展契合的战略投资者。中旅银行通过引进战略投资者，不仅解决了曾经面临的生存危机，实现了快速发展，更重要的是为未来发展奠定了坚实的基础，走上了一条特色化可持续发展之路。

二是明确公司发展战略和业务发展定位，将核心资源精准用于旅游特色业务，成为行业标杆。为满足旅游产业链条上不同客户群体的金融需求，中旅银行创新推出了景区门票收益权质押贷、旅游小镇贷、景区维修贷等特色产品 20 余种。

三是合理利用集团公司的优势，助力自身发展。中旅银行充分利用大股东在旅游景区、酒店等服务设施方面投资经营管理的专业优势，不断加大旅游产业布局。围绕旅游特色银行定位，积极研发特色产品服务，同时，加强与集团沟通，推动产融结合项目发展。

84

把握政策机遇　聚焦免税主业
加快实现做强做优做大目标

中国旅游集团中免公司

一、基本情况

中国免税品（集团）有限责任公司（以下简称“中免公司”）为中国旅游集团公司旗下中国国旅股份有限公司的全资控股子公司。在30多年的发展历程中，中免公司深耕免税主业，致力于服务国人免税品消费需求和体验，经过多年努力，实现由单一分销商到零售运营商的转型发展，企业规模化增长趋势明显，业绩获得大幅提升，目前中免公司占中国免税市场份额55%，是中国免税行业的领导者。中免公司的资产总额由1985年的120万元上升到了2016年的104亿元，营业收入从4400万元跃至95.2亿元，实现利润24.9亿元，从业人员从最初的350人发展至5447人。

二、改革背景

经过多年发展，中免公司经营环境发生了巨大变化，主要体现在：**一是**国内免税专营政策正在逐步放开，中免公司的保护性政策已松动。**二是**国外旅游零售巨头进入中国免税市场，形成行业竞争格局。**三是**高端奢侈品需求下滑，免税目标客户的消费需求呈现多样化、个性化和复杂化。**四是**电商与跨境通的发展对免税实体店铺产生强烈冲击。**五是**人民币贬值、行邮税和消费税调整等挤压公司盈利空间。

面对巨大的生存及发展压力，中免公司聚焦免税主业，着力提升旅游零售运营的核心竞争力，全力深掘中国免税品消费市场，为出入境中国旅客提供专业的高品质免税消费服务和体验。

三、改革实践

（一）聚焦国人免税品消费市场，争取离岛免税政策，成功运营三亚国际免税城

2009年，中免公司创新性地提出参照日本冲绳、韩国济州等地通过离岛免税促进发展旅游业的成功范例，并协助海南省政府，协调相关部委，共同商议、认真研究海南离岛免税政策的试行方案。2011年3月24日，《海南离岛旅客免税购物政策试点细则》正式公布，实现由传统市内免税店向离岛免税店的转变，中免公司成为海南离岛免税政策的首家试点运行企业。2014年9月1日，位于国家海岸海棠湾三亚国际免税城的开业运营，标志着全球最大单体免税店的诞生。目前，三亚国际免税城累计实现营业收入184亿元，营收复合增长率35.4%，累计实现利润总额34.1亿元，利润复合增长率19.7%，缴纳各项税费合计超过21亿元，在国际旅游零售行业引起广泛关注，已成为业界运营大型免税零售平台模式的典范。

（二）关注制高点，获取首都机场免税业务经营权，建立渠道竞争壁垒

中免公司始终关注大型零售平台免税经营权的获取。首都机场作为世界最繁忙客运机场之一，年客运量位居全球第二位，出入境旅客人次位列中国第二，其在全球免税业界的重要性不言而喻。2017年，中免公司在获悉首都机场招投标之时，迅速成立首都机场国际区免税业务招投标项目专项工作组，由公司领导挂帅，项目组成员全力以赴投入到投标准备工作中。2017年6月30日，历经艰难竞标和等待，中免公司中标首都机场T2

标段免税经营权，并通过控股日上免税行（中国）有限公司中标 T3 段免税经营权，由此标志着中免公司引领中国免税行业加快一大步。

（三）促进消费回流，巩固存量免税业务，大力拓展进境免税店

在中国游客境外旅游和境外消费迅速增长的趋势下，中免公司抢抓政策机遇，并充分利用现有免税政策，按照《口岸进境免税店管理暂行办法》（财关税〔2016〕8 号）等政策要求，围绕机场进境免税店、出境免税店的一体化经营策略，以促进消费回流为着力点，通过积极参与招投标工作，逐步完善统一标书内容的基础信息，包括标书制定、基本资料编写、财务标、商务标的测算、已知店铺的平面设计、实现投标报价的详细经营分析等，扎扎实实巩固存量免税业务，通过协同营销与统一管理，积极拓展增量业务，达到扩大销售规模、提高综合收益的目的。

（四）强化“走出去”战略，中标香港机场烟草酒水经营权，成功运营柬埔寨免税市场

1. 中标香港机场烟草酒水经营权

香港机场是国际航空枢纽机场，也是全球最大航空货运枢纽地，无论客源规模还是客源结构，都是各品牌集团展示形象地抢争之所。2016 年，中免公司组建项目小组，有序开展各项投标准备工作，陆续完成投标预算的制定、外聘公司的选取、投标策略的确定、标书的制作等各项工作。2017 年 4 月 5 日，中免公司和 Lagardere Traval Retail（拉格代尔旅游零售公司）共同成立的合资公司在激烈的竞争中脱颖而出，最终获得新一轮的烟酒产品经营牌照，取得进军国际市场里程碑式的进步。

2. 形成“三足鼎立”的柬埔寨免税格局

2013 年中国免税品集团（柬埔寨）有限公司（下称“柬中免”）正式成立，此后相继开设暹粒、金边、西哈努克港等三家市内免税店，形成覆盖柬埔寨北部、南部、中部三个核心城市的免税格局。

柬中免项目是中免公司大胆探索中国海外奢侈品消费市场，积极寻求

国人境外热门旅游目的地的重要渠道平台，也是中免公司迈入国际化经营版图关键举措。面对 DFS 暹粒店的激烈竞争，中免公司从柬埔寨项目整体战略出发，强化各店的分工与定位，暹粒店与 DFS 正面竞争，拖住竞争对手，积累经验、提升竞争能力，而西港店、金边店则在后方创造效益，维持柬中免整体盈利水平，目前这一战略的前瞻性和必要性已显现。

（五）加快推进“人才强企”战略，引进国际化、市场化、专业化人才，打造企业核心竞争力

中免公司紧紧围绕企业战略布局和业务发展需要，吸收招聘深谙中国免税消费市场的国际化专业人才，促进公司招商采购、零售运营、信息管理、物流配送以及市场营销五项核心能力提升。2016 年，聘请外籍资深高管任职首席运营官，凭借其多年的国际旅游零售行业经验，不仅成功取得香港机场烟酒标段经营权，公司标书和整体表现获得香港机场当局高度肯定，并在市场营销和品牌影响力拉动零售销售上进行统一管理、规划，积极指导采购部门为零售终端提供切实有效的营销活动，店铺业绩表现大幅提升；2016 年聘请香港市场资深专家为物流顾问，为港中免和香港项目的物流配送提供解决方案，优化公司整体物流规划；2017 年引进具有国际化背景的行业信息化专家担任首席信息官及副总监，负责通过技术手段和中国旅游集团的资源整合，迈出“数字化中免”第一步。

四、改革成效

（一）巩固了中国免税行业龙头地位

2017 年，中免公司先后获取北京首都机场、香港机场，以及昆明、广州、青岛、南京、成都、乌鲁木齐 6 家国内机场进境免税店，有效提升全球免税业的国际影响力，巩固了中国免税行业的龙头地位，为公司依托国内市场继续扬帆出海奠定更加坚实的基础。2017 年 4 月，公司成功收购日上免税行（中国）有限公司，公司的中国免税市场份额从 38% 提高到

55%以上，一举成为中国免税行业的领头羊。2017 年底，中免公司在全球旅游零售业排名，预计将从原来的 12 位提升至第 8 位。未来，公司将结合自身经营优势，把北京首都机场免税店打造成为全球免税购物的“新地标”，使其成为公司新的业务增长点。

（二）企业规模迅速扩张

中免公司通过深挖存量业务、积极拓展新业务、开展投资并购等手段，2017 年上半年，公司整体经营指标表现优异，改革成效初现。收购日上免税行，为公司带来营业收入上半年增加 13.6 亿元，利润总额增加 1.4 亿元，同时挖掘存量业务潜力，总体营收和利润较同比增长 42.6%和 23.7%。预计 2017 年全年将超额完成“十三五”既定的当年目标，同比 2016 年营收将增长 52%，利润增长 18%，企业规模首次突破 100 亿元。

（三）零售水平提高显著

中免公司通过一系列改革举措，原有存量业务的营收、利润同比提升 15%、14.7%。以三亚和柬埔寨为例，2017 年上半年，三亚国际免税城共接待顾客 294 万人，同比增长 21.4%，营业收入达到 32 亿元，同比增长 25%，利润总额突破 6 亿元，同比增长 25.3%。柬埔寨门店通过与中国国旅股份公司旅行社业务的协同合作，确保吴哥店的国内包机航线进店率达 95%，西港店达 100%，从而有效确保客源、提高进店率，2017 年上半年连续四个月营收同比增长超 100%。

（四）核心能力建设初见成效

打造有竞争力的核心能力是中免公司改革发展的关键。**一是**通过人力机制的改革，引入大量了解中国和行业市场的国际化专业人才，带动公司核心能力提升。**二是**加快推进公司业务拓展，使公司有更大的平台和更强的行业影响力。**三是**利用香港机场、首都机场和三亚国际免税城的规模效益和大型零售平台的影响力，有效提高采购招商的谈判能力和议价能力，大幅提高公司毛利率。

（五）人力机制改革进一步深化

中免公司目前已初步形成中外结合、新老结合、梯队布局的完整人力发展体系，公司高管、总监、经理等各层级均具备国际化能力和行业背景。通过引进国际咨询公司，对标国际高水平竞争对手，对薪酬结构、职级体系和人才发展进行梳理、改革，从根本制度的建设上保证引进国际化人才的常态化和可持续化；通过市场化流程和渠道引入具有国际国内双重背景和行业经验的高端人才，匹配符合市场标准的薪酬待遇和绩效目标，带动中免公司上下共享人力机制改革的成果。

五、经验启示

（一）与集团公司的整体战略相契合，集全集团之力走创新发展之路

中免公司作为中国旅游集团公司重要的盈利板块，坚定不移地秉承国企的使命和目标，并积极推动和落实到集团公司整体发展策略中，深挖传统业务，扩大渠道占有率，积极拓展新的大型零售平台，投资并购实现跨越式发展。

（二）始终强化公司战略定位，突出主业意识，分步分层有序推进战略目标落地

中免公司制定“十三五”战略发展规划，明确以“一三五一”为核心的战略定位，即以政策为企业发展基石，在用足政策、维护好政策的同时，有序开拓免税商业、投资并购、有税商业等三大核心业务，提出五项核心能力建设为企业长远发展的关键能力，指明人力机制改革是企业发展的根本保障。有计划、有步骤、有重点地推进战略举措的实施，并制订到年度工作中，有计划、有保障、有步骤、有总结地落实到位，强化执行，以点带面、重点突破，取得明显成效。

（三）抢抓政策机遇期，加快获得大型零售平台免税经营权，以规模效应带动经营效益的显著提升

中免公司的核心业务在很大程度上依托于国家免税政策的维护，因此需要用好用足政策，借助政策之力快速做大，在有限的市场范围内，建立竞争壁垒，快速占领渠道资源，提升市场占有率，扩大市场影响力，提高与供应商的谈判能力，充分利用规模效益在与供应商的谈判中获得更优的供货条件，有效提升企业采购毛利率，为企业快速做强做优做大创造有利条件。

85

机制市场化　发展专业化
坚定不移推进转型升级之路

中咨公司中咨海外

一、基本情况

北京中咨海外咨询有限公司（以下简称“中咨海外”）隶属中国国际工程咨询公司，1996 年注册成立，2016 年底共有员工 193 人，具有工程咨询甲级、工程设计甲级、旅游规划乙级资质，主营业务包括课题研究、各类规划、项目策划、项目前期咨询、PPP 咨询、招标代理、工程造价、工程设计、工程管理以及管理咨询等工程建设全过程咨询服务，业务全部源自市场竞争。2016 年，中咨海外实现新签合同总额 2 亿元，营业收入超过 1 亿元。

二、改革背景

党的十八届三中全会以来，政府转变职能，简政放权，不断深化放管服改革，大批取消和下放政府审批权限，为传统工程咨询行业带来巨大影响。之前作为主营业务的围绕政府审批性项目的前期咨询业务大幅缩减，传统的工程咨询业务发展之路已经无以为继，急需围绕新形势下的市场需求，调整企业发展策略，由审批性咨询向智库咨询和实用价值型咨询转变。与此同时面临着高端人才稀缺、现有机制对外部人才吸引力不足、高端咨询业务发展基础薄弱，业务发展粗放、专业性不强、比较优势不明显等诸多问题。

为解决上述问题，中咨海外积极贯彻落实党中央、国务院关于深化国有企业改革的决策部署，按照国资委有关工作安排，以制订企业发展规划为契机，统一思想认识，明确以机制改革创新为抓手，大力吸引和培养高端咨询服务人才，坚定不移推进专业化、区域化、多元化发展道路，以打造成为**“新型智库与项目整体解决方案融合的平台集成商”**为发展战略目标，全力推进转型升级。

三、改革实践

（一）引入市场机制，增强企业吸引力、激发企业活力

实行事业部制。在统筹管理、统一指导的制度框架下，以目标考核为导向，将人财物权全面下放至各事业部，充分调动各事业部的积极性和创造力。通过全面引入市场机制，彻底激活并释放各事业部的活力，也为吸引外部人才打开了窗口。通过一系列管理制度的出台，营造“海阔凭鱼跃、天高任鸟飞”的企业氛围，最大限度地激发企业活力。

（二）加快引进高端咨询人才，扎实推进智库建设

智库建设核心是高水平的咨询人才。主要通过三方面的举措，来吸引高端咨询人才。**一是**通过内部机制改革，为引入高端人才提供优质的事业发展平台。**二是**通过收入分配调节制度改革，探索为高端人才提供较好的待遇保证。**三是**通过企业文化建设，为引入高端人才提供以人为本、和谐进取的工作氛围。通过这些举措，陆续从有关政府部门及同行业优秀企业，引入多名高端领军人才，这些人才有思想、有能力、年富力强，熟悉国家政策，在有关行业深耕多年，积累了丰富的理论和实践经验。他们的加入，极大地带动了中咨海外整体研究能力水平的提升，注入了强大的动力。此外，中咨海外还在智库建设指标考核、制度激励等方面出台了一系列措施。重点围绕为地方政府提供决策咨询，为各类市场主体关注的发展

商机、经营模式、投融资等提供咨询业务，针对社会焦点、热点以及趋势性问题进行前瞻性研究等方面展开。

（三）全面提升项目整体解决方案能力水平

在以往项目可行性研究、方案设计、招标代理、造价咨询、项目管理等项目咨询服务的基础上，从以下三个方面提升项目整体解决方案能力：**一是**加强项目前期研究，从项目谋划阶段开始，全面引领客户需求。**二是**加强咨询与设计双轮驱动，将设计及设计优化服务融入整体咨询服务中。**三是**加强投融资咨询专业服务能力，积极发展PPP咨询业务，为投融资各方主体搭建合作平台。

（四）强力推进专业化、区域化发展道路

明确专业化发展道路，各事业部分别聚焦不同行业领域，形成基础设施、文化旅游、社会事业、电子信息、生态环保等多领域、专业化发展。选择有良好业务基础的地区，通过设立分支机构及定点联系人制度，进行资源深耕，有针对性地区域布局。积极跟进国家"一带一路"倡议，以加入有关部门援外司咨询服务机构库为契机，加快拓展海外业务。

四、改革成效

（一）经营效益不断提高，发展后劲足

2016年，中咨海外实现新签合同总额2亿元，营业收入1亿元。首次实现合同额和营业收入双破亿，较上年分别增长26%和40%，创历史新高。专业技术团队由原来的百余人增长至近200人，中高级核心骨干队伍得到明显增强。业务增速始终保持较快势头，2017年1—7月新签合同额已经达到近1.5亿，未来发展可期。

（二）智库建设取得阶段性成果，行业影响力得到有力提升

中咨海外开展的永定河生态治理研究，形成的咨询专报《恢复永定河

生态走廊的思路与建议》得到有关领导批示，实现推动永定河流域生态功能恢复上升为国家战略，永定河治理投融资研究方案被采纳，纳入永定河修复治理总体方案。研究产能抱团出海，在境外建设国际产能合作园区模式。参与特许经营条例和水利 PPP 项目指导意见制定，建立自己的 PPP 理论体系及标准规范。开展区域同城化、城市群发展研究，在高铁经济带、高铁产业园、省（区、市）际试验区等规划咨询领域，开创全国领先。积极响应雄安新区建设，承担新区投融资研究及人口调控管理研究两个重要课题。通过实实在在的业绩，提升了中咨海外的行业影响力。

（三）提供一揽子整体解决方案能力日益纯熟

为解决市区与远郊区交通快速连接及区县政府投资压力问题，中咨海外主动开展有轨电车专题研究，协助有关部门报请市政府获取投资补助政策，并作为北京郊区有轨电车的统一政策，有效化解了远郊区投资有轨电车的压力。从项目谋划开始，为亦庄 T1 线现代有轨电车项目提供了前期咨询、PPP 咨询、招投标咨询、成本控制咨询、法律服务等全过程咨询服务，合同总额达到 2911 万元。同时，抓住政府和投资人两端市场，为有关部门提供全过程咨询后，拓展延伸为项目公司提供设计优化等接续咨询服务，将项目资源一挖到底。协助政府实现该项目当年谋划、当年决策、当年开工，较一般重大项目节省两年时间，创造了“亦庄速度”。同时作为北京市第一条成功采取 PPP 模式推进的有轨电车项目，创造了“亦庄模式”，受到北京市高度重视，在全市范围作为典范推广，通州、顺义、昌平等区县政府也即将与中咨海外合作。

（四）专业化、区域化发展取得明显成效

经过培育发展，各事业部在各自的专业领域均已形成一定规模的专业技术团队，专业服务水平得到明显提高，尤其在基础设施、文化旅游、水利生态等领域先后完成了永定河生态治理、亦庄 T1 线有轨电车全过程咨询、河北省太行山等高速公路 PPP 项目、承平高速 PPP 项目、首都环线高速（通州至大兴段）PPP 项目、贵州省镇远县古镇旅游综合开发 PPP 项目等多个有代表性的项目咨询服务，其中后 4 个项目入选国家财政部 PPP 示范项目，专业化发展取得阶段性成果。区域化方面，以京津冀、内蒙古、新疆、广东、广西、海南等地区为重点，充分挖掘地方政府和企业客户资源，2016 年这些重点地区的新签合同总额占到全年新签合同总额的 62%。

五、经验启示

（一）创新机制建设、吸引高端优质人才，是咨询服务企业发展的关键

人才是咨询服务企业的核心生产力，是一切发展的源头。要吸引高端人才，必须要从内部机制上进行创新，强化以人为本，为其发展构建开放灵活有竞争力的事业发展平台，以平台吸引人才。

（二）营造干事创业企业文化氛围、激发员工活力，是咨询服务企业发展的原动力

除了机制，企业的软环境更为重要。中咨海外一直倡导“敢打、敢拼、敢闯”“爱公司、爱员工、爱社会”的企业文化，从上至下坚守谋事不谋人、尊重人才、简单共享利他的企业哲学，为员工干事创业提供宽松的工作氛围。

（三）立足专业、深耕细作，是咨询服务企业发展后劲的保证

早年中咨海外的发展一直是粗放式增长，缺少规划，对专业化发展重视不够，以致在转型期遭遇瓶颈。专业化的过程会有阵痛，也需要周期，但厚积薄发才能长远发展，比较优势源自精和专，锲而不舍，才有金石可镂。

86

以资本运作助力国企布局结构调整和转型升级

诚通集团诚通基金

一、基本情况

2016 年 2 月，诚通集团被确定为国有资本运营公司试点，受国务院国资委委托，诚通集团作为主发起人，发起设立中国国有企业结构调整基金股份有限公司（以下简称“结构调整基金”），股东除诚通集团外还包括建信投资、招商局、兵器工业集团、中国石化、神华集团、中国移动、中车集团、中交集团和金融街集团等 9 家大型国企。中国国有企业结构调整基金于 2016 年 9 月 22 日注册，总规模 3500 亿元，首期规模 1310 亿元，是目前中国最大的私募股权投资基金。

诚通基金管理有限公司（以下简称“诚通基金”）2016 年 3 月成立，是诚通集团全资子公司，受托作为结构调整基金管理人。诚通基金目前从业人员 53 人，其中硕士研究生以上学历 41 人，占比 77.4%。公司员工绝大多数为市场化人才，投资团队全部为市场化选聘人才，来自诚通集团、进出口银行、青域资产、中再集团、城建投资、德意志银行、安邦保险、光大集团、华融资产、中兴资本、AIF 投资等专业化机构，骨干成员均为具有国内外丰富投资经验的专业化人才。

二、改革背景

目前，中国经济发展进入“新常态”，长期累积而成的结构问题仍未完全破局，中央企业行业分布过宽、战线过长、资源分散、竞争力不强等问题依然比较突出，布局结构优化的任务十分艰巨。

作为国有资本运营公司，诚通集团提出，公司职能定位于服务国有资本战略结构调整和布局优化的国有资本市场化运营平台。但是，结构调整不能再主要依赖于行政的力量和舆论的引导，以市场化的方式和手段主动出击，以投资基金的效率和机制扬长避短，才是符合改革目标和国际资本市场演变趋势的方式。正是在这种背景下，3500 亿规模的结构调整基金作为国有资本运营公司实现职能定位的抓手成功设立。

三、改革实践

组建一支我国迄今为止最大体量的基金，对于诚通基金来说，是一个巨大的挑战，必须依靠自身解决钱从哪里来、人从哪里找、项目怎么选、机制怎么建等问题。

（一）完善基金运营能力

一是做好顶层设计。诚通基金坚持“市场化运作，专业化管理”的经营理念，是服务于国家供给侧结构性改革、推动中央企业及国有骨干企业转型升级和结构调整的市场化运作的专业投资平台。在成立之初就在机构设置、投资方向和管理模式与全球一流股权投资机构看齐。例如，结构调整基金采用股份有限公司的法律形式，资本金根据章程规定在两年内分三笔逐步到位，相比较于市场常见的有限合伙制基金资金按照项目缴付投资款的情形，有利于避免部分投资人未能按期缴付投资款的违约情况出现，从而实现基金投资资金的长期稳定供应。

二是加快建章立制。诚通基金组建后迅速制定了《投资决策管理办法》《风险管理办法》《财务管理办法》《资金管理办法》《现金管理办法》等13项内部控制制度，覆盖了基金项目投资各项风险环节。管理公司则制定了《执董办公会会议管理办法》《投资决策委员会会议管理办法》《财务管理办法》《招聘管理办法》《派出人员管理办法》等十多项制度文件，通过分级授权的方法，对管理公司各职级员工的工作权限和工作流程进行规范。同时，诚通基金加强了制度的执行力度，从源头将风险控制在可承受范围内，严格控制各阶段、各流程可能出现的风险。

三是明确双层投资决策机制。诚通基金内部设立投资决策委员会，有权对单笔投资金额30亿元及以下的项目进行决策；30亿元以上的项目由结构调整基金的投资决策委员会进行决策；单个子基金投资规模或单笔项目累计投资金额超过基金注册资本15%的特殊或重大项目由基金股东会特别决议。例如，结构调整基金投资于中国国航18亿元的项目由诚通基金投资决策委员会决策，而投资于联通129.75亿元的投资则由基金投委会拍板。

四是重视团队建设。诚通基金在组建伊始就以行业优秀股权基金管理公司为目标，致力于打造市场化、专业化的团队。在选人上，诚通基金已实现流程中每个程序节点的标准化、规范化，严格执行标准比选、背景调查、集体讨论决定和任职试用期考核等规定，每进一人都由党委书记亲自把关，经相应决策机构审批后，报集团领导备案。在薪酬上，打破了国有企业原有的薪酬体系，对比市场化优秀管理公司的薪资结构水平，给予基金管理公司相对市场化的薪酬水平以及激励方案，充分调动管理团队的积极性。在人才培养上，通过各种形式和渠道加强专业培训，形成以老带新的内部构架，团队快速形成战斗力。在企业文化上，创造平等的内部沟通环境、百家争鸣的内部沟通机制，能够形成充分发挥每个人的优势、群策群力协同工作的氛围。

（二）锻造团队投资能力

基金的运作需要在募、投、管、退四方面配合得当。**一是**多方募集资金。为了更好地提高央企和地方国企对于基金的参与度和积极性，更好地贯彻基金运行市场化专业化的原则，始终坚持“政府引导，企业出资”的募集原则。诚通基金的管理团队在短短两三个月内，先后拜访数十家一级央企、金融机构和地方政府，双方高层一对一深入沟通，交流结构调整基金的投资理念和投资方式，虽然经历很多波折，但最终超额完成了首期1000 亿元的募集目标，实际募资金额达到 1310 亿，迈出了结构调整基金被政府、国资体系和金融市场认可的第一步。**二是**严格筛选投资项目。在项目的选择方面，诚通基金会参照以下标准：首先衡量所投项目是否符合国有企业结构调整、产业转型升级的原则；其次项目是否满足充分调动现有央企资源，形成资源有效配置的原则，有助于中央企业优化资源配置，对所投中央企业是否提供切实助力；再次是否满足战略投资领域、转型升级领域、并购重组领域和资产经营领域这四个投资方向；同时充分考虑是否能获得合理的商业回报，为股东创造价值，为行业树立标杆。**三是**规范投后管理。投后管理是投资的延续，是实现投资目标的保障，诚通基金定位于积极股东，参与公司治理并为企业持续提供高水平的附加服务，帮助企业“调整业务结构，做强竞争能力”，实现基金“关注项目退出、做厚投资回报”的目标。中车环境由结构调整基金持股 25.36%，为第二大股东，并进入董事会。投资完成后，诚通基金积极开展投后管理工作，通过市场化手段积极推动中车集团内部已有环保资源整合，完善中车环境业务链条，增强市场竞争能力；积极参与论证并优化其业务模式，提供高水平附加服务。

（三）强化风险管理能力

风险管理是诚通基金的重点工作，通过设立专门的风险管控部门横向全程参与投资业务过程，对交易目标的估值合理性提出独立意见，将收益不确定的风险控制在可承受范围内，对基金每一个投资项目进行合规性审查和风险评价，从投资和投后管理的每个环节揭示和防控风险。**一是**实行分级授权。对基金投资权限和工作流程进行了规范管理。基金保留对单笔拟投资金额较大的投资项目决策的权利，但不再通过内设机构或其他任何形式开展投资尽职调查、设计投资架构、执行投资谈判，执行投后管理等工作，相关工作委托管理人负责。**二是**动态调整投资组合的配置。在基金投资策略的基础上，根据国家规划、经济规律、市场变动情况及行业研究成果，形成年度或3年投资组合动态战略，区别形成国别、行业、资产形态、项目配比等多维度的配置比例，有效分散投资风险。**三是**严格执行风控制度。设立最高级别的风险防控和执行标准，严格控制各阶段、各流程可能出现的风险，最终保证“零风险”目标的实现。**四是**建立外部律师库，充分利用外部律师协助进行交易结构设计和合同风险把控。

（四）培育投资研究能力

作为国内最大的股权投资机构，诚通基金非常重视建立自己高水平的研究团队，为基金提供从宏观投资策略到微观行业、公司和项目的研究的全面研究覆盖和支持。从成立伊始，诚通基金就按照股权投资基金的定位与需求建立了标准的资本市场买方研究架构，构建起宏观经济、金融市场、国企改革、行业及公司研究的框架，定期发布研究报告，深入参与投资项目的研究尽调工作，提供相对客观的专业意见。

同时，诚通基金研究规划部还与国资委、各国家级行业协会、企业内部研究机构及银行、券商的研究机构等建立了广泛联系，整合外部研究和咨询资源，为基金投资业务的顺利开展提供了有力支持。

四、改革成效

截至2017年8月底，结构调整基金已完成（含已签约）项目投资16笔，合计签约金额约511亿元。签约金额中，已完成现金交割约200亿元，累计市值浮盈已达50亿元。

诚通基金在一年来不仅实现了高效的投资，而且始终牢记使命，在国有经济布局和结构调整、中央企业改革发展和供给侧结构性改革中，努力练就一双市场化“巧手”，做改革的“推手”，实现了政策性和市场化双重目标。

（一）推动国有资本布局结构调整

一是设立结构调整子基金。结构调整基金与招商局集团、深圳市、盐田区共同设立国调招商并购股权投资子基金，总规模 500 亿，通过对相关产业的并购投资，为国有企业转型升级、提质增效、国际化经营和混合所有制改革服务。**二是**布局战略新兴产业。基金通过投资京东金融等行业领先企业，布局“金融 + 互联网”，为中央企业、国有企业嫁接大型民营互联网企业资源，发展新兴产业奠定基础；与中国电子、国家开发投资公司、中国联通共同筹建中国健康医疗大数据产业发展有限公司，打造健康医疗大数据领域的“国家队”和“国家级平台”，促进中央企业提前布局健康医疗大数据产业；密切跟踪 5G、核电、物联网、大数据、机器人、高端医疗、智能制造、新能源等重点领域投资。更为重要的是，结构调整基金通过股权关系，正在成为促进央企之间、央企与其他市场主体间的战略合作、“政产学研用”协同创新的平台。**三是**布局环保产业。结构调整基金与中国中车集团等机构共同发起设立中车环境科技有限公司，促进中车集团环保板块的业务发展，并作为第一大基石投资者，参与光大绿色环保港股 IPO。

（二）助力中央企业改革发展

一是推动混合所有制改革。结构调整基金出资 129.8 亿元参与中国联通混合所有制改革，与百度、腾讯、阿里巴巴、京东等知名互联网企业一道，完善中国联通公司治理，引入市场化经营管理机制；出资 8 亿元参与中粮资本“混改”，协同知名金融机构及农业产业集团，优化中粮资本股东结构，建立以市场化为导向的现代企业制度，助力中粮集团完善全球农业产业链布局，履行国家粮食宏观调控和粮食安全的战略使命；与工商银行、国富资本共同设立北京国调“混改”投资基金，首期规模50亿元，重点围绕央企及地方国企的混合所有制改革、并购重组等方向进行投资，以资本力量助推国企的混合所有制改革和转型升级。**二是**协同中央企业资本运作。结构调整基金带动和引导社会优质资本参与中国中冶非公开发行，帮助企业改善资产结构，升级传统产业；参与中国国航非公开发行，帮助中国国航升级机队，升级改造电子商务；参与中信建投港股IPO基石投资，不但与中信建投形成全面战略合作，在业务互动中取得共赢，还吸引了众多知名投资机构。

（三）服务供给侧结构性改革

结构调整基金积极参与中央企业降杠杆、减负债、防风险工作，以市场化方式化解债务风险，服务供给侧结构性改革。结构调整基金与中铝公司成立总规模为30亿元的北京国调中铝铜产业发展基金，通过权益性资金的注入和市场化机制的引入，降低中铝洛阳铜加工集团的财务杠杆和融资成本，改善资本结构，提升运营效率，升级产品结构，增强中铝洛铜的市场竞争力，促进其改革和持续发展，推动我国铜加工产业供给侧结构性改革。在国资委指导、协调下，基金通过委贷等方式，协助中钢集团、中国一重解决债务危机，重建市场信心、塑造央企品牌正面形象。同时，通过股票质押担保以及大股东回购等措施，确保基金资金安全。结构调整基金参与中船重工市场化债转股，协助企业调整资产负债结构。同时，明确项目退出渠道，确保结构调整基金的收益。

（四）落实“走出去”战略

结构调整基金积极发挥资本的作用，落实“一带一路”倡议，协助国有企业实施“走出去”战略。结构调整基金参与中国电建非公开发行，帮助中国电建完成“一带一路”沿线的老挝南欧江水电项目、巴基斯坦卡西姆港燃煤电站项目、高速公路、轨道交通项目、清洁能源项目补充资金，协助中国电建提升水环境综合治理业务能力；参与洛阳钼业非公开发行，帮助企业完成两笔境外优质战略矿产资源并购交易，成为铜矿、钴矿、铌矿、钨矿、钼矿产量位居全球前列的多金属矿业龙头企业。

五、经验启示

结构调整基金成立近一年来，能快速发展成一个管理规范、能力专业的股权投资基金，迅速在行业内和市场上建立起口碑和影响力，主要有以下启示：

（一）始终坚持服务国家战略

诚通基金成立之初，围绕服务国家战略即确定六大投资方向：**一是**关系国家安全、国民经济命脉的重要行业、关键领域和重大专项任务。**二是**中央及地方重点国有企业转型升级、国际化经营、实现创新发展项目。**三是**中央及地方重点国有企业强强联合、产业链整合、专业化整合和并购重组项目。**四是**发掘中央及地方重点国有企业重组整合和清理退出过程中的具有投资价值的项目。**五是**与中央企业以及境内外优秀资产管理机构共同设立专注于特定领域的子基金。**六是**其他具有经济效益和社会效益的项目。一年多来，结构调整基金自觉服务于国有经济布局结构调整、中央企业改革发展、供给侧结构性改革以及“一带一路”倡议等国家战略安排。

（二）始终坚持市场化改革方向

诚通基金的设立和发展均得益于改革氛围，得益于国有资本管理体制改革，得益于诚通集团作为国有资本经营公司试点勇于担当和锐意改革的魄力。这些因素促成诚通基金能够突破传统国有企业投资上的束缚，轻装上阵，以市场化的运营机制与同行竞技，在竞争中脱颖而出。诚通基金市场化经营反映在团队组成、激励约束、决策流程等方面。从队伍看，诚通基金人员均采取市场化招聘，员工的激励与约束均采取市场化的方式，建立了高水平、专业化的团队选聘、留任和发展机制。从投资决策看，首先是决定重大项目的结构调整基金投资决策委员会成员来自各个股东方，诚通集团在 12 票中仅有 3 票，制衡机制自然形成；其次，在坚持专业化投资决策流程的基础上，结构调整基金给予诚通基金投资决策委员会合理的决策权力，提高了决策效率。

（三）始终坚持专业化运作

一是明确投资理念：建立以战略投资为主、价值创造为辅的股权投资核心理念，主动为央企及国有骨干企业的产业升级、管理优化、机制创新和资产对接进行前瞻性投资布局。**二是**建立完整管理流程，充分确保投资决策的审慎性和高效性。其中包括项目储备、立项、尽调、投决、交割、收益、退出等方面，尤其是建立了完整的风险管理和内部控制体系。**三是**强调研究能力。一方面，专门建立专业化的研究团队并广泛整合外部研究资源，另一方面研究团队和投资团队深度合作，投研一体化，研究范围广，研究专业性强，对研究的要求也不断提高，研究工作不仅定位于支持基金投资业务的发展，还要探索与国有企业改革相关的金融资本运作的理论和实践。**四是**以开放的心态，构建合作共赢的生态圈。仅从中央企业看，诚通集团、结构调整基金及诚通基金先后集中走访调研了近 70 家央企，涉及军工、医药、钢铁、石油化工、电力、电信、航空运输、电子类、商贸等行业。中央企业亦积极配合，提出合作方案，建立长效沟通机制。

87

以"物流+互联网"为核心
助推传统物流转型升级

诚通集团中储智运

一、基本情况

中储南京智慧物流科技有限公司（简称"中储智运"）是中储发展股份有限公司2014年7月在南京投资设立的控股子公司，注册资本2500万元，主营中储智运"无车承运人"物流电商平台，是交通部首批"无车承运人"试点单位、国家4A级物流企业和江苏省重点物流企业。

中储智运平台于2015年4月上线，2016年交易额突破20亿元，月度成交金额突破5亿元；截至2017年8月底，交易额突破41亿元，月度成交金额突破7亿元，月度交易单数接近13万单。

二、改革背景

中储智运成立以来，致力于通过运输服务供给的优化，帮助实体经济企业提高竞争优势、提升经济整体运行效率，为物流业供给侧结构性改革做出贡献。目前，与中储智运存在竞争关系的企业有280多家，包括货车帮、运满满等知名企业，行业内竞争激烈。要在这样的市场环境中持续快速发展，凝聚优质的人力、技术、资金资源，形成核心能力，系统的顶层设计必不可少。基于上述原因，中储智运在创立之初即在混合所有制改革、管理制度创新、选人用人机制创新等多方面进行积极探索，建立起科学的人事、劳动、分配制度，形成快速、灵活和贴近市场的运营体系，构造融资与经营相互促进的良性循环。

三、改革实践

（一）引入非国有资本，进行混合所有制改革

为利用互联网实现业务转型升级、实现业务的快速发展，中储智运成立之初就确立了通过实施混合所有制，引入战略投资者的发展思路。2016年初，中储智运与海鲲钢铁、范氏建材、南京钢铁、陕西绿盟、河南路风达成了战略合作协议，由战略伙伴按照投前估值7500万元进行增资，每满1亿元交易额，出资100万元人民币，占1%股份。战略伙伴的引入和战略合作协议的执行，极大地推动了中储智运的发展。截至2017年8月，上述战略合作伙伴已为中储智运带来80多家用户、18.5亿元交易金额。按照互联网行业通行的估值方法，中储智运的价值在较短时间内已经获得大幅提高，达到了充分利用非国有资本的资源、资金优势，放大了国有资本功能，实现了国有资本与民营资本的双赢。

（二）人员能进能出，打造市场化选人用人机制

人才是企业的灵魂，中储智运一经设立就明确了市场化的用人导向。**一是**市场化选聘职业经理人。用市场化的考核来确定相应的薪酬，在有效激发经营者积极性的同时赋予经营者同等的责任与压力，严格聘期管理和目标考核，实行市场化退出。2017年上半年，公司市场化招聘总经理1名，因试用期间考核成绩未达预期，公司与其解除了劳动合同。**二是**根据公司发展的不同阶段和业务发展需求确定用人计划，合理编制岗位。中储智运创业初期，技术是关键和核心，而平台上线运营后则需要大量的业务开发人员。以此为导向，公司制订了较详细的人力资源规划，并分段实施。2014年底，公司仅有5名正式员工，主要为技术开发人员；2016年底为179人，技术人员占比下降为21%，市场中心占比36.7%；到2017年8

月底，员工总数达 370 人，技术人员占比为 15%，市场中心占比上升到 44%。**三是**实施市场化的薪酬标准和薪酬结构，实现薪酬与岗位挂钩、与业绩挂钩，以合理的薪酬育人、留人。为建立长效激励机制，提高科研人员、经营管理人员和业务骨干的企业忠诚度和工作积极性，中储智运还制订员工激励计划。**四是**加强团队建设，营造优胜劣汰的工作氛围。公司在薪酬激励基础上，通过严把招聘入口关保证人员素质，通过培训、丰富的员工活动以及优秀团队、优秀员工的评选树立公司的价值观，增强公司的凝聚力，并保持良好的士气和活力。目前，公司本科及以上学历人员占员工总数的比例为 53%，员工平均年龄 29 岁，离职率为 16.9%，员工队伍稳定。此外，建立员工淘汰机制。2017 年公司与 14 名员工解除了劳动合同，34 名员工由于不适应岗位或业绩不理想，主动提出辞职。公司人员能进能出、岗位能升能降的管理机制已经形成。

（三）适应发展需求，构建贴合实际的管理体系

中储智运作为创新型企业，在建立适应市场竞争和企业实际的管理体系方面做了一些有益尝试。**一是**推行首问负责制，由首问责任人负责办理、协调、解答及反馈内外部事项。属于首问责任人职责范围内能够解决的，要在规定时限内办理完成。需要跨部门的，由相关人员直接沟通，遇到问题的被沟通人再向所在部门领导汇报后，共同解决问题。**二是**实施“三级负责制”，员工对班组负责，班组对部门负责，部门对公司负责。董事会、经营班子通过合理授权，强化内部管理，也大大提高了公司的沟通与工作效率。**三是**搭建“内部沟通与反馈绿色通道”，即所有员工遇到紧急问题可直接向公司董事长、总工程师汇报，以快速、优先处理紧急事务。**四是**建立“大小会”制度，所谓“大会”是指每月召开一次全体中层以上工作汇报总结会议，“小会”是指每周各部门召开一次工作安排会议，保证各岗位、各部门工作的正常有序进行，确保公司各类情况、问题、成绩等都能准确“上传下达”。**五是**成立临时党委，建立工会和共青团组织，

把加强党的领导与完善公司治理结构相统一，把党建工作与经营管理工作相结合，并以党建带工建、团建，不断增强企业不同时期党群工作的针对性和吸引力，提升企业软实力，形成混合所有制企业的制度优势与市场竞争优势。

（四）拓展战略合作，发挥央企之间协同效应

中储智运充分利用诚通集团内部资源，深挖内部需求。**一是**加强与诚通系统内的中国纸业投资总公司、中国包装总公司、中国物流有限公司等重要客户的联系；将中储股份系统各基层单位纳入中储智运平台。目前诚通集团内客户已有 90 多家单位通过智运平台操作业务，累计完成交易近 10 万单，总成交额超过 10 亿元。天津、无锡、成都、沈阳等城市 9 家单位向中储智运提供网络建设方面的支持，使中储智运迅速拥有了覆盖全国重要城市的开发和服务网络。**二是**积极开发央企资源，目前已与包括中铝物流集团中州有限公司、四川中外运久运物流有限公司在内的多家央企开展合作，这些企业在平台上已完成交易近 4000 万元。目前建立合作意向的还有中国储备棉管理总公司、中国玻璃控股有限公司、中国供销集团等大型央企。各央企助力中储智运平台规模扩展，中储智运同时也协助各央企降低物流成本、提升物流效率，在合作中实现了互利共赢。

四、改革成效

（一）经营效益显著

中储智运成立 3 年来，取得了快速发展。平台于 2015 年 4 月上线试运营，同年运力交易总额达 2900 万元；2016 年取得爆发式增长，交易总额达 20.98 亿元，同比增长 100 倍；2017 年 1—8 月，交易总额实现 41 亿元。目前，平台已整合生产制造及贸易型企业超过 5000 家，重卡车辆 50 万台，业务已覆盖全国（除港澳台地区），拥有分子公司 3 家、办事处 15 个，员工 370 多人、代理人员 400 多人。预计“十三五”后期，平台年交易体量

将达到800亿~1000亿元，将直接带动上万个就业岗位。

（二）知名度提升

公司成立至今先后获得“中国物流与采购联合会科技发明奖一等奖”“中国物流与采购联合会科学技术进步奖一等奖”“2015年中国物流与采购信息化优秀案例”“中国电子商务物流优秀服务商（2015—2016）”“2016中国物流信息化十佳服务商”等多项行业最高奖项，取得了“全国商贸物流标准化第二批重点推进企业”“江苏省重点物流企业”“2016年江苏省商贸物流第一批示范企业”“2015年南京市物流标准化试点项目”等多个政府项目资质。公司拥有发明专利7项、软件著作权6项，核心产品中储智运平台被江苏省科技厅认定为“高新技术产品”。2017年1月，中储智运入选首批“交通部无车承运人试点企业名单”，对接部、省无车承运人监测平台；2017年8月，被评定为国家4A级物流企业。

五、经验启示

（一）善抓机遇、勇于探索，开拓了国企做好“互联网+”创新创业的方法路子

在“互联网+”的时代背景下，物流与互联网技术深度融合，“互联网+车货匹配”“互联网+仓货匹配”“互联网+合同物流”等新模式不断出现。各类资金充分利用互联网技术带来的创新空间，加大投入力度，推动了“互联网+物流”创业企业如雨后春笋喷涌而出。中储智运的发展让我们看到，紧跟党中央的国企改革精神，依托有关政策，贴近市场，加强制度设计，扎实基础管理，才是创业企业存续发展的关键。中储智运在没有参照物、没有成功经验可复制的情况下，把开拓创新当成常态，围绕平台价值的实现做了大量尝试和卓有成效的工作，不仅打破了国企不能在互联网创新上取得成功的传统偏见，也在激烈竞争中找到一条属于自己的路。

（二）苦练内功、夯实基础，打造业务通、技术精、作风硬的人才队伍

国有企业在互联网创新中所进行的一系列改革，必须围绕提升技术服务能力、夯实基础管理、优化人力资源的目标。人力资源是互联网企业的根本性资源，技术服务能力是互联网企业的竞争手段，基础管理是资源转化为能力的有效途径。国企在互联网行业的改革创新，要以技术为核心，加强客户体验，互联网平台的产品就是技术服务，互联网技术决定着客户的满意度；要以效率为前提，建立和完善各项规章制度和工作流程，并不断优化；要以考核为基础，强化竞争意识，通过市场磨炼，打造一支优秀的团队。

（三）平台开放、资源共享，充分利用集团、央企协同优势

在企业创新发展中，会面临着客户、管理、人力资源、技术等诸多困难。从中储智运的发展历程可以看出，充分利用集团、央企内部资源，对于初创期的企业降低创业风险大有裨益。中储智运的快速发展，离不开诚通集团在战略规划、资金、管理及人才等多方面给予的大力支持，也离不开各央企兄弟单位在平台业务扩张中给予的巨大帮助。

88

市场引领　转型升级 推动企业深化改革持续发展

中国煤炭科工重庆设计院

一、基本情况

中煤科工集团重庆设计研究院有限公司（以下简称“重庆设计院”）总部位于重庆，注册资本金21000万元。前身为组建于1953年的西南煤矿管理局设计公司。重庆设计院拥有2000余名从业人员，其中勘察设计大师4人、国家突出贡献专家21人、教授级高级工程师110余人、高级工程师300余人、各类注册人员400余人。主营业务覆盖了工程勘察、设计、监理及工程总承包，行业上以建筑、市政、环保、煤炭四大设计板块为主导，业务范围遍及国内30个省（区、市），拥有各类级资质共42项。

二、改革背景

重庆设计院在2002年由事业单位改制成企业，2014年改制设立公司，成立董事会。随着我国宏观经济环境变化及勘察设计行业体制的逐步深化，勘察设计行业发展迅速，迫使企业做出选择和改变。**一方面是外部环境变化。一是**国家相关政策法规调整。党的十八大以来，不断深化国有企业改革。尤其是2013年开始，我国不断出台经济转型发展的相关政策，市场竞争环境、政策环境、投资环境、国内经济环境均发生了较大变化，勘察设计行业内的体制改革浪潮也不断兴起。**二是**新型城镇化影响。新型城镇化的快速发展，提供了巨大的空间和机遇，改变了大拆大建模式，转向低碳、绿色、智能和集约的方向发展。**另一方面是新常态下行业内部变化。一是**行业监管变化。2014 年勘察设计行业出台了众多监管政策，包括市场建设、招投标改革、资质改革、放开设计收费等，引领未来规范化和市场化走向。**二是**竞争格局变化。面对固定资产投资市场需求从高速增长到趋于放缓或下降的形势，业务发展模式逐渐向产业链延伸、产业融合、专业领域拓展等方面转变。**三是**技术发展变化。近年来，技术也在不断向高附加值、高技术方向发展，打破了传统的低附加值、低技术的发展模式。

受外部环境因素和行业内部发展因素的综合影响，要想获取更多更好的客户资源，站稳脚跟，重庆设计院必须审时度势、调整战略、主动出击、深化改革，积极适应时代的变化和行业发展的需求。

三、改革实践

重庆设计院在中国煤炭科工集团的正确引领下，积极谋求转型，调整战略思维，主动改变传统观念，打破传统煤炭主营业务的单一模式，覆盖整个产业链的全过程，实现产业的多元化升级，不断提升企业市场经营、技术运用、内部管理的综合能力，推进企业健康可持续发展。

（一）转型升级，加快市场化改革力度

坚持以问题为导向，充分发挥市场在资源配置中的决定性作用，积极寻找企业和行业发展的规律。不断拓展新的业务领域和地域，在传统区域重庆和西南地区外向二、三线城市发展，布局全国各大区域市场，实现了业务多元化，形成了以建筑、煤炭、市政和环保为主的四大业务板块，其中建筑板块发展势头良好，形成了区域发展、规模发展良好态势。2013 年，重庆设计院出台了《关于生产部门转型升级的实施意见（暂行）》，在“以集团战略为先导，模拟集团管控模式，通过现有生产组织形式的转型

升级，达到做大做强企业”的指导原则下，结合各生产部门实际情况，分步实施转型升级。四年来，重庆设计院已逐步指导完成18个生产部门转型升级。通过生产组织的转型升级，提升部门的综合素质和能力，突破部门发展的天花板，实现无边界的自我超越。既有专业分工又协作互补，为部门和公司的发展注入新的动力。

（二）创新机制，提升企业治理水平

机制创新，对于企业改革至关重要。重庆设计院从“促规范”和“增活力”两个方面着手，通过机制创新，坚持依法依规治企，加强内控机制建设，完善公司治理结构，全面规范企业经营管理，完善薪酬激励机制，推动组织机构及人才结构的调整，建立了一套既适合传统行业设计要求又适合建筑、市政、环保设计市场竞争和管理相对应的管理体系和运行机制。**一是**推行组织“扁平化”模式。推行组织机构的扁平化、信息交互的扁平化和业务流程的扁平化，减少管理层级，增加管理幅度，提高决策效率，给予生产部门更充分的授权，打造更大的发展平台，实现优势互补。**二是**深化“三项制度”改革。积极探索推行适合重庆设计院自身实际的改革措施，以人事、劳动、分配三项为突破口，深化人事制度、健全干部能上能下机制，深化劳动用工制度、健全员工能进能出机制，深化薪酬制度改革、健全收入能增能减的机制，优化职能部门岗位资源配置，推进纵向管理层级及管理人员缩减，达到“一岗多专、一人多能”的高效良性循环，形成绩效考核、薪酬管理、技术进步、授权分工、激励约束的有效配合，最大限度调动员工的积极性和主动性，充分激发员工工作动力和创造力，增强企业活力，为企业和各部门的市场经营和发展提供服务和保障。**三是**适应多元化商业模式。通过多元化资本运作实现战略资源的整合，不断创新业务模式，推动内部治理结构完善，重视技术创新，积极发展绿色建筑、节能环保、建筑产业化、BIM 技术应用等。

（三）提质增效，提升企业经济效益

随着勘察设计行业产能过剩和需求构升级矛盾突出，重庆设计院将提

质增效作为应对新时期挑战、破解发展困局、促进持续发展的重要措施。通过持续增强内生动力和价值创造力，推进流程再造，转变工作作风，突破市场布局，提升企业经济效益，在宏观经济下行中保持稳步增长，呈现发展的良性循环。**一是**坚持“效益优先”原则，围绕企业中心，开展生产活动。努力巩固建筑、市政、环保、煤炭四大主营板块，抓好勘察设计咨询的龙头，分门别类制定出各产品类型的发展重点和主攻方向，处理好地域扩张、产品升级、规模化发展等战略应对措施，同时积极培育和扶持工程总承包业务。**二是**坚持“稳中求进、稳中求优”原则，积极发展工程总承包、新能源项目。在绿色建筑、建筑节能、建筑智能化、新能源建设、海绵城市、综合管廊、装配式建筑和建筑产业化等新业务领域加大投入和市场开拓力度。近两年，重庆设计院陆续承接了黔西南州兴义市10KV及以下农村配电网升级改造总包项目、220kV巴铃输变电新建工程、梅花山索道及其智能化工程项目、岳城矿首站加压泵站改造工程、霍州煤电集团运煤走廊项目等33个总包项目。**三是**坚持“控制成本、防范风险”原则，进行全过程、全方位、全员参与管理。将投资、采购、基建和生产等“价值链”各环节全部纳入成本控制，并渗透到各个领域，落实到各个环节，强化成本费用预算约束刚性，严格控制预算外开支。全面加强风险的识别、预警和防控。以降低资产负债率为中心，对大中型基建投资、现金流、应收账款等重大事项进行专项管控，努力改善财务状况，确保不发生全局性、系统性财务风险。优化企业内部存量资产配置，努力提高投入产出比，使企业获得更多的增值效益。

（四）党建引领，重视企业文化效应

坚持把党的领导、加强党的建设作为企业持续发展的坚强后盾。认真落实全面从严治党各项要求，为深化改革、逆势飞扬指明方向、保驾护航。坚持把基层党支部、基层党员作为改革发展的先驱力量，坚持把作风建设、正风肃纪作为改革发展的重要保障，全面加强审计和监督力度，坚

持把班子建设、人才引进作为重要举措，加强干部教育培训工作，积极引进优秀人才，坚持把品牌建设、文化建设作为无形力量，弘扬风清气正的企业文化，树立企业正能量，强调“工匠精神”，增强员工归属感，打造“中煤设计”品牌，发挥党建引领企业的中坚力量。

四、改革成效

党的十八届三中全会以来，随着国有企业全面深化改革的持续推进，重庆设计院坚持“因市而变、顺势而为”的理念，以市场为导向，在推进转型升级、创新管理机制、提质增效上下功夫，大力开拓市场布局，成功实现了跨界发展。在全国民用建筑2016年度的总排名榜上位列第12名，大西南地区第1名。从一个部属行业设计院逐步发展成为全国知名、西南领先的大型综合性甲级勘察设计企业，成为行业内跨界转型的先行者。

一是经营业绩稳步增长。四年间，重庆设计院共实现营业收入43.6亿元。其中，2015年营业收入7.6亿元，2016年营业收入9.6亿元。2017年1—7月，勘察设计实现营业收入4.7亿元，工程总承包实现营业收入1.5亿元，在严峻的经济形势下抗住压力，营业收入和利润稳步增长，实现逆势飘红。

二是经营力度持续增强。四年间，重庆设计院不断拓展新的地域，积极开拓市场，先后在全国不同省份设立了10个分支机构，市场布局和业务范围进一步扩大，极大地增强了辐射力和影响力。加强现有区域的潜力挖掘和市场经营，利用各种资源和团队进一步拓展布局。在巩固传统客户关系的同时，挖掘了一大批有实力的新客户，维持长期合作关系。四大主营业务取得均衡发展，总承包业务再创历史新高。

三是管理能力大幅提升。四年间，重庆设计院通过采取完善公司治理结构，加强内部管理提升，健全规章制度建设，优化组织机构调整，完善充实管理职能，提高管理效率，控制成本提质增效，依法治企强控风险等具体措施，使企业的综合管理能力得到了很大的提升，在改革中实现了跨越式发展。

五、经验启示

（一）坚持“因市而变、顺势而为”是引领企业长远发展的基本导向

只有坚持以“市场”为导向，分析自身存在的问题和面临的困难，深刻剖析原因，才能找到企业改革的方向，制定有针对性的改革措施。重庆设计院始终坚持“因市而变，顺势而为”的理念，关注经济环境形势和行业趋势，获得健康持续发展。

（二）坚持“深化改革、转型升级”是提升企业竞争力的有效途径

始终坚持以改革引领转型升级之路，转方式、调结构，加快产业结构从中低端向中高端迈进，培育新兴产业，优化产业结构，依靠改革创新发展新动力，破除不适合的体制机制弊端，进一步释放转型升级新活力。在人才、资质、组织构架方面整合调整，完善产业链，使企业真正具备项目咨询、可行性研究、工程设计、设备采购、施工管理、开车服务（试运行）、培训、售后服务等工程项目总承包的全部功能，提升企业的竞争能力。

（三）坚持“党建引领、文化覆盖”是推动企业改革发展的强有力保障

在全面从严治党新形势下，在业务经营爬坡过坎中，不断加强和改进党的建设，坚定目标、厘清思路，充分发挥党建工作的统领作用。充分发挥基层党支部的战斗堡垒作用和基层党员的先锋模范作用，筑牢生产经营稳固的后防线，激发员工工作的内生动力。始终服务于企业软实力提升，引领企业文化建设，持续打造“中煤设计”品牌，品牌促实力，不断推动企业改革发展。

89

坚持创新驱动　实现价值创造 推动公司可持续发展

中钢集团中钢设备

一、基本情况

中钢设备有限公司（以下简称“中钢设备”）成立于1972年，前身为冶金工业部设备供应公司，现为中钢集团控股的中钢国际工程技术股份有限公司（股票代码：000928）的全资子公司。中钢设备是以工业工程与工业服务、市政工程与投资运营、节能环保为主营业务的专业化、国际化工程技术公司，具备钢铁联合企业全流程工程总承包能力，2016年，公司实现营业收入94亿元，实现利润6.7亿元。公司在中国勘察设计协会“中国工程总承包企业营业额百名排序”中一直居于全行业前10名、冶金行业前3名，连续9年入选美国《工程新闻纪录》（ENR）全球最大250家国际承包商和最大250家全球承包商行列。

二、改革背景

近年来，世界经济总体疲软、增长动力不足，国内经济发展步入新常态，经济下行压力和工业企业经营压力较大，投资增长后劲不足、融资瓶颈约束明显；世界钢铁企业总体产能过剩，国内钢铁企业整体经营困难，国内外钢铁行业工程总承包市场处于无序、恶性竞争之中；公司发展环境面临较大挑战。此外，随着公司经营规模不断扩大，单一钢铁业务领域也给公司带来较大的行业风险。据此，公司制定了“国际化、多元化”发展战略，提出打造中国一流、国际知名的工程承包商的发展目标和“新签合同额国内、国外各占50%，钢铁、非钢各占50%”的“双五十”业务结构调整目标。

三、改革实践

（一）积极把握国家“一带一路”倡议等重大战略机遇，加大新兴成长性市场开拓力度

中钢设备全面分析全球经济形势与发展重心、国别区域和行业领域重点，积极把握国家“一带一路”、国际产能合作、中国装备“走出去”等重大战略机遇，按照“解放思想，整合队伍，强化研判，把握重点，提高中标率”的原则，不断加大对俄罗斯、东南亚、中东等“一带一路”沿线国家新兴、成长性市场的开拓力度。**一是**加大对海外市场开拓人员的激励力度，制定了《国际市场专项激励方案（试行）》和《国际市场专项奖励指标分解指引》。**二是**引入对赌机制，激励市场营销人员多拿订单、多创效益，杜绝搭车现象。**三是**结合海外重点项目执行和项目所在国法律规定，设立海外项目公司，一方面保证项目顺利执行，另一方面作为海外市场触角，进一步完善公司海外市场布局。**四是**制定《海外机构绩效管理办法》《海外机构绩效考核实施细则》和《海外机构绩效考核目标值》，发挥绩效考核的指挥棒作用，充分挖掘和激发海外分支机构的潜力。

（二）深入推进多元化发展战略，积极创新业务和商业模式，不断寻求新的效益增长点

面对国内外钢铁行业总体产能严重过剩的困难局面，中钢设备在保持传统冶金业务优势的基础上，积极推进相关多元化业务的拓展，通过与传统重点客户建立在节能环保、煤焦化工等领域的全方位战略合作关系，紧跟国家节能减排战略部署，紧盯壁垒较高的专有技术和增长空间较大的新

型产业，强化与公司主业相关的领先技术或独特技术所有人的合作，以海外市场为突破口，积极开拓电力工程项目市场，将钢铁行业工程总承包业务模式复制到矿山、电力、基础设施、节能环保等相关多元化业务领域，避免单一行业潜在的经营风险。同时，公司把握国家基础设施领域投融资体制变化以及国家"一带一路"倡议机遇，创新商业模式，通过与资本市场的结合，在国内加大在基础设施领域PPP项目、在外海加大BOT项目的开拓力度，推进公司由单一的工程承包商向工程承包商、运营商、投资商、服务商转变。

（三）瞄准行业发展前沿，不断强化技术创新，提升公司在专项业务领域的市场竞争能力

虽然中钢设备定位为工程公司，但仅具有一定的设计能力，未来的竞争更多是围绕技术的竞争。据此，公司坚持坚持有所为、有所不为的原则，结合自身的技术能力，围绕重点业务领域，组织专家积极进行专项技术创新。同时，公司紧盯市场前沿和未来发展趋势，努力通过市场化的方式参与新兴、前沿技术领域的投资，通过资本的介入获得技术资源为未来参与新兴产业打下基础，实现公司在相关高端业务领域的布局。

（四）强化内部管控和全面风险管理，不断提升公司运营管理水平

中钢设备相继出台《内部控制管理手册》和配套《法规汇编》《风险控制手册》《评价手册》等一系列制度文件。通过对重要事项的风险控制点进行审计，开展内部控制独立评价工作，切实加大公司内控管理力度。同时，随着公司国际化经营战略的深入推进，海外布局不断完善，先后出台涉及海外机构财务、风险、人力、绩效、内控等一系列的管理制度，构建有效的海外机构管控体系，防范海外重点项目及海外机构经营风险。风险管理方面对本部及下属控股子公司业务流程与管理流程进行梳理、优化，并结合流程梳理进行风险识别、风险评级，制定相应的风险防范措

施，强化内控整体框架建设。同时，抓好各类新签合同、协议条款的商务、法律审核和评审工作。

四、改革成效

（一）国际化业务布局逐步完善，国际化战略转型取得积极进展

近年来，中钢设备海外市场签约额逆势而上，一批具有较强影响力的国外重大工程项目成功签署，中钢品牌在国际工程总承包行业的影响力进一步增强，2016 年海外市场签约额占公司新签合同总额的 76.27%，海外市场成为公司可持续发展的重要支撑。其中，俄罗斯电解锰项目是在中俄两国领导人的见证下签署的中俄之间大型国际产能合作项目，为中钢设备打开俄罗斯工程总承包市场奠定了良好的基础。阿尔及利亚短流程综合钢厂建成后将是阿尔及利亚最大钢厂。玻利维亚穆通年产 15 万吨综合钢厂项目是中国公司截至目前在海外承接的范围最完整的全流程综合钢厂建设项目，是玻利维亚政府钢铁工业国家发展计划中的重点项目。阿尔及利亚年产 400 万吨球团 EPC 总承包项目，是目前中国工程公司在海外承建的最大的带式焙烧机球团项目，为公司迅速扩大北非工程项目市场创造了良好的条件。

（二）多元化业务取得积极成果，三大主营业务市场布局全面展开

中钢设备按照“国际化、多元化”战略和“双五十”业务结构调整目标，逐渐由单一钢铁行业发展为“以钢铁、电力和矿业为主的工业工程和工业服务、以城市基础设施 PPP 和城市单轨交通为主攻方向的市政工程和投资运行业务、节能环保”三大主营业务。**一是**在工业工程和工业服务方面。中钢设备围绕煤电化一体化项目为公司把握国家新兴战略产业机遇进入清洁能源和节能减排领域提供便利的通道。**二是**在市政工程和投资运行方面。中钢设备借助资本市场平台，联合金融机构，充分发挥 EPC 项目总

承包优势，开启“工程总承包 + 投资 + 运营”的新模式。**三是**节能环保方面。中钢设备下属中钢天澄“石油催化裂化再生烟气净化技术”打破了多年来国外技术在中国石油石化行业的垄断，相继承接了中国石化集团及中国化工集团多个项目，成为上述公司的星级供应商。

（三）专项技术实现重大突破，市场竞争能力不断提升

中钢设备利用自主开发的包括主体工艺设备和工艺控制软件的全套带式焙烧技术，承建的第一套年产 250 万吨的伊朗 sisco 球团已顺利投产，并凭借该技术成功签署阿尔及利亚 400 万吨带式球团厂总包项目，是中国唯一具有自主带式焙烧技术的工程公司，填补了国内技术空白。目前该技术已申报国家科技成果鉴定，极大地增强了公司在国内外市场的竞争力。

五、经验启示

（一）把握机遇，找准定位，发挥和扩大自身比较优势，是企业可持续发展的重要基础

市场瞬息万变，机遇也是转瞬即逝。企业一方面要努力站在市场前沿，时刻保持对市场的敏感性，不断强化对市场的研判力度，把握市场机遇和政策红利；另一方面，要正确把握分析自身比较优势，坚持有所为、有所不为，积极寻找切入点，快速响应市场，培育市场，扩大自身比较优势，并逐步形成新的优势。

（二）坚持创新驱动，实现价值创造，是企业可持续发展的动力源泉

企业存在的价值在于为客户持续不断创造价值，而实施创新驱动发展战略，是应对发展环境变化、把握发展自主权、提高核心竞争力的必然选择。公司坚持以市场导向，以业务与技术创新为驱动，围绕客户，积极主动挖掘需求、创造需求、推动需求，不断为客户创造新的价值，实现与客户双赢发展。

（三）集中优势资源，持续完善制度和流程体系，是企业可持续发展的根本保证

战略目标确定了，执行是关键。一方面要集中公司优势人力、物力、财力和一切可调配的市场资源，全力以赴，开拓市场，抓项目执行，推进业务、技术创新及市场化、工程化进程；另一方面要及时梳理、完善与之配套的制度和流程体系、激励机制，确保公司业务高效运行及风险可控。

90

淘汰落后产能　聚力高端产品
实现稳定高效发展

中国化工沈化集团

一、基本情况

沈阳化工集团有限公司（以下简称“沈化集团”）是一家以氯碱化工、石油化工和化工新材料为主业的国有大型企业集团，资产总额100亿元，职工总数2700人。1997年沈阳化工在深交所上市。2005年，沈化集团划归中国化工集团公司，走上企业发展的快车道，特别是抓住国家振兴东北老工业基地的战略发展契机，先后投资60亿元，建成投产了一批在国内外具有较大影响的化工项目，企业经济规模不断壮大。现拥有20万吨/年离子膜法烧碱生产装置、20万吨/年聚氯乙烯（PVC）糊树脂装置、150万吨/年常压装置、50万吨/年催化热裂解制烯烃装置（CPP）、50万吨/年催化裂解装置（DCC）、13万吨/年丙烯酸及酯装置、10万吨/年聚乙烯装置、12万吨/年催化热裂解石脑油加氢装置和8万吨/年芳烃抽提装置。同时，大力实施精细化管理模式，依托信息化平台实施全方位的内控管理，规范管理，降本增效，使企业资产总量和经济效益保持了快速增长。

二、改革背景

2005年进入中国化工集团公司后，沈化集团跃上更大发展平台，也需要承担起更大的责任：**一方面**要做强主业，肩负起做强氯碱化工产品链、做优石油化工产品链、做细化工新材料产品链的重任；**另一方面**要承担更多社会责任，必须按照国家有关政策要求大刀阔斧地淘汰高耗能、重污染的落后产品。

近年来，因国内产能增长过快和下游开工不足等不利因素影响，沈化集团主导产品 PVC 糊树脂、丙烯酸及酯、聚乙烯树脂等均遭遇异常严峻的市场竞争形势，低端市场产能严重过剩。这迫使沈化集团必须走科技创新之路，通过研发、引进高端牌号，实现产品向系列化、高端化、精细化转型。

国家推进供给侧结构性改革、实施振兴东北老工业基地战略，如何抢抓机遇，利用好国家的政策、资金和项目支持，实现产品结构升级，从而推动企业跨越式发展，是沈化集团面临的一个巨大挑战。

三、改革实践

（一）大胆淘汰落后产能，优化氯碱板块产品结构

作为一家历史可以追溯到 1938 年的老企业，沈化集团及其所属企业曾在新中国成立、改革开放等历史时期为国家建设做出重要贡献。但是，随着时代的发展和进步，一批曾经在国计民生中发挥重要作用、给沈化集团带来可观收益的落后产品，因其污染大、能耗高、附加值降低、市场竞争力衰退，而成为企业的负担。面对这种情况，沈化集团拿出壮士断腕的勇气，果断淘汰了环氧树脂、环氧氯丙烷、漂白粉、氯乙酸、润滑油、氯化石蜡、农药等十几种污染重、规模小、效益差的产品，先后关停了氯苯分厂、农药分厂、树脂分厂和漂白粉分厂等 4 个分厂，不仅节约了能耗、减少了污染物排放量，也使企业的产品结构更趋合理。

（二）推进“小油头大化尾”，延伸石油化工板块产品链条

在石油化工板块，沈化集团自 1998 年 DCC（重质渣油催化裂解）装置建成投产以来，由于没有后续深加工项目，该装置生产的丙烯资源无法

综合利用，影响了企业的经济效益和竞争力。为充分利用丙烯和有限的原油资源，打造全新的产品结构，沈化集团抢抓国家振兴东北老工业基地战略机遇，筹划新建13万吨/年丙烯酸及酯和50万吨/年CPP（重质渣油催化热裂解）制乙烯项目。两大项目先后获得国家批准，并同时被列入振兴东北老工业基地国家预算内专项（国债）投资计划，国家和地方政府补助资金高达2.5亿元，是辽宁省国债补助最多的项目。以CPP、DCC装置为"油头"，沈化集团陆续建设了国内首套12万吨/年催化热裂解石脑油加氢装置、10万吨/年聚乙烯装置和8万吨/年芳烃抽提装置等生产装置，延伸了石油化工产品链条，提升了企业的综合竞争能力。

（三）以科技研发为推动力，做强化工新材料板块

在夯实了氯碱化工与石油化工基础的同时，沈化集团不断优化化工新材料产品的生产工艺与产品质量，充分利用国家振兴东北老工业基地战略实施过程中推出的增值税改革措施，享受到增值税抵扣的优惠政策，从而实现PVC糊树脂的三次扩产，产能达到13万吨/年。同时全力提升核心产品PVC糊树脂的研发能力，建成国内唯一中试装置，拥有了一支国内最强的"产品研发+技术服务"团队，沈化集团现有17个牌号的糊用聚氯乙烯产品中，有11个牌号为自主研发、填补国内空白的新牌号。2016年，公司成功搬迁至新厂区，PVC糊树脂产能达到20万吨/年，成为亚洲最大、世界第二的PVC糊树脂生产企业，并由单纯的规模增长变为技术创新与研发服务齐头并进，成为国内行业的领导者。

在石油化工下游，沈化集团创造13万吨/年丙烯酸及酯项目建成3年获利10亿元的纪录。同时，公司成为国内首家成功稳定运行茂金属聚乙烯产品的企业，这一聚乙烯高端牌号的稳定国产化，增加了中国企业在该领域的话语权，也为沈化集团带来了更广阔的发展空间。

（四）用好"三个管理工具"，深入推进管理变革

几年来，为了让人员技能与企业发展相匹配，沈化集团构建了以全面

预算管理为核心，通过运用好生产运行管理、销售绩效管理、供应链管理三个管理工具，依托信息化系统建设，深入推进管理变革。**在生产运行管理方面，**依托信息化平台构建了公司、分厂、工段、班组四级实时绩效考核体系，将绩效考核结果与员工收入挂钩；**在销售绩效管理方面，**开展业绩指标考核、过程管理考核和业务管理考核，考核结果与销售人员和部门的效益工资、薪酬奖励挂钩，并推行末位淘汰制度；**在供应链考核管理方面，**树立性价比最优、全生命周期成本最低的管理理念，对采购部门和采购人员实施采购数量、采购价格、供应商等多维度的绩效考核。管理变革的深入实施，全面提升了沈化集团的管理水平和发展质量。

四、改革成效

（一）企业经济规模稳步扩大

10 年间沈化集团资产总额由 38.2 亿元增至 108.6 亿元，增长 184.3%；销售收入由 34.5 亿元增至 100 亿元，增长 189.8%；年利润由 6058 万元增至 3.8 亿元，增长 534.6%；国有资产保值增值率由 99.4% 达到 112.2%，增长 12.8%。

（二）科技研发硕果累累

沈化集团坚持走科技创新之路，10 年间共研发了 11 个填补国内空白的聚氯乙烯树脂高端牌号，凭借着这一优势，建成了亚洲最大 PVC 糊树脂生产装置，奠定了国内糊树脂市场的领先地位；世界首套 CPP 工业化生产装置、国内首个催化热裂解石脑油加氢装置等单元生产稳定，投资引进的茂金属聚乙烯及超性能茂金属聚乙烯产品为企业夺得高端市场份额，实现了“小油头大化尾”的转型升级。近十年间，沈化集团获得国家级专利奖 1 个，省部级科技奖 5 个。80 项专利获得授权，其中发明专利 20 项。

（三）发展前景更加光明

重夺亚洲第一大 PVC 糊树脂生产商桂冠的沈化集团，将目标锁定世界最大高端糊树脂生产基地，并要成为实力最强的行业领军企业。以糊树脂等化工新材料为龙头，沈化集团还将发挥研发优势，最大限度延伸氯碱化工、石油化工和精细化工产品链条，逐步完成产品结构向高端化、系列化、精细化转变，成为装置设备先进、工艺技术领先、整体布局合理的大型现代化化工企业。

（四）员工共享发展成果士气高昂

沈化集团的发展壮大，与每一名员工的付出密不可分，同样，企业的发展成果也与员工共享。公司全员年人均收入由26252元增加到57711元；在岗职工年人均收入由30116元增加到59752元。在提高员工经济收入的同时，沈化集团还为员工个人发展提供更完备的培训平台，公司每年开展百余项各类专业培训、竞赛，承办并组织员工参加沈阳市总工会开展的化工总控工、分析工技能大赛，还与专业公司合作开发上线了涵盖公司各个工种的网络培训系统，让员工从入厂开始就有明晰的学习成长计划，全员技术能力得到大幅提升。

五、经验启示

（一）企业转型升级，要以“敢为人先”的创新精神为动力

随着信息化时代的来临，产品迭代速度日益加快，企业发展环境与市场竞争形势瞬息万变，这就要求企业只有着力推进科技创新和管理创新，应时而变、引领方向，才能推动企业在竞争中永立潮头。

（二）企业转型升级，要以“干事要实”的绩效导向为保障

沈化集团10余年的发展历程中，每一次面对困难与挑战，都以“敢为天下先”为始，而确保最终实现预期目标的则是实干精神。“干事要实”是沈化集团一切绩效考核方案设定的主导思想，唯有务实、踏实、扎实，才能保证企业发展的每一步都走稳、走好。

（三）企业转型升级，要以“甘于奉献”的敬业精神为引领

化工生产的连续性和危险性，对员工的责任心、专注度要求高于其他行业，在做好专业培训的基础上，公司通过绩效考核倾斜和挖掘选树宣传坚守岗位、无私奉献的一线员工，弘扬甘于奉献、恒于坚持的爱岗敬业精神。

（四）企业转型升级，要以“感恩奋进”的企业文化为积淀

一代代沈化人在国家发展的各个重要历史时期都做出了重要贡献，同时，他们也见证了老工业基地最为困难的时期。沈化集团党委通过深入开展宣传思想工作，引导和鼓励员工心怀感恩、聚力奋进，让每名沈化人都笃信唯有“团结奋进、人人向前”方能生存，每个人的努力成就了今天的沈化集团。

91

深化改革　战略引领　创新驱动
打造工程公司核心竞争力

中国化学工程天辰公司

一、基本情况

中国天辰工程有限公司（以下简称“天辰公司”）隶属于中国化学工程集团公司，前身为原化工部第一设计院，始建于1953年，是新中国第一家国家级石化工业设计院，拥有工程设计综合甲级资质，有200多项工程和专业技术获国家及省部级奖励。60多年来先后完成了境内外2000多项跨行业的大中型项目的技术研发、设计咨询和总承包建设任务，业绩遍及全国及30多个国家和地区，拥有自主技术研发中心，以及新材料产业基地，是一家智力密集、人才密集、资本密集的科技型国有骨干企业。

二、改革背景

近年来，天辰公司以战略为引领，使得企业经营规模、管理水平有所增强。但宏观经济和市场监管等方面的变化也给公司发展带来了新的挑战，企业改革发展面临突出矛盾：管理水平与发展速度不相适应，机制模式与发展需求不相适应，核心技术积累与发展规模不相适应。通过系列改革，天辰公司坚持管理就是生产力，通过精细化管理提高企业效益，以市场需求为先导，以“产学研设”为依托，通过工艺流程模拟、二次技术开发、集成优化和依托项目再创新等手段形成拥有自主知识产权的优势技术和核心产品，逐步形成公司核心竞争力，为企业可持续发展提供了坚实保证。

三、改革实践

（一）管理改革，为公司持续发展提供坚实保证

1. 坚持战略为先，为公司科学发展提供指引

“十三五”期间，天辰公司明确提出“扬帆国际舞台”的战略目标。在“百亿平台”基础上，继续实施战略引领、创新驱动的发展模式，深化工程、产业、研发、贸易四大板块业务建设。积极落实国家“一带一路”倡议，大力开拓国际工程市场，推动业务结构优化升级。天辰公司相继在加蓬、土耳其、泰国、哈萨克斯坦等地设立了二十多个境外分支机构，不断充实海外经营力量，延伸经营触角，拓宽信息渠道，规划市场布局，取得良好效果。

2. 升级项目管理模式，进行管理流程再造

天辰公司按照“以市场为导向、以项目为中心”的管理思路，梳理管理链条，理顺管理模式，加强管理创新，建立完善与以人为本管理理念相适应的管理机制，完善适应市场发展所需要的管理方法。落实“从以职能为中心向以内部需求为中心转变”，将管理工作向项目和施工现场延伸。同时，根据项目运行需要，成立项目控制部、费用估算部和开车部，完善工程管理机构框架，不断加强项目核算。

3. 调整作业方式，提高资源整合能力

根据生产经营形势和人力资源状况，协调解决外部设计资源，积极推动设计分包工作。探索采购、施工、试车管理分包的新模式，各类分包的数量大幅度增长，进一步提高公司整合社会资源的能力。

充分开展集中采购工作，强化采购管理职能。完成供货商管理模块建设，实现采购信息统计、审批、付款管理等工作的信息化操作。完善项目

采购与分包招标管理，强化分包商和分供方短名单形成机制和过程控制。

4. 优化基础工作管理，全面改善发展质量

加快信息化建设步伐。持续开发综合办公平台系统，实现移动办公。基于“两地三中心”应用架构建设数据灾备系统，部署数据安全防护系统。扩大 3D 数字化工厂设计集成化应用，基于三维工厂设计建立起同平台设计技术、信息交换和系统集成的应用体系，并开始按照国际模式启动向工程用户进行数字化成果交付。

（二）机制改革，为公司战略转型提供组织制度保障

1. 改革人才培养使用机制，进行人才结构调整

实施积极的人才策略，制定与公司发展相适应的包括需求研究、获取方法、高效配置、系统培训、分层次使用、绩效考核和相关激励机制等内容的人力资源发展战略，建立以业绩为导向、由能力驱动的绩效管理体系，实现岗位价值市场化、技能水平业绩化、业绩水平数据化。积极调整人才结构，采取内部培养与外部招聘相结合的方式，充实公司业务结构调整需要的人才，聘用海外有经验的项目人才、技术人才和管理人才。

2. 改革激励约束机制，深化项目经理负责制

建立项目经理评价机制。通过建立项目经理综合业绩考核评价标准，形成一套由效果指标、效率指标及外部评价指标等主要绩效指标构成的较为完整的、科学的、规范的指标体系，并细化出对应的量化考核指标，使之成为公司项目经理选拔、任用、评价和考核体系的基础。

建立项目经理激励机制。对项目经理岗位进行科学设置，畅通职业生涯通道，制订与之对应的岗位晋升和薪酬分配体系，通过项目合同形式，使项目经理绩效、项目总体绩效同企业责、权、利关系有机结合，不断激发项目经理工作积极性、主动性和创造性；通过评优评先、专家授衔、海外培训、资质申报等方式对项目经理进行激励，提升项目经理对企业的使命感和责任感。

完善项目经理约束机制。强化对项目经理履职层面法律法规的约束、公司规章的约束以及社会约束，对项目经理的行为规范和项目管理进行有效监督和制约。

（三）技术创新，为公司战略转型提供持续动力

1. 建立面向市场的“产学研设”合作

充分利用高校和科研院所的人才优势、设备优势和理论优势，通过联合技术开发等方式，围绕市场导向原则，从创新源头引入技术研发合作，建立资源共享、风险共担、长期稳定的合作模式，保证技术创新工作的可持续性。

2. 加强研发基地建设

经过对硬件设施和人才队伍的持续建设，天辰公司形成了催化剂表征平台、微反实验平台、热态小试平台、大型冷态试验平台、流场检测平台等研发平台 15 套，具备同时开展多项研究课题的能力。相继建成了 MTO/MTP 中试试验等多套中试试验装置，逐步形成通过技术创新带动的经济增长点。

3. 加大科技成果转化力度

基于科技成果转化的针对性，围绕用户需求导向和市场导向原则，从联合高校和科研院所进行工艺技术基础研究，到依托自身研发中心进行模拟试验和工程化研究，再到联合生产企业建设小试、中试装置，直至工业化示范装置建成投产，构筑“产学研设用”闭环。

利用具有自主知识产权的绿色已内酰胺技术，投资建设的已内酰胺工厂实现了公司新的突破。项目具有世界首条单线规模 28 万吨的已内酰胺生产装置，投产后有效改变了我国东南沿海已内酰胺产能短缺的局面，该项目的成功为科技成果工业化应用及工程板块拓展奠定了基础。

四、改革成效

（一）经营规模持续扩大

“十二五”期间，天辰公司累计新签项目合同额 666 亿元，累计完成

主营业务收入 430 多亿元，实现每两年翻一番。主营业务收入从“十一五”末的 27.6 亿元增长到 2015 年的 115 亿元，利润总额从 3.7 亿元增长到 5.8 亿元，总资产从 28.5 亿元增长到 129.6 亿元。“十三五”以来，天辰公司稳步实现“提质增效”发展，克服市场不利因素，提升企业盈利能力，2017 年上半年实现利润总额近 3.5 亿元，各项经济指标稳中有增。

（二）国际化程度不断提升

借助国家“一带一路”倡议机遇，企业整合国际资源跨界开拓海外工程市场成绩斐然，逐步实现了国内、国际两个市场均衡发展，境外市场合同占比稳步提升，2015 年境外市场合同占比首次突破 50%，2016 年达 70% 以上。海外市场累计合同总额达 60 多亿美元，单笔最大合同额 11 亿美元，其中来自“一带一路”国家合同占比突破 80%。累计带动国内机电设备、材料及成套技术装备出口总额近 100 亿元。累计完成多个境外项目在华融资，融资规模超 20 亿美元。

（三）多元化发展持续深化

天辰公司工程、产业、研发、贸易的发展格局初步形成，四个板块互为补充、协调推进，优势不断显现。2015 年产业板块营业收入贡献率首次超过 20%，2017 年上半年超过 45%。海外工程市场业务领域由传统化工、石化领域成功扩展到矿产、能源储备、电力、基础设施等多个行业，企业综合实力和核心竞争力显著增强。

（四）技术创新贡献率显著提升

天辰公司累计获得专有、专利技术 200 余项，技术创新开拓市场累计形成工程板块合同增值近 100 亿元，研发中心催化剂产品累计实现销售收入近 6 亿元，推动产业板块福建天辰耀隆己内酰胺工厂树立行业领先优势，技术创新已经成为推动企业发展的重要引擎。

（五）综合实力显著增强

连续入选美国《工程新闻记录》（ENR）“国际 225 强工程设计企业”

“中国承包商80强和中国设计企业60强”，连续被评选“年度最具国际拓展力的工程设计企业”。被天津市授予“科技型小巨人领军企业”和“落实‘一带一路’倡议、积极推动对外开放领军型企业”称号。

五、经验启示

（一）企业深化改革必须始终坚持战略引领，把好把稳改革发展的“方向盘”

从传统领域到非传统领域的跨域发展，从深耕国内市场到扬帆国际舞台的跨境发展，从单一业务模式到多元化集团化运作的跨行业发展，战略引领是天辰公司实现一系列改革发展的“方向盘”。在深化改革的攻坚阶段，发展面临全新挑战，更需坚持战略引领，坚持“一张蓝图绘到底”，方能扎牢发展的根基。

（二）企业深化改革必须始终坚持创新驱动，激发激活改革发展的“动力源”

天辰公司坚持“技术创新开拓市场，机制创新激发活力，管理创新提高效益”的创新理念，不断推动业务结构、人才结构、组织机构的调整，积极创新作业方式、盈利模式、商业模式，构筑了天辰公司近20年发展的最根本动力。

（三）企业深化改革必须始终坚持市场导向，上紧上牢改革发展的“紧箍咒”

天辰公司始终坚持以市场为导向不动摇，积极整合和盘活企业内外部资源，拓展企业发展路径。坚定不移地以适应市场为根本出发点鞭策自身，以市场需求作为发展的“指向灯”，并不断走上市场引领改革发展的“快车道”。

92

抓改革　强管理　促转型
在创新升级中实现跨越式发展

中盐公司中盐上海

一、基本情况

中盐上海市盐业公司（以下简称“中盐上海”）是中国盐业总公司全资子公司。公司前身是华东区盐务管理局直属的上海市运销局，成立于1949年10月，1955年1月成立上海市盐业公司，1980年2月收归中国盐业总公司，1992年公司改名为“中盐上海市盐业公司”，加挂上海市盐务管理局牌子，行使全市盐行业管理和盐政执法职能。公司主营各种食盐、医药用盐、工业用盐及其他用盐，销售纯碱、元明粉、PVC等盐化及化工产品。公司全资经营上海中盐国际物流有限公司，控股中美合资上海中盐莫顿盐业有限公司、中盐（上海）融资租赁有限公司、中盐华东化工有限公司、中盐云虹湖北制药股份有限公司，托管经营上海良友饭店。2016年，公司实现营业收入13.78亿元，利润总额2.61亿元。

二、改革背景

国内食盐行业历来实行专营垄断，市场竞争不充分，盐业产大于销，行业集中度不高，企业多、小、散、乱的问题突出，竞争力普遍较弱。在专营体制下，盐业批发企业思想观念守旧，创新能力不高，发展动力不足，对于专营过度依赖。

近年来，为积极应对盐业体制改革，中盐上海公司未雨绸缪，贯彻落实国务院关于深化国有企业改革的决策部署，突破传统盐业经营管理模式，坚持用改革和发展的办法解决前进中的困难和问题，以提质增效为核心，深化“三项制度”改革和内部精益管理，着力推动战略新兴业务板块，抢抓盐业改革的战略机遇，力求在市场化改革浪潮中实现再创业、再发展。

三、改革实践

（一）加强内部“三项制度”改革，激发内生动力

面对盐业体制改革，公司提前谋划、主动变革，以组织机构扁平化为切入点，以体制机制改革为着力点，深化“三项制度”改革，赋予企业发展的内生动力和活力。

一是按照精简集约、效率优先的原则，在全公司推行组织机构扁平化改革。改变多年来两级经营、两级管理与核算为一级经营、一级核算、对口管理，撤销原闵松、嘉青、虹杨、浦东、金坛配送中心 5 个单位建制，原承担的职能按专业化分工和业务对口并入公司相关部门。重新开展“三定”，公司本部设立八部一室，根据市场化部门职能要求，对市场部、销售部、仓储物流部重新进行职能划分，新增工作督察部，开展专项督查。全面梳理公司工作流程，修订管理制度，完善工作标准。

二是构建市场化的人力资源管理体系。首先，分析界定各部门职责，科学制订职位体系，合并工作性质、内容相近的职能岗位，淡化行政职级意识，从经营管理、市场销售、支持保障三个方面有效配置现有职位，推动公司职能部门由管理型向经营型转变。**其次，**建立职业发展通道。打破多年以来人才晋升只有部门职务晋升的独木桥模式，科学设定职衔体系，建立员工销售和职能双轨职业发展路径。员工可以通过业绩表现获得职级晋升和岗位晋升，更好地做好自身职业生涯发展规划，而不是只有传统的

职务晋升一条路。**第三，创新薪酬分配体系。**采用宽带薪酬结构设计，职位薪酬等级从5～14级共10个职级，同一职级设有17个档次的薪酬标准，公司根据各岗位职责和价值创造确定不同类别、不同职位的薪酬等级，按照市场认可的岗位价值和绩效水平拉开收入差距，建立兼顾内部公平与外部竞争的薪酬激励机制。员工可通过每年的年终考核结果，对应薪资报酬和职级变动，实现职位和收入的能高能低。

三是建立部门、干部、员工三个层面考核维度，真正实现干部能上能下、员工能进能出、薪酬能高能低。公开考核制度、标准、程序、方法和周期，采取定量与定性相结合，实行末位淘汰和合同签订评估制，不再与绩效评估不通过的员工续签劳动合同。同时，为了保证内部执行力，公司明确一级考核一级，员工对中层干部的民主测评结果，只参考不运用，以激励干部真抓实干，确保公司战略决策落地。

（二）持续开展管理提升活动，推进管理制度化、标准化、信息化

近年来，公司从强基固本、控制风险着手，把“诚实、协作、不走捷径；认真、精细、追根究底”作为管理准则，全面开展管理提升活动，并利用信息化工具固化管理流程，大大提升经营效率，降低各类经营风险。

一是完善制度体系。认真评估公司管理流程和规章制度，不合时宜的废除，发现漏洞的完善，管理空白的新增，建立工作流程，量化工作标准，明确职责权限，重点解决责任追究和处罚机制，解决“不做怎么办，做不对怎么办”，追究谁，怎么追究，谁来监督执行的问题。各部门相继开展5S现场管理、商超渠道理货、客户经理拜访、客户电话回访等条线制度的日常巡查；工作督察部开展应收账款清收、未配送和退换货等重点工作专项督察、交办督查。所有巡查督察情况内网全员通报，对违反制度的依据条款相应进行现金扣罚，严重过错的进行降级降职、待岗直至解除劳动合同。

二是开展对标管理。公司层面以行业先进指标为依据，完善公司目标考核体系，大力开展学台塑、解放思想大讨论等活动，激发干部员工头脑风暴，比学赶超；公司内部实行全员同岗对标，不断完善内部对标数据库，先后在物流配送、盐政稽查、业务销售及客服等条线开展对标排名，内网通报并作为月度绩效考核与年度评优依据，督促大家学先进、找差距、争上游，推动工作上水平。

三是加强信息化建设。高度重视信息技术对企业管理提升的支撑作用，从2013年至今，公司先后投入1000余万元与宝信、用友、科箭、金蝶等知名企业开发上线ERP、CRM、WMS、TMS、OA、HR及FLOW台塑流程管理系统，完成了“购—销—储—运”全功能性系统配置，各业务系统通过接口实现数据传递，大大提高了管理决策效率。

四是推进管理标准化建设。一方面，与台塑合作开展内部管理标准化辅导活动，对公司物流配送流程及应收账款异常等业务流程进行诊断，统一执行标准，以加快实现制度流程化，流程表单化，表单信息化。另一方面，高度重视质量安全体系标准化建设，通过中国质量认证中心HACCP及ISO9001：2008双体系认证，通过国家安全体系标准化认证，确保质量安全管理目标、方针和各项要求落到实处。

（三）依托集团优势，强化风险管控，推动经营模式转型

立足于中盐集团优势、上海区位优势和有关政策优势，积极拓宽转型渠道，多管齐下，优势互补，努力探索适合公司可持续发展的商业模式。

一是依托中盐系统的产业优势和行业渠道优势，积极寻求系统内上下游之间的业务合作，上规模做增量。2014年，经中盐总公司批准同意，中盐上海与中盐其他二级单位合作成立中盐华东化工销售公司，积极搭建华东化工贸易平台。2016年实现各类大宗产品销售19.08万吨，占公司销售总量45.72%；实现销售收入7.05亿元，收入贡献份额51.16%。**二是**充分发挥“莫顿”与“中盐”股东品牌等优势，拓展高端食盐市场。“莫

顿”是美国老牌盐业企业，品牌知名度、美誉度享誉全球。2001 年，中盐上海与美国莫顿共同出资成立了迄今全国盐业唯一一家的合资公司。2014 年公司与美国莫顿签署扩大合作协议，美方首次授权合资公司国内分装莫顿新品。合资公司借助中美资源优势，加大市场拓展，2016 年实现利润总额 551 万元。**三是**利用上海区域优势和政策优势，打造集团融资平台。在中盐总公司的同意下，2014 年 9 月，中盐（上海）融资租赁有限公司正式注册成立。公司坚持产融结合，稳步推进项目经营。截至 2016 年，公司累计签约项目 11 个，完成投放项目 9 个，2016 年实现利润 2102.65 万元，项目内部收益率达到 8.17%。**四是**积极盘活存量资产。一方面，降本节支，加强仓储现场管理与物流配送效率，实施商超 48 小时、其他客户 72 小时的配送承诺，加快存货周转速度，控制商品库存，释放了沉淀资金和仓储空间；另一方面，以存量换增量，充分发挥公司现有仓储、码头等基础设施，积极承接货物中转、仓储冷库租赁等业务，公司出租面积超过 2 万平米，年租金 1700 万元。

四、改革成效

一是经济效益明显提升。近年来，通过深化企业内部改革，加强基础管理，推动商业模式转型，中盐上海的各项经营指标稳步提升。公司营业收入从 2012 年的 6.21 亿元增长到 2016 年的 13.78 亿元，利润总额从 1.05 亿元增长到 2.61 亿元，主要经济指标在全国同类型企业排名中一直位居榜首。2017 年盐业体制市场化改革以来，公司营收和利润总额在总公司专营板块继续排名第一，企业在“盐改”之年初战告捷。

二是机制改革效应显现。公司按照市场化的要求，实施了组织机构调整和人员“三定”，部门设置精简高效，经营效益快速提升。公司主业在岗员工人员从 2014 年初的 240 人降至 2017 年 6 月底的 166 人，综合管理岗位仅为 30 人，一线人员占比达到了 80% 以上。2014—2016 年，公司对

2 名中层干部进行了降职，17 名青年干部因业绩突出被提拔至公司中层。公司实施末位淘汰制及合同签订评估制度，实现了考核结果与薪酬分配、职级的同向变动，多年来流于形式的年度考核“大锅饭”彻底被打破，“庸懒散软”的工作状态不复存在，“老好人”不作为的情况无处藏身。三年里公司与 4 名员工解除劳动合同，人才流动加速，组织活力不断提升。

三是经营质量显著改善。公司将管理作为企业的核心竞争力进行打造，通过近年来持续开展的管理提升活动，公司管理实现制度化、流程化和标准化，并在信息化技术的支撑下得到固化实践，在巡查督办的监督下得到贯彻执行。公司各项管理水平显著提升，经营效率不断提高，实现了由粗放式管理向集约式、精细化管理转变。公司成本费用率从 2014 年的 84.57% 降到 2016 年的 81.83%，2016 年底应收账款规模为 1184.27 万元，较上年同期减少了 37.97%。

五、经验启示

（一）深化改革是转型升级的主要途径

市场不相信眼泪，更不同情弱者。当企业面临发展困境，内部条件已无法实现组织高效运转并阻碍自身可持续发展时，需要有断臂求生的魄力和破釜沉舟的勇气，企业原有的种种桎梏和不适应需要靠改革的办法来解决，通过变革来适应不断变化的竞争环境，通过改革来释放内部的发展潜能。

（二）强化管理是提质增效的重要保障

组织产生绩效需要统筹管理，协调各部门按既定战略统一步伐，相互合作。向管理要效益，向管理要效率，只有通过强化管理才能实现企业的降本增效。

93

创新驱动　市场导向
打造国家动力电池产业协同创新平台

有研总院国联研究院

一、基本情况

国联汽车动力电池研究院有限责任公司（以下简称“国联研究院”）是在国家政府部门大力支持下，由中国汽车工业协会倡导和组织，国务院国资委监管中央企业北京有色金属研究总院牵头发起，汇集国内科研单位、动力电池生产企业、整车制造企业，于2014年9月组建成立的股份制研发实体，主营业务为动力电池及关键材料的研究开发、中试孵化和检验测试评价。

二、改革背景

近年来，伴随着全球新能源汽车产业迅猛发展，新能源汽车领域的技术竞争也日趋激烈。我国虽然已形成了较为完善的新能源汽车研发与产业体系，新能源汽车产量也跃居世界第一位，但作为新能源汽车发展的核心和关键，汽车动力电池产业仍存在着综合竞争能力不强、创新能力较弱、没有形成协同创新机制等问题，制约了我国新能源汽车的可持续发展。

国联研究院的前身是北京有色金属研究总院汽车动力电池中心，是国内最早开展锂离子电池及关键材料研究开发的科研机构之一。为贯彻落实国家制造强国战略《中国制造2025》行动纲领，推动汽车动力电池产业协同创新发展，2016 年 6 月以国联研究院为依托成立了国家动力电池创新中心，并以国联研究院为核心、外延构建了中国汽车动力电池产业创新联盟。

三、改革实践

（一）推进股权多元化，建立规范的现代企业管理架构

为建立规范的现代企业管理架构，国联研究院确立了“建设成为世界级动力电池研发机构、国家动力电池产业孵化器，通过协同创新，实现我国动力电池革命性突破，支撑我国自主品牌新能源汽车产业发展”的总体战略目标。国联研究院自成立之日起就注重发挥市场机制，以国有企业股东为基础，吸纳非国有资本投资入股，探索推进混合所有制改革，经过增资扩股，股东由最初的 9 家增加到 13 家，其中包括 8 家整车企业、3 家动力电池企业、1 家科研机构和 1 家投资基金，注册资本达到 9.3 亿元，目前正与行业内的其他优势企业继续进行增资入股洽谈。通过混合所有制改革和股权多元化，增强了股东的行业代表性，既吸纳借鉴了行业优秀企业的科研与产业优势，又放大了国有资本功能，增强了综合竞争力。

（二）建立新体制机制，发挥市场和产学研协同创新的优势

国联研究院主要以政产学研相结合的体制机制运营，政府通过财政、政策支持，引导国联研究院的建设和运行。建立产学研用协同机制，与主要动力电池、材料企业合作开发新一代锂离子动力电池，除股东单位外，合作企业包括万向集团、上海航天电源股份有限公司、台湾有量科技股份有限公司等；联合国内外高等学校、研究机构开展新体系电池的研究，包括锂硫电池、锂空气电池和固态电池。采用市场化和产学研协同创新相结合的机制，开展技术研发、行业服务、产业孵化、技术研发服务、技术扩散、测试评价等服务。通过市场化运作，推动研发成果转化，构建从研发经费投入、项目筛选、研发实施、技术扩散的研发价值链。

（三）打造四大平台，沿产业链和技术链布局创新链

国联研究院的主要定位是通过组建国家动力电池创新中心，沿动力电池产业链和技术链布局创新链，打通创新链各环节，致力于打造动力电池协同攻关平台、动力电池产品测试评价平台、动力电池行业共性基础工作组织平台、动力电池科技成果孵化与转化平台。其中，动力电池协同攻关平台的主要功能为组织实施锂电升级工程，统筹技术路线和技术要求、开展技术集成，采取自主研发、合作研发、委托研发三种模式进行协同攻关；动力电池产品测试评价平台的主要功能为建设动力电池设计验证能力，统筹设计工具、测试评价验证流程和方法，为行业提供测试评价服务；动力电池行业共性基础工作平台的主要功能为组织开展产业研究、标准制定、人才培养和国际交流，统筹人才、技术、信息的交流和合作；动力电池科技成果孵化与转化平台的主要功能为建设“动力电池及关键材料微缩工厂”，在“微缩工厂”中对原型技术进行集成，形成工业化成套技术，并通过对外转让及授权使用获得成果转化收益。通过社会资本主导与股东动力电池企业及关键材料企业的资产重组，推动打造国际级超大型动力电池企业集团。

（四）加快市场化步伐，充分调动科技人员的积极性

为凝聚队伍、激发活力，国联研究院制定出台了一系列激励政策。**一是**系统地设计建立起了岗职位体系和员工发展晋升通道。**二是**对标全行业，制订了有竞争力的全员薪酬体系，对国内外市场化招聘的核心人员实行“薪酬不封顶”。**三是**制定出台了“科技成果转化现金奖励办法”，对科技成果创造及转化过程中的重要贡献人员，按照科技成果转化形成的净收益给予30%现金奖励、不纳入工资总额基数管理。**四是**在量产示范工厂建立“股权激励制度”，对骨干技术人员和经营管理人员实施股权激励。**五是**建立了全员绩效考核管理体系，并与一些关键方向的研发团队签订“专项绩效合约”，严格做到“干部能上能下，员工能进能出，薪酬能升能降”。

四、改革成效

一是构建"小核心、大协作、广开放"的创新生态网络。作为首家国家制造业创新中心，国联研究院一方面汇集产业链的上下游资源，包括电池材料、动力电池、电池系统和整车企业等，另一方面汇集技术链的上下游资源，包括高等院校、科研机构和应用企业等，通过统筹产业链和技术链资源，形成完整创新链和协同创新的生态系统。围绕产业链联合13家股东共同投资组建了国联研究院（国家动力电池创新中心），围绕技术链组建了中国汽车动力电池产业创新联盟。其中，国联研究院采用公司制，以共性关键技术研发、技术集成和首次商业化为重点任务，联盟则采用社团法人制，以行业共性问题和基础性问题的研究为主要任务，汇集了成员单位60家，均为动力电池创新链中的优势单位。

二是初步建立协同创新机制，四大平台建设取得阶段性成果。国联研究院已初步建立了新机制，四大平台建设取得阶段性成果。研发、技术集成和首次商业化为重点任务，联盟则采用社团法人制，以行业共性问题和基础性问题的研究为主要协同攻关方面，核心参与制订了中国汽车动力电池技术路线图，已由国家工信部正式发布；组织研究制定了锂电升级工程实施方案和创新中心的分支机构、联合实验室设立与管理方案；组建了锂电升级工程研发中心约20个团队，增强了技术攻关能力。

三是建成国内一流的研究试验基地。国联研究院已经初步建成动力电池材料、单体电池、电池系统的研发基地和中试基地，完成投资近3亿元，其中动力电池关键材料中试能力达到年产1000吨、动力电池单体中试能力达到年产2.5亿瓦时，装备水平和工程水平达到了国际一流。正在建设负极材料、电池模块和系统的中试能力，动力电池关键材料、动力电池和系统的测试能力。

四是着力打造汽车动力电池行业"人才高地"。国联研究院已形成近

300人的研发团队，其中包括拥有博士学位和硕士学位的研发人员近150人。引进了国内外高端人才，例如，动力电池行业国际著名专家、中国台湾动力电池协会副会长程敬义先生（美国MIT博士）担任国联研究院“电池微缩工厂”制造总监并同步引入了中国台湾的职业化技术管理团队；加拿大皇家科学院和皇家工程院的两院院士孙学良教授担任创新中心投资在加拿大西安大略省设立的“固态电池联合实验室”主任，并从北美地区招募人才；与美国前总统奥巴马的科技顾问、材料基因组计划的倡导者、伯克利大学Ceder教授合作开展新型电池材料研究并推进共建“电池材料计算联合实验室”；中国一汽集团新能源汽车公司原技术总监王德平博士加盟创新中心，主持动力电池系统和BMS开发、综合性能检测评价能力建设，并从国内外同步引入高端人才。

五、经验启示

一是坚持以市场为导向，不断探索推进体制机制改革。国联研究院发展的关键是坚持以市场为导向，通过市场化机制运行，外部抓住国家制造业强国战略发展机遇，积极投入行业标准制定和制造业转型升级的改革实践，内部建立健全运行体制机制，市场化选聘人才，使得公司快速健康发展，行业影响力不断提高，企业竞争力不断增强。

二是坚持以创新为驱动，将自身发展与行业发展和国家战略紧密结合。国联研究院发展的核心是坚持创新驱动，作为科研型企业，同时承担了国家制造业创新中心和行业协同创新平台建设的重任，通过全球对标、科学合理布局，有效整合产业链和技术链，不断抢占行业技术制高点。

三是坚持人才强企战略，建设高水平人才队伍。国联研究院改革与发展的基础和动力是人才队伍。企业发展的基础是人才，瓶颈是人才，动力也是人才。国联研究院自成立就高度重视人才队伍建设，将高水平人才队伍建设作为公司发展战略，高视野多举措广渠道吸引优秀人才。既校园招聘优秀毕业生精心培养，又市场化选聘高端人才；既在国内高校和科研机构聘请专家，又放眼全球诚邀顶级学者。通过着力打造汽车动力电池行业司快速健康发，为公司可持续发展提供不竭动力。

94

改革创新　技术引领　争做国际一流检测服务商

矿冶总院北矿检测

一、基本情况

北矿检测技术有限公司（以下简称“北矿检测”）隶属北京矿冶研究总院，是其全资子公司，总部位于北京，注册资金5000万。公司同时为国家重有色金属质量监督检验中心、伦敦金属交易所（LME）指定取样和化验机构（LSA），国家进出口商检认可实验室，工信部工业产品质量控制和技术评价实验室，中关村开放实验室等。

北矿检测作为中国矿冶检测机构联盟理事长单位，专注矿冶检测60余年，是中国矿冶检测领域的一面旗帜。以技术为本，公司修制定国内国际标准三百余项，承担科技攻关项目数百项，获科技成果及专利近百项，出版学术著作20余部。多年来，北矿检测以“科学、公正、准确、及时、坚持质量第一”为质量方针，凭借深厚积淀与不断改革创新，在业内树立了权威品牌，赢得了良好口碑。客户的信任也铸就了北矿检测连续14年的业务持续快速增长，2016年实现营业收入4356万元，实现利润1927万元。

二、改革背景

近年来，我国检验检测行业迎来蓬勃发展机遇，同时也面临着激烈的市场竞争。随着国家对于检验检测市场的不断放开，检测机构切切实实感受到了生存的压力与激烈的市场竞争，国外老牌检验检测巨头 SGS，BV，天祥等公司在全球具有高知名度和认可度，资金实力雄厚，市场运营能力强，近些年加速在中国检测市场的布局，抢滩中国市场。民营检测机构体制机制灵活，市场反应快速，短平快的运作模式也占据了一定市场份额。

原来的矿冶总院测试所，作为传统国有科研单位，一直以来以技术研究见长，但市场运营能力薄弱，成立之初的 2003 年，业务总收入不足 200 万元，利润为亏损。面对愈演愈烈的市场竞争，研究所在保持技术研发优势的同时，改革迫在眉睫，2016 年响应中央关于国企改革精神，成立北矿检测技术有限公司，积极深化改革，成效显著。

三、改革实践

（一）对标国际一流检测机构，改革体制机制

2013 前，北矿检测（原矿冶总院测试所）一直以专业部门为中心的专题组管理模式运营，这有利于科研项目的开展和学术研究的进行。但这种运作模式显然不是典型商业实验室的运营方式，各课题组间协同能力不够导致资源不共享、服务不到位的弊端逐渐显现，不能适应市场需求。公司管理层审时度势，打破各业务板块的条块分割，重新构建了以市场为中心、以客户为核心的组织架构，成立了市场部、研发部、检测部、综合业务部，创新考核了办法，使各部门的目标更加聚焦。在此基础上，为了更好贴近市场需求，2015 年 8 月北矿检测第一个分支机构徐州实验室投入正式运营并实现当年盈利，这缩短了对于当地及周边客户的服务半径，释放了检测产能；2016 年 10 月，北矿检测技术有限公司注册成立，同时成立董事会，使得公司治理机制更加完善。至此，北矿检测完成了由研究所到独立法人公司的转型，成为真正意义上的第三方检测服务商。

从改革管理模式，到分支机构建设，再到成为独立法人公司，对标国

际一流检测机构，北矿检测还将不断完善管理，强化运营，拓展市场，未来将在国内产业聚集地、重要沿海港口乃至国际重要矿业聚集地逐步建立服务网点或实验室，助力中国矿冶企业走出国门，服务“一带一路”矿业项目，为全球矿业检测领域增添中国强音。

（二）深化劳动人事改革，激发企业活力

国企转制公司，一些员工还保有依赖和等靠思想，创新能力不足。为激发企业活力，提升工作效率，形成干部能上能下、薪酬能升能降、员工能进能出的体制机制，北矿检测开展了一系列深化劳动人事改革措施。实行中层干部竞聘上岗，任期三年，并与聘任干部签订任务书，明确岗位职责和工作目标，这大大增强了中层干部的责任意识和危机意识。同时，对于员工的工作表现进行量化考核，使员工薪酬与工作绩效直接挂钩，形成能者多劳，多劳多得工作氛围，这有利于鼓励先进，激励落后，促勤治懒，催人向上。

随着深化改革的推进，公司还在谋划骨干员工持股改革，进一步激化员工活力，有利于充分调动技术和管理人员的积极性和创造性，推动科研工作开展及高新技术产业化，有效提升经营业绩。

（三）创新党建工作，营造创新文化

党建工作是公司进行员工思想工作的一个重要抓手，公司通过开展“创新提质，降本增效”和“真抓实干抢先机，提质增效保双增”等一系列主题活动，在党员、干部和全体员工中提倡岗位创新、人人增效、事事节约的氛围；通过开展“学党章党规、学系列讲话，做合格党员”等学习教育活动，使大家政治意识、大局意识、核心意识、看齐意识进一步加强。

（四）打造国际品牌，提升中国话语权

北矿检测积极参与国际标准修制定，积极参与到 ISO/TC26、ISO/TC155 及 ISO/TC183 技术委员会工作，努力将反映我国特色的标准化内容

反映在国际标准化舞台上。陆续承担了铜精矿、铅精矿、锌精矿中镉的测定，氟、氯的测定，镍及镍合金中碳、硫的测定等国际标准的起草，中国和 BGRIMM 在国际标准化组织中的话语权得到不断提升。

四、改革成效

一是北矿检测保持了连续 14 年业绩持续快速增长。从测试研究所于 2003 年成立之初，主营业务收入每年不足 200 万元，利润为亏损，到 2016 年实现年产值 4356 万元，北矿检测实现了连续 14 年收入和利润的快速增长，营业收入平均年复合增长率达到 25%，利润从亏损到 2016 年实现净利润 1937 万元。研究所改制为公司后，2017 年上半年业务增长 25%，保持了良好发展势头。北矿检测连续三年获得矿冶总院经营业绩考核先进单位。

二是北矿检测国际国内品牌和影响力不断提升。从过去对标国际检验检测巨头，到 SGS 将北矿检测作为对标标杆；从成为伦敦金属交易所指定取样与化验机构，业务真正意义上走出国门，服务亚太地区冶炼企业、为其提供取样及化验系列服务，到测击败竞争对手成功中标全球第四大黄金矿业公司俄罗斯极地黄金公司出口到中国金精矿的贸易检测业务；从应邀参加世界锌矿巨头 Skorpion Zinc 组织的全球循环比对活动，到组织并主导循环比对活动、全球行业巨头参与其中……以上种种，无不说明北矿检测国际品牌的影响力不断提升。

三是岗位配置得到不断优化，形成人才梯队，后备领导干部得以储备。北矿检测现 35 岁以下青年员工占职工总数 59. 30%，他们是公司的中坚力量，目前各个检测领域技术带头人及化验师也都是 80 后年轻人，形成了人才梯队。通过深化劳动人事改革，明确各岗位职责，促进了年青员工继承和发扬北矿检测长期以来形成的勤奋踏实、奋发进取的优良传统，在各自岗位上努力学习，迅速成长。在标准制修订项目、国家重大科技项目、院基金项目、横向合作项目研发中，青年员工均承担着重要职责。通过项目带动，逐渐培养出业务素质高、技术过硬的中坚力量，为北矿检测长远发展和可持续发展奠定了后备人才基础。

四是公司凝聚力明显增强，发展后劲十足。公司开展党建工作和深化劳动人事改革相结合，岗位职责明确，薪酬待遇体现业绩能力，同时老员工传帮带传统不丢，新员工得以快速成长，在公司形成只要有能力就会被重用、只要肯干就会给平台、只要有成绩就会被提拔的氛围，公司发展后劲十足。在全体领导干部和广大职工的共同努力下，北矿检测获中央企业五四红旗团支部，北矿检测滴定组获中央企业青年文明号，公司党支部连续三次获得矿冶总院“四强党组织”等荣誉称号。

五、经验启示

一是以市场为核心，通过技术创新促进业务发展。市场环境瞬息万变，市场竞争日趋激烈，以市场为导向才能把握公司发展的脉搏。以国际视野和全球格局看待矿冶检验检测行业，从行业全产业链高度拓展市场渠道。同时通过技术创新、标准引领，借助平台和品牌影响力，共同促进业务发展，铸成核心竞争力。

二是好的制度既要有硬度也要有温度。制度要有刚性，要责权明确，要底线严格，深化体制机制及人事改革过程中，一定会触及一部分人的利益，让制度在刚性与柔性之间找到平衡点，既要有足够“硬度”，也要有适当的“温度”，这应该是所有良性制度的自然属性。改革也要以人为本，让制度充满温馨和活力。

三是党建和经营工作两手抓两手硬，形成良性循环。党政工作有机结合，将互相提升与促进。其中支部引领，充分发挥领导作用，形成战斗堡垒，把方向、管大局、保落实，党员充分发挥先锋模范作用。党建与业务相促进互提升，党支部和公司员工关系良好，支部通过细致的思想工作，在公司的成立和发展过程中，以党建工作带动业务工作。通过不断创新党组织活动形式，通过组织技能竞赛、交流等多种方式活跃职工文化生活。员工的快乐工作与幸福生活，将是公司活力创新与不断发展的不竭动力。

95

集聚优势资源　加快创新步伐
深化改革寻求新发展

中智公司中智关爱通

一、基本情况

中智关爱通（上海）科技股份有限公司（以下简称“中智关爱通”）是中国国际技术智力合作公司（以下简称“中智公司”）旗下三级公司。中智关爱通成立于2011年3月，于2016年初完成央企混合所有制改造，同年完成股份制改造，并于2017年6月成功在全国中小企业股转市场挂牌；先后在上海、北京、广州、深圳和成都设立分支机构，拥有近500人的专业团队，经过多年的发展，逐步发展成为一家现代公司治理架构的公众公司。

中智关爱通按照“互联网+员工服务”的发展定位，通过提供咨询、方案设计、资源整合、平台实施、运营服务以及数据支持的全流程服务，为客户企业构建专属的员工服务平台。先后为近万家企业提供服务，涉及员工超过500万名，企业类型涵盖国企、外企和民营企业等各类实体和机关事业单位。中智关爱通先后获得国家级高新技术企业评定、挪威船级社和德国劳氏船级社ISO/IEC 27001信息安全管理体系认证证书；成功入选HRoot集团评选的“大中华区人力资源服务机构品牌100强榜单”，位居中国本土服务机构第3位；两次入围美国《快公司》中文版“中国最佳创新公司50”，是榜单内唯一一家具有央企背景的服务商；连续五年被评为

“大中华区最佳福利外包机构”；3 次入围“中国人才”年度评选的“最佳人力资源顾问机构（薪资福利）”；多次被各类国内知名人力资源媒体、协会、机构评选为优秀福利管理机构、最佳福利解决方案提供商。

二、改革背景

我国人力资源服务行业是一个充分竞争的市场，正在面临着日益激烈的冲击和挑战。特别是随着新型互联网模式的快速发展，对传统人力资源服务企业带来巨大冲击甚至颠覆性变革。传统人力资源服务行业转型与“互联网＋”深度融合更是全球化的共性趋势。面对冲击和挑战，像中智关爱通这样的传统人力资源服务企业需要抓住现阶段的资源优势，尽快挖掘和创造新的业务增长点，而转型需要强大的资本支持。

为挖掘和创造新的业务增长点，中智关爱通依托中智公司在人力资源领域的专业品牌影响力，创造性地提出了“爱在其中”生态圈共赢理念，致力于打造一个让所有的利益相关者——供应商、企业雇主、企业员工、政府机构、社会团体等互相依赖、共生共存的生态圈。为实现这个生态圈战略，中智关爱通认真贯彻落实党中央、国务院关于深化国有企业改革的决策部署，按照国资委有关工作要求，启动混合制和股份制改造以最大化地推动各方资源的联动，同时通过进入资本市场为打造“互联网＋员工服务＋产业”的生态圈奠定扎实的管理机制和资源保障，进而为中智公司在新形势下探索人力资源及相关智力服务模式转型升级提供切实可行的经验和实现路径。

三、改革实践

（一）稳扎稳打，在发展中深化改革

在国资委的指导下，经过三年的充分准备和多方积极沟通，2016 年 2 月，中智公司下属二级企业“中智上海经济技术合作公司”（简称“中智

上海”）与中信产业基金和中智关爱通核心管理层在北京产权交易所正式就关爱通增资扩股项目签定合作协议，完成了下属三级公司“上海中智关爱通企业管理有限公司”（简称“关爱通有限”）的混合所有制改造，成功引入中信产业基金作为战略投资人，并同步按照同股同价的方法引入了中智关爱通核心管理层作为自然人股东。本轮增资扩股最大化地推动了各方资源的联动，为实现“互联网+员工服务+产业”的生态圈构想奠定扎实基础，同时也最大限度激发了中智关爱通核心管理层的积极性。同年，关爱通有限召开股东会和董事会，全体股东一致同意将公司整体变更为股份有限公司。依据《公司法》及国资企业改制相关法律法规规定，公司完成所有改制要求的手续，于2016年12月5日，关爱通有限整体变更为股份有限公司，并于2017年6月在全国中小企业股转市场挂牌成功。挂牌的成功也预示着中智关爱通成为一家受全体股东监督和证监委监管的公众公司，同时通过新三板挂牌及进入资本市场进一步促进了公司的恒久发展，最终实现股东、员工、客户等相关利益者的共赢局面，进而为社会创造更多的价值。

（二）开拓进取，在经营中寻求创新

中智关爱通坚持以创新驱动发展，积极寻求企业新的经济增长点和经营模式。**一是**新模式。在市场原有“B2B”和“B2C”的商业模式上，创新提出“互联网+员工服务”的“B2B2C”模式，完成企业人和社会人的二位一体。并通过移动端“给到”APP、后台大数据运营和线下员工关爱社区，实现了针对特定人群（封闭市场）新媒体、新零售的产业布局。**二是**新技术。公司高度重视产品的自主研发和创新性，开发的可配置员工服务平台是目前市场上唯一自带支付体系的企业内部管理平台，可以实现企业各类预算属性和对应管理规则的有效匹配、分发和管控。同时通过打通与外部各类优质供应资源平台的接口，实现了供应端、企业端和员工端多点对接的信息流、资金流和票据流的融合统一。**三是**新理论。中智关爱通

与上海现代服务业联合会联合发起组建“上海现代服务业发展研究院互联网＋员工服务研究中心”。致力于在“互联网＋”背景下，深入研究社会，组织与个体之间的协同关系，最终形成面向未来的人力资源管理新的理论体系。

（三）协同发展，在拓展中保持领先

为扩大市场份额，提高市场竞争力和领先优势，中智关爱通坚持强强联合、优势互补、协同发展，大力拓展新的业务领域。**一是**中信产业基金积极推动其关联的企业资源与中智关爱通开展深度合作，其中包括：中信集团、大众点评、滴滴出行、泰康保险、北京公交集团等主流行业资源，实现了技术与资源的对接。**二是**根据自身的业务基础和市场发展的趋势，从企业弹性福利市场切入企业费用和税务管理市场的创新性开发，拓展了中智关爱通新的战略增长点。**三是**针对国有企业对福利实效化、透明化和个性化管理的要求，联合各类优质资源，开拓性研发并开展了包括员工午餐、疗休养、医务室等多个项目的落地试点。进一步扩大了中智关爱通在企业员工服务市场的领先优势。

（四）以人为本，在共享中凝聚合力

本次中智关爱通混合制改造，在实现引入战略投资人的同时还按照同股同价的方法引入中智关爱通核心管理层作为自然人股东，最大限度保证了核心管理层的稳定性，从而也从另一个侧面满足了战略投资人“投资公司就是投资核心团队”的诉求。后期，中智关爱通将根据国有资产管理以及国有企业员工持股相关法律法规的规定，参考现有国有控股挂牌企业案例，通过定向发行股份的方式进一步推进落实面向核心员工的员工持股计划，以更好地建立和完善劳动者与所有者的利益共享机制，改善公司治理水平，提高职工的凝聚力和公司竞争力，使社会资金通过资本市场实现优化配置。

四、改革成效

一是企业运行效率显著提高。在引入战略投资人后，依据公司法，中智关爱通建立了股东会、董事会和监事会等的决策机制，合理限定法人层级，有效压缩管理层级。从而大大简化了决策的程序，提高了公司的运行效率。同时明确了股东的法律地位和股东在资本收益、企业重大决策、选择管理者等方面的权利，股东依法按出资比例和公司章程规定行权履职。通过引入中信产业投资基金的投资，并参与到董事会治理，加快完善了中智关爱通的现代企业管理制度，健全了企业法人治理结构。

二是市场竞争力显著提高。利用中信产业基金拥有的丰富全球相关服务企业资源，中智关爱通与 ADP、Manpower、Paycheck、ITOCHU 等 20 多家国际领先企业中高层建立起了沟通和联系，为学习借鉴全球先进经验提供了通道。此外，利用中信产业基金已投资的近百家企业 CFO 平台，实现了由仅针对人力资源管理人员的市场营销向企业财务人员的市场营销的转变，扩大了对企业的影响力。通过集聚优势资源，公司核心能力和业务竞争力大大提升，为加快全面市场布局和高速发展奠定了坚实的基础。

三是员工积极性显著提高。通过有效的利益共享、风险共担机制，中智关爱通管理层带动全体员工与董事会和股东会建立了有效的协同机制，全员共同围绕“为客户和股东创造价值”的目标，积极推动各项业务和市场化运作的进程，确保公司价值不断提升。

四是经济效益显著提高。2014 年、2015 年和 2016 年度，公司营业收入同比持续增长，2015 年的营业收入较上一年度增长了 71.5%，2016 年增长了 11%，3 年来营业收入平均增长率为 41.21%。关爱通凭借着自身过硬的实力在近几年时间里迅猛发展，迅速成长为行业内领军企业。

五、经验启示

（一）深化企业改革，首先要树立创新意识

创新是一个民族进步的灵魂，我们需坚持与时俱进，弘扬创新精神。思想解放的程度，决定发展程度；思维创新力度，决定发展速度。我们在日常工作中，要结合公司实际情况，不断创新工作思路、工作方式，积极、科学地探索新的业务模式和新的业务增长点，寻求更长远的发展。

（二）深化企业改革，关键要有务实作风

要把想法真正落实变成美好的现实，必须依靠求真务实、真抓实干、狠抓落实。全面深化改革，更加需要传承和弘扬务实作风，要有踏石留印、抓铁有痕的落实精神，要脚踏实地、稳扎稳打、善始善终、善做善成，不能急躁冒进、急于求成，更不能蜻蜓点水、浮光掠影。深化企业改革，务必要脚踏实地，真正把业务做强。

（三）深化企业改革，重点要在软环境上下功夫

良好的干事环境与企业文化氛围是深化改革的基础，改革只有得到大家的真心认同和支持，才能确保改革的步骤稳步推进。把经营者的个人利益与公司的经营状况和长期发展联系起来，使所有者与经营者的利益在一定程度上保持一致，充分调动经营者的积极性和承担风险的责任感。同时也需要充分发挥全体劳动者的创造性和工作积极性，建立企业利益共同体，使个人利益与公司利益保持一致，提高工作效率和效益，才能推进企业的可持续发展。

96

围绕供给侧结构性改革　推动转型升级　打造轨道交通客运装备专业化公司

中国中车集团中车成都公司

一、基本情况

中车成都机车车辆有限公司（以下简称“中车成都公司”）是中国中车股份有限公司与下属的中车青岛四方机车车辆股份有限公司（以下简称“中车四方股份公司”）的合资公司，系中国中车集团的三级子公司，主要从事铁路客车、机车检修、电机造修以及城轨地铁车辆组装、维保及零部件研发、销售等业务。中车成都公司前身为1934年创办的安徽淮南铁路九龙岗机厂，为配合成渝铁路的修建，原铁道部于1951年选址成都二仙桥迁建。作为我国第一家专业修理内燃机车的企业，中车成都公司连续多年被评为四川省、成都市百强企业，现有注册资本9亿元，资产总额32亿元，员工2200余人，是国家级高新技术企业，拥有四川省级技术中心。2016年，实现营业收入15.87亿元，净利润5090万元。

二、改革背景

随着我国城镇化持续推进和行业技术的不断发展，中车成都公司赖以生存的环境发生重大变化。**一方面**，为优化城市布局，改善城市环境，提升城市形象，成都市人民政府分别于2003年和2011年启动东部城区工业企业调整搬迁、退城进郊工程和北部城区旧城改造工程，中车成都公司均被列为重点搬迁对象。**另一方面**，随着铁路装备不断升级换代，直流电力机车、内燃机车和铁路客车保有量快速下降，中车成都公司既有业务急剧萎缩，发展空间严重受限，经营效益每况愈下，加之创新能力不足，人才流失严重，被国务院国资委列为挂牌督办的特困企业，急需注入新的业务，实现转型发展，提升经营效益。

根据党中央、国务院和国务院国资委有关国资国企改革的决策部署，为优化中车成都公司业务结构、使其尽快走出经营困境，中国中车集团经深入研究和反复讨论，决定由中车四方股份公司重组中车成都公司，注入城际动车组、城轨地铁车辆、有轨电车造修及高速动车组检修业务，并将电机造修和机车检修业务实施调整，将中车成都公司打造为轨道交通客运装备专业化企业。

三、改革实践

（一）落实国家决策部署，做好顶层设计

党的十八大以来，党中央、国务院高屋建瓴地提出本轮国有企业改革的顶层设计，构建“1＋N”文件体系，国务院国资委明确了“处僵治困”和“压减”工作要求，中国中车集团及时收集并认真学习深化国企国资改革相关文件，并不折不扣地贯彻落实，结合企业实际，研究制定了《中国中车集团深化改革指导意见》，构建了包括“处僵治困”“压减”工作方案在内的19个专项推进计划。将中车成都公司重组、转型升级与治理亏损企业、减少企业法人户数结合起来，按照“主机产品集约化、重大部件专业化”的原则，采取“区域化＋专业化”相结合的方式，做好业务重组规划，围绕供给侧结构性改革，实施中车成都公司电机造修、机车检修业务重组。为减少企业法人户数和管理层级，注销从事铁路客车检修的成都南车通力铁道车辆有限责任公司，调整为分厂管理。

（二）获得客户理解，争取政府支持

根据《国家中长期铁路网规划（2016—2030年）》和当前高速动车组

的配属情况，西南地区未来高速动车组检修量比较大。根据《成渝地区城际铁路建设规划（2015—2020 年）》和《成都市城市轨道交通线网规划》，成渝地区、成都市及周边城市未来对城际动车组、地铁车辆和有轨电车的需求较大。中国中车集团积极与中国铁路总公司、四川省人民政府、成都铁路局、成都地铁公司等客户沟通，签署战略合作框架协议，争取中国铁路总公司对中车成都公司开展高速动车组检修、将机车检修业务调整给中车资阳公司等给予支持；争取四川省及成都市人民政府在企业迁建、市场资源分配等方面给予支持，为顺利推进工作营造良好的环境、奠定坚实的基础。

（三）加强组织领导

为加强对中车成都公司业务重组、转型升级工作的领导，确保工作顺利推进，中国中车集团由党政主要领导任组长，分管领导任副组长，其余班子成员为成员的领导小组，还成立了由分管领导任组长、总部相关部门和相关子公司领导为成员的工作组。多次组织研究和论证，做通中车成都公司、中车四方股份公司、中车株洲电机公司、中车资阳公司领导干部和员工的思想工作，树立大局意识，统一认识，以集团整体利益最大化为重，按照“以强带弱、以大带小、以造带修、以整带零”的思路，确定由中车株洲电机公司重组中车成都公司的电机业务，将中车成都公司机车检修业务转移给中车资阳公司，由中车四方股份公司托管中车成都公司，并注入城轨地铁车辆、有轨电车和城际动车组造修业务及高速动车组检修业务，努力将中车成都公司打造成为轨道交通客运装备专业化公司。

（四）强力推进，狠抓落实

中国中车集团印发了《关于启动成都公司业务重组产业升级的决定》和《关于四方股份公司托管成都公司的指导意见》，明确中车成都公司由中车四方股份公司全面托管、合并报表。调整中车成都公司领导班子，由中车四方股份公司总经理担任董事长，从中车四方股份公司副职中选聘一位年富力强、既懂经营又擅管理的担任总经理。组建强有力的搬迁建设指挥部，全面负责新厂区选址、规划、建设和搬迁等工作，并得到了成都市及新都区政府的大力支持。国际一流、国内领先水平的新厂区于2016年投入使用，9月22日，四川省、成都市和中车主要领导出席首列地铁列车下线仪式。中车四方股份公司认真落实中国中车集团决策要求，切实把中车成都公司视为子公司，从项目规划开始派专人指导，为中车成都公司培训员工，向中车成都公司平移地铁车辆制造技术，支持中车成都公司参与成都动车段动车组三级修及相关零部件专业化检修等工作，并把成都地区的地铁车辆订单全部交由中车成都公司生产。

四、改革成效

（一）业务转型效果显现

截至目前，中车成都公司已正式退出电机造修业务和机车检修业务，主要从事城轨地铁车辆新造和修理、铁路客车和高速动车组检修，将根据市场需求情况适时开展城际动车组和有轨电车新造业务。近两年，中车成都公司承担了成都市70%的地铁车辆生产任务，顺利实现“成都地铁成都造、四川地铁成都造”的目标；全面参与成都动车段高速动车组检修，铁路客车检修市场份额和检修质量也稳步提升。中车成都公司厂容厂貌给人耳目一新的感觉，业务结构发生脱胎换骨的变化，顺利实现华丽转身。

（二）经营业绩明显改善

通过业务转型、管理提升、提质增效，中车成都公司经营业绩明显改善，2016年实现营业收入15.87亿元，同比增长26%；净利润5090万元，同比大幅增长，超额完成中车四方股份公司下达的经营指标，顺利完成特困企业治理的任务；员工人均收入6.44万元，同比增长5.4%。2017年力争实现营业收入19亿元以上，盈利能力和员工收入稳步增长。

（三）员工活力充分激发

坚持人才强企，打造转型升级承载力，中车成都公司系统分析现状，结合产品和业务转型，识别未来需求，按照“严控总量、优化结构、提高效率、提升能力”的原则，全方位开展新增业务、项目管理、核心人才、技能转岗、班组长等培训，累计有近550名员工通过培训考试合格后从事地铁车辆制造和高速动车组检修，占员工总量的30%以上。员工精神面貌焕然一新，“由我来办、马上就办、办就办好”的工作作风逐渐形成。重组前后，员工总量基本保持稳定，人力资源结构趋于合理，效率进一步提高，员工的社会价值、技能水平和个人收入得到稳定增长，员工享受到企业转型升级和改革发展的红利。

（四）全面完成脱困治理任务

中车成都公司是国务院国资委挂牌督导的特困企业，根据国务院国资委相关要求，在中国中车集团的统一安排和部署下，中车四方股份公司和中车成都公司立足全局、勇于担当、明确目标、深入挖潜，持续推进管理提升和提质增效工作，不断完善科技创新体系，深化“三项制度”改革，加速“三供一业”分离移交，持续推进老厂区土地处置，不断加强改进党的建设，全面完成特困企业专项治理工作目标。

五、经验启示

（一）必须坚持战略引领

中国中车集团围绕“一带一路”“中国制造2025”等战略，抓住四川省、成都市轨道交通产业发展机遇，积极推进政企战略合作，将成都市定位于优先发展的重要战略区域，坚持“主机产品集约化、重大部件专业化”原则，以“四个带动”为指导，实施中车成都公司业务重组和产业升级，这是把握大势、着眼全局、立足实际的科学决策，为中车成都公司转型升级赢得了发展先机，强力地推动中车成都公司改革发展。

（二）必须坚持业务主导

业务是企业的生命线，中车成都公司经营困难的原因就是缺乏持续增长的业务，退城搬迁又迫在眉睫，陷入两难境地。中国中车集团清醒地认识到如果没有好的业务支撑，中车成都公司将面临发展困境，同时发掘川渝地区轨道交通客运装备市场前景广阔，选择由具有轨道交通客运装备最强实力的中车四方股份公司重组中车成都公司，快速注入新业务、平移新技术、提供管理支持，带动中车成都公司转型发展。2016 年实现营业收入 16 亿元，其中新业务近 6 亿元。

（三）必须坚持管理提升

根据中国中车集团安排，中车四方股份公司 2016 年制订托管实施方案，从生产经营各环节、党群工作各方面明确了管理规范。**一是**开展管理对标，确定了“接轨四方要求、复制四方模式、兼顾自身实际、做出成都特色”的原则，系统开展管控模式调整、流程标准建设和管理提升工作。**二是**整合优势资源，构建了城轨营销资源、城轨售后服务资源、信息化管理资源和技术研发资源等“四个一体化管理机制”，实现了中车四方股份公司与中车成都公司资源配置本地化、业务管理一体化。中车成都公司管理基础不断夯实，市场形象得到提升，产品综合排名稳步提高。

（四）必须坚持文化融合

按照“同一个中车”理念，加速企业文化融合。**一是**转变思想观念，通过全方位开展高级管理人员、中层干部、一般技管人员等赴中车四方股份公司学习，全面对接管理理念、企业文化，统一思想认识，为整合协同效应的充分发挥奠定基础。**二是**积极开展人才培养，全方位开展新增业务、项目管理、核心人才、技能转岗、班组长等项目培训，组织开展中层后备人才选拔，制定各序列核心人才培育目标，培养骨干团队，为重组整合保驾护航。**三是**提升履职担当能力，建立改革容错机制，区别对待探索失误和违纪行为，为领导干部放手改革、大胆创新提供制度保障；开展“庸、懒、散、浮、拖”治理工作，提升领导干部责任担当意识和勤勉履职能力。

97

优化布局调结构　多措并举促转型

中国通号通号工程局集团

一、基本情况

通号工程局集团有限公司（以下简称“通号工程局集团”），是中国铁路通信信号股份有限公司（以下简称“中国通号”）的核心二级企业，主要从事轨道交通通信信号工程施工、市政等城市基础设施工程总承包业务，具备重特大工程一站式综合服务能力。作为中国高铁运行核心控制系统的承建商，通号工程局集团积累了丰富的管理经验，并掌握了多项尖端技术，在中国高铁通信信号行业中处于领先地位，曾多次获得中国土木工程詹天佑奖、国家优质工程奖等各类奖项。

通号工程局集团从成立至今，用五年时间实现了跨越式的快速发展，营业收入由成立初期的14.1亿元增长到60.5亿元；利润由3082万元上升到1.68亿元，分别比组建时增长了3.3倍和4.4倍，年平均增长率超过40%，成为中国通号旗下规模最大的综合性建设集团。

二、改革背景

通号工程局集团于2012年由中国通号的天津、北京两家工程分公司整合组建，主要从事铁路通信信号工程施工业务。虽然在铁路通信信号行业具备较高的市场占有率，但受专业性强且在铁路建设中占有份额较小、资质等级低类别单一、人员结构及资源配置不尽合理、各分子公司管理松散、企业凝聚力不足等诸多因素限制，企业发展遇到瓶颈，深化改革迫在眉睫。

自组建以来，通号工程局集团认真贯彻落实党中央、国务院关于深化国有企业改革的重要部署，把调结构、促转型作为新发展时期的重要突破口，通过调整结构、优化业务布局，强化科技创新，合理调配资源，努力提升企业发展质量和效益，推动企业在市场竞争中不断壮大，实现了快速发展。

三、改革实践

通号工程局集团作为一个内部资源重组整合而成立的新企业，面对成立之初面临的业务磨合、人员磨合、企业文化磨合等一系列问题，公司坚持问题导向，对症下药，开出深化改革的良方，走出了一条依靠结构调整、实现转型升级的成功之路。

（一）调整产业结构，实现业务相关多元化

通号工程局集团秉持“一业为主、相关多元”的发展思路，调整形成与发展战略相匹配的组织架构，进一步优化产业结构。**一是**以市场为导向、以项目为依托，合理调配资源，根据业务发展需要，相继在北京、天津、武汉、长沙、太原等地成立了电气工程公司、信息技术公司、研究设计实验中心、建设工程公司、城市轨道公司等多家子企业。**二是**根据“1115”的业务平台组织架构规划，着力构建1个研究设计实验检测平台、1个生产制造平台、1个系统集成平台、5个专业化工程项目打造平台。**三是**根据资源的不同配置，确定各企业的业务结构及发展方向，避免各企业间业务结构的重叠，促进了各企业的协调发展，均衡发展。

五年来，经过不断深化改革，优化调整结构，通号工程局集团已由成立初期单一铁路通信信号的专业化公司，发展成为集通信信号、电力电气

化、城市轨道交通、信息系统集成、智慧城市、机电安装、市政建筑、机场场道、试验检测等多专业的综合性建设集团，企业规模发生了巨大变化，实现了由单一的专业承包商向综合性的施工总承包商的科学转型。

（二）优化资源配置，深化工程建设标准化

通号工程局集团狠抓项目管理标准化，将标准化作为施工企业最基础的管理，以标准化管理带动企业整体实力的提升。**一是**从制度层面，制定了以项目施工管理、项目质量管理、项目安全环境管理、项目财务及物资设备为体系的各项管理制度223个。做到了事事有规定，完善了专业化管理手册和标准化管理制度，为标准化实施提供制度保障。在推广标准化过程中，发布了通信、信号、电力及电力牵引供电等作业指导书、操作手册等共11册246项，深化了项目管理标准化、施工工艺标准化并形成了企业标准。**二是**从责任体系层面，健全了组织机制及人员配制，强化了过程控制，全面实施实名制管理。该系统以单位工程及分部工程工程量为依据，涵盖了铁路工程“四电”系统各项关键工序，为每个项目管理人员及施工作业人员配备了专一账号，现场施工人员通过手机客户端将施工现场照片上传到服务器终端，各管理人员可随时登陆系统查看施工安全、质量、进度，做到实时监控，及时纠正工程施工中出现的质量偏差现象。做到了所有工序、各项工作、全过程均可追溯，明确了各级机构工作职责和责任人，为标准化实施提供组织保障。**三是**从财力投入层面，明确技术标准体系、施工流程与工艺的标准体系、项目部建设标准体系等多个维度的体系资金投入需求，为标准化提供资金保障。**四是**从宣贯培训层面，制作视频化作业指导书和系列标准化培训教材，为标准化实施提供教育保障。

由通号工程局承担的京沪、向莆、杭长、沪杭、成绵乐、宝兰等高铁客专项目，铁路总公司及各铁路局均组织了项目标准化管理及工艺标准现场观摩会。2016年通号工程局实施的高速铁路通信信号施工工艺标准成功参加了2016第十三届中国国际现代化铁路技术装备展览会、2016中国国

际轨道交通博览会暨高铁经济论坛，获得了高度赞誉，诠释了中国高铁的工匠精神。

（三）强化创新驱动，全面提升企业综合实力

通号工程局集团积极落实创新驱动发展战略，把创新摆在全局的核心位置，全面推进技术创新、体制创新、机制创新、管理创新，加大科研投入，着力建设创新型企业，努力提高创新能力，技术成果收效显著，企业综合实力显著提升。**一是**建队伍、提素质。利用院校及社会招聘引进各类科研及高技术人才近300人。同时，利用委外及内部培训努力提升员工的综合素质。目前，具有高级技术职称人员126人、中级技术职称人员415人，本科及以上学历人员1002人，分别比组建初期增长了207.3%、245.8%和194.7%。建立了企业技术中心及四个分中心（工艺研究分中心、设计与实验分中心、软件与系统集成分中心、建筑技术分中心），以中心为平台，全面提升职工队伍素质。**二是**谋合作、促提升。组建了全部由博士学位学者构成的通号工程局集团企业技术中心专家委员会。与北京铁路通信技术中心、北京交通大学联合成立了铁路通信承载网联合试验中心。与中国电子科技集团有限公司二十研究所联合建立了导航雷达通信合作开发平台。与中南大学联合建立了土木工程专业培养及产研基地。与盛科网络（苏州）有限公司联合建立了网络交换设备自主可控技术联合开发平台。通过与高校及科研院所的合作，提高了企业研发能力及员工技术水平。**三是**强保障、出成果。为持续提升竞争优势，通号工程局集团不断加大科技投入力度，科技投入由2012年的不足200万元，增长到目前累计1.7亿多元，实现成果转化6142.4万元。完善了企业技术标准体系，建立技术标准库，目前涵盖通信、信号、电力、电力牵引、智能建筑等专业，中英文技术标准共130余种。主编了《铁路信号工程施工质量验收标准》等普速及高速铁路通信、信号技术规范、质量验收标准6项，参与铁标和铁总企标“走出去”英文版翻译审查及6项标准的审查，参与了14项行

业标准和铁总企标的修订。自 2013 年以来，通号工程局累计获得专利 37 项、软件著作权 41 项、各项工法 90 项，获得铁道科技奖特等、一等、二等、三等奖各 1 项。

2016 年，通号工程局集团成功取得了第 19 批北京市认定的省部级企业技术中心资质。所属全部子公司均被认定为省市级高新技术企业。通号工程局集团获得了中国施工企业管理协会“科技创新先进企业”荣誉称号。“基于远端语音通信技术的无损光缆识别仪的研制”科研项目首次获得了政府创新基金，极大地提升了通号工程局施工的科技含量及综合能力。

四、改革成效

一是企业发展质量和效益得到明显提升。通过深化改革，通号工程局集团已由单一专业向多专业、多领域快速发展，企业资质也由成立初期的五项发展成为目前的通信工程、机电工程、房屋建筑工程、市政公用工程总承包壹级，铁路电务、建筑机电安装、电子与智能化、机场场道、建筑装修装饰工程专业承包壹级等资质 20 余项。各项经济指标快速提升，2016 年完成的营业收入、利润总额、资产总额、净资产、合同额等分别是 2012 年成立初期的 4. 29 倍、5. 39 倍、6. 3 倍、4. 62 倍和 5. 08 倍，各项指标年均增长率均超过 40%。2017 年预计完成收入 80 亿元，利润 2. 4 亿元，企业保持着持续健康稳定发展的良好态势。

二是业务结构不断优化。经过近几年发展，通号工程局集团不断优化企业层级管理，为适应市场，逐步形成总部为决策中心、投资中心、经营中心和管理中心，分子公司为利润中心、项目实施中心的两级管理模式。业务结构由单一型转变为综合型，成立之初的主营业务主要是铁路通信信号，生产产值几乎占全部业务的 95%。而目前，传统的铁路通信信号业务只占到全部业务产值的 50% 左右，新发展的市政工程等工程总承包业务从零起步，迅速占到半壁江山，尤其在 2017 年铁路业务大幅度下滑的形势下，较好地抵御了行业的周期性风险。

三是员工获得感持续提升。在重组整合过程中，通号工程局集团一直以员工价值最大化为企业价值导向，建立企业与员工同步受益机制，在企业快速发展的同时，员工的收入也呈现了同步提升，全员人均年收入由 2012 年的 8.45 万元增长至 2016 年的 12.62 万元，增幅达到 49.35%，实施企业年金、员工补充医疗保险等激励机制，实现了企业发展成果与员工的共享。

五、经验启示

一是深化改革必须立足于企业实际。每个企业都有自己的传承和发展历程，特别是具有几十年发展历史传统的国有企业，存在的问题都具有个性特征。在市场经济环境下，企业面临更加激烈的竞争，面对新的发展形势，企业必须高举深化改革的旗帜，但改革必须要切合自身实际，在保持和谐稳定的同时，以市场为导向，以问题为导向，大力调整优化结构，推进自主创新以提高市场竞争能力。同时，国企改革应当把保增长与创新体制机制结合起来，与调整优化结构结合起来，与增强自主创新能力结合起来，与加强改进管理结合起来。这样，国企改革的效果才能充分体现，才能在做强做优做大目标实现上走得更远。

二是深化改革必须以创新为原动力。创新发展不仅仅是民族进步和国家兴旺的不竭动力，也是企业的生存之道和发展动力源泉。只有创新企业才能打破常规，才能消除深层次障碍和问题，才能保持源源不竭的发展动力。因此，在企业改革中，要全面认识和正确把握当前经济形势的变化，进一步增强大局意识、责任意识和忧患意识，增强战胜困难的信心、决心和勇气。要进一步解放思想，开拓创新，勇于担当，主动作为，以创新求实效，以创新求发展。

三是深化改革必须调动员工积极性。企业改革涉及广大干部职工的切身利益，改革最终是要改变广大职工的理念与心态，员工支持与否是企业改革能否成功的关键。要把改革与职工利益统一起来，通过改革促进企业发展，提升企业的获利能力，实现企业的经济增长，使广大员工共同分享企业改革成果，员工才会真心拥护和认同并主动参与。只有全体员工都参与到改革中来，充分发挥集体智慧，集思广益，团结一致，改革的难题才能容易破解，改革的进程才能加快，改革效果才能显现，良好的改革氛围才能形成，成功深化企业改革才有保障。

98

以技术创新为驱动　以质量安全为根本 系统化改革铸就行业龙头

中国通号研究设计院集团

一、基本情况

北京全路通信信号研究设计院集团有限公司（以下简称“研究设计院集团”）是国务院国资委监管中央企业中国铁路通信信号集团公司下属核心全资子公司，前身是铁道部电务设计事务所。成立60余年来，研究设计院集团逐步形成以轨道交通领域为核心，覆盖信号、通信、信息、电力电气化、土建、建筑等专业的系统研究、标准制定、应用开发、设计咨询、检验检测、集成交付、运营维护的完整业务链。目前，高速铁路和城市轨道列控系统市场份额占比分别为93%与65%，研究设计院集团已经发展为国内轨道交通控制领域龙头企业。

二、改革背景

近年来，随着中国高铁建设规模的迅速扩大，研究设计院集团在不断延伸完善产业链、价值链的过程中进入了快速发展期，行业地位和影响力也不断得以提升。与此同时，由于各研发单位自成体系，行业、专业分布过于分散，科研资源涣散、研发团队活力不足、安全质量责任主体不明确等问题日渐凸显。因此，从2013年起，按照国资委工作要求和股份公司发展战略指引，公司围绕安全发展、创新发展两大主线，以质量安全为根本，以创新发展为原动力，按照优化调整业务格局、科学设计组织架构、强化质量安全管控、全面进行资源配置的整体思路，分阶段、有步骤地推进公司改革活动。

三、改革实践

（一）突出组织架构改革，优化资源配置

一是按照产业链条整合资源。将“设计、研发、测试、集成、售后、安全、质量”等业务和资源重新配置，进一步集中优化整合，加强“集中研发、集中设计、集中测试、集中生产、独立质量安全”的组织管控模式。一方面集中研发人员到通用技术研究院，专注产品优化、专注自主创新，提高产品的安全可靠性，并集中力量研发具有完全自主知识产权的列控系统。另一方面集中设计人员到通信信号设计院，实现人员高效复用，知识经验共享，人力资源配置合理，逐步培养行业领军人物。同时，集中测试与质量管理人员，实行内部独立第三方运行，有效管控安全质量。将生产实施资源整合为完整生产单元，彻底解决组织不畅、内部接口过多的问题。**二是**按照业务性质整合资源。将安全产品与非涉安产品研发、生产资源分类集中，建立独立安全质量测试和确认。由此构成了公司完整的安全业务板块，实现安全产品的设计研发、开发生产、测试试验、产品实现、交付使用产业链的全覆盖，安全产品质量管控能力更加系统，使非涉安产品技术和资源的运用更加灵活，风险对抗能力进一步加强。**三是**按照层级分工整合资源。构建两级组织架构，成立分公司和海外区域中心，培育分公司生产、售后实力，形成高端科研总部、高效执行终端的运行体系，解决售后服务不及时的问题，达到维护靠前、快速响应的目的，实现“售后服务保障安全”。

（二）深化管理制度改革，激发创新活力

针对研发活力缺乏的问题，2013年以来，研究设计院集团不断深化管

理制度改革与科研制度创新，持续优化劳动分配相关制度，大力开展“双创”活动，逐步形成“强激励、硬约束”的薪酬考核与高回报、高标准的激励制度。**一是**构建科技人才的职业发展通道。一方面优化科研人员职级体系，真正建立专家队伍成长通道和培养体系，加速各层次技术人才成长，科研人员从原有占比 19% 增长至 22%，有针对性地引导员工自我发展；另一方面，成立“院士专家工作站”，工作站科技人才队伍以资深研究人员和工程师为主，年龄主要集中在 30 至 40 岁，中高级职称占比达到 95%。**二是**推进薪酬激励改革实现收入能增能减。通过贯彻“以岗定薪、以绩定奖、鼓励价值创造”的薪酬分配原则，结合公司业务发展导向，设置差异化薪酬项目，建立多样性的薪酬激励模式，做到薪酬发放有的放矢。对于薪酬管理，采取事先预算、事中控制、事后分析的全面管理方式。**三是**完善员工绩效考核体系。强化绩效考核结果在薪酬管理中的运用。一方面，通过采用 KPI 关键绩效指标分解的考核方法，由各部门各自制定绩效指标实现绩效考核的分层分级细化；另一方面，优化绩效分配原则，鼓励各部门秉承上下有序的原则进行二次分配，提高了部门绩效考核灵活度，保证了各部门间的平衡性以及工资总额的可控性。**四是**大力开展“双创”活动。充分挖掘全体员工创业创新潜能。2016 年 3 月研究设计院集团设立了科技项目“双创”基金，每年以科研预算的 10% 划拨基金开展“双创”工作，鼓励各层人员紧扣行业发展、发挥专业能力、积极进取、开拓创新，利用专项基金开展“双创”活动。截至 2016 年 10 月，通过审批 17 个“双创”项目，累计启动资金 1100 余万元，部分“双创”项目已产生经济效益。截至 2017 年，研究设计院集团累计获得授权专利 110 项，其中发明专利 83 项，仅 2017 年就开展科研项目 78 项，获得国内专利 10 项，国际专利 1 项，软件著作权 3 项。

（三）推进业务链条改革，调整产业结构

认清市场形势，坚定改革信念，贯彻“一业为主，相关多元”发展战

略，推动公司业务转型升级，寻求新的发展驱动力。**一是增强优势领域。**通过内部资源整合分别建立信号、测试、安全控制、基础装备部门构成完整信号业务板块，继续集中精力做优铁路通信信号研发，保持系统设计能力领先优势，提升信号板块系统解决方案能力和国际竞争力。**二是优化产业布局。**延伸优势产业，有效统合轨道交通各细分领域，打造全产业链服务平台。加快构建技术团队，培育技术实力，带动站后四电业务发展，着力解决运输系统安全、效率和舒适度问题，实现公司做大目标。**三是培育高附加值产业。**从有轨电车电力电气化系统研究入手，逐步扩展地铁、铁路电气化方面的研究，突破核心技术，逐步实现电气化产品智能化改造，占据高附加值价值链环节。

四、改革成效

一是科技创新成果不断涌现。公司实现了由“引进消化吸收再创新”到“全面自主创新”的转变，取得高铁列控系统核心关键技术的突破，形成世界领先的高速铁路列控系统技术装备体系。**高铁方面**，自主化无线闭塞中心和 C3 车载系统于 2015 年通过欧洲独立第三方的国际标准安全认证，达到国际铁路信号安全标准最高等级；在 2016 年完成大西客专高速试验段的现场试验；2017 年通过欧盟 TSI 认证，成为我国首批获得“欧洲签证”的高铁列控信号产品，打破了进入全球包括欧盟市场的重要技术壁垒。**城轨方面**，自主研发的城市轨道交通 CBTC 系统、城际铁路 C2 + ATO 系统，分别在北京地铁 8 号线、广东珠三角城际铁路莞惠线正式投入工程应用。

二是质量安全可靠性提升。从 2013 年到 2016 年，高铁运营里程从 11000 公里增长至 22000 公里，设备故障率从 2013 年的十万分之 6. 13 逐年下降至 2016 年的十万分之 3. 16，里程加倍故障率减半。**首先，**质量安全方面向国际标准看齐，在 ISO9001 质量体系的基础上，公司引进 IRIS、

CMMI 等国外的先进管理体系，不断引进吸收、优化融合，逐步建立集质量、环境及职业健康安全三体系、IRIS 体系、安全保障体系、安全生产体系、CMMI 模型于一体的安全质量长效机制，并结合自身特点对管理体系进行了持续改进，将安全理念内化于心、外化于行。**其次，**在充分借鉴国际先进管理经验的基础上，强化产品全生命周期各阶段、各环节的安全质量控制，细化操作规范，落实安全质量责任，采取分级审核、阶段验证、独立测试、安全确认、外部评估五类安全质量控制措施，确保涉及行车安全产品实现最高安全完整度等级（SIL4）要求。公司通过安全质量体系建设，全面提升了安全质量管控能力，确保交付的系统、设备安全可靠。

三是企业经营成效显著。公司在国内整体经济面临下行压力的情况下，过去四年来持续保持良好的发展态势，主要经济指标实现两位数增长。公司新签合同额从 2012 年 22.1 亿元增长到 2016 年 62 亿元，年复合增长率 29.4%。营业收入从 2012 年 30.4 亿元增长到 2016 年 53 亿元，年复合增长率 14.9%。利润总额从 2012 年 4.6 亿元增长到 2016 年 12 亿元，年复合增长率 27.1%。净利润从 2012 年 4 亿元增长到 2016 年 10.1 亿元，年复合增长率 26.1%。净资产收益率从 2012 年 18.8% 增长到 2016 年 39.7%。实现国有企业保值增值的目标，履行了央企在稳增长和提质增效方面的经济责任和社会责任。

五、经验启示

（一）完善内部资源配置是企业创新和质量安全的重要基础

国有企业改革在所有制不变的前提下，调整组织架构、完善资源配置是提升国有资本活力的重要途径。习近平总书记多次强调“人才资源是第一资源”“知识就是力量，人才就是未来”。加快科技创新和提升质量安全都离不开资源的合理配置，优化的组织结构能够促进人才积极主动发挥所长，提高研发效率，落实质量安全。

（二）科学合理的薪酬考核和激励约束是企业创新的重要助力

企业科技创新的核心是人，人才是富国之本、兴邦大计，如何有效地挖掘员工创业创新的潜力、激发员工开拓创新的斗志，是企业创新不可避免的难题。完善的薪酬制度、全面的绩效考核、合理的人才架构是确保各类人才“干事有平台、晋升有通道、发展有空间”的重要手段。以“市场化”手段改变“干多干少一个样、干好干坏一个样”的“大锅饭”现象，提高薪酬业绩敏感度，充分调动起全员工作积极性和创造性。

（三）完善的产业布局是企业做强做优做大的重要保障

“不谋全局者不足谋一域，不谋万世者不足谋一时”。面对新的数字化颠覆时代，新的业态和新的商业模式层出不穷，市场竞争加剧和新产业革命对传统商业模式的冲击，使我们的内外生存环境更加复杂和动荡。完善的产业布局有助于实现各业务之间、生产与科研之间的协调、联动发展，有助于研发新产品、探索新业务和防范行业风险，有助于提高企业竞争力、实现“二次创业”转型升级。

99

聚焦改革发展　培育核心优势
专心打造“大直径盾构”业务的优势建造品牌

中国铁建中铁十四局

一、基本情况

中铁十四局集团有限公司（以下简称“中铁十四局”）隶属中国铁建股份公司（以下简称“股份公司”），总部位于山东济南，注册资本金31.1亿，资产总额347亿，下辖14个子分公司，现有员工14970人，各类专业技术人才9039人。拥有铁路、市政、房建工程三项施工总承包特级资质，其他施工总承包（专业）资质、设计、特许经营等资质117项。业务范围除铁路、公路、市政、房建、水利水电等大土木施工外，拥有大直径盾构、建筑工业化、试验检测、投融资、房地产、爆破、测绘、对外经营等特色板块，其中大盾构隧道施工优势比较突出。

中铁十四局在细分市场聚焦大直径盾构业务，通过多年的积累，连续施工建设盾构项目60个，累计掘进里程86公里，其中10米以上的大盾构项目11个，实现了包括穿越江河湖海和繁华城市居民区在内的盾构施工领域全覆盖，目前在建大直径盾构隧道市场占有率32%。大直径盾构施工技术已经成为十四局的核心竞争力，成为中国铁建的优势建造品牌。

二、改革背景

我国建筑市场体量巨大，但建筑企业数量多，专业集中度低，同质化竞争激烈对传统“两路”（铁路、公路）市场依赖度过高，路外市场开拓不足，差异化优势不明显，缺乏拥有核心技术的核心竞争力。近年来，随着城市化进程加快，为有效避免线路对城市景观和功能切割，解决征迁、环保难题，地下大直径盾构隧道交通成为必然选择，长江流域干支流沿线、黄河干流、珠江流域、跨江（河）通道，城市综合管廊，高铁、城际铁路，采用大直径盾构施工方案的工程越来越多。但大直径盾构施工领域具有风险高、门槛高、技术密集、设备高端，对于潜在竞争者进入的壁垒高、代价大。

为持续做优做大做强国有企业，中铁十四局始终贯彻国资委关于深化国有企业改革的决策部署，积极探索提质增效、转型发展的改革突破口。发挥大盾构领域的先发优势，研发了多项专利技术，积累了丰富的大盾构隧道施工管理经验。通过实施战略聚焦，整合市场、业绩和资源优势，坚持走专业化和差异化发展的道路，致力于在大盾构施工领域，专心、专业打造优势建造品牌。

三、改革实践

中铁十四局坚持聚焦战略，在有价值的业务和有竞争力的产品上做“加法”，提出“致力于成为大盾构领域的建造专家和行业领军企业”，布局核心区域，整合优势资源，进行技术储备，紧盯行业前沿，努力把大盾构和轨道交通打造成为中铁十四局规模和利润支撑的关键业务。

（一）借力产业协同，加速规模起步

依靠先发优势和优良业绩，充分利用系统内投资、咨询、设计、采购、施工、制造和运营于一体的产业协同平台，形成全产业链竞争优势。与铁四院设计阶段前端介入，合作中标南京长江隧道、扬州瘦西湖隧道等大盾构项目；利用股份公司投资平台，引入产业基金，运作常德沅江隧道、芜湖长江隧道等大盾构资本项目；股份公司牵头组成联合体中标北京

新机场轨道线 PPP 项目；与国际盾构机知名供应商海瑞克集团建立了密切的合作，与铁建重工联合进行装备产品研发；采取主动对接、咨询和设计阶段前端介入、标准制定、技术攻关、投资带动、业务协同和产业链拓展等多种途径，积极开展自主经营，以现场拓市场，独立运作了杭州望江路隧道、国家电网苏通电力管廊、武汉地铁 8 号线，成都市政管廊等项目。

利用产业协同，快速实现规模起步。以南京长江隧道 14.95 米水下盾构施工为起点，相继承揽扬州瘦西湖隧道、厦门地铁跨海隧道、京沈客专望京隧道、南京地铁长江隧道、兰州地铁黄河隧道、武汉地铁长江隧道、长沙地铁湘江隧道、芜湖长江隧道、杭州钱塘江隧道、苏通电力管廊、南京夹江隧道等一大批在国内外具有重大影响力的超大直径和水下盾构隧道工程。“三核（京津冀、长三角、珠三角）两线（京广、京沪沿线）一带（长江经济带）”战略布局逐步呈现。2016 年，大盾构承揽贡献 87 亿，占比 13.6%；与大盾构关联性较强的城市轨道业务承揽 135 亿，占比 21.2%，利润贡献超过 2.5 亿，为实现财务状况的根本好转做出了重要贡献。

（二）优化资源配置，储备发展动能

一是进行资源整合。2015 年成立大盾构事业部，统筹全局大盾构经营资源，实现大盾构业务战略平台、技术平台、经营平台的上移；2016 年在南京组建全国首家大盾构专业化公司，实现了以隧道公司、大盾构公司等专业公司为骨干，综合性工程公司为补充的施工生产保障体系。调整人力资源结构，通过整建制划转（7 个项目共计 300 人）、接收大学生（每年 200 人）、劳务派遣（优先保证盾构维保人员和操作人员需求）等方式充实大盾构专业人才，确保“十三五”末从事大盾构和轨道交通业务的人数达 4000 人以上。**二是**加大设备投入。中铁十四局拥有盾构机总数达 60 台（自有 41 台，设备原值 38.1 亿；租赁 19 台），其中：9 米以上盾构机 15 台（自有 13 台，租赁 2 台），储备了雄厚的装备实力。**三是**加大科技创新

经费投入。2016年科技经费投入达65596万，其中可计算加计扣除的研发费用总额38879万。科技经费的有效投入，为公司自主知识产权和核心技术的储备奠定了基础。

（三）立足自主创新，掌握核心技术

从南京长江隧道首次在世界上实现常压更换刮刀，到武汉地铁8号线成功实施了常压更换滚刀和滚刀、齿刀的互换，中铁十四局全面掌握大直径盾构施工核心技术，形成技术创新、风险管控、运营管养三大核心技术体系，根本是坚持了自主创新的道路。**一是**重视技术创新平台建设。依托国家认定企业技术中心、博士后科研工作站、大直径盾构工程技术研究中心、盾构隧道管片技术研发中心和芜湖科研试验基地5个大盾构技术创新平台，近百项专利技术，形成“专家团队、技术团队、管理团队和施工团队”组成的大盾构专业团队。**二是**重视重大课题研究。2016年，在烟台承办渤海湾海底隧道修建关键技术高端论坛，共同探讨渤海湾海底隧道修建关键技术问题，交流国内外大直径及水下盾构施工情况；2017年1月，在厦门举办中铁十四局首届大盾构技术论坛，与国内专家分享了最新的研究成果，分析了大盾构施工的最新情况和发展趋势；2017年8月，独立承担首个国家级课题“开展高端装备制造业（盾构产业）海外专利布局工作”正式启动，为“走出去”提供有力支撑和强劲动力。**三是**重视专家人才梯队建设。实行技术人才激励机制，共评选出工程技术专家59人、科技拔尖人才115人，并对工程技术专家实行分级管理，分为首席、一级、二级专家，仅2016年发放专家津贴247万。借鉴工程技术人才的激励机制，下一步将制定首席技师制度，稳定紧缺的技能人才。

（四）坚持融合发展，创新建造模式

针对大盾构产业链条中的分段业务，通过协同经营，融合发展，建造模式不断创新。**一是**“投融资+建造”经营模式，投融资和施工融合发展。集团公司将投资重点向大盾构领域倾斜，通过投融资拉动，引入产业

基金、与地方政府开展战略合作等方式，成功运作多项大盾构项目。**二是**“图纸设计 + 施组设计”的设计模式，设计和施工融合发展。为满足盾构机施工的设计规范和设计净空，从图纸设计阶段就积极与设计院进行沟通，保证了图纸设计与施工组织的有效衔接。**三是**“制造 + 专业监造”盾构机采购模式，施工和装备制造融合发展。为保证盾构机制造质量，在制造环节，就成立监造团队，入驻工厂，加强过程监管的同时又培养了盾构机使用人才，确保了后续施工环节人机磨合的顺畅。**四是**“行政管理 + 专家团队”的监管模式，掌握了大盾构施工全面风险管控技术。

四、改革成效

中铁十四局大直径盾构业务板块发展抓住了难得机遇，抢占了市场先机，迅速做强做大，积累了深厚的人才、市场、设备和技术优势，成为国内大直径盾构、水下盾构、复杂地质条件下盾构施工领域的行业领军企业和建造专家，有力地推动了企业转型升级。

（一）掌控了市场份额优势

近两年内，全球在建大盾构项目 90% 在中国，国内在建 10 米以上的大盾构项目 27 个，中铁十四局参建了 9 个；长江上 10 米以上大直径盾构隧道 11 条，中铁十四局承建了 6 条，目前正在建设的 5 条中，中铁十四局承建 4 条。承建了国内首条穿越长江的地铁隧道、首条穿越黄河的地铁隧道、首条海底地铁盾构隧道、世界首条特高压综合管廊工程。目前在建大盾构项目 8 个，合同额 178 亿元。

（二）培育了核心技术优势

全面掌握了大盾构施工核心技术，形成了大盾构施工技术体系。大盾构优势体现三个“全覆盖”：穿越“江河湖海城”全覆盖，地质条件全覆盖，涉足行业全覆盖。6 次穿越长江、1 次穿越湘江、1 次穿越钱塘江、1 次穿越黄河、2 次穿湖、1 次穿海、多次穿越城市繁华区；业绩涵盖了软土、黏土、砾岩、卵石、钢板砂、花岗岩、江中冲槽、上软下硬、左软右硬、强透水、高水压等复杂地质条件；涉足铁路、公路、市政、地铁和水工等行业以及“大土木”相关联的全部领域。掌握了9.5kg/cm^{2}的超高水土压力、74m江底深度、透水性强、常压换刀等高端技术，创造了大直径盾构机日掘进19环（38m），月掘进344环（688m）的世界纪录；全球首创11米同级别盾构机常压换刀技术。拥有盾构选型、刀具配置和常压更换技术、开舱泥膜形成技术、盾构机状态检测与故障诊断和维保技术、高耐久性管片制备技术等30余项科技成果与专利技术。被业内顶尖专家——钱七虎院士誉为国内第一家率先掌握大直径盾构施工核心技术的建筑施工企业，在复杂地质条件大盾构施工这一领域拥有了绝对的核心竞争力。

（三）发挥了产业链拉动优势

大盾构核心竞争力对相关产业板块的发展产生明显的拉动作用。全国42个轨道交通在建城市中，土建、机电、管片、铺轨等专业共进入了37个城市。已经建成了京沈、京张、芜湖、长沙、成都、青岛、章丘7个盾构管片生产基地。承担了9条大直径及水下隧道的管养任务，已成为桥隧强电、弱电、供电照明、消防给排水、通风与空调、综合监控等系统管养与维护的专业团队。在安徽芜湖投资4.9亿，征地504亩，建成盾构产业园（基地），承担管片生产、大盾构刀具生产、新产品研发和技术培训、盾构机存放和维保，生产产品主要供应长江经济带20个经济发达城市和华东地区、东南沿海。

（四）扩大了品牌优势

近年来，中铁十四局在大盾构和城市轨道交通领域品牌优势明显，社会美誉度不断提升。获国家科技进步二等奖2项，5项省部级科研成果，获鲁班奖2项，获詹天佑奖3项。撰写的《超大型泥水盾构越江施工技术研究与实践》和《泥水盾构施工管理手册》，被誉为国内盾构施工的操作规范。多项盾构工程受到了党和国家领导人的肯定，2013年2月8日，习近平总书记到中铁十四局承建的北京地铁 8 号线南锣鼓巷站施工现场慰问职工。2016 年 11 月 9 日，德国前总理格哈特·施罗德博士一行到访中铁十四局，开启了大盾构走向世界的梦想之旅。中铁十四局在大盾构领域的优势已经显现，逐渐由行业“追随者”成长为“领跑者”，大盾构已经成为企业名片，成为企业综合实力的象征。

五、经验启示

（一）深化企业改革，要始终保持做强国企的使命感，准确进行战略定位

要保持对经济形势的高度敏感，把握做大做强做优国有企业的责任使命，牢牢把握当前市场经济发展的良好形势，立足自身优势，准确进行战略定位，抓住稍纵即逝的战略机遇，打造“中国建造”名牌，才能把握住深化国有企业改革的核心要义。

（二）深化企业改革，要始终保持居安思危的危机感，持续培育核心竞争力

我国建筑市场体量巨大，但集中度低，总体处于低水平发展。建筑业转型升级已经是大势所趋，“十三五”是施工企业转型升级的“窗口期”。企业必须超前谋划，专注细分业务，打造企业核心竞争力，实施转型发展，才能避免在市场中随波逐流。“十三五”末，中铁十四局国内施工收入占比将由 2015 年的 87% 降到 50%，其中：大盾构和轨道交通业务收入占比由 10% 上升到 25%，力争 30%。中铁十四局力争做强做优大盾构专业品牌，未来实现专业品牌价值的三个提升：一是培养工程院士，二是参与海峡隧道建设，三是把品牌推广到国际市场。

（三）深化企业改革，要始终保持时不我待的紧迫感，牢牢坚持自主创新

企业做成功一件事，往往是在和时间赛跑，必须有意识地超前布局谋

划，才能在行业周期聚变的紧要关口，抓住机遇。大盾构是技术密集、高附加值的产业，要始终依靠自主创新，掌握核心技术，拥有更多的自主知识产权，拥有建造专家和技术团队，积累更多的施工业绩，引导产业升级，保持大盾构市场的优势地位。

（四）深化企业改革，要始终保持干事创业的责任感，专心打造优势建造品牌

做好大盾构产业，为中国铁建打造优势建造品牌，为“中国建造”增添一张亮丽的名牌，对国家、对企业是最大的利益价值所在。创建大盾构品牌非常艰难，需要一批企业家、集团上下、几代人对着一个目标长期不懈的努力。培育和打造大盾构优势，作为中铁十四局的一项宏伟的事业，必将在股份公司战略引领下，迎来质的飞跃。

100

凝心聚力谋发展　改革创新促转型

中交集团二航局

一、基本情况

中交第二航务工程局有限公司（以下简称“二航局”）是世界500强企业——中国交通建设股份有限公司的全资子公司，是一家融设计、施工、科研、资本运作于一体，以路桥、港航、铁路、城市轨道交通、市政工程为主业，“大土木”、多元化经营的大型工程建设企业，现下辖12家子公司，13家分公司，3家参股公司，30余家投资、房地产项目公司，以及30余家经营性分公司和海外经营办事处。现有员工近9000人，其中经营管理和专业技术人员7000多人。2016年度公司全年新签合同额609亿元，完成营业收入460.25亿元，实现利润14.05亿元，实现经济增加值8.15亿元，全面优于集团考核目标值，综合考评位列集团第四名、基建板块第一名。

二、改革背景

我国经济发展进入新常态，国有企业改革进入攻坚克难的“深水区”。中交二航局面临传统水工业务断崖式下滑，传统优势市场恶性竞争，传统业务板块质量效益不高，管理层级多，决策与执行效率不高，项目“扭亏治理”工作任务重，规模增长与效益增长不匹配等客观现实；“庸懒散”

“安于现状、因循守旧”“大企业病”等依然存在，制约了企业发展。为改变这种局面，二航局坚持问题导向，优化战略布局，推动创新发展，不断加强党建工作，积极推进企业转型升级，促进了公司全面发展。

三、改革实践

（一）坚持顶层设计，精心实施三大体系建设

一是全面优化发展体系。中交二航局以集约化经营、多元化发展、区域化统筹、专业化定位为导向，建立“机制健全、集约统筹、紧密协同、分工明确、运转高效”的管理架构和发展责任体系。全面加快市政特级，水利水电、环保一级等资质就位和建筑装配化全国布局，进军城轨、市政、水务环保、海绵城市、综合管廊等新兴市场；积极适应供给侧改革，加快转型升级，加快转产、转场、转商步伐和进城、向西、出海进程；加强分子公司、专业化公司、经营分公司建设，落实各分子公司专业发展定位和区域发展责任，进一步完善工作机制，推进国内营销网点全覆盖和信息全覆盖。**二是**全面优化管理体系。中交二航局以标准化、精益化建设为抓手，以价值创造为导向，以精益运营为中心，细致梳理公司管理体系、制度、流程，全面启动公司管理体系 3.0 建设，进一步健全和完善集约高效的公司生产管理指挥系统、财务会计管理体系、投资管理和产融创新平台、海外发展平台、轨道交通发展平台、商务管理平台、采购交易中心等，努力建立与市场相适应的现代管理机制和精益运营体系。**三是**全面优化运营体系。中交二航局以重过程、重预防、重联动为导向，加快大监督保障组织体系和制度建设；健全完善运营绩效考核机制，以市场化、分类别、重导向的薪酬绩效体系为核心，对接集团新的考核办法，导入发展贡献度考核，落实专业化与差异化考评，以 KPI 为抓手，调整优化总部部门（事业部）、区域性经营分公司、分子公司考核机制。

（二）立足创新驱动，深入推进三大融合

一是大力实施产研融合。中交二航局强化科技创新体系建设，持续推

进四大创新平台建设，加快推进 BIM 技术、智能交通、装配式建筑、水务环保等领域研究，突出对新兴业务的技术支撑和引领。完成了湖北省工程智能建造研发中心申报与认定，并根据公司转型升级和技术引领需要，设立了城市规划设计院、水环境与海绵城市技术研发中心。**二是**积极推进产融融合。中交二航局积极探索多种合作模式，推进“财务投资人 + 施工总承包”“基金股权融资 + 银行配贷”投融资模式在 PPP 项目的应用，探索实施了政策性贷款置换、纯信用贷款、项目直接融资租赁、引入基金等新型融资工具。**三是**深入开展产信融合。中交二航局强化信息化建设的统筹规划和管理，以“智慧工地”建设为抓手，统筹推进 BIM 平台开发应用，稳步推进“大数据”建设；积极推进业财一体化融合，做好物资与财务系统对接，完善营销、合同系统与财务系统对接，完成档案系统升级。

（三）突出问题导向，提升企业运营质效

深入开展“压减”和提质增效工作。中交二航局贯彻落实国务院国资委关于中央企业“瘦身健体”、提质增效的要求，按照中国交建压缩管理层级、减少法人户数的工作部署，制订了《中交二航局“压减”工作方案》《中交二航局“压减”工作专项考核配套措施》。坚持扶强扶优、优胜劣汰原则，开展公司组织构架设计与公司治理，加大“压减”工作目标责任制，严格考核，对达标单位进行奖励，对不达标单位启动问责机制。针对“营改增”对组织机构的管理要求，通过优化管理，开展专项课题研究，均衡税负取得实效。

（四）调整产业结构，增强经济发展新动能

中交二航局在保持传统业务稳定发展的基础上，大力拓展新兴业务，进一步丰富“大土木”的内涵和外延。围绕新兴业务发展方向，加强城市综合开发、水务环保、特色小镇、棚户区改造、装配式建筑等领域市场营销策划、资源整合和外部合作，为公司进入集团战略性新业务领域，谋篇布局、积势蓄力。

(五)创新党建工作，提高党建科学化水平

一是严格落实党组织和行政工作“四同步”。中交二航局坚持党的建设同步谋划、党的组织和工作机构同步设置、党组织负责人及党务工作人员同步配备、党的工作同步开展，实现了党组织全覆盖。建立党建工作责任制，推行党建工作考核，在基层单位全面开展“三级同述同评同考”，加大党建工作在班子业绩考核中的权重。**二是**围绕“把方向、管大局、保落实”，全面加强党建工作。中交二航局完善“双向进入、交叉任职”的领导体制，实行党委书记、董事长“一肩挑”，同时配置专职副书记负责党建工作。完善党委会、常委会议事规则，细化党组织参与“三重一大”问题决策的内容和程序。坚持完善公司治理体系与落实国企党建工作要求相互融合，建立了党委书记办公会机制，确立重大事项党委会前置决策制度，确立党委会前置决策事项清单共36项。**三是**坚持党管干部、党管人才，强化选人用人的领导和把关作用。突出业绩导向，推行新任领导人员试用期制度，严格规范干部管理流程，推进公开选拔和竞争上岗等差额选拔办法；设置干部每年5%～10%的交流比例，1%的强制退出比例，打破领导干部“能上不能下”的惯性思维。**四是**加强党风廉政建设，强化纪检监察监督管控。中交二航局制订出台《谈话和函询暂行办法》等5项制度，夯实执纪工作制度保障；实行纪委派驻监督试点工作，建立巡视组，开展内部巡察制，整合党内纪委监督力量与公司审计监察监督，构建“大监督”管理格局；紧紧围绕生产管理，开展效能监察立项，统一开展亏损治理和对标管理专项效能监察活动。

四、改革成效

“十三五”期间，中交二航局按照党中央、国务院和国资委关于深化国有企业改革的工作部署和供给侧改革要求，贯彻落实中国交建“十三五战略规划”，以《中交集团暨中国交建全面深化改革指导意见》为纲领，

紧紧围绕率先建成世界一流企业目标，坚持以问题为导向，注重改革的精准性和系统性，大力推动改革创新，积极推进企业转型升级，促进了公司全面发展。

（一）体系建设释放发展活力

中交二局通过系统的发展体系、管理体系、运营体系建设，进一步释放了企业活力，主要经济指标稳健增长。2016 年度公司全年新签合同额 609 亿元，完成营业收入 460. 25 亿元，实现利润 14. 05 亿元，实现经济增加值 8. 15 亿元，全面优于集团考核目标值，综合考评位列集团第四名、基建板块第一名。2017 年公司经营目标有望跨越 1000 亿平台，持续保持 10% 以上年复合增长水平。

（二）三大融合激活内生动力

一是通过产研融合，坚持技术创新引领业务转型，确保了中交二航局在行业内的品牌优势。**二是**通过产融融合，坚持产融创新引领业务展，中交二航局实现了规模发展与有质量经营，促进了企业业务链向企业价值链高端的延伸，在中交集团甚至在行业内，始终保持了较明显的比较优势。**三是**通过产信融合，坚持管理与信息化的融合与创新，促进了中交二航局管理行为规范标准，管理层级扁平、管理体系优化、管理风险规避、管理方式升级、管理效率提升。中交二航局连续多年在中国施工企业协会及中国交建信息化建设考核中成为标杆企业，名列行业前茅。

（三）“瘦身健体”助推提质增效

中交二航局“瘦身健体”，撤销山东办事处等 14 家分支机构，注销 16 家分支机构工商税务登记，管理机构“压缩”到公司、子分公司、项目部三个管理层级；减少法人单位 12 家，提前超额完成集团下达公司的 2016 至 2017 年度 11 家法人单位“压减”目标。通过“压缩”管理层级、“压减”法人户数工作，预计每年将节省管理费开支达 4000 万元。“营改增”均衡税负，2016 年实现该项赋税减少超过 6000 余万元。

（四）产业升级积蓄发展新动能

中交二航局以传统主业为基础，大力拓展新兴业务，华中·中交城开工建设，大连小窑湾总部基地、山东蓬莱刘家沟特色小镇、渭南市渭清公园改造提升等项目快速推进。装配式建筑业务布局加快，与成都城投合作成立成都科建股份公司顺利投产，形成生产能力与标准化业务管理模式，并有效实现该业务模式的复制，在昆明、温州、拉萨、郑州、武汉、大连等地方政府投资展开实质性平台合作，基建板块的装配式建筑业务正有序、高效在成熟地区快速推进。通过申报市政施工总承包特级资质，收购长江委所属水利水电施工一级总承包资质，股权合作取得环保工程施工一级资质等。

（五）党建工作创新夯实组织保障

中交二航局创新党建工作并狠抓落实，为公司发展提供了坚强保障。通过“四同步”实现了党组织全覆盖。印发《支部手册》《党员手册》，党委常委带头讲党课，切实保障了“三会一课”等党内组织生活规范化、常态化。落实了党务干部和行政干部双向交流制度，选用党性强、素质高的复合型人才担任党组织主要负责人，进行多岗位历练、多岗位配置。通过党建工作创新，全面实现了党建工作与公司战略发展、转型升级的同步提升。

五、经验启示

（一）坚持“一张蓝图”统全局，打造一流的发展品质

深入贯彻“五商中交”战略，遵循“创新、协调、绿色、开放、共享”的发展理念。坚持“大土木，多元化”的方向，以工程承包商、投资开发商和资产（资本）运营商为企业基本定位。以能力提升为主线，以改革创新为动力，以精益运营为牵引，稳增长、强海外，优配置、精管控，提质效、谋升级，聚焦“全面建设具有国际竞争力的世界一流企业”十三

项关键因素及关键指标，瞄准国内国际优势企业开展对标，找不足、补短板、强优势。

（二）做实“两级协同”促转型，培育一流的竞争能力

一方面全面协同中国交建战略，强化公司发展支撑力。主要做好改革协同、强化营销协同、关注价值协同。另一方面建立完善的内部协同机制，打造公司生命共同体。主要是战略上要协同、营销上要协同、管理上要协同、资源配置要协同。

（三）依靠“三大创新”作驱动，构建一流的体制机制

一是强化体制机制创新驱动。要坚定不移地坚持以市场和客户需求为导向，做政府与经济社会发展急所的责任分担者、区域经济发展的深度参与者、政府购买公共服务的优质提供者。积极推进用人机制改革，积极深化市场化改革，积极探索混合所有制改革。**二是**强化管理创新驱动。大力推进适应性组织建设，全面推进信息化建设、推进管理体系再造、强化企业管控体系建设、推进绩效管理体系建设。**三是**强化科技创新驱动。塑造科技创新与技术引领能力，力争在桥梁、轨道交通、地下工程、城市地下管廊等领域取得突破，培育一批创新型技术产业；按照产业化、智能化、装配化、模块化要求，打造一体化技术服务能力，延伸产业链和价值链；建立涵盖技术、材料、装备及智能建造研发的创新平台，让公司走上创新驱动、内涵式增长的发展道路。

（四）提升“四种能力”强基础，积蓄一流的发展势能

一是提升资源整合能力，实现要素、平台、服务整合。**二是**提升精益运营能力，实现市场经营和内部管控精益化。**三是**提升国际化经营能力，实现“十三五”末海外板块利润指标占公司利润总额的30%以上。**四是**提升品牌经营能力，实现以文化软实力为牵引、核心技术为支撑，扩大二航品牌的知名度和美誉度，增强品牌竞争力，提高市场占有率。

101

调整结构布局　创新机制模式 系统推进企业改革和转型升级

中交集团中交二公局

一、基本情况

中交第二公路工程局有限公司（以下简称“中交二公局”）是中国交通建设股份有限公司的全资子公司，具有公路工程施工总承包特级、市政工程总承包一级和专业承包资质共计70余项。总部位于陕西省西安市，注册资本金40.69亿元，旗下有18个子分公司，下设9大区域中心。中交二公局管理和技术人员近10000人，预计2017年新签合同额逾1000亿，年利润逾10亿。主营业务涉及公路、桥梁、隧道、铁路、市政、城轨、养护、房建、机场等施工、总承包与投资建设领域，市场区域覆盖国内31个省（区、市）以及海外22个国家和地区。

二、改革背景

“十一五”期间，中交二公局抓住国家基础设施大发展的机遇，积极拓展市场空间，经营规模持续扩张，业务链和价值链得到优化，但由于长期缺乏对业务的战略定位和各子分公司的专业化、差异化发展引领，至“十二五”末所属大部分公司还未能培育出自身核心业务优势，“小而全”的业务布局造成各公司同质化竞争严重，发展不均衡，个别规模小、成立时间晚、业务不具优势公司低效率运营问题突出。企业整体经营质量明显下降，个别公司连年亏损，项目亏损面比较大。面对如此严峻形势，中交二公局亟需进行深化改革和强化管控。

近几年面对新一轮深化国企改革和集团“五商中交”升级战略要求，中交二公局明确提出要聚焦“做强做优”一个目标，围绕“转型升级、提质增效”两个任务，坚持“战略导向、问题导向和结果导向”三个导向，按照“整体规划、顶层设计、分步实施、专项突破”四个步骤，紧抓“结构调整、模式创新、组织优化、机制激活、体系提升”五个层面，在全局7个关键领域和14个方面进行系统化、多维度、深层次改革，以此破解制约企业发展的瓶颈性问题。

三、改革实践

（一）实施组织机构变革，加快适应性总部建设

2015年，中交二公局针对严峻形势，按照“决策中心、利润中心、成本中心”三级管控的功能定位推行“职能大部制”改革，将局总部20个部门优化为15个部门，将220个岗位压缩到180个。随后，中交二公局成立了财务共享服务中心、物资设备采供中心，实现了企业资源预算、合同、结算、物资设备系统与共享中心网报系统的平顺对接，集约化管控平台逐步建立。通过此项改革，全面提升了总部引领能力和管理效率。

2016年，中交二公局在全局范围内开展了子公司总部适应性组织改革，按照大型、中型、小型三类公司划分，制定了全局统一的总部机构设置和岗位编制规范。目前，共有13家子分公司和事业部按统一规范完成了总部机构改革，开展了总部全员岗位竞聘，从机制上解决了总部活力缺乏、能力不足问题，实现了干部能上能下、薪资能增能减、人员能进能出。通过此项改革总共压缩了子公司总部管理岗位编制160余个，精简部门设置30余个，相当于节约了3个中型公司总部的资源配置。

（二）聚焦业务结构调整，推进专业化整合重组

以国资委和集团“压缩管理层级、减少法人户数”为契机，通过对子

公司专业化、差异化发展调研，对业务同质化严重、营业收入小、资质等级低、运营效率差、盈利能力弱的部分子公司，通过“重组”“改制”“撤销”三条路径进行专业化整合，集中培育规模体量大、经营质量优、专业优势强、品牌价值高的主力子公司。2017年，中交二公局累计完成7户法人户数注销，管理层级压缩到4级，超额完成集团下达的任务。减少岗位近100个，节约各项管理费用1500多万元。

按照专业化整合思路，着力打造一个中交二公局综合特级总承包品牌（公路+市政总承包特级+铁路总承包）。通过调整业务结构，加大新兴战略性产业布局，重点培育了4个年合同额过百亿的综合型核心子公司。积极培育在海外、投资及市政、轨道等新型业务领域专业优势突出、具有行业引领力的专业化子公司。通过业务结构调整和专业化整合，目前二公局海外业务占比13.4%，投资业务占比20%，新型业务占比25%。

2016年，中交二公局率先对业务互补性强、文化融合度高的东盟公司与华盟公司通过新设合并进行了战略重组，通过强势带动劣势发展，产生了“1+1>2”的优势叠加效应。重组前的2015年底，东盟公司与华盟公司合同额分别为82亿、20亿，营业收入58亿、20亿，利润总额1.2亿、63万元。重组后的新公司2016年合同额131亿、利润总额1.53亿；2017年上半年，新公司利润总额已达1.08亿，按照当前发展势头，预计全年合同额、利润额均有望突破新高，并有望取得特级资质。

（三）完善市场网络布局，创新区域化经营模式

区域化经营一直是中交二公局改革发展的一个方向。为此，2014年开始，中交二公局紧跟集团9大区域总部战略布局，对市场网络体系进行了大幅改革调整，在国内市场先后设立9大区域中心、12个省（区、市）级分部。通过整合区域内的市场优势资源，理顺区域中心与局总部、各公司、各项目之间责权利界面，明确区域发展责任主体，做实做强区域中心，建立区域化立体营销体系，形成区域市场的联动效应和聚合效应。

在集团大力支持下，中交二公局率先在潜力巨大的西藏市场成立了区域化子公司，在西藏累计中标近 100 亿元，利润近 5 亿元。在贵州这一主力市场，中交二公局致力于成为政府基础设施建设的深度参与者和一体化服务的提供者，采用“融资平台 + 承包商 + 政府”的产融结合模式，建立起紧密型合作平台，深耕细作、主动创造优质项目。通过创新区域化经营模式，目前中交二公局在贵州在建合同额达 207 亿元。

（四）围绕六个指导意见，落地项目标准化管控

确保改革成果落地的关键是强化运营管控、提升经营质量。中交二公局以“项目策划、标后预算、劳务合作方管理、物资招标采购、机械租赁、考核与激励”等六个关键环节为抓手，规范管理标准，固化业务流程，形成“六个指导意见”。通过强力推行“六个指导意见”，切实推动项目管控标准化落地，打出了一套强化项目管控的“组合拳”。通过抓品牌示范项目、典型引路，依托一体化管控平台，逐步建立起了“工、料、机”全覆盖的“量价齐控”管理体系，将单元工程量的“量价齐控”延伸到单元工程材料的“量价齐控”，通过财务 - 业务一体化核算功能，倒逼项目提升管理质效。2016 年度项目亏损额、亏损面减少近 20%，利润攀升近 25%，项目管控水平明显提升。

（五）激活人才竞争机制，推进职业经理人制度

为充分激发企业内部人才潜能，中交二公局于 2016 年召开首届人才工作会，提出“15163”重点人才培育工程，推行“项目职业经理人制度”改革。研究制定了项目职业经理人管理办法及相应配套管理措施，在全局范围选聘优秀项目经理作为局职业项目经理人，通过内部竞标和有序流动，使有实力的项目团队承担与之实力匹配的重点、难点项目，带动资源不足的公司提升能力，进而提高项目盈利水平。目前，第一批 9 名职业经理人已选聘完成，第二批选聘工作正在开展。2016 年项目职业经理人制度在中交二公局五公司两个项目进行了试点，当年即取得明显经济效益，

2016 年底深圳外环项目预算指标完成率 108%；纵二线改造项目超额利润切块率达 3.18%。

四、改革成效

2015 年以来，中交二公局通过推进全面深化改革、调整组织结构和业务结构、创新经营模式、强化项目管控、激活人才机制，使企业发展状况和整体面貌得到极大改善，经营质量稳步提升，盈利能力不断增强，市场竞争优势逐步凸显。

（一）主要经营类指标大幅增长

2015 年末中交二公局实现合同额、营业额、利润额分别为 413 亿元、418 亿元、6.5 亿元；到 2016 年末三大指标分别为 728 亿元、351 亿元、8.1 亿元。2017 年上半年，中交二公局市场开发成效显著，同比增长了 166%，全年有望突破 1000 亿大关，营业收入和利润额也实现了时间过半任务过半。

（二）经营质量和效率明显提升

通过强化管控、精简机构、压缩层级、健身瘦体，中交二公局亏损户数持续减少、亏损面持续收窄，企业毛利率、人均利润和产值利润率等指标均有较大改善。2016 年度企业经营类亏损户数降低 19%，亏损面较同期下降 17%。下属的三公司、四公司实现利润从不到 2 亿元跃升至突破 4 亿元大关。企业产值利润率由 2015 年度的 1.53% 提高到 2016 年度的 2.3%。

（三）集约化运营能力持续增强

通过集约化平台建设和一体化管理体系改革，使企业整体管控能力和资源集约化水平得到较大提升。项目标后受控率逐年提升，2016 年 2 家子公司持续保持有息负债为零，4 家公司也取得了有息负债为零的好成绩，全局基本实现了资源集中管控、集约化运营，全面提升了经营效率和管理水平。

（四）专业化发展优势初步显现

通过子公司专业化整合重组，特别是东盟和华盟公司重组的示范效应，实现了内部优势资源向主力子公司的集聚，同时强化并突出了专业化公司的强势业务和专业化能力。消减了子公司发展不均衡的状态，核心子公司、主力子公司和专业化子公司形成优势互补，业务结构和生产力布局更为合理。

（五）区域化经营布局逐步形成

通过完善区域化布局和区域化经营创新，中交二公局目前已构建起了较完善的市场立体开发责任体系、区域资源要素统筹机制、利益分配机制，区域化开发经营的协同效果已显现。近年来中交二公局合同额指标大幅度增长，从 2014 年度的 488 亿，持续增长到 2016 年度的 728 亿元，年均增长近 17%。

五、经验启示

（一）改革成功的前提是战略引领、系统推进

企业改革是一项系统工程，必须紧跟国企改革部署和集团深化改革步伐，抓住改革机遇，围绕重点领域，找准改革的契合点和着力点。改革必须适合企业属性，与战略接轨、与市场接轨、与一线接轨、与企业实际接轨。企业改革必须坚持“战略导向、问题导向、结果导向”并重，做到整体规划、系统设计，通过试点先行、典型引路、循序推进。

（二）改革实施的关键是组织变革、体系优化

企业改革能否顺利实施的关键是搭建起科学高效、权责分明、运转顺畅的组织架构，建立一套与改革目标相配套的管理体系和发展体系。中交二公局改革的第一站也正是从适应性组织改革出发，理顺了局总部－子分公司－项目部三个层级的功能定位和管控界面，明晰了各层级的责、权、

利关系，形成了各司其职、有机协调的发展共同体和利益共同体。

（三）改革推动的核心是激活机制、创新模式

企业改革要取得成效，关键在于从体制变革的“顶层”和过程管控的“基础”同时发力，持续创新发展模式、经营模式、管控模式、盈利模式，构建以效率和效益为导向的经营管理机制、资源优化分配机制、监督考核激励机制。要坚持“全面”与“深化”相结合的原则，既要全面系统，解决结构、布局、体系问题，更要持续深化，纵深推进，建立长效机制。

（四）改革落地的保障是落实责任、加强管控

企业改革涉及多层级、多部门，各专项改革任务必须明确责任领导、责任部门和责任人，制定改革任务单、改革时间表和改革工作进度控制图。改革成果最终应通过制度变革落地，通过加强过程管控来确保改革目标的实现。要坚持“进取”与“审慎”相统一的原则，既要主动改革、积极进取，又要考虑企业的管理基础和现实条件，审慎稳健、理性科学。

102

聚焦林业主业　在转型中实现跨越式发展

中林集团林产品公司

一、基本情况

中国林产品公司（以下简称“林产品公司”）隶属中国林业集团公司，注册资本金104287.75万元，2016年末资产总额372.4亿元，所有者权益77.2亿元，2016年实现主营业务收入484亿元，利润总额12820万元。林产品公司主要从事境外森林资源开发，木材和木制品、纸浆、纸张等大宗商品的进出口及销售、相关产品的仓储物流服务等业务，现有全资或控股子企业40多家。

二、改革背景

林产品公司成立于1979年，原为国家林业局所属的负责全国林业行业国家统配木材调拨的主管部门。随着国家取消统配木材木片等林产品统一经营权后，面临完全竞争的市场环境，由于资产规模小、无主业、无资金，公司连续多年亏损，经营一度陷入窘境，转型发展迫在眉睫。面对新的市场形势变化，林产品公司大力推进战略转型，以“走出去”发展为核心，以完善国内销售市场网路、大力发展混合所有制经济、全力推进木材产业园区建设为主要途径，进一步聚焦林业主业，优化资源配置，调整经营结构，在转型中实现跨越式发展。

三、改革实践

（一）坚持“走出去”战略，推进资源国际化

2017年4月，国内天然林商业性采伐全面停止，国内木材供需矛盾进一步加剧，木材对外依存度已超过50%。林产品公司顺应当前行业发展趋势，坚持“走出去”发展战略，收购境外优质森林资源，加大全球资源开发力度，创建海外资金与交易平台，大力发展木材进口业务。

2013年、2016年林产品公司先后收购了新西兰北岛的20万亩林地、31.5万亩林地，在新西兰设立企业，进一步加大林地经营管理力度，稳步扩大新西兰木材贸易规模。新西兰林地的自采伐木材数量逐年增长，贸易规模持续扩大，企业信誉不断提升，与香港绿心集团达成长期合作，独家代理其每年新西兰辐射松70万立方米的销售权。

针对木材国际贸易外币结算、经营周期长、资金流转量大等特点，林产品公司在新加坡和香港搭建了海外贸易和融资平台，充分利用海外多样化便利的金融产品，开辟新的融资渠道，降低经营成本，提高资金使用效率。

（二）完善市场网络，提升经济效益

林产品公司以服务当地木材企业需求为发展导向，建立了遍布全国大部分市（区）的市场网络，包括大连、青岛、珠海、成都等城市和地区，到货港口或口岸已达30多个。

在加强国内市场网络建设，不断完善市场网络功能的同时，林产品公司注重提升仓储、物流加工等贸易配套服务能力，充分发挥公司所属新民洲港作为长江沿岸重要港口在木材加工与贸易、国际货运代理以及仓储物流的功能。2016年新民洲港完成吞吐量230万吨，其中完成木材吞吐量为140万立方米。

（三）深化混合所有制改革，提升企业行业优势

林产品公司大力发展混合所有制经济，完善经营机制，不断激活企业发展活力。2013 年以来，发展混合所有制企业 28 户，吸引社会资本 38 亿元，进一步优化国有资本布局。通过设立股权多元化企业，林产品公司在资源、资本和市场能力上与民营企业优势互补，将业内竞争对手转变为合作伙伴，突破原有的经营模式，共同应对市场风险，避免恶性竞争，使企业效益更大化，不断提升企业经营能力与行业优势。2016 年混合所有制公司共经营木材 1706.6 万立方米，占林产品公司 2016 年总木材经营量的 60.62%，实现营业收入 140.4 亿元，占林产品公司 2016 年总木材经营收入的 56.9%。

（四）推进园区建设，促进转型升级

随着城镇建设的加快，木材加工市场空间逐步被挖掘，由于行业准入门槛低，大部分木材加工生产企业规模小，管理落后，导致市场无序竞争，产品质量不高，产业集中度低。林产品公司为进一步整合木材加工企业资源，完善木材产业链条，发挥产业聚集效应，大力推进以木材为主的产业园区建设，为林业行业转型升级提供综合服务平台。

四、改革成效

以“一个核心、三条路径”为指导，经过几年的艰苦经营，企业的经营能力和经济效益稳步提升，国内外业务繁荣发展。

一是海外林业资源开发有力，境外森林资源充沛。2016 年，林产品公司实现进口新西兰木材近 500 万立方米，约占全国新西兰木材进口总量的 20%，稳居国内木材行业领先位置。在加拿大和美国建立了木材采购中心，每年进口北美材 300 万立方米以上。与俄罗斯林业企业建立了长期合作机制，每年进口俄罗斯材 80 万立方米以上。2017 年，林产品公司积极开拓非洲木材市场，每月进口非洲菠萝格材、沙比利材、奥古曼材等 5 万

立方米以上，境外木材资源供给量呈现稳定增长态势。目前，公司共拥有林地26块，总面积达51.5万亩，年产木材70万~100万立方米。

二是开辟融资新渠道，提高资金效率。林产品公司深挖境外境内两个市场的金融潜力和贸易机会，开展林产品等大宗商品贸易。2016年新加坡公司经营木材558万立方米，实现营业收入124.4亿元，利润总额6948万元；香港公司经营木材126.4万立方米，实现营业收入11.9亿元，利润总额1432万元。同时，在新加坡证券交易所成功发行3亿美元永续债，进一步改善了公司资本结构，提升资本实力。

三是践行“一带一路”倡议，设立绥芬河国林木业城并拟投资新设穆棱木材产业园。绥芬河国林木业城是经国务院批准的国家级进口木材加工交易示范基地试点项目。园区的运营推动了绥芬河及俄罗斯远东地区木材产业向中高端迈进，承接了东北地区木材禁伐后的林业产业转移。穆棱木材产业园吸收周边中小型木材企业入驻，为产业园的企业提供物业租赁、木材干燥、原材料供应及产成品销售等服务，在获取收益的同时，整合木家居企业资源，向高精端方向发展，实现家居行业产业链的重构与升级。

四是发挥地理位置优势，建设集物流、仓储、加工为一体的新民洲港木材加工园区。新民洲港是国家一类对外开放口岸，大型木材物流港，拥有1657米长江深水岸线，建有6个5万吨兼靠7万吨级长江深水泊位，腹地面积达16平方公里，年接卸原木最大能力可达1200万立方米以上。目前已建成两期，入驻加工企业20多家，年可加工原木50万立方米，园区充分利用港区优势，集装卸、加工、太阳能发电等于一体的特点，为园区内的中小企业减负降本，使企业和地区经济共同发展。

五是服务当地需求，促进产业集聚，新设潍坊国林家居科技园。林产品公司与安丘市政府、安丘市当地民营企业共同投资建设潍坊国林家居科技园，整合当地木材加工企业资源，以高科技、高起点、高质量和低成本的“三高一低”为目标，践行绿色制造，引导绿色消费，更好地发挥林产品公司在行业的影响力和带动力，打造山东地区高端木家居产业聚集地。

五、经验启示

（一）坚持正确的经营理念是实现企业目标的灵魂

林产品公司始终牢记做强做优做大主营业务是国有企业的使命和责任，随着改革不断深入推进，公司的经营能力显著提升，尤其是主营木材产品经营量持续增长，经济效益连创新高。近三年来，公司营业收入年平均增长 38%，利润总额年平均增长 75%，木材经营量年平均增长 84%，呈现快速健康发展势头。

（二）创新经营模式是企业发展的动力

近年来，林产品公司为适应国内外形势的变化，大力推进创新发展，逐步形成了以贸易为基础，实业与贸易相结合，以经营木材贸易为主、同时开展境外森林资源经营、木材加工、港口物流、配套服务等木材全产业链的综合业务发展格局，在许多经营领域已具有较强的优势和影响力。

（三）发展混合所有制经济是企业快速发展的有效途径

林产品公司通过设立混合所有制企业，不断完善市场布局，扩大公司经营规模，增强混合所有制公司的经济活力、控制力和抗风险能力，实现各种资本取长补短、相互促进、共同发展，不仅有利于提高公司的经营能力，也打造了一支高素质职工队伍。

（四）开展全球化经营是企业做优做强做大的时代要求

林产品公司紧紧围绕“做行业领袖、创一流企业”的目标，扎实推进各项工作，在继续稳步扩大经营规模的同时，不断开阔国际化视野，对标国际知名的木材经营企业，与国外众多木材生产经营企业建立了长期、稳定的合作关系，加快木材国际化经营业务发展，不断提升企业全球化经营能力，努力为保障国家经济建设和人民生活对木材等林产品的需要做出应有贡献。

103

加快结构调整　推动转型升级 实现健康可持续发展

中国能建葛洲坝集团

一、基本情况

中国葛洲坝集团有限公司（以下简称“葛洲坝集团”）成立于1970年，是中国能源建设集团有限公司的核心成员企业。1997年组建了我国水电行业首家上市公司，2007年实现主业资产整体上市。业务涵盖建筑、环保、公路投资运营、房地产、水泥、民用爆破、装备制造和金融等八大领域。截至2016年底，公司总资产为1493亿元，年营业收入超过1000亿元，员工4万余人。

二、改革背景

葛洲坝集团以传统水利水电施工起家。近年来，传统水电施工市场极度萎缩、行业产能严重过剩、市场竞争非常激烈。同时，葛洲坝集团内部存在着干部职工观念陈旧、规矩意识缺乏、企业基础管理薄弱、人才结构矛盾突出、传统业务占比过大、盈利能力长期低下等问题，部分项目亏损严重，各种历史遗留问题和矛盾相互交织，企业健康可持续发展受到严重制约。

为应对宏观经济形势、突破发展困局，葛洲坝集团深刻领会党中央、国务院深化国企改革精神，2013年出台了《关于促进集团公司战略实施的指导意见》，对企业的战略思路、发展布局、改革方向、管控要点、实施路径作了系统规划，从业务结构、治理结构、组织结构、商业模式和激励约束等方面做出全面调整，走出了具有葛洲坝特色的改革发展之路。

三、改革实践

（一）调整业务结构，优化产业布局

业务结构不合理导致经营效率低下，成为制约企业健康可持续发展的关键因素。葛洲坝集团紧跟国家产业政策，着力发展新兴业务、高端业务、国际业务和投资业务，推动业务转型升级。

一是拓展 PPP 业务，促进传统业务升级。葛洲坝集团通过整合中介咨询、规划设计、金融服务、建设管理等资源，自主设计出 PPP 业务的运作规则、工作流程、操作指南、评价机制和决策体系，实行全生命周期管理和关键环节管控，保证了 PPP 项目在风险可控的前提下顺利实施。自 2015 年开展 PPP 业务以来，可执行合同金额已近 3000 亿元，80% 以上的项目已经完成融资并开始实施，PPP 业务收入在建筑业务中的比重已达 14%。

二是高端切入环保业务，实现绿色发展。葛洲坝集团将环保业务作为转型升级的主要方向。通过并购重组方式实现环保业务从无到有，围绕全产业链上延下伸，迅速打造出集污水、污土、固废、垃圾处理、再生资源利用、环保装备制造为一体的产业投资、研发平台。按照“资本 + 技术 = 产业”的转换形式，建设“零排放”的环保产业园，实现业务的模块化、标准化、规范化、系统化发展，构建了产业封闭循环发展的新模式。目前环保业务的营业收入在集团营业收入中的占比已达到 27.53%，预计未来 5 年还将以年均 30% 以上的速度增长。

三是布局“一带一路”，抢抓海外机遇。葛洲坝集团积极响应国家“一带一路”倡议和国际产能合作战略，加速抢占海外发展的制高点。通过构建高端平台、开展海外投资、建设高端智库、国际资本联合等方式，

积极拓宽海外发展的战略优势、智力优势和资源优势。构筑了工程承包和海外投资双轮驱动、协同发展的国际业务格局，设立 99 个海外分支机构，覆盖了 142 个国家和地区；其中“一带一路”沿线国家覆盖率超过 90%，在“一带一路”实现签约 100 亿美元、投资 20 多亿美元。2016 年对外承包工程新签合同额和营业额在 4000 多家“走出去”企业中分列第五位、第九位。

四是发展高端装备制造，融入制造强国战略。葛洲坝集团紧盯能源、动力、节能、环保领域的前沿和尖端技术，通过投资并购、合作研发等方式，获取了分布式能源、储能、节能环保等世界领先技术；依托“装备产业园”模式研究孵化新技术，推进实施技术的大规模产业化，形成产业集群发展模式。与中科院合作研发的 10MW 级超临界压缩空气储能系统处于国际领先水平，获评“中国能源装备十大卓越性能产品”称号，该产品已进入产业化推广阶段，100MW 级的研发工作也已启动。

五是引导产融结合，助推转型升级。葛洲坝集团积极开展资本运作，引导金融资本和产业资本结合，为结构调整提供有效手段和坚强保障。成立 PPP 产业投资基金平台，引导社会资本参与公司项目，放大投资功能；创新使用融资租赁、债券融资、股权融资、保理融资等金融工具，依法合规实施绿色水电资产、绿色应收款、BT 项目的证券化，搭建了可持续的低成本融资平台。资本运作推动了新兴业务发展，实现了控制风险、优化财务结构、提升资本配置效率的目标。

（二）调整治理结构，促进规范运作

针对企业治理中存在的权责不清、违规决策、“一言堂”、信息不实、经营层控制、相互扯皮、效率低下等问题，葛洲坝集团在所属单位全面建立现代企业制度，围绕授权与监督、权力与责任、激励与约束等问题，进行了一系列制度设计和过程管控。

一是完善法人治理结构，界定权力边界。明确子企业党委在公司法人

治理结构中的法定地位，使党的领导融入企业治理结构体系。出台 16 个文件明确界定子企业董事长、党委书记、总经理的职责、权限和签批事项，规定了党委会、董事会、监事会的议事内容和工作流程，搭建了责权清晰的决策、监督、执行和沟通平台。

二是做实董事监事制度，明晰职责定位。实行专职董事和派出监事会制度，共向 20 家子企业派驻 8 名专职董事和 5 个监事会。其中专职董事参与企业重大经营行为决策，对重大问题拥有一票否决权；外派监事会直接对总部负责，主要检查、监督、评价子企业的战略执行情况和经营管理状况。

三是完善制度体系，健全执行规范。按照体系性文件、程序性文件、操作性文件、惩戒性文件的分类，在总部层面新订、修订各类管理制度达 251 项，基本覆盖各类经营管理行为。

四是建立有效制衡机制，监管权力运行。对涉及战略规划、企业治理、投资决策、激励约束、考核监督等重大事项，制定和遵循“决策尽量不操刀、操刀尽量不决策”的权力制衡原则，将决策权和执行权相分离；构建分步决策、相互制衡、风险可控、责任可究的决策体系，在立项、评审和终决环节分别明确分管领导、总经理、董事长的责任，有效杜绝了子企业“一言堂”现象；实行“前台操作、后台评审”制度，实现了操作层的权力制衡。2013 年以来，葛洲坝集团未出现一起决策失误。

五是分类管理“混改”企业，充分释放活力。对新进入的行业，通过董事会对企业的战略思路、基本制度、重大决策、经营计划、经理层选用、监督考核、激励约束等方面进行管控，实施职业经理人制度，由经理层负责日常经营和管理。对具备技术、人才、管理优势的行业，则采取了全面接管其治理和管理的方式。目前，葛洲坝集团所属的混合所有制企业全部运行良好、效益明显。

（三）优化组织结构，有效配置资源

葛洲坝集团不断根据环境变化和战略需求，调整优化组织结构，以快

速响应战略、适应市场变化。

一是调整总部职能，提升管控能力。对总部实行扁平化改造，累计新设 22 个部门、撤销合并 10 个部门，调整部门职责 67 次，使总部的机构设置更加合理、职责划分更加清晰、管理边界更加清楚。

二是有效整合资源，实现做专做优。按照“子企业做专、集团多元化”的战略，通过合并、重组、撤销、新设等方式，将原有 37 家二级子企业调整为 26 家，形成了一批主业集中、优势突出、竞争力强的企业集群。

三是规范实施“混改”，提升国资效率。围绕“拓展主业、抢占战略性产业”的目标，灵活运用多种所有制形式，组建 42 家混合所有制企业，拓宽了业务领域、延伸了产业链条、提升了技术实力、增强了发展活力。

四是开展“压减”工作，实现“瘦身健体”。关停并转低效无效资产，保证企业肌体健康。清理注销“僵尸企业”、空壳企业、超长层级企业、与战略无关企业 137 家，提升了效益和发展质量。

（四）重构考核体系，激发内生动力

葛洲坝集团坚持以业绩定分配、以业绩用干部、以业绩评先进，激发了全体员工干事创业的积极性、主动性和创造性。

一是科学设立指标，强化激励约束。激励性指标为企业发展和转型升级所确定的主要经营指标，年终根据指标完成情况决定是否加分；约束性指标为重点工作和管理规定所需要的指标，按照月度重点任务完成情况和规章制度执行情况决定是否扣分。推行全员绩效考核，将考核结果作为薪酬分配、岗位晋升、评先评优、干部任免的重要依据。

二是创新考核形式，增强责任意识。将领导干部年度经济责任制与任期内经济责任制考核相结合，考核结果决定领导干部的年度薪酬和任期任免，引导子企业既注重发展规模又注重发展质量，既注重当前业绩又注重长远发展。

三是改革分配制度，打破“大锅饭”。按照“以业绩论英雄、适当拉开差距”的原则，建立工资总额与经营业绩的挂钩机制，目前业绩差异导致子企业负责人之间的薪酬差距达三倍左右。建立社会成熟人才、高端人才协议工资制度，核心人才最高年薪达200万元，高于公司负责人收入近三倍。

四、改革成效

（一）经济效益显著增强

2013—2016年，累计新签合同6518.40亿元，年均增速为19.85%；累计完成营业收入3157.23亿元，年均增速为16.68%；累计实现利润总额167.56亿元，年均增速为24.58%。国有资产保值增值率达到209%。

（二）发展质量根本好转

经过调整，非建筑业务营业收入、实现利润首次超过建筑业务，在公司营业收入、利润中的占比分别为50.39%和52.25%，较2012年分别提高29.58个百分点和21.27个百分点，业务结构实现根本改善。营业利润率达到5.97%，较2012年提高1.63个百分点，盈利能力极大增强。资产负债率为68.86%，较2012年底下降10.41个百分点，资产结构更加合理。

（三）品牌价值大幅提升

葛洲坝集团在最新公布的“中国企业500强”中排名69位，较2013年度上升28位，综合实力位居中国建筑企业第3名。获评“2017年中国‘一带一路’杰出贡献企业奖”“2017年湖北改革奖”，被资本市场列为“国企改革龙头股”，PPP业务、环保业务和“一带一路”得到业内高度认可。

（四）企业发展更具活力

葛洲坝集团突破了思维固化和体制机制的束缚，营造出创新创业的浓厚氛围，具备了较强的创新能力，围绕国企改革的焦点问题和前沿问题，在企业治理、商业模式设计、资本运作等方面实现了理论创新，创造了经典案例。大力发展“混改”，资本、人才、技术等生产要素得到充分利用，实现了多种所有制的优势互补，被资本市场认为是“具有民企活力的国企”。企业的经营管理更加灵活，战略对政策和市场的响应更快，子企业的市场主体地位也更加突出，不仅在多个战略性产业领域占据先机，而且多项业务的综合盈利能力位居行业前列，为企业健康可持续发展奠定了坚实基础。

五、经验启示

（一）要始终坚持正确的发展方向

始终紧跟党和国家的战略部署、坚持正确的发展方向，使葛洲坝集团获得了更多的政策红利和市场机遇，在积极推动国家战略落地的同时，葛洲坝集团也成为发展“一带一路”、PPP和环保新兴业务的领军企业。

（二）要建立适应市场的经营机制

作为完全竞争类企业，不等不靠、主动作为，积极适应市场变化。葛洲坝集团尊重市场经济规律，贯彻产业政策不死板、不教条，因地制宜地创新体制机制、调整商业模式、配置企业资源，在战略、决策、组织、员工、制度、文化、品牌、平台和创新等方面打造核心竞争力，培育“人无我有、人有我优”的核心优势。

（三）要保持改革创新的战略定力

改革创新是企业健康可持续发展的必由之路，不改革创新只有死路一条。葛洲坝集团的发展就得益于百折不挠地进行改革创新，通过改革创新解决历史和现实问题，不因惧怕失误、害怕风险就放弃改革创新，对于广大干部职工在改革创新中出现的失误、错误，通过建立容错纠错机制，使改革创新的热情得到保护，形成浓厚的改革创新氛围。

（四）要将现代企业制度作为国有企业发展的重要推动力

现代企业制度是解决国企弊端、激发经营活力、增强竞争能力的重要推动力量。葛洲坝集团通过建立现代企业制度、治理结构创新，有效解决了一些国有企业董事会形同虚设、内部人控制、利益输送、国有资产流失等问题，放大了国有资产功能，增强了企业活力、影响力、抗风险能力。

104

创新思维　转变观念
积极探索新形势下现代矿业发展新途径

中国黄金内蒙古矿业

一、基本情况

中国黄金集团内蒙古矿业有限公司（以下简称“内蒙古矿业”）是中国黄金集团公司的子公司（其前身为2005年10月成立的内蒙古金予矿业有限公司），由中国黄金集团公司与北京予捷矿业投资有限公司按照9∶1比例出资组建起来的大型铜钼采选企业，企业注册资本金为4亿元，公司主要从事金属矿采、选、冶，矿产品贸易，有色金属贸易，矿山设备及材料销售，矿业开发技术咨询服务和矿业投资等业务，重点开发乌努格吐山铜钼矿，为我国第四大铜钼伴生矿床。内蒙古矿业一期工程于2009年9月建成，扩建工程2012年9月投产。2016年，内蒙古矿业实现主营业务收入25.96亿元，实现利润3.87亿元。截至目前，公司现有总资产为53.28亿元，乌山项目的成功建设，取得了良好的经济效益和社会效益。

二、改革背景

乌山项目坐落在呼伦贝尔新巴尔虎右旗，呼伦贝尔草原位于干旱和半干旱区，生态系统十分脆弱。随着新实施的安全法、环保法，企业对安全环保的投入不断加大，生态保护压力较大。同时，呼伦贝尔地区全年平均气温摄氏零下2度，最低气温可达零下50度，地理条件、气候条件十分恶劣。该地区以农牧业为主，工业市场发育不健全，材料供应半径长，材料成本较高，加之当地水电等基础设施不完善，牧民的生活水平较低，如何实现企业发展、人民富裕、生态良好、和谐共赢的有机统一，对于落实科学发展观具有深刻的现实意义和政治意义。

三、改革实践

（一）持之以恒开展科技创新，为现代矿业发展做出了富有成效的探索

1. 高效节能的尾矿膏体排放技术

内蒙古矿业是国内第一个采用尾矿膏体制备与排放工艺技术的企业。采用世界上规格最大深锥浓密机（∮40 米和∮43 米）用于尾矿浓缩，溢流水循环利用，排出的最终尾矿浓度为 68% 左右，大大减少了生产废水外排带来的环境影响。此项技术被国家安监总局列为推广应用项目。

2. 全球首次将城市中水用于矿山大规模生产

选矿生产用水来自满洲里市城市中水，不仅解决了公司大量生产用水问题，同时也解决了满洲里市每年近 550 万立方米的城市生活污水排放带来的环保问题，为我国利用再生水源实施矿业开发提供了一套可行的成功经验。

3. 数字化矿山建设方面

从基建开始，乌山投资共计 2.25 亿元，自动化占比高达 68%。自主设计完成了从采矿、选矿、销售、检测等控制系统，消除了信息孤岛，特别是 ERP 系统投入使用，实现物财一体化和成本日核算，工作效率大幅提升。同时内蒙古矿业充分发挥数字化基地作用，与广东大宝山矿业公司签订技术服务合同，援建甘肃中金和陕西太白公司数字化矿山建设。

（二）持之以恒推进岗位优化，为企业发展夯实根基

一是自 2012 年起，每年对中层和科级干部进行公开述职测评，对员工实行年终全员考核测评。组织实施公开竞聘上岗，真正体现了能者上、平

者让、庸者下的良性竞争机制。按照国家用工规定，公司以合同制员工和外包岗位人员并行的用工形式，保证公司生产的正常运营。**二是**公司建立了工程技术人员双轨制晋升渠道，提高了技术人才薪酬收入，稳定了人才队伍，激励了人才队伍的自我提升动力。**三是**通过科技创新、岗位优化，实现自动化减人、机械化换人。

（三）持之以恒开展和谐矿区建设，为企业可持续发展营造良好环境

1. 资源节约型矿山

乌山铜钼矿属于极具代表性的大型低品位斑岩型铜钼矿资源，乌山成功攻克铜钼分离技术难题，铜综合回收率达90%以上，钼综合回收率突破70%，高效利用了低品位资源，破解了国际技术难题。在土地利用上，从设计优化入手，采用台阶式和平坡式相结合的方式集中采选工艺布局，节约用地达30%。在节水方面，内蒙古矿业选用高浓度尾矿膏体排放技术，建立生产循环水管网，实现工业废水零排放。目前乌山选矿工艺回水利用率达到85%以上，吨矿补充新水仅0.3吨。在节电方面，公司采取变频、无功补偿等先进设备，有效降低电网无功损耗。

2. 环境友好型矿区

乌山项目总投资59亿元，其中10亿元用于环保绿化，比例远超出国家标准。**一是**技术先进杜绝污染。乌山采用的磨碎工艺，避免了传统矿流程的粉尘污染，节省了耗能土地使用面积；采用尾矿膏体制备和尾矿膏体排放的崭新的尾矿处理工艺，解决了占地、粉尘及水质污染等多方面问题。生产用水来市中水，解决了矿山大量用水和满洲里市城市生活污水环保问题。**二是**手段有效控制污染。选矿厂工艺废水和尾矿浓缩水重复利用。在穿孔设备上安装湿式除尘设备。锅炉房采用陶瓷多管除尘器+湿式脱硫除尘器。粗碎站、转运站、储矿堆场等构筑物均为封闭式钢筋混凝土结构。**三是**美化环境建花园矿山。内蒙古矿业先后购买了6万余株云杉、

白杨、东北柳、樟子松。矿区绿化面积达30多万平方米，复垦面积281.5万平方米，并栽种大量适宜花草，真正建成花园式矿山。

3. 发展持续型基地

内蒙古矿业以呼伦贝尔和东北北部为区域，多渠道、全方面收集矿产资源项目信息。境外资源方面，按照集团公司发展战略框架和目标，科学、有序地推进在俄罗斯远东地区和蒙古国矿产资源项目信息和资料收集、调研工作，为公司长远和快速发展提供资源储备。同时，重点推进实施低品位铜矿石利用项目，开发利用平均铜品位0.15%、储量约2.6亿吨低品位铜矿石，为企业可持续发展奠定基础。

（四）持之以恒开展党建工作，为生产经营提供了坚强的政治保障

一是落实“两个责任”，切实加强党风廉政建设。内蒙古矿业党委积极发挥党委主体责任和纪委监督责任，对党风廉政建设实施“同计划、同部署、同考核”管理机制。**二是**强化政治理论教育，全面打造党员干部队伍新形象。公司党委以党委中心组、“三会一课”等不同形式，通过领导班子成员、党支部书记、普通党员讲党课，全面提升班子成员及党员的政治理论水平。**三是**完善党委工作制度，努力构建组织建设新体系。公司党委注重搭建基层党组织建设体系，选优配强党务工作者，保证《党委中心组学习制度》《民主生活会制度》等党委各项制度成为基层党组织和党员领导干部的硬约束。**四是**积极开展党内主题活动，全面发挥党组织政治引领力。通过开展“创建四好班子”活动塑造党员领导干部新形象。通过创先争优活动，推动优化五率、降本增效工作。通过党的群众路线教育实践活动解决“四风”问题。采取“领导解读学、专家讲解学、劳模宣讲学”等七种方式开展学习教育、采取“董事长接待日、发放意见表、设立意见箱”等七种方式，征求存在的问题。通过“三严三实”专题教育中全面提升党性修养。通过“两学一做”学习教育助推企业生产经营工作。以4个

创新工作室、“党员示范岗”、“党员先锋岗”、“党员责任区”为引领，确保了公司任务顺利完成。**五是**党建工作融入生产经营，打造党委工作新常态。将党建工作纳入绩效考核，提升党组织地位。党委通过调整基层党支部党务人员薪酬待遇、下拨党务经费、建立党员活动阵地等多种举措调动党务人员积极性。党员创新工作室带头人及成员获得公司级以上先进生产者、集团以上技术能手、黄金协会科技成果三等奖以上荣誉称号计40人次以上。**六是**狠抓党风廉政建设和反腐败工作，营造健康新氛围。坚持“制度管人”，先后制定了《关于实行党风廉政建设责任制规定》《企业领导人员履职待遇和业务支出管理制度》等17个制度。坚持“从严治党”，对违规违纪现象绝不手软，坚决查处。坚持“风险防控”，围绕企业关键部位、薄弱环节、群众关心的“热点”问题，从源头上减少违规违纪发生。坚持“目标考核”，强化对纪委的领导，为纪委开展工作提供强有力的政治保障。

四、改革成效

（一）科技创新成效显著

坚持科技创新伴随着内蒙古矿业不断成长，科技贡献度逐年提升，解决了生产经营过程中的关键性技术难题，大幅提升了员工队伍技术水平和解决实际问题的能力。几年来，内蒙古矿业获得省部级以上科技创新成果17项，取得实用新型专利32个，软件著作权7个。

（二）机构人员进一步优化

内蒙古矿业先后3次进行机构改革，2次定岗定员，由2014年初的23个机构优化到现在的20个，压缩机构13%。人员由1404人精简到1197人，累计减员14.74%。向集团公司内部输送高层管理人员13人，中层管理人员和技术人员29人，为集团各子公司发展提供了人才保证。

（三）经济效益显著

投产以来，内蒙古矿业累计产铜48.92万吨，产钼1.97万吨。实现主营业收入191.58亿元，实现利润45.49亿元，上缴地方各项税费50.73亿元，为民族边疆地区经济繁荣、社会稳定和人民富裕做出了巨大贡献。

五、经验启示

（一）理念创新是企业可持续发展的不竭动力

在项目建设和发展过程中，始终秉承“科学发展、绿色发展、和谐发展、持续发展”的发展理念，遵循“安全与环保并重、绿色与和谐并行、美丽与发展共赢”的发展方式，把坚持大型现代化矿山企业的可持续发展作为目标，把生态环保融入企业社会责任中，为探索现代矿业全新发展方向做出了积极而富有成效的贡献。

（二）科技创新是矿业转型升级的有效途径

一是一大批新工艺、新技术、新装备的成功应用，大幅提高了矿产资源综合利用率，促进了资源利用方式转变，并为同类型矿山的开发、建设提供了值得借鉴的开发模式；**二是**转变了以往资源开发就要破坏环境的传统方式，极大地降低了矿产开发对环境的影响；**三是**大量应用国内制造的，拥有自主知识产权的先进工艺技术和高端装备，为推动国内工业发展发挥积极作用。

（三）强化人才选聘机制是企业常青的制胜法宝

按照“引进急需、加速培养、优化配置、鼓励发展、强化激励”的总体思路，不断发展和优化人力资源激励机制，充分发挥集团公司人才培养基地优势，着重加强“海外矿山企业管理团队、专业技术领军人才队伍、高技能人才和班组长队伍”建设，成为集团公司人才培养基地和输送人才重点单位，为公司发展提供了充足的人才保障，为黄金事业长远发展目标提供了强大的人才支撑。

105

全方位深化改革　实现跨越式发展

华侨城集团康佳集团

一、基本情况

康佳集团成立于1980年5月21日，前身是“广东省光明华侨电子工业有限公司”，是中国改革开放后诞生的第一家中外合资电子企业。主要业务覆盖彩电、白色家电、手机、数字网络、商业视讯、生活电器及相关配套器件为主导业务的大型电子信息产业，拥有东莞康佳、安徽康佳、昆山康佳三大彩电生产基地，安徽滁州白电基地以及深圳石岩手机生产基地。近年来康佳集团又成功开拓了互联网运营业务、供应链管理及金融服务业务以及产业园区地产业务。

康佳集团现有职工人数两万多名，是国家300家重点扶持发展的大企业之一，位居中国电子百强企业前列。彩电国内零售市场占有率连续六年位居第一，“KONKA 康佳”商标被国家认定为“中国驰名商标”，并入选“中国最有价值品牌”，品牌价值达150多亿元。

二、改革背景

近年来，康佳集团主业所在的彩电产业链发生剧烈变革：行业上游，面板等重要零部件的供应集中度迅速提升，原材料供应方处于强势主导地位；行业中游，彩电产能过剩，制造成本上涨，技术研发投入需求持续加大；行业下游，互联网提供了便利的分销渠道，市场竞争程度加强，康佳集团需要在品牌建设、渠道拓展等方面加强投入。基于当前家电产业发展现状，包括康佳集团在内的家电制造业的规模增长与利润来源均进入瓶颈期，整个产业迫切需要通过改革升级寻找新的发展路径。

康佳集团作为主业处于充分竞争领域的国有控股企业，在治理结构、经营体制以及激励、约束机制等方面与市场化的匹配度不高，原有的经营机制一定程度上制约了业务发展活力，不利于国有资本功能的放大以及国有资产的保值增值。引入新的市场化机制，能有效加快康佳集团的技术创新、管理创新、商业模式创新，提升研发实力，不断提升用户体验，增强康佳集团核心竞争力，扩大康佳集团品牌影响，推动康佳集团实现跨越式发展。

三、改革实践

按照国资委关于深化国企改革的部署安排，在华侨城集团的支持下，康佳集团近年围绕“提高国有资本效率、增强国有企业活力”的思路积极推进各项改革举措。

（一）分业务引入市场化机制

康佳集团根据各业务主体所处行业发展与竞争态势，以建立“与市场化竞争相匹配的经营体制、激励与约束机制”为目标，围绕“核心业务公司全资控制、辅营业务管理层持股、经营不善扭转困难的边缘业务适时出让股权”的管控思路，有针对性地引入第三方战略投资者，积极推动各业务的管控模式优化。

（二）深化选人用人制度改革

康佳集团为拓宽选人、用人渠道，营造优秀人才脱颖而出的良好氛围，加大了核心岗位人才竞争性选拔力度，加大外部专业人才引进力度，在严格遵循公开、公平、公正以及注重实绩、择优任用、盈利为重的基础上，对康佳集团部分重要岗位成功进行了公开竞聘。

（三）推进业务转型与发展模式升级

康佳集团按照华侨城集团关于“跨越式发展”以及“共享、突破、落地”的要求，结合主业充分竞争、规模增长与效益贡献陷入瓶颈的现状，确立了“大变革、大发展”的经营思路，努力推动业务从传统的硬件盈利向“硬件+软件、终端+用户、投控+金融”的发展模式升级，对内改革、对外扩张，大力发展投资、运营、金融三种能力（“投资”重点是寻找产业机遇、获取财务回报；“运营”重点是产业运营，包括对存量业务进行价值管理、对投资的新产业进行价值创造；“金融”重点是为投资、产业运营提供系列金融服务，强化投资、产业运营的专业能力），逐步形成了康佳集团特色的投控式发展逻辑：

对于初创企业，依托康佳集团现有产业平台及技术实力孵化，进行赋能式管理，促进企业的快速成长；**对于发展期企业，**通过股权投资，通过产业金融创新业务层面产融结合，并对被投企业实施协同式管理；**对于成熟期企业，**实施并购投资，通过产业金融及银政保牌照，促进“业务层面+企业层面”的产融结合，并将其作为独立业务板块，实施板块化管理。

（四）优化国有资本配置，调整业务格局

2015年至今康佳集团通过改制以及投控手段，重新优化了产业布局，目前已经形成了以彩电、白电、互联网、供应链管理及金融服务、产业地产等业务为核心，以手机、北斗通讯、LED大屏、生活电器、数字网络等业务为补充的新的业务布局。

（五）探索产融结合道路，增强资本运营能力

产融结合直接效果是实现资本来源渠道的多元化和运作管理的公司化，最终效果是推动企业的市场化，而市场化改革方能有效激发国有企业活力动力。康佳集团在改革发展过程中充分认识到，只有产融结合，实业和金融双轮驱动，“两条腿走路”，才能顺应产业转型的要求，在新的竞争

环境下站得稳、走得好、走得快。康佳集团近年来通过积极打造金融基金以及尝试金融保理业务，在产融结合方面取得一定成效。

（六）优化组织与流程设置，提升国资运行效率

康佳集团以打造行业内效率旗帜为目标，重点梳理审视业务发展的组织与流程设置，一方面，尝试以组织设置调整推动业务资源最优配置，解放业务层生产关系，刺激业务发展动力；另一方面，借助信息化手段持续优化业务流程尤其是优化业务决策流程的节点以及时间，推动业务发展管道流通效率提升。

四、改革成效

（一）效率提升，业绩增长

通过大刀阔斧的组织架构调整，形成了以多媒体产业本部、科技园产业本部为核心的业务群，以集团军作战的方式参与新一轮市场竞争，调整后的业务组织权责明晰、效率大幅提升。业务审批决策效率大幅提升，上线全移动办公系统，实现24小时限时审批功能。随着组织架构调整和运营效率提升，康佳集团业绩快速增长，2017 年上半年营业收入同比增长近30%、利润同比翻两番。

（二）战略升级，业务转型

康佳集团修编了三年战略规划，将战略升级为“科技＋产业＋城镇化”的发展模式，明确未来发展的两个定位：“以科技为驱动的新兴产业整合发展商”和“以产业为基础的科技园区开发运营商”，构建以“科技园区业务群、产业产品业务群、平台服务业务群、投资金融业务群”四大业务群为抓手，推进战略转型落地。康佳集团根据战略规划积极推进业务布局调整，从单一的家电产品拓展到互联网用户运营、供应链管理、产业园开发运营等方向，并且呈现出良好的发展势头。2016—2017 年上半年，互联网业务累计为康佳集团贡献了近 2 亿元的收益；供应链管理及金融服

务业务在解决自身业务需要及上下游企业的金融服务的基础上，仅 2017 年上半年，为康佳集团创造收益近 5000 万；产业园开发运营方面，2017 年上半年成立事业本部以来，快速推进和落地了滁州的明湖项目、深圳的光明项目、海南的互联网全球总部基地项目等。

（三）产融结合，协同发展

2017 年上半年，康佳集团与中国东方资产管理（国际）控股有限公司（简称“东方国际公司”）等投资者合资设立 50 亿元的产业基金，将借助专业投资机构，围绕康佳集团产业链配套的消费电子有关产业、TMT 产业、智能制造、新能源、新材料、大健康等行业进行投资，助力康佳集团产业规模的扩张和持续盈利能力的提升。2017 年上半年，康佳集团经过严谨的投资评估及研究，在产业链上下游、物联网两个方向分别投资 1. 72 亿元、5. 88 亿元，先后持有深圳市耀德科技股份有限公司、广东楚天龙智能卡有限公司 20%、24% 股权，在上游柔性线路板、移动 5G 智能卡做出重要的产业布局。金融服务业务也是康佳集团进行产融结合的重要尝试，该业务从 2017 年初开始进入，主要基于康佳集团现有家电业务供应商的商业票据保理，2017 年上半年，金融服务业务与供应链管理业务一起为康佳集团创造收益近 5000 万。

五、经验启示

（一）坚持党对国有企业的领导

国有企业的改革应坚决保证和充分发挥党对企业的领导作用，实现党的领导与现代企业治理制度相统一，加强企业领导班子建设，创新基层党建工作，深入开展党风廉政建设，为国有企业改革发展提供坚强有力的政治保证、组织保证和人才支撑，确保国企改革方向分针正确。发挥党的领导作用要做到“三个明确”：**一是**明确企业党组织在公司法人治理结构中的法定地位。**二是**明确党委参与“三重一大”问题决策的范畴和路径。三是明确党的组织、工作机构和人员的编制设置和费用保障。

（二）对内改革、对外扩张相辅相成

改革的本质是调整生产关系、解放生产力，其目的是推动企业做大做优做强，国企能否做强做优做大是评价改革成败的关键。因此，国企的改革发展既要坚持对内改革更要对外扩张，以改革为发展充足动力，以发展扩张实现国有资本的保值增值回馈改革。

106

深入实施创新驱动发展战略
抢抓科技发展新机遇　打造国际化一流研究院

中国西电集团西电研究院

一、基本情况

西安西电电气研究院有限责任公司（以下简称“西电研究院”），是中国西电集团公司（以下简称“集团”）为深入实施创新驱动发展战略、推动企业转型升级，以西安高压电器研究院有限责任公司技术研发业务为基础，于2016年8月组建成立的新型研发机构，注册资金5亿元，拥有职工170余人。

西电研究院目前主要从事电力系统、电气系统的研究、设计、集成与技术服务，电气设备及其材料、控制保护设备、电力电子设备、节能技术设备、智能制造核心应用软硬件和智能化装置的研究、开发标准制定和技术转让，企业两化融合服务、技术经济研究服务等，为集团及所属各业务板块开发新产品、开拓新业务、培育新业态等提供核心技术。

二、改革背景

为深入实施创新驱动发展战略，推动“中国制造2025”战略落地，不断满足集团“智能制造”“绿色制造”等战略转型升级需要，集团改革原有的西安高压电器研究院有限责任公司，设立西电研究院，理顺各方关系，提高创新协同，着力打造集团中央研究院，增加集团创新供给，打造

“创新高地”。为此，西电研究院以高端化、智能化、绿色化、服务化为方向，面向科技进步最前沿、市场需求最前端、集团战略最前方，重点通过体制机制建设、市场化选聘、协同创新体系搭建以及“双创”工作推动等一系列改革举措，努力成为集团创新发展的“发动机”，引领行业技术进步。

三、改革实践

（一）强化董事会建设，聚集行业高端智力资源

按照将西电研究院建设成集团科技创新中心、战略支撑中心、新产业孵化中心和人才聚集培育中心的功能定位，西电研究院坚持高起点、高标准、高要求推进董事会建设，组建了由两名外部董事和三名内部董事构成的董事会。其中，两名外部董事分别为西安交通大学原党委书记、高压电器领域著名专家王建华教授和华中科技大学电气学院院长、直流输电专家、长江学者文劲宇教授。通过邀请行业内知名专家学者加入董事会，一方面强化董事会对西电研究院发展方向、重大科技创新项目、运营模式创新的战略引领；另一方面充分发挥外部董事的桥梁纽带作用，拓展西电研究院与知名高校、科研机构协同创新的深度和广度。

同时，西电研究院建立了董事会在决定重大问题时，需事先听取公司党总支意见的机制，明确了董事会重大问题决策的前置程序，为西电研究院在构建国际化研究院过程中加强党建与科技创新同步发展、相互促进奠定了基础。

（二）公开选聘职业经理人，为改革发展注入强劲动力

为充分借鉴国内外知名研发机构的运营经验，尽快将西电研究院建成为国内一流、国际知名的创新型研究院，西电研究院党总支、董事会经过深入研究，决定以市场化方式全球公开选聘一名具有国际化视野的技术管理复合型人才担任总经理，全面推动创新体系、运营模式、人才队伍建设

等与国际接轨。经过反复筛选和多轮面试，最终聘任美籍华人、原 GE 研发中心电气领域技术总监为总经理。

作为集团首位职业经理人，西电研究院董事会对其实行市场化薪酬和契约化管理，在经营管理、项目开展、人员招聘等方面给予充分授权，将掌握新产品、新业务核心技术，搭建技术共性平台和聚集培育高层次人才等作为首个任期的主要考核目标，为集团建立市场化选聘和管理职业经理人的制度积累了经验，提供了样本。

（三）着力搭建内外联动、开放共赢的协同创新体系

通过广泛调研国内外高水平企业研究院组织架构和运营模式，结合集团实际，搭建了西电研究院与电网公司、高校、科研院所等外部合作伙伴、集团总部及兄弟单位之间开放、联动的协同创新体系。其中，外部合作伙伴主要发挥信息输入、智力支持和创新成果示范应用的作用；集团主要负责政策支持、经费保障和项目协调；兄弟单位主要负责提供技术需求和应用最新科研成果；西电研究院则着力提高科技创新的针对性，全身心进行技术研究，掌握关键核心技术。

通过搭建内外联动、开放共赢的协同创新体系，避免了不同主体之间，因科研经费分配、技术成果转让和产业化产生冲突，形成了外部合作伙伴、集团总部、兄弟单位与西电研究院相互支撑、协同发展的长效机制。

（四）创新绩效考核评价机制，推动战略落地

考核评价是引导企业发展的“指挥棒”，在培育发展阶段，西电研究院不将经济指标作为考核重点，着重考核科研项目完成、科技成果应用转化、知识产权产出和人才聚集培育等内容。同时，建立了完善的绩效管理体系，分别从业绩和价值观综合评价员工，并以此决定员工职业发展和薪酬待遇。

通过建立符合创新规律的绩效考核评价机制，既充分调动和发挥科研

人员的积极性和主动性，也能让员工心无旁骛、脚踏实地开展技术研究，更好、更快地推动创新落地。

（五）全力推动“双创”，助力集团转型升级

西电研究院设立了孵化中心，通过与孵化器、“双创”基地等广泛对接，举办“双创”大赛、重点项目跟踪孵化、研究建立创投基金等举措，聚集内外部资源，初步搭建了“双创”支撑平台。在此基础上，西电研究院设立了智能制造设计研究所，以所承担的国家智能制造专项为载体，培育了面向市场的智能制造服务团队，并以此作为改革“试验田”，探索实施股权和分红权激励试点，逐步建立有利于自主创新和科技成果转化的中长期激励机制，充分调动企业科研骨干的积极性和创造性。

四、改革成效

一是明确了科技创新方向。西电研究院面向国家重点战略，面向经济主战场，面向引领行业发展，通过深入分析科技发展新方向、市场变化新趋势和集团转型新需求，将数字化、新型电力设备、先进材料等作为科技创新主攻方向，努力构建了涵盖技术预研、基础研究、核心技术研发、产品开发到成果推广孵化的全链条科技创新生态系统。

同时，西电研究院主动承担国家重点科技专项工作，开展前沿技术研究，在传统和新领域开发出具有自主知识产权及商业价值的解决方案，努力抢占产业发展制高点。

二是提高了科技创新效率。西电研究院变革组织架构，全面推行全人工成本核算、门径管理、弱矩阵管理等举措，建立了完善的研发管理体系和研发质量管理体系，科技创新效率不断提高。目前，西电研究院承担国家工信部智能制造专项、集团重点科技项目核电用发电机保护断路器等 40 多项，仅 2017 年已申请专利 24 项，其中发明专利 19 项，申报政府科技奖 2 项。

三是增强了员工获得感。西电研究院构建了专业技术、技术管理、行政管理等 3 条职业发展通道，建立了基于岗位绩效的激励和晋升机制，鼓励员工根据专业和特长，自主选择工作部门和岗位，尽可能实现“人岗匹配、人尽其才、才尽其用”。此外，通过举办“创新悦”学术研讨、在线创新微论坛等活动，丰富员工业余生活，促进员工成长成才，不断增强员工的成就感和获得感。

五、经验启示

一是深化国有企业改革，要坚持全面创新。创新是驱动企业发展的内生动力。西电研究院围绕产业链部署创新链，坚持问题导向，全面创新管理模式，破除体制机制障碍，强化创新人才引领，打通了科技成果向现实生产力转化的通道，形成了符合创新规律的技术、人才、资本等要素高度聚集的完整创新体系，培育了集团新的技术创新能力和竞争优势。

二是深化国有企业改革，要聚焦国家战略。西电研究院肩负着推动行业技术进步的重要使命，要树立“顶天立地”的改革观，既要聚焦国家战略，以国家级输变电技术创新平台为载体，积极承担推动能源技术革命的重大科研课题，又要贴近市场需求，更深、更细、更实地开展前沿技术研究，加快高新技术的转化。

三是深化国有企业改革，要营造良好氛围。深化国有企业改革是一项复杂的系统工程，关键要以积极的心态面对艰难险阻。深化国有企业改革，必须做好政策宣传，加强舆论导向，凝聚改革共识，鼓励大胆探索，勇于实践，积极营造出“心齐、气顺、风正、劲足”的良好改革氛围。

107

有进有退　效益优先
通过"瘦身健体"推进转型升级

中国国新中国文发

一、基本情况

中国文化产业发展集团公司（以下简称"中国文发"）前身为中国印刷集团公司（以下简称"中印集团"），成立于2003年2月，由原新闻出版总署所属三家大型印刷企事业单位组建而成。2012年5月，经国务院批准划入中国国新控股有限责任公司（以下简称"中国国新"）管理，成为中国国新全资子企业。现主要从事文创园区开发经营、文化产业投资运营、传媒咨询服务等文化产业相关业务。中国文发拥有全资、控股企业32家。2016年底净资产为13.3亿元，全年实现利润总额1.06亿元。

二、改革背景

2003年中印集团组建后，以印刷加工为核心，不断向上下游延伸产业链，逐步进入纸浆贸易、图书发行等业务领域，初步建成了涵盖业务领域广、行业影响力强的综合型印刷集团。但受行业激烈竞争及2008年金融危机等因素影响，中印集团所从事的印刷加工、板材生产、纸浆贸易、图书发行等业务持续亏损且扭亏无望，截至划入中国国新前的2011年底，中国文发净资产2.3亿元，当年净利润-3.5亿元（包含计提离退休及内退人员费用2.24亿元）。中印集团划入后，中国国新立足于国有资本运营公司的职能定位，贯彻落实党中央、国务院国资国企改革精神，研究制定了《关于促进中国印刷集团公司改革发展的工作方案》，提出了“有进有退，效益优先，开放合作”的改革发展方针，指导和支持中印集团以“瘦身健体”为抓手，以提质增效为目标，推动产业结构调整，实现企业转型升级和可持续发展。

三、改革实践

（一）解放思想，坚决退出不具竞争优势的业务

2011 年以前，中国文发作为印刷行业的国家队，始终将做大做强印刷主业作为经营目标，虽然印刷及上下游相关业务亏损严重，但“产业使命”在肩，发展思路、资源配置一直围绕“印刷”开展。划入中国国新后，按照中国国新提出的“效益优先”方针和“退出不具竞争优势业务”的要求，中印集团解放思想，发展思路不再局限于印刷行业，实事求是，无论主业非主业，只要没有效益一律退出，全面而彻底地开展了“瘦身健体”工作。**一是**通过央企资产重组退出印刷版材生产业务。将北京科印近代印刷技术有限公司 100% 国有股权和中印印刷器材有限公司 51% 国有股权无偿划转至航天科技集团下属企业。**二是**通过引入战略投资退出印刷生产业务。在立足业务协同、优势互补的基础上，为所属北京新华印刷有限公司成功引入战略投资者——中国出版传媒股份有限公司，转让价格 1.58 亿元，账面值增值 30.15%，转让后中印集团持股比例由 100% 降为 49%。**三是**果断退出纸浆贸易业务。针对低收益、高风险的纸浆贸易业务，按照迅速清退的要求，实现了全部退出，共销售库存纸浆 4.71 万吨，累计回收资金 1.95 亿元，有效降低了资金占用，提高了资金使用效率和效益。**四是**快速清理退出低效无效资产。针对一批不具备持续发展能力的业务、长期无回报的股权投资，按照“稳健、高效”原则，通过挂牌转让、清算注销等方式进行清理。

截至2015年底，退出不具竞争优势业务的工作基本完成，中国文发在岗职工人数由1993人减少至761人，回收可用于发展新业务的资金约4亿元，通过关、停、并、转累计减少亏损约1亿元，“瘦身健体”的目标基本实现。

（二）开拓创新，全面盘活老旧厂房资源

2011—2013年，中国文发面临印刷制造业务整合外迁后老旧厂房开发再利用问题。面对短期出租利益和长远发展的矛盾，中国文发结合北京市文创产业发展政策及老厂区的地理位置、文化积淀，没有简单采取现状出租的方式，而是“精准定位、系统设计、整体建设”，创造性地在北京市西城区、东城区、海淀区黄金地段成功打造“新华1949”文化金融创新产业集聚区、“新华1949”人民美术文化园和“新华1949”百花建筑设计园三大文化创意园区，吸引了北京市文资办、北京文投集团、北京市文化创意产业成果展示展览中心等众多文创行业龙头机构的入驻，聚集了一大批文化创意特色的优质企业。

中国文发以老旧厂房作为发展文化创意产业的有效载体，通过文创园区的规模化、品牌化经营，盘活了土地资源，获得了稳定丰厚的经济回报，实现经营面积约21万平方米，年实现运营收入约2亿元，实现净利润超过1亿元。

（三）渗透发展，深入推动产业转型升级

基于市场需求和中国文发资源禀赋，中国国新在《关于促进中国印刷集团公司发展改革的工作方案》中，提出了“退出低附加值的印刷主业，向文化产业转型发展”的改革思路。

文化产业包含出版、传媒、动漫、影视等众多细分领域，具有轻资产、高回报、高风险等特征。经过审慎研究，中国文发抵挡住影视、动漫等热门行业的诱惑，提出了“基地—基金—基业”的渗透式发展战略。**一是基地**。通过打造文化创意产业园作为文创产业发展基地，吸引优秀文创

企业入驻，在通过出租物业和提供增值服务获得稳定回报的同时，为广泛接触文化产业细分行业、优质企业、优秀团队创造了条件。**二是**基金。通过合作的方式发起成立了北京市文创基金、中文安赐基金、北京市文化科技融资租赁公司、北京市文化产权交易中心、上海文化产业小额贷款公司等文化金融服务机构，通过为文创园区及市场上优质文创企业提供投融资服务，在分享企业成长红利的同时，进一步了解文创企业，把握产业规律，凝聚专业人才，理顺体制机制。**三是**基业。在通过文创园区和文化金融服务向文化产业各领域不断渗透的基础上，发掘具有市场空间和央企优势的细分行业实施产业整合，使中国文发在文化产业某一两个细分领域成为行业龙头。

在中国国新的大力支持下，中国文发"三基"战略稳步实施，在基地方面，成功打造了"新华 1949"园区品牌，成为具有连锁经营能力和较强影响力的文创园区运营商；在基金方面，截至 2017 年 7 月底，账面投资回报率达到 100%，个别项目投资回报达到 5 倍以上；在基业方面，通过几年的渗透发展，中国文发选择文化教育作为行业整合的方向，于 2016 年 7 月启动了收购三爱富（600636. SH）控股权推进文化教育资产整合的项目，力争通过三到五年的运营，打造成为具有产业引领能力和优秀业绩的文化教育上市公司。目前上市公司已经复牌，正在稳步推进重组相关工作。

四、改革成效

划入中国国新后，经过五年的改革发展，中国文发"瘦身健体—盘活存量—发展新主业"的转型升级之路取得了较好的成果。

一是经济效益稳步提高。中国文发 2012 年重组进入中国国新以来，产品产量规模和营业收入虽然在缩减，但利润总额、归属母公司净利润等主要经营指标大幅增长，一改 2012 年之前连续亏损局面，到 2016 年实现净利润五连增，利润总额从 2012 年的 4242 万元增长到 2016 年的 1. 06 亿元，年化增长率超过 25%。

二是转型发展步伐加快。五年来，中国文发树立了文创园区央企品牌形象，建立了文化金融市场影响力，伴随着2014 年5 月“中国文化产业发展集团公司”的更名，作为文化央企的市场形象初步确立。中国文发主营业务发生了根本变化，确立了围绕三爱富打造文化教育产业发展平台的战略聚焦思路，搭建了更加市场化、更具市场前景的主业发展模式。

三是企业管理规范高效。在推进产业结构调整的同时，中国国新指导中国文发稳步推进体制机制改革，建立健全了企业法人治理结构，建立了外部董事占多数的董事会，针对有条件的企业推行了经营层和骨干员工持股等混合所有制改革措施，初步建立了适应市场规律的人才招聘和激励机制，企业活力明显增强。

五、经验启示

一是“退”要解放思想，敢于壮士断腕。推进企业“瘦身健体”，就要摒弃墨守成规、抱守残缺的保守主义。中国文发面对曾经辉煌的央企印刷主业、享誉国内的印刷品牌，坚持以效益为核心，坚决清退相关主业辅业，不拖泥带水，及时堵住了失血点，最大化回收资金，实现了转型发展轻装上阵。

二是“进”要实事求是，长于步步为营。产业转型不是无水浮萍，凭空创造。中国文发结合自身资源禀赋，充分发掘资源优势，有效盘活老旧厂房，以此为转型发展根基，并通过开展文化金融服务，把握规律，积累经验，锤炼队伍，最终才找到了符合自身长远发展的细分产业和模式。这一过程既规避了盲目进入全新领域带来的风险，也没有错失转型过程中出现的一些好的投资机会，使产业转型水到渠成。

三是“转”要系统推进，善于谋篇布局。产业发展和深化体制机制改革要同步谋划，不可偏废。在推动中国文发转型升级的过程中，中国国新善于打破既有考核惯例，对中国文发不考核营业收入，只考核净利润和企业增加值，为资源优化配置创造了条件；通过注入资本金、股东借款、融资担保等方式提供资金支持，使中国文发的转型升级得以顺利实施；在中国文发建立了以外部董事占多数的董事会，并聘请法律、投资方面经验丰富的行业专家担任董事，坚持以资本为纽带的管理方式，有效激发了中国文发作为市场主体的经营活力和创造力。通过考核方式、治理方式的转变和投融资能力的提升，有效保障了产业转型的顺利推进，使中国文发产业发展和体制机制改革相得益彰，发展和改革齐头并进。

“瘦身健体”“处僵治困”

108

“三供一业”分离移交取得积极成效

中核集团核燃料公司

一、基本情况

中国核燃料有限公司（以下简称“核燃料公司”）是中核集团的全资子公司，是军民融合式发展的核燃料科研生产专业企业，是中核集团“兴核强军，服务社会”核心竞争力的重要组成部分，是中核集团完整的核科技与产业体系的重要组成部分，是中核集团重要的产业板块及经营利润中心之一。主要从事核燃料经营管理，核燃料生产、运输及销售，核燃料加工设施建设、工程研究与设计、技术研发、技术转让、技术服务以及国际合作等业务，拥有完整的核燃料产业链，是我国军民融合、集核燃料研发、生产、供应、服务及核安全保障等业务于一体的军工企业。

二、改革背景

核燃料公司所属大部分成员单位成立于三线建设时期，各单位按照“靠山、分散、隐蔽”原则选址，处于独立工矿区，因此承担大量的办社会职能，遗留问题也较多，涵盖“三供一业”、企业办医疗、企业办教育、市政社区管理、离退休管理等多个方面。核燃料公司有 8 个单位涉及“三供一业”分离移交，涉及移交总户数 17.2 万户，占中核集团移交总任务的 52%，每年投入经费 3 亿元。

核燃料公司坚持以“越早解决，成本越小；越晚解决，工作越被动，成本越高”的改革理念，充分利用中央财政和地方各项政策支持，全力推进剥离办社会职能和解决遗留问题工作，尽早实现“瘦身健体，提质增效”改革目标，确保公司公平参与市场竞争。

三、改革实践

（一）加强组织领导，细化做实工作机构

一是加强纵向领导。成立了专项改革领导小组，公司“一把手”担任组长，全面领导公司专项改革工作。设立专项改革办公室，专职负责组织、督导、协调公司改革工作；办公室抽调4名专职工作人员，建立分工协作机制，每人既负责与若干成员单位对接，又分类负责不同改革项目，实现责任到人头，避免各自为政。

二是细化横向分工。成立总体协调组、资产财务组、人员安置组、审计法务组等多个专项业务小组，横向负责“三供一业”分离移交各领域工作。

三是明确主体单位组织领导要求。要求各成员单位根据实际工作情况，成立了专项改革工作机构，配备专职工作人员。燃料公司所属中核四〇四有限公司针对改革工作位于二省四地（小区分别位于嘉峪关、兰州、石家庄、秦皇岛等4个城市）的实际情况，抽调20名专职人员成立分离移交项目部，并按专业设置7个专项工作小组，推进所属“三供一业”分离移交工作。中核建中核燃料元件有限公司面对“三供一业”生活区点多、线长、面广的困难，抽调精兵强将组成专项工作组，深入全部7个生活区摸底调查，掌握情况，对涉及各生活区供水、供电、供气的专业化公司一一进行了接洽，积极与所在地政府进行沟通，扎实推进分离移交工作。

（二）坚持政策先行，确保依法合规推进

一是编印资料解读政策。高度重视政策的指导作用，第一时间开展政

策学习与宣贯，编制印发《国企改革政策文件汇编》一百余册，帮助各部门各单位学习、理解、吃透政策。定期制作“三供一业”宣传材料通过微信推送、橱窗张贴、内部刊物、电视、网络等多种形式进行政策宣贯。

二是赴外学习先进经验。积极组织、参加调研学习活动，组织各成员单位到湖南矿冶局调研，学习集团内兄弟单位成功经验；组织成员单位参加内蒙古、甘肃、陕西等省（区、市）国资部门组织的培训与研讨；分离移交推进过程中，指导成员单位相互开展交流学习，互通有无，经验共享。

三是组织培训研读政策。召开“三供一业”专题培训推进会，邀请集团公司有关部门为各成员单位宣贯政策、解读财政补助资金实务操作；组织公司改革办公室人员参加“三供一业”政策解读与操作实务研修班，提高业务水平。督促指导各单位认真学习领会“三供一业”分离移交相关政策，准确把握、吃透用好，按政策梳理移交范围，依政策与接收单位接洽，为后期分离移交工作奠定扎实基础。

（三）加强上下沟通，确保目标节奏一致

一是与上级各部门保持紧密联系。核燃料公司通过信息月报、电话、邮件、邀请培训指导、座谈、走访等多种形式与集团公司相关部门保持密切联系，一方面及时向上级各部门汇报改革任务进展，另一方面在政策、信息与资源等方面积极主动寻求支持与帮助，积极与八家企业所在地的省（区、市）市国资部门取得联系，保持沟通，定期汇报工作进展，接受督导检查，获得帮助与支持。

二是与各成员单位实现全面对接。包括在总体工作方案层面进行细致对接，并根据总目标节点倒排月度计划，分解落实到具体部门和具体负责人。赴 8 家成员单位开展实地调研、交流与督导；收集汇总各单位分离移交拟接收单位相关信息，分析研究并互通有无；赴各单位现场指导开展财政补助资金申请工作，确保关键节点按期完成。针对成员单位遇到的难点

及困难，经研讨后形成推进思路并派专项组成员有重点地赴成员单位进行“蹲点”督导，取得显著成效。

三是积极与当地沟通对接。各成员单位积极与所在地政府及其下属专业化公司接触沟通，形成“企业主导推动”的良好态势，加快了工作进程。在地方未出台相关文件的情况下，中核四〇四有限公司协助嘉峪关市完成了《嘉峪关市“三供一业”分离移交实施方案》和《设施维修改造费用测算指导意见》的修订工作，为该市国有企业“三供一业”分离移交启动及实施改造打下良好的基础。地处偏远三线地区的中核陕西铀浓缩有限公司不懈努力，积极探索，该企业供水移交项目先后与县级、市级、省级水务公司联系，经多层沟通，最终与陕西省水务集团公司签订了分离移交协议，并被该接收单位确定为该地区供水移交项目“示范标杆”。

（四）强化考核激励，加快推进分离移交

为充分发挥考核与激励作用，调动各部门与成员单位的工作积极性，核燃料公司建立了“三供一业”移交工作激励机制，制订了“三供一业”专项工作奖励方案，对按目标节点要求完成任务的单位、团队以及个人给予专项奖励。2016年，8个完成任务较好成员单位获得累计100万专项奖励，单项最高20万元。2017年进一步明确、细化“三供一业”移交工作的考核与激励机制，以“三供”协议签订率100%为基本目标，并对完成全部“三供一业”协议签订、完成维修改造和内部竣工验收的单位给予50万元的“摸高”专项奖励。督促各单位也将“三供一业”分离移交纳入重点任务考核指标，层层分解制定专项奖励措施，在传递压力的同时，充分调动参与人员的工作积极性。

（五）创新工作方式，多方式推进移交

一是推动实现整体移交。将“三供一业”所有项目整体移交至地方国资委，中核兰州铀浓缩有限公司、中核四〇四有限公司与地方国资委达成一致，将“三供一业”所有项目整体移交至地方国资委，再由地方国资委

指定具有资质的专业化公司作为接收主体。

二是先确定整体框架再补充细节，加快移交进程。针对部分地区的项目接收方不同意在协议中明确费用或地方政府暂无费用标准的具体情况，以先签订框架协议再签订“补充协议”的方式加速协议签订进程。中核建中核燃料元件有限公司、中核北方核燃料元件有限公司在与接收方充分沟通的基础上，先签订框架协议，再通过签订“补充协议”的形式明确分离移交内容及费用。

三是实行先易后难分步移交。鼓励各成员单位从自身实际情况出发，采取先易后难方式开展分离移交工作，即先争取各成员单位全部完成与国家电网签订供电分离移交框架协议的签订，再逐一突破供水、供气及供暖的分离移交框架协议签订，将物业分离移交作为最后的难点进行突破。

四、改革成效

截至目前，核燃料公司累计签订49份框架协议，涉及金额约18亿元，完成“三供一业”分离移交总体进度85%。其中供水完成分离移交或签订协议4.6万户，占供水移交任务量的94%；供电3.1万户，占92%；供气1.7万户，占76%；供热2.4万户，占90%；物业2.6万户，占69%。成员单位中，中核兰州铀浓缩有限公司、中核北方核燃料元件有限公司、核工业理化工程研究院率先实现协议签订率100%。中核四〇四有限公司山海关职工安居点已完成“三供一业”设施维修改造及分离移交，申请国拨与集团配套资金共计4763万元，2017年底前将具备验收条件。

五、经验启示

（一）统一思想、提高认识，各级领导重视是根本保障

加快剥离国有企业办社会职能和解决历史遗留问题等工作是党中央、国务院的决策部署，是深化国有企业改革的客观需要，也是企业长远发展

和做强做优做大的必然选择。需要各级领导高度重视，统一思想，抓住政策窗口期，跟上国家改革的步伐，按照国资委提出的“应交尽交”“能交则交”“不交必改”三个基本工作原则，下定决心，趁着国家改革的“东风”，彻底解决企业存在的各类问题。

（二）吃透政策，加强沟通、协同推进是实施关键

打铁还需自身硬。各层级工作同志积极研究、吃透国家政策，准确把握、用好政策，同时因地制宜、因企施策，制订改革方案做到政策依据充分、内容数据翔实、操作程序依法合规是工作推进的关键；与地方政府、接收单位主动对接，成立联合工作组，加强沟通，友好协商，协同推进分离移交工作是必要手段。

（三）维护稳定，做好政策宣传和舆论引导是工作基础

剥离企业办社会职能和解决历史遗留问题，既要实现企业“瘦身”、减负，又要注重民生，改善职工群众的生活条件。“三供一业”分离移交直接关系到职工的切身利益，涉及千家万户，必须慎重和稳妥处理，既要多做宣传，多讲政策，正面引导，更要研究职工关心的问题，争取职工支持和理解，保障职工合法权益。

109

聚焦价值创造　清理低效无效资产
全面深入推进“瘦身健体”“处僵治困”工作

中航工业通飞

一、基本情况

中航通用飞机有限责任公司（以下简称“通飞”）是中国航空工业集团公司（以下简称“中航工业”）下属从事通用飞机研发制造及通航运营产业发展的专业板块，成立于2009年2月，目前注册资本118亿元，中航工业以贵航集团（原011基地）、汉航集团（原012基地）等企业股权和现金出资控股70%，广东方3家股东以现金出资持股30%。通飞2016年末资产总额597亿元，2016年度实现营业总收入160亿元，实现净利润22亿元。

二、改革背景

通飞自成立以来，根据中航工业专业化整合的改革思路，进行过几轮大的业务调整，主业逐步向通用航空器研制业务和通航运营业务聚焦，其他业务大部分已经整合到中航工业其他专业板块中。在对贵航集团、汉航集团两个老三线工业基地进行整合时，还有一部分与航空主业关联不紧密的业务留在了通飞，并且多属低效无效资产，难以为企业创造价值。

2012年以来，通飞一直按照专业化整合的发展思路，聚焦主业，有进有退，积极清理非主业的长期亏损企业和壳公司，处置低效无效资产，对直接管理的 7 家单位进行了清理处置工作，含子公司共清理减少法人户数 12 户。2016 年中航工业进行管理权产权统一和进一步专业化调整，将多家企业划归通飞后，通飞“瘦身健体”工作“压减”基数调整为 224 家，待“压减”企业户数 90 家，“僵尸”特困企业 19 家，“瘦身健体”任务非常艰巨。

三、改革实践

（一）做好分析预判工作，提前退出，减少损失

通飞针对所属各单位所从事的行业和在行业中所处的地位、发展前景、与公司未来发展战略目标的契合程度进行深入的分析和研究，对于与主业关联度不高、发展前景不好或者缺乏资源支持的产业下定决心进行调整，选择合适的时机实施，而不是等到企业已经持续亏损、扭亏无望时再来处置，以减少损失、盘活资产。如通飞所属都匀东方机床公司，效益持续大幅下滑，公司在 2012 年启动清理工作，决定进行整体 100% 股权转让，并于 2013 年实现退出。该公司账面价值 6614 万元，评估价值 10804 万元，增值率 63%。通飞按评估值实现股权转让，并收回债权 8039 万元，转移担保 2000 万元。最终初始投资 6297 万元全部收回，并实现投资收益 4507 万元。

（二）根据实际情况采取合适的处置方式

处置亏损子企业时，通飞根据实际情况，选择恰当可行的处置方式。既要保证合法合规、确保国有资产没有流失，又要保障经济行为的市场公允性，所转让的资产或股权的价值能够被市场和交易对象认可，具备可行性。如通飞所属青年莲花、云雀车身公司净资产评估值分别为 -9130 万元、-13339 万元，通飞均持股 31%。通过查询研究历史资料，贵航集团当时以云雀汽车相关知识产权作价 1 亿元授权青年莲花免费使用，青年莲花借此进入国家汽车生产厂家目录范围。该资质为行政许可事项，在资产评估中无法体现。但经多次协商，青年莲花大股东浙江青年集团同意两公司

转让价格共3100万元，于2014年1月实现股权转让，盘活了国有资产。

（三）统筹规划，合法合规降低交易成本

通飞对股权多元化企业，充分调动和耐心协调全体股东共担改革成本，同时尽可能多地取得国家和地方政府政策支持，并提前进行税务筹划，采取合理合规方法降低税负成本。如通飞所属平水公司通过与平水公司母公司盖克机电其他股东协调，争取到由盖克机电来承担平水公司历史上形成的股东债务以及破产清算和职工安置费用缺口共5亿元，按照通飞持有股比40.97%测算，减少承担的改革成本约3亿元。经协调当地政府，平水公司破产时应一次性缴纳的职工医保费用3200万元获免除缴纳。同时，将平水公司破产和其母公司盖克机电清理注销统筹考虑，借助平水公司破产事项减少盖克机电税负2.6亿元。

（四）细致耐心开展职工工作，化解矛盾，确保稳定

通飞坚持以人为本，将职工安置工作做细、做扎实，既考虑到整体政策方案，也要考虑职工个体的特殊情况，减少矛盾和阻力，化解不稳定因素。通飞所属平水公司为保证职工安置方案顺利通过职代会审议，除了对方案进行细化完善外，工作组对职工代表情况进行全面摸排，对口开展思想工作，在职代会召开前尽量取得认可。锁定不稳定因素并继续开展对部分职工的思想工作，成功说服该部分职工放弃不合理诉求，没有造成上访、群访等不稳定事件。对于一些确有特殊情况的职工，工作组坚持“政策之内从严、政策之外从宽”的原则，同样按照协解和内退两种方式进行分流安置。在此基础上，对于职工个体，采取托管机构优先聘用（如门卫）或者推荐到业务外包单位聘用（如保洁）、合理增加女性三期生活费和生育保险补贴等方式，尽可能为这部分特殊职工提供保障和支持。

四、改革成效

截至2016年末，按照清理处置前各企业的经济指标统计，通飞“瘦

身健体”改革成效如下：

（一）管理层级明显“压减”

公司顺利完成集团下达的“压减”目标，通过清理、重组低效亏损企业，共减少企业法人户数33户，其中“三无”企业4户。

（二）“处僵治困”工作取得成效

“僵尸”特困企业处置工作按要求完成4家（其中2户破产清算，2户实现扭亏），提前完成3家扭亏；13家“僵尸”特困企业启动工作并分流安置人员2203人。共减少职工3553人，其中，减户数带来职工减少1350人，“处僵治困”分流安置职工2203人。

（三）扭亏工作进展顺利

公司通过清理亏损企业及分流安置职工带来的人工成本和管理费用的减少实现每年减亏止损1.9亿元；处置低效无效资产净值-2.29亿元，收回投资1.52亿元，收回债权4.56亿元，共计6.08亿元。

五、经验启示

（一）提高思想认识，增强工作主动性积极性

推进“瘦身健体”提质增效要充分借助和利用国家窗口期政策，解决自身困难，减轻负担，以便更好地聚焦主业、发展主业。要充分调动各级单位的积极性，主动谋划推动工作开展，而不是消极被动地执行。在方案制订和实施过程中，把握依法依规这条红线不突破，同时又结合各单位实际情况，综合考虑地区、行业、历史等多方面因素，充分保障职工权益、维护职工利益，不能让职工承担过多的改革成本。

（二）各级领导给予高度重视，各方面资源能够保障

各级领导高度重视“瘦身健体”专项工作，在组织、人员、资金、协调等各方面资源都给予大力保障。**一是**组织方面，各单位都成立了专项工

作领导小组和工作组，对于问题比较突出的"僵尸"特困企业，还根据实际情况，组建了纵向贯穿两到三级单位的联合工作机构，加强协作，充分发挥各级单位的区位优势。**二是**人员方面，基本都是经验丰富的专家和业务能力突出的骨干，如从事过企业政策性破产、改制、员工托管工作，善于开展群众工作和思想工作等；同时根据需要聘请律师、审计、评估、精算、税务筹划等外部专业人员提供支持和协助。**三是**资金方面，提前预测资金需求，通过股东垫付、上级单位企业变现资产自筹等多种方式筹集资金，满足工作启动需求，保障工作进度节点。特别是注意在股权结构多元化的企业，协调争取由全体股东共担改革成本。**四是**协调方面，在方案制订过程中，各级单位和领导及时听取汇报，组织相关部门和专家对方案进行评审和完善，有效加快了工作进程。在方案实施前，充分与各级地方政府和相关部门进行沟通，取得理解和支持；建立联络协调机制，及时进行信息传递和共享，提前防范各种风险。

（三）以人为本，细致耐心地开展工作

对拟分流安置的职工群体，不能把其看作是要甩掉的包袱，简单地全部推向社会，而应设身处地积极谋划，尽可能为职工创造就业机会，提供基本生活保障。如此，不稳定因素自然减少。对老国企、市场化程度较低的企业，职工对企业的感情较深，对国企职工身份的认同感较强，不易接受企业破产、注销的事实，需要耐心引导。但这些职工比较能顾全大局，只要是制订的方案科学合理，既对国家、对整体有利，也尊重历史、承认贡献，充分考虑职工的利益，通过耐心细致的工作，把政策说清、把情况摆明、把道理说透，就能够得到职工群众的认可。

（四）取得政府的大力支持和密切配合

在处理僵尸特困企业工作中，由于涉及地方产业发展、人员就业、社会稳定等问题，地方政府通常会较为关注，需要将工作方案提前与地方政府进行沟通，听取建议，考虑到方案实施后对其造成的影响和后续处置手段，寻

找利益共同点，使地方政府积极主动支持配合，为工作开展提供便利。

（五）充分利用各种资源，采取针对性策略化解矛盾

工作中要善于分析问题，借助第三方力量，转移和化解矛盾。如平水公司部分职工要求补缴社保和公积金的问题：**一是**将矛盾和问题分化处理，采取将历史问题处理与当前职工安置分开的方式，对职工进行宣传引导，先解决主要问题，加快了工作推进，保障在2016年基本完成职工安置工作。**二是**借助于依法治国、依法治企的大环境，利用法律和法院的权威性，明确该问题待法院指定的破产管理人组成清算组，依法依规进行处置，对职工来说更容易接受处理结果。**三是**明确如果确需补缴、补偿，以平水公司资产处置后的资金按法定清偿顺序支付，将上级垫付资金形成债权、企业破产后难以收回的损失，转化为用破产变现资产来支付，减少了国有资产损失。

110

实施精兵简政　做强航空系统

中航工业机电公司

一、基本情况

中航机电系统有限公司（以下简称“机电公司”）隶属中国航空工业集团公司（以下简称“中航工业”），自2010年成立以来，机电公司就确定了“1+3”的发展战略，即聚焦航空机电产业和基于航空机电核心技术发展的汽车系统、特种和智能装备、电力电气装备三个产业，是中国航空机电系统产品研制生产的特大型国有企业。2016年底，机电公司拥有28家成员单位、7家海外公司，其中6家上市公司、2家研究所，员工10.29万人，公司实现营业收入890亿元，利润46亿元。

近三年，机电公司保持高速稳定增长，营业收入复合增长率为26%，利润复合增长率为38%，人均营业收入以年均22%增速增长，人均劳动生产率以年均18%的增速增长，成本费用率、人事费用率持续下降等，各项指标的改善高于国际国内同行业平均水平，有效实现了国有资产保值增值。特别是2017年上半年机电公司经营业绩显著提升，营业收入同比增长16.59%，利润总额同比增长50.35%，经济增加值同比增长111.66%，预计全年各项指标将有大幅度的提高。

二、改革背景

多年来，我国航空机电产业研究经费投入不足，基础技术研究缺乏，“小、散、弱”仍是航空机电产业的基本特征。机电公司 28 家成员单位之间个体差异很大，管理层级多、链条长，管理难度很大。不少企业，尤其是地处三、四线地区的企业，仍保持传统的“老国企”体制机制，存在着“等、靠、要”“大锅饭”的思想。与之形成鲜明对比的是，占机电公司员工数 20% 的海外企业创造了 50% 以上的利润总额，通过对标国际优秀同行，差距更是显而易见。深入推进“瘦身健体”、推动混合所有制改革，解决组织机构、岗位设置等方面的历史积弊，破除各种制约发展的矛盾和问题，既是中航工业提出的任务要求，更是机电公司生存发展的内在需求。

面对军民深度融合和国企深化改革的新形势，机电公司锐意改革，开拓创新，坚持“让企业变小、让市场变大、让链条变短”的改革理念。通过聚焦主业发展、聚焦强军首责、聚焦价值创造、对标国际化，以组织机构改革和“三定”工作为契机，紧密围绕“瘦身健体”和混合所有制改革，聚焦主业保核心、调整结构促发展，努力把国有企业做强、做优、做大。

三、改革实践

（一）通过“瘦身健体”聚焦主业

一是完善组织保落实。根据国务院国资委、中航工业“瘦身健体”工作要求，机电公司成立了以董事长、分党组书记任组长，总经理、分党组副书记任副组长，其他公司领导为成员的“瘦身健体”提质增效工作领导小组；并下设了以副总经理为主任，规划发展部、计划财务部等 7 个部门组成的办公室，为“瘦身健体”提质增效工作提供组织和人员保障。

二是“压减”工作定目标。根据中航工业要求，结合自身实际，机电公司制定了在2017年实现管理层级和法人层级降至6级、2018年底法人层级降至5级，同时实现管理范围内企业法人单位数量减少1/3的目标。

三是结构调整强主业。机电公司按照“十三五”战略规划要求，聚焦航空机电产业和基于航空机电核心技术发展的汽车系统、特种和智能装备、电力电气装备三个产业，坚决退出非主业，重点做好专用车、制冷、医疗、粮食、工量具、非主业贸易等业务的专项治理工作，清理不必要的投资平台，清除不能正常经营的企业，清理整顿“三无”企业，努力完成“聚焦主业”和“处僵治困”双目标。

（二）通过混合所有制改革激发企业活力

按照“完善治理、强化激励、突出主业、提高效率”的要求，机电公司积极推进混合所有制改革，促进军民融合发展。

一是制订江航“混改”方案。按照国防科工局《关于推进军工企业混合所有制改革试点有关工作的通知》，中航工业选取合肥江航飞机装备有限公司（以下简称“江航”）作为混合所有制改革试点。机电公司按照“依法合规、分步实施、勇于创新、积极推进”的总思路，制订了调整内部业务架构、剥离社会职能、优化机制，以航空核心业务和非航空防务业务为主线，引进技术体系健全、技术管理先进且能长期合作的战略牵引者，引进能对公司市场拓展、产业链延伸、管理提升及管理架构产生促进作用的非公社会资本，依规开展核心团队持股的方案，最终形成外部投资者、机电公司、核心员工39∶51∶10的股权结构。

二是精心挑选投资者。2017年8月，机电公司在合肥召开混合所有制改革战略投资者沟通见面会，就战略投资者关注的问题及公司的产业协同、市场开拓等方面与10家战略投资单位负责人进行了一对一双向沟通交流。通过对意向投资主体注入资金、市场占有率、企业文化和经营理念等优质社会资源的综合评估，筛选出符合中航工业要求的3～5家外部投资主体。针对确定的投资主体进一步确定投资方的资格条件，以及投资金额和持股比例要求等，明确投资方的遴选方式；确定募集资金用途，编制完成募集资金等可行性研究报告，上报中航工业批复。

三是完善法人治理结构。江航混合所有制改革，将重点落实股东会对董事会的选聘、考核权，同时落实董事会对经营层选聘、业绩考核、薪酬决定权。“混改”后合肥江航董事会将由7名董事组成，其中机电公司委派3名，外部投资者委派2名，职工董事1名，核心员工董事1名。机电公司推荐董事长人选，任免党委领导人员。

四是调整业务架构。剥离非主业资产，将“三供一业”、汽车零部件业务、一航万科地产等非主业资产和产业一并予以剥离，让企业“混改”轻装上阵。同时，继续坚持充分利用企业拥有的军工主业优势，利用好优势和“混改”契机，积极推进军民融合发展，着力解决发展面临的矛盾和问题，打造核心竞争力，实现企业的转型升级。

（三）通过组织机构改革和“三定”工作优化管理架构

机电公司对中航工业提出来的“聚焦主业发展，优化组织机构，压缩管理层级，精减人员编制，提升管理效能”等原则进行指标量化，构建组织机构改革量化模型体系，将28家成员企业分为A、B、C、D四个等级，并提出用工总量核减模型和人员结构优化要求，让各成员单位自己定位并主动作为，极大降低不平衡及阻力等问题。**一是**严控职能部门和功能支持部门的数量，A型企业不超过18个，B型企业不超过14个，C型企业不超过10个，D型企业不超过8个。**二是**压缩管理层级，单位内设机构层级最多不超过两级，其中C、D型企业的职能部门和功能支持部门采用一级管理，部门内不得设置室（办）等二级机构。**三是**对标先进企业设置部门和科研生产单位中管理、辅助人员的数量，严格管辅人员编制。**四是**严控领导职数，取消总助级岗位，根据科研任务和专业，可设置型号或专业副总工程师且从严控制；结合机电公司实际，提出企业单位副总师职数原则上不得高于班子副职职数。部门正职限 1 人，部门副职一般不超过 2 人，根据管理幅度由上级单位统筹把握。室（办）正职 1 人、定员编制超过 20 人的，可设置副主任 1 人。

四、改革成效

（一）主业不断聚焦，企业发展不断加速

一是通过持续的聚焦发展战略，聚焦主业，机电公司“1 +3” 主业占比从 2010 年的 56. 6 %发展到 2016 年的 89 %；机电公司 2016 年实现营业收入较 2010 年增长 339. 98%；利润较 2010 年增长 433. 41%。**二是**机电公司主业不断突破，在人员没有增长的基础上，航空军品研制能力取得突破，产品性能显著改善，交付能力大幅提升，机电公司航空主业产值年均增长 12. 55%。

（二）“瘦身健体”工作成效显著

通过持续开展“瘦身健体”提质增效工作，使各成员单位能够聚焦主业战略，企业所属行业数从 56 个降低至 39 个；2012—2015 年，机电公司不断加大投资清理力度，共计清理企业 81 户，其中控股 27 户，参股 54 户；2016 年在“瘦身健体”提质增效专项工作开展中，共清理“三无”企业 3 户，“僵尸”和特困企业 2 户，清理企业 45 户。

（三）精简机构，压缩管理层级

通过机构改革和“三定”工作，机电公司用工总量得到有效控制，用工结构明显改善，管理链条大幅缩短，管辅人员编制大幅下降。目前 28 家成员单位中已有 20 家完成组织机构改革和“三定”工作方案上报并通过审核。20 家单位，改革后人员总编制核减 2741 人，降幅达 6. 81%。在用工总编制下降的情况下，管辅人员占比下降 6 个百分点。这 20 家单位，平均规模不到 2000 人，改革后职能和功能支持部门的管理人员占比约 7. 74%。职能和功能支持部门数量减少 124 个，降幅 40. 39%；管理人员

编制减少 621 个，同比下降 17.63%；领导人员职数下降 209 个，降幅 23.8%，其中：副总师级岗位从 135 个减少到 57 个，降幅 57.78%，部门领导从 581 个减少到 464 个，降幅 20.14%。

五、经验启示

（一）改革要借外部力量产生内生动力

改革最忌讳的就是反复性，没有前瞻性，任何一项制度的改革都必须有一个好的规划，避免出现回潮。需要培养常态化的改革机制，主动作为，改革实施落地要有“我要做”而不是“上级要我做”的意识。同时，机电公司还认识到无论是开展“瘦身健体”、混合所有制改革，还是开展组织机构改革和“三定”工作，都要与企业的实际情况相结合。如从短期来讲，可将战略指标与企业经营业绩考核相挂钩，同时建立健全考核制度，将企业从利益驱动转向制度驱动、人才驱动等；从长期来讲，顶层设计与各成员单位的“十三五”规划相结合等，避免“两张皮”现象发生，进一步借助外力激发改革的内生动力，建设以价值导向为核心的人力资源战略、企业发展战略等。

（二）坚持科学全面系统地推进改革

机电公司坚持问题导向，沿着企业价值链、管理链、业务流程的脉络，反向推导改革需求和路径。根据国务院国资委、中航工业的文件要求通过头实地调研、对标分析、调查问卷、多种量化模型构建等，形成了“瘦身健体”、“混改”、产业结构调整及组织机构改革和“三定”工作的基本指导原则及办法，并科学系统、稳步有序地推进改革。

（三）注重发挥党组织的保障引领作用

机电公司开展国有企业改革是在国务院国资委、中航工业倡导下推进的。机电公司把坚持党组织的保障引领作用贯穿组织机构改革始终，充分发挥“董、书、法”一肩挑和领导班子成员“一岗双责”的优势，确保正确的改革方向。把加强党建工作作为深化改革的重要抓手，动员广大党员干部带头做好思想工作，切实保证“瘦身健体”、混合所有制改革、组织机构改革和“三定”工作等多项改革举措坚实落地，产生实效。

111

以“处僵治困”为契机　提质增效现活力

兵器工业集团辽沈集团

一、基本情况

兵器工业集团所属辽沈工业集团有限公司（以下简称“辽沈集团”），始建于1937年，2009年实施区域化、专业化重组。是我国武器弹药科研生产基地、国家重点保军单位。民品形成了铜带材及覆铜钢、特种机械设备制造等重点业务板块。2017年6月末总资产36亿元，职工3936人。

二、改革背景

辽沈集团近年来一直在改革发展中前行，经历了多次重组兼并，虽取得了一定发展成果，但仍然存在一系列困扰和制约公司发展的难题：**一是**人员总量大，开展“处僵治困”工作之前，公司职工总数6908人，超出经营需求近3000人。**二是**人员结构不合理，人均年龄严重老化，平均达到51.3岁，35岁以下员工占比13.2%，51岁以上达到55.3%以上，既有青黄不接的问题，又有“断崖式”缺员的问题。**三是**背负的沉重历史包袱让企业举步维艰，因历史原因不在岗人员有1785人，离退休人员12360余人，企业每年为其承担各项费用3384万元。**四是**由于冗员较多，导致部分业务板块运营质量低，出血点多。**五是**管理精细化程度不高，粗放管理的状态还没有彻底扭转，基础管理规范化亟待提高。

三、改革实践

（一）稳妥开展“僵尸企业”处置工作，实现人员“瘦身”

辽沈集团认真学习理解国家相关政策，系统把握改革与当期生产经营、职工合法权益三者的关系，合理设定人员安置方案，做好分流人员安置工作。

一是系统谋划，实行人员安置“三步走”。“处僵治困”政策对辽沈集团来说是历史性的机遇，企业干部职工统一思想、坚定信心，结合实际，提出了“三步走”实施方案。第一步，在保证完成当年生产任务的前提下，2016 年底前完成公司本部职工安置工作，并利用春节前后正式生产前，做好人员的余缺调剂，保证不影响 2017 年生产经营正常进行；第二步，认真梳理下属子公司人员情况，针对其不同单位性质和用工形式，因地制宜地制定内部退养政策，保证富余人员稳定有序的退出；第三步，做好拟“协解人员”的情况分类，该体检的体检病退，该按特殊工种提前退休的提前退休，该协解的动员协解，该上岗的上岗，一次性彻底清理各类人员劳动关系。

二是稳妥推进，确保生产经营正常进行。辽沈集团当时拟分流安置的职工占人员总量的 40% 以上，而未来三年生产任务相对饱满，既要做好富余人员退出又要确保生产经营不受影响，是企业面临的难题。如果一次性退出，将给整个生产运营带来较大的影响。经过反复研究，决定采取“集中办理，分批离岗”的办法。符合安置范围的职工，一次性全部办理离岗手续，根据生产经营情况分批分期离岗。首批离岗人员为管理、技术、后勤保障等非一线生产人员和距法定退休不足两年的一线生产人员，这些人员 2016 年底已全部离岗，后续人员将根据各基层单位具体情况，逐步退出。与此同时，制订了减员后的岗位配置应对方案，切实保证生产经营不受减员影响。

三是统筹兼顾，最大限度维护职工合法权益。通过前期多种方案测算比较，公司确定了“原固定工资+年功津贴”的内退生活费结构，保留了员工离岗前的收入差异，在年功津贴中又设置了“中层职务”“职称”“带头人”“劳模”和“工龄”等津贴，建立了内退收入“保底”和“封顶”机制，同时建立年度适度增长办法，综合考虑内退职工利益，最大限度维护职工合法权益。

四是政策引导，保证职工安置工作顺利完成。在执行“处僵治困”政策过程中，不搞“一刀切”，让员工自主选择，避免矛盾过于集中。同时通过宣传让大家认清形势，即明确公司后续将全面开展“三定”等用人制度改革，每个人都将面临重新竞争上岗的情况。2016年安置方案经过“三上三下”、反复论证，最终顺利通过职工代表大会审议，并高票通过，1868人签字办理了内部退养手续，第一批1081人已离岗，有效降低了公司人工成本和人员总量的双重压力，实现了“处僵治困”工作的稳步推进和重大突破。

（二）稳步推进产品产业结构调整，实现业务“瘦身”

随着人员安置工作的深入推进，辽沈集团人员总量大的矛盾逐步得到缓解，为进一步巩固改革成果，公司将“聚集主业，厘清辅业，清退问题板块”作为突破口，使改革向纵深推进。

一是聚集主业。公司以抓大放小为原则，集中优势资源发展军品促进转型升级、做强做大民品铜带材板块。辽沈集团民品板块的两个铜材项目分别在造币材料，枪弹、炮弹用覆合材料等市场占有稳定份额，拥有沈阳造币厂、上海造币厂等优质客户，还有缅甸、孟加拉、越南等长期合作的国际用户，发展空间非常好。为打造公司支柱性民品和重要经济增长点，企业以东基星公司作为平台对铜板块资源进行整合。覆铜钢业务作为军民融合项目，备受资本市场青睐，企业正和西部材料、沈阳造币厂、辽宁省创投基金、兵器物资公司等单位积极沟通，引入外部投资者对铜业板块升级改造。积极探索混合所有制改革，实现完善治理、强化激励、突出主业、提高效率的改革目标，打造公司支柱性民品和重要经济增长点。预计三年内实现收入 3 亿元，利润 2000 万元。

二是厘清辅业。对公司辅业民品产权关系进行梳理，在确保国有资产保值增值的前提下，个性化施策，分类制订改制方案。对原运输公司、金属结构分公司、木制品厂三家民品改制单位重新梳理产权关系，规范化管理；积极探索亚东公司、筑路公司、157 医院、职工大学、幼儿园股权多元化改造，目前正和社会资源沟通，逐步改制或剥离移交社会；坚持绿色发展，降低环保压力，积极引入社会资本，将企业供热与社会供热并网，取缔原有近 20 台燃煤锅炉，实现供热社会化运营，减轻企业负担。

三是清退问题板块。公司严格落实“压减”工作要求，将常年亏损的销售中心进行了清理退出，同时对受行业竞争及产能过剩影响经营困难的太平洋制罐（沈阳、青岛）两家公司进行了股权转让退出，减少法人单位三家。同时，针对长期运营质量不高、扭亏无望的业务板块，果断清理退出。先后将高压容器系列产品、491 系列汽车发动机业务板块等退出经营。2017 年又对经营单位工具制造厂的锻造单元进行了盈亏测算，拟利用一年半左右的过渡时间逐步退出锻造业务板块，止住出血点。

（三）着力强化精益管理，实现高效良性运转

一是转换传统组织生产模式。融入新理念，建立日协调、周例会、月讲评制度，积极探索拉动式生产组织新模式，从装配单元拉动自制件和外购件进度，分解执行物资采购计划，确保产品总装齐套率稳步提升。

二是开展“三化”专项攻关。通过机械化、自动化、智能化制造专项公关，加快推进以数字化、信息化建设为支撑的能力建设，对生产线进行升级改造，逐步提升公司生产制造水平。

三是完善考核评价体系。创新经济运行考核方式，将“十大考核指标”细分、量化到每个相关高管头上，每月召开经济运行和绩效考核例

会，对整体经营状况进行分析，对重点任务完成情况进行讲评、考核，形成“导向明确、标准清晰、考核精准、奖罚分明”的经济运行考核体系。

四是构建精益改善管控模式。在体系化精益改善项目管控方面进行了流程再造，将开源、降本、增效、节创类工作纳入精益改善项目之中，进行统一管理。

五是推动精益战略落实落地。开展了中层领导人员进班组活动，96 名中层干部与覆盖全公司生产经营的 96 个基层班组实现了全方位对接，以改进班组基础管理的薄弱环节，助推精益战略落地，提升企业价值创造能力。

四、改革成效

通过“处僵治困”和开展一系列专项改革举措，企业的人员总量大幅度压缩，主要经营指标得到较大的提升，内部精益管理水平得到不断改善，生产经营各项工作逐步进入良性发展的新阶段。

一是人员总量大幅度降低。截至 2017 年 8 月底，“处僵治困”工作共实现 2239 人签订内退协议，2017 年底预计还可签订协议 573 人，到 2018 年底可实现分流安置共计 3395 人。通过开展“定岗、定员、定编”工作，减少总部机关管理人员 20%，将全公司管理人员指数降到 10% 以下。同时，坚持“减人不减资”的原则，保证了人才队伍稳定。公司通过“僵尸企业”处置、积极争取政策、畅通人员出口等一系列措施，实现了在岗职工人数由 2015 年底的 5123 人降至目前的 3936 人。

二是经济运行质量明显改善。通过减少企业法人户数，退出了获利能力不强的非主业板块，避开了制罐行业面临的产业冲击，及时规避了市场风险，集中资源优势发展主业，提升了企业的核心竞争力。通过实施人员业务“双瘦身”、强化内控管理等措施，各项经营指标得到明显改善，较“处僵治困”之前扭亏 11013 万元，2017 年目标实现补贴前赢利，全员劳动生产率水平提高25%以上。截至2017年8月底，公司实际完成主营业务收入166597万元，同比增加40158万元；实现利润总额1595万元，同比增加6242万元。公司经营形势总体向好，经营效益、收入规模同比大幅提升，经济增加值、成本费用率、经营净现金流指标同比也有较大幅度的改善。

三是企业历史负担有效减轻。积极争取和落实“三供一业”配套政策，公司目前基本完成了多年亏损企业剥离工作，减负增效成果显著，逐步走出了“求生存”困境、步入了“谋发展”的良好轨道。公司实施集中供热社会化改造，不仅对厂区内管网进行了更新，还争取到2000万元政府补贴。同时，由于供热业务退出，实现业务减员近100人，每年节省各种费用400多万元。

四是精益管理再上新台阶。拉动式生产组织模式的实施，促进了产品质量提升，有效降低了运营成本。精益改善管控模式的构建，进一步推进了全价值链体系化精益管理战略的有效落地，增强了企业价值创造能力。企业实现了2017年均衡产出的目标，2017年上半年实现了“时间过半、任务过半”的要求，为下半年的补充订货和2018年备产提供了时间保障，也为军品生产任务的顺利完成打下坚实基础。

五、经验启示

（一）国家“处僵治困”政策是企业改革脱困的历史机遇，企业要抓住改革窗口期，直面矛盾，主动作为

当前改革面对的都是难啃的硬骨头，改革创新意味着要打破定势、突破传统。在推进改革的过程中，企业领导班子要高度重视，统一思想，在矛盾面前要敢闯敢试、敢为人先。在深化国有企业改革的大势面前，必须顺势而为、谋势而定，要有“逆水行舟，不进则退”的危机感和使命感，在改革中转型、在创新中发展。

（二）保障职工利益是改革的基础，实现企业与职工双赢是改革的目标

职工群众是改革的主体，在推动改革的过程中要做好政策宣传，注重引导公司上下争当改革的促进派、实干家，营造理解改革、参与改革、支持改革的良好氛围。要深入了解员工合理诉求，争取广大员工的理解与支持。同时，要做好员工安置方案的风险评估，制订科学合理、员工认同的安置方案，通过职工代表大会审议，保证安置政策依法依规。

（三）国企改革要有“壮士断腕”的勇气，敢于破除固有体制束缚

自我否定、自我革新、自我完善是企业不断追求创新和发展的必备品质。面对经济发展新常态、日新月异的新军事变革、互联网经济迅猛发展、全面推进装备竞争性采购，特别是全行业深化改革进入深水区和攻坚期的新形势、新挑战，要坚持问题导向，坚定正确方向，增强改革定力，以钉钉子的精神全力破解历史积累与现实交集的棘手矛盾与难题，创新体制机制，激活内生动力。对于运行质量不高、“食之无肉、弃之可惜”的非主营业务，要果断退出，及时止住出血点，使企业轻装前行，走精干、高效、专业化的发展道路。

112

打好结构调整与全面深化改革攻坚战 实现从严重亏损向历史最好水平的跨越

兵器工业集团华锦集团

一、基本情况

北方华锦化学工业集团有限公司（以下简称“华锦集团”）是兵器工业集团最大的民品工业企业和发展军民融合石化和精细化工产业的平台，前身是1976年10月建成投产的辽河化肥厂，原为辽宁省属企业，2006年3月通过战略重组成为兵器工业集团的子集团。企业经过40多年的发展，现已拥有石油化工、化学肥料、道路沥青及润滑油基础油三大主营业务板块，辽宁省盘锦市、葫芦岛市和新疆库车县三个生产基地，形成了年加工原油800万吨，年产油品260万吨、聚合树脂90万吨、尿素132万吨、道路沥青100万吨、润滑油基础油90万吨的生产能力。2017年6月末总资产318亿元、在岗员工1万人。

二、改革背景

华锦集团经过40年特别是加入兵器工业集团10年来的发展，实现了经营规模的大幅增长，但是到2014年，企业遇到了前所未有的困难和挑战，由于国际原油价格大幅下滑、石化市场持续低迷、成品油消费税连续上调、国内化肥产能严重过剩，加之自身产业、产品、负债、人员结构不合理等问题突出，华锦集团当年亏损15.2亿元，为华锦集团历史上最大的亏损，资产负债率高达 80%，下属华锦股份上市公司当年亏损 15.88 亿元，由于连续两年亏损，面临退市风险，受到国资委、兵器工业集团和社会各界的高度关注，被国资委列为亏损企业专项治理的重点企业，被兵器工业集团列为第一批“一企一策”改革试点企业。

面对严峻的形势，华锦集团围绕“怎么看、怎么判、怎么干”，对企业的问题进行系统梳理和研究，针对企业存在的结构性问题，制定了“一企一策”改革方案和三年扭亏脱困计划，打响了结构调整与全面深化改革攻坚战，三年时间企业走出低谷，效益创历史新高，步入了质量效益型可持续发展的轨道。

三、改革实践

（一）强力推进去产能，止住“出血点”

华锦集团 16 万吨/年乙烯联合装置于 1990 年建成投产，由于装置规模小、工艺落后、设备老化，安全风险大，成本费用居高不下，2010 年以来连年亏损，其中 2012 年和 2013 年亏损额都在 4 亿元以上。2014 年 6 月华锦集团经过深入调研论证，果断停运 16 万吨/年乙烯裂解装置，年均减亏 1.4 亿元；同时关停了 1998 年建成投产、因工艺和产品问题长期亏损的 5 万吨/年 ABS 装置，年均减亏 0.5 亿元。针对辽河化肥装置已经运行 40 年、安全风险较大、亏损严重的问题，2016 年 9 月停运辽河化肥装置，当年减亏增效 1474 万元。2014 年 4 月暂缓已开工的计划投资 50 亿元、年产尿素 80 万吨的内蒙古煤化工一期工程项目建设，重新进行项目论证、方案调整；2016 年 10 月慎重决策终止项目建设，防范了投资风险。通过上述去产能关停严重亏损的企业和生产线的措施，推动了减亏增效和产业结构优化。

（二）千方百计去杠杆，降低负债规模

由于“十一五”期间企业投资 180 亿元进行 600 万吨/年炼油、50 万

吨/年乙烯及配套工程建设，资本金率较低，加之2014年出现严重亏损，企业资产负债率一度高达80%，财务负担沉重。为降低负债规模，华锦集团在2014年利用华锦股份这一上市公司平台，完成了华锦股份股票非公开发行，募集资金30亿元，改善了企业的资金状况；2015年以来通过用低利率资源置换高利率借款等措施增效4.2亿元；2016年初获得国资委清产核资14.6亿元的政策支持，优化了资产结构。通过上述措施，并通过近年来降本增效、改善经营质量的措施共同发力，2016年企业资产负债率降至68.8%，带息负债从2014年以前的近240亿元降至177亿元，2017年6月末负债率又降至66%，资金成本大幅下降。

（三）系统性、体系化，多措并举降本增效

近年来，华锦集团深入推进全价值链体系化精益管理战略，深入挖掘生产经营各环节的增效潜力。2015年和2016年，企业围绕生产运行、物资采购、费用控制、政策争取、减负“瘦身”等工作分别制定279项和354项重点措施，取得明显效果。**生产方面**，采用线性规划PIMS软件进行原油选择及混配比例的深度优化，2015年以来累计增效2.9亿元以上。**采购方面**，原油采购持续加强装船、卸船、运输等各环节损耗的精益管控，其中仅原油卸船损失一项由2.85‰降至0.4‰，一年节约近亿元；通过引入原油采购竞争机制、开拓新油种、套期保值等措施，2015年以来年均增效1.8亿元。化肥企业通过争取增加原料天然气供应量、优化供气结构、协商降低气价，2015年以来累计增效3.1亿元以上。物资采购通过推行集中化、规范化、信息化和阳光化采购，打破独家采购，加大框架协议采购、招标采购力度等措施，年降本10%以上。**政策争取方面**，2014年以来争取国有资本金预算4.9亿元、“三供一业”专项补贴1.8亿元、国家专项建设基金20.88亿元，争取直购电12.2亿度、节省电费8600万元。**减负“瘦身”方面**，2014—2015年完成了职工住宅供暖业务、通信业务的分离移交，2016年就供水、供电和物业管理签订了移交协议，2017年将全面

完成，可减少补贴支出2000万~3000万元/年。

（四）市场导向补短板，提质增效、提升可持续发展能力

一是补科技创新的短板。坚持创新驱动，启动了技术研发中心的市场化改革，对科技管理机构和职能进行了整合，加大力度开发满足市场需求的新产品，聚烯烃近年来先后有20多个高端牌号投放市场，高端产品销量由2014年的30.5%提高到2017年上半年的62.5%，年均增效1亿元；-35号柴油冬季产销量2016年达到51.8万吨，与0号柴油比增效4.5亿元；完成了柴油国V升级工作，航煤产品投放市场并列入国防军工用油计划，新产品贡献率由2014年的24.8%提高到2016年的30.9%。**二是**补营销体系建设的短板。积极探索适应市场、科学先进的营销组织体系、激励机制、产品价格调整机制，仅2016年即调价400多次，提高了对市场的快速反应能力；加大力度开发大客户和直供客户，先后开发油品大客户和直供客户30家，油品自主销量由2014年以前的55%提高到78%，液化产品大厂直供率达到74.5%；2016年即利用公司官网商城、微信商城等网络平台销售沥青及基础油产品2.2万吨，创新了营销模式，提高了企业效益。

（五）减员增效建机制，激发人力资源的价值创造力

针对企业管理机构多、人员总量大、富余人员多、人事用工分配机制不活等问题，提出控总量、调结构、转机制，干部员工的积极性和创造力得到充分释放。**一是**严控机构和人员总量。2014年以来压缩部处级机构16个，减少中层干部202人；通过争取特殊工种45/55岁提前退休政策、开展劳动纪律整顿，并结合关停装置人员分流、“三供一业”人员移交等工作，引入双向选择、竞聘上岗、待岗培训、协议解除合同、内部退养等机制，减少在岗人员1841人，年节约人工成本1.2亿元。**二是**优化调整人员结构。将“70后”“80后”大学本科作为新提拔中层干部的重要条件，近年来新提拔干部中“70后”“80后”本科人员占比达到84%，推动了干部队伍的年轻化和专业化；建立专业技术和专门技能人员发展通道，新聘

任技术带头人74人、技能带头人113人。**三是**创新人事用工分配机制。进行参照职业经理人模式市场化选用干部的试点，建立干部多维度、差异化考核方式，并对排名靠后的干部进行提醒谈话、诫勉谈话直至组织调整，增强了干部的工作压力和动力。薪酬分配上中层干部薪酬与业绩考核挂钩，对考核排名前20%的干部增加效益年薪，排名后10%的干部扣减效益年薪，干部收入差距达到40%以上；绩效工资比例由2014年的10%提高2016年的40%，并把员工收入与二级单位绩效和个人贡献挂钩，拉开员工收入差距；设立突出贡献奖和专项奖，最高奖励30万元，并针对原油采购等关键岗位人员建立市场化的薪酬分配机制，发挥了薪酬的激励和导向作用。

（六）调整转型促升级，培育发展新动能

针对石化板块规模偏小、资源利用不够优化的问题，规划了投资695亿元，包括1500万吨/年炼油、100万吨/年乙烯、160万吨/年PX的精细化工及原料工程项目，2017年3月16日沙特国王访华期间，在习近平主席与沙特国王共同推动下，该项目作为中沙两国重点合作项目，与沙特阿美石油公司签署了合资合作谅解备忘录（MOU），2017年5月举行了联合开发协议签约及项目开工奠基仪式。2017年底将完成合资公司组建工作并陆续启动项目总体设计和主体工程建设，项目建成后，预计每年可实现销售收入1000亿元、利润约110亿元、税收约200亿元。2017年8月为延伸石化产业链、实现兵器工业石化和精细化工产业的一体化布局、整体化发展，兵器工业集团又启动了盘锦6家子企业联合重组工作，将6家子企业的股权划转华锦集团，丰富了华锦集团产品结构，提高了资源利用效率。

四、改革成效

一是企业效益由历史最差到历史最好。华锦集团在2014年亏损15.2亿元、所属上市公司华锦股份成为*ST公司的严峻形势下，2015年一举扭

亏为盈，全年实现利润1.8亿元、同比增利17亿元，华锦股份解除退市风险提示，国资委考核的三年扭亏脱困目标仅用一年时间提前完成；2016年企业利润达到20.3亿元，创造了历史新高，从兵器集团第一亏损大户成为盈利大户，连续两年被兵器集团评为经济效益突出贡献一等奖。2017年1—8月份，实现利润14.4亿元，同比增加2.4亿元、增长20%。

二是结构性问题大幅改善。通过有进有退的产业和产品结构调整，减少尿素产能48万吨/年、乙烯产能16万吨/年、ABS产能5万吨/年，新增石化下游精细化工产品近40万吨，高附加值油品和聚烯烃产品占比分别提高15%和30%，新产品贡献率提高6.1个百分点，产业和产品结构明显优化；资产负债率由80%降至66%，负债结构进一步改善；中层干部减少18%，在岗职工人数由1.2万人减少到1万人、减少17%，全员劳动生产率由46.6万元/人·年提高到61.2万元/人·年。

三是可持续发展能力明显提升。企业的科技创新能力、市场营销能力进一步改善，1500万吨/年炼油、100万吨/年乙烯、160万吨/年PX的精细化工及原料工程项目合资合作顺利推进，干部员工人心凝聚、士气高涨，企业的外部形象明显改善，为企业持续健康发展奠定了坚实基础。

五、经验启示

（一）国企改革要善于把握大势、紧跟时代潮流、抓住历史机遇

随着我国经济发展进入新常态，靠大干快上铺摊子、上项目，靠单纯做大增量的粗放式发展，已经难以为继。党的十八届三中全会以来，中央做出了全面深化改革的决策部署，国企改革“1+N”系列文件陆续印发实施，为解决传统行业产能过剩和国有企业历史负担等提供了有力的支持政策，也为华锦集团结构调整和深化改革指明了方向和实现路径，创造了良好的条件。机遇可遇难求、稍纵即逝，形势越是严峻复杂，越要抢抓机遇，对企业来说，抓住当前机遇推进改革调整升级，是一场决定生死存亡

的大决战，如果还在迟疑和等待，不尽快转变发展方式、缩短新旧动能转换过程，那就只会加速走向衰亡。

（二）国企改革应该围绕增强企业活力、提高运行效率、解决实际问题来推进

规模与速度不再是衡量企业的主要标准，活力、效率、可持续发展才是根本。调整结构、转型升级、扩大开放是国有企业适应新常态、重塑新动力、构建新优势的必由之路。华锦集团始终把是否有利于建立市场化的体制机制、是否有利于提升经营质量和效率、是否有利于企业可持续发展作为衡量改革成效的标准，在产业和产品结构调整、人员总量控制、降本增效等工作中对标同行业先进，细化工作措施，积极稳妥推进，公平公正公开处理改革中的利益调整和矛盾冲突，确保改革达到预期效果。

（三）国企改革应系统谋划、综合施策、多措并举，务求实效

国有企业长期以来积累的各种矛盾和问题较多，靠单一措施难以彻底解决。必须始终坚持问题导向，奔着问题去，跟着问题走，统筹谋划、对症下药、多措并举、综合施策，才能顺利推进各项改革工作。具体工作中，针对每一项调整转型与改革任务，都要周密研究，制定系统配套的措施和办法，做到干一件事就要成一件事，增强改革的针对性和实效性。

（四）改革必须勇往直前，破釜沉舟，不获全胜决不收兵

开弓没有回头箭，凡是符合改革大方向、有利于企业搞活的改革措施，就要主动出击，敢为人先，一个问题一个问题跟进解决，一个矛盾一个矛盾地去化解，一个节点一个节点扎实推进。必须要有坚定的信念、敢于担当的精神、攻坚克难的勇气和智慧。在百舸争流、千帆竞发的激烈竞争中，要想抢占先机就必须轻装上阵，对于不产生效益、没有发展前景的低端、传统产业产品，要敢于壮士断腕，坚决清理退出；对于市场环境发生变化、投资风险较大的在建项目，也要及时调整、果断叫停。改革就是过险滩，过了这个滩，无限风光就在眼前！

113

以市场为导向　强化价值引领
全力打赢特困企业专项治理攻坚战

中国石油辽阳石化

一、基本情况

辽阳石化公司（以下简称“辽阳石化”）是中石油集团公司所属地区公司，1974年开工建设，是当时我国建设的四大化纤基地之一。“十一五”以来，公司以产业结构调整为主线，以建设国家重要的俄罗斯原油加工企业和芳烃生产基地为目标，完成了由“大化纤”向“大炼油”“大芳烃”的产业转型。

公司目前拥有炼油、芳烃、烯烃等主要生产线，主体生产装置58套，辅助生产装置38套。炼油部分具备1000万吨/年原油加工能力，是国内重要的俄罗斯原油加工基地，芳烃及衍生物生产能力位居全国前列。截至2017年8月末，公司资产总额102.81亿元，在岗员工10635人。

二、改革背景

由于体制机制不活、市场意识薄弱、管理粗放以及产品结构不合理、老企业社会包袱重等原因，公司长期处于巨额亏损状态，仅2016年就亏损49.6亿，被确定为国务院国资委挂牌督导的特困企业，要求逐年大幅减亏，其中2017年控亏23.6亿元。

2016年11月，按照中石油集团公司统一部署安排，公司组建了新的领导班子。面对多年连续巨额亏损的严峻形势，公司新班子深刻认识到：打赢扭亏脱困攻坚战是一场不能输的战役，不转观念，不促改革，不调结构，不抓管理，公司将死路一条；外因并不能彻底解决公司严重亏损的根本性问题，必须从自身找原因，进一步把思想和行动统一到党中央、国务院的决策部署上来，转变观念，深化改革，落实责任，必须以强烈的责任意识和担当精神做好特困企业专项治理工作，尽快走出困境。

三、改革实践

（一）扭亏先“扭心”，思路决定出路

一是对标找问题，研讨定思路。公司新班子深入基层调查研究，组织到兄弟企业对标学习，并通过算账分析的方式回答了“企业为什么亏损、继续亏损行不行、怎么减亏”等三个问题，找到了企业亏损的根本原因在主观、在管理，核心是体制机制不适应市场经济要求，这些问题不解决，企业很难真正走出困境。经过两轮思路研讨，公司制定了扭亏脱困路线图，确立了“三年三步走、五年大跨越，全面实现第三次创业目标”的总体工作思路，明确了把公司建设成为有实力、有活力、有竞争力的特色炼化企业的企业愿景。其中，第一步的目标是 2017 年实现扭亏为盈。

二是宣贯转观念，压力变动力。针对部分干部员工中存在的不稳定情绪，公司层层召开思路研讨会，及时开展“转观念、明责任、抓落实”大讨论活动，通过宣讲、座谈、研讨等方式引导干部员工深入分析企业持续亏损的深层次原因，深刻认识企业扭亏脱困所面临的优势和劣势，全面做好思想发动和舆论引导，为推动工作落实打牢思想基础。通过深入细致的思想研讨，干部员工认识到“企业不消灭亏损、亏损就一定会消灭企业”，逐步消除了“得过且过”“坐等靠要”等思想观念，进一步增强了市场意识、效益意识、危机意识、算账意识、服务意识和责任意识，积极投身于公司扭亏脱困的工作实践中。

三是干部转作风，合力抓扭亏。公司确立“高标准、严要求、快节奏、求实效”的管理理念，持续强化干部队伍作风建设，要求干部深入基层一线，切实发挥示范表率作用。在各级领导干部的带动下，员工队伍的精神面貌焕然一新，特别是在2017年3月结束72个月连续亏损后，一直持续单月盈利的工作成效极大地振奋了队伍士气，公司上下凝神聚力、干劲十足，找差距、转观念、强管理、定措施，形成了群策群力抓扭亏的良好氛围。

（二）改革除沉疴，创新激发活力

一是打破格局，推进组织机构改革。按照经营管理高度集权、流通环节全程规范、管理机构科学精干的思路，对公司机关12个处室职能进行优化调整，单独组建计划经营处、生产技术处、环保监督中心等部门，相应撤并一些处室，提高市场应变能力和专业化管理水平；对内部检维修单位进行深度整合，将相关的五支检维修队伍重组化一，组建了建修公司，并果断放弃低附加值业务，实现统一资源调配、净化内部市场、大幅降低修理费的目标；将物资仓储业务划入储运厂，实现了物资采购与质量验收、仓储与领用的分离；将各厂分析业务重组划转到生产监测部，有效解决人员短缺、设备配置不平衡、重点设备资源没有得到共享等实际问题，推进了专业化管理；与中油物资公司合作组建招标中心，强化规范管理，推行公开招标，真正实现招办分离。

二是突破藩篱，推进人事制度改革。畅通上下两个渠道，制定实施《关于结构调整中人员分流安置的指导意见》和《退出现职领导岗位干部管理办法》，完善了人员退出渠道，年初以来共有157名员工办理离岗手续，40名科级以上干部自愿申请退出现职；强化干部队伍建设，对92名处级干部进行岗位调整，优化了各级班子结构；加大中青年干部选拔培养力度，公开选拔年轻处级干部25人、科级干部52人，有效激发了队伍活力。

三是破除积弊，推进薪酬制度改革。彻底打破延续多年的收入分配“大锅饭”，重新调整绩效考核体系和薪酬分配方案，让收入向效益好、责任大、风险多、技术含量高的岗位倾斜，合理拉开收入差距，发挥好绩效考核的“指挥棒”作用。新方案各单位间人均奖金最高相差1.7倍，岗位间绩效考核奖最高相差5.4倍，一线与后勤岗位绩效考核奖最高相差3.1倍，形成了稳定一线、人员由二线向一线流动的正向导向；用好考核“奖与罚”，实行安全奖按季度阶梯式递增，单独设立500万元优化专项奖励，引导全员关注安全和效益，调动员工积极性，增强工作责任心。

（三）市场为导向，治理释放潜能

一是追根溯源，向精细化管理要效益。以从严精细化管理为主线，坚持市场导向、目标导向、问题导向、结果导向和源头治理，强化价值引领，持续挖掘蕴藏在精细化管理中的效益。制定包括安全平稳、生产优化、管理提升、技术攻关、改革创新、项目投资等6方面50项扭亏脱困具体工作措施。以计划管理为“龙头”，建立包括计划会、优化会、经济活动分析会、绩效考核会的“四会”工作机制，以计划会定目标、以优化会明措施、以经济活动分析会找差距、以绩效考核会硬兑现，形成对日常生产经营活动的闭环管理机制，实现生产经营全过程受控，生产调整与市场变化同步。以财务管理为中心统筹企业管理，以装置、生产线为单位构建新的成本核算体系，全面强化班组成本核算；将各二级单位视作独立的市场经营主体，在公司内部模拟市场化运作，强化效益指标考核。采取推进直采、打破独家、公开招标、物资标准化等措施，有效推动降采工作；全面上收公司二、三级库房，彻底清理库存物资，将利库工作纳入绩效考核。坚持以产定销、以销促产，实现产销刚性链接；充分发挥公司价格委员会作用，紧盯市场变化保证推价到位；强化销售渠道建设，打破独家销售局面，积极拓展市场空间。将长期围绕公司经营的80余家承包商队伍全部清除，日常检维修和土建工程业务全部由内部单位承担，2017年1—8

月内部队伍承揽率92%，修理费同比下降2.1亿元。

二是克难攻坚，向技术攻关要效益。紧密围绕“提率、降耗、降费”开展全员技术攻关，破解制约装置平稳运行的难题和效益增长的瓶颈，提高主要技术经济指标和产品收率，2017年1—8月累计创效1.03亿元。开展膜聚酯产销研用联合攻关，BG60新产品优级品率达到100%，高端聚酯产品市场占有率30%，近期成功开发出高浓钛功能性聚酯BG60T，关停闲置装置成为创效装置；开展化工“三剂”对标管理专项攻关，坚决砍掉各类“营养药”；开展环氧乙烷/乙二醇装置膜分离系统攻关，项目仅投资200万元，年可增加效益1000万元；开展己二酸产品提质降本攻关，吨产品合计降低成本419元，优等品率达到100%。

三是紧盯市场，向优化生产要效益。坚持以市场为导向、效益为中心、核算为基础，强化价值引领，在优化存量上狠下功夫，全面实施原料、产品、运行和公用工程“四大优化”，做到炼油分子化、宜油则油、宜烯则烯、宜芳则芳，实现资源最多化、原料多样化、流程最优化、消耗最小化、调整实时化、效益最大化。建立公司两级优化体系，成立公司优化小组，公司领导班子成员参加每周召开的优化会议，实行“日计划、周优化、旬决策、月分析”，结合市场和产品效益情况快速反应。2017年1—8月，公司共召开优化会议35次，开展专项优化项目120个，累计增效12.2亿元。

四、改革成效

（一）扭亏脱困实现突破

2017年1—8月盈利5279万元，同比大幅减亏增盈20.91亿元，减亏增盈幅度位居中石油集团公司炼化板块第1名，提前完成了三年特困企业治理目标。2017年7月12日，辽宁省委书记李希在批示中对公司做如下评价：“全面深化企业改革取得了显著成效，特别是一举扭转了企业长达

10年的亏损，值得充分肯定。”

（二）技术经济指标大幅提升

2017年1—8月公司173项重点技术经济指标中有136项好于上年同期，炼油综合能耗降低到30.25千克标油/吨，PX综合能耗、重整装置综合能耗分别下降18.7%、13.5%，均创历史最好水平。

（三）成本费用持续降低

2017年1—8月与上年同期相比，炼油完全加工费同比降低92.3元/吨、降幅37.3%，化工现金加工费同比降低158.8元/吨、降幅13.76%；降采9098万元，利库3553万元；可控费用同比降低7.94%，“五项费用”压缩19.47%；加热炉热效率提高到92%，同比提高1.4%，节约燃料1.78万吨、增效5593万元；累计节能6.56万吨标煤、节水279.7万方，分别完成年度指标的312%和400%。

五、经验启示

（一）转变观念、增强信心是走出困境的前提

坚持“抓生产从思想入手，抓思想从生产出发”，针对部分干部员工中存在的错误观念，通过调研分析和层层思路研讨，科学地分析企业的优势、劣势、机会和威胁，找到了企业发展的努力方向，确定了短期和长期的战略目标，为全体员工描绘了发展蓝图，让员工看到了企业发展的希望，不断树立了扭亏脱困的自信，进而形成了公司上下扭亏创效的凝聚力，形成了群策群力抓扭亏的良好氛围。

（二）立足自身、改革创新是破解难题的途径

打破旧有僵化的格局，突破利益固化的藩篱，破除长年累月的积弊，解决问题的金钥匙就是深化企业内部改革。必须立足自身，以改革创新激活生产力、激发创造力，彻底消除公司体制机制中不适应市场经济要求的

因素，建立适应市场经济规律的体制机制，才能使企业真正走出困境。

（三）面向市场、价值引领是扭亏增盈的关键

一切围着市场转，全面增强市场意识，紧盯市场和形势变化，充分发挥市场“无形之手”的作用，真正做到以市场为导向。一切围着效益转，坚持生产经营以整体效益最大化为原则，充分发挥价值管理的导向和约束作用，使生产、销售、采购、科研等一切工作都向价值创造聚焦，盘活存量、做好增量，打造整体产业价值链，才能增强企业盈利创效能力。

114

斩钉截铁“瘦身” 灵活创新“健体”
持续深化改革实现扭亏为盈

中国石化东北油气

一、基本情况

中国石油化工股份有限公司东北油气分公司（以下简称“东北油气”）是中国石化在东北地区唯一一家从事石油、天然气勘探开发的油田企业。油气勘探区块位于松辽盆地南部、松北新区、三江盆地、辽河西缘，矿权面积5.48万平方千米，天然气资源量1.27万亿方，石油资源量11.8亿吨，天然气三级储量3085亿方，石油三级储量28404万吨。探明气田12个，开发气田8个；探明油田11个，开发油田7个，2016年生产原油及凝析油3.5万吨，销售天然气7.38亿方。截至2016年末，在岗职工1063人，资产总额55.71亿元，资产负债率58.96%。建有4条天然气长输管道，主要为长春市、吉林市、四平市城市燃气及一汽集团、中国北车、华润等企业供应天然气。

二、改革背景

2008年以来，东北油气连续8年亏损，特别是随着油气价格断崖式下跌，公司发展步入寒冬期，生产经营举步维艰。同时，不良资产较多，固定成本比例较高，按原油每桶50美元、天然气每千方1350元进行评估，2015年有19.22亿元不良油气资产，占总资产净值的42.19%。2015年单位完全成本中固定成本占总成本的83%，特别是折旧折耗占50%。公司是国务院国资委挂牌督导的特困企业，明确要在2016年完成扭亏脱困治理任务，经营发展到了生死存亡的关头。

经过充分讨论研究，东北油气确定了九条思路。**一是**以人力资源和机构改革为着力点，突出“瘦身健体”，规划改革总体布局。**二是**以构建制度和效益管控体系、实施“一厂一策”承包经营体系为核心，突出承包经营，激发自主管理活力。**三是**以实施勘探开发一体化、生产经营一体化、投资成本一体化、科研生产一体化为抓手，突出团队建设，促进科研管理提质增效。**四是**以落实工效挂钩机制、完善考核激励机制为主体，突出政策引导，激活创效动力。**五是**以拓展天然气市场、规范工程作业市场、创新建立内部市场为引导，突出增收创效，发挥市场作用。**六是**以探索油气区块对外合作、开展终端市场合作为切入点，突出效益理念，创新经营模式。**七是**以从严治党、从严监督权力、从严管理干部为重点，突出党的领导，树立担当作为导向。**八是**以加强依法依规治企、加强“三基”工作为保障，突出夯实基础，推进企业规范运行。**九是**以安全环保稳定受控、经营管理稳步提高、职工队伍稳定和谐为基础，突出责任落实，确保企业安全和谐发展。

三、改革实践

（一）思想观念“转变”

一是领导班子带头转变观念。按照集团公司扭亏脱困的部署和要求，班子成员先统一思想、统一认识、统一意志，在宏观指导上，党委理论中心组专题学习讨论中央有关国有企业改革的精神和现代企业制度建设有关要求；在方案部署上，深刻学习和领会集团公司和油田板块的工作要求，做到方向清、目标明，结合实际不走样；在拓思路谋创新上，到先进油田进行调研，进一步创新思维、拓宽思路。

二是推动中层干部转变观念。公司组织了3次处级干部职工大会，传达集团公司工作部署，分析形势任务，从"面、线、点"三个维度下指标、定任务，落实责任，主要领导分别与中层干部交心谈话，与二级单位班子成员集体谈话、座谈研讨，帮助发现问题，指导研究解决办法，推动中层干部彻底转变观念，让他们充分发挥承上启下的引领作用，成为改革的中坚力量。

三是引导科级及以下职工转变观念。公司主要领导带头，分层级进行宣传引导，组织现场报告会12场，跑遍10家所属二级单位，与基层职工面对面交流，灌输"不改革没出路，不消灭亏损就消灭企业，扭亏脱困只能靠我们自己"的观念，彻底摒弃"只会当甲方，只想指挥不想干活"的思想，倡导"自己的活自己干，自己的工资自己挣"的做法。同时，采取提合理化建议、问卷调查、大讨论等方式，调动职工主动思考面对危机"我认为该怎么干？我自己怎么干？"发挥全员主观能动性。通过坦诚的交流、公开的讨论，使全体干部职工看到希望，感受到危机，增强了变革的主动性与紧迫感。

（二）斩钉截铁"瘦身"

东北油气自2014年以来以斩钉截铁的态度，采取革命性措施，逐步推进"瘦身减脂"。从减少管理层级、提高运行效率、发挥人力资源效能方面考虑，2014—2016年，统筹安排，一体化整体谋篇布局，有序实施了用工和机构改革。

首先，瘦臃肿之身。通过周密部署、依法操作，2014年将全部劳务派遣人员转为业务外包或直接清退。采取"大工种、大岗位、一人多岗、一岗多能"的方式调整用工形式，推行"自己的活自己干，自己的工资自己挣"的做法，减少和替换外部用工，业务外包人员减少71.5%。

其次，瘦缺陷之身。东北油气在岗职工不多，但70%的员工集中在长春市区，野外一线较为缺员。为将人员更多地充实到野外一线，2015年科级及以下人员“全体起立”，全员竞聘上岗，共有932人参加竞聘，调整192人次，21名科级干部落聘或降级，90多人待岗培训，培训合格后安排到野外一线上岗。

再次，瘦机关之身。东北油气将机关处室由16个减至12个，专业化单位由8个减至4个，减少8个处级单位，占到1/3；两级机关科室减少34个。采油（气）厂层面，机关取消科室，按照采油（气）管理区模式的“三室一中心”来设置，精减人员50%以上，全部充实到生产一线。自2016年起，组织包括局机关人员在内的长春市内人员按20%～30%的比例到野外一线轮岗半年，每次由两名以上处级干部带队，共3轮310人次到一线轮岗，有效缓解了野外一线缺员现象。

最后，瘦岗位之身。为解决基层缺员、岗位划分过细、许多岗位工作量实际不饱满等问题，全面推行“大工种、大岗位、一人多岗、一岗多能”管理方式，将基层技能操作的一系列岗位整合为“联合巡检、集中监控、专业维修”3个岗位。调整后，采油（气）及其辅助岗位业务外包用工由1168人减至333人，减幅达71.5%。

（三）灵活创新“健体”

坚持问题导向、价值导向、效益导向，灵活创新机制“健体”，破除企业发展的各种障碍，调动各类人才的积极性、主动性、创造性，激发各类要素的活力。

一是健创新之体。全面研判企业发展遇到的各项问题，努力通过灵活创新机制来解决。改变固有模式，打破厂、院界限，打破部门界限，打破机关和二级单位的界限，组建了7个综合项目团队，采取提级管理的方式，由公司领导直接分管，全公司范围内公开招聘团队成员，竞聘不看身份、不看资历、不看级别，只看能力，不定职级给待遇。公司给项目团队确定研究区域、任务目标、重点研究内容、主要工作量，明确考核指标，要求项目团队对储量、产量、投资、效益负责，考核结果分5档，最高的年终绩效工资上浮60%，最差的下浮30%。项目团队对储量、产量、投资、效益负责，实现了勘探、开发、工程和经济评价一体化有效融合和高效运行，工作效率翻番。

二是健活力之体。根据集团公司自主经营政策，出台了《承包经营实施方案》和增产创效、创新驱动、资源突破、价值创造、深化改革、党的建设6方面17个专项方案，修订和完善241项制度，落实"放管适度、服务到位"要求，在保证风险受控的情况下大胆改革，一厂一策，与各下属单位签订《承包经营责任书》，下放用工管理、绩效工资分配、员工岗位变换和基本薪酬调整、核定机构设置等权力，把可以下放的权力下放到基层，把已经下放的权力下放到位，层层承包，促使基层主动作为、降本增效。考核采取季度考核预兑现、年度考核总兑现、次年一季度总清算的方式，绩效工资分别按40%、35%、25%核定。承包经营单位在定员控制数内实行"增人不增资、减员留一半"政策，考核实行"上不封顶、下不保底"，工资增长向一线员工和创效人员倾斜，激发各单位主动加压、超额完成任务的积极性。

三是健高效之体。坚持转方式、调结构，发展战略从"以油为主"调整为"油气并举"，再调整为"以气为主"，对油气成本按要素进行系统分析，科学优化原油产量规模，在确保安全环保的前提下，关停全部油井，年减亏6100万元。根据"优先加快发展天然气"的安排部署，紧盯市场，主动出击，全力拓市增销。对50多家天然气用户分户施策，巩固城市燃气用户，重点拓展可"压减"、可调峰的优质工业用户，开拓工业终端市场。2016年，LNG用户天然气销量增加1.21亿方，增效9900万元以上，全年销售天然气7.4亿方，比2015年增长20%，高于东北地区天然气市场用量增长幅度14个百分点。

四、改革成效

（一）实现了观念转变

通过深化改革，凝聚了共识，干部职工的改革承受能力增强了；增加了动力，由等待观望、消极应对变为主动参与，由组织硬性摊派工作变为个人主动申请完成；增强了责任，更加关注创效，更加注重降本减费，勇于探索创新，不怕得罪人，敢于担责的干部多了；更新了观念，多付出、多创效、多贡献者多得，多花一分钱就是花自己工资的观念深入人心。

（二）实现了效益提升

增储上产增销效果明显，2014—2016年，新增控制石油地质储量926.49万吨，新增控制天然气地质储量316.89亿方，探井成功率提高15%，新建天然气产量2.86亿方，气藏采收率提高7.5%，天然气销售增长19%。2016年完全成本总额比2014年减少53.9%；2016年累计实现增收节支2亿元，同比减亏4.6亿元，完成了扭亏脱困任务。2017年上半年，公司实现利润5088万元，较进度预算减亏1.21亿元。

（三）实现了和谐稳定

安全环保稳定受控，未发生安全环保责任事故。深化改革平稳推进，对涉及员工切身利益的有关政策，组织开展风险评估，跟踪监控政策措施执行情况，及时发现和化解矛盾问题，改革和谐稳定推进。

五、经验启示

（一）持续深化改革是企业提质的主要手段

机构精简、管理层级简化的体制是落实各项措施的基础；决策程序严谨、执行层快捷高效、人尽其能、职责明晰、考核定量、激励到位的机制是实现降成本、增效益、提效率的关键；大胆创新、采取革命性措施落实部署是实现目标的重要方法。

（二）循序渐进是推进改革的关键

只有循序渐进推进改革，干部职工思想观念真正转变，改革承受能力才能增强，既定目标才能实现。广泛动员、取得大多数人的支持是推进改革、实现稳定发展的关键。

（三）坚持问题导向是推动改革的重要手段

提出问题，采取倒逼机制，真正做到“三个不一样”是推动实施改革措施、取得成效的重要手段。

（四）改革的关键在人

企业改革关键在转变思想观念，改革没有特殊人，以问题为导向，用体制机制引导人的思想、行动变化，用公平、公正、透明操作实现制度措施的平稳落地。

115

坚定不移化解过剩产能　推动企业减亏脱困

中国华能扎煤公司

一、基本情况

扎赉诺尔煤业有限责任公司（下称“扎煤公司”）前身为扎赉诺尔矿务局，位于内蒙古呼伦贝尔地区满洲里市，1902 年建矿。2007 年归属中国华能集团公司，是以煤炭生产及销售为主营业务的国有煤炭企业。截至 2016 年末，扎煤公司核定生产能力 1300 万吨，产品主要依靠铁路运输销往东北地区部分电厂。

二、改革背景

扎煤公司 2007 年归属华能集团后，煤炭销售目标市场逐步转变为华能内部电厂，现华能内部电厂用煤量占扎煤公司年销售量的 90% 以上。2012 年以来，随着煤炭市场再次步入低谷，扎煤公司销量和售价急剧下滑，年销售量从 2012 年最高时的 1660 万吨下滑到 1053 万吨，煤炭售价从 197 元/吨下降至 2016 年的 121 元/吨，部分矿井亏损持续增加，人员负担越来越重。受这些因素的影响，扎煤公司 2014 年亏损 8.9 亿元，2015 年亏损 13.51 亿元，被国资委列为亏损专项治理企业，改革发展，减亏脱困迫在眉睫。

2016 年以来，党中央、国务院做出关于推进供给侧结构性改革、抓好去产能任务的决策部署，扎煤公司深入落实中央精神，以化解煤炭过剩产能为契机，抓住政策机遇，积极推进改革，妥善安置富余人员，有效盘活存量资产，力争减亏工作实现突破。

三、改革实践

（一）围绕“实”字抓方案制定

制定《扎煤公司化解过剩产能工作方案》，计划利用2016—2017两年时间完成三年三座矿井的去产能任务。**一是**关闭扭亏无望矿井。五牧场煤矿设计生产能力300万吨/年，由于地质条件复杂、开采成本高、长期亏损、资不抵债，决定关闭。**二是**关闭资源枯竭矿井。灵泉露天煤矿核定生产能力200万吨，灵北煤矿核定生产能力84万吨，两矿因资源枯竭，计划2017年关闭。两年合计去产能584万吨。**三是**稳妥安置去产能人员。三座矿井关闭后，共涉及2962人需要安置，其中五牧场矿1023人，灵泉露天煤矿930人，灵北煤矿1009人。人员能不能得到妥善安置，将决定着去产能任务的成败，更关系着边疆地区的稳定。在此基础上，成立了以党政一把手为组长的领导小组及矿井关停、人员安置、证照注销等5个专项工作组；以及矿井关停、人员安置4个专项方案，确保去产能工作有序、有效、扎实推进。

（二）围绕“安”字抓矿井关闭

按照去产能总体方案和矿井关停专项方案，领导小组及三个关停矿井以安全为前提，积极推进矿井关停各项工作。**一是**回撤封井按时完成。2016年10月，五牧场煤矿完成了全部设备设施拆除和井筒封闭，停止了生产供电、供水，并通过了国资委组织的验收。2017年6月，灵泉露天煤矿闭坑各项工作全部完成，土地复垦及地面环境治理工作全面启动；2017年8月，灵北煤矿设备回撤及井口封闭工作全部完成。两个矿井已具备验收条件。**二是**证照注销按时推进。按照去产能工作要求，三座矿井均按程序推进了采矿权证、安全生产许可证等证照注销工作。**三是**物资材料整理按时完成。井下设备、材料回撤到井上后，均进行了统一编码、存放，为调拨和调剂使用做准备。

（三）围绕"稳"字抓人员分流

扎煤公司地处边疆少数民族地区，去产能后，如果人员不能及时予以安置，将对边疆地区稳定产生一定的影响。由于扎煤公司所处地区经济相对比较单一、落后，地方政府难以解决企业富余人员的安置问题。巨大的人员安置压力，需由企业自身承担。**一是**首开异地安置先河。提出"异地安置为主、本部安置为辅"的基本原则，在华能集团公司、华能煤业公司、华能呼伦贝尔公司的大力支持下，经过积极主动的思想工作，共有441名五牧场煤矿职工，自愿调转至华能煤业公司所属的陕西青岗坪煤矿，首开华能集团内部异地安置先河。远程异地安置的成功，为扎煤公司后续人员分流安置一系列改革措施的出台和实施，在思想观念和组织实施上做好了充分的准备。**二是**走出劳务输出新路。结合煤炭去产能配套政策，基于企业富余人员多的实际，积极探索"走出去"创收创效的新思路、新办法，制定出台了《扎煤公司劳务输出管理办法（试行）》。一方面，鼓励职工通过自主创业、劳务输出等方式走出扎煤谋发展；另一方面，积极帮助协调有关企业，组织职工成建制走出扎煤抓创收。与沈阳设计院合作，参加了相关工程的投标活动，为"走出去"承包工程积累经验；与永诚保险公司合作，在扎赉诺尔地区建设永诚保险公司大后援平台，首批50名劳务输出人员于2016年10月到位。自2016年起，先后向本地区的联众木业、满洲里热电厂、达赉湖热电厂等企业输出劳务人员350余人，2016年劳务收入200余万元。**三是**解决置老换新根本。如何将分布在公司各单位的老、弱、病员工进行妥善安置，用去产能煤矿的青壮员工进行补充，以老换新，是一道必解的难题。扎煤公司主要从三个方面来进行了探索实践。**实行内部退养**。制定《扎煤公司员工内部退养管理办法（试行）》，对距法定退休年龄5年之内，在职工自愿选择、企业同意并签订协议后，实行内部退养，由企业发放生活费，并缴纳基本养老保险费和基本医疗保险费，达到退休年龄时正式办理退休手续。**推行非因公伤残劳动能力鉴定。**引导和鼓励非因公受伤或致残的员工，参加内蒙古自治区统一组织的伤残职工劳动能力鉴定，符合退休或退职条件的，办理退休或退职手续，彻底解除伤残人员的后顾之忧。**实行协议解除劳动合同或协议待岗。**同步出台《扎煤公司员工部分中止劳动合同协议待岗管理办法（试行）》和《扎煤公司员工自愿与企业协议解除劳动合同管理办法（试行）》等2项制度，鼓励有自主择业意向的职工，通过协议待岗或与企业解除劳动合同的方式，离开现岗位，自谋职业，自我发展。

（四）围绕“节”字抓资产处置

将去产能矿井可利用资产全部盘活、复用，是扎煤公司节支降亏的又一有效抓手，按照“能复用绝不废弃，能变现绝不报废”的原则，保证所有资产都物尽其用。**一是**对外调拨复用。在资产评估的基础上，将五牧场煤矿综采工作面成套闲置设备调剂至青岗坪煤矿使用。此项工作的实施，既可以盘活五牧场煤矿闲置物资，又能解决青岗坪煤矿接续设备问题，更符合华能集团公司关于闲置物资调剂的总体部署。**二是**内部调剂使用。对三座去产能矿井可继续使用的设备、材料、办公用品等资产，经上级批准，在履行相关手续后，调剂到扎煤公司其他矿井使用。既盘活了资产，又节省了生产矿井的资金投入。

四、改革成效

借助去产能这一政策机遇，推行公司内部一系列改革和减亏措施，扎煤公司的经营形势明显好转，减亏工作取得突破性进展。

（一）减少了“出血点”，效益明显提升

主要是五牧场矿300万吨/年低效产能退出，影响扎煤公司效益的最大

“出血点”得以“止血”，先进、优质产能的优势得到充分发挥，加之煤炭市场阶段性回升，使企业经济效益明显好转。2016 年较 2015 年减亏 1.44 亿元，完成了年度减亏目标；2017 年上半年亏损 3.75 亿元，同比减亏 3.86 亿元。

（二）稀释了“负担点”，成本有效降低

通过异地安置、内部退养、协议待岗、协议解除劳动合同等一系列改革措施，截至 2017 年 6 月末实际在岗员工 9780 人，在岗人员较 2015 年末净减少 2693 人。人员更加精干的同时，2016 年上半年原煤单位生产成本比预算降低 10%。

（三）控制了“节支点”，提升资产复用率

五牧场煤矿调拨青岗坪煤矿资产 2025 万元，调拨扎煤公司复用资产 4735 万元；露天煤矿、灵北煤矿已调拨复用资产 435 万元，预计可复用资产 876 万元，有效节省了资金投入。

五、经验启示

（一）各级领导重视，是化解过剩产能工作的前提

华能集团公司、华能煤业公司、扎煤公司从大局出发，把化解过剩产能工作作为一项政治任务来抓，多次召开专题会议研究部署。各级领导高度重视，多次到去产能矿井现场指导，多方协调妥善安置职工事宜，率先垂范，积极作为，为圆满完成工作任务提供了决策保障。

（二）领会文件精神，是化解过剩产能工作的推手

《国务院关于煤炭行业化解过剩产能实现脱困发展的意见》出台后，扎煤公司紧盯 8 个配套文件，第一时间组织学习研究，吃透文件精神，将国家有关政策化作解决扎煤公司减亏脱困的具体措施，有效避免了脱离实际、盲目跟风等情况的发生。

（三）妥善安置职工，是化解过剩产能工作的关键

职工分流安置是备受国家和社会关注的大事，更是关系职工切身利益的大事。扎煤公司从以人为本的高度，将去产能矿井人员安置工作作为保安全、保稳定的政治任务，从职工利益出发，把职工分流安置抓实，不断细化措施、方案，落实保障政策，直面难题，千方百计做好职工安置工作。

（四）做好思想工作，是化解过剩产能工作的保障

企业就是职工的第二个家，当企业面临重大变故时，职工队伍的思想一定会产生较大的波动。为有效疏导职工情绪，扎煤公司各级党组织及时跟踪职工思想变化，扎实开展形势任务教育，政策法规宣传，制定维稳预案，分层次疏导、化解职工队伍的不稳定情绪，让职工提高认识、消除顾虑，为完成顺利化解过剩产能任务提供了有力的组织保障。

116

挖渠放水　找米下锅
多措并举推进富余人员稳定分流安置

神华集团大雁集团

一、基本情况

内蒙古大雁矿业集团有限公司（以下简称“大雁集团”）位于呼伦贝尔草原核心区，始建于1970年，先后与鲁能集团、国家电网能源公司重组整合，于2012年划归神华集团。成立47年来，大雁集团曾建成全国煤炭系统第一个高产高效矿，被原国家能源部树立为全国煤炭行业的一面旗帜，累计上缴税费37亿元，为区域经济社会发展做出了重要贡献。大雁集团现有基层单位17个、机关部室14个，主营业务为煤炭产销和工程建设两大板块。2016年，大雁集团营业收入23.6亿元，期末资产总额68.7亿元。

二、改革背景

大雁集团是老煤炭企业，在国家深化供给侧结构性改革，推进煤炭行业“去产能”的过程中，积极响应国家政策，先后关闭了公司原主力矿井一矿和二矿，并在产能置换要求下核减三矿产能30%（90万吨）。在2014—2016年煤炭市场处于低迷状态情况下，企业经济总量小、历史负担重、员工结构不合理的矛盾更加凸显。在册员工9600人，不在岗人员占比28%；员工队伍年龄偏大，40周岁以上员工占在岗员工的59%；员工文化技能水平较低，普校毕业生占职工总数不足15%，加之企业地处偏僻，可利用资源有限，有效安置岗位不足，再就业难，稳定分流安置员工的难度非常大。

面对艰难困境，大雁集团立足实际，积极推进煤炭产业与工程建设“两翼齐飞”战略，把员工稳定分流安置作为重中之重，在改革脱困中逐渐形成了“333”工作思路，即力争通过精干煤炭主业，减亏提效安置3000人；打造工程建设新的经济增长极，加大专业化服务“走出去”力度，长期稳定安置3000人；争取国家富余人员分流安置政策，实施内部退养、“三供一业”等社会职能分离移交，解决其余3000人的安置问题。

三、改革实践

（一）深化改革“四维发力”

大雁集团以精干高效为目标，在机构、岗位、薪酬、绩效等四个维度同时发力，通过机构整合、定岗定编、竞争上岗等途径，对富余人员进行集中管理，通过薪酬改革、全员绩效考核、放假待岗等措施形成压力倒逼，实现摸清底数、挤出水分、优化结构、维护稳定的目标。**一是**推进机构整合。结合公司改革脱困实际，围绕主业精干“瘦身”，全面开展机构整合，减少处级建制8个，“压减”法人单位3家。通过扁平化管理、优化基层机构、撤销与主业无关联的机构等措施，撤销科级建制137个。**二是**推进员工结构优化。以“上下联动、多极发力、维稳有效”的精简优化原则，先从公司层面进行优化动员，全面开展岗位写实、定编定岗，并向下传递压力，激发各单位自主性，自提“压减”方案，逐层化解矛盾，保障了减人提效过程中的稳定环境。通过减机构、瘦机关、精干管理人员、压缩管理层级，精简岗位938个，其中管理岗位148个。通过从采、掘、剥等各环节精干煤炭主业，人员减少445人，比2015年减少19%。**三是**推进全员绩效考核。为解决老国企“吃大锅饭”、效率低的问题，建立大雁集团全员绩效考核机制，对基层、机关全员绩效考核进行分类指导，开发应用了全员绩效考核信息化平台，打造科学化、公正化、效率化的全员考核机制。**四是**推进薪酬分配改革。打破“大锅饭”分配机制，工资向一线艰苦和价值创造岗位倾斜，以岗定薪，形成梯级薪酬分配制度。2016 年普通在岗员工工资差距最大达到 4.7 倍以上。各单位优化薪酬二次分配，实行内部多等级分配制度，激发了员工观念转变和身份转变，促进了员工分流安置。

（二）开辟通道“挖渠放水”

结合老煤炭企业员工队伍年龄老化、长病长伤多的实际，开通多种渠道，推进员工分流安置。**一是**制定出台《职工安置实施方案》。提出内部退养、离岗待退、停薪留职、协议解除劳动合同及处科级人员离岗休养措施，畅通了退出渠道，并在现有人员基础上，进行转岗培训，确保了政策执行期间企业安全平稳运行。通过细致周密的思想动员、政策解读、档案审核，2017 年已离岗 1123 人，预计到 2020 年底退出 3000 人。**二是**打造富余人员转岗分流蓄水池。对各单位精干优化后的富余人员进行统一安置，将公司后勤服务中心打造为富余人员安置的“蓄水池”，同时也发挥“分流器”的作用，想方设法多渠道安排富余人员再就业。通过转岗分流培训，承揽外部劳务输出业务安置人员、稳定队伍；开拓周边市场，寻找保洁环卫、植树绿化、后勤服务、小型工程等工作，不计业务大小、不怕苦脏累险，一人一岗地推进分流安置；组建开办“后勤快递”，与全峰、韵达等多家快递、电商合作，目前已顺畅运行并逐渐提升。通过再就业培训，筹建了面点铺，为井下员工提供工作餐。**三是**积极推进转岗分流。充分利用施工、运营忙闲交替等条件，在推进外部安置的同时，加大内部岗位调剂。2016—2017 年，共转岗分流 647 人，在减少用工总量的同时，优化了内部人员结构，实现了降本增效。

（三）搭建平台“找米下锅”

大雁集团地处呼伦贝尔市鄂温克旗大雁镇，属于独立工矿区，经济总量小、岗位需求有限，公司充分依托神华集团内部资源，大力推动员工有组织地“走出去”，千方百计增加收入来源。**一是**搭建平台“走出去”。整合公司工程建设资源，发挥矿建、土建、机电安装、勘察设计、园林绿化等专业优势，组建了工程建设公司，打造成为具备总承包一级资质 3 项、专业承包一级资质 5 项的综合性工程建设专业化服务企业，以神华集团内部工程施工和生产运营服务为主，辐射外部市场，推进人员分流安置。**二是**转变观念“走出去”。以工程建设公司为平台，由单纯的工程施工向工程施工和运营服务结合转变，内强管理、外树形象，由“找米下锅”向做精做细转变，足迹遍布山西、陕西、内蒙古、新疆及黑龙江地区。艰苦创业树立了大雁品牌，转型发展走出了大雁模式，专业化服务“走出去”成为大雁集团人员安置和改革脱困的重要抓手。2017 年，工程建设板块员工达到 2300 人，其中专业化服务“走出去”安置人员最多达到 1600 余人。**三是**延伸服务“走出去”。在工程施工专业化服务“走出去”的带动下，促进了员工分流向集团外部的输出创效。与哈尔滨铁路局合作，为其储煤基地提供运营服务，高峰时安置人员近百人。勘测队伍争取外部市场，承揽了国外钻孔施工任务。矿建队伍承揽了伊泰集团等井巷工程。大雁医疗、大雁培训都在积极开拓外部服务市场，安置人员，争取收入，形成了“走出去”分流安置的良好氛围。

四、改革成效

（一）实现了人员精简和结构优化

大雁集团在“去产能”大背景下，通过深化“三项制度”改革，疏通安置渠道，打造安置平台，实现了人员精简和人力资源结构优化。用工总量由 2013 年的 13221 人减少到 2017 年的 9603 人，下降了 27.4%，极大地提高了生产效率。煤炭产业进一步精干发展，工程建设实现了稳定运营，机关管理人员大幅“压减”，管理岗位与操作岗位实现了有序流动，企业平稳运行，为改革脱困奠定了坚实基础。

（二）促进了业务结构调整

大雁集团推进“两翼齐飞”战略，促进了公司业务结构的调整，在大雁集团原一矿、二矿因资源枯竭实行政策性破产的情况下，撑起企业价值创造的“半边天”。以工程建设公司为平台，推进专业化服务“走出去”，累计完成新建工程 200 余项，实现产值 70 多亿。2016 年，工程建设板块产值占到了公司总产值的 63%，员工安置力度超过煤炭板块，为大雁集团生产经营持续发展发挥了不可替代的作用。

（三）维护了富余人员生存和区域社会稳定

大雁集团地处独立工矿区，矿区近 8 万人口，需要直接或间接依靠企业生存生活。在“去产能”分流安置过程中，大雁集团始终将国有企业的社会责任放在第一位，认真对待每一名职工的安置问题，没有将一名职工推向社会。通过转岗分流和岗位开拓等多措并举，较好地安置了几千名员工，确保了区域社会的安全稳定，维护了矿区职工的正常生活。

（四）形成了全员创业创效良好导向

在推进改革脱困过程中，随着薪酬分配、岗位优化、竞争上岗、转岗分流等改革措施的推进，配套形势任务宣传工作的持续开展，在广大职工队伍中营造了良好的创新创效氛围，特别是“走出去”开辟市场再创业成为干部员工的普遍共识。

五、经验启示

（一）从上至下的压力传导是稳定分流员工的有效手段

大雁集团始终把整体部署与发挥基层单位的主动性相结合，通过持续开展形势任务宣教活动，着重对中层领导干部做思想动员，强化落实改革举措，形成了有效的压力传导。在公司重新定岗定编的基础上，基层单位进一步制定机构人员优化方案，进行上下层级持续不断的“面对面”讨论，在“干货”中压“水分”，将矛盾逐层分解。大雁集团这样的老企业，信访问题始终较为突出，但在改革发展中信访总量却逐年减少，更没有因分流安置带来新的上访问题。

（二）配套的制度体系是稳定分流员工的必要保障

大雁集团制定“333”改革脱困总体思路，持续推动薪酬分配、绩效考核、员工优化、转岗分流等政策落地，出台《职工安置实施方案》，形成了配套的制度体系。倾斜薪酬分配，激励员工“走出去”；强化宣传动员，说服员工“走出去”；全员定岗优化，倒逼员工“走出去”；疏通安置渠道，员工主动“走出去”，有效的机制成为最好的“动员令”。

（三）专业化服务“走出去”是稳定分流员工的有效出路

多数老国企，尤其是煤炭企业，在面临行业产能过剩的情况下，既要考虑生存发展问题，又要考虑富余人员分流安置问题，人员多和安置岗位有限的矛盾始终突出。内部退养等渠道虽然能在一定程度上缓解矛盾，但很难真正解决根本困难，而以市场为导向，搭建新的平台，寻找新的出路，才能真正有效解决人员安置问题和企业发展问题。

117

深化改革激发活力　做好“三供一业”移交 为一汽提质增效保增长提供保障

中国一汽动能分公司

一、基本情况

中国第一汽车股份有限公司动能分公司（以下简称“动能分公司”）前身热电厂始建于1953年，是第一个五年计划期间156个重点工程项目之一。1999年10月，集团公司为规范动能管理，将热电厂和涉及能源管理的房产管理处、计量处、机械动力处的有关部分以及供应处的煤、重油采购的部分进行重组，组建中国第一汽车集团公司动能分公司。

2011年10月31日，更名为“中国第一汽车股份有限公司动能分公司”，负责生产经营水、电、气（压缩空气、天然气）、热（高温水、采暖）等动能产品，承担着集团本部汽车生产和居民生活的动能供应与服务。

动能分公司下辖热电厂、工业动力厂、公用动力厂，总占地面积55.8万平方米，建筑面积10.92万平方米，有各类设备5802台套，固定资产10.47亿元。其中热电厂10炉9机，总装机容量91000千瓦，总供热面积达1030万平方米。

截至2017年7月末，动能分公司有员工1950人（其中含劳务工127人）。

二、改革背景

“三供一业”职能分离移交是落实党中央、国务院关于深化国有企业改革战略决策部署的重要举措，是促进企业“瘦身健体”、集中精力干好主业，实现可持续发展的自我需要。由于历史遗留原因，一汽集团公司承担着“三供一业”职能，一汽集团长春属地职工家属区从建厂到现在经营管理60余年，涉及“三供一业”分离移交区域有：集团本部供热面积1118万平方米、约11.2万户，供水5.9万户，供电7.9万户，供气7万户；北厂（车轮厂区）供热面积37.6万平方米、4751户，供水3680户，供电3294户。企业需要投入大量精力、物力、财力和人力，每年承担的“三供一业”费用近亿元，企业办社会历史包袱沉重，严重制约企业主业的发展及竞争力提升，已经成为深化企业改革的重要障碍。

三、改革实践

“三供一业”分离移交既是系统工程，又是关乎一汽区域内十余万居民的稳定工程。涉及多家接收企业从源、网到用户系统的整体规划、改造实施、维修维护、运营管理等，系统复杂、移交体量大、涉及用户多、改造工作量大、投资巨大，“三供一业”分离移交任务非常艰巨。为做好“三供一业”分离移交工作，集团领导班子提高认识，统一思想，抓住机遇，采取有效措施，积极推进“三供一业”分离移交。

（一）精密组织，周密布置

2017年2月7日，集团公司正式下发了《关于印发中国第一汽车集团公司“三供一业”分离移交管理规定的通知》（中国一汽〔2017〕18号文件），明确了集团公司“三供一业”分离移交工作组织机构、各部门职责、总体思路、相关原则及工作流程，各相关部门派驻专人到工作小组，各司其职，相互配合、相互支持，协同作战。工作小组建立项目例会制度，定期讨论项目进展情况及相关问题。坚持民主集中相统一的工作原则，对可能出现的问题充分讨论、提出风险及风险应对措施，对已经决策事项坚定组织执行和推进，保证执行力和提高工作效率。重大问题报请领导小组决策，或提报集团总经理办公会决策。

（二）主动对接，争取支持

时刻与国资委保持联系，得到国资委的具体指导。同时积极主动与省市两级政府和接收单位对接，取得了两级政府部门和供电供水供热供气公司的大力支持。通过对接，决定接收企业必须是国有企业，明确了“先完成移交、后维修改造”的原则。2016年8月24日，长春市人民政府办公厅下发了《关于印发<驻长中央企业职工家属区“三供一业”分离移交工作实施方案>的通知》（长府办发〔2016〕32号），方案中确定了接收企业、改造标准、改造内容等相关事项。经过多轮协商，大唐长热吉林热力有限公司做出四项承诺：供热24小时不间断运行；较政府规定供热时间，提前7天开始并延迟7天结束供热；室内温度不低于22摄氏度；继续提供一汽（生活区）全天热水供应。

（三）加强宣传，做好引导

采暖改造探索阶段，个别居民区群众，对政策不理解，担心服务质量下降，封堵施工现场，到动能分公司上访。针对突发情况，工作小组积极宣传、主动调解，及时做好住户思想工作。在施工现场设置解释说明，充分发挥楼栋威望高居民和离退休老同志的作用，主动上门做好对接服务和政策宣传。充分发挥互联网和一汽电视台、一汽集团报等内部媒介的作用，加深住户对此项工作政策的认识，做好职工和家属的沟通工作。通过广泛收集意见，及时化解了居民矛盾，取得了居民的理解，确保了企业稳定。

（四）密切配合，主动作为

认真摸清家底，为“三供一业”工作的各项决策提供了有效支撑。在接收单位制定三供业务接收方案过程中，工作小组积极介入，主动沟通，确保各项方案符合一汽民用动能设施改造实际，本着"先易后难，分步实施"工作方案，争取改造一批就能移交一批。集团本部职工家属区燃气业务分离移交于2014年启动，历时两年多时间，完成7万多用户的内、外网及市政主干网改造，并在2016年底前全部完成业务移交工作。2015年8月31日集团公司与长春热力（集团）有限责任公司签订了《北厂民用供热分离移交协议》，并在2015年冬季采暖期前，完成了动能分公司北厂4751户居民的供热接收和经营管理。

四、改革成效

做好"三供一业"的移交，既有利于企业进一步精于主业，减轻负担，又有利于企业增强核心竞争力，促进企业发展，为深化国有企业改革提供了有力的支持。

目前，民用供水主管道改造已经完工，泵站改造和水表出户改造正在进行中，2017年底前将完成1.5万户改造。民用供电改造10月下旬开始施工，总计需改造20条线路，2017年底前完成7条供电线路改造。民用供暖自2017年7月举行"中国第一汽车集团公司（本部）职工家属区供热分离移交签约仪式"后，面积300万平方米一次网已经改造完工，分户改造正在进行中，预计2017年底前完成200万平方米分户改造。

"三供一业"对于国有企业来讲是一个沉重的负担，不利于主业发展，不利于提质增效。但对于专业化企业来讲却是优质资产，也利于扩大市场。例如，集团民用燃气系统移交前，曾发生安全事故，隐患较多，燃气业务先期移交后，经过一年多的运行管理，由于燃气公司专业化管理，设备先进、管理严格、服务先进，未发生燃气安全事故。此外，三供设施改造之后，国有企业从"三供一业"中脱离出来，不仅节约了成本，减轻了负担，而且还能提高企业家属区居民的供水、供电、供暖和物业管理服务质量，改善民生，维护企业和社会稳定，而且有利于资源整合，建立环境友好型、资源节约型社会，改善投资环境，实现国有企业、地方政府及接收单位多赢的局面。

五、经验启示

第一，做好企业与各级政府的对接，是保证“三供一业”移交取得实效的基础。“三供一业”分离移交工作涉及面广、情况复杂、政策性强，需要在各级政府的组织领导下，有关部门和企业加强沟通、积极协调、合力推进。国有企业和政府有着密切关系，在“三供一业”的移交过程中，做好企业与政府的对接，取得各级政府的理解和支持，能够提高“三供一业”移交的整体效果，对提高国有企业改革成效具有重要作用。

第二，维护职工群众的利益，是推进“三供一业”移交取得成效的关键。检验任何一项改革的成效，关键看群众满不满意。在“三供一业”移交过程中，全体职工需在企业内部解决，因此，做好职工安置、化解职工在“三供一业”移交过程中的不稳定情绪，是做好国有企业改革“三供一业”移交工作的重点，必须在移交前制订合适的职工安置方案，并在移交过程中妥善实施。

第三，建立高效运转的组织机构，是推进“三供一业”移交取得成效的保证。“三供一业”分离移交工作时间紧、任务重，在充分调研和系统学习相关政策要求的基础上，一汽集团公司成立了“三供一业”分离移交工作领导小组和工作小组，正式启动“三供一业”分离移交工作。有利于明确责任主体，统筹安排，强化督办跟踪，提高工作效率。

118

深入推进改革创新　奋力闯出“涅槃重生”之路

中国一重一重股份

一、基本情况

中国第一重型机械股份公司（以下简称“一重股份”）成立于2008年，是由中国第一重型机械集团公司（以下简称“中国一重”）通过整体改制重组，以全部经营性资产出资，并联合中国华融资产管理公司、宝钢集团有限公司、中国长城资产管理公司共同发起设立的，于2010年2月成功实现了整体上市。一重股份主要为钢铁、电力、汽车、矿山、石化、交通运输等行业及国防军工提供重大成套技术装备、高新产品和技术服务，并开展相关的国际贸易。

主要产品有核岛设备、重型容器、大型铸锻件、专项产品、冶金设备、重型锻压设备、矿山设备和工矿配件等产品，具备核岛一回路核电设备全覆盖制造能力，是中国核岛装备的领导者、国际先进的核岛设备供应商和服务商，是当今世界炼油用加氢反应器的最大供货商，是冶金企业全流程设备供应商。多年来，一重股份为国民经济建设提供机械产品350万吨，开发研制新产品400多项，填补国内工业产品技术空白400多项，设计制造的产品先后装备了中国各大核电石化企业、钢铁企业、汽车企业，有色金属企业、煤炭生产基地等，不仅带动了我国重型机械制造水平的整体提升，而且有力地支撑了国民经济和国防建设。目前，一重股份正全力推进改革创新、提质增效，坚定向专项装备、核电装备、石化装备、高端装备、新材料、现代服务业和新能源装备“七大”板块迈进。

2017年上半年，一重股份持续推进企业内部改革，在实现“元月开门红”“首季满堂红”的基础上，顺利实现了上半年“双过半”，主要经济指标持续向好。1—6月份，实现营业收入39.9亿元，同比增长165%；利润总额3210万元，同比增利7.1亿元；新增订货60.7亿元，同比增长268.4%；回款57.8亿元，同比增长165.5%。主要经济指标同比大幅增长，多项指标创历史最好水平，企业改革发展呈现良好态势。

二、改革背景

（一）摆脱发展困境需要

一重股份虽然代表着国内重型装备制造业领先水平，但近些年发展活力不够、转型动力不足、创新能力不强等突出问题已成为影响和制约企业发展的重要原因、内部原因。近年来企业效益逐年大幅下降，与党中央、国务院的殷切期望和广大职工群众的热切期盼有着很大差距。应该说，一重股份已经到了非改不可的发展阶段，只有深化改革才能救一重。

（二）适应市场形势需要

一重股份是最早进入市场的国有企业之一，但由于骨子里计划经济的思维仍根深蒂固，导致忽略市场、怠慢客户，以致贻误了商机。因此，必须彻底打破传统计划经济思想的束缚，深化企业改革，建立适应市场经济要求、遵循市场经济规律、学习和运用市场经济先进的系统管理办法，提高公司的核心竞争力和抗风险能力，在激烈的市场竞争中占据主动和先机。

（三）彰显战略地位需要

一重虽然承担着国家重大装备的制造任务，但与中央企业“十三五”期间“三做二力一批”的建设发展目标相比较，企业整体优势并不明显。

因此，必须痛下决心、把改革进行到底，以最佳的精神状态、最强的创新创业能力，为国防建设和国民经济发展作出新的更大的贡献，奠定和巩固战略地位。

三、改革实践

2016 年 5 月份以来，一重股份在党中央、国务院的正确领导下，按照国务院国资委的部署要求，围绕“去产能、去库存、去杠杆、降成本、补短板”五大任务，积极推进企业深化改革各项工作。

（一）突出解放思想，打好深化改革“耕心战”

一方面，反复强调解放思想的重要性和必要性。公司大会小会强调、事前事后要求，破除因循守旧的思维定式、自高自大的陈旧观念、等靠要的畏难情绪，增强改革创新意识、敢闯敢试意识以及市场意识、服务意识、机遇意识、拼搏意识，形成在解放思想中统一思想、凝聚共识、破解难题、攻坚克难的生动局面。

另一方面，开展解放思想大讨论活动。公司分四个阶段，突出不同的主题，在全体党员干部职工中开展了“解放思想、转变观念、改变作风”大讨论系列活动，各单位及各级干部和全体职工坚持以问题为导向，实事求是、对标先进，深入查找、迅速整改。通过大讨论活动的开展，达到了思想上有震动、实践上有行动、工作上有推动，为后续改革的深化打下了坚实的思想基础。

（二）强化改革顶层设计，打好深化改革管理创新“阵地战”

一是制订了深化改革实施方案。一重股份制订了《全面深化改革实施方案》，提出了“完善体制机制、制订发展规划、调整机构职能、深化‘三项制度’改革、发展混合所有制、处置‘僵尸企业’、加强资产管理、推进依法治企、解决历史遗留问题、全面加强党的建设”等 10 个方面问题、21 项任务、105 条具体措施，并明确了改革问题清单、任务清单、责任清单。改革实施方案的制定，使一重股份的改革明确了方向。目前，各项改革工作全面推进，105项具体措施中，43项已完成，4项已基本完成，33项正按时间节点推进，25项持续推进工作也在逐步深入落实。

二是编制了十三五“133 378”的战略规划。按照国资委“做强做优做大中央企业，培育具有国际竞争力的跨国公司”的目标要求，组织编制了公司“十三五”“133 378”战略规划，即：追求“一个”愿景，抢占“三个”制高点，实现“三个”增长，推动“三个”转变，发展“七大”板块，采取“八项”措施。“十三五”战略规划的编制参照国际、国内经济发展的总体方向，以及本行业的发展趋势，重点是党和国家的发展政策和方针指向，以及国资委对中央企业“十三五”发展的具体要求，同时考虑到一重股份承担的国家责任、历史使命和发展机遇，并首次将职工收入增长目标写入规划，让职工和企业成为利益共同体。

三是全面推行“225”管理创新体系。借鉴兄弟企业管理经验，在公司全面推行了“225”管理创新体系。第一个“2”指“两制”：创建以“层层模拟法人、环环快速联动、人人面向市场、招招应对危机”为核心的“企业内部模拟法人运行机制”和“研产供销运用快速联动反应机制”。第二个“2”指“两个中心”：在全公司层层建立成本中心、利润中心。“5”指“五个体系”：包括指标体系、责任体系、跟踪体系、评价体系、考核体系。目前，体系架构已经基本建立，实现了班组以上各级组织全覆盖。建立了6个模拟法人中心，3个非法人事业部按照模拟法人运行。制定了部分标准成本，实现了100%业主委托。建立了以营销为龙头的快速联动反应机制，实行早间运营调度会制度，运行效率和履约率不断提高。确定了913个成本中心、58个利润中心。在公司及35个二级单位、15个制造厂、692个班组四个层级，推行全面预算管理，构建了指标体系、跟踪体系、评价体系，通过“两书”“两办法”，建立了责任体系、考核体系。

（三）抓住“三项制度”改革难点，打好“瘦身健体”、提质增效“攻坚战”

一是推进“瘦身健体”，从“机构人员臃肿”向“精干高效”转变。精简机构“瘦身健体”，将公司19个管理部门精简至13个，撤销总部职能部门业务科室69个，取消二级单位所属制造厂生产工段、行政办及生产管控中心109个，压缩定员总数2355人，占在岗职工总数的21%，其中总部职能部门压缩定员超过30%；**妥善分流安置职工，**制定了提前退休、内部退养等6条职工安置通道，稳妥安置职工2336人，在岗职工平均年龄由41岁降至38岁，管理人员占比由14.5%降至6.5%，辅助生产工人占比由19.2%降至7.9%；**完成厂办大集体人员安置艰巨任务，**已完成68户集体企业12323名集体职工的安置费用发放工作，占应发总人数的99.8%。集体企业拖欠职工养老保险费已全部核销，个人账户已全部补缴，移交档案6000余本，有效减轻了企业脱困振兴的历史负担。

二是全员竞聘上岗，从“要我干”向“我要干”转变。高层岗位示范引领，邀请国务院国资委、咨询公司和独立董事共同参与，市场化选聘3名公司副总裁，探索了高管选聘新途径；**中层岗位带头推进，**采取外部评委5人、内部评委2人的“5+2”公开竞聘评委模式，中层岗位人员由320人缩减至190人，淘汰率40%；**业务岗位自上而下，**从总部机关至二级单位自上而下逐步完成所有业务岗位竞聘，竞聘后业务岗位人员由3748人缩减为2357人，淘汰率37.1%；**技能岗位全面铺开，**全公司11203名在岗职工中，共计8626人成功竞聘上岗。

三是深化薪酬改革，从“大锅饭”向“差异化”转变。建立薪酬分配体系，首次将职工收入增长目标纳入“十三五”战略规划中，建立了与确保、力争、创优工作目标相适应的薪酬分配体系，并坚持向营销、高科技研发、苦险脏累差、高级管理、高技能五类人员倾斜，打破了“大锅饭”、平均主义以及论资排辈的长期束缚；**完善薪酬考核体系，**对岗位序列重新设定，强化了“以岗定薪、岗变薪变”的分配原则以及按业绩考核的分配导向。2016 年，高级管理人员收入最高与最低差距超过了 3 倍，营销人员根据经营成果人均薪酬增长近 5 万元，高科技研发人员建立了“基本薪酬 + 项目研发计提 + 成果转让计提”薪酬体系；**拓展薪资晋升通道，**建立了管理人才、技术人才、技能人才三大类职业发展通道，并制定了首席技术专家和首席技师等人才激励机制，首批评选出首席技术专家 5 名、首席技能大师 3 名，并每月享受 3000 ~ 5000 元津贴。

四、改革成效

一是体制变，从“一插到底管理体制”转向“一追到底管控体制”。一重股份改变了以往人财物统管、一竿子插到底的工厂制模式，通过签订经济责任状，市场化选聘、机构职能调整和薪酬分配改革等一系列有力措施，使总部与各子公司、事业部职责清晰，决策权限和程序规范，总部对子公司、事业部授权放权的同时，进一步强化了明责、问责、追责的工作力度。这种“一追到底”，把生产经营主体责任逐级落实到了基层单位，由此产生管理体制的根本变化，促使每一个单位都真正成为市场主体。

二是机制变，从“以我为主干”转向“围着市场转”。一重股份在企业内部推行了“225”管理创新机制，以营销为龙头建立起研产供销运用快速联动反应机制，市场成为企业生产经营的指挥棒。通过强化市场意识、积极开拓市场，公司发展形势逐步好转，订货、回款等主要指标大幅上升。

三是结构变，从“大而全”“小而全”转向“专特尖”。一重股份贯彻落实国家供给侧结构性改革要求，对发展战略和产业布局进行了优化调整，立足公司在行业内具备竞争优势、市场前景广阔的产品，以满足国家重大技术装备国产化为己任，聚焦“七大”板块，有针对性地进行技术提升和市场开拓，进一步提高对市场变化的应变能力和灵活性，从原来的

“大而全”“小而全”，转向“专特尖”等特色优势领域，取得了较好成效。

四是状态变，从“迈着四方步”转向“加班干连轴转”。通过改革，公司全体干部职工感受到了市场压力，工作节奏明显加快，工作效率显著提高，干部职工思想认识从“要我干”向“我要干”积极转变，工作状态从“迈着四方步”变成了“加班干连轴转”，市场化的考核激励机制既传导了压力、更激发了动力，公司干部职工的整体精神面貌为之一振、工作局面为之一新，对企业振兴发展的信心和决心大为增强。

五、经验启示

一重股份深切认识到，穷则变、变则通、通则久。变要靠改革、变就是改革。发展永无止境，改革永不停歇。唯有改革，才能真正破解企业发展的困局，只要坚持以改促变，终将破局突围。

一是要切实强化等不起、拖不得的改革紧迫感，主动改、抓紧改、真刀真枪地改。一重股份发展的压力如此之重，没有再不改的理由，也没有等等看的资本，改的速度慢了、改的力度小了、改的程度浅了，都不足以从根本上解决问题。思想是行动的先导，思想解放的程度决定着改革的深度、力度、速度。因此，公司主动组织起来，通过开展各种形式的解放思想大讨论，打破观念束缚、利益禁区，汇众智、集众力，以壮士断腕的决心和坚韧不拔的毅力，主动改、抓紧改。尤其是真刀真枪地改，坚决向中央深化国企改革的精神看齐，坚决按照“1 + N”文件的部署推进，坚决找准抓住影响企业发展的突出矛盾和问题，动真碰硬、一抓到底，攻坚克难、攻城拔寨。

二是要紧紧牵住“三项制度”改革这一“牛鼻子”，以市场化选聘、契约化管理激发活力动力。一重股份发生向好的变化，最直接的原因是“三项制度”改革动了真格。所谓“一子落，满盘活”。通过大胆引进市场化选聘、契约化管理的方式，打开选人用人视野，不拘一格选人才、用人才，同时配套跟进相应的考核和激励机制，打通人才市场化选、用、育、留的通道，用市场化方式建立起企业与职工的契约化关系，激发了干部职工凭本事、靠业绩干事创业的内生动力和活力。

三是要坚持眼睛向内狠抓“瘦身健体”，以能见效、早见效的实际行动提振发展信心决心。眼睛向内、狠抓自身改革，特别是抓好“瘦身健体”，是企业能够把控的重要因素，也是检验企业能动性发挥的重要标尺，更是提振发展信心决心的重要途径。一重股份的产品质量、工作效率与世界一流企业对标还有一定的差距。因此，公司主动对标先进，补短板、找差距，大力推进管理创新、组织模式创新和商业模式创新，优化职能、精简机构、“压减”层级、降低成本，大力弘扬工匠精神，坚决走精干、高效、专注之路。

四是要抓住改革的关键要素，充分调动各层级人才的积极性。千改万改，都要靠人来改，人是最关键的要素，也是最能动的因素。新的领导能给企业带来了新的理念、新的思路、新的方式和新的变化。如某制造厂产品质量和成本一直没有改善，公司将其领导班子解散，并公开竞聘，竞聘后该厂的产品质量迅速改善，吨成本下降30%。同时，通过明确责权利，充分调动了各层级干部的积极性、创造性和主动性，从而使改革能够从上到下贯彻落实。

119

以改革为引领　助推兴企之器

中国一重核电石化公司

一、基本情况

一重集团大连核电石化公司（以下简称“核电石化公司”）作为国有重要骨干企业中国第一重型机械集团的核心企业，1994 年筹建、1998 年投产，始终以振兴民族工业和发展装备制造业为己任，长期致力于我国核电、石油、化工等行业重大技术装备的国产化。主营业务有以“华龙一号”、CAP1400 示范工程为代表的三代核反应堆，以中国实验快堆、示范快堆为代表的四代核反应堆及专项堆压力容器、蒸发器、稳压器、锻焊主泵泵壳、堆芯补水箱等核能装备；以千吨级石油精制、裂化加氢反应器、石化大型换热器、煤制油、煤化工反应器等为代表的石油、化工装备。

20 多年来，核电石化公司因强国的使命而诞生，因兴企的重任而壮大，达到了具有年产 5 台（套）百万千瓦级核岛主设备和 5 万吨石油、化工容器的生产能力，形成了体系完整、流程优化、管理先进、拥有核心制造能力和国际竞争力的高端、重大技术装备研制与服务型企业，连续 15 年实现盈利，为振兴东北等老工业基地和推进“一带一路”建设作出了积极的贡献。

二、改革背景

近年来，由于核电石化公司的主营业务受国家宏观经济政策和国际成品油价走势影响，市场需求一度低迷，加之行业竞争激烈，致使销售收入增长乏力，利润指标出现下滑。同时，企业市场化程度不高、生产组织节奏不快、运营成本意识不强、创新创效动力不足等问题，削弱了市场竞争力，影响了经济效益，使得企业可持续发展面临严峻挑战。为了解决这些问题，核电石化公司认真贯彻落实党中央、国务院关于深化国企改革的决策部署，按照国资委和集团公司的工作要求，以市场为导向、以利润为中心、以成本为主线、以质量为保证，通过解放思想、改革创新、提质增效，运营业绩持续向好，经济指标不断攀升，实现了稳中有进。

三、改革实践

（一）坚持“瘦身健体”，激活内生动力

一是压缩机构及人员。减少管理层级，实行扁平化运营，撤销科、办、工段，在生产系统推行管控中心直管操作者的新模式，实现了工令直接下达。建立竞争退出机制，以“精干、高效、满负荷”为原则，开展定岗定编和全员竞聘上岗，对表现不佳、无法胜任本职工作的人员实施再培训或退出，实现了“瘦身健体”，达到了“能者上、庸者下”的目的，完成了由“要我干”向“我要干”的转变。同时，注重管理团队的年轻化、知识化和专业化，将4名“80后”的年轻干部选聘到中层领导岗位，为企业长远发展接续力量。**二是**开展契约化管理。突出业绩考核，建立薪酬激励和约束机制，实行“两法、两书、一卡”，即：实施《业绩考核办法》《薪酬管理办法》，签订《年度经营业绩考核责任书》《岗位合同书》《一人一卡》，一方面，强化“利润确定总薪酬、关键指标严否决”的考核原则，使干部能上能下、薪酬能高能低形成常态，实现干部“身份市场化”

和“管理契约化”的转变。另一方面，将每名员工年度工作任务在《一人一卡》上进行量化，坚持责任与岗位、薪酬与业绩相一致，实现岗变薪变、按劳取酬、多劳多得。**三是**全面预算落地生根。严格执行“学预算、做预算、执行预算”的工作要求，坚持“三上三下”原则，落实“六个面向”，做到“三个扎根”，涵盖了核电石化公司及2个装备公司、12个职能单位、78个班组。同时，采取目标量化、责任细化、督导动化、对标优化、兑现硬化的措施，实现闭环管理，让每位员工面向市场、承担指标，使“省钱比赚钱容易”“质量就是最大的成本”等理念深入岗位。

（二）坚持管理创新，提高运营活力

一是建立大营销格局。以市场为导向，以营销为龙头，各系统围绕市场加强联动，有效控制了生产经营各环节风险点。及时调整营销策略，抓住核电、石化行业需求回暖的有利时机，加大营销力度，不断优化订货产品结构，提高央企客户数量及订单占比，巩固和扩大市场份额，超额完成当期经营指标，并切实做好售前、售中、售后服务，提高企业的知名度和影响力。同时，充分发挥自身在非标产品设计制造方面的优势，积极采取“早谋划、早介入、先运作”的有效措施，培育新市场，为延伸产业链、开拓现代服务业市场创造条件。**二是**推行“225”创新管理模式。建立了内部模拟法人运行机制和研产供销运用快速联动反应机制，做到“小事不过班，大事不过天”。同时，按照核电、石化两大主要产品的特点，结合内部业务活动及运行情况，设立3个利润中心、90个成本中心，实现指标、责任、跟踪、考核、评价全覆盖。**三是**强化生产管控。严格落实项目作业指导书，重点围绕合同履约和项目产出进行考核，强化节点控制，建立当日重点工作通报反馈机制，灵活利用多种方式及时将各种信息进行反馈，做到上下级联动、横向部门联动、与各业主相互联动，提高生产效率，确保合同按期交货。同时，进一步突出产品质量，塑造“核电”品牌、打造“石化”精品，实现“以稳求胜”“以快制胜”“以质决胜”。

（三）坚持技术引领，增强核心竞争力

一是建立技术创新体系。按照“四位一体”的思路，建立研发驱动技术创新体系，加强基础性研究、工程化研究、产业化研究、批量化研究，通过实施工艺、技术、装备系统集成，解决了核电、石化产业方面的新材料、新工艺所涉及的前瞻性、基础性、共性和难点问题，增强自主创新能力，实现先进制造。**二是**扩大技术服务领域。坚持改造升级“老字号”，在重强度、轻量化、智能化上下功夫，依托中石油、中石化、中海油等企业的市场需求，实现传统装备的技术升级；深度开发“原字号”，立足核岛一回路主设备的研发与制造，根据中核、国核、中广核等企业的业务结构调整，做好新一代核动力装置的研制，加快中国核电“走出去”步伐，进一步拓展国外市场。**三是**实施技术成果应用。2016 年至今，以多丝堆焊、双钨极堆焊、J 型坡口自动堆焊组焊、蒸发器管孔自动清洁、核电安全端全位置自动焊、泵壳支撑埋弧自动焊等新技术的应用，不仅创造了多项世界和国内第一，而且迅速转化为生产力，在产品质量和效率上取得显著成效。其中，开发的核电安全端全位置自动焊技术打破了国外垄断，实现了国内首创。目前，应用此项技术已经完成 2 台核反应堆主泵泵壳的焊接，合格率达 100%，效率提高 50%；研制的蒸发器管孔自动清洁技术尚属世界首例，拥有了完全自主知识产权。此项技术应用后，由原来需要 25 天的工期，缩短为 3 天，且实现合格率 100%。

（四）坚持党的领导，凝聚改革合力

一是加强统筹谋划。从修订公司章程抓起，将党组织机构设置、职责分工、工作任务纳入公司治理体制和制度规范，确保党建工作与公司治理“双加强”，实现“四对接”。同时，制定了《党委会议事规则》和《“三重一大”决策实施办法（试行）》，切实发挥党委把方向、管大局、保落实的重要作用。**二是**抓好选人用人。2016 年以来，通过组织考核、公开竞聘、择优选拔了中层管理人员 27 名。进一步拓宽技术、管理、营销、技能

人才晋升“四个通道”，设立了26个岗级和薪酬标准，解决了“千军万马过独木桥”的问题。同时，建立“双培养”工作机制，把党员培养成业务骨干，把业务骨干培养成党员。2017年上半年将2名业务骨干发展为党员。**三是**融入生产经营。以实施《“1+6”基层党支部建设达标验收细则》为抓手，深化“两学一做”学习教育常态化制度化，使组织生活和思想教育融入生产经营，创建了12个党员红旗示范班组，开展了87项“百万一重杯”劳动竞赛活动。同时，结合实际，突出支持、运营、保障、关联“四个类型”党支部的工作特点，围绕脱困振兴、提质增效的重点和难点，扎实开展“四创”工程，有力地促进了改革发展。

四、改革成效

一是精干体量成效明显。截至2017年8月，员工总数由同期1525人减至1356人，下降比例11%；中层干部由46人减至32人，下降比例30%；撤销科、办、工段58个，下降比例100%。同时，呈现了“三少三多”良好局面，即：人员减少了，但活件干多了；午休的时间减少了，但工位开动的多了；运营成本减少了，但企业效益增多了。

二是运营质量持续向好。2017年以来，先后完成了全球首台、海外首台“华龙一号”、CAP1400示范工程等4台（套）核反应堆压力容器、主泵泵壳的生产制造；陆续为中海油、中化等企业提前交付了15台（套）石化压力容器，为公司赢得了市场信誉。1—8月份完成订货29亿元，同比增长559%；实现营业收入15亿元，同比增长438%；实现利润2亿元，同比增长388%；实现上缴税费1.7亿元，同比增长873%。

三是研制能力显著提升。依靠科技创新，推动企业技术进步，转化了一批专利成果、优化了一批技术工艺、深化了一批在研项目。通过全球首台“华龙一号”福清5号核反应堆压力容器一次水压试验成功，完全自主掌握了三代核电主设备的制造、工艺等技术，摆脱了“受制于人”的不利局面，彰显了一重领先的研制能力，为推动“一带一路”建设、打造中国核电品牌提供了有力支撑。

四是保障作用不断增强。多措并举推动党建工作与生产经营深度融合，发挥了党员领导干部的示范带头作用和党员先锋模范作用，扛起了任务、担起了责任，实现了“三实三强”，即：基础夯实了、党支部的堡垒建强了；工作扎实了、党员的队伍加强了；考核做实了、党组织的战斗力增强了。“三实三强”为深化改革、脱困振兴提供了有力保障。同时，依托党员创新活动室、劳模创新工作室，积极攻关、努力“双创”，弘扬工匠精神，实施忠诚制造，助推兴企之器、大国重器，突破了关键工艺技术瓶颈，解决了诸多“疑难杂症”，形成了品质优势、竞争优势、发展优势。

五、经验启示

（一）改革必须思想先行

在近年来的改革实践中，核电石化公司深刻体会到：解放思想是发展社会生产力、增强企业活力的总开关，是深化内部改革、强化运营管理的重要前提。只有通过解放思想、转变观念、改变作风，摒弃“等靠要”传统思维和“自以为是”的行为方式，才能推进各项改革目标顺利实现。以改革添动力、提效益、促发展，使核电石化公司开辟了新天地，走出了一条脱困振兴、提质增效的新路子。

（二）改革必须问题导向

改革从哪里入手？怎样抓出成效？答案就是从问题入手。问题是现实存在，是改革方向。只有坚持以问题为导向、从解决问题入手，才能把改革引向深入。实践告诉我们，只有推进“两个机制”有效运行、实现内外部市场相互接轨，建立差异化分配制度、做到“五个倾斜”，加大供给侧结构性改革力度、提高供给质量和服务水平，才能形成广大职工理解改革、支持改革、投身改革的生动局面。

（三）改革必须面向市场

自2016年以来，核电石化公司确定了以营销为“龙头”的经营管理机制，树立用户至上理念，一切围着市场转，经营业绩迅速走高，变不可能为可能、变可能为现实。只有通过固化高层密切走访、先期深入调研、合同如期履约、满足用户需求，才能抢占商机、赢得市场、扩大订单，实现“大产品”与“大服务”并重并行，从而提高企业综合竞争力，为做强做优做大核电、石化“两大”业务板块创造条件。

（四）改革必须加强党建

实践证明，企业党建做强了就是生产力、做实了就是竞争力、做细了就是凝聚力。只有坚持以生产经营为中心，把提高企业经济效益、增强市场竞争力作为工作的出发点和落脚点，党建才有生命力；只有坚持融入市场、融入生产、融入管理，才能发挥企业党委把方向、管大局、保落实的作用；只有坚持把党的政治优势、组织优势、群众工作优势转化为促进企业改革创新的强大合力，才能推动各项改革措施落地见效，实现企业持续健康发展。

120

去除落后产能　实行“瘦身健体”大力推进提质增效

哈电集团电机公司

一、基本情况

哈尔滨电机厂有限责任公司（以下简称“电机公司”或“原哈尔滨电机厂”）始建于1951年6月，被列为国家“一五”期间156项重点项目之一，是中国最早的生产大、中型发电设备的重点骨干企业，累计为中国大中型水电站提供了近1/2的水轮机和水轮发电机，为中国火电厂提供了近1/3的汽轮发电机。

电机公司占地面积72万平方米，拥有各类设备3800余台，此外，还在江苏镇江建设了新能源开发基地。近几年，电机公司通过技术创新不断提升企业核心竞争力，水电、火电、核电的研发制造能力均实现单机容量达到或超过100万千瓦容量，为国家电力重点项目作出了突出贡献。大力开拓国际市场，制造的发电设备遍布五大洲。

二、改革背景

电机公司从始建起就成立了铸造车间，是公司铸锻件产品的生产制造单位，在1995年成立了热加工事业部。伴随着电机公司的不断发展，铸造业务也获得了发展和壮大。尤其是2004年以来，电机公司通过加大技术改造投入，在热加工事业部增设了精炼炉等关键设备，使其具备了中、大型水轮机叶片的生产能力，打破了国外公司的垄断。然而近年来，随着热加工事业部设备投入乏力、老化、污染排放、产品质量、安全环保等风险越来越不可控，热加工事业部的运营逐步陷入困境。

2016 年以来，面对发电装备制造业的严冬期，电机公司贯彻落实党中央、国务院关于深化改革、提质增效的决策部署和“瘦身健体”去产能相关政策，明确提出对产业结构进行调整，清理高耗能、高污染、低效率的产能，以产业“瘦身”带动机构、岗位、干部、员工“瘦身”，着力推进提质增效。2016 年 9 月，电机公司在充分论证后，决定退出铸造业务。

三、改革实践

（一）从战略全局高度系统谋划

一是系统论证，有序推进。热加工事业部铸造业务是电机公司生产经营的重要组成部分，是产品制造过程中的关键环节。退出铸造业务后，如技术、管理、生产、质量等任何一个环节接续不上，都会影响整体产品生产进度和质量。为积极稳妥地推进改革，电机公司在方案论证阶段就对后续可能产生的风险进行了系统分析，制定了应对措施，并成立了领导小组和七个专业工作组，分别负责综合协调、生产保障、人员安置、物资处置、资产处置、沟通宣传、信访维稳等各项工作的推进。

二是总体退出，局部保留。电机公司结合市场供需情况、自身工艺特点、生产组织难度等因素，对热加工事业部的所有业务进行了分析论证。鉴于铸件供应商社会资源相对比较充足，很多企业技术水平、安全环保、产品质量已经达到了高水准、高品质，因此明确了铸锻件产品整体外购的基本原则。对于其中影响质量控制的热处理业务进行了保留，并与工装分厂的热处理业务进行了整合。同时，为保证外购铸件质量和工艺进度，电机公司对质量保证体系的关键环节如采购、质保、质检等进行了资源配置和流程再造。

三是提前预判，保证生产。铸件转外购是生产组织模式上的重大转变。为保证产品质量，采购部门提前介入，遴选优质的铸件供应商，质量管理部门加强对供方质量管理体系的认证、审核等管理。技术部门及时调整工艺路线和相关技术资料，保证供应商掌握产品技术要求。为保证外购铸件与公司产品的同质化，在退出铸造业务人员安置方案中，特别为采购部门选拔了四名高水平的铸造专业技术人员，转岗后主要从事铸件采购业务的技术指导工作。在生产保障方面，生产管理部门及时调整生产计划，积极协调解决业务交接过程中出现的问题，保证生产任务按期完成。

（二）积极稳妥推进人员安置工作

一是把握实际形势，确定人员安置方案。面对企业所处地域就业劣势，面对东北国有企业员工观念特点，面对央企社会责任的担当，电机公司在设计人员安置政策时，统筹兼顾各方面因素，充分理解员工为企业历史发展做出的贡献，在合法合规的框架下，提出要做一份“有温度”的人员安置方案，既要坚定不移地推进企业改革，也要积极稳妥地安置员工。

二是深入听取意见，设计多种安置渠道。为确保人员安置政策更有针对性，充分了解员工期望和要求，电机公司领导带队召开了多场专题会议，与热加工事业部各类员工分别座谈，与职工代表一对一谈话，多方听取意见，充分保障员工的知情权、参与权和表达权。在此基础上分析不同群体的诉求，设计了解除劳动合同、提前离岗休养和内部转岗三种安置渠道，员工可以根据自身情况自愿选择，满足了员工的不同意愿和诉求。

三是详细解读政策，做好员工服务工作。为了使员工充分了解安置政策，组织开展人员安置政策宣讲会，热加工事业部通过中心组学习、班组学习等方式进一步解读、传达，引导员工理解和支持企业改革，为改革的顺利推进奠定了思想基础。另一方面，法律、社保等专业人员走到员工身边，针对员工关心的个人退休、社保等问题进行现场服务，与员工面对面个性化解答咨询。电机公司站在员工立场，帮助其分析安置渠道，将解除劳动合同的经济补偿，提前离岗休养生活费，以及解除劳动合同和提前离岗休养后对退休金的影响等全部进行测算，并通过信息单的方式发给每名员工，使员工能够充分了解政策。对于解除劳动合同的人员，积极为其提供失业金领取、转移档案等服务工作，使员工能够顺利纳入社会保障体系，保障员工基本生活。

四是统筹总体情况，实现员工精准转岗。电机公司统筹平衡整体用工情况，在保障员工合法权益，兼顾企业成本的前提下，一方面强化了政策引导，另一方面对全公司的人力资源状况进行全面盘点分析，根据岗位急需、人员储备、职能调整、重点岗位人才配置等需求，结合员工能力业绩实际情况，在技术岗位、管理岗位、营销岗位、技术工人岗位分别精准确定转岗岗位，重点对铸件采购质量控制进行了顶层设计，配置专业化人才，为把好铸件采购质量关提供了智力支撑和人才保障。为减轻转岗员工思想、技能等方面的顾虑和担忧，使员工尽快胜任新的岗位工作、融入新的工作环境、新的工作团队，制定了一系列的保障措施，工会、人力资源部、员工转岗接收部门协同组织，有针对性地开展了多种形式的内部迎新活动和师带徒岗位技能培训，同时出台薪酬待遇过渡性政策，有效保护了转岗员工工作积极性，顺利实现了员工转岗。

经过近半年的细致工作，电机公司及时化解和消除各项不稳定因素，热加工事业部铸造业务退出涉及的 310 名职工全部进行了安置，其中 1/2 转岗，1/2 离岗休养和解除劳动合同。

（三）多渠道清理资产、盘活资金

一是优先满足内部所需，合理利用资源。本着“合理利用资源、降低成本”的原则，热加工事业部所有资产优先在厂内调剂。设备方面，盘点实物账共计 265 台，内部调剂共计 43 台，提高了部分生产单位的设备加工能力。厂房方面，统筹热加工事业部厂房的实际情况以及其他生产单位的需求，绝大多数实现了厂内调剂，解决了部分单位生产作业及仓储面积不足的问题。物资处置方面，对各分厂能够利用的工具等物资鼓励使用，累计领出物资价值达 120 余万元。

二是充分利用外部资源，处理盘活资产。对于能够对外销售的设备及原材料，电机公司严格按照国有资产管理相关要求履行资产评估及对外处置程序；积极与供应商及合作企业沟通联系，多方寻找购买方，通过抹账方式处理原材料 1500 余万元，对外销售废旧物资 1700 余万元；拟对外处置设备 58 台，报废设备 27 台，已进入资产评估程序；已腾出厂房 1.3 万余平方米对外出租，每年租金收入可达 200 余万元。

四、改革成效

一是企业经济运行质量提升。退出铸造业务以后，公司所需铸件全部实现外购，生产平稳接续。公司原来投入在铸造业务单元上的资源和精力转移到核心产品的研发、生产制造以及市场开拓上，对于铸件产品的质量管控重点集中在对供应商质量管理体系的运行控制上，减少了管理环节和管理幅度。2017 年上半年，质量损失率为 0.22%，同比下降 67.48%。

二是改革实现了企业与员工的双赢。电机公司实现了 310 名员工的妥善安置，其中，内部转岗 159 人，提前离岗休养、解除劳动合同 151 人，转岗人员平均年龄 38 岁，年龄较大的多选择了提前离岗休养和解除劳动合同，公司人员年龄结构得到了优化。在提供转岗岗位时，提出了“三结合”的原则，即人员转岗与专业技术人才补充相结合，与加强质量管理相结合，与质检采购队伍建设相结合，把一批专业、技能优秀人员转岗到技术、质检、采购岗位，通过转岗充实这些岗位的人才队伍，提升了人员整体水平。同时，也利用转岗机会实现人力资源的内部整合，员工在内部实现了二次择业。

三是节能减排效果显著。退出铸造业务以后，电机公司从根本上消除了铸造业务产生的高耗能、高污染等问题。2017 年上半年综合能耗同比下降 1683 吨标煤，下降比例 18%，能源费用同比下降 675 万元，下降比例 24%，同时杜绝了厂区周边居民“时有举报”的环保问题困扰。公司节能减排、安全环保形势总体好转。

五、经验启示

（一）系统策划是做好改革工作的基础

坚定改革的决心和方向不动摇是实施改革的前提，科学研究制定改革方案是顺利实施的基础，深入开展职工思想政治工作是获得职工理解和支持的保证。改革工作要准确把握各项政策，对于改革中可能遇到的问题要有预判，明确目标和责任，细化措施，严格按照方案组织推进。

（二）妥善安置员工关系企业改革的成败

妥善安置员工体现企业的社会责任感，同时也关系到改革能否顺利进行。安置政策设计要在依法合规、保障公司权益的基础上，从职工切身利益出发，依法合规用足、用好政策，还要根据不同的人员需求设计有针对性的安置政策，这是保证改革稳定推进并取得成功的关键所在。

（三）保持稳定是推进改革的关键

推进改革要做好顶层设计工作，更要深入基层了解员工诉求，发动党政工团共同做职工的思想工作，为员工做好政策解读、咨询、服务、疏导等工作，不断化解实施过程中存在的矛盾和问题，最大限度地争取职工的理解和支持，在保持稳定的前提下实现改革目标。

121

实施员工分流管理　实现企业“瘦身健体” 着力推动企业改革脱困

鞍钢攀钢

一、基本情况

攀钢集团有限公司（以下简称“攀钢”）是党中央为改变我国钢铁工业布局、开发攀西资源、建设大三线决策建设的特大型钒钛钢铁企业集团。攀钢一期工程于1965年开工建设，1970年建成投产；1999—2004年，攀钢先后重组成都无缝钢管公司、成都钢铁厂、四川长城特殊钢有限责任公司；2010年攀钢与鞍钢联合重组，成为鞍钢的全资子公司。五十多年来，攀钢依托攀西资源优势，依靠自主创新，已发展成为全球第一的产钒企业，我国最大的钛原料和产业链最为完整的钛加工企业，我国重要的铁路用钢、汽车用钢、电器用钢、特殊钢生产基地。拥有年产铁精矿1200万吨，粗钢1000万吨，钒制品（以V_2O_5计）4万吨，钛精矿90万吨、钛白粉23.5万吨、高钛渣18万吨、海绵钛1.5万吨、钛材6000吨的综合生产能力。截至2016年底资产总额971亿元；2016年营业收入499亿元。

二、改革背景

作为老三线国有企业的攀钢，由于“先生产后生活”、建设初期的装备水平落后等历史因素影响，长期以来全员劳动生产率很低，人均收入排名行业靠后，总人工成本很高，在激烈的市场竞争中处于绝对劣势。特别是国际金融危机以来，受内外部因素叠加影响，攀钢生产经营举步维艰，处于生死存亡边缘。要扭转这种被动局面，就必须抓住国家去产能的政策机遇，关停并转扭亏无望的企业并实施员工分流，坚决止住“出血点”，彻底解决人多负担重、劳动生产率低等顽疾。

在这一背景下，攀钢提出了新攀钢建设战略构想：坚持“科技强企、主打钒钛、精品钢铁、放活非钢”战略思路，努力把攀钢建成世界级钒钛资源综合利用优秀企业。随着战略的深入推进，攀钢员工队伍在思想观念、知识结构、年龄结构等诸多方面表现出不适应，严重制约了企业进一步发展。为此，必须充分发挥组织配置和市场配置的双重作用，控制人力资源总量、分流人力资源余量、做优人力资源增量、盘活人力资源存量、激活人力资源能量，系统推进人力资源优化配置。

三、改革实践

紧密结合企业扭亏脱困和战略发展需要，以提高劳动效率、降低用工成本、促进调整转型为目标，以生产经营稳定、员工队伍稳定和社会稳定为前提，多渠道、多方式推进员工分流安置，依法维护员工的合法权益，推动企业“瘦身健体”、提质增效。

（一）聚焦战略目标，加强顶层设计

结合新攀钢建设的战略构想和结构调整、转型升级的规划需求，攀钢制订了中长期人力资源发展规划，出台了《关于实施人员分流安置工作的指导意见》，明确了整体规划、分步实施，一企一策、不破底线的总体思路，提出了以员工分流为突破口，优化人力资源配置，提升全员劳动生产率，构建充满活力、富有效率的用工体制机制，夯实支撑企业可持续发展的人力资源基础。

（二）科学制订方案，通过创新性举措保证公平公正

紧密结合企业和所在区域的实际，本着公平公正的原则，通过采取一

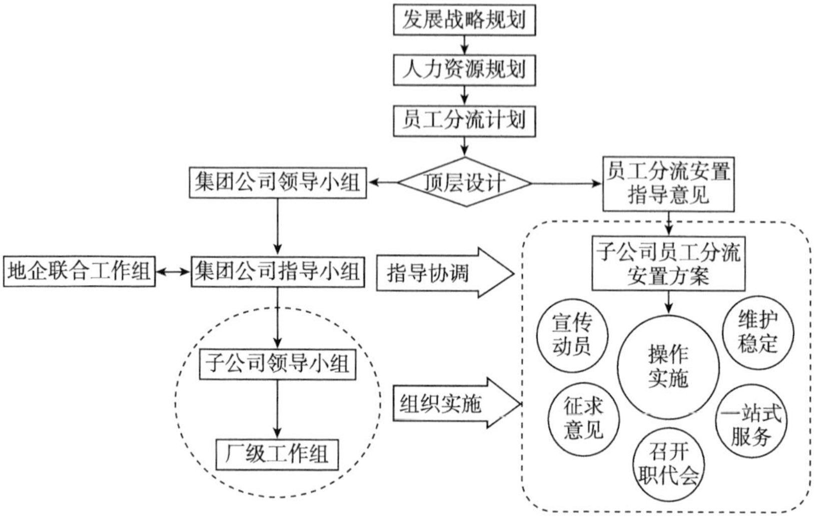

攀钢战略实施路径图

些创新性举措，尽可能用好用足政策，力所能及地照顾员工利益，最大限度地保障员工权益。

一是畅通员工分流安置渠道。充分结合地域条件差异、产业发展实际以及员工队伍的主流诉求，本着“兼顾历史，着眼现实，体现政策公平性和区域平衡性”的原则，设计了协商一致解除劳动合同、内部退养、内部竞聘上岗、劳务输出（派出）、内部置换劳务和转企安置等六种分流安置渠道，满足了不同群体的多元化需求。

二是制定“限高保底”的补偿金支付标准。在遵循国家法律法规的前提下，结合企业实际，灵活执行劳动法律法规中的有关条款，制定实施“限高保底”的补偿金支付标准，进一步提高实效性和可操作性，更好地体现公平公正公允原则。“限高”，就是依照《劳动合同法》相关规定，将支付经济补偿金的总额按当地上年度职工年平均工资的三倍予以封顶。“保底”，就是对本人月工资低于本单位（指攀钢直管单位）上年度在岗员工月平均工资或当地（市级政府）上年度职工月平均工资的，按就高原则计算经济补偿。

三是创新职工退出方式。攀钢针对距法定退休年龄或特殊工种提前退休年龄五年以内员工中部分群体有选择协商一致解除劳动合同领取经济补偿的强烈意愿，创新设计退出方式，即对这部分群体选择协商一致解除劳动合同时，只根据距离退休年龄的时间按照固定标准支付一次性安置费，不支付经济补偿金。

四是设置政策窗口期。各实施单位在员工分流安置方案中明确规定：选择协商一致解除劳动合同的员工，必须在方案正式实施后的一定时期（一个月）内作出选择，超过规定时间的，不再执行此次员工分流安置相关政策。该举措既避免当期改革久拖不决，消除一次性政策长期化的风险，也给员工充分时间考虑。

（三）规范操作流程，依法依规分流安置

一是履行民主程序。广泛征求意见。在制定方案过程中，严格落实厂务公开等各项制度规定，建立各层级员工协商沟通机制，积极畅通员工诉求渠道，认真听取员工的意见和建议。高度重视意见反馈，专门召开职工大会进行答复，并在内部媒体上对共性问题进行解答。同时，充分吸纳员工合理的意见，修改完善方案。召开职代会或职工大会专题审议通过方案。按照本企业职工代表大会制度的有关规定，通过公推、公决等民主程序增补基层一线员工代表，既解决职代会的合法性问题，又突出代表性，避免以偏概全，保证所有程序公开、透明、合规并自觉接受监督。

二是实施竞聘上岗。抓住员工分流安置契机，对照同行先进企业全面开展定岗定员，推行双向选择、竞聘上岗，不仅拓宽了内部安置渠道，而且进一步提高了人岗适配性。

三是开展“一站式”服务。各单位高度重视员工分流安置过程中的服务工作，坚持主动服务、靠前服务，开辟“一站式”服务通道，一次性帮助分流员工办好相关手续。

（四）加强组织协调，增强操作执行力

攀钢在设立两级改革领导小组（集团公司领导小组负责顶层设计，子

公司领导小组负责操作实施）以及厂级工作组的基础上，深刻吸取以往改革的经验教训，进一步创新组织领导机制，为员工分流安置工作提供了强有力的保障。

一是设立改革指导小组。攀钢在两级改革领导小组之间设立了以集团公司分管人力资源的领导为组长，相关部门为成员单位的改革指导小组，负责积极协调内、外（地方党委政府），督促指导改革主体单位推进实施。改革指导小组根据集团公司改革领导小组授权，充分发挥“前线指挥部”功能，有效解决了决策层与操作层之间的衔接问题，确保了责任到位、措施到位、落实到位，达到了效率很高、操作性好、执行力强、上下满意的效果。

二是建立政企联动机制。做好员工分流安置工作，离不开地方党委政府的支持和帮助。在实施过程中，攀钢改革指导小组及各单位积极主动地与地方党委政府对接，建立政企联动机制，协调推进员工分流安置工作。

三是强化领导干部纪律约束。在实施员工分流安置过程中，必须要求各级领导干部站稳立场，发挥正面作用，即使选择协商一致解除劳动合同也要继续履行职责，站好“最后一班岗”，确保组织不散、队伍不乱、生产经营持续稳定。

（五）强化保障服务，营造浓厚的改革氛围

一是加强宣传引导。一方面，提早释放信息，让员工早知道、早消化，用时间换空间，提高干部职工的心理承受力。另一方面，宣传解释一贯到底。印发员工分流安置方案及说明做到人手一册，开展全员大讨论，广泛听意见、纳建议、解疑惑，消除员工对分流安置的抵触情绪。

二是做好维稳工作。坚持“散而不聚、隐而不现”的安保策略，制定“1 +3”风险管控方案，即：稳定风险评估报告 + 维稳、生产经营、安全三个应急预案。深入基层一线、员工家庭，一对一地做好员工思想政治工作，及时解决能够解决的事项，对合理不合规的诉求认真做好解释疏导工

作。同时，积极寻求地方政府的支持和帮助，充分发挥政府相关部门的作用，及时排查处理具有煽动性、行动性的信息，对重点监控对象落实稳控措施，把矛盾消灭在萌芽状态，形成了有针对性的动态维稳工作格局。

三是加强再就业服务。一方面，积极搭建员工再就业平台，有效解决分流员工的后顾之忧。另一方面，扎实做好员工再就业技能培训。建立了“精准帮扶”机制，积极筹措培训资金，举办了技能培训班，为员工再就业提供技能帮扶。同时，积极协调地方政府，将攀钢分流人员再就业纳入当地就业工作规划，落实再就业扶持政策。

四、改革成效

在各方的配合和努力下，2015 年以来攀钢平稳有序实施了化解产能、员工分流安置，取得了较好的经济效益和社会效益。

（一）人力资源大幅优化

截至 2017 年 7 月末，攀钢在册员工 49394 人，其中在岗 43464 人，分别比 2014 年底减少 34663 人、32418 人，减幅达 41. 24%、42. 72%。劳动生产率大幅提升，2016 年普钢劳动生产率达到 563. 4 吨/人·年、特钢 79. 3 吨/人·年、矿业 1894. 7 吨/人·年，分别比 2014 年增加 317. 4 吨/人·年、30. 8 吨/人·年和 709. 8 吨/人·年。用工成本大幅下降，2015 年降低总用工成本 8. 4 亿元，2016 年降低总用工成本 15. 6 亿元。员工队伍年龄结构更趋合理，平均年龄由 2014 年的 43. 9 岁降至目前 42. 8 岁。同时员工队伍整体素质得到了有效改善。

（二）体制机制深彻变革

通过分流安置员工和推行双向选择、竞聘上岗，逐步构建了与市场接轨的劳动用工制度，真正实现了“干部能上能下、职工能进能出、收入能增能减”的机制。特别是通过实施业务和管理流程再造，进一步压缩管理机构，缩短管理流程，促进了工作效率提升。比如，攀成钢机关部室由 12

个精简为5个，下属单位由28个精简为7个；攀长特二级单位由20个优化至11个，科级机构由195个优化至151个；工程公司二级单位由16个精简为8个、科级机构由167个精简为128个。

（三）生产经营持续向好

各单位实施员工分流安置后，真正实现了“瘦身健体”、轻装上阵，市场竞争力不断增强，经营绩效得到逐步改善。攀成钢2016年同比减亏15.38亿元，2017年1—7月同比减亏3.03亿元。攀长特2016年同比减亏2.66亿元，2017年1—7月扭亏实现盈利181万元。工程公司2016年同比增利1100万元，2017年1—7月同比增利1.13亿元。攀钢钒2016年同比增利3.83亿元，2017年1—7月同比增利3.5亿元。在此基础上，攀钢扭亏增效取得重大成果，2016年同比减亏30.08亿元，2017年1—7月实现盈利1.66亿元，扭转了持续亏损6年的被动局面。

（四）转型升级效果显著

在化解过剩产能、分流安置员工过程中，攀钢全面推进结构调整和布局优化，集中精力做强做大优势产品，积极进军物流、电商、产业链金融等战略性新兴产业，加快由产业链低端向中高端升级，由制造型企业向制造服务型企业转变。积微物联电商平台自2015年7月上线以来，交易量达2500万吨，交易额达850亿元，已成为西南地区最大的钢铁电商交易平台。

五、经验启示

（一）必须坚持以解放思想为先导

解放思想转变观念是推进企业改革转型的前提。在实施转型升级职工分流安置工作前，攀钢确立了“早改早脱困、早改早受益、早改早发展”的指导思想，通过宣传引导和开展讨论，促进广大干部职工进一步解放思想转变观念，树立正确的择业理念。实践证明，坚持解放思想转变观念，有利于用创新的思维谋划改革、用改革的精神推动发展、用发展的办法破解难题，从而实现企业改革发展新突破。

（二）必须切实维护职工的合法权益

攀钢在分流安置职工过程中，充分听取职工的意见建议，充分保证职工的知情权、选择权，准确把握政策引导职工竞聘上岗、自主择业，得到了广大职工的理解和支持。实践证明，做好职工分流安置工作必须贯彻全心全意依靠职工的工作方针，以实现好、发展好职工的利益为出发点和落脚点，切实维护职工的合法权益。

（三）必须积极争取地方党委政府支持

攀钢转型升级职工分流安置工作受到所在地党委政府的高度重视，保证了职工分流安置工作有序进行。实践证明，地方党委政府支持是企业改革的坚强后盾，改革过程中必须加强与地方政府沟通协调，积极争取支持和帮助。

（四）必须充分发挥基层组织和骨干队伍的作用

实践证明，做好转型升级职工分流安置工作必须充分发挥基层组织贴近职工群众的优势，发挥领导干部的骨干带头作用，通过正面发声、正面引导，凝聚思想共识，稳定职工队伍。

（五）必须兼顾存续企业能够轻装上阵

企业转型升级必然带来阵痛，企业决策层既要努力解决职工分流安置难题，也要兼顾存续企业能够轻装上阵参与市场竞争。如果“包袱”过重，存续企业难以生存，转型升级也毫无意义。

122

坚定信心　专注极致　深化改革增效益　转型升级促发展

中国宝武韶关钢铁

一、基本情况

宝钢集团广东韶关钢铁有限公司（以下简称“韶关钢铁”）前身是韶关钢铁厂，成立于1966年，1996年12月更名为“广东省韶关钢铁集团有限公司”。2011年8月广东省国资委与宝钢集团签订股权划转协议，2012年12月公司更名为“宝钢集团广东韶关钢铁有限公司”。目前，韶关钢铁控股股东为中国宝武钢铁集团有限公司（以下简称“中国宝武”）。

公司注册资本金604030万元，在岗员工9380人，产能660万吨钢，是华南地区重要的钢铁产品制造基地。近年来，韶关钢铁加大深化改革力度，积极推进转型升级，产品聚焦特棒、工业线材、建筑材（普材）、板材，主要销往珠江三角洲、华东地区及广东邻近省份，部分出口。

二、改革背景

韶关钢铁是一家有着50多年历史的老国企，公司机构臃肿，人员富余，劳动效率低下；思想理念保守，粗放式的管理模式，导致生产效率较低；产品结构单一，市场竞争力弱，客户满意度不高。前几年，韶关钢铁连续亏损59亿元，资产负债率高达91%，干部员工士气低落，骨干流失严重。

在生存发展的巨大压力面前，韶关钢铁认真贯彻落实党中央、国务院关于深化国有企业改革的决策部署，深入开展“瘦身健体”提质增效工作，推进“三供一业”分离移交，深化“三项制度”改革，推进企业文化变革，激发企业活力。公司全体干部员工勇于担当，依托集团技术、人才优势，抓住广东省振兴粤东西北发展的契机，大胆创新，深化改革增效益，转型升级促发展。

三、改革实践

（一）深入开展“瘦身健体”提质增效

一是淘汰落后产能，提高产线效率。2015—2016 年，韶关钢铁淘汰关停 2 座高炉、1 台烧结机、1 座 90t 电炉、1 条 2500mm 板材产线，分别去铁、钢、材产能 75 万吨、90 万吨、160 万吨，2016 年 11 月通过国务院国资委组织的中央企业化解钢铁过剩产能验收，2016 年 12 月通过国家钢铁行业化解过剩产能验收抽查组验收，积极地推动了国有企业化解过剩产能工作的开展。

二是推进产线整合，优化组织机构。推进特钢产线整合，成立宝钢特钢韶关有限公司，充分发挥宝钢特钢技术品牌的软实力与韶钢松山装备优良的硬件优势；推进营销体系变革，通过 6 次机构整合，将营销中心部门由 8 个减至 3 个，分品种组建产销研工作组，以客户为中心，推进需求管理和服务升级；推进智能制造，实现信息化减人、自动化替人，通过智能制造项目优化人数不少于 460 人，优化组织机构。

三是移植集团先进管理，促进管理变革。2014 年至 2016 年，集团派驻管理、技术、业务支撑人员 410 人次，将宝钢股份体系化管理与韶钢实际相结合，通过嵌入式支撑、项目化管理，聚焦核心瓶颈，实施了“降低铁水成本”“特棒协同经营”等 11 个重点项目；2015 年历时 263 天，新建、改造 68 个信息系统，快速重构韶钢信息化体系，有力支撑了公司经营绩效的改善。

四是对标挖潜，提升现场成本竞争力。以计划值为基础，以“三岗”活动为方式，以项目制为抓手，以信息化为支撑，多措并举，对标挖潜，持续推进成本改善。2017 年上半年，铁成本与行业差距进一步缩小，较周边平均降低 19 元/吨，全口径削减成本 2.6 亿元。

五是加强亏损子公司管理，减少法人户数。对长期亏损且扭亏无望的子公司，通过采取吸收合并、股权转让、清算注销等方式进行“压减”，推进多元子公司改善经营绩效，实现稳步发展。近三年，韶关钢铁累计净“压减”子公司 14 户，其中 2017 年净“压减”7 户，超进度完成集团“压减”目标。

（二）推进“三供一业”分离移交

一是完善机构，组织保障。成立了以公司领导为组长的工作领导小组，按专业成立各项目管理部，专职负责剥离企业办社会职能及“三供一业”分离移交的推进工作。

二是把握政策，规范运作。在合法合规前提下，充分合理用好资金申报、补助、改造标准、项目施工招投标等方面政策，实现政策引导与韶关钢铁现状相结合，确保统筹兼顾、稳步推进。

三是依托支持，强力支撑。主动寻求地方政府支持，有关部门多次到韶关钢铁指导、协调解决推进过程中存在的困难和问题。2017 年上半年，韶关钢铁“三供一业”分离移交工作涉及的家属区供水、供电、供气、物业管理四个分离移交协议已全部完成签订。

（三）平稳有序深入推进“三项制度”改革

一是精简机构，推进人力资源优化。三级机构从 165 个减至 109 个，精简率 33.94%；按精干、高效原则，对管理及专业技术岗位实行公开竞聘、择优聘用，全口径优化相关人员 1000 人以上；制定《员工自主创业管理办法》等 4 项管理制度，通过自主创业、协解等 6 大退出通道，优化人力资源。

二是双管齐下，实行干部能上能下。以大胆选拔任用优秀年轻干部的用人导向，提拔任用中层干部7人、助理8人，进一步优化领导人员队伍结构；以年度绩效考核为依据，对履职结果欠佳的干部解聘或降职3人。

三是体现岗位价值，推进收入能增能减。实施新的激励方案，实行员工收入与岗位价值、工作绩效密切挂钩（岗变薪变），绩效工资与月度考核挂钩（绩变薪变）。

（四）推进企业文化变革，激发企业活力

一是加强党建，充分发挥党员干部勇进取、敢担当的先锋模范作用。公司党委不断发挥党建引领作用，推进思想、文化转变，促进企业改革转型。按照"把方向、管大局、保落实"的要求，以抓班子为起点，建设"信念坚定、敢于担当、团结协作、清正廉洁"的公司领导班子。通过强化监督、深化考核，构建阳光用人机制，形成一支能打硬仗、敢于担当的中层领导人员队伍。

二是明形势，知任务，充分调动员工的积极性和不竭动力。一是拍好一部片子。2015年初，公司领导亲自策划第一部年度主题片《为生存而战》，在年度职代会、微信平台上热播转发，微信阅读量超过20000人次，2015年也定为韶钢"为生存而战年"。**二是**办好一次轮训。2015年初，公司拉开了有史以来规模最大的一次形势任务教育的帷幕。公司党委书记、董事长开讲《韶钢转型升级形势任务教育》152场，12117名员工受训，参与率高达99.51%。**三是**写好一封信。2015年9月，韶关钢铁围绕认真做事开展全员大讨论，同步在媒体平台刊发总经理致全体员工一封信，以因操作点检不到位引发1800万损失的TRT事故为案例，号召全体员工向"差不多"文化说"No"，向优特文化、精细管理转变，养成"精、准、细、严"的工作作风。**四是**开好一场座谈会。开展"精干求生存，转型促升级"员工系列座谈会，公司领导与来自各单元不同层级的381名员工进行面对面交流，为改革转型摸清底细。

三是广宣传、挖典型，持续激发员工的认同感和归属感。一是办好《双周通》。围绕行业形势、公司发展等8个板块开展形势任务教育，2016年1月开刊，已连续刊发39期。**二是**选好“每周一星”。开辟“出彩韶钢人”等五个栏目，采写有影响的人物近400余人，让身边人、身边事成为广大员工学习的榜样。**三是**优化宣传平台。结合新媒体的发展趋势，通过《家在韶钢》微信平台完善员工行为养成等可视化教程，提升员工对“家”的归属感。

四、改革成效

经过两年空前的调整和变革，如今的韶关钢铁脱胎换骨，重获新生。经营绩效大幅改善，管理基础进一步夯实，体系能力大幅提升。

一是改革红利逐步释放，经营持续向好。2016年，公司实现扭亏为盈，无亏损子公司；2017年公司各项经营指标均超额完成目标进度，改革红利逐步释放，经营业绩持续向好。1—6月，公司实现营业收入112亿元，同比增长81%；利润总额7.4亿元，同比增利9.8亿元。

二是产能利用率全面提升，产量屡创新高。公司通过铁前系统“瘦身”，建立了“以高炉为中心”的高效生产体系，对生产、设备、能源、物流、安保集中管控，实现管制业务一体化运作，实现“信息管控中心、在线指令中心、应急指挥中心”的高效、合一管控，公司产能利用率全面提升。烧结、炼铁、炼钢、连铸、轧钢产能利用率同比增长14.80%、10.07%、8.42%、23.74%、18.45%，铁日产稳定在1.8万吨平台，铁、钢、材产量不断刷新历史纪录。

三是机构精简高效，管理效率大幅提升。2017年，韶关钢铁下设机构22个，较2014年减少12个，其中：职能业务部门19个，较2014年减少10个；生产单元3个，较2014年减少2个。全资、控股及参股子公司17家，较2014年减少18家。精简后的机构、产业布局、业务板块更趋合理，公司管理效率大幅提升。

四是人力资源优化，人事效率明显提升。2017 年，韶关钢铁全口径在岗员工由 2015 年初的 20050 人降至 11346 人，其中合同工 9380 人，减少用工 8704 人，劳动效率提升 44%；人均年产钢从 575 吨提升至 1000 吨，人均吨钢生产能力提升 1.74 倍；吨钢工资成本从 155 元降低到 115 元，降幅 26%，累计降本近 5.4 亿元；人均利润从 -13 万元增加到 20 万元，增幅 253%。

五、经验启示

（一）深化改革，认清自我、找准方向是前提

虽然钢铁业进入“冰河期”，但韶关钢铁有着集团的支撑、华南区域市场、勤勉的员工队伍、不弱的装备技术等优势。同时，中国宝武已经明确将韶钢定位成华南地区最具竞争力的钢铁产品及服务供应商、集团高端棒线材制造基地，这是改革转型的方向和目标，韶关钢铁在深化形势任务教育、深化管理流程重塑、深化机制体制创新中，引导全体员工上下同欲、推动改革。

（二）深化改革，思想转变是基础

“为生存而战”“担当”“专注”改革三部曲，转变了韶钢人的思想认识，在高频率、全覆盖的形势任务教育下，快速建立了信任、凝聚了人心，公司上下发出了“为家打拼”“为生存而战”的吼声，全体员工坚定不移地积极投身到韶关钢铁的改革事业中。

（三）深化改革，领导干部担当是关键

干事创业、担当是魂。韶关钢铁通过建立分管领域的责任体系，发挥领导责任和担当作用，以绩效牵引、创新组织绩效管理，推进人事制度改革、加强后备干部培养、建立核心人才队伍，来实践干部、核心骨干的管理担当。自上而下，引导全体干部员工众志成城，在岗位上担当，在创新中担当，在管理中担当，增强了对韶关钢铁未来发展的信心和决心。

123

“瘦身健体” 提质增效 实现百年老企脱困发展

中国五矿水口山公司

一、基本情况

湖南水口山有色金属集团有限公司（以下称“水口山公司”）前身为水口山矿务局，位于湖南省衡阳市常宁市水口山镇，地处独立工矿区，始建于1896年，距今已有121年历史，享有“世界铅都”“中国铅锌工业的摇篮”之美誉，是一家典型的传统国企。公司体制沿革历经多次变更，现为中国五矿集团公司旗下成员企业。

水口山公司注册资金42707万元，主营铅、锌、铜和稀贵稀散金属采选、冶炼业务，有60万吨铅锌铜采选、20万吨铅锌冶炼、1000公斤黄金、400吨白银生产能力，年销售收入70亿元左右。

二、改革背景

水口山公司作为百年老企，地处独立工矿区，社会职能齐全，落后产能较多，机构臃肿，人员总量自20世纪70年代以来一直在1.1万人以上，是产能需求的三倍，冗员包袱巨大。员工队伍老龄化严重，国企情结深厚，再就业能力差。人工成本巨大，运营成本高，企业无法聚焦主业回归经营本质，造成持续巨额亏损，2016年被列为国务院国资委挂牌督办的“僵尸”企业。

为了抗危机、求生存、谋发展，2014 年以来，水口山公司成立了改革领导小组，启动了改革脱困暨"瘦身健体"提质增效专项工作，按照整体部署、分步实施、稳妥推进的改革思路，通过近四年努力，取得了预期成效。

三、改革实践

（一）深入宣传发动，确保职工支持改革

2015 年 4 月，公司领导为全体管理人员做了《光荣的荆棘路——水口山的困境与出路》专题动员报告，随后各单位（部门）负责人、车间、班组负责人层层宣讲动员报告。每季度印发形势教育材料，各级领导班子分块负责，深入车间科室，一对一和员工进行改革宣讲，解开职工心结。通过一系列的形势宣讲和动员，广大职工群众认清了形势，产生了前所未有的危机感，在思想上做好了改革的准备，形成了良好的改革氛围。

（二）逐级传导责任，形成齐抓共管合力

为推动"瘦身健体"工作顺利开展，水口山公司明确了班子成员的定点联系责任，落实了各级组织的具体责任：公司总部是组织决策主体，各单位是实施责任主体，人员分流安置工作纳入各级经营班子重点绩效考核，做到了人人身上有责任、个个肩上有担子，形成了强大的合力。锌冶炼厂制定了"三定"（定岗、定编、定员）和人员分流安置方案，厂领导班子和中层管理人员全部重新竞聘上岗，顺利推动职工安置工作。机电总厂班组成员带领 40 余名辅业人员与公司协商解除劳动合同，创办员工持股的经济实体，实现自主创业，自我发展。

（三）拓宽减员渠道，多种措施分流安置人员

水口山公司富余人员多，情况复杂，收入低，再就业能力差，简单按劳动合同法解除劳动关系易引发群体性事件。公司积极创新人员安置方式，拓宽了分流安置渠道。

1. 稳妥实施内部退养

2015年5月水口山公司首先启动了二、三线人员分流。经过3个月的调研与动员，28个二级单位按公司指导意见制定并经职代会通过了人员分流实施方案，对距法定退休年龄4年的二、三线人员实行休养性离岗（内退），实施期为三年。内退人员发放生活费，生活费标准不高于在岗时收入的60%，考虑到各人收入的不均衡，对生活费标准进行拦头保底，对困难人员实施帮扶措施。2017年6月，水口山公司进一步加大内退力度，对一、二、三线全范围距退休年龄五年的员工实施内部退养，实施期限为2017—2018年。

2. 加大特殊工种提前退休办理力度

充分利用湖南省有特殊工种工龄可提前5年退休的政策，积极与湖南省政府有关部门沟通协调，增加了特退工种，拓宽了特退渠道。努力加大特退动员力度，一对一与员工讲形势，算效益，鼓励应退尽退。经过艰苦的工作，2014年至今共办理特退900余人。

3. 强力整治不规范劳动用工

水口山公司是劳动密集型企业，人浮于事现象比较突出。公司全面实行人脸（指纹）考勤结算工薪，废止不规范的长病长休制度，出台人力资源督查办法，2016年下半年开展了为期四个月的专项整治，共清理出不上班和不能胜任岗位的“两类人员”共600余人，解除（终止）了一批，回岗正常上班一批，办理安置手续一批。

4. 组织员工劳务输出

部分员工有再就业的能力但难舍国企身份，水口山公司积极为员工寻求再就业岗位，同时采用保留员工劳动合同、为其缴纳养老保险方式，组织员工进行劳务输出，既实现了人员分流、人工成本转移目标，又让职工易于接受。至目前，共有250余名员工在周边各类企业进行劳务输出。

5. 推进辅业改制分离

目前已完成机电总厂改制分离，协解员工40余人，至2018年，将全部完成建安公司、生活部、物业部、储运分公司等辅业单位改制分离。对公益类辅业单位，如职工医院，已与当地政府确定了人员资产整体移交意向，移交完成后可分流300余人。

6. 鼓励员工自谋职业

水口山公司鼓励员工通过参与辅业改制、脱离公司自主创业等方式自谋职业，与公司协商解除劳动合同，公司按照劳动合同法的规定，支付经济补偿金。

7. 积极争取内部转岗

积极配合地方政府争取中国五矿及其相关子企业有色项目落户水口山工业园，为职工增加内部转岗再就业机会。各二级单位积极组织员工参与五矿内部市场化招聘，目前已向其他企业内部转岗近400人。

（四）聚焦核心业务，“压减”机构退出产能

减员必须先撤岗，下决心退出持续亏损的企业和“压减”二、三线机构，斩断改革的退路。

1. 关停淘汰落后产能

2014年以来，水口山公司陆续关停淘汰了氧化锌冶炼厂、冶金化工公司、铜冶炼生产线等一批落后产能单位和生产线，对这些单位员工进行了分流安置。

2. 精简内设机构，推进组织扁平化

水口山公司总部将18个职能部室整合为13个；物资采购、原料供应、产品销售3个营销单位整合为一个营销总公司；各二级单位内设职能科室由10余个减少到3～5个，“压减”率50%以上，精减了大量岗位。

3. “压减”亏损法人单位

2015年至今，已“压减”注销3家业务职能重叠的或关停歇业的法人单位。2017—2018年，还将“压减”4～6家法人单位，进一步精简机构，减少闲散岗位。

（五）维护和谐稳定，加强职工困难帮扶

一是加强党建、群团、信访协同，开展立体式全方位维稳。领导班子每月参加联系点办公会，了解职工思想情况，及时疏导社情民意。坚持每月职工思想动态报告制度和公司官网“信息直通”回复制度，凡有职工意见及时回复，合理诉求及时解决。党员干部既要做好改革组织工作，同时又要带头离岗离职。开展职工代表巡查监督，加强企业民主管理，消除职工群众抵触情绪。**二是**努力帮助分流职工再就业。积极开展转岗培训，及时在内部报纸上发布就业信息，组织员工参加“月嫂”培训，走出公司外包业务，有力缓解了人员安置压力。**三是**加大困难职工帮扶力度。水口山公司每年投入各类资金240万元以上，党员干部爱心帮扶基金每年筹集资金60万元以上，全部用于困难职工帮扶。制定了改革脱困方案实施维稳预案，定期召开专题会议，加强领导，落实责任，全面防控。通过这些措施，确保了改革的和谐稳定。

四、改革成效

（一）人员总量精简到位

2014年初，水口山公司有从业人员10571人，截至2017年8月末，从业人员降至4661人，共分流安置5910人（其中减员2636人，安置3274人），人员总量降到近30年来最低，超额完成国务院国资委下达的人员安置任务。按改革计划，至2018年，从业人员将降至3850人以下，符合产业规模及三定测算要求，分流安置的人员达到6721人，全面完成“瘦身健体”目标。

（二）人工成本大幅下降

通过实施减人减资、全员降薪、强化绩效考核、严格收入分配等多种手段大力降低人工成本：2016年全年人工成本与2014年相比，减少7134万元，降幅为12.17%，与2015年相比，减少5004万元，降幅为8.85%。

（三）劳动生产率显著提高

员工队伍不断精干高效，实物劳动生产显著提高：主产品全员劳动生产率由 2013 年的 23.28 吨／人，增至 2017 年（截至 7 月末）的 29.26 吨／人，增幅 25.68%。

（四）聚焦主业回归经营本质

目前，水口山公司人员分流基本完成，企业办教育已退出，医疗、“三供一业”及各类辅业正加快退出。至 2018 年，持续亏损及不符合战略发展方向的资产及业务将全部退出，集中精力聚焦铅锌矿山和铅、铍冶炼业务，回归经营本质。

（五）企业盈利能力持续提升

销售收入由 2013 年的 61.39 亿元增至 2016 年的 82.32 亿元，增幅 34.1%。净利润由 2013 年的 -1.29 亿增至 2016 年 350 万元，2017 年预计实现利润 1000 万元，2018 年亏损企业及社会职能全部退出，改革工作全部完成，可实现利润 1 亿元以上。

（六）确保了和谐稳定

水口山公司已经过近四年改革，预计 2018 年才结束，人员减少 2/3，单位关停退出也将达到 2/3，由于工作到位，改革过程和谐稳定，未发生群体性事件，没有员工因此致贫致困。

五、经验启示

（一）必须坚持以人为本的改革理念

改革要将国家、企业与职工利益协调统一，既要提质增效，更要有人本情怀。公司地处偏远，员工再就业能力差，改革顶层设计要秉承以人为本理念，最大限度维护员工利益，要创新减员方式，拓宽减员渠道，做到转岗不下岗，转业不失业。

（二）必须高度重视思想动员与宣传教育

国企员工虽然国企情结深厚，但同时具有与企业同艰苦共患难的传统本质，只要深入了解员工内心思想，面对面同职工讲清讲透形势，领导人员率先垂范，就一定能够取得广大员工的理解和支持。

（三）必须坚持依法依规的操作原则

人员分流安置工作必须在国家法律法规和政策内进行，切实做到有法可依。要充分调研论证，走集中决策程序，对于与职工利益有关的改革举措，必须经职代会审议通过。

（四）必须逐级传导责任形成合力

公司总部要做好顶层设计和协调推进；二级单位要抓好落实，工作任务要纳入经营班子业绩考核；党群、宣传部门要正确引导舆论，发挥基层党组织、党团员的作用，维护企业和社会和谐稳定。

124

在深化改革中推动冶金运营服务再创业

中国五矿中冶宝钢技术

一、基本情况

中冶宝钢技术服务有限公司（以下简称“中冶宝钢技术”）隶属中国五矿中冶集团，为国家级高新技术企业，注册资本金12亿元，资产总额42亿元。现有从业人员18512人，本科学历以上1076人，高级工、技师以上3796人。

中冶宝钢技术致力于打造“国内第一、国际一流”的冶金运营服务“国家队”，主要为国内外大型钢铁企业提供设备检修、生产协力、技改工程、冶金装备制造、冶金渣环保化利用等全流程、系统集成的运营服务。

二、改革背景

近年来，随着国家钢铁行业去产能、调结构的深入推进，2015年底钢铁行业陷入了“冰河期”，呈现出了“断崖式”的行业整体性亏损，各大钢厂纷纷采取停产限产、产业结构调整、业务回归、大幅“压减”费用等“过冬”措施，导致公司的经营形势受到了前所未有的冲击，累计减少约8亿元的区域业务。

由于经营业务的锐减，连锁反应随之显现，导致公司下属的部分子企业经营业务灭失、陷入亏损，并有大量的人员需要进行分流安置。多重不利因素的叠加，使得公司经营管理步履维艰，急需通过改革爬坡过坎再出发、深化改革再创业。

三、改革实践

（一）党建引领，唤起攻坚克难信心

一是把全面加强党的建设放在核心位置。深入学习贯彻习近平总书记系列重要讲话精神，坚定国企姓党不动摇。把党建工作从“软指标”变为“硬任务”，逐级签订《党建工作责任书》；建立刚性管用的党建考核机制和业绩考核机制，将党建工作要求列为业绩考核的重要内容，将考核结果与领导干部薪酬兑现、年度评优、干部评价进行挂钩；修订完善“三重一大”议事决策机制，固化党委会前置程序，16 家所属子公司全部完成党建进章程，使得党组织发挥作用组织化、制度化、具体化；发挥党组织独特优势，将党建工作与改革发展中心工作有机结合，全面推进作业标准化建设，扎实开展党委共建活动。

二是弛而不息地构筑风清气正的良好生态。坚持正风肃纪，保持惩治腐败的高压态势，坚持有腐必反、有贪必肃，建立不敢腐、不能腐、不想腐的长效机制。全面梳理领导干部亲、离职人员经商情况，明令要求公司不得与以上人员发生业务往来；坚持推行领导干部提拔个人申报事项“承诺制”。

三是打造德才兼备、以德为先的领导干部团队。从严选人用人，严格管理干部，要求各级领导干部都要“进入状态、调整状态、保持良好状态”，严肃干部请假纪律、请示纪律、会议纪律、作风纪律；改革干部管理模式，取消固定期限聘任制，采用日常考评和年度述职考核相结合的方式，实行动态考核聘用，对于干得好的干部不设年限，对于不在状态的干部进行动态调整，对于年度考核排名后十位的干部进行提醒谈话，时刻保持干部队伍饱满的激情和昂扬的战斗力，推动以领导干部的“一马当先”，

带动全体人员的“万马奔腾”。

（二）服务战略，再造业务管控体系

一是聚焦战略，优化产业布局。近年来，中冶宝钢技术保持坚定而专注的战略定力，沿着回归主业、聚焦主业、发展主业、做精主业的发展路径，找准产业定位、优化市场局部，把市场营销工作放在首要位置，主要领导抓市场、精兵强将闯市场，重点做强做大大型国有钢铁企业区域市场，逐步调整退出落后产能钢铁企业市场业务，全力打造“检修协力核心主业＋技改工程、装备制造及新型材料、钢渣综合利用”“1＋3”四位一体的产业格局，不断增强冶金全产业链、一体化运营服务能力。

二是严控风险，推动行稳致远。坚持稳中求进工作总基调，坚持把风险挺在前面。把好制度保障关，筑牢风险管控制度体系，提升风险管控能力；把好源头入口关，经得起诱惑、看得见风险、管得住风险，不盲目、不盲从；把好过程管控关，统一授权、分级管理、分工协作，有效发挥合同管理系统、法务系统、审计部门、纪检监察系统的保驾护航作用；把好“两金”压控关，保持“两金”压控高压态势，将“两金”指标作为一条“红线”，公司主要领导为“两金”压控第一责任人，逐级压实清欠责任，确保“两金”风险受控。

三是精干高效，打造“四精”机关。两年来，中冶宝钢技术本着“做精管理层、做实作业层”的原则，持续打造“机构精简、人员精干、业务精通、工作精准”的“四精”总部机关。2016 年，总部机关管理人员在 2015 年基础上减员 33%；2017 年，再次压缩了 11%。

四是重构体系，提升管控效率。坚持推行扁平化、集中化管控模式，全面推行“地毯式”的“一体化”管理，确保管理“横向到边”；深入推进“穿透式”的系统管理，实现管理“纵向到底”；进行管理流程再造，压缩了 1/3 的管理制度；全面推行审批流程“24 小时办结制”，促进管理效率提升；压缩管理层级，缩短管理链条，探索推行二级公司直管作业区、不设车间的管控模式，不断提升管理的穿透力。

（三）“瘦身健体”，供给侧改革见成效

一是打赢“僵尸企业”及特困企业处置“攻坚战”。以“壮士断腕”的勇气，积极主动、不等不靠，不因梗阻而绕道、不因羁绊而停滞。既不能让危险和风险集中爆发，把企业击垮；也不能不负责任地久拖不决，把企业拖垮。2012年9月，宝钢罗泾钢厂全线停产，公司下属的三钢运输公司经营业务全部灭失，陷入了长期亏损困境，258名合同制员工长期处于待岗状态。公司积极转变工作思路，依法依规采取转岗、协解、内退等措施，完成了全部人员的分流安置，每年可节省1000多万元的安置费用支出。2016年底，完成了三钢运输公司的工商登记注销，彻底解决了长期亏损的问题。

二是全力推进效率减员、提质增效。中冶宝钢技术开展了采取合同终止、清理不在岗、富余人员等一系列效率减员措施。2016年，公司累计减员4508人，其中劳动合同制员工840人；2017年1—6月，仅人工费一项成本，公司较上年同期同口径减少支出8000多万元，这为公司在严峻的经营形势下，保持经营绩效提供了有力保障。

三是推进企业内部人力资源供给侧改革，提升核心竞争力。全力打造内部人力资源市场，人员需求首先在公司内部进行公开招聘；推行“大生产、大协同”集中管控模式，促进人力资源的高效协同，2016年累计拉动人员8500多人次；大力推进蓝领技工培养“千人计划”和专家团队建设，设立管理岗位序列、专业技术岗位序列、领军型人才骨干员工序列，推动员工技能提升、岗位成长，打造管理团队、专家团队、员工团队“三支队伍”，不断提升企业核心伍竞争能力。

四、改革成效

（一）经营业绩屡创新高

公司经受住了市场的考验，有力扭转了发展颓势，实现了逆势突围。

2016 年，新签合同额逆势上涨，达到 41 亿元，为历年之最；实现营业收入 38. 3 亿元，超出年度目标近 10%；应收账款及存货余额较年度目标压缩 10%；经营活动现金流 7. 11 亿元，高出指标 5. 61 亿元。2017 年，公司经营业绩有望再创历史最佳，营业收入有望达到 40 亿元。

（二）发展空间全面拓宽

实现了产业发展“四大延伸”——产业链向上下游延伸、由宝钢内向宝钢外延伸、由钢铁向非钢领域延伸、由国内向国外延伸；在巩固上海地区宝钢市场的基础上，构建了“五大区域市场”——以宝钢湛江基地为核心，辐射韶关钢铁、阳春钢铁、五矿铜业等周边市场；以宝钢梅山钢铁为核心，辐射马钢、南钢等周边市场；以山东钢铁为核心，辐射日照钢铁、青岛钢铁、烟台鲁宝等区域市场；以邯郸钢铁为核心，辐射太钢、京唐等区域市场；以台塑河静钢为核心，辐射印尼等东南亚海外市场。

（三）重拾信心凝聚合力

在全国国有企业党建工作会议精神引领下、在“16 字方针”战略指引下、在良好发展态势鼓舞下，公司全体员工一门心思干事业的心更整齐了，一个调子齐合唱的节奏更统一了，由此迸发出了强大的干事创业动力，大家沿着同一方向、同一目标、同一路径，正在共同努力实践着“珍惜有限，创造无限”的五矿文化和“一天也不耽误、一天也不懈怠”的中冶精神。

五、经验启示

（一）深化改革，要坚持党委领导作用不动摇

思想决定行动，改革首先要改变观念。随着改革的深入，问题和矛盾将会凸显，如何搬走改革路上的“绊脚石”，充分发挥党委领导作用是关键。要坚持围绕中心、服务大局，教育引导人、激发调动人，让广大员工焕发出积极性、主动性，让员工迎接改革、支持改革、拥抱改革。

（二）深化改革，要坚持聚焦战略定位不偏移

战略掌控是企业最核心的领导力。深化改革，必须要保持战略定力，以目标为导向，顺应经济发展规律做好顶层设计，具备前瞻性的战略眼力，匹配明确的战略目标、清晰的战略路径，引领企业走专业化、品牌化、差异化的发展道路。

（三）深化改革，要坚持提质增效目标不懈怠

中冶宝钢技术实现转型发展，“瘦身健体”是重要抓手，核心是去僵消肿、减负增效。其中，人员的分流安置工作，既是重中之重，也是难中之难。必须始终坚持以人为本的根本原则，必须增强各级领导干部的责任担当意识，必须发挥基层管理者和骨干力量的关键作用，必须制订全方位、多维度的维稳预案，必须协同凝聚企业内外部的各方力量，必须拥有一支坚守信念的工作团队。

125

以“瘦身健体”为抓手　推动企业改革发展

通用技术集团邮电器材

一、基本情况

中国邮电器材集团公司（以下简称“邮电器材”）成立于 1964 年，先后归属邮电部、信息产业部、中央企业工委、国务院国资委管理，2009 年 12 月，邮电器材重组并入中国通用技术（集团）控股有限责任公司（以下简称“通用技术集团”）成为其二级子企业。

邮电器材近年来坚持以发展为主线，以市场为导向，深化企业改革，积极开拓经营，努力提升企业核心竞争力。通过业务整合和架构重组，邮电器材已经具备了通信及电子产品分销业务、物流业务、零售业务、电子商务业务、维修业务的协同发展优势，在完全竞争的市场环境中，有效连接着用户和手机厂商、运营商，并以完善的销售渠道，全方位、优质的服务连续多年成为国内通信终端销售行业的排头兵，是中国移动、中国联通、中国电信等运营商以及苹果、华为等国内外手机生产厂商最重要的战略合作伙伴，在通信产业链条中发挥着重要的作用。2016 年公司实现营业收入 340.62 亿元，实现利润总额 5312.17 万元。

二、改革背景

2011 年以来，国内手机分销市场变化剧烈，产业链调整迫在眉睫。邮电器材当时存在管理链条长、层级多、机构重叠、效率低、人员多等问题，管理架构已不能适应市场的需要。为了企业的生存和自身健康发展的客观要求，邮电器材按照国务院国资委和通用技术集团的要求，制定了“切合实际、统筹兼顾、循序渐进、平稳过渡”的总体原则，启动了压缩管理层级工作，以压缩层级、调整架构、清理低效、减少法人等手段，努力实现“主业突出、组织扁平、机构精简、运营高效、效益显著、风险可控”的目标。

三、改革实践

（一）紧密围绕中心工作，适应市场需要，促进企业发展

近年来，移动终端市场在通信技术迅猛发展的带动下，销售模式出现前所未有的颠覆性变化，邮电器材面临着极大的挑战。为应对市场变化，邮电器材充分认识到，改变管控模式，由“条块管理、以条为主”转变为“以块为主、条块结合”的管控模式，逐步建立责权清晰、机构精简的组织架构，提高资源配置效率、实现总部统一管控、省区公司作为经营实体和利润中心的改革方向是公司发展的必由之路。公司开展压缩管理层级、清理低效资产、减少法人户数等工作，始终围绕市场、业务和发展的需要，始终以促进经营改善、管理提升作为检验工作成效的标准。从实际结果看，最先开展“瘦身健体”工作的深圳公司有效应对了当年市场环境变化，成功扭转了不良经营局面；辽宁、江苏、福建、北京、云南、湖北等省份的经营工作随着层级的压缩和公司的整合，业务规模稳步上升，市场拓展能力和盈利能力不断提高；分销事业一部、二部的合并实现分销业务一体化，促使公司与华为等著名品牌手机商建立起紧密的战略合作伙伴关系。

（二）以调整管控架构为主线、“瘦身健体”为抓手开展相关工作

2011年，通用技术集团提出压缩管理层级工作要求后，邮电器材立即

着手筹划相关工作，并结合当时经营模式亟待转型、管控架构亟待调整的实际，于2011年上半年启动首轮压缩管理层级工作，在两家省区公司开展试点工作，并出台《邮电器材集团压缩管理层级原则性方案》。按照方案，2012年开始，公司全面开展事业部内部机构设置及人员调整，精简机构，进一步控制了费用、提高了员工的工作效率和各经营机构的运营效率，推动了省区公司对各业务板块的协同与整合工作。同时，加强对分子公司设立的管理，上收了设立、注销各级分子公司的审批权。

2012年末，邮电器材制定出台了《压缩管理层级和清理处置低效非主业资产总体方案》，明确全系统按照“集中管控、统一运营、合理分权、分项考核”的区域管控模式，全面推进压缩管理层级和清理处置低效资产工作，并将管理层级的压缩目标进一步确定为法人四级。2012—2015年共完成清理处置机构98个，并实现了法人层级由六级压缩至四级的目标。

2016年，结合“压减”和“处僵治困”工作，邮电器材提出了新的清理和优化目标，特别是对于业务持续萎缩、经营持续亏损、效能难以改善的“僵尸企业”，要坚决纳入清理范围，下决心实施“关停并转”。2016年，公司按照国务院国资委的统一要求，制定了新的“压减”方案和“僵尸、特困企业治理处置工作方案”，明确了僵尸企业处置和特困企业治理的工作重点。

（三）加强组织领导，周密制订方案，注重过程控制，确保工作实效

清理处置企业工作程序多、牵涉面广、过程长，不可控因素一定程度上存在，完成任务难度大。为确保各项任务的按时保质完成，在工作推进过程中，邮电器材建立了由总经理任组长、领导班子成员分工负责，主管职能部门与各职能部门和经营单位通力配合的工作机制，采取逐个公司实地调研、细化“一企一策”方案、制定各类工作指导原则、逐个任务分解落实、定时上报完成进度、定期巡视检查执行情况、制定专项奖励办法、

纳入年度绩效考核等措施。通过上述措施，邮电器材“瘦身健体”工作取得了显著成效，管理上跑冒滴漏现象得到了有力遏制，可控费用大幅降低，闲置资产得到了有效盘活，运营质量和效益得到有效提升。

四、改革成效

2012—2016年，邮电器材清理冗员2740余人，2011—2016年共计减少三项费用约4亿元。2016年全年，邮电器材减少法人单位12家，超额完成了“压减”工作计划，得到了通用技术集团的肯定，荣获通用技术集团“瘦身健体工作突出贡献奖”。2017年8月底前又成功减少法人单位10家。

在“僵尸企业”处置工作中，邮电器材克服了诸多困难，周密计划，精心组织，妥善处理员工合理诉求，正确对待员工上访现象，开展了大量深入细致的思想工作，确保了各项工作的稳步推进。

五、经验启示

（一）“瘦身健体”是企业发展的内在需要

“瘦身健体”是深化国有企业改革的重要内容，企业“瘦身健体”，就是要瘦臃肿之身、低效之身、累赘之身、超负之身，进而才能健有效治理之体、科学管理之体、创新发展之体、主业强优之体。因此，企业自身要通过压缩管理层级，清理处置低效资产，减少机构数量，实现提高企业经营效率，减轻企业负担，增强核心竞争能力，达到做强做优的目标。

（二）“瘦身健体”的核心是要从战略的高度组织实施

要从法人治理体系、经营体制、管理体系、资源整合等方面入手，要与企业自身经营模式和布局相结合，从而有的放矢地开展“瘦身健体”，才能取得实际效果。

（三）“瘦身健体”的开展也是管理提升的过程

在开展“瘦身健体”工作中，通过加强组织领导、周密制定方案、注重过程控制、完善奖惩机制等管理手段实施“瘦身健体”与“处僵治困”工作，既推动了相关工作开展，也进一步理顺了管理体制，健全机构管理相关管理制度，有效提升了企业的管理水平。

126

化解产能调结构 “处僵治困”求生存 在深化供给侧结构性改革中实现优化发展

华润集团华润煤业

一、基本情况

华润集团华润煤业（集团）有限公司（以下简称“华润煤业”）是华润集团煤炭业务的管理公司，业务主要分布于山西、内蒙古、湖南、贵州、河南、江苏等地，下设7个全资和控股区域公司，共计43座矿井，设计产能3814万吨/年。生产矿井10座，产能1150万吨/年，前期矿井3座，产能1010万吨/年，基建矿井1座，产能120万吨/年，停/缓建矿井20座，产能1260万吨/年。截至2017年7月，华润煤业资产总额421亿元，截至2017年8月31日，在岗员工10255人。

二、改革背景

华润煤业在煤炭市场历史高位进入，多为整合矿井，基建/技改投入大，部分矿井资源禀赋差，规模以上矿井及正常生产矿井少，财务、折旧摊销费用高，且2012下半年，煤炭市场持续下滑，造成企业亏损严重。根据党中央、国务院关于推进供给侧结构性改革的要求，华润煤业站在“讲政治、顾大局、保稳定”的高度，按照华润集团“一矿一策”战略定位，坚定不移地推进化解煤炭过剩产能和“处僵治困”工作。

三、改革实践

（一）党建引领、组织保障，稳步推进转型优化发展

华润煤业党委持续开展“两学一做”学习教育，深入贯彻落实习近平总书记系列重要讲话精神。**一是**集团党委高度重视，倾力支持：多次召开专题会议，研究部署华润煤业去产能、“处僵治困”工作；**二是**依托党委成立各级去产能、“处僵治困”组织，形成“1+6”组织体系，即成立华润煤业“处僵治困”领导小组，下设6个专业工作小组，积极发挥各级基层党组织的战斗堡垒作用和党员干部的先锋模范带头作用。

（二）明确目标、强化考核，全力推动去产能、“处僵治困”目标任务落地

在推进化解煤炭过剩产能及“处僵治困”工作中，坚持“四明确”，落实“四到位”。**一是**明确目标任务，工作部署到位。按照国务院国资委下达的年度目标任务，制订详细的年度实施方案。召开去产能及“处僵治困”专题会议，明确工作目标、标准要求和完成时间节点。**二是**明确职责分工，工作责任到位。建立党委统一领导，党政齐抓共管，班子成员分片蹲点包保，部室各负其责工作体系；层层签订目标责任书，明确各区域公司主要负责人为化解煤炭过剩产能和“处僵治困”工作第一责任人，形成“谁主管、谁负责”“一级抓一级、一级对一级负责”的责任体系。**三是**明确任务标准，工作措施到位。强化责任意识，树立大局意识，倒排工期，明晰要求，细化方案，列出目标任务及节点计划；积极与地方政府沟通协调，寻求政府支持；通过与行业内各兄弟单位的交流学习，借鉴好的经验和做法。**四是**明确考评规则，奖罚兑现到位。构建科学的考核机制，从指标体系、分值权重、激励机制方面进行规范；建立专题调度会议工作机制，及时督促掌握工作进度和存在问题，有针对性地研究解决困难问题；把任务落实情况纳入月度评价和年度绩效考核中，每月进行考核通报；把

化解煤炭过剩产能、“处僵治困”工作纳入各级经理人个人业绩考核中，作为评优、晋级、晋升的重要依据，如工作不到位，效果差，实行一票否决。

（三）坚决果断、“瘦身健体”，加快推进化解煤炭过剩产能工作

一是以坚决果断的态度化解煤炭过剩产能。根据年度去产能目标任务，按照“一矿一策”提前对拟去产能矿井实施停止运营。编制并下发《华润煤业化解煤炭过剩产能方案》，明确化解煤炭过剩产能年度目标计划、工作节点任务，制定详细工作举措。对去产能矿井井下物资回收方案、闭坑方案、“三供一业”移交方案进行详细审核优化，确保井下物资回收价值最大化，闭坑方案、“三供一业”移交方案最优化。**二是**以壮士断腕的决心持续推动“瘦身健体”。精准掌握人员基础信息：通过对分流安置员工档案信息及家庭情况提前进行逐人逐项信息核查，掌握员工工龄、工资、工种及家庭成员就业信息等情况，为员工分流安置方案的制定和安置资金测算提供翔实依据，为关爱照顾困难员工提供信息支持；摸清员工分流安置意愿：采用走访、座谈、问卷调查等多种形式，充分掌握员工分流安置意愿，为确立员工分流安置方式及职代会的顺利召开提供可靠的信息依据；制订分流安置方案：根据核查情况及员工意愿，形成“内部转岗、内部退养、自主创业、协商待岗及协商解除/终止劳动合同”五种分流安置方式，结合相关法律法规，编制分流安置方案；加强沟通，形成共识：利用工会、专业人士、法律顾问向员工代表和各级管理人员进行解读、沟通与讨论，消除思想隔阂，达成共识；依法合规、确立执行方案：所涉及企业根据《公司章程》规定，履行审议程序；方案形成后，通过区域公司、华润煤业、电力控股三级审批；召开职工代表大会或职工大会，通过人员分流安置方案；及时组织员工签订安置协议，并足额发放安置费用，确保人员分流安置工作依法合规、平稳有序。**三是**以“一个确保、二个力争、四个结合”的原则，积极开展资产处置工作。严格执行国务院国资委及华润集团资产处置相关规定，制订矿井资产处置方案。按照"一个确保、二个力争、四个结合"的原则。即"确保资产处置过程中合法合规；力争将资产损失降到最低、力争资产保值增值；将资产处置与员工分流安置结合起来、将资产处置与发展规划结合起来、将资产处置与煤业需求结合起来、将资产处置与国家去产能政策结合起来"。对去产能、"僵尸"特困企业进行资产清查，对可利用资产进行内部调拨，盘活低效资产；对闲置车辆、设备和库存物资进行评估、抵账或公开拍卖；对无使用价值、国家明令淘汰的设备材料逐级审批报废处置。

（四）多措并举、强化管理，全力推动"处僵治困"工作

按照"僵尸"特困企业"一企一策"的治理原则，分类处置，通过强化管理提升一批、清理淘汰退出一批、兼并重组盘活一批，努力实现整体扭亏脱困目标。**一是**持续开展安全生产标准化和 NOSA 五星体系建设，提升安全保障能力。全面落实《煤矿安全生产标准化基本要求及评分方法》，加强安全风险分级管控、事故隐患排查治理和安全质量达标"三位一体"安全生产标准化建设，夯实安全管理基础。全面推动 NOSA 体系建设工作。组织开展安全生产百日专项整治行动、安全检查和现场培训、火灾应急救援实战演练等系列活动，并邀请国家煤监局领导宣讲，实现检查、培训、实战演练相结合。严格责任追究，逐级问责，坚决把安全风险管控挺在隐患前面，把隐患排查治理挺在事故前面。**二是**打造标杆矿井和星级区队，提升基层组织能力建设。持续开展标准化工作，推行标杆矿井及星级区队建设，研究制定评定标准及实施方案，组织召开组织能力建设经验交流会议，分享先进经验，夯实"基层、基础、基本功"三基工作。召开大学生座谈会，对后备人才队伍进行调研，制订后备人才发展规划。**三是**开展精益运营、提质增效，持续降低运营成本。持续开展"精益运营、提质增效"活动，通过实施材料回收复用、修旧利废、避峰用电、自主施工、平衡利库、物资调拨、预算管理等精益运营举措，促进成本持续改善。**四是**

持续开展去劣存优，盘活存量、优化增量。对于资源储量少、开采条件复杂、后期运营成本高的煤矿及扭亏无望14户僵尸企业，坚决清理淘汰关闭退出；对于5户资源禀赋较差、开采条件一般、后续基建投入较大的矿井和企业，积极寻求意向单位合作经营或转让出售；利用产能置换政策将资源储量大、开采条件好、运营成本低、预期收益高的8座煤矿，盘活存量、优化增量。

（五）充分协商、依法依规开展债务豁免、债权清理工作

一是成立债务处置领导组和工作组。针对债权人的诉求，主动化解矛盾，寻求双方能够接受的豁免支付额度，签订豁免、还款协议，防范法律风险。分类处置，对症下药。将债务分成已败诉债务、催缴急迫存在潜在诉讼风险债务、正常业务存续债务、已无业务往来历史旧欠等四类，针对不同分类债务与债权人协商按一定比例签订债务豁免协议。**二是**成立债权清理领导组和工作组。制定债权清理考核机制，通过法律程序依法追缴欠款，积极查找有利线索，为法院强制执行提供证据，推进债权追索案件办理进度。

四、改革成效

（一）化解煤炭过剩产能取得突破性进展

2016年9座去产能矿井全部通过国务院国资委验收。超计划完成华润湖南高亭司矿关闭，实际化解产能289万吨，高于年度目标。停产停建矿井23座（不含已验收的9座矿井），限制产能2240万吨。2017年计划关闭矿井10座，化解煤炭过剩产能480万吨，目前已完成关闭3座。

（二）推动“瘦身健体”，人工成本大幅降低

累计分流安置人员16656人，完成序时计划12331人的135.1%，完成总计划目标20115人的82.8%。2017年度目标计划分流安置职工2，318人。截至2017年8月底，已累计分流安置2980人，完成年度计划安置目

标的128.6%，其中去产能分流安置2265人，"僵尸"企业分流安置420人，特困企业分流安置295人。

通过"瘦身健体"、人员分流安置，人工成本大幅下降：2015年人工成本17.3亿元，2016年人工成本13.37亿元，同比降低23%。2017年上半年人工成本总额5.65亿元，同比降低1.41亿元，降幅20%。吨煤人工成本2017年上半年90.1元，同比降低20.3元，降幅18%。

（三）强化组织能力、生产效率大幅提升

组织参加全国安全高效矿井评选。10座正常生产矿井中，5座矿井获得全国安全高效矿井的称号；按照国家高产高效区队建设标准，2个区队达到国家甲级区队标准，3个区队达到国家乙级区队标准，2个区队达到国家丙级区队标准。实现全员工效逐年提升，2015年450吨/人·年，2016年799吨/人·年，较2015年提升78%；2017年预计超过900吨/人·年。

（四）严控制造成本，经营业绩大幅改善

2017年1—7月份制造成本136.7元/吨，较商业计划减少13.3元/吨，较2016年同期减少2.5元/吨。各项经营指标同比均有明显改善，营业收入大幅增加，EBITDA、经营利润、经营性净现金流均实现扭亏为盈。其中，累计营业收入28.6亿元，同比增加12.5亿元；EBITDA13.5亿元，同比增加14.1亿元；权益净利润-0.69亿元，同比减亏6.9亿元；经营性净现金流7.6亿元，同比增加9.6亿元。

同时加大债权债务的清理工作，截至2017年7月，达成债务豁免协议340份，豁免债务2598万元及相应的利息、滞纳金、诉讼仲裁费。累计收回债权1802万元。

（五）推动产能置换，增强企业发展后劲

在国资委的大力支持下，华润集团申请产能置换指标确认函的请示已得到国资委批复确认，可置换产能1245.3万吨，通过国家发改委和各省发

改委的批准将盘活 8 座优质资源煤矿，核增 2 座先进产能矿井。

（六）落实“一企一策”，“处僵治困”效果显著

2016 年圆满完成国务院国资委下达的年度目标。2017 年，计划完成 9 户僵尸特困企业治理。截至 2017 年 9 月，3 户已全部达到主体完成标准，其余 6 户企业正在有序推进，预计 2017 年可全部完成，提前阶段性完成原计划 2018 年完成的 5 户“僵尸”特困企业治理任务。

五、经验启示

（一）推动供给侧结构性改革是破解煤炭企业困境的根本出路

必须坚定不移把化解煤炭过剩产能作为推动供给侧结构性改革的着力点，去劣存优、盘活存量、优化增量，持续推进“瘦身健体”、提质增效。要把去产能和“处僵治困”作为企业深化改革的战略举措，纳入企业年度商业计划，层层分解，落实责任，强化考核评价。

（二）立足当前，着眼长远，是统筹兼顾调整结构和优化发展的有效途径

切实强化企业安置员工的主体责任，在人员分流安置过程中，坚持“以人为本、依法、合规、有情、稳妥”的原则，敢于担当，主动作为，不等不靠。加大政策宣贯力度，寻求员工的支持与理解，确保各项政策落实到位。以提升组织能力、精益运营、提质增效、夯实安全基础为主要抓手，对管理提升类企业进一步强化管理；以壮士断腕的决心、坚决果断的态度，对扭亏无望清理淘汰类企业坚决关闭撤销；对资源禀赋较差、开采条件一般、后续基建投入较大的煤矿，积极寻求意向单位合作经营或转让出售；对资源储量大、开采条件好、运营成本低、预期收益高的煤矿，利用产能置换政策盘活存量、优化增量。

（三）科学规划、分类处置，是推进“处僵治困”工作的关键举措

制订“一企一策”扭亏脱困实施方案，通过“三个一批”分类处理，明确各单位第一责任人对“处僵治困”工作负首要责任，解决企业存在的困难和问题，严格考核，将“处僵治困”的目标任务纳入各级经理人的月度和年度考核中，严格奖惩考核。

（四）攻坚克难，积极协调，是营造化解煤炭过剩产能和“处僵治困”良好外部环境的重要保障

地方各级政府的支持是化解煤炭过剩产能实现脱困发展的关键。必须加大与地方政府的沟通协调，取得地方政府的支持。

（五）精益运营、提质增效，是打造卓越运营能力和实现可持续发展的核心驱动力

通过开展安全生产标准化和 NOSA 五星体系建设，提升安全保障能力；持续打造标杆矿井和星级区队，提升基层组织能力建设；深入开展精益运营、提质增效，持续降低运营成本，想方设法开源节流，降低生产运营成本；强化组织能力建设、提升生产效率，逐步形成可持续发展的核心驱动力。

127

“瘦身健体” 创新机制 推动“僵尸企业”起死回生

诚通集团中冶纸业

一、基本情况

中冶纸业集团有限公司（以下简称“中冶纸业”）是由宁夏美利纸业集团有限公司和山东临清银河集团有限公司分别于 2006 年、2007 年划转至中国冶金科工集团有限公司（以下简称“中冶集团”）后，于 2009 年组建成立的，其下属 21 家子公司共有产能约 130 万吨、员工 14000 余人。2013 年，中冶纸业整体划转至诚通集团，并由诚通集团下属中国纸业投资有限公司托管。

二、改革背景

2013 年初，中冶纸业由于产能落后且区域布局不合理、管理松散、冗员众多等多种原因，已连续巨额亏损，仅 2011、2012 两年就亏损约 30 亿元；2013 年 2 月，企业账面资产总额 193 亿元，负债总额 186 亿元，净资产 7 亿元，2012 年底另有潜亏约 50 亿元，已严重资不抵债；长期靠增加银行借款艰难维持，共有金融债务 146 亿元，涉及金融债权人 31 家，债务危机一触即发；旗下上市公司中冶美利纸业股份有限公司（现已改名为“中冶美利云产业投资股份有限公司”，以下简称“美利云”）因连续亏损，被深交所给予退市风险警告。中冶纸业实际已经成为典型的僵尸企业。为了维护企业、员工以及债权人的利益，2013 年 2 月，国务院国资委决定，将中冶纸业划转至诚通集团进行重组。划转后，中冶纸业认真落实国务院国资委的决策部署，在诚通集团的具体领导下，进行资产盘活、债务重组、人员安置等“瘦身健体”工作，同时创新用人机制和分配机制，使中冶纸业逐步起死回生。

三、改革实践

（一）“瘦身健体”，“三板斧”助力企业轻装上阵

1. 资产盘活，去产能、调结构，断臂求生

一是壮士断腕，关停淘汰落后产能。中冶纸业对技术落后及不符合环保要求的产能坚决关停淘汰，累计淘汰落后产能 36.5 万吨，其中：文化纸产能 10 万吨，竹浆产能 9.5 万吨，草浆产能 7 万吨，苇浆产能 7 万吨，箱板纸产能 3 万吨。对扭亏无望的生产企业以及非主业的贸易、建筑、废旧物资等 18 家子公司予以关停处置，仅保留中冶纸业银河有限公司（简称银河纸业）、美利云、中冶美利林业开发有限公司等三家子公司维持运营。

二是产能转移，让闲置资产异地开花。中冶纸业下属中冶美利浆纸有限公司位于宁夏中卫地区，由于原料及产品市场两头在外，运输成本畸高，企业已停产多年。目前公司正在推进中冶美利浆纸有限公司搬迁到中国纸业其他生产基地，使其具备开机条件，化无效产能为有效供给，在盘活存量资产的同时，形成产业聚集效应。

三是腾笼换鸟，推动企业转型升级。美利云是上市公司，位于宁夏中卫地区，造纸主业常年亏损，中冶纸业通过剥离不良资产、解决债务纠纷、增加企业利润，帮助美丽云成功保壳。同时，结合当地干旱少雨、地质结构稳定、平均气温低、适宜建设云计算基地的特点，通过定向增发引入民营资本，共同拓展云计算产业，从而实现了公司的转型升级和公司市值的大幅提升。目前美丽云已在宁夏中卫建设了国内最大的单体

数据中心，也是目前国内唯一的全自然冷源数据中心，数据中心采取100% 自然新风冷却方式，并结合多项新技术使数据中心的能源效率（PUE）值达到 1.1。

2. 安置冗员，保稳定、降成本，提高效率

中冶纸业由于冗员众多，年人均产能不及先进企业的 1/10，生产效率极低，安置冗员势在必行。为妥善安置职工，中冶纸业多管齐下，步步为营，扎实稳妥推进人员安置工作。

一是开展“知厂情、议发展、解难题”等多种形式的宣传教育活动。让员工了解企业的实际情况，向员工宣传相关政策法规，同时认真听取员工的诉求，征求员工的意见，了解员工的困难，安抚员工的情绪，从而极大地减轻了安置工作的阻力。

二是认真研究安置方案，最大限度的维护员工的利益。对必须安置的富余人员，在企业能够承受的情况下依法给予经济补偿，安置了 9500 余人；对部分其他兄弟企业需要的技术员工，通过双向选择进行转移安置重新上岗，安置了 260 余人；对于不符合安置条件但又无适当岗位的，进行内部退养，安置了 190 余人。

三是积极与当地政府建立联动机制。争取当地政府对安置工作的支持，建立应急预案，以应对各种潜在的风险。职工安置工作自始至终未出现影响稳定的恶性事件，在最大限度维护了员工利益的基础上，生产效率得以大幅提升。

3. 债务重组，保本金、免利息，银企双赢

2013 年涉及 31 家债权人的 146 亿金融债务陆续逾期，债权人难以接受央企逾期的事实，维权措施相当激烈。按照企业当时的资产状况，如果简单处理，清偿比例不超过 10%，为了维护金融稳定，在国务院国资委、银监会等多方协调和帮助下，最终化解了金融债务危机。

一是创新工作机制。在国务院国资委、银监会协调下成立中冶纸业金融债权人委员会，并建立银企联合工作协调机制，使得重组工作得以有序

开展。

二是确定重组原则。通过反复沟通，银企双方逐步确定了“银行贷款本金不受损失”的重组原则，和“用时间换空间，在发展中解决问题”的重组策略。

三是分类分块解决债务。还一部分：根据债务的实际情况以及各子公司的自身条件用现金清偿一部分；**免一部分：**债权银行免除各债务主体前期未清偿的利息、复利、罚息等；**转一部分：**山东板块（银河纸业）以其生产基地全部资产为依托将其金融债务的60%转正常，40%停息挂账。本部板块（包括中冶纸业本部及下属几个关停企业）以集团持有的美利云股权为质押，通过新发放8年期、年利率0.6%的银团贷款，替换原不良债务实现转正常。通过债务重组化解了银企矛盾，最大限度地保证了银行利益，也大幅降低了企业的财务负担。

（二）改革机制，“两举措”改变等靠要思想

1. 改革企业用人机制，能者上、庸者下

自2015年开始，中冶纸业通过竞聘上岗、全员述职的用人机制，将“竞争理念”植入日常管理之中。提出“合适的人用在合适的岗位上，合适的岗位上有合适的人”，全力推行“公开竞聘、竞争上岗、任人唯贤”的用人模式，全面扩大公开竞聘的范围和广度，建立了一种良性循环、动态平衡的用人机制，大胆启用年轻才俊，对能干事、想干事、干成事、支持企业改革发展的人才委以重任，对工作中不作为、不敢担当的管理者，采取降职、协商解除劳动关系等措施进行淘汰。与此同时实施全员述职考评，上至总经理、下至基层员工，每半年组织一次述职考评。只要有能力，公司就给施展的平台，不再熬资历、论资排辈，让能者上。一批年轻人脱颖而出，成为企业生产经营一线的主力军。

2. 改革企业分配机制，效益导向、增量分红

为进一步调动员工积极性，2016年中冶纸业引入“模拟股权分配机

制”，以“增量分红”“利润换薪酬”为原则，建立健全骨干员工长效激励机制，促进企业经营业绩不断提升。该机制的核心内容为：**科学授股。**综合考量，授予骨干员工不同额度的模拟股权。模拟股权是指公司为有效激励核心员工，在公司内部授予一定数量模拟股份给特定员工，其持有者按模拟股权数量，享受年终增量分红。**增量分红。**当年利润超过规定的分红起点时，员工按持有模拟股权数量，在利润增量总额内，同股同权，享受分红。**风险共担。**公司总助及以上人员每年初缴纳风险押金，当年利润低于规定的分红起点时，员工按持有模拟股权数量，同股同责，用风险押金扣缴股权损益。通过模拟股权、增量分红的分配机制，激励员工主动发挥自己的聪明智慧，集思广益寻找降本增效的空间。真正使员工收入与自身的努力挂钩，使管理者的薪酬与公司利润紧密结合，极大地调动了管理者和广大骨干员工的积极性。

四、改革成效

（一）“瘦身健体”成效显著

截至目前，中冶纸业下属21家子公司已关停并转18家，淘汰落后产能36.5万吨，安置职工10000余人，人均产能从不足百吨提高至人均200吨以上，劳动生产率显著提高；妥善解决全部金融债务145.65亿元，在保证本金不受损失的基础上，减免前期欠息约17亿元，重组后减轻企业每年利息负担约3亿元，既保护了债权银行利益，维护了银企关系，又大幅降低了企业的利息负担和财务风险，为企业的长远发展创造了条件。

（二）业务经营稳中向好

自2015年开始，中冶纸业下属两个核心生产基地，银河纸业和美利云生产经营状况逐步改善，逐步实现扭亏为盈。

项目	银河纸业			美利云		
	2015 年	2016 年	2017 年 1—8 月	2015 年	2016 年	2017 年 1—8 月
产量（万吨）	49.08	63.11	49.00	12.33	11.60	10.72
销量（万吨）	48.55	62.99	51.14	11.59	12.26	10.28
营业收入（亿元）	18.85	22.49	21.11	5.57	5.87	5.15
营业利润（亿元）	-5.30	-1.41	0.74	-1.32	-0.80	0.01
年人均产量（吨/人）	118.29	172.99	214.65	96.21	111.05	154.52

（三）员工积极性大幅提高

通过机制创新，成功为企业植入了竞争理念、效益理念“铁饭碗”不复存在，竞争才能生存，盈利才能致富，个人价值与企业利益高度统一，互相促进。在潜移默化中形成了“你争我赶、效益优先”的工作氛围，改变了员工以往的安于现状、不思进取的精神状态，极大地增强了企业的活力和市场竞争力。

五、经验启示

（一）“僵尸企业”脱困，要坚持党的领导，发挥党员的先锋模范作用

“僵尸企业”在人员安置过程中，涉及人员多、范围广，容易引发不稳定因素。要维护企业和社会的稳定，重组过程中必须坚持党的领导，发挥党员的先锋模范作用，通过广大党员宣传政策法规、掌握职工思想动态、了解职工切实困难，安抚职工情绪等，为制定合情、合理、合法的安置方案，确保工作平稳推进提供保障。

（二）“僵尸企业”脱困，创新机制是关键

企业能否长远发展，人是关键因素，要调动人的积极性，就需要科学的选人用人机制。而选人机制的核心在于“竞争”，这样一方面想干事、能干事的人能够通过竞争走上核心岗位，可以提高大家的工作热情；另一

方面核心岗位上的人又能时刻保持危机感，避免长期养尊处优滋生惰性。用人机制的核心在于“激励”，有效的激励机制能够让管理者和广大员工在困难中看到希望，从而鼓舞大家撸起袖子加油干。

（三）“僵尸企业”脱困，要坚持资产处置分类施策

“僵尸企业”要实现起死回生，恢复造血功能是核心工作，如果一刀切式地处置变卖闲置资产，企业只有死路一条。因此，对于企业的闲置资产，一定要认真研究闲置的原因，对无法盘活的落后产能，坚决关停处置；对于因定位失误或布局不合理而闲置的资产，要通过调整布局或引入新业务，使其重新发挥作用，实现转型升级。

（四）“僵尸企业”脱困，需要妥善处理与债权人的关系

“僵尸企业”重组，势必会在一定程度上影响债权人的利益。如果不能妥善处理与债权人的关系，导致债权人查封变卖企业资产，将导致银企双方两败俱伤。这就要求企业能够与债权人充分沟通，在增进了解与互信的基础上，共同寻求解决问题的最佳途径。

128

聚焦主业 “瘦身健体”
在深化改革中实现脱困发展

中煤集团平朔公司

一、基本情况

中煤平朔集团有限公司（以下简称“平朔公司”）是中国中煤能源集团有限公司（以下简称“中煤集团”）的核心煤炭企业，是国家亿吨级动力煤生产基地。前身是1982年为建设中美合作的安太堡露天煤矿而成立的平朔煤炭工业公司。现拥有3座年生产能力2000万吨以上的特大型露天煤矿，3座年生产能力千万吨级的现代化井工煤矿，6座年入洗总能力1.25亿吨的配套全重介洗煤厂，4条年总运输能力1亿吨的铁路专用线。截至2017年6月底，资产总额650余亿元，累计生产原煤超13亿吨，外运商品煤过10亿吨，累计缴纳税费达670多亿元，为国家煤炭工业发展和地方经济建设做出了应有的贡献。

二、改革背景

2013年以来，煤炭供需逆转，市场持续低迷，煤价从最高853元/吨下滑至最低只有370元/吨，“坑口煤卖不出沙子钱”，煤矿生产经营困难巨大，煤炭企业几乎全行业亏损。平朔公司也未能独善其身，利润总额从百亿大户一路下滑至2015年亏损30余亿元。持续恶化的经营状况引起了中煤集团的高度重视，先后在平朔公司召开形势任务分析会、降本增效现场推进会、经济运行分析会，寻症把脉、剖根析源，深入分析了平朔公司一煤独大、粗放管理等深层次问题。面对严峻的市场形势，平朔公司主动作为，紧紧抓住国家推进供给侧结构性改革和化解煤炭过剩产能的政策机遇，坚决贯彻落实国务院国资委和中煤集团各项工作部署，去产能、抓改革、控成本、提质量、强管理，打赢了扭亏增盈攻坚战，实现了脱困发展。

三、改革实践

（一）聚焦煤炭主业，着力在“去”上做文章

“黄金十年”的高煤价，促使平朔公司粗放管理如影随形。煤价的持续下滑，平朔公司各项问题凸显，改革任务日趋紧迫。平朔公司不断深化改革，强化“瘦身健体”，取得显著成效。**一是**去产能。按照国办7号文件“多退早退、应退尽退”的原则明确了2016—2017年关闭矿井2处、退出产能1090万吨的工作目标，建立倒逼机制，提前完成2016年去产能任务，得到国务院国资委验收组的充分肯定。2017年退出1000万吨产能，已基本完成去产能任务。**二是**减产量。平朔公司积极响应国家号召，按照效益、质量优先原则，科学安排煤炭生产，主动严格落实国家限产、减产要求。对产能规模小、资源赋存少、亏损严重的矿井实施限产1处，停产1处，缓建4处，从源头上减少和消灭亏损点。**三是**剥辅业。按照中煤集团加快推进清洁能源供应商和能源综合服务商建设的“两商”发展战略，推进平朔矿区内部业务整合，优化晋北地区资源，不断提升业务竞争力。**四是**治“僵尸”。不断强化责任担当，紧密结合提质增效和减亏增盈，一户一策，落实责任，积极推进“僵尸企业”和沉淀项目处置。2017年，3户“僵尸企业”关闭退出、2个沉淀项目暂缓实施、2个无效项目实现出清。

（二）聚焦突出问题，着力在“改”上求突破

针对企业实际，出台了深化改革指导意见，围绕管控模式、经营机

制、"三项制度"改革、发展方式、基础管理、科技人才、党的建设、和谐平安矿区等8个方面明确了24项改革任务及推进要求。**一是**深入推进机构改革。优化组织架构和劳动组织，通过充实一线、顶替外包、转岗培训、扶持创业、内部退养等多渠道破解富余人员分流安置难题，避免简单推向社会。平朔公司机关实施"四定"后机构数量下降44%、人员总配置数量下降52%、中层管理人员配置数量下降32%，二级单位机关机构数量下降22%。截至2017年内部转岗分流458人，外包从业人员较2014年减少3184人，降低25.74%，原煤工效同比提高5.22吨/工。**二是**转变经营理念。引入市场机制，对单位、车间、班组模拟市场化运作，按照"谁购买产品谁支付费用，为谁服务谁支付费用"的原则，完善产品、服务目录，建立定额、价格、计量、结算管理体系，构建"12366"内部市场架构，制订了《推进内部市场化管理实施方案》《内部市场化核算管理办法》《内部市场化效益指标考核实施细则》《内部市场化纵向推进工作方案》，分板块编制了露天、井工《内部市场化运行管理模板手册》；**三是**深化考核机制。以全面预算为统领，构建了"模拟利润"和"关键绩效"双导向的内部管控激励约束机制，配套制定了《考核办法》和《单项指标考核实施细则》，坚持"考核目标刚性设置，考核结果刚性兑现、考核导向正向激励"的原则，实现了对各个单位、各个环节、各道工序提供的产品和服务实行有价结算、有偿服务，推动流程再造和经营模式转变，提高了整体精细化管理水平。

（三）坚持行业领先，着力在"降"上做内功

坚定"让成本跑赢煤价"的信念，牢固树立"过紧日子"思想，严抓细控，动真碰硬。**一是**以技术创新推动降本增效。推行"技术降本三年行动计划"，通过优化露天矿运输系统、穿爆技术、开采工艺程序、井工矿工作面参数、采掘设计、大断面巷道快速掘进、选煤厂脱粉改造等，累计节约费用5.4亿元，实现了装备、产能、效率效益最大化。强化党政工团

分工协同、齐抓共管的“三条线”“双创”工作模式，推进全员创新创效，2017年，已建成5个行业级、4个省级、2个集团级职工创新工作室。**二是**以效能提升推动管理降本。围绕提高劳动工效和管理效能，持续推动管理提升，通过严控新增投资、优化劳动组织、精简外包业务、加大计划审核、加强采购管理、积极推进国产化开发试用、加强能源消耗管理等多项组合拳，截至2017年累计降本约13亿元，其中专业化服务外包费用较2014年减少9.21亿元，降低36.12%。**三是**以政策红利推动价值创效。深入研究国家、省、市政府出台的行业脱困政策，结合企业实际，积极争取在融资、财政资金、债务处置、不良资产核销、社保费用下调、结构调整专项基金、减免税等方面的政策支持和有利外部环境，截至2017年，争取各类政策资金支持2亿元以上。平朔矿区作为中煤集团主要生产矿区之一，主要生产矿井原煤工效持续多年行业前列，露天矿原煤工效近120吨/工，井工矿达60吨/工以上，是行业平均水平的10倍以上。在煤炭行业平均成本300元/吨上下的情况下，平朔公司煤炭单位成本始终保持在百元以下。

（四）坚持目标导向，着力在“转”上谋发展

认真贯彻落实中煤集团“两商”战略部署，以建设具有较强国际竞争力的清洁能源供应商为目标，着力破解“一煤独大”难题。**一是**大力发展煤电产业，走“坑口发电、清洁高效”升级之路，逐步形成电力板块“发-配-售-用”一体的完整产业链，2017年，拥有二座投运电厂权益装机188万千瓦、在建一座电厂装机容量132万千瓦。**二是**以高硫煤转化为前提，依托中煤集团蒙陕地区煤化工园区成功建设运营的有效支撑，走“技术先进、产品高端”现代煤化工产业发展之路，劣质煤转换制氨项目已于2016年打通全部工艺流程稳定生产。**三是**坚决走“绿色承载、生态和谐”创新之路，构建生态建设与产业发展共荣互济、良性互动的生态文明建设新模式。截至2017年，平朔公司已累计投入资金20.95亿元完成矿区及周边复垦绿化6万余亩，矿区土地复垦率达到90%以上、排土场植被

覆盖率达到95%以上。

四、改革成效

（一）经营质量大幅提升

企业各项经营指标持续向好，盈利能力大幅提高，呈现稳中向好的经营态势。2016年同比减亏38.26亿元，扭转了连续16个月亏损的被动局面，实现了扭亏增盈。2017年1—8月份利润总额同比增加近18亿元。2016年经营活动现金净流入26.5亿元，2017年1—8月份经营活动现金净流量同比大幅增加，资产负债率较年初降低1.5个百分点；带息负债比率同比降低0.95个百分点。

（二）管理效能持续改善

放管服与立改废相结合，规章制度新增128个，更新48个，废除18个；工作流程新增19项，更新18项，废除2项，做到无重大管理制度缺陷或漏项，采购、招标、结算等关键流程平均缩短1/3以上；形成了差异化分类管控模式，平朔公司总部聚焦核心职能，强化战略集权，形成了责任清单及下放事权清单，下放机构设置权、人员管理权、工资分配权等27项事权，激发了基层主体活力，运营效率明显提升。

（三）企业保持和谐稳定

坚守"发展决不能以牺牲安全为代价"的红线，认真贯彻落实安全政策法规和上级各项工作要求，确保安全投入到位，2015年、2016年实现安全"零死亡"，所属矿井均达到标准化矿井，安全生产形势总体平稳。通过持续举办形势任务报告会、解放思想大讨论、专题辩论赛、企业文化宣贯会等多种形式，"等、靠、怨、装、浮"思想得到有力消除，企业凝聚力和职工向心力得到增强，干事创业的氛围更加浓厚，为企业可持续健康发展营造了良好的发展环境。

五、经验启示

（一）实现脱困发展，必须提高政治站位，创新发展理念

“三去一降一补”是国家经济发展方式的重大变革，同时也是国家经济发展理念的重大创新。必须要从创新发展理念的高度去认识供给侧结构性改革的重要意义。对企业来说，“去”是为了增加有效供给，“改”是为了提高竞争力，“转”是补自身的不足，通过优化生产要素组合，提高企业市场竞争力和抵御风险能力。

（二）实现脱困发展，必须全面解放思想，坚定发展信心

“凡战者，以正合，以奇胜”。打赢这场攻坚战，思路、方法是关键。面对严峻的市场形势，通过把握“思想认识关、心理疏导关、情绪稳控关、信心支撑关”，来引导企业干部职工逆境求存、扭亏脱困、共谋发展。同时也要清醒地认识到，今天的扭亏仅仅是推动企业转型升级的开始，要按照企业战略目标，确定攻坚战的目标、路线图和分阶段施工表，以点带面，攻坚拔寨，久久为功，一步一个脚印地把计划、方案落到实处，切实增强企业持续盈利和国有资产保值增值。

（三）实现脱困发展，必须加强企业党的建设，切实转变作风

广大党员干部要按照“讲规矩、守纪律，讲团结、顾大局，讲责任、敢担当，讲学习、重创新，讲执行、抓落实”的要求，久久为功，在滚石上山下苦功夫，在爬坡过坎亮真本事，各级党组织要严格落实党建工作责任制，大力营造不甘落后的学习环境、干事创业的舆论环境、风清气正的政治环境和和谐稳定的矿区环境，为打赢扭亏脱困转型发展攻坚战创造良好的环境条件。

129

改中求活　创中求进　以改革创新促进转型发展

中煤集团新集公司

一、基本情况

中煤新集能源股份有限公司（以下简称“新集公司”）是以煤炭采选为主、煤电并举的国家大型能源企业。2007 年在上交所上市（股票代码 601918）。截至 2017 年 9 月，公司在册职工总数 1.7 万人，总资产 313 亿元。控股板集电厂，参股宣城电厂，拥有新集一矿、二矿两个低热值煤电厂。2016 年 9 月，新集公司划入中煤集团统一管理。围绕中煤集团“12355”发展思路和“两商”战略，新集公司以经济效益为核心目标，进一步加快管理体制、经营机制、人事制度、转型发展等改革进程，着力打造“三个基地、四大产业、五个园区”，利用中煤平台优势，快速向建设创新型绿色能源生产与服务企业迈进，全力打造中煤集团华东地区新型清洁能源基地和煤电一体化基地。

二、改革背景

随着国家对经济发展结构和能源发展结构的政策调整，煤炭产能过剩开始突显，煤炭价格自 2012 年下半年起开始下滑，到 2015 年和 2016 年时达到最低谷，煤炭企业陷入全行业性亏损状态。新集公司虽然位处华东腹地，位置优越，但由于人员多、产业结构单一、煤炭资源赋存条件差等原因，综合成本较高，在整个行业低迷的情况下，企业盈利能力持续下降，挣扎求存成为企业的基本要求。

为解决企业面临的问题，深化改革成为企业可持续健康发展的关键。新集公司连续三年以“深化企业内部改革”作为工作核心和工作主线，积极发挥管理优势、人才优势等，全面认识新常态、融入新常态、适应新常态，以改革保生存谋发展。新集公司以“关闭、停产、缓建”三种政策明确去产能矿井定位，积极响应国家去产能和供给侧改革精神；以“依法安置、实事求是、多种渠道、分步实施”为原则做好职工分流安置，确保职工队伍和企业经营稳定；以“煤电固本、煤链倍增、煤智创新、关联拓展”为方向做好产业结构调整，积极推进企业转型发展。

三、改革实践

新集公司按照“结构调整、资产重组、业务整合、系统优化、提质提效”的改革思路，制定印发深化改革指导意见，打破传统的机构与人员配置方式、等级与身份限制、管理体制与机制等，推进企业深化改革工作走得稳、走得快、走得好。

（一）以企业精神求生存，全力抓好去产能求稳健工作

煤炭去产能是能源行业供给侧结构性改革的重要组成部分，是煤炭企业适应市场与政策变化，实现持续发展的必由之路。新集公司提前从自身做起，苦练内功，减亏增盈，提质提效，增强抵御市场风险的能力。

一是明确去产能目标与方向。新集公司经过认真的市场研判，综合评估公司在低迷的市场环境下的生存与竞争能力后，以大无畏的果敢精神，以壮士断腕的决心，早在2015年就提前作出“关停缓”决策，即对资源枯竭的新集三矿实施永久关闭政策，对生产成本较高的新集一矿实施暂停生产政策，对后续建设资金需求量较大的板集煤矿和杨村煤矿实行缓建政策。暂停生产和建设，既是以退为进，把保证生存作为第一目标，更是为

了下一步发展。四对矿井“关停缓”后，仅在2016年，就减亏3亿多元，暂缓投资近7亿元，减少了出血点，增强了竞争力。“关停缓”政策为减轻新集公司压力，实现企业扭亏为盈、度危求进和健康稳定发展创造了条件。

二是细化去产能措施与方案。新集公司调研了国内其他煤炭企业的实施方案后，从政策研究、财务分析、人员安置、技术优化、风险评估、宣传维稳、安全保障、塌陷区综合治理等多个方面，制订了详细的化解煤炭过剩产能工作的实施方案，明确了工作目标，编制了工作计划，并对任务进行层层分解，明确了责任单位及责任人，严格按国家相关法律法规及政策规定完成手续报批、回撤、人员安置与物资处置等工作，确保去产能工作按时按质完成。

（二）以博爱精神保稳定，全力做实职工分流安置工作

职工分流安置涉及每一位职工的切身利益，政策的背后是一个个职工家庭的诉求。新集公司多方调研，并广泛征求干部职工意见，牢牢抓住民生这个关键，使方案多样性、差异化，并经职代会审议通过。

一是把职工当作家人，夯实兜底工作。新集公司的文化是“家”文化，矿井实施“关停缓”政策直接影响职工达到1.45万人。通过职工提前退休，劳务输出解决职工再就业，鼓励职工外出自主创业，建立内部待岗、轮岗制度，办理内部退养等措施，分解职工就业与生活压力，坚决不让一名职工陷入困境，让员工感到离岗不离家的温暖。针对职工较为关心的退休、退职、内部转岗、外出创业、经济补偿方式等一系列问题，制定了细致入微的工作预案，全面做好职工分流、安置、协解、补偿等方面工作。截至2017年2月，新集公司人员分流安置工作已全部提前完成。

二是“走出去”与“引进来”，统筹安排就业。新集公司依托“关停缓”矿井分别注册成立实业公司，由干部带领职工“走出去”就业，通过闯市场成建制安置转岗分流职工近200人。或在矿内或周边地区大力发展

第三产业安置职工，引导职工就业创业。同时，成立就业创业服务中心，开办9个工种技能培训班，充分发挥组织平台为职工就业创业提供服务。同时，利用矿井现有土地、厂房等资源，引进合作者，将外部就业岗位引入矿井，以集体就业的方式安置职工。把职工安置率和就业项目落实情况作为关停缓矿井的重要考核指标，全力提高安置率。

（三）以创新精神求发展，全力推进多元转型发展工作

严峻的市场形势使新集公司的退市风险、资金风险、安全风险、队伍稳定风险等迅速升高。面对压力，只有发展才是应对市场竞争的最好办法，困难的形势激发了新集公司深化改革与转型发展的斗志。

一是确保煤炭主业稳定。新集公司以“四化”建设为抓手，积极实施减人提效工程，通过应用先进装备、劳动组织优化、生产技术创新、调整机构设置等途径，逐步提高生产效率。通过实施五大安全工程体系，严管理严执行严考核严问责，确保了矿井安全形势持续稳定，实现安全生产2.5周年。

二是实施关停矿井转型。新集公司以中煤集团“双创”基地建设为目标，积极探索新集三矿从“矿区”向“园区”的转型升级之路，打造就业创业基地，国家去产能矿井示范基地、资源枯竭型矿井转型发展示范基地。在实际运作中，做到“三个结合”：即将园区建设与地方政府规划建设结合起来，与城乡建设结合起来，与周边产业分布结合起来，通过招商引资，逐步形成仓储物流区、电商产业园区、快递园区、配套办公区等区域，盘活现有资产。

三是推进非煤业务扩张。受制于煤炭行业的困境，新集公司在主动调减煤炭产能的同时，积极加快非煤业务的拓展，重点加快电力产业比重。在资金十分紧张的情况下，先是在2014年收购宣城电厂25%股份，在宣城电厂的股比提升到49%，同年又开工建设板集电厂，并在2016年下半年投产，权益装机容量达175万千瓦。此外，新集公司还持续推进煤炭供应链管理、煤智技术输出等轻资产管理项目，以及煤炭地下气化技术、煤炭分质分级利用技术等新能源业务。

四、改革成效

（一）平稳有序，去产能与分流安置成效显著

新集三矿顺利关闭退出，并于2016年11月通过国务院国资委去产能工作组现场验收。结合国家能源政策精神，新集一矿在停止生产一年后，在中煤集团的支持下，经过多次经济、技术论证和矿井优化，得到相关主管部门批准后，已正式复产。通过时间差，既适应了煤炭行业政策调整，也保证了企业生存，为持续发展赢得了空间。板集煤矿复工续建方案已经中煤集团审核，原则同意复建。杨村煤矿继续暂缓建设。在两年多矿井关停转型、职工分流安置过程中，组织大型招聘会10场，协助近千名职工实现再就业，为15名职工申办近300万元无息贷款，分9个批次协解职工1871人。其间，从未发生一例职工上访或越级上访事件，保障了整体职工队伍的稳定，公司“四零四平稳”的工作成效得到了国务院国资委去产能验收组的高度认可。

（二）扭亏为盈，企业经济运行质量明显提升

自煤炭市场下滑，开始深化改革以来，新集公司生产经营效果显著提升。经过2014、2015年亏损后，2016年，实现营业收入54.04亿元，实现利润总额3.92亿元，实现扭亏为盈，上市公司摘掉了ST的帽子。2017年上半年，新集公司实现利润总额4.07亿元，完成年度计划的97.88%，同比增加2.86亿元。

（三）福惠全民，职工生产生活条件不断改善

新集公司在经营十分困难的条件下，坚持以“企业效益和职工利益”两个最大化原则进行生产经营。不仅保持了职工工资的按时发放，而且还在持续提升。2016年在岗职工人均工资比2012年提高15%，2017年将继

续稳步提升。改革的巨大效益直接体现在职工生产条件改善上，新集公司投入3.4亿元用于购置减轻职工劳动强度和改善作业环境方面的设备。

（四）优化管理，公司经营管理效率持续增强

经过连续几年的深化改革，新集公司经营管控能力得到进一步提升，内部市场化、减人提效、机构设置改革等取得显著成效，生产效率、职工素质和管理水平等得到大幅提升。2017年与2012年相比，新集公司生产矿井全员工效、原煤工效、回采工效、掘进工效分别提高83%、83%、135%、17%。综合单产和单进分别提高140.8%和12.1%。2017年单位完全成本较2014年时下降了90元/吨。职工总人数降至目前1.74万人，减员幅度达45.45%。同时，大专及以上学历职工占比提高7%；中级职称及以上职工占比提高3.5%；中级工及以上人员占比提高17.01%。

（五）转型发展，企业多元产业结构基本成形

2016年，新集公司电力产业占总收入的15.52%，2017年1—7月份，电力产业收入已经占到总收入的41.78%，真正实现了由煤炭生产为主向煤电并举的能源企业华丽转变。下属的设备维修公司、智能科技公司分别承接国内其他煤炭企业业务，盈利状况较好。电商物流产业园区已有14家单位入驻，在园区全部建成投用后，可带动职工就业3000多人，项目的社会效益、经济效益十分显著。

五、经验启示

（一）稳健的深化改革工作，必须要坚持党的领导，坚定发展信心，保持思想统一

作为中央企业，坚持发挥党委领导作用，坚持发挥各级党组织的思想政治工作优势，做好一人一事的思想工作，是在困难条件下取得胜利的最重要的依靠。改革进程中，面对复杂的局面，必须坚定信念、永不服输，积极引导职工理解改革求发展与保守待消亡的关系，增强大局意识，理解

改革的必然性、紧迫性和艰巨性，把思想和行动统一到党委的工作部署上来，用思想上的统一性获取行动上的一致性。

（二）积极的深化改革工作，必须要坚持解放思想，不断拓宽思路，创新工作方法

理念决定方向，思想决定行动，拼搏决定结果。大事难事看担当，顺境逆境看胸襟。面对深化改革、减亏增盈、转型发展的压力，没有思想上的解放，就不会有行动上的到位，就不会有创新的举措，就不会有骄人的成果。这需要广大干部职工积极发挥主观能动性，勇于自我革新，以敬业、拼搏的精神，拓展思维，应对变化，用新方式取得新成果。

（三）高效的深化改革工作，必须要强化执行力度，坚决贯彻到位，确保政策落地

企业生产经营是一项项实实在在的具体工作，含糊不得，马虎不得。良策执行不到位就是空有良策。完善的方案计划落实不到行动中，都是纸上谈兵。好高骛远永远都成就不了企业的辉煌。这就需要各级干部稳住心神，以对企业深厚的感情和责任心为基础，沉下身子，克服浮躁，以抓铁有痕的态度抓好工作落实，肩负起央企的社会责任，把企业的各项工作推向前进。

130

精准发力　重点突破　打赢扭亏脱困攻坚战

中盐公司中盐吉兰泰

一、基本情况

中盐吉兰泰盐化集团有限公司（以下简称“中盐吉兰泰”），是中国盐业总公司（以下简称“中盐公司”）二级企业中重要的化工企业，前身是成立于1953年的内蒙古吉兰泰盐场。2000年组建股份公司——内蒙古兰太实业股份有限公司并成功上市，企业由盐向盐化工产业转型发展。2005年，中盐吉兰泰国有资产划转中盐公司后，上市公司重点发展金属钠、氯酸钠、纯碱产业。公司从零起步，在内蒙古阿拉善经济开发区建设了40万吨/年聚氯乙烯、36万吨/年烧碱、60万吨/年电石、2×135MW热电厂、106万吨/年水泥的循环经济产业园区。目前，公司拥有资产140多亿元，年营业收入70多亿元，员工7000多人，年创利税6亿多元。中盐吉兰泰被确定为国家高新技术企业、国家能源管控中心项目示范企业和内蒙古自治区循环经济试点示范企业。

二、改革背景

近年来，中盐吉兰泰不断完善盐化工产业链，规模快速扩张，但是，一些新项目建设未能如期达产达效，随着化工行业市场整体下行，自身“造血功能”不足导致资产负债率持续攀升，管理层级多，人员包袱日益沉重，企业亏损不断加大，到2013年，亏损额高达5亿元，已成为中盐公司最大的亏损企业，面临生死抉择。中盐吉兰泰改革的成败，直接影响中盐总公司改革发展的进程。

为加快企业的改革步伐，打赢扭亏脱困攻坚战，中盐公司在全国范围内为中盐吉兰泰选聘了管理经验丰富和具有技术专长的董事长、总经理，按照国务院国资委的要求制定了三年扭亏脱困工作方案，下达了全面深化内部改革的任务书。中盐吉兰泰新班子结合企业自身实际，明确了改革的重点，以“瘦身健体”为突破口，以提质增效为主线，精准发力，打响了三年扭亏脱困攻坚战。

三、改革实践

（一）压缩管理层级，推行扁平化管理

公司相继撤销热电、氯碱、纯碱、水泥4个事业部，将原来的公司－事业部－厂－车间4级管理体制压缩为3级；清理了3家低效无效企业法人，整合了集团公司职能部门和生产经营单位的内设机构，撤并公司、厂两级职能部室12个。管理层级的压缩和职能部室的撤并缩短了决策信息传递过程，减少了职责交叉的责任推诿，提高了工作效率和执行力。

（二）优化岗位设置，精简岗位冗员

“瘦身”的核心是减少冗员。中盐吉兰泰通过四种方式实现减员增效：**一是**优化岗位减员。通过岗位优化、岗位合并、岗位撤销等多种形式进行重新定岗，例如在管理岗位坚持一岗多责、一专多能；对一些生产工艺进行技术改造，通过DCS系统整合等将一些操作岗位进行合并等。公司通过岗位分析、岗位再设计和岗位评价重新定岗，近两年共减少岗位设置145个。**二是**实施政策性减员。为特殊工种岗位的员工及时办理提前退休手续，清理长期离岗人员，及时办理病退、病辞和离职手续，积极争取当地的转岗政策。**三是**实施结构性减员。如针对水泥厂半停产状态进行员工总

数包干，富余人员培训转岗，对不服从调岗或在平时工作中表现差、不遵守规章，不能胜任工作职责的员工依法依规解除劳动合同。**四是**实施开发性减员。减少劳务派遣用工和劳务外包，由正式员工顶岗，技术改造项目的增员原则上消化岗位冗员等等。3 年间，中盐吉兰泰累计减员 810 人，人均销售收入由 73 万元增加到 104 万元。

（三）改革用人机制，建立有效激励

一是严控领导职数。按照生产经营单元规模大小和管理幅度，明确各单位中层管理人员的领导职数并从严控制，近年来，有 5 名中层管理人员因工作能力和业绩考核降职使用，有 12 名中层管理人员因机构调整、竞聘上岗退出中层管理岗位序列，公司建立了中层管理人员公开选聘机制和中青年后备人才库，不断完善“能上能下”的选人用人机制。**二是**改革薪酬激励机制。严格遵守“工资总额增长低于经济效益增长、员工平均工资增长低于劳动生产率增长”的管理原则，建立有效的激励机制，变“要我干”为“我要干”。公司对热电厂实行电量工资制的运行模式，将发电量与全员的工资挂钩，2016 年发电量超过了 20.5 亿度，奖励性人工成本增加不到 50 万元，发电利润却增加了 1000 多万元。坚持薪随岗变的分配原则，逐步建立起收入向贡献突出岗位倾斜、向一线岗位倾斜、向环境艰苦岗位倾斜的机制，树立起“收入凭贡献、工资靠业绩”的分配理念。

（四）紧盯关键环节，狠抓降本增效

成本控制是企业盈利的重要途径。2014 年以来，中盐吉兰泰紧盯物资采购、产品销售、资产管理等关键环节，实施源头治理。**一是**对原材料、包装物等大宗物资实施集中采购。2016 年电煤采购价同比下降 13.87%，焦炭下降 32.35%，触媒下降 18.33%。**二是**加强物资招投标管理。进一步规范招投标流程，构建了“稳定高效、精准透明、风险管控、活力创新”的招标管理模式，招投标业务水平和业务人员素质得到大幅提升。**三是**积极开展“两金”清收和低效无效资产处置。加大应收账款的清收和库存积

压物资的清理力度，实现了“两金”清收压降20%的目标，完成5.7亿元清产核资任务。**四是**积极争取政策支持。自发电不足一直制约中盐吉兰泰降本增效，每年有超过50%的外购电。为解决公司长期用电成本高的问题，中盐公司主要负责同志亲自带队与自治区政府主动对接、沟通协调，2016年，中盐吉兰泰与内蒙古能源发电集团正式达成长期优惠用电协议，年节约成本近亿元。

（五）持续调整产业结构，实现企业可持续发展

2016年4月，按照中盐公司产业转移、化工板块整合和企业转型升级的战略要求，对中盐华湘（湖南郴州）8万吨糊树脂项目进行了搬迁改造。这个重要举措，不仅有利于盘活中盐华湘现有的存量资产，实现技术、品牌、人员的转移，而且有利于优化中盐吉兰泰的产品结构，进一步发挥装置的潜能，实现产业链的延伸和产品的升级。该项目的建设，不仅平衡了园区的氯、氢等资源，共享了园区的公用工程，也减少了投资，分流了原来的冗员，达到事半功倍成效。目前，该项目一期工程已投产，为企业发展增强了后劲。

四、改革成效

中盐吉兰泰全面深化企业改革，通过做好增量、优化存量、主动减量，找准“出血点”、控住“亏损点”、挖掘“增长点”，取得了明显的成效：

一是收入增长，效益大幅提升。2016年，中盐吉兰泰本部营业收入较上年度增长10.5%，营业总成本下降4.8%，实现利润总额1.09亿元，同比增长141.9%；2017年1—7月份，中盐吉兰泰本部完成营业收入23.5亿元，实现利润2.43亿元。

二是装置运行稳定，主要产品产量再创新高，成本大幅下降。中盐吉兰泰本部2016年PVC产量增加3%，成本下降12%；烧碱产量增加8%，成本下降6.2%；发电增加5.3%，成本下降14.8%；电石产量增加9.7%，

成本下降15%，全年不仅超额完成生产计划，而且大幅降低了生产成本。

五、经验启示

（一）深化企业改革，步调一致是基础

改革需要打破僵局，变被动接受任务为主动寻找问题；改革需要推倒既得利益格局，在理顺关系的同时创新工作机制。近年来，中盐吉兰泰每年出台企业改革实施方案，公司领导深入基层调查研究，既有集中讨论也有专题部署，既有总体方案的指标分解也有专项方案措施的制定，既有顶层设计的宣贯也有实操能力的培训，充分调动了全员参与改革的激情，步调一致提高了改革举措的可操作性，实现了改革的预期目标。

（二）深化企业改革，重点突破是关键

中盐吉兰泰遵循“规范运作、效益为先、控放适度、积极稳妥、简明具体”的改革原则，确定了“明确职能定位、理顺管理关系、划清职责权限、优化业务流程、提高劳动效率”的改革重点，在压缩管理层级、优化岗位设置、精简岗位冗员等方面精准发力，达到了拆除“寺庙”、减少“和尚”的“瘦身”目标，在企业混合所有制改革、法人治理机制改革等方面敢于先行先试，寻找突破口，增强“造血”功能。在产业结构、资本结构、知识结构调整方面，坚持问题导向和前瞻性发展理念，做到了改革重点的推进，改革成效的巩固和体制机制的创新循序渐进、逐步落实。

（三）深化企业改革，长效机制是保障

办事情最怕半途而废，抓改革最怕虎头蛇尾。通过内部改革，中盐吉兰泰“管理人员能上能下、员工能进能出，薪酬能高能低”的改革体系已经建立，“指标、责任、跟踪、评价、考核、监督”六大管理体系不断完善，“本质安全型、生产效益型、学习创新型、环境友好型、民主和谐型”的“五型”班组建设不断夯实，通过改革不仅焕发了企业发展的活力，也激发了员工创新的动力，形成了中盐吉兰泰上下同欲的合力。

坚持党的领导　加强党的建设

131

以加强党的建设促进航天事业发展新跨越

航天科技五〇二所

一、基本情况

中国航天科技集团公司第五研究院第五〇二研究所（以下简称“五〇二所”）成立于1956年10月11日，隶属于中国航天科技集团公司第五研究院，主要承担航天器姿态与轨道控制系统、推进系统及其单机设计和研制任务，是集研发、设计、制造、试验于一体的综合性研究所。60多年来先后承担了包括中国航天三大里程碑在内的200余颗航天器型号研制任务，占我国成功发射型号总数90%以上，是我国航天器研制的主力军。特别是在不久之前，天舟一号货运飞船与天宫二号空间实验室交会对接任务中，五〇二所的GNC分系统，确保了交会对接、绕飞、近距离悬停等各项重要试验任务圆满完成，为我国空间站建设奠定了坚实基础。曾获党中央颁发的“全国先进基层党组织”和“首都文明单位”等荣誉称号。

二、改革背景

航天事业是国家发展战略安全的基石，是国家综合国力的体现。2016年，习近平总书记在首个中国航天日作出的“探索浩瀚宇宙，发展航天事业，建设航天强国，是我们不懈追求的航天梦”重要指示将航天事业发展提升到新的高度。作为我国航天器研制的主力军、国家科技创新的排头兵，近年来，五〇二所承担的航天型号研制任务呈现出了井喷式的发展，发射任务从之前的一年几颗，快速增长到现在每年二十余颗，正面临着“高密度发射，高强度研制”的艰巨挑战；在发展航天强国的关键时期，五〇二所面临的机遇和挑战前所未有，肩负的民族自强、自主创新的责任前所未有。

坚持党的领导、加强党的建设是国有企业的光荣传统和独特优势，是国有企业的“根”和“魂”。当前，五〇二所党员总数已经占职工总数的60.2%，大多数党员是技术骨干、管理骨干，已成为事业发展的中流砥柱。将党建做实就是生产力，将党建做细就是凝聚力，将党建做强就是竞争力。面对机遇与挑战，五〇二所坚持把全面从严治党的要求不折不扣地落实到各级党组织和广大党员身上，把党委领导作用、支部战斗堡垒作用、党员先锋模范作用与履行富国强军的使命有机结合起来，不断提升党建融入中心、服务大局的能力。

三、改革实践

近年来，五〇二所按照“稳中求进”的工作思路，坚持将抓好党建作为最大的政绩，像抓型号一样抓党建，大力加强党的建设，主动作为、积极探索，有力推动改革实践。

（一）以党的建设强化政治引领

把圆满完成国家重大航天型号研制任务作为检验党委领导作用的重要标准。**一是**建立体系抓从严治党。着眼于“党要管党、从严治党”和“融入中心、服务大局”，以改革创新精神深化基层党建新实践。强化党建工作顶层设计，构建涵盖组织体系、队伍体系、责任体系、制度体系、考核体系的党建工作管理体系，以 PDCA 循环持续加强和改进党建各项工作，整体提升了基层党建的科学化、规范化、制度化水平。**二是**创新形式促党性教育。落实全面从严治党要求，创新方式深入开展各项党内集中教育活动，筑牢航天事业的理想信念基础。开展“求是学堂”组织全所支部书记同台讲党课；组建理论宣讲团队赴井冈山培训并分享感悟，把“身边党员的话”作为党员教育培训的有力补充；开展“知分享，行担当”活动，将优秀的党员学习心得形成党课材料，变教育客体为主体，提升教育效果。**三是**发挥作用保中心任务。以“党员身份亮出来，工作质量干出来，关键时刻站出来，先进形象树起来”为目标，针对高密度型号发射任务，坚持“型号任务延伸到哪，党组织就建设到哪，党员教育管理就开展到哪”。在组建型号试验队的同时组建靶场党支部和党员突击队，开展“型号成功，党员先行”目标承诺、重大型号凯旋欢迎仪式等活动，强化党员干部政治意识、使命意识、履职意识，把理想信念转化为航天报国的实际行动。

（二）以党的建设推动创新发展

把“发展航天事业，建设航天强国”作为党员干部的责任担当。**一是**夯实创新思想基础。欲事立，须心立。组织开展“解放思想，转变观念”主题活动、“科研生产、改革发展大讨论”和系列形势任务教育。树立“不创是退、慢创也是退”和变“要我创新”为“我要创新”的创新导向，大力营造“勇于创新、大胆实践、宽容失败”的文化氛围。**二是**建立创新目标导向。开展“促科学发展，建国际一流”主题对标工作，激发党员群众赶超一流的创新意识。组织各专业队伍明确本专业一流标杆、分析查找差距、提出解决措施，做到“寻标、对标、达标、创标”，实现“弯道超车”。通过主题对标，有效提升了广大党员创新意识、责任意识，成功衍生出一大批“973”课题及青年自然基金创新项目。**三是**搭建人才成长平台。建立“星创＋”青年创客平台，每年设置100万元的年度科技创新奖，激发年轻人创新创效。成立自动化学院，通过核心人才亲自上讲台，教学研讨相结合等方式，实现人才接力。以重大工程为平台、以创新体系为牵引、以企业大学为依托，坚持“敢于搭台子，舍得投票子”思路，人才培养成绩显著，被评为国家级“创新人才培养示范基地”。

（三）以党的建设发挥文化影响

把航天“三大精神”作为航天人的精神家园，作为对践行社会主义核心价值观的生动诠释。**一是**注重航天精神传承。针对队伍年轻化、学历高端化、价值多元化新特点，开展以“精神传承架桥”为代表的架桥活动，组织“质量·人生”新老员工畅谈会，鼓励职工向钱学森、孙家栋和首任所长钱伟长等老一辈航天人学习，使职工航天文化认同感不断增强。开展“思想引航、成才领航、成长暖航、固基护航”的青年“四航工程”，寻访传播所里在航天发展历史上的典型事迹，把青年培养成理想信念的践行者、航天事业的接班人。**二是**加强企业文化建设。通过典型引领，大力弘扬社会主义核心价值观。选树以全国工人先锋号“空间控制博士班组”、全国五一劳动奖章、中国青年五四奖章等为代表的优秀团队和个人，开展“十大杰出青年”评选，使职工学有目标、做有榜样。提炼形成了以“求实、求是、卓越、超越”为核心的文化理念，形成明确的价值导向。

（四）以党的建设凝聚和谐保障

建立健康、和谐的内部环境为航天事业发展提供重要保障。**一是**敢于严管。完善制度建设，强化党风廉政建设党委主体责任、纪委监督责任和业务部门监管责任落实，不断健全“横向到边、纵向到底、范围明确、责任清晰”的廉政责任网络和廉洁风险防控体系。开设廉政之窗网上教育平台，坚持“抓早抓小抓细抓实”的廉政约谈和新任领导干部谈话制度，强化廉洁从业意识。坚持从严管理干部，定期开展述职述廉，把党风廉政建设专项检查纳入年度考核，促进“一岗双责”有效落实。**二是**善于厚爱。完善党务公开、所务公开、职代会等制度，建立所领导信箱、所领导接待日、党委委员片区制、党代表提案、签订集体合同等密切联系服务党员群众机制。以“巩固前方、稳定后方”为目标，构建基地、单位、家庭三方联合的高密度发射任务保障体系，通过“汇梦天宇一家亲”等家属关爱活动，保障航天事业健康和谐发展。开展困难帮扶工作，新建“离退休职工活动中心”“女工保育室”“职工书屋”，把人文关怀落到实处。

四、改革成效

通过上述一系列党建工作改革措施，有效将党的思想优势、政治优势、组织优势转化为所的竞争优势、创新优势、发展优势，为各项改革发展提供了政治保证、组织保证和思想保证，各方面工作均取得了长足的进步。

（一）圆满完成重大航天工程

五年来，五〇二所单机产品年交付量由2133台提高至2740台，分系统年交付量由40套提升至94套。有效确保了型号任务高速发展的需求，完成了以神舟飞船、天舟飞船、嫦娥系列月球探测器、北斗导航卫星、高分观测卫星等一系列国家重大工程为代表的84颗航天器的发射任务，超过前五年47.3%。为提升综合国力、提升军事装备水平做出了重大贡献。

（二）经济效益大幅增长

五年来，全所产值从21.7亿元提高到了40亿元，利润从1.12亿元提高至3.6亿元。2016年航天技术应用产业规模高达8.7亿元，是2010年的11倍。芯片、单机出口量逐年递增，国际收入突破1.8亿元，呈现良好发展趋势。

（三）可持续发展迈出重大步伐

建立了以空间智能控制技术国防科技重点实验室为核心、若干专业实验室为依托、联合实验室为支撑的技术创新体系架构。近五年的新申请发明专利数达到780余项，较上一个五年增长了61%，实现了核心单机国产化，确保了自主可控。

五、经验启示

面对新形势新要求，必须通过理念创新、载体创新、管理创新进一步调动和激发党建活力，为各项改革发展提供有力保障。

一是必须始终坚持理念创新。坚持“跳出党建看党建”，准确把握工作定位。以上级要求为基础，加强科研生产、改革发展形势研判，以全局高度来把握和审视党建工作，牵引改革发展整体推进。同时坚持“虚功实做抓党建”，全面融入中心任务。以“抓住结合点，找准着力点，做出闪光点”为要求全面落实党建责任，实现“融入中心抓党建，抓好党建促中心”。

二是必须始终坚持载体创新。着眼感知感悟，创新学习载体。通过广大党员喜闻乐见、容易接受的教育方式，寓教于乐，提升教育效果。同时不断创新实践载体，搭建、完善展现党员先进性、纯洁性的舞台，确保党员先锋模范作用落到实处。

三是必须始终坚持管理创新。通过管理创新，以体系建设为抓手，做到党建工作标准化、规范化，通过可检查、可考核的全周期管理，确保工作落到实处，取得实效。

132

实施党建“三对标、三强化”以改革创新精神落实全面从严治党任务

中航工业成飞

一、基本情况

成都飞机工业（集团）有限责任公司（以下简称“成飞”）隶属中国航空工业集团公司（以下简称“中航工业”），创建于1958年，是一家“为军而生、以军为荣”的军工企业。成飞承担某型战斗机、歼-10系列战斗机等国家重点型号任务，是我国航空武器装备研制生产和出口主要基地、民机零部件重要制造商。2016年公司实现营业收入167.1亿元，实现利润6.31亿元。

成飞党委下设27个基层党委、5个党总支、163个党支部。党员共8373人，其中在岗党员5233人，占员工总数33.9%；35岁以下青年党员2013人，占在岗党员38.5%。专职党务工作者187人，占在职职工1.35%。

二、改革背景

党的十八大以来，习近平总书记多次强调要抓好国有企业党的建设，把党要管党、从严治党落到实处。特别是全国国有企业党的建设工作会议的召开，更为国有企业党组织加强党的建设指明了方向、压实了责任。在此背景下，为落实全面从严治党要求、提升党建工作整体水平，中航工业

党组运用工程化思维，系统化设计出台了“1122”党建工作体系［一种精神（航空报国精神）、一个规范（党建工作规范）、两个手册（党委工作手册、党支部工作手册）、两个办法（党组织星级管理考核评价办法、党组织书记抓党建述职评议考核办法）］。成飞在对标新精神新要求的过程中，主动“拿起探照灯找问题”，找到了党建工作存在体制机制上不健全、方法措施上不到位、能力精力上不匹配等问题。

近年来，成飞党委认真贯彻党中央决策部署和上级党组织工作要求，认真落实国有企业改革“1＋N”系列文件精神，把《关于在深化国有企业改革中坚持党的领导加强党的建设的若干意见》（中办发〔2015〕44号）作为加强企业党的建设的指南，明确提出“对标中央精神、强化党的领导，对标基层基础、强化党建根基，对标强军首责、强化党建实效”的“三对标、三强化”党建工作思路，以改革创新精神落实全面从严治党任务，着力提升党建工作能力水平。

三、改革实践

（一）对标中央精神，强化党的领导

一是明确党组织的法定地位。2016年成立专项工作组，修订全级次企业章程，把党建工作总体要求大大方方、明明确确地写进去；把加强党的领导和完善公司治理统一起来，不仅在公司层实施“双向进入、交叉任职”的领导体制，还在内设机构和子公司推行党政交叉任职，统筹抓好发展第一要务和党建第一责任。

二是建立发挥领导作用的机制。实施党代会年会制和党代表任期制，党代会上确定企业的发展目标、发展战略和企业中长期发展规划；制定《党委工作规则》《党委工作会议议事规则》，厘清党委和其他治理主体的权责边界，从根本上解决好“特”与“嵌”的问题；明确把党委研究讨论作为董事会、经理层决策重大问题的前置程序，印发《成飞“三重一大”

事项清单》，详细列出了需前置的、“投资企业合并、分立”、“内部管理机构设置及人员编制调整”等事项31项。党委研究决策常态化规范化，党委会每月召开不少于一次，2016年召开党委会18次，其中涉及“三重一大”事项的会议11次。

三是坚持党组织选人用人的领导和把关作用。落实新时期国有企业领导人员“对党忠诚、勇于创新、治企有方、兴企有为、清正廉洁”二十字方针，对接中航工业领导力模型，探索构建了基于能力的干部任职资格体系，牵引干部选用育管全过程。首先，规范领导干部选拔任用的“五大环节”，主动对标中央管理干部的从严规范要求，修订《领导干部管理制度》，发布《干部专家选拔任用流程说明书》，坚持“凡提四必”，做到全程纪实。其次，实施领导干部教育培训“四必三计划”，以“必读书”“必修课”“必实践”“必讲课”为核心，针对青年骨干、新提和在岗的领导干部，分别实施“育苗计划”“转身计划”“充电计划”，不断促进各级领导干部强化理论武装、坚定理想信念、提升履职能力。再次，深化干部人事制度改革，“能上能下”成为新常态。强化领导干部管理监督，注重在型号研制中检验干部队伍的能力、素质、状态，对怕困难、怕吃苦、怕得罪人的“三怕干部”加大考核力度，通过年度考评和任期考核，诫勉谈话、诫勉、调整岗位或降低职（岗）级的干部，占比超过5%，有效解决“不作为、不会为、不善为”的问题。同时，提炼发布《干部“四风”问题“十一查”》，运用到干部选拔任用、考核反馈等环节，增强干部责任与担当。

（二）对标基层基础，强化党建根基

一是强化责任压实与目标管理，把“软任务”变成“硬指标”。落实《中央企业党建工作责任制实施办法》，制定下发企业党委及基层党委党建工作责任清单98条，党风廉政建设主体责任53条、监督责任36条，各级组织每年逐级签订《党建与思想政治工作责任书》；企业党委委员、党群

部门领导直接联系基层党支部、班组，定期到基层督导党建工作，参加党建活动；对照“责任清单”和“责任书”，年中开展专项检查、年底开展“述考评”，倒逼责任落实，让“责任”不落空。

二是推动形成党建工作“PDCA”闭环管理，把“单布置”变成“全周期”。建立党建工作五年规划和年、季、月四级计划管控，构建了党建工作每季度绩效考核、每年度创先争优和每两年星级党组织评价（33个评价项目、100个评价点、282条评价细则、30余人的专业化审核员队伍）的“一考核、双评价”体系，不仅把“四强”党组织、“四优”共产党员选树出来，考核评价结果还要与薪酬总额、评先评优、干部调整挂钩。同时，为了不让落后的党组织“掉队伍”，组建专业审核员队伍，常态化开展飞行检查；指派先进基层党组织对其“支持共建”，实施“精准帮扶”；给党委委员“压担子”，定点联系后进的党支部，促进基层党建均衡发展。

三是构建“制度+流程+信息化”的党建工作运行支撑平台，把“低运转”变成“高效率”。“制度”解决“为什么、做什么、做成什么样”的问题，通过动态对接、定期评估党建工作制度体系，及时承接中央及上级党组织的要求；“流程”解决“怎么做、做得标准”的问题，保证制度的规范化落实，目前成飞党委梳理出了党建业务一级流程12个、二级流程97个，明确了党建业务流程的架构、层级和边界，通过“流程图”使流程的执行步骤、责任主体显性化，通过表单、模板、任务指导书使操作标准化；“信息化”是党建业务流程的“线上”平台，将重要程度高、使用频率高的党建业务通过信息化系统“跑起来”，保证制度有效落地。

（三）对标强军首责，强化党建实效

一是应建即建，为型号研制提供最坚实的力量支撑、最可靠的组织保证。坚持党的建设和企业改革发展“四同步、四对接”，在型号业务拓展中同步加强党建，为加强某型战斗机的部队保障成立“服务保障临时党支部”，为促进枭龙战斗机海外合作生产成立“驻巴基斯坦临时党支部”，在

型号研制外场成立 13 个党小组，确保“型号延伸到哪里、党组织就建到哪里、党的工作就开展到哪里”。

二是引领带动，发挥党组织的独特优势。通过发挥主机厂在供应链建设与管理中的牵头作用，主动与重点成品、零件配套供应单位开展“基层党组织共建”，与驻厂军代表室开展“厂军共建”，打破“无形壁垒”，创新协同机制，促进型号研制协同推进；通过与合作伙伴（包括民营企业）签订“廉洁协议”、开展“支部共建”等形式，发挥党建工作的影响力和辐射带动作用。

三是同心协力，把保“强军首责”落实作为最大的政治任务。将责任聚焦到型号研制上，年初党委与基层组织签订《军品任务军令状》，党建工作和中心工作目标同向、责任同担，避免“两张皮”；选派业务能力突出、经验丰富的党群干部担任型号团队的“党建指导员”，对抓型号的项目总师开展党建业务培训，明确抓型号的党建责任、抓党建的型号责任。发挥党建载体和活动的强大生命力作用，打造“党员先锋工程”“每周一星”“成飞故事”等党建工作品牌，扎实做好有“力度”、有“温度”、带“热度”的思想政治工作，给有志者舞台，给实干者荣耀，为型号研制凝心聚力。

四、改革成效

通过深化党建“三对标、三强化”，把党的政治优势、组织优势、思想优势转化成了企业的创新优势、竞争优势、发展优势，使企业发展方向更明、速度更快、质量更好，有效保障“强军首责”落实。

一是引领企业正确发展。坚决贯彻落实党中央决策部署和上级党组织工作要求，倡导世界眼光和一流标准，制定了科学的战略规划，打造了服务企业发展的人才高地，催生了弘扬航空报国精神的企业文化，向着“技术领先、管理卓越的世界一流航空制造企业”迈进。

二是经济发展迈上新台阶。 2012—2016年期间，发展速度和发展质量同步迈进。企业营业收入保持较快增长，年均增长13.4%；运行质量稳步提升，利润年均增长6%，EVA年均增长11.4%，全员劳动生产率年均增长14.9%。

三是主业产品跨越发展。 型号研制取得重大进展，实现了“有人机、无人机”齐头并进，“国内市场、国外市场”同步开发，战斗机跨代发展取得重大突破，研制周期大大缩短、装备质量持续提升，2016年珠海航展上某型战斗机、歼－10战斗机、枭龙战斗机、“云影”无人机四机型同台展示、精彩亮相，彰显了“国之重器”本色。

四是改革管理迈出新步伐。 改革不是“放空炮”，必须出实招，成飞坚持问题导向，实施了20余项深化改革项目，集中解决了一批制约公司发展的体制机制问题。大力推进职能管理向流程管理、职能型组织向流程型组织转变，运营管理水平及价值创造能力显著提升。数字化设计、制造及管理一体化全面展开，数字成飞、创新成飞、精品成飞成效明显。

五是党建基础工作持续强化。 把抓好党建作为最大的政绩，党建工作的责任得到压实和落地，党务工作者干党建的积极性大为提高。通过从“明责、履责、考责、问责”的责任链条，实现了组织和个人的闭环管控，使基础更加牢固。坚持一切工作到党支部的鲜明导向，走通“最后一公里”，党务工作者更加倾听科研生产一线的“炮声”，找到了战斗堡垒和先锋模范的着力点，使党建更加实效。融入中心抓党建，抓好党建促发展，围绕强军使命，党建工作和型号研制“相得益彰”，形成了航空报国的凝聚力和创新奋进的精气神。

五、经验启示

（一）必须强化“四个意识”，坚持党对国有企业的领导不动摇

坚持党的领导，加强党的建设，是国有企业的“根”和“魂”。企业

无论改革走到哪一步，无论经济发展到什么程度，都必须毫不动摇地坚持党的领导，牢固树立“四个意识”，坚定不移地在思想上政治上行动上与以习近平同志为核心的党中央保持高度一致，坚决贯彻上级党组织的决策部署，充分发挥国有企业党委（党组）把方向、管大局、保落实的领导作用。

（二）必须融入中心工作，坚持服务科研生产不偏离

融入中心、服务大局是国有企业开展党建工作的根本途径。我们必须紧密联系企业改革发展实际，推动党建工作与中心工作深度融合，创新工作载体、搭建活动平台，努力做到两手抓、两促进，把党建工作成效转化为企业发展活力和竞争实力。

（三）必须严格落实管党治党责任，坚持以改革创新的精神加强党建工作

为党工作是国有企业的历史使命，落实从严管党治党要求，是国有企业的职责所在、使命所系。我们要始终把管党治党责任扛在肩上、抓在手上，在推进企业改革发展中，牢牢把握党建工作规律，大胆破除对过往成功经验的依赖，增强时不我待的紧迫感，敢于自我改革，不断自我完善，切实推动全面从严治党向纵深发展。

133

采取切实有效措施
促进党建工作和中心工作深度融合

中国电科二十八所

一、基本情况

中国电子科技集团公司第二十八研究所（以下简称“二十八所”）又称“南京电子工程研究所”，始建于1964年，是主要从事全军信息系统顶层设计及总体论证、联合作战及各军兵种指挥信息系统研制生产、共性及应用软件设计开发、系统专用设备设计制造与装备集成、信息系统装备联试与集成验证的大型骨干研究所。全所设有博士后工作站、C^4ISR技术国防科技重点实验室和空中交通管理系统与技术国家重点实验室等。全所在职职工4600余人，占地面积1200余亩。

建所以来，二十八所先后为我军研制、生产了一大批具有先进水平的高科技装备，在我军信息化建设过程中创造了多项“第一”，填补了许多国内空白，是我国军队指挥信息系统研制建设的开拓者和引领者，在我军战备执勤、训练演习、大型阅兵仪式、亚丁湾护航等重大活动以及各类军事演习中发挥了重要作用；先后为北京奥运会、广州亚运会、上海世博会、南京青奥会、大型国际峰会等提供安全保障，为大飞机试飞、卫星发射等国家重大项目实施提供技术保障，取得了良好的军事和社会效益，保持了较好的发展态势，受到党中央、国务院、中央军委的表彰和嘉奖。

二、改革背景

党的十八大以来，以习近平同志为核心的党中央对国有企业全面从严治党作出一系列重要决策部署，着力解决国有企业党的领导、党的建设弱化、淡化、虚化、边缘化问题。党要管党，从严治党，已成为新时期国有企业党建的主旋律和总基调。

坚持党的领导、加强党的建设，是我国国有企业的光荣传统，是国有企业的"根"和"魂"。二十八所作为国有大型骨干军工科研院所，按照中央"党要管党、从严治党"要求，充分发挥党委"把方向、管大局、保落实"领导作用，根据中国电子科技集团公司（以下简称"中国电科"）党组构建实施党的建设、竞争优势和企业文化同步提升的"三位一体"党建工作格局和优化完善"量化有效型"党建工作体系建设的要求，采取切实有效措施，促进党建工作和中心工作的深度融合。

三、改革实践

（一）强化理论武装和思想引领，牢固树立"四个意识"

一是做到理论教育的计划性和系统性。坚持每年制定全所理论学习教育计划和重大活动专题学习计划，明确学习时间和学习要求，有重点、分层次抓好党委理论学习中心组、中层领导、党员和职工群众四个层面的理论教育和专题培训，确保做到中心组每月至少学习 1 次，全年学习培训不少于 56 学时；中层领导干部每季度至少集中学习 1 次，全年不少于 40 学时；党员和职工群众每季度至少集中学习 1 次，全年不少于 32 学时。**二是**做到理论教育的准确性和针对性。紧紧围绕党中央的路线、方针、政策和集团公司重大战略部署，确定理论学习教育内容。坚持每月编印 1 期《中心组学习资料》和《党支部学习教育参考资料》，为中心组学习和基层党支部党课教育提供参考，做到学习内容紧跟中央政策和社会热点，紧扣单位改革发展需要，紧贴职工思想实际。**三是**做到理论教育的多样性和实效性。立足通过组织开展专题研讨、讲授专题党课、现场体验式教育、集中与自学相结合等多种形式，增强学习教育的生动性。同时，创新学习教育方式方法，通过“问卷答题引导学、化小专题交流学、考量工作结合学、对照言行自省学”的“四学法”，在真学实做上深化拓展；借助“一号两网多屏”（微信公众号，所内信息网、互联网门户网站，多种电子屏媒系统）等宣传平台，进行政策解读和学习内容宣贯，做到了思想政治教育的经常化。

（二）抓好顶层战略谋划，明确单位未来发展方向

一是认真落实每年至少召开两次的所领导务虚会制度，重点围绕国有企业改革发展、研发模式转型、科技创新、干部人才队伍建设、党建工作新途径和现代企业文化建设等多个方面进行研讨，厘清单位面临的困难和未来发展思路。**二是**坚持所领导联系点制度和深入基层调研的常态化，指导和促进基层各项工作的贯彻落实，帮助基层解决在工作中碰到的困难和问题。**三是**积极谋划未来发展战略，所党委注重将理论学习、务虚研讨和专题调研成果运用于单位改革发展，站在顶层高度进行谋划，确定改革发展总体思路，为二十八所的长远发展指明方向。

（三）做到加强党的领导与完善研究所管理体制相统一，确保党组织作用充分发挥

一是将党建工作要求纳入单位章程（基本制度），推动党组织发挥作用的组织化、制度化、具体化。**二是**制定发布《“三重一大”决策管理办法》，明确党委在治理、经营中决策和参与决策的内容和流程，将党委作用贯穿于决策、执行、监督的全过程。**三是**制定发布《党委工作规则》，通过清单的优化来解决责权关系的问题、前置与决策关系的问题，进一步规范所党委工作机制。

（四）着力打造高素质干部人才队伍，凝聚改革发展中坚力量

一是牢固树立正确的选人用人导向。不断强化党组织领导和把关作

用，持续推进选人用人工作的程序化、制度化、规范化，着力打造一支“忠诚、干净、担当”的领导干部队伍。**二是**抓好后备干部培养。建立中层后备干部库，完善后备干部选拔方式和流程，对中层后备干部库实施常态化管理、体系化考核和动态调整；推进后备干部素养和能力培训工作，提升干部多岗位、多角色的胜任能力。**三是**畅通各类人才职业生涯发展通道。建立起行政干部和技术专家两支队伍，形成技术专家与专业技术体系挂钩的管理机制。**四是**强化人才队伍建设。加强高层次人才培养，提升技术与行业话语权，目前拥有集团首席 8 名，所首席 5 名；坚持开展技术专家、技术专家后备人才选拔，分批次选拔出 100 余名高级（1、2、3 级）专家、170 余名技术专家后备人才，形成了“金字塔”式的技术人才梯队，为单位长远发展提供强有力的人才支撑。

（五）夯实基层党组织建设基础，充分发挥战斗堡垒作用

一是按照党建工作“四同步”、“四对接”要求，做好基层党组织建设和管理；同时在国家重大工程、重点任务现场建立临时党组织，始终保持基层党组织 100% 全覆盖。**二是**建立健全“两学一做”学习教育常态化制度化实施机制，树立党的一切工作到支部的鲜明导向。所党委以“明党性、强堡垒、促发展”为主题，以“五讲五微五专题”为载体，以强化“12345”党建专项工作为重点，深入推进“两学一做”学习教育工作。注重问题导向，组织开展“基层党组织建设、党员管理、职工素质提升”三个方面党建重点难点问题研究，共形成研究成果 29 项；组织开展“一支部一品牌”创建工程，重点查找并解决科研生产和经营管理中“痛点”和“难点”问题，把党建工作成效转化为单位科学发展优势；围绕科研生产重点工程项目、重要服务保障等工作，深入开展 42 个党员攻关项目、30 个党员品牌工程，24 个党员示范窗口以及 175 个党员先锋岗的争创活动，营造同争共创氛围，激发干事创业热情。**三是**严格执行“三会一课”制度。各基层党支部在抓好传统“三会一课”教育的基础上，改变支部书记

“唱主角”，普通党员当“听众”的组织生活方式，倡导党员结合理论学习谈思想认识、谈工作实际、谈心得体会，把单向教育延伸到双向交流，让“三会一课”得到深化拓展。同时，借助便捷的所信息网OA办公系统，上线运行《基层党支部“三会一课”制度执行情况记录》流程，强化对“三会一课”制度落实情况的及时督促、检查和指导；将“三会一课”制度执行情况纳入年度党建工作体系考核，并与部门业绩挂钩，整体实现了“工作部署－过程监控－及时督导－考核评价－改进提升”的全过程管理，保证了制度的规范有效运行。**三是**大力实施系列惠民工程。紧扣“为民服务”主题，深入开展“四卡一金”“四心一居”“三馨一卡”等系列惠民工程，时刻体现所党委的人文关怀，强化了广大职工的凝聚力、向心力和战斗力。

（六）落实党建工作责任制，建立“述评考用”机制

一是严格落实党建工作责任制，构建党委、基层党支部两级责任体系，形成党组织书记、领导班子成员个人责任清单。坚持每年组织召开党建工作会，详细部署年度党建重点工作任务；坚持将党建工作目标纳入职代会通过的年度工作目标，并按季度检查和考核；坚持每年逐级签订《落实全面从严治党要求工作责任书》，层层压实党建工作责任。**二是**建立起基层党支部书记“述评考用”工作机制，做到了“全覆盖”。坚持全面推行基层党支部书记抓党建述职评议，将述职评议结果与支部党建工作年度考核紧密结合，并将考核成绩纳入部门年度工作考核的关键绩效指标，以激励基层党建工作的有效开展。

四、改革成效

一是把关定向、谋划全局，确保把党的路线方针政策转化为单位改革发展的战略目标和举措。二十八所党委充分发挥“把方向、管大局、保落实”的领导作用，积极谋划改革发展总体方案以及年度工作的指导思想和总体思路，努力为单位改革发展定好向、把稳舵，明确了“成为‘国内卓

越、世界一流’信息系统整体解决方案提供商和信息系统技术的引领者”的战略目标，树立了“创新、联合、开放、共享”的发展理念，为二十八所的长远发展指明了方向。广大干部职工理想信念明显增强，在思想上政治上行动上与以习近平同志为核心的党中央保持高度一致，确保了中央的路线方针政策和集团公司党组的决策部署在二十八所的贯彻落实。

二是党建价值创造能力充分发挥，不断提升企业竞争优势。通过构建实施“三位一体”党建工作格局和深入推进“量化有效型”党建工作体系建设，党建工作“融入中心促发展，进入管理起作用”的价值创造能力得以充分发挥，有力保证了国防重点工程和各项科研生产任务的完成，有力推动了二十八所的持续稳定发展。自2002年中国电科成立以来，二十八所连续10多年一直保持经营业绩考核A级，并在集团公司2016年首次高质量挺进世界500强中，表彰为突出贡献单位，先后两次被中共中央、国务院、中央军委授予军工行业最高荣誉称号。此外，自中国电科正式实施“量化有效型”党建工作体系考核以来，所党委连续三年以总分第一的成绩取得优秀等级。

五、经验启示

一是必须坚持“党要管党，从严治党”。为了保证事业的发展，我们必须贯彻落实好“党要管党，从严治党”要求，抓好领导班子，带好干部和党员队伍，强化作风建设，严格基层党组织管理，充分发挥领导班子和干部的表率作用，基层党支部的战斗堡垒作用，党员的先锋模范作用，不断创造出新的业绩。

二是必须坚持融入中心抓党建。要紧紧围绕所科研生产和经济建设这个中心，着力构建“三位一体”党建工作格局，发挥好党委“把方向、管大局、保落实”的领导作用，党建工作的价值创造力、企业核心竞争力、企业文化软实力就会充分彰显。

134

坚持党的领导不动摇　打好深化改革组合拳 低渗透老油田在逆境中闯出发展新出路

中国石油吉林油田

一、基本情况

吉林油田公司（以下简称“吉林油田”）是中国石油天然气集团公司（以下简称“中国石油”）所属地区公司，1959年9月29日发现，1961年1月建矿投入开发，业务涵盖油气勘探开发、工程技术、工程建设、矿区服务等领域，生产区域遍布吉林省37个市、县（区）。建矿56年累产原油1.63亿吨、天然气133亿方，年产油气能力500万吨以上。2000年至2016年累计实现收入3493亿元、利润585亿元、税费848亿元。

二、改革背景

2014年以来，受国际油价骤然回落、石油行业进入“寒冬”的影响，吉林油田资源劣质化严重、资产创效能力差、用工总量负担重“三大矛盾”凸显，产量和效益呈现“双降”态势。2014年初预测如不改革，即使油价100美元/桶，当年也将出现亏损，挑战前所未有，形势异常严峻。为此，中国石油把吉林油田列为2014年至2016年扩大经营自主权改革首批试点单位。

过去三年，吉林油田坚决贯彻党中央、国务院关于深化国有企业改革的决策部署，认真落实全国国有企业党的建设工作会议精神，按照国务院国资委的有关工作安排，用足用好中国石油扩权改革配套政策，坚定不移推进**刚性抓好党建、全面深化改革、着力提质增效**“三大攻坚战”，持续倡导**观念、制度、机制、政策**“四个创新”，深入挖掘**油气、技术、管理、用工、市场**“五种潜力”，实现了以改革促发展、提质量、增效益、聚合力。

三、改革实践

（一）坚持党的领导、加强党的建设，保证改革朝着正确方向推进

吉林油田党委注重发挥国企的独特政治优势，加强党对改革的政治、组织、思想领导，探索出了一条新形势下国企加强党建与推进改革深度融合的新路。党建研究和实践成果获“全国党建研究会自选课题三等奖”“中石油集团公司政研会特等奖”。

1. 坚持改革定力，始终掌控正确方向

吉林油田党委严把政策取向关、顶层设计关、重大决策关，召开28次党委会统筹研究改革战略与战术问题，分路两轮下基层调研，利用三个月时间摸清家底，统筹规划改革总体框架和56个专项方案，敲定改革总施工图和时间表。紧抓时间窗口，召开6次深改组会议，抓好方案、进度、效果“三个统筹”，完善风险评估、督察推进、效果评价、责任追究“四个机制”，确保改革步步为营、落地生根。

2. 提升改革能力，发挥各级组织作用

建立“党委增权、行政增责”配套制度，党委票决重大问题1281个、督查重大事项257项、提出改进意见169条，行政向党委报告451次。推行党政双向融入一体化考核，考核行政时党建工作权重占40%，考核党委时行政工作权重占40%。坚持“管住”“管活”并重，建立“纪检监察审计巡察‘四监控’＋所有工作阳光操作”监督体系，以“三个区分开来”

“四种形态”为依据完善改革容错纠错机制。实行双向进入、交叉任职，开展党政“一肩挑”、常务副书记、专职纪委书记配备试点，一批想改革、敢改革、善改革的干部走上关键岗位。

3. 凝聚改革动力，引领全员思想行动

改革越向纵深推进，越需重视思想传承和创新问题。结合党中央组织的系列学习教育和中国石油开展的重塑形象大讨论、弘扬“石油精神”活动，吉林油田党委每年巡回宣讲1000场次以上，引导全员深刻领悟“改革有阵痛、不改是长痛”。围绕实施“暖房子”改造，2016年开展三轮“干部大走访”活动，走访10万户次，仅用3个月就全部完成35个小区4万多户改造，工作量相当于松原市五年改造总和，油田家属楼室温平均提高3~5度，实现了暖人心、聚合力。

（二）坚持放管结合、实施承包经营，全面激发基层创新创效潜能

扭住简政放权这个“牛鼻子”，推进机关权力“瘦身”，取消审批事项80个，减少审批环节25个，精简制度流程156个，管理效率整体提升25%，促进了由机关统揽向基层自管转变。

1. 规模实施基层承包经营

树立“承包就是放权、承包促进放权”的理念，鼓励自发性改革、差异化探索。基层站队层面，实施产量、工作量和成本费用包干，推行按需双向选择用工、根据效益兑现奖金、节余费用分成奖励的模式，203个采油气站队全部承包，节约用工2100人，采油井组变动费下降13%，小修人均效率提高130%、直接运行费下降53%，为创新基层管控模式探索了新路。所属单位层面，开展采油厂扩权改革试点，下放12项自主权和2项政策，促进了自我经营、创新发展；探索后勤服务单位完全承包试点，引入完全市场机制，增强了发展活力。

2. 打造低成本发展样板

围绕老油田效益开发难题，以多年亏损严重的一个区块为试点，设定

成本目标倒逼资产和用工结构全面调整，改革后桶油完全成本由119美元降到50美元，为老油田整体改革探索了新路。**一是**调整组织机构，6个采油站队合一，井组由33个减至12个，压缩用工60%。**二是**推行自主管理，5万元以下维修项目自行实施。**三是**调整考核政策，超出效益目标按5%奖励、未完成等额扣罚。**四是**转变管理模式，由井组承包向区域承包、定员值守向统一巡检、一人一岗向一专多能转变。目前正在推进物联网和“大节能”改造，预计今后三年可节能30%以上、再减用工10%以上，完全成本可降到45美元/桶。

（三）坚持两个挂钩、突出政策引导，深入挖掘人力资源管理潜力

在深化工效挂钩基础上，创新推行工编挂钩，坚持用工节流与岗位开源相结合，倒逼各单位缩编控员、增收创效。

1. 推行工编工效“双挂钩”

实行“工资总额与编制定员挂钩，超编单位增人不增资、减人全额减资，缺员单位增人增资、减人保留50%奖金”，定编显现富余用工7600人，已向创效岗位转移5284人；核减超编工资1447万元，其中两级机关核减奖金相当于减员286人。实行工资总额承包、奖金随效益全面浮动，个人薪酬同一单位最多相差4万元，作业工种平均薪酬是后线工种2倍，“多花一分钱就是花自己工资”的理念深入人心，“大锅饭”思想已经被打破，“改革创效才能挣奖金”观念蔚然成风。

2. “双挂钩”政策促进了组织机构调整

推动业务整合、部室合并、站队归并，累计撤销处级机构7个、科室122个、站队161个，两级机关减员595人，管理岗向操作岗转移205人。

3. “双挂钩”政策促进了人力资源优化

内部单位之间主动研究劳务承包，规模达到2000人；对外开辟长庆油田公司、中国电信集团等劳务市场，输出规模达到2500人，年创收1.6亿

元以上。清退社会化用工、办理离岗退养和歇业 1392 人，节约成本 1 亿元。

4. “双挂钩”政策促进了劳动组织形式优化

实施大工种大岗位管理，开展联合站、中转站集中监控，单站最多减员 50%；推行采油区域联合巡检，夜巡人员最多减少 60%；在保证安全的前提下，对修井作业、采油测试、特种设备等岗位，推行 12 或 16 小时轮班连续作业，单机效率提高 35%，年创效 1.2 亿元。

（四）坚持搞活市场、延伸业务链条，着力打造新的经济增长亮点

着眼内外“两种资源”“两个市场”，转变传统的经营管理理念，运用市场化手段释放增效活力、安置富余人员。

1. 广泛开辟战略合作领域

围绕业务链效益最大化问题，与中国石油所属企业共举一面旗，坚持资源共享、优势互补，推进业务无缝对接，充分发挥上下游、产炼销一体化优势，为应对低油价、抱团取暖过冬探索了新路。与大庆钻探工程公司建立原油产能建设市场化价格总承包模式，大庆钻探工程公司钻速提高 30%、成本下降 20%，吉林油田优化设计节余投资全部归大庆钻探工程公司，多建效益产能 45 万吨；与长庆油田公司全力推进 CO_2 驱油技术应用，开展区块产能承包、修井作业等技术合作；与中油测井公司开展致密油综合研究及新技术推广应用，过去三年合作项目 1 亿元以上；与吉林销售公司积极推进油卡非润、加气业务合作；与吉林石化公司推动原油稳定项目落地，提供优质轻烃产品。同时，与中国石化东北油气分公司在天然气处理、区块合作开发、工程技术服务、输气管道共用等方面取得合作新成果。

2. 加快市场化社会化进程

积极开拓周边市场，推进热电转供、土地出租、技术服务、物资代采代供、宽带服务、教育培训和承揽建设项目，实现社会创收 13 亿元以上。在油田内部实施市场化运作，完善市场化价格形成机制和传导机制，健全投资成本管理机制和考核办法，引导各单位以市场为导向、效益为中心组织生产经营。稳步推进“三供一业”分离移交，成立企地合署办公机构，明确移交范围、改造标准和运行计划，供电供水业务已签订协议，供气业务和物业正在推进，2018 年可全部社会化。

四、改革成效

（一）经营业绩超额完成

2014 年至 2016 年，实现预算利润比考核指标增加 16. 2 亿元，降本增效 15. 3 亿元，桶油完全成本降幅 18%。2016 年，在中国石油所有单位业绩考核中位居第六。

（二）油气生产平稳高效

2014 年至 2016 年，提交石油三级储量 2. 15 亿吨、天然气三级储量 624 亿方；在累建原油产能仅为规划工作量 60% 情况下，自营区年产能力稳定在 300 万吨以上。

（三）技术创新取得突破

建成 3 个大平台 107 口井，应用双井抽油机和撬装站，为低渗区块高效开发探索了新路；实施集团压裂 14 个区块 140 口井，为老区二次开发提供了技术支撑。

（四）油田矿区和谐稳定

通过找准改革的“最大公约数”，最大限度地激发改革活力、集聚改革合力，2014 年至 2016 年，未发生一般 B 级及以上安全环保事故和有影响性的稳定事件。

五、经验启示

（一）领导带头是深化改革的重中之重

改革千难万难，“一把手”真抓实干就不难。吉林油田两级深改组组长均由“一把手”挂帅，坚持“一把手”抓“一把手”，做到改革方案、政策配套、部署实施、督查落实“四个亲自抓”，保证各项改革精准落地。

（二）简政放权是深化改革的首要前提

机关放权和监管到位，基层就有能力把事情做好。吉林油田坚持权责对等，把能下放的权力全部下放，激发基层自主管理动力，同时加强监督、指导和服务，确保“机关真放权、放真权，基层接得住、用得好”。

（三）基层探索是深化改革的重要方法

让基层唱主角，改革才能接地见效。吉林油田承包经营由个别站队发展到部分单位，劳动用工由少量内输延伸到大批外输，外闯市场由单一服务拓展到全面合作，既起到压力测试作用，又为面上改革攒足底气。

（四）刚性考核是深化改革的根本保障

改革要实现生根开花结果，更要有实实在在的获得感。吉林油田建立改革办和牵头部门“双重督察”机制，拿出25%效益工资设立改革创新专项基金，让真刀真枪改革者“名利双收”，让不担当者难以藏身。

135

加强海外党建　建设国际铁军

中国海油国际公司

一、基本情况

中国海洋石油国际有限公司（以下简称“国际公司”）是中国海洋石油总公司（以下简称“中国海油”）控股上市公司中海油的全资子公司，负责海外油气的勘探开发生产，业务分布在亚洲、美洲、非洲、大洋洲和欧洲等5个地区23个国家。截至2016年底，公司海外资产已接近总资产的40%，直接外派员工1070人，其中海外党员507人；海外基层党组织40余个。

二、改革背景

国际公司在海外党建在开展过程中，受到业务所在国政策法律环境等诸多限制，同时面临着海外党员分布分散且流动频繁、海外党组织基础薄弱、海外党建工作开展形式单一、党组织的凝聚力和战斗力不强等难题。针对这些困难，国际公司党委积极探索海外党建新思路，将加强海外党建作为公司全面从严治党的重要内容之一，将海外党建工作与国家“一带一路”倡议相结合、与中国海油党组海外发展战略相结合、与弘扬石油精神建设国际铁军相结合，旨在实现海外党建全覆盖。

三、改革实践

（一）夯实海外党建基础，打造过硬国际铁军

一是注重理论学习，扎牢思想基础。将思想建设作为海外党建工作第一要务，为打造国际铁军奠定了坚实的思想基础。在学习过程中，贯彻两个“同频同步”，即中央到中国海油同频同步、国内到国外同频同步；坚持学习与公司目标任务、管理经常化和队伍建设相结合，将学习成果转化为部门统筹能力、工作执行能力、攻坚克难能力和业务发展能力；拓宽学习渠道，采用“互联网+”思维方式，充分利用企业微信号、微信群等交流平台，消除物理距离不利影响，及时推送中央指示和上级文件精神，分享中国海油党建工作动态。**二是**明确党建标准，强化工作指导。按照“坚持从严治党、坚持思想建党、坚持先进性标准、坚持安全保密、坚持灵活简便”的工作原则，努力做到“工作标准不降、学习内容不减、规定动作不少”。制定下发《党支部记录格式规范》，明确党建工作标准；建立党委班子成员与基层党组织联系点，开展督导核查工作，推进各项工作贯彻落实；争创“六有”支部，选树先进典型，引领队伍追求卓越，不断增强队伍凝聚力；建立健全换届提醒机制，指导海外基层党组织及时换届，完善基层组织架构。**三是**贯彻民主集中制，夯实管理基础。将民主集中制作为班子战斗力建设的重要抓手，坚持“四个服从”，体现党在经济领域工作的制度要求，制定出台了《国际公司党委议事规则》及《国际公司“三重一大”事项》，规范党委议事程序和需由党委决策的具体事项内容。**四是**落实党风廉政建设，提供作风保障。强化“党风廉政建设和反腐败工作不分国内外，海外项目没有例外”的思想认识，以责任落实为主线，以宣传教育为基础，以“四风”纠查为抓手，重点审计巡视对海外并购进入退出程序及海外资产管理。强化人员监督，加大问责力度，促进海外机构依法合规运营，保障海外国有资产安全。

（二）开展“卓越行动”，提升国际铁军形象

国际公司党委充分发挥政治优势助力海外业务健康可持续发展，在各海外基层党组织范围内开展“卓越行动”，搭建有效的活动载体，增强各海外机构的凝聚力和战斗力，提升海外团队参与国际合作的能力，强化海外资产的运营管理能力，提升海外项目管理效率和资产效益，打造信念坚定、有国际视野、专业能力过硬、善作善成的国际铁军。

一是组织建设卓越，将“六有”支部建设具体化。严格落实“四同步”要求，健全机构、配全支委；加强思想教育，鼓舞士气、凝聚队伍；建设活动阵地，创新形式、搭建载体，以党组织名义建立信息共享平台，统筹海外业务活动，打造海外发展“航空母舰”；建立党员责任区，联系群众、发挥作用，突出党员纯洁性和先进性，突出党员先锋模范作用，不因时空距离而弱化党性修养；完善工作考核机制，先进性和战斗力量化考核。**二是**能力建设卓越，将破解运营管理问题具体化。结合海外业务发展需要，着力开展能力建设：提升海外项目协调组织能力，有效激励团队、合理分配工作任务，化解内外部矛盾；提升商务研判能力，收集、分析并定期汇报全球行业信息情报，及时作出调整和反馈，提供决策依据；提升合同把控能力，主导合同顶层设计，认真履行合同义务，保障海外投资安全；提升资源整合能力，掌握行业最新技术和发展趋势，集成创新成果，整合利用各方面资源；提升工作规划能力，目标清晰、重点明确，落实到位，按时推进；提升沟通能力，组织语言培训，实现沟通无障碍。**三是**作风建设卓越，将石油精神传承具体化。弘扬“三老四严”“实干苦干”的石油精神，大力开展弘扬石油精神大讨论，不断丰富和发展石油精神新的时代内涵，结合党的优良传统，不忘初心、砥砺前行；通过推进年度工作计划、重点工作、党委会、办公会等决策部署落地，不断强化队伍执行力建设；坚持央企没有例外、海外不搞特殊，持之以恒贯彻中央八项规定精神，为海外发展营造风清气正的净土。**四是**项目管理卓越，将提质增效工

作具体化。管好作业者项目，按照顶层设计合理、关键节点清晰、成本控制有效、积极开拓新业务等方面推进海外项目管理国际化；管实非作业者项目，按照运营策略科学、过程管控有效、发挥主导作用等方面推进非作业者项目运营机制化；抓牢新项目管理，抓好海外战略布局，按照5～10年建成6000万吨的产量规模推进海外战略，为中国海油国际化发展当好“参谋部”和执行者。**五是**绩效表现卓越，将经营管理目标具体化。将各项经营管理任务及工作计划逐一细化分解，促进各项任务指标如期保质完成，实现项目和个人综合考核成绩的进一步提升；深入推进“质量效益年”4.0版活动，对项目盈利情况、预算执行情况、成本控制情况、安全指标完成情况等关键指标进行逐一明确，根据完成情况设置评分等级，将其作为基层党组织工作考核的重要依据，确保党建工作与生产经营的有效融合。**六是**服务发展卓越，将岗位履职尽责具体化。对海外项目所从事的具体工作进行梳理，对于符合战略发展目标的，坚决执行、有序推进；对不符合战略目标的，及时调整，避免出现方向性错误；分析不同海外项目、资产的全周期或中长期规划方案，确保项目发展符合公司规划及发展要求。对影响规划方案落地的重大事项，及时上报，提高规划方案的科学性、有效性；组织开展专题研究，分析影响效率的关键因素，设计建立科学严谨的工作流程；重视培训工作，不断提升员工的专业技能水平。

四、改革成效

（一）初步破解党建生产“两张皮”难题

国际公司党委遵循“四个转化”、落实“五到位”，初步破解党建与生产经营“两张皮”难题。伊拉克党总支在上产的关键阶段发出“大干100天，上产15万桶天，蓄势6000万桶年”的倡议，推动油田上产16.5万桶/天，实现2016年产量历史性突破5000万桶。东南亚公司重点抓预算、采办、修井效率、作业船舶工效、库存和运营模式，SES区块全年降低直接作业费约914万美元；BD气田项目通过创新管理，顺利完成高温、高压、高含硫钻完井作业，成为中海油海外首个成功完成的“三高”气田水平井钻完井项目，节省费用约1300万美元。尼日利亚OML130项目，通过与作业者展开艰苦的谈判“斗争”，最终实现单井平均钻完井工期缩短31%、钻井时效提高11%、费用节省约25%。

（二）以最小投资带来最多产出

伊拉克公司采用联动PMT－PMC－EPC承包商机制、高效PMT授权和管理体系，工程和生产人员不足20人，2年时间完成1700万吨/年原油处理能力、15亿方/年的天然气处理厂、千万吨级的水处理厂、120MW的大型电厂；利旧先行、先达产、先回收，为米桑油田迅速提产创造了地面空间和产值；采取一体化互补，渐进式新项目投资策略，地面工程优化调整投资降低9亿美元；巴西公司力推中海油价值勘探理念，增强合作话语权，在libra项目提质增效过程中提出各种意见和建议83条，其中20多项措施被作业者接受。

（三）基层党员充分发挥先锋模范作用

海外基层党员在工作中彰显党性，体现出共产党员与普通群众“理想信念不一样、精神境界不一样、作风形象不一样、责任担当不一样、价值创造不一样”。米桑油田上产指挥工作组每天加班到深夜23点；党员卢岩在上产号召中立下誓言，“100天后再倒班！”修井队和增产队100多名中国员工在现场坚守100天。乌干达公司党员陈献敏在短短6个月时间内，争当“排头兵”，深入勘查，周密筹划，有力保证了物流、运输服务满足钻井作业的需求；带领同事圆满完成Kanywataba钻井作业的采办、合同、物流和现场支持工作。海外党员用实际行动诠释了中国海油国际铁军“铁的信仰、铁的信念、铁的纪律、铁的担当”的深刻内涵。

五、经验启示

一是海外党建要做到“一体化、一条心、一个方向”。海外党建要充分利用公司在当地的资源和影响力，团结各兄弟单位党组织，通过党建工作体系建设实现区域内党组织一体化管理；党员干部和普通党员一条心，党员和群众一条心，上游公司和服务公司一条心。通过党组织的影响力，实现文化融合；及时纠偏，防腐拒变，时刻掌握正确的前进方向，确保实现公司的海外发展中长期战略目标。

二是实施“海外党建创新”，实现发展新模式。通过创新海外党建，整合油田内的各中资国企，逐步建成以国际公司为核心，统筹全局部署、细化分工明确，打造全方位的“一体化协调发展体”，为国企海外战略的实施探索集群发展新模式。

三是实现以党建促生产。聚焦目标，激发活力，将政治优势转化为先进生产力，努力推动产量目标以及未来生产目标，依托油公司软实力，带动集团内部关联单位硬实力发展，做强做大集团综合效益。

136

创新实施党建“五大工程”为企业改革发展提供坚强保证

国家电网国网吉林电力

一、基本情况

国网吉林省电力有限公司（以下简称“国网吉林电力”）是国家电网公司的全资子公司，以经营、管理、建设电网为主营业务。供电面积16.2万平方公里，服务人口2632.2万人。所属二级单位22个，县级供电企业49个。全口径用工总量为36572人，资产总额510亿元。2016年售电量522.1亿千瓦时，利润总额2.52亿元。

公司现有党组织1082个。其中，省公司党委1个，基层单位党委100个，党总支41个，党支部940个。共有党员15756人，占员工总数的42.96%。

二、改革背景

国网吉林电力是老国企，员工总量大，历史包袱较重，售电规模相对偏小，管理基础相对薄弱，综合实力不够强，企业面临着经营扭亏等一系列改革发展艰巨任务。习近平总书记强调，坚持党的领导、加强党的建设，是国有企业的“根”和“魂”，是国有企业的独特优势，是必须坚持的重大政治原则。要推动国网吉林电力各项改革全面落地、不断突破，必须充分发挥各级党组织的创造力、凝聚力和战斗力，必须充分发挥广大党员的先锋模范作用，全面推动党建工作提水平上台阶，激发企业内生动力，破解改革发展难题，真正把党的建设独特优势转化为推动公司和电网发展的竞争优势、创新优势和科学发展优势。

三、改革实践

国网吉林电力党委创新实施企业党的建设“五大工程”（即核心工程、熔炉工程、融入工程、文化涵养工程和深根工程），促进党建工作科学化水平全面提升。

（一）以核心工程落实管党治党责任，健全党建责任体系

加强各级党委和党委班子建设，进一步提高党委发挥领导作用的能力，进一步提高党委班子“把方向、管大局、保落实”的能力。**一是**强化领导班子建设。国网吉林电力党委带头开展中心组学习，以实际行动践行“四个意识”。各级领导班子成员严守党的政治纪律和政治规矩，严格执行民主集中制、“三重一大”议事规则和决策程序，带头执行双重组织生活制度，坚持参加支部活动、为支部讲党课。**二是**构建齐抓共管格局。制定完善党委、党支部、党小组工作职责18条，各级党组织书记、委员以及党小组长党建工作职责40条，明确了不同岗位抓党建工作的侧重内容和有效方式，督促落实抓党建主体责任、第一责任、一岗双责。**三是**融入公司治理结构。2017年6月完成公司制改制，实行董事长、党委书记“一肩挑”。将党建工作要求写入公司和各级子公司章程，明确党组织在公司治理中的法定地位。修订印发公司党委会议和总经理办公会议议事规则，坚持把党组织研究讨论作为决策前置程序，保证党组织意图在重大问题决策中得到充分体现。**四是**强化考核监督。坚持定性与定量相结合，构建日常考核、年度考核等评价体系，建立民主测评、业绩考核、对标评价、廉政考察、反向测评等多位一体的领导班子综合考评机制。实施定责、讲责、践责、督责、评责、追责“六步工作法”，按月开展党建工作专业考核，并纳入

企业负责人业绩评价。开展省、市、县公司三级巡察，实现对各层级单位的巡察全覆盖。

（二）以熔炉工程夯实基层基础，增强党组织凝聚力和战斗力

牢固树立党的一切工作到支部的鲜明导向，全面加强基层组织建设，严肃组织生活，严格党性锻炼，使其真正成为固本强基的熔炉。**一是**建设基层组织，确保应建必建。科学规范、动态调整基层组织设置，建立完善党委（总支）—党支部—党小组三级组织架构，实现有党员的地方就有党组织覆盖。2017 年完成 255 个应换届基层党组织换届选举。严格选任标准，拓宽选任渠道，为 940 个基层党支部全部配齐专兼职支部书记和支部委员。**二是**健全实用制度，加强阵地建设。制定《公司标准化党支部资料及阵地设置规范》，明确“一本五盒”（党支部会议 1 个记录本，组织管理、党员管理、组织生活、综合管理、载体管理 5 个档案盒）资料台账要求，统一规范党支部基础资料设置。组织开展“一室一廊一岗一栏”（党支部活动室、办公廊道、党员示范岗、工作宣传栏）党建活动阵地建设。制定党支部标准化建设 19 条考核标准，推动支部建设制度化、规范化。**三是**建强基本队伍，提升党员素质。围绕党员思想政治建设和业务能力提升，制定实施 2016—2018 年党员培训规划，开发党员培训三年素质提升课程体系，创新实施“重走抗联路”党员党性实训项目。持续深化“三亮三比”主题活动，按不同岗位分类制定“四讲四有”合格党员标准 3738 条，亮出党员身份，增强党员意识，全面提升党员能力素质。

（三）以融入工程提升价值创造能力，促进党建工作与中心任务紧密结合

坚持融入中心、服务大局，推行党建与业务工作“五同时”（同时计划、同时布置、同时检查、同时总结、同时考核），做到业务发展与党的建设同频共振、互推共进。**一是**聚焦服务基层，开展“专业＋一线”党支部联建活动。组织专业部门党支部与各基层单位党支部实行联建，将党建

工作与“五位一体”协同机制结合，写入职责，融入流程，嵌入制度，编入标准，纳入考核，在专业管理中固化下来，着力解决党建“虚化”问题和基层党组织“两张皮”现象。2017年针对20个重点工作任务，53个支部开展联建，攻坚克难助推任务完成。**二是**聚焦业务骨干，建立“两培养一输送”机制。通过实施省市县公司三级管理、市县公司两级培训，把业务骨干培养成党员，把党员培养成业务骨干，把党员骨干输送到更加重要的岗位，做到重要岗位有党员、主要骨干是党员、关键时刻见党员，充分发挥党员先锋模范作用。**三是**聚焦急难险重，发挥共产党员服务队作用。公司成立了180支吕清森共产党员服务队、队员3340人。面对急难险重任务，党员服务队不畏艰险、冲锋在前、无私奉献，顽强拼搏，全面彰显了先锋形象。**四是**聚焦安全生产，实施党组织三级保障、四级监督。充分发挥党委、党支部、党小组三个层级党组织在安全生产中的保障作用，党委书记、党支部书记、党小组长、党员四个层级履行监督责任，以生产作业现场危险点的有效监督为重点，进一步规范保障监督内容和措施，提高保障监督质效，助推公司实现11个安全年。

（四）以文化涵养工程强化思想引领，打造企业精神高地

以加强党的思想政治建设，坚定广大党员和干部员工的理想信念为着力点，深入培育涵养践行社会主义核心价值观，加快建设和弘扬卓越企业文化，为改革发展凝聚共识、凝聚智慧、凝聚力量。**一是**打造思想建设阵地。采取“1+2+2”（1个省公司、2个市公司、2个县公司）三级联动模式，全面建设集政策宣讲、党组织建设、党员教育、典型宣传、党建创新、品牌传播、形象展示于一体的专业化党建云平台。**二是**创新理论学习模式。实施全员政治理论每月“半日学”，分层分类开展政治理论学习。创新建立“微感动”微信公众平台和736个学习考核微信群，采取“互联网+学习”方式推送学习资料，实现政治理论学习全覆盖。**三是**培育先进典型名片。把握典型成长规律，发挥典型辐射作用，努力培育具有鲜明行

业特色，富有感召力和影响力的先进典型群体。公司员工吕清森同志获得全国道德模范提名奖、中央企业道德模范称号；初建美同志获得全国岗位学雷锋标兵、吉林省道德模范、“感动吉林”年度人物称号。

（五）以深根工程服务青年成长成才，激发团青组织活力

制定青年“深根”工程指导意见，将青年培养工作纳入党建专业考核体系，实施职业规划，加大培养力度，努力让青年成为最富活力、最具创造力的群体。**一是**实施青年职业规划。组织所属二级单位广泛建立青年职业发展规划，确立青年员工入职5年跟踪培养目标，对青年开展跟踪管理，促进青年成长成才。**二是**发挥团青组织作用。实施青年网格化管理，组建本部青年工作站、新员工团总支等新组织5个，深根工作室等微信群65个，覆盖青年4983人，加强青年教育，引导青年行为。**三是**推动载体创新。大力实施团青组织创新、载体创新，开展省市县公司青春大讲堂活动，制作青年入职宝典，满足青年需求，凝聚青年力量。开展青年创新创意大赛，引导青年立足岗位、奉献智慧，更好地发挥生力军作用。公司3个项目获中国青年志愿服务项目大赛金奖和银奖。

四、改革成效

党建工作是推动发展的坚强政治保证。国网吉林电力党委班子凝心聚力，基层支部攻坚克难，党员干部主动作为，充分发挥党建工作优势，推动企业各项改革持续深入，取得了显著成效。**一是**电网建设实现新突破。克服重重困难，全力推进扎鲁特配套工程建设，2017年底与主体工程同步投运，打通了电力外送通道。吉林电网实现由220千伏向500千伏跨越升级。**二是**经营管理实现新提升。以实施智能交费为突破口，推动营销管理模式变革。广泛应用“互联网＋营销”模式，所有乡镇供电所全部建成“全能型”供电所，提升了企业现代化管理水平。**三是**公司业绩实现新成效。2017年公司将摘掉累计亏损的帽子，彻底实现扭亏增盈。平稳有序完

成集体企业改革任务，推动集体企业“瘦身健体”，增强市场竞争力。**四是**精神文明建设取得新成果。大力弘扬“努力超越、追求卓越”的企业精神和“诚信、责任、创新、奉献”的企业核心价值观，公司上下形成了风正、气顺、干事、创业、劲足的良好氛围。公司先后获得全国“五一”劳动奖状、全国文明单位、省文明行业等荣誉称号。

五、经验启示

（一）必须把“四个意识”落实到具体工作中

在改革实践中，必须不断增强政治意识、大局意识、核心意识、看齐意识，自觉在思想上政治上行动上同以习近平同志为核心的党中央保持高度一致，始终做到对党忠诚，坚决服从工作大局，切实把“四个意识”落实到安全生产、优质服务、电网建设、深化改革、提质增效等工作中。

（二）必须充分发挥党委主体责任

扎扎实实地把各级党组织主体责任、书记第一责任、班子成员一岗双责落细落小，形成任务清单、责任清单，明确具体人、具体事，压紧压实责任，层层传导压力，充分发挥党委“把方向、管大局、保落实”的领导作用，确保各项改革发展任务落地生根、取得实效。

（三）必须提升党建专业管理和价值创造能力

要坚持用专业化的思维抓党建、用专业化的制度管党建，将全新的思维方法、管理理念、策略手段运用到公司党的建设中来，在“融入”上下功夫，在“内嵌”上做文章，把党建工作有机贯穿于所有业务工作中，以党的建设引领和推动企业持续健康发展。

137

党旗聚力铸堡垒　核心引领促发展

南方电网广西电网

一、基本情况

广西电网有限责任公司（以下简称“广西电网”）是中国南方电网有限责任公司的全资子公司，下设分、子与控股公司63家，现有员工4.5万人，主要负责广西电网的投资、建设和经营管理，负责输配电管理、电力购销、电力交易与调度、电力资源优化配置等业务，承担着为广西经济社会发展提供可靠优质电力保障的重任。2016年，公司累计完成售电量1049.3亿千瓦时，第三方客户满意度77分，连续4年获得广西公共服务行业公众满意度第一名，四度蝉联“全国文明单位”“全国法制宣传教育先进单位”，多次荣获“广西优秀企业”“广西企业100强”等称号。

二、改革背景

党的十八大以来，以习近平同志为核心的党中央对国有企业党的建设高度重视，先后作出了一系列重大决策部署。自2014年以来，广西电网牢牢把握大局大势，始终坚持把加强党的领导、党的建设作为公司的“根”和“魂”，把全面从严治党贯穿公司改革发展全过程，着力在创机制、固基础、铸堡垒、树品牌上下功夫，坚定不移地把党的政治优势、组织优势转化为企业的竞争优势、发展优势，切实把思想和行动统一到党中央决策部署上来，以更加饱满的政治热情、更加扎实细致的工作作风，切实做好企业党建改革发展各项工作。

三、改革实践

（一）强化顶层设计，将党的领导嵌入公司治理

广西电网坚持问题导向，从强化顶层设计入手，健全完善企业党建工作体制机制。**一是**加强系统反思谋划。结合党建工作“回头看”、党建工作专项督查、内部巡视等形式，对公司近年在管党治党方面存在的薄弱环节进行系统反思和总结梳理。细化制定《加强和改进党的建设的实施方案》《关于进一步推进党建重点任务落实落地的实施方案》等文件，并将党建工作纳入公司“十三五”发展规划进行系统谋划。**二是**完善组织领导机制。坚持党的领导和完善公司治理相统一，修订公司及所属子公司章程，明确了党组织在公司治理中的法定地位。党建工作领导小组实现全覆盖，所属62家单位的党政主要负责人实现“双向进入、交叉任职”，三、四级单位党组织关系全部划转公司垂直管理，公司管党治党力度得到空前加强。推进党组清理规范工作，成立公司第一届党的基层委员会和纪律检查委员会，进一步强化了公司党的领导。**三是**健全党建工作机制。坚持“四个同步、四个对接”原则，规范“一局一党委、一县一党委、一所一支部”设置，188个供电所成立了党支部，覆盖率达94.5%，试点推广“党支部建在项目上、党小组建在班站上”等党组织设置模式。完善党建工作制度，梳理优化党建工作业务事项和关键流程，承接和细化党建A、B类制度23项，完成业务指导书本地化修编18份，党建工作规范性文件覆盖全业务领域，实现一体化管理。规范各级党建工作机构及党务干部尤其是专职党支部书记配置标准，充实基层党建工作力量。

（二）创新机制手段，构建发挥作用新模式

针对近年来公司基层党建工作中不同程度存在的党建责任落实逐级减

弱、基层党组织软弱涣散、党员先锋作用发挥不明显的问题，广西电网进一步找准症结，创新打造“11135”（即一个指导意见、一个主责清单、一项行动机制、三级到位履职评价体系、五类创新示范项目）的党组织发挥作用新模式，推动党建工作与中心工作血肉相连、融为一体。

“一个指导意见”：制定出台公司《关于进一步推动党组织融入中心发挥作用的指导意见》，细化各级党委、党支部、党员融入中心、发挥作用的8大工作机制和28项实施载体，推动党建与中心工作深度融合。

“一个主责清单”：开列全面从严治党主体责任清单。2016年，出台《公司党组（党委）及领导班子成员全面从严治党“一岗双责”责任清单》，明确各级党委、党委书记、领导班子成员三类7个方面管党责任。2017年，与时俱进修编制定《公司各级党组织党建主业主责清单》，进一步清晰细化公司6个党组织管理层级24个责任主体管党治党履职内容及任务要求，推动管党治党责任逐级落实。

“一项行动机制”：建立党组织参与应急管理行动机制。认真总结近年来公司系统各级党组织在参与应对超强台风、洪水等突发事件中的经验做法，制定出台公司《基层党组织突发事件发挥作用行动方案》，明确各级党组织、党员在应对电网突发事件处置不同预警、响应阶段中的启动程序及工作内容，提升党组织参与应急管理工作的规范性和有效性。

“三级到位履职评价体系”：建立健全可量化、可考核、全覆盖的党委、党支部、党员三级到位履职评价体系。**党委层面**，出台《基层党委书记工作到位标准》，梳理明确党委书记8个方面基本职责、35条工作到位要求、110个到位履职评价指标。同时，在南网系统率先开展基层党组织负责人述职评议考核试点工作，并将党委书记到位履职评价与领导人员个人专业业绩挂钩，占领导人员综合考核评价总分权重的25%。**党支部层面，**从党支部书记基本素质要求、工作任务和工作到位要求等突出专、兼职党支部书记到位履职差异化，其中专职支部书记关键任务指标25项，兼职党支部书记关键任务指标15项，以及8种“一票否决”的情况，推动党支部书记主动到位履职。**党员层面，**制定公司《党员到位标准》对照“四优”党员（政治素质优、岗位技能优、工作业绩优、群众评价优）标准，明确 15 项主要指标及直接评为“不到位”的行为，并与南方电网公司民主评议党员（党员先进性测评）有机结合，每年年末接受党组织和党员、群众综合评价，评价结果作为党员先进性测评的重要依据，党员被评定为“不到位”的，其党员个人先进性测评不能被评为“优秀”“良好”。

“五类创新示范项目”：紧扣服务企业中心工作和加强基层党组织建设，以创建“示范书记项目、示范星级（标杆）党支部、示范党员先锋岗、示范先锋工作室（班站）、县级供电企业党建工作示范单位”为主要内容，大力推进基层党建创新，充分发挥典型引领辐射带动作用，打造一批叫得响、树得起的党建创新标杆。近两年先后有 27 个“书记项目”、69 个先进基层党组织和 22 名优秀党员被命名为党建示范标杆。

（三）抓好关键少数，牢固树立正确选人用人导向

广西电网公司党委坚持党管干部原则，按照德才兼备、以德为先的原则，突出业绩导向、基层导向和人文关怀，以好干部标准和国有企业领导人员要求选好用好干部。**一是**完善干部人才管理机制。严格遵照中央、南网公司干部人才管理要求，组织修订公司《领导人员管理规定》《所属单位领导班子和领导人员考核评价办法》《干部教育培训管理细则》等 11 项干部人才管理制度，统一了各级干部退二线年龄等影响广泛的重要标准，实现了省市县一体化管理。**二是**从严选拔和配备干部。严格执行《党委（党组）讨论决定干部任免事项守则》，坚持“凡提四必”。突出以“德才”和“实绩”选拔干部，树立选人用人正确导向。加强干部交流和班子配备，注重多岗位、多层级锻炼干部，近五年来调整所属单位党政主要负责人 108 人次，交流干部 121 人次，选人用人总体满意率均保持在 99% 以上。**三是**从严教育和培养干部。系统培养各级干部，坚持“干什么学什么、缺什么补什么”原则，五年共举办各类干部教育培训 144 期，培训干

部 14.3 万人次。加强干部队伍梯队建设，实施后备干部培养“211”计划、“123”计划，打造更具战略性和前瞻性的干部培养机制。

（四）持续正风肃纪，保持惩治腐败高压态势

聚焦监督执纪问责，持续正风肃纪，着力构建不敢腐、不能腐、不想腐的体制机制。**一是**层层压实“两个责任”。制订完善“两个责任”落实、巡视巡察、廉洁从业等制度，逐级严格执行。持续强化监督执纪问责，成立公司监督管理委员会，落实党风廉政建设约谈、提醒、报告等机制。积极推进纪检监察体制机制创新，在 7 个供电局设立纪检监察中心，推进所属单位、县级供电企业纪委书记专职化，确保监督责任在各个层级落到实处。成立巡视（巡察）组并配备专职组长，实现所属 67 家单位巡视全覆盖。**二是**探索实践运用“四种形态”。推进“四种形态”试点工作，抓早抓小运用“第一种形态”，各级党组织累计开展“四种谈话”4619 人次，共 791 人主动交代问题，上缴违规违纪金额 52 万余元，问题存量有效削减，案件发生比例逐年下降。持续保持高压态势，严肃查处重点业务领域和关键环节腐败问题，着力解决损害群众利益的不正之风。十八大以来共受理信访举报 1210 件，给予党纪政纪处分 629 人。**三是**加强作风建设。严格执行中央八项规定精神，制定出台《关于进一步改进工作作风的实施细则》等制度，持之以恒狠抓“四风”问题整治及成果固化。公司业务接待费、会议费、因公出国（境）考察费均大幅下降。五年来公司系统累计查处违反中央八项规定精神问题 15 件，给予党纪政纪处分 27 人，通报曝光 35 人。

四、改革成效

通过一系列的全面从严治党举措的落实，广西电网有力推进了基层党组织建设，促进了全面从严治党责任的落实，推进了党建工作与生产经营、改革发展的血肉相连、浑然一体。

一是管党治党责任落实更加到位。公司各级党组织和党组织负责人党建主业、主责意识明显增强，对抓党建应负什么责、该干什么事做到心中有数，认真履行“一岗双责”，抓好分管领域党建和党风廉政建设，公司上下重视、支持党建工作的良好环境和氛围逐步形成。

二是党组织活力更具生机。通过实施“11135”的党组织发挥作用管控模式，公司上下对党建工作融入中心、发挥作用有了统一的尺度，提升了党建工作的规范性和科学性，党建工作服务发展、服务职工、服务党员的价值充分显现，党组织活动更具活力。

三是企业深化改革推进更加有力。公司党委充分发挥把方向、管大局、保落实的领导作用，各级基层党组织、广大党员充分发挥战斗堡垒和先锋模范作用，砥砺前行、攻坚克难，推动公司生产经营、改革发展各项事业稳步前进。特别是在应对广西电力体制改革严峻复杂的局面时，公司党委超前分析研判，做好顶层设计，反复推演采取有力措施，最终在交易机构组建、输配电价改革、增量配电网业务等核心问题上取得了超出预期的成果，真正把党的领导优势转化为企业改革发展的胜势。至2016年底，公司资产规模、营业收入、售电量比2012年底分别增长了30.9%、8.7%、12.6%，在南方电网系统综合排名紧随广东电网公司，位列西部四省区第一。

五、经验启示

（一）国有企业的改革发展必须坚持党的领导

坚持党的领导、加强党的建设，是国有企业的光荣传统，必须从讲政治、顾大局的高度，充分发挥党委“把方向、管大局、保落实”的领导作用，才能保证企业正确的发展方向，真正成为党执政兴国的重要支柱和依靠力量。

（二）党建工作必须坚持融入中心工作才能转化优势

党建工作是国有企业独特的政治优势。只有把党的建设畅通到生产经营、改革发展，将党建目标任务融入中心工作，才能推动党建工作与生产经营血肉相连、浑然一体，真正把党的政治优势转化为公司发展优势。

（三）落实党建责任必须全面从严才能建设优秀队伍

严管就是厚爱。只有层层压实管党治企责任，从“关键少数”破题，突出领导干部这个重点，树立正确用人导向，打造一支政治可靠、业务精湛、作风正派、工作扎实的干部员工队伍。只有继续保持惩治腐败高压态势，加快构建不能腐的体制机制，才能确保企业依法经营、员工队伍政治安全。

（四）党建工作必须坚持与时俱进才能适应时代要求

解放思想才能激发活力。只有将继承发扬党的优良传统与推进党建改革创新结合起来，把思想、眼界从传统党建、纸面党建、会议党建的框框里跳出来，以问题为导向，在实际工作中找到发挥作用的关键，才能增强党组织活力，始终适应形势变化，符合时代要求。

138

探索混合经济体下共荣共建基层党建新模式

神华集团河西运输段

一、基本情况

神朔铁路河西运输段（以下简称“河西运输段”）是神华集团下属三级单位。神朔铁路是我国“八五”计划重点建设项目之一，正线总长 270 公里，为国家Ⅰ级电气化重载铁路，是神华集团一体化运营系统的重要组成部分，是我国继大秦铁路之后第二条西煤东运大通道。截至 2016 年，神朔铁路开通运营二十年，累计运输煤炭 25.16 亿吨，实现运输收入 921.53 亿元，固定资产净值达 120.66 亿元，实现了良好的经济、社会效益。

二、改革背景

在神朔铁路建设运营的二十年中，参与建设、施工、运营的单位较为稳定的有 30 余家，其中既有国企，也有民企和集体企业，共同组成了神朔铁路混合经济体。但在实际工作中，逐渐暴露出非公经济体党支部建设滞后、制度不健全、党员流动性大、党内组织生活不规范等问题。如何发挥基层党组织的战斗堡垒作用和党员先锋模范带头作用，成为河西运输段的新课题。

在这种情况下，河西运输段从 2014 年起，在神华集团内率先探索党建工作改革创新新思路，以支部“统筹共建”为切入点，从合作单位中选择共建对象，条件成熟一个、发展一个，最终形成了有河西运输段特色的、经过实践检验的、与河西运输段快速发展相适应的混合经济体党建工作新模式，促进了河西运输段的健康、稳定、快速发展。

三、改革实践

（一）强化联建支部建设

河西运输段对非公有制企业党组织的设置探索出了联合共建、联合支部两种模式。**联合共建**是按照“行业相近、地域相邻、数量适中、方便工作、促进发展”的原则，实行组织“联动”、活动“联抓”、资源“联享”，“交叉”培养入党积极分子，共同上党课，共同建立党员责任区，共同使用党员活动室。先后与河北同发神朔项目部、沙牛峁大队党支部采用了联合共建模式。**联合支部**是依托企业日常管理建立联合党支部，将党员人数较少甚至没有的外部委托单位统一纳入联合党支部管理。委派优秀党员作为党建联络员进入到外部委托单位，指导外部委托单位党建工作并且协助发展党员。四川眉山崇仁建筑工程公司、中铁二局黄羊城项目部先后并入神朔同区域党支部管理。

（二）完善流动党员管理

河西运输段对联建支部流动党员做了专项摸底，建立了流动党员动态管理档案，让“口袋党员”“隐形党员”亮身份，确保党员“流”而不“失”，理顺了组织关系，并保证每个流动党员都编入党组织。联建支部结合流动党员自身特点，探索建立与流动党员相适应的管理制度。**一是**实行定期活动制度。参照河西运输段党建工作，制定党的“三会一课”“政治学习”等制度，确保与河西运输段党委活动保持一致，保证流动党员可以参加党的组织生活。**二是**创新考核机制，促进党员活力。河西运输段制定了流动党员考核办法，把目标任务完成情况与预备党员转正、民主评议党员挂钩，各党支部每季度向党委提交党员评议考核情况，对目标任务完成好的党员进行表彰奖励，对没有完成目标任务的党员，做出相应处理。**三是**定期汇报制度。要求流动党员定期向组织汇报自己的思想、工作、学习、生活等方面的情况，积极鼓励流动党员有困难找组织帮助解决，有心里话找组织倾诉。

（三）深度融入企业中心工作

一是联建支部把实现安全生产与加强党建工作相结合，在各专业设置党员示范岗及党员责任区，实行党员分片包干责任制。在实际工作中，切实发挥“一个支部就是一座堡垒、一名党员就是一面旗帜、一个党员责任区就是一块阵地”的先锋模范作用与安全监督作用，贯彻落实“以人为本、明示管理、风险预控、落实责任”的安全生产方针，强化对薄弱环节、要害场所、重点岗位的安全监督管理，实现责任区内无违章、无违纪、无事故的目标。党支部成立职工代表安全检查写实队、青安岗员、群监员、护路队等基层安全先锋队，定期深入作业现场查岗和巡视护路。**二是**将生态环保、节能减排等工作与加强党建工作相结合，纳入考核体系，在创建现代化铁路运输线的同时，施工单位、地方政府、铁路沿线党员群众、企业员工共同参与监督，对改善沿线生态环境发挥了重要作用。**三是**坚持以人为本，注重与员工共享企业改革发展成果，积极改善民生，提升员工的归属感、成就感和幸福感。坚持以职代会为基本形式的民主管理制度，联建支部组织召开职代会，对薪酬福利、带薪休假、家属职工宿舍分配方案等涉及职工切身利益的重大事项进行民主讨论，职工全程参与监督。联建支部共同组织开展联谊会、趣味运动会、知识竞赛等文体活动，极大地提升了联建支部全体党员的集体荣誉感和幸福感。

（四）地企联建促进稳定和谐

一是河西运输段与区域内地方党支部进行地企联建，签订《地企党支部共建责任承诺书》，联合举办党员活动，进一步增进了周边群众与企业员工的友谊和感情。新城川党支部与府谷县新民镇新城川村党支部联合举办了“庆祝建党95周年地企联建文艺晚会”，极大地丰富了地方人民与企业员工的精神文化生活。**二是**依托地企支部联建，促进铁路沿线共同治理。新城川线路联建支部发现当地金属镁厂长期向路基方向倾倒废渣废土，主动与其共同治理隐患，共同承担费用，从源头上解决了环境污染问题。府谷线路巡道中发现村民在黄河大桥桥头下违法挖凿山洞，距离铁路桥最近仅11米，通过联建支部及时与当地政府沟通，联手解决了这一重大安全隐患。**三是**拓展工作思路，积极创造就业机会。联建支部积极协调联建单位提供就业信息，运用相关政策支持各方解决当地群众就业，先后提供了700多个就业岗位，有效缓解了周边剩余劳动力和大中专毕业生的就业压力，带动了区域共同发展。**四是**联建党支部与地方困难党员、贫困大学生、五保户建立“三对三”结对帮扶，组织志愿者参加“爱心促和谐”等志愿者服务活动，为当地的孤寡老人、残疾人、对口服务家庭、养老院送温暖，举办地企鹊桥联谊会为适龄单身男女解决婚姻问题，促进了和谐发展。

（五）完善联建工作长效机制

河西段党委按照“党务共建、发展共谋、民生共解、资源共享、合作共赢”的思路，统筹推进联建工作，逐步探索建立了联建长效机制。**一是**制定“联建支部考核指标”，将员工稳定率、人身安全、设备安全、环境保护、违法违纪等工作同部署、同指导、同考核，发生重大违法违纪问题即取消联建资格。**二是**定期分析联建指标，不断丰富联建内容，扩大联建范围，优化考核办法。**三是**建立围绕生产开展支部主题活动的机制，带动联建单位融入中心工作，提升基层组织整体效能。

四、改革成效

（一）发挥了基层党组织的战斗堡垒作用

支部联建把分散的党员个体、相对薄弱的党组织整合起来，纳入神华集团党建组织体系，进一步规范了党员组织生活，提升了党员的工作积极性和责任意识，团结了广大群众，增强了党支部的凝聚力、战斗力。通过组织力量，仅2016年就有5名党员在“师带徒”支部主题活动中提升了技能等级，2名党员走上管理岗位，在各项活动中涌现出了一批积极分子。通过支部联建，中央精神、企业任务更快速有效地在最基层得到贯彻落实，基层党支部的战斗堡垒作用得以充分发挥。

（二）促进了企业安全生产经营

支部联建使全站区干部职工上下一心，人人讲安全、人人抓安全，有力推动了安全生产向纵深发展，大幅提升线路优良率。河西运输段各专业零故障工区不断涌现，其中，联建支部所管辖的所有6个线路工区从2013年进入河西运输段至今一直都被考核为零故障工区。2016年，通过太原铁路局轨检车对管内线路优良率和合格率进行动态检查，河西运输段管内线路设备下行优良率实现100%，上行优良率实现97%。其中，联建支部管辖线路优良率达100%。

（三）构建了稳定和谐共赢的地企关系

自开展支部联建以来，之前困扰河西运输段的合作单位人员流动频繁问题极大改善，员工稳定率平均保持在98%左右。不断加大地方公益事业的投入力度，近年来慰问困难党员和贫困大学生22人次，组织志愿者开展送温暖等活动12次，促成5对适龄青年找到心仪对象，促进了地企关系和谐稳定发展。通过与地方政府在治安、就业、安全教育等方面的联合共建，河西运输段所辖区域内至今未发生一起重伤及以上人身事故、恶性公路交通事故、重大环境问题、影响较大的群体性事件及其他重大影响恶劣的违法违纪问题。

五、经验启示

（一）混合经济体的联合共建是实现区域党建的一种有效方式

河西运输段联合共建的党建工作新模式，将区域内影响企业生产经营的各方联合起来，调动了项目参建单位的积极性，调动了地方政府和人民群众的积极性，也调动了企业自身和员工的积极性，超越了单纯的合同契约关系，从组织上、思想上、机制上产生了合力，把过去的“你是你、我是我”，变成了“你中有我、我中有你”，实现了在融合中共赢，在共赢中发展。

（二）混合经济体的联合共建可以产生良性“化学反应”

从实践来看，河西运输段与多家地方企业、民营经济体党组织统筹共建，并不是“国企优良传统”与“民企活力机制”的简单相加或叠加，而是要紧扣发展主题，在组织建设、人才培养、经营合作、文化交流等方面丰富共建内涵，发挥出党建工作不可替代的作用。河西段在联合共建中发现，一种新的企业党建机制在国企、民企党建的深度融合中创造出来，实现了党的要求、企业追求、社会需求高度契合。

（三）混合经济体的联合共建为国企履行社会责任提供了有效载体

强化企业的社会责任是国有企业在可持续发展道路上必须面临的重要课题，是国企实现科学发展的有力保障。河西运输段在与民营企业党组织统筹共建过程中，将企业的发展建设与利益相关方的期望相结合，让企业发展带来的益处会泽到铁路沿线所及之处，实现经济、环境、社会的多方共赢。实践证明，国有企业提出并强化其社会责任履行意识，不只是国有企业发展过程中的必然选择，也是促进我国在构建社会主义和谐社会道路上不断前行的重要动力。

139

强化党建引领　整合优势资源
沉淀自主核心能力　助推企业转型发展

中国移动中移杭研

一、基本情况

中移（杭州）信息技术有限公司（以下简称“中移杭研”）于2014年在杭州未来科技城注册成立，注册资金9亿元，为中国移动通信有限公司全资子公司。中移杭研贯彻落实中国移动“大连接”战略，聚焦“数字家庭、智慧政企、能力开放”业务主线，以研发沉淀能力、以应用扩大规模、以开放聚集生态，助推在科技创新、技术研发、运营支撑等方面竞争力提升，构建中国移动特色移动互联网生态。

中移杭研处于快速发展阶段，员工超过900人，共设5大研发部门、23条产品线，通过高新技术企业认定，具备CMMI－3、ISO14001、信息系统集成三级、安全工程类一级、安全开发类一级、增值电信业务经营许可等资质。成立三年来，累计实现收入13.8亿元，对外提供产品和服务近300项，服务企业数量超过24万家，服务个人用户超过5.2亿户，为数字经济发展和中国移动“大连接”战略实施贡献力量。

二、改革背景

移动互联网时代，数字经济成为转型升级重要支撑，运营商传统业务面临互联网企业产品、用户、生态等多层面冲击，存在被管道化风险。中国移动把握行业趋势，全面实施“大连接”战略，中移杭研承担为转型发展储备自主研发与互联网化运营能力的职责。公司成立时间较短，在激烈的竞争中求生存、求发展，面临“三个新”的困境：**一是**转型新领域，重点发力方向亟待明确，发展模式需要创新。**二是**应对新竞争，关键核心优势亟待建立，能力提升需要加快。**三是**建立新机制，互联网化管理亟待探索，组织活力需要激发。

中移杭研深入贯彻落实国企改革“1＋N”系列文件精神，聚焦重点领域，在公司内形成了“着力提升党建引领作用、着力创新业务研发体系、着力促进核心能力内化、着力布局生态资源整合”的“四个着力”改革举措，探索互联网化转型之路，以改革促转型、以转型促发展。

三、改革实践

（一）紧抓党建，强化发展引领作用

中移杭研以党建为引领，促进党建与业务深度融合，保障企业持续健康发展。**一是**强党建，方向引领。落实“四对接、四同步”，推进党建业务融合，逐步实施党组织对重点经营管理事项的决策前置，发挥国有企业党委把方向、管大局、保落实的领导作用。**二是**管人才，能力引领。坚持党管人才，打破传统组织配置，强化组织和人员的把关、锤炼，打造“大平台、小团队”岗位资源池，构建运营、研发、设计人才平台，岗位和人员双向配置。**三是**强组织，思想引领。加强典型选树，统筹推进“杭研先锋”“杭研之星”“最美移动人”，选树一批时代感强、贡献突出、文化契合的先进典型，强化正向激励，组建党员突击队、设立党员先锋岗，在发展中担当重任、攻坚克难。

（二）转变思维，创新业务发展机制

高效的管理模式是转型发展的基础，中移杭研以互联网化发展理念，在“定方向、抓机遇、增活力”上下功夫。**一是**定方向，重点发力。按照

集中优势，精准发力的原则，中移杭研综合研判行业趋势，在个人市场一片红海态势下，聚焦家庭用户入口，明确以连接为基础的数字家庭发展方向，整合内部研发、运营、渠道、服务资源，以“平台+硬件+入口+应用”模式，在数字家庭领域做深做透。**二是**抓机遇，快速布局。当前，互联网企业纷纷涉足数字家庭，进入“窗口期”明显收窄。为抓住机遇，提高市场响应速度，中移杭研采用“动态资源调配”和“垂直协作开发”方式，形成扁平化、矩阵式组织架构，建立信息沟通渠道、简化管理流程，软件研发、硬件研发、增值服务并行推进，仅半年时间数字家庭服务用户突破500万，为抢占市场先机提供坚实基础。**三是**增活力，创新机制。针对研发、运营、管理人才的选用，中移杭研拓宽招聘渠道，创新激励方式，校招与社招相结合，自荐与外推相结合，自主招聘、RPO、猎头服务差异化精准施策，提高人岗匹配度，个人绩效与组织及项目绩效紧密挂钩，形成“特别激励与全面激励相结合、短期激励与长效激励相结合”人才激励体系，激发组织活力。

（三）聚焦重点，促进研发能力内化

作为互联网化研发机构，能力优势是转型发展重要驱动力，中移杭研以“细对标、抓提升、强协同”为重点，固能力之本、强发展之基，储备核心能力。**一是**细对标，把握前沿。通过聚焦与连接、数字服务相关领域，中移杭研主动对标，建立“定对象、找差距、定目标、抓落实”的常态化对标机制，特别是针对大数据、物联网、人工智能等与数字经济发展相关的前沿技术，动态更新研究路线，分步推进研发攻关，形成技术领先优势。**二是**抓提升，建立优势。中移杭研多方式、多渠道齐抓共举，推进能力提升。对内部，以夯实研发和运营能力为目标，逐年滚动研发规划，提前部署专业攻关方向，以项目组打榜、项目化运作等方式组建专项攻关团队。同时，布局线上线下协同的渠道模式，掌握互联网运营方法，建立运营规则、流程、工具，形成规划、实施、评估、改善的闭环模式。对外

部，加强与研究机构的联合攻关，对前沿技术快速消化吸收，加速成果落地应用。同时，加强在核心算法、基础研究的资源投入，为行业标准、业务规范制定提供有效支撑。**三是**强协同，实现互补。中国移动各专业公司具备差异化的核心能力，通过能力协同形成竞争力。一方面，中移杭研通过加强横向专业协同，在数字家庭业务推广过程中，积极借助其他专业公司研发、测试、渠道、推广等资源，以组织能力协同促进业务闭环；另一方面，加强能力输出，支撑降本增效，自主研发核心产品参与中国移动集采过程，促进供应市场充分竞争，降低采购成本，并通过重点业务落地支撑，拉动发展价值。

（四）开放心态，布局生态资源整合

中移杭研进一步开放心态，发展视角从企业自身提升到整个产业链发展，通过"开放能力、促进'双创'、生态整合"三方面举措，带动数字经济发展。**一是**开放能力，促进产业发展。通信运营商网络能力是促进"互联网+"战略落地和数字化服务的重要基础，以网络能力对外开放为出发点，建设中国移动网络能力开放平台，自主研发能力组合编排、分发调度等关键技术，将网络基础能力封装成为可直接调用的应用能力。目前已开放 20 个能力大类、323 个原子能力，服务外部企业达到 192 家，能力调用超过 255 万次，既探索了新的价值增长点，又为中小企业数字化服务提供了有力支持。**二是**助力"双创"，打造孵化体系。落实国家"双创"要求，承担中国移动首家综合性众创空间"和创空间"的运营管理，面向全集团 57 万员工提供"双创"平台、孵化空间、U 形服务"三位一体"的孵化服务体系，提供良好的工作空间、网络空间、社交空间和资源共享空间，并运用核心能力重点帮扶"双创"团队。"双创"平台累计注册 14. 7 万人，参与众筹 12 万人次，和创空间 75 支团队 348 人入孵。2017 年 6 月中国移动正式对外发布和创计划，进一步探索对外开放，整合产业链上下游，汇聚人才、资本、市场优势，打造一站式创新创业平台。**三是**构

建生态，整合优质资源。生态构建是实现优势互补、形成核心竞争力的关键。一方面，通过支撑中国移动数字家庭联盟建设，整合产业资源，推进合作伙伴引入，联盟成员已达30余家，覆盖小米、京东、海尔等业内知名企业。推出标准连接协议Andlink，促进智能设备之间的快速连接，已接入覆盖安防、健康、控制、节能领域的56款智能硬件，协同合作伙伴提供数字家庭服务。另一方面，打造“创客马拉松大赛”品牌，整合外部优质开发者和创新项目资源，储备发展优势。

四、改革成效

通过一系列改革举措，重点业务快速发展、核心能力逐步形成、拉动效应有效发挥、战略支持效果显现，为进一步迈入发展快车道打牢基础。

（一）重点业务实现快速发展

中移杭研在落实“大连接”战略、加速产品落地、数字家庭业务等方面取得突破性进展，形成了“一个家庭账户、一个网关、一个入口、一个平台、一套增值产品”的五个一的产品体系，并以连接为基础，完成数字家庭业务管理平台建设，自主研发智能家庭网关并推进落地应用，全网激活达到150万台，支持家庭智能硬件控制超过50万台，打造中国移动家庭用户统一入口“和家亲”APP，用户数超过600万，实现业务价值与质量的双提升。

（二）核心能力实现快速积累

在软件、硬件、服务一体化模式下，中移杭研兼顾智能网络、物联网、信息安全前沿领域，快速形成能力优势。通过不断完善IT研发体系，创新核心研发架构，增强研发原子化能力，中移杭研在智能网络商用演进研究方面取得了初步成果，物联网NB－IOT建设及应用支撑能力初步形成，研发“和盾”安全管控产品，安全防护与信息管控能力超越互联网竞品，进入行业领先行列。同时，中移杭研的基础研究成果也得到了行业认可，申报专利67件，软件著作权93件，信息安全、人工智能等领域算法得到业界验证，先后获得中国通信学会科学技术奖二等奖、终端行业“墨提斯”服务创新奖、中国国际软件博览会金提名奖、中国移动科技进步及业务服务创新二等奖。

（三）协同效应实现快速发挥

在能力储备基础上，研发协同拉动效应已初步显现。中移杭研通过能力与产品输出，为中国移动节约采购成本超过12亿元，通过产品落地，支撑重点业务发展，特别是在家庭数字化服务领域，依靠研发能力布局带来的竞争优势效果明显，支撑中国移动在激烈的竞争中快速提升市场份额。

（四）战略支持实现明显成效

中移杭研通过发展积累，对数字经济发展的战略支撑作用已取得初步成效，将互联网能力进一步面向中小企业与社会公众开放，并聚焦“互联网+政务”“互联网+军营”“互联网+金融”“互联网+医疗”等重点垂直领域提供整体解决方案，服务企业数量达到24万家，服务个人用户超过5.2亿户，全力支撑“互联网+”战略落地与数字化服务转型。

五、经验启示

（一）要严格落实国企改革部署，精准施策，从技术研发型特征出发有序推进企业改革

中移杭研全面落实党中央、国务院对深化国有企业改革的总体部署，构建灵活高效的市场化运营机制、推进布局结构优化调整。通过充分结合自身技术研发型的企业特点及互联网化转型目标，中移杭研从增强活力、提升能力、形成合力出发，建立了“创新机制、内化能力、构建生态”的立体化改革举措及演进路径，并在实施中动态评估资源配置，形成适用性强的改革发展策略，这是以改革促发展的重要抓手。

（二）要用户为先，勇于担当，激情奉献，引领互联网化能力布局与转型发展

随着移动互联网发展，通信运营商要有危机意识，中移杭研作为集团公司互联网转型的排头兵，勇于承担改革责任，以用户需求为导向，将改革思维融入发展战略，直面互联网竞争，储备技术优势，提升服务能力，支持“双创”落地，激发企业活力，并在内部达成共识、上下共同发力，这是以改革促发展的重要前提。

（三）要自上而下推进，狠抓执行，使改革措施真正落地取得实效

有改革思维与举措，更重要的是落实到位。中移杭研在改革推进过程中，公司管理层高度重视，亲自抓贯彻、抓执行，并提升到关系公司生存发展的高度。同时，重视责任落实与效果评估，将改革举措分解为清晰的执行任务，明确责任人、时间点，并在执行过程中打通执行到考核的流程，强化执行监督，这是以改革促发展的重要保障。

140

优化公司法人治理结构
发挥党组织领导作用

国机集团中国一拖

一、基本情况

中国一拖集团有限公司（以下简称“中国一拖”）的前身为第一拖拉机制造厂，是国家“一五”时期156个重点建设项目之一。2008年，中国一拖加入中国机械工业集团有限公司（以下简称“国机集团”），成为国机集团的二级子公司。目前，中国一拖已成为以农业机械为核心，动力机械、零部件、车辆等协同发展的大型装备制造企业集团，大中马力拖拉机市场份额一直处于行业第一位。2016年末资产总额164亿元，营业收入108亿元。

中国一拖下属控股子公司第一拖拉机股份有限公司（以下简称“一拖股份”）先后在香港、上海两地上市。2008年加入国机集团后，中国一拖进一步明确了“成为卓越的全球农业装备供应商”的发展愿景，并以上市公司为平台不断完善产业链，开展内外部资源整合，逐步剥离非主营业务。目前，中国一拖农业机械、动力机械等主要业务集中在一拖股份，一拖股份营业收入、总资产均占中国一拖80%以上。

二、改革背景

1997年，中国一拖就改制为国有独资公司。随着公司2001年实施债转股以及2008年加入国机集团，公司治理结构不断完善，形成了多元股东（国机集团、洛阳市国资公司和金融股东）持股、外部董事占多数的公司治理格局。一拖股份设立和上市后，也建立了适应境内外法律法规和规则要求的法人治理结构和运行机制。中国一拖逐步形成了战略管控型的母子公司运行架构。

实际运行中，中国一拖和一拖股份法人治理各机构不仅依照章程、治理规则开展工作，中国一拖作为控股股东，还依法对一拖股份实施管控。但两套运行机构以及各自运行规则的要求使得决策层级多、程序复杂，不能适应企业快速应对市场环境变化的要求。同时，按照中央的决策部署，要把加强党的领导和完善公司治理相统一，创新国有企业党组织发挥领导作用的途径和方式。因此，在优化公司法人治理结构中发挥党委领导作用的实践和探索就成为中国一拖改革创新的重要课题。

三、改革实践

一拖股份作为境内外两地上市公司，其公司治理和运行必须确保依法合规，在这样的前提下，构建“党委领导，董事会战略决策，监事会独立监督，高级管理层全权经营”的现代公司治理体系和“授权清晰、权责分明、流程规范、运作高效”的管控体系，成为中国一拖的改革目标。

（一）在现代公司治理体系建设上，本着依法依规的原则，进行科学设计

一是通过中国一拖和一拖股份董事会的双向任职和配套授权制度，提高决策效率。中国一拖6名董事通过法定程序进入一拖股份董事会。在一拖股份治理机制有效运行的前提下，兼顾管控与效率，中国一拖股东会修订完善《董事会工作制度》，对涉及上市公司的投融资、资产处置、重要人事任免等事项给予较为明确、充分的授权，使中国一拖和一拖股份两个董事会在各自的职责权限内发挥作用，有效避免了重复决策。

二是通过实施“双向进入，交叉任职”的领导体制，创新国有企业党委发挥领导作用的途径和方式。中国一拖 2 名党委常委进入董事会，参与发展战略、风险管理、重要改革方案等重大问题的决策，将党委的意见、主张体现在董事会的战略决策中，使党委的领导作用和董事会的决策作用都得到有效发挥。董事会按照公司《章程》，经市场化选聘确定一拖股份经理层，一拖股份经理班子成员通过组织程序进入中国一拖党委常委会，并大幅减少中国一拖经理班子的职数。中国一拖党委班子和一拖股份经理班子通过双向进入，交叉任职，在保证上市公司合规运行的同时，既建立起高效的法人治理结构，又显现出党组织在法人治理结构中的主体地位。

（二）在管控体系建设上，本着各治理主体“依法行权、依法履责、协调运转、有效制衡”的原则，进行大胆实践

科学界定党委、董事会、经理层在选人用人和重大事项决策过程中的职责权限，减少模糊空间，形成权责清晰、分工明确的工作流程，实现了各治理主体依法行权、依法履责、协调运转、有效制衡。

一是坚持党管干部与董事会依法选择经营管理者、经营管理者依法行使用人权相结合。公司通过修订完善《中国一拖集团有限公司外派董事、监事管理办法》《中国一拖集团有限公司全资、控股企业领导人员管理办法》等制度，清晰界定党委和董事会的职责权限，党委和董事会在各自权限范围内密切配合，形成合力。向全资、控股子公司委派产权代表。2013 年以来，中国一拖逐步采取公开竞聘和组织考察相结合的方式选拔各级领导人员。党委负责竞聘工作的组织实施和对拟任人选实施组织考察，并提出任职意见；竞聘后由党委常委会、董事会根据竞聘结果，结合考察意见，依法确定最终人选。2015 年，一拖股份通过公开竞聘和组织考察相结合的方式，选拔产生了经理班子。通过以上做法，既落实了董事会选人用人权，又保证了党对干部人事工作的领导权和重要干部的管理权。

二是坚持党组织参与重大问题决策与厘清其他治理主体权责边界相结

合。将党建工作总体要求写入公司章程，明确了党组织在公司治理中的法定地位。在重大问题决策上，党委常委会作为董事会、经理层决策的前置程序。修订完善《落实“三重一大”事项集体决策制度实施办法》，明确“三重一大”事项范围。凡是需提交董事会决策的事项，均由党委书记组织召开党委常委会议对决策事项进行审议，并向总经理办公会、董事会提出决策的意见或建议，由总经理办公会、董事会依规履行决策程序。

（三）在党组织融入生产经营工作上，本着“思想同心、目标同向、行动同力、落实同步”的原则，在生产经营工作中彰显党建工作价值

中国一拖党委始终把企业发展的目标作为党建工作的目标，把企业发展的重点、难点作为党建工作的着力点，紧紧围绕企业转型升级、降本增效中心任务开展工作。

一是加强对领导人员的日常监督与管理。为激发领导人员干事创业的积极性，健全完善以效益为导向的业绩考评体系，并建立了中长期激励机制；为形成领导人员带头学习的氛围，除坚持党委中心组学习外，每月还在党委常委中轮流开展读书分享活动；为促进生产经营重点、难点问题的解决，建立了领导人员调研制度，每年都制定调研计划，分多路深入市场和现场进行调研，为产品研发、产品改进、品质提升等项目的立项收集第一手资料；严格落实关键岗位、重要人员特别是一把手的监督管理，突出工程招投标、改制重组、产权变更和交易等方面的监督，修订完善《中国一拖领导人员责任追究的组织处理办法》，对党政领导干部出现需要问责的事项严肃问责和追责，需要追究纪律责任的，依照有关规定给予党纪政纪处分。

二是加强党组织支持生产经营工作的考评引导，充分发挥基层党组织的战斗堡垒和党员的先锋模范作用。中国一拖党委坚持以创建“四好”领导班子、争创“四强”党组织为主线开展“创先争优”活动。在考评中，

坚持将战略规划及年度业务计划制订、落实“三重一大”情况、年度主要经营指标（营业收入、利润总额、EVA）完成情况、经营性辅助指标完成情况、深入基层调查研究情况等内容纳入考评，引导各级党组织为实现公司经营目标而履职担当。针对公司职能部门在服务意识、工作作风、服务能力和服务质量等方面存在的一些不足之处，开展“转变工作作风，提升服务水平”主题活动，努力打造专家型、创新型、学习型、服务型的职能团队，切实促进了生产经营工作。

四、改革成效

（一）经营决策效率得到提高

通过以上改革实践，公司治理各机构权责更加明晰，运转更加协调，决策效率和对市场的反应速度明显提高，经营能力得到增强。2016 年，一拖股份虽然受行业大环境影响，营业收入同比略有降低，但经济运行质量得以改善，归属于上市公司股东的净利润同比呈现较好增长，取得了良好的经营效果。

（二）董事会建设得到加强

通过加强公司治理结构的顶层设计，一拖股份董事会的多元化程度和专业化水平提升，董事会运作的规范性和有效性持续增强。2016 年，一拖股份在第十二届中国上市公司董事会“金圆桌奖”评选中荣获“优秀董事会”奖项，同时还获得“董事会价值创造奖”。

（三）党组织领导作用有效发挥

党委充分发挥“把方向、管大局、保落实”的领导作用。一方面，通过党委常委会集体研究提出决策的意见和建议，并通过依法进入董事会、经理层的党委常委参加董事会、总经理办公会等途径，提出党委对企业有关重大问题的参与意见，从而形成了党组织与公司治理主体职责明确、相互融合、协调运转的领导体制。另一方面，党组织尊重企业按正常的决策规则和程序做出的决策，维护和支持董事会、经理层对企业重大问题的统一决策权。对企业做出的决策，积极发动党员，团结带领职工，保证各项决策顺利实施。

五、经验启示

（一）规范运作是前提

规范运作是上市公司利用资本市场做强做优做大的首要前提，改革过程中，必须确保上市公司的合规运作，相关制度安排要满足境内外监管机构的要求，在这个前提下，提高决策效率，减少协调成本的措施才是切实可行的。

（二）顶层设计是基础

为什么要改？怎么改？改革的目标是什么？改革方案设计之初，这一连串问题都必须得到清晰地回答。党委、董事会、经理层分属不同治理主体，各自按照各自工作规则规范运作，这就要求我们要运用系统的方法，从宏观和全局的角度，深入研究各治理主体的运行规则，统筹设计分工合理、职责清晰的高层管理队伍、高效的决策体系和制衡与效率兼顾的公司治理机制，在完善公司法人治理结构的同时为发挥党委领导作用提供制度保障。

（三）创新实践是关键

公司治理机制的有效运行方式原本就没有固定的模式，在优化公司法人治理结构中发挥党委领导作用，更没有现成可借鉴的成功经验。在这个过程中，要结合公司的实际情况，具有发现问题的敏锐性，解决问题的紧迫性，利用开放、创新的思维大胆实践，推动改革走向成功。

（四）形成合力是保障

中国一拖的改革之所以能顺利推进，还在于党委、董事会、经理层能够以公司发展大局为重，紧盯改革目标，相互支撑、相互协调，通过建立规范运作、权责清晰、管理科学的运行机制，形成强大的合力，协同推进，使各项改革举措取得预期成效。

141

党建引领添活力　从严治党促发展

中铝公司西南铝

一、基本情况

西南铝业（集团）有限责任公司（以下简称“中铝西南铝”或“西南铝”）于2000年12月18日改制成立，其前身是西南铝加工厂，现直属于中国铝业公司（以下简称“中铝公司”），是中国航空航天及国防军工材料研发保障、高精尖铝材研发生产和高精铝材出口“三大基地”。

中铝西南铝党委有直属党委15个、党总支10个、党支部135个，党员4613人，其中在岗党员2711人。近年来，中铝西南铝深入贯彻落实党中央决策部署，特别是全国国有企业党建工作会议精神，按照全面从严治党的要求，全面加强党的建设，落实党建责任，加强和改进公司各级党组织建设，有力地促进了生产经营的发展。

二、改革背景

党的十八届三中全会强调“全面深化改革必须加强和改善党的领导”。近年来，中铝西南铝始终将全面从严治党作为企业改革的首要任务，特别是2016年以来，中铝西南铝认真对照习近平总书记指出的“四个化”问题及国务院国有重点大型企业监事会列出的问题清单，对公司党建工作进行了全面梳理，发现党组织不同程度存在“弱化、淡化、虚化、边缘化”

问题、党员领导干部贯彻落实“两个责任”不力、党建工作与中心工作存在“两张皮”现象、党的组织生活形式单一等突出问题，致使党组织作用发挥不能落地生根、取得实效，从严治党、从严治企势在必行。

三、改革实践

（一）建设学习型企业，弥补发展短板

西南铝党委在建设学习型党组织基础上，全面深化学习型企业建设，以有效解决部分干部职工队伍思想观念不够解放、宗旨意识淡薄、作风不扎实，大局观念、协作精神、担当意识和严实作风与上级要求和群众期待存在差距等问题。**一是**分层次抓好集中学习。公司两级党委中心组每月安排集中学习，确定主题开展交流研讨，班子成员轮流领学授课；每月底开展党建思想政治工作（企业文化）研讨会活动；邀请重庆市委党校教授、专家学者到公司宣讲，举办 7 期“西南铝大讲坛”；两级机关坚持开展周三“职工学习日”；每月 20 日开展支部主题党日活动；班组每周开展岗位操作技能、三大操作规程、安全生产等学习交流。**二是**分重点抓好队伍培训。采取分批次外培的方式，组织中层以上管理人员及科级后备干部到浙江大学进行管理能力提升研修学习培训；组织全体党支部书记参加重庆市国资委组织的集中轮训；公司技术质量部、技术中心每月牵头组织科技研发人才培训；各二级单位结合实际深入开展岗位练兵、技术比武、技能竞赛、导师带徒、导师授课等活动。**三是**充分运用“互联网 +”，打造线上学习阵地。在公司内网、党务工作 QQ 群、西南铝微信公众号、“西南铝学习”微信群定期推送学习内容，组织副处级及以上党员干部开展“十八届六中全会”专题网络培训等，引导职工依托网络开展学习，广大党员干部职工围绕“干什么、学什么，缺什么、补什么”，将学习渗透到企业生产、经营、管理和生活的全过程，实现全覆盖。

（二）夯实党建基础，筑牢发展根基

西南铝认真落实中铝公司党组对坚持党的领导、加强党的建设、做强

做优做大国有企业的各项工作要求，从夯实党建基础工作入手，确保在推进国有企业改革发展过程中“不偏航”。**一是**配齐配强党建力量。调整组织机构设置，重新设立党委组织部、党委宣传部、党委办公室；在所属二级党委的单位均设立纪委；在职工人数500人以上的二级单位成立政工科，配备专兼职党务工作人员，确保“机构健全、人员到位、活动经常、工作有效”。**二是**健全完善制度流程。紧密围绕习近平总书记关于国企改革的重要论述，制定出台《西南铝关于在深化改革转型发展中坚持党的领导加强党的建设的实施细则》《西南铝推进“两学一做”学习教育常态化制度化实施办法》《西南铝党建工作责任制实施细则（试行）》《西南铝2017年党建工作考核办法》；修订完善《党委会工作制度》《党风廉政建设责任制实施办法》《党委中心组学习制度》等；在编印《党建工作制度汇编（试行）》11个党建工作制度的基础上，编印17个党支部工作制度下发党支部，为规范开展党建工作提供制度保障。

（三）坚持务实从严，落实党建责任

西南铝党委把落实管党治党责任作为党建工作的重要任务，推动党建工作入章程，促进全面从严治党向基层延伸。**一是**细化党建工作责任。明确责任领导和责任部门，强化各级党组织书记的“第一责任”、分管领导的分管责任和班子成员的“一岗双责”。明确党委书记9条责任、行政主要领导担任党委副书记7条责任、专职党委副书记6条责任、党委班子其他成员4条责任，对履责不到位的，通过约谈、通报批评和诫勉谈话等方式追责。**二是**强化党建述职评议。每年底组织所属二级单位党组织书记、副书记重点围绕落实全面从严治党责任、加强基层党建工作、推进扭亏增盈转型升级等各项任务开展述职评议考核，营造“抓书记、书记抓”的浓厚氛围，推动述职评议考核工作常态化常效化，使其真正成为全面从严治党、落实基层党建工作责任的有力抓手。**三是**量化党建考核目标。党委通过与二级单位党组织签订党建工作目标责任书，将党建工作目标分解量

化，以《西南铝党建工作考核评价办法》为依托，对各二级单位党组织实行季度同业务竞赛考核评比和年度综合考核，考核办法由全面落实管党治党责任、党组织建设等 8 个项目、79 条考核内容组成。各二级单位党组织年度综合考核得分与考核单位领导班子年度薪酬挂钩，按照公司业绩考核挂钩方案执行（互为系数相乘）。使党建工作由“软任务”变成“硬指标”，党建工作形成一级抓一级、层层抓落实的工作格局。

（四）监督重心下移，加大正风肃纪

一是紧扣生产抓监督。公司纪检部门不断完善内部巡察监督工作，通过“转职能、转方式、转作风”，履行监督执纪问责职能，将巡察工作融入企业生产经营中心工作。2017 年 5 月份，及时对熔铸厂在“安全、干净”班组建设、产品质量控制等工作中失职失责问题及机电设备公司在废旧金属处置中管理失职问题进行了问责处理，促进干部职工不断提高思想认识，转变工作作风。**二是**加强对重点领域和关键环节的监督检查。坚持“监督重心下移，监督即是服务，监督全程覆盖”的巡察工作思路，由纪委书记牵头，成立巡察监督工作机动组，对干部作风状态、“两金”压降、原料进厂、现场管理、质量管理、金属管理、班组建设等方面，开展巡察监督，至今共发现问题 281 项，已立行立改 241 项，限期整改 40 项，其中已按期完成整改 31 项，获得各方面的积极评价和良好成效。**三是**强化执行力建设。督促各级干部严格执行规章制度，认真落实公司部署、要求，切实履行工作职责。强化制度的刚性约束，抓好执行力问责工作，做到执行制度没有任何借口和例外，真正形成用制度管权、按制度办事、靠制度管人的有效机制，促进内控机制不断完善。

四、改革成效

通过加强党建工作一系列的新举措，基层党组织活力进一步增强、党建工作与生产经营融合更加紧密，有效激发公司党员干部职工的积极性、

创造性，强有力地推动了公司生产经营的稳步发展。

（一）基层支部绽放活力

党支部是企业最活跃、最有创造力和战斗力的基层组织，是企业中创造价值的基本单元。西南铝以党支部为单位，组织广大党员积极投身“活力党支部”创建。通过开展建设学习型党支部，发掘活力之源；落实“三会一课”，夯实活力之基；实施“润心工程”，巩固活力之本；开展“创先争优”“绽放活力之光”等活动，最大限度地激发基层党支部的活力，充分发挥出党员的先锋模范带头作用，提升了组织战斗力。2017年上半年，锻造厂模压党支部围绕当前重点工作，传达精神准确及时、指出问题不留情面、解决问题快速有效，实现了党建工作与行政工作目标同向、工作同步、责任共担，确保了铝锂合金模锻件优质高效完成，产品尺寸合格率100%，比计划提高15%。西南铝高精板带事业部热连轧制造中心党总支充分发挥战斗堡垒作用，带领全体职工抢抓生产，实现单月商品产量33000吨，再一次创产量历史新高，保持了一季度以来的高产势头。

（二）党建工作融入中心

一是认真开展“两带两创”活动。各级党组织设立创效项目197个，党员以“一带N”或“N带一”的模式，设立创新项目或创新课题，党建工作与生产经营中心工作融合更加紧密。**二是**积极创建“学习型、服务型、创新型”机关。机关党委组织开展“下基层、接地气、同劳动、共成长”活动，利用周末休息时间深入生产一线单位参加义务劳动，有力推动了环境综合整治工作开展，拉近了机关和基层的距离。**三是**开展“西南铝增资创收”大讨论活动。通过召开公司领导班子专题研讨会、团员青年座谈会，两级班子成员到联系点参加大讨论，中层及以上干部撰写心得体会等活动，引导干部职工深入查找工作中的不足和问题，把思想统一起来，把力量凝聚起来，把精气神提振起来，激励广大职工转变思想观念，深刻汲取教训，奋力开拓进取。

（三）企业管理稳步提升

一是班子整体功能有效发挥。按照中央“四讲四有”和企业好干部20字方针要求，大力加强各级班子建设，坚持民主集中制，坚持“三重一大”问题集体决策，做到“分工不分家，补台不拆台”，公司各级班子形成工作合力，增强班子整体功能，成为提高应对市场、加强管理、提高工作质量的领导核心，让组织放心、让职工满意的领导集体。**二是**职工队伍凝聚力增强。坚持全心全意依靠职工办企业，把提高职工幸福指数，让广大职工共享改革发展成果作为工作的着力点，通过开展创先争优、劳动竞赛等活动，为职工队伍搭建广阔的发展平台，使广大职工在西南铝产业转型升级、跨越发展中收获成长和进步。**三是**作风建设持续深化。按照“四讲”“五要”要求，加强干部队伍建设，开展干部履职评价，采取公司党委评价、单位班子互评和民主评议360度评价方式，从思想状态、工作状态、履职能力、作用发挥、工作实绩等方面进行评价，对排名靠后、履职能力不到位的6名干部进行调整，强化“能者上、庸者下”用人导向，党风企风发生新变化。

（四）生产经营迈上新台阶

形式多样、扎实有效的党建工作，让党员职工队伍干劲更足、作风更实、效果更好，有力地推动了企业生产经营发展和科技进步。2017年1—8月，中铝西南铝商品产量同比增长10.22%，主营业务收入同比增长24.93%，利润同比增长138.89%。以新进博士、硕士为核心新组建了“材料成型CAD/CAE仿真技术研究团队”，主持开展相关领域的研发工作。高表面手机壳体铝合金技术推广与工程化应用团队各项目取得新进展，高表面3C铝材实现了市场推广与工程化应用，动力电池用超高塑性材料试制成功。

五、经验启示

（一）从严治党、从严治企，关键要认清党建工作的引领作用

推进党的基层组织建设全面进步、全面过硬，关键是认清党建工作的龙头引领作用，持续用力、久久为功。要针对“弱化、淡化、虚化、边缘化”问题、党员领导干部贯彻落实“两个责任”不力、党建工作与中心工作存在“两张皮”等突出问题，牢固树立抓基层抓基础的鲜明导向，着力把基层党组织建成坚强的战斗堡垒，通过全面从严治党引领、带动和促进全面从严治企。

（二）从严治党、从严治企，重点要落实党建工作的主体责任

主体责任缺失，一切工作就会成为水中月、镜中花。牢牢抓住党委、党组织书记、职能部门及基层单位落实基层党建的责任，一方面要通过规范主体责任、细化责任清单、明确完成时限，督导检查、情况通报、考评问责等工作制度，切实把抓好党建是最大政绩的导向树起来；另一方面要坚决防止落实主体责任推诿扯皮，浮在面上，甚至“上热下冷”“光打雷不下雨”问题的发生，使基层党组织和责任人在其位、谋其政，发扬“钉钉子”精神，一级抓一级、层层抓落实，以实际行动和工作实绩，书写基层党建的时代新篇章。

（三）从严治党、从严治企，核心是把准党建工作的功能定位

要充分发挥国有企业党委（党组）的领导作用，切实把党的基层组织打造成落实党的路线方针政策和各项工作任务的坚强战斗堡垒，为企业科学发展提供坚强的思想、政治和组织保证。一手抓基层基础和党员干部素质提升、党性培养，发挥出党员干部融入企业改革发展的主观能动性和内在执行力；一手抓企业生产经营中心工作，使党建内嵌企业中心工作，“两手抓，两促进”，这样才能凝心聚力，强基固本，使党建的政治之花结出丰硕的企业经济效益发展成果。

142

压实党建责任　破解落地难题
开创基层党建与改革发展深度融合新局面

南航集团南航股份

一、基本情况

中国南方航空股份有限公司（以下简称“南航股份”）是中国南方航空集团公司（以下简称“南航集团”）控股子企业，现拥有波音 B777、B747、B737 和空客 A380、A330、A320 等大中型客货运输飞机 720 架，形成了以广州为中心、覆盖国内、连通国际的航线网络。南航股份是国内第一个加入国际航空联盟的航空公司，通过天合联盟航空公司的航线衔接，可通达全球 1062 个目的地，连接 177 个国家和地区，到达全球各主要城市，成为“一带一路”沿线最大航空承运人。2016 年，南航股份实现旅客运输量 1.15 亿人次，连续 38 年居国内各航空公司之首，机队规模和年旅客运输量均列亚洲第一、世界第四。目前，南航股份已发展成为中国飞机数量最多、航线网络最发达、年客运量最大的航空公司，也是国内安全星级最高、安全业绩最好的航空公司。

南航股份有 18 家控股子公司、14 家联营和参股公司以及 4 家合营公司，其中航空运输主业的有 14 家分公司和 6 家控股子公司（包括厦门航空、重庆航空、珠海航空、汕头航空、贵州航空、河南航空）。在国内 24 个城市设有营业部，在 68 个国外城市设有办事处。员工总人数超 10 万人。

二、改革背景

持续深入推进党建工作落实落地是国有企业改革发展进程中面临的重要课题，如何能够将企业的生产经营和党的建设有机结合在一起，探索出适合企业现状和发展方向的党建改革模式，并有效向基层单位延伸和倾斜，已成为新时期企业党组织党建工作的重中之重。南航股份坚决贯彻落实习近平总书记系列重要讲话精神，坚持问题导向，紧紧围绕解决国企党建存在的问题，落实全面从严治党责任，提高政治站位，以打造阳光南航为抓手，采取有力措施，坚持党的领导，全面加强党的建设，持续推动党风廉政建设和反腐败工作，开创了改革发展与党的建设深度融合、互为依托、齐头并进的良好局面。

三、改革实践

（一）层层压实责任，唱响从严管党治党声音

针对基层党建存在的问题，南航集团党组以党建工作责任制为抓手，建立健全“纵向到底、横向到边”责任体系，管党治党的主责意识在南航股份上下深入人心，党的声音越来越响亮。

一是抓好顶层设计。2016年以来，南航集团党组先后出台了《打造阳光南航的决定》和《进一步加强和改进党的建设的决定》，提出了南航股份党建和改革发展工作的奋斗目标、总体思路、原则步骤、措施要求，突出坚持党的领导，加强党的建设，全面从严管党治党，基本指向是让中央放心，让社会满意，树员工信心。

二是层层压实责任。南航集团和49个二级单位党委全部成立党建工作领导小组，定期研究党建工作。结合实际制定了《党建工作责任制实施办法》《党建工作考核评价办法及实施细则》等制度。在落实党建工作主体责任、第一责任、直接责任、一岗双责基础上，强调担任党内职务的行政

负责人要承担重要责任。在落实一岗双责的工作中，要求各级班子副职要和正职一起共同签订《党建工作目标责任书》，集体签订，人人签字，明确任务责任。各党支部、党小组通过建立责任区，签订承诺书，把党建责任压实到每一名党员。

三是营造浓厚氛围。在南航集团党组的要求和引导下，南航股份各级基层党组织和书记回归党建主业，牢固树立起“抓好党建就是最大政绩”的理念；各级管理人员自觉形成“抓发展是主业，抓党建也是主业”的意识，对分管领域党建工作常抓严管、一抓到底；广大基层党员的责任意识显著增强，牢记自己的第一身份是党员，第一职责是为党工作。党员机长带头飞艰苦、复杂航线，主动请缨维和撤侨、抗震救灾等急难险重的特殊飞行任务；党员地面服务人员，在航班严重延误处置过程中，面对情绪激动的旅客，亮明身份作出承诺：“我是党员，我对我说过的话负责！”从而赢得旅客信任，为后续处置创造了良好条件。

（二）抓实“三个基本”，筑牢基层党建工作根基

基础不牢，地动山摇。通过党建工作责任制的实施倒逼基层党组织抓实基本组织、基本队伍、基本制度，牢固树立党的一切工作到支部的鲜明导向。**一是**抓基本组织，落实应建必建。建立境内外基层党总支、支部1682个（截至2017年8月），健全换届提醒制度，全面覆盖所有机队、车间、网点、班组、驻外办事处等基本生产单元。针对每天飞往世界各地的600多个国际过夜航班，飞行、乘务部门采用“大分散、小集中”的形式，建立临时党小组，严格日常教育管理，发挥党员模范带头作用，推动“党建工作上蓝天”。**二是**抓基本队伍，增强党建力量。集团和各二级单位新成立组织人事部门，并按照不低于机关部门岗位编制平均数进行配备，党务工作人员占党员人数3.5%，超过在岗职工人数的1%。全面落实“同职级同待遇”，各级党组织书记、党务工作人员和同职级行政、业务人员的待遇完全一致，使党建工作队伍感受到抓党建有地位、有底气、有奔头。

成立南航股份党校，实施支部书记轮训计划，采取“白加黑、封闭式”教学，在培训班建立临时党总支、支部，并把现场选举作为支部书记培训第一课。2017 年以来，基层支部书记参加培训 1069 人次，覆盖率近 70%。**三是**抓基本制度，夯实工作基础。集团党组将 2017 年确定为“党支部规范化建设年”，严抓“三会一课”等基本制度，各级党组织严格落实“一会一记实”“一会一报告”“一会一备案”，建好党建工作 6 本台账。2017 年上半年，各支部平均召开党员大会 4.3 次、支委会 6.1 次、专题党课 2.1 次。

（三）从严考核督导，破解党建责任落地难题

党建工作责任，重在落实落地。南航股份各级党组织充分发挥党建考核的“指挥棒”作用，使党建工作责任在基层党组织落实起来有抓手、有力度、有效果。**一是**推行量化考核。集团党组在党建工作责任制中明确了 31 项具体内容和应当追责问责的 9 种情形，将党建工作考核细化为 6 个方面 20 个项目，并确定 63 个评分要点及分值。其中，将各单位党建责任制落实情况作为 2017 年党建工作考核的第一项指标，占到总分的 15%。基层党支部通过党员量化考核标准、党员绩效、“党员积分卡”等形式，将责任压力传导到每名党员，实现层层有指标、人人有任务。南航股份电商系统研发党支部，推行“南航 e 行”党员项目责任制，成立党员先行突破组，党员挑最重的担子、做最难的工作，连续奋战 6 个月，开发出南航股份移动端安全体系，实现南航股份 app 下载量的行业领先。**二是**严格督导检查。建立常态化制度化督导机制，集团党建工作领导小组牵头，下设 6 个督导组，选拔一批政治可靠、经验丰富的老同志担任组长，抽调机关干部、职员参加，划拨专项保障经费。督导组对所有二级单位进行全覆盖、全过程、全年不间断的检查、督导、培训，在党建重点任务落实落地、推动“两学一做”、深化巡视整改自查自纠等工作中发挥了重要作用。同时，集团机关成立考核检查小组，采用“一竿子插到底”的方式，开展现场检

查，定期通报讲评党建工作，使基层党组织始终绷紧从严管党治党之弦。**三是**强化结果运用。集团专门成立了组织人事部和综合业绩考核部，党建考核与安全考核、经营考核、领导班子考核有机结合，并在综合业绩考核中占到15%的权重，与绩效兑现直接挂钩。逐层建立党组织书记“述评考用”工作体系，二级单位实现三年全覆盖，在选拔任用和干部交流工作中充分体现结果导向。

四、改革成效

基层党建的效果要体现在推动企业发展上。为防止党建工作和生产经营“两张皮”的问题，集团将融入中心作为党建工作责任制的重要原则，努力把党的政治和组织优势厚植为公司的竞争、发展优势，在推进国有企业改革发展的进程中取得了卓越的成效。

集团各级基层党组织深入开展主题党日活动2756次，在全集团开展了“阳光南航 党员先行”主题党日活动，把确保航空安全、加快提质增效、开展真情服务、畅通运行保障作为党建工作的出发点和落脚点。飞行系统开展创建“红旗支部”和“一名党员机长一面旗帜”主题活动，要求党员机长时刻对照“四个合格”要求，扛起肩上“四道杠”的政治责任，确保飞行安全，南航股份已连续保障214个月的飞行安全，在国内民航业持续领先。营销系统推广成立党员项目组，服务国家“一带一路”倡议，新开广州—温哥华—墨西哥城、深圳—墨尔本航线，加密北美、伦敦、东南亚、南亚等航线，主业经营质量不断提升。运行保障系统广泛开展争创“品牌支部”、争当“四好党员”活动，克服航班量大、恶劣天气多、流控严重等困难，各项运行数据创5年来最好水平。服务系统广泛设立党员示范岗和党员责任区，持续提升服务品质，对标国际一流，阳光南航股份的品牌形象逐步树立。通过党建工作与生产经营的深度融合、与阳光南航股份的深度对接，使基层党组织和广大党员感受到抓党建有动力、抓好党建有效果，形成了你中有我、我中有你，相互促进、相得益彰的良性循环。

五、经验启示

一是必须增强党的意识，树立“抓好党建就是最大政绩”理念，全体党员牢记自己的第一身份是党员，第一职责是为党工作。**二是**必须坚持稳中求进，在稳的前提下有所进取，在把握好度的前提下奋发有为。**三是**必须坚持全面从严，做到严字当头，全方位、全过程严起来，推动管党治党从“宽松软”转向“严紧硬”。**四是**必须坚持问题导向、目标导向、效果导向，做到有什么问题就解决什么问题，注重老问题和新问题一起解决，不断提升党建工作规范化科学化水平。**五是**必须抓住“关键少数”，推动领导干部增强自律意识、标杆意识、表率意识，发挥示范、带动和引领作用。**六是**必须坚持标本兼治，治标不松劲，以治标促进治本，把党风廉政建设和反腐败工作推向深入。

143

发挥党建作用　打造精品工程

中化集团泉州石化

一、基本情况

中化泉州石化有限公司（以下简称“泉州石化”）1200万吨/年炼油项目是由中国中化集团公司（以下简称“中化集团”或“中化”）投资建设的国家“十二五”重点建设项目。项目位于福建省泉州市泉惠石化工业园区，占地4000亩。项目包括常减压蒸馏、加氢裂化、连续重整、催化裂化、延迟焦化、聚丙烯等19套生产装置以及配套的码头仓储设施。项目主要生产高品质的汽油、煤油、柴油及聚丙烯等石化化工产品，其中汽柴油产品全部达到欧V标准。

二、改革背景

中化集团作为新中国第一家外贸公司，进入新世纪以来伴随着外贸体制变革和市场经济的发展，实施了向产业化转型的第三次创业，逐步由一家传统外贸企业转型发展成为主业涵盖能源、化工、农业、地产、金融五大领域的跨国产业集团。

泉州石化1200万吨/年炼油项目于2006年正式启动，先后历时八年时间得以建成，是中化集团首个独立投资的大型实业项目，也是中化集团战略转型的标志性工程，承载着几代中化人的“炼化梦”。面对没有技术依托、没有建设资源、没有工程经验的特殊困难，泉州石化党委自成立之日起就坚持以党建引领项目建设，制定了“国内领先、国际一流”的建设目标，积极构建党政群齐抓共管、业主与参建单位共建的项目大党建工作格局，有效调动广大建设者的积极性、主动性和创造性，为公司大炼油项目建成投产并实现优质安全稳定运营提供了坚强保证。

三、改革实践

（一）大力弘扬创业精神，以激发员工自觉践行企业核心价值理念助推重大项目、打造精品工程

一是用企业文化统一员工思想。在项目建设中，泉州石化党委始终坚持用中化集团在十余年市场化竞争中形成的“创造价值、追求卓越”的核心价值理念和“做人：诚信、合作、善于学习，做事：认真、创新、追求卓越”的行为准则，以及“职务能上能下、薪酬能高能低、干部能进能出”的人才观来教育引导员工，增强大家的使命感和责任感，使广大干部职工心中只有一个强烈的信念：此时不搏更待何时。只有用超一流的精神状态才能创造超一流的工作业绩，才能在建设“具有国际竞争力的特大型石化企业”过程中实现个人和企业的梦想。

二是用创业精神引导员工行为。把中化集团在第二次创业中形成的“不干则已、干则必成”的创业文化与泉州项目紧密结合，号召大家艰苦奋斗、开拓进取、勇于负责、敢于担当。从项目初期填海打桩开始，很多员工长年吃住在工地，以“5+2”“白加黑”的精神夜以继日拼搏，用实际行动践行着“负责任、敢创新、讲奉献、勇拼搏”的泉州石化创业精神，涌现出了许多可歌可泣的感人事迹。例如：被员工们称为“女包公”的工程质检员马小莉，身患癌症仍坚守一线；节约工程造价3000万元的高级工程师贾洪良等。泉州石化党委先后组织评选“感动泉州”“感动中化”人物，并通过《今日中化》《创业者》等内部刊物大力宣扬他们的感人事

迹，在公司上下形成了学先进、赶先进的浓厚氛围。

三是用真诚关爱赢得员工认可。充分发挥工、团、妇等组织的作用，营造拴心留人的环境。泉州石化党委制定《年度员工关怀计划》，建立党员联系服务群众机制，落实“五必访”制度，切实把员工的职业发展、薪酬福利、身心健康、家庭生活和业余文化生活放在心上。遇有员工生病住院、亲属亡故或家里有特殊困难，组织上都及时派人去探望慰问，员工生日或结婚生子也会送上温馨的贺卡、贺礼，并及时帮助员工解决实际困难和问题。先后帮助解决 373 名员工子女入学、153 名员工家属就业，以实际行动促进员工更好地融入中化、融入泉州、安家立业。

（二）把质量管理体系引入党建管理，以提升党建工作科学化水平助推重大项目、打造精品工程

一是对标先进企业“找准星”。泉州石化党委多次向同行业的兄弟央企取经求教，学习做好大型炼油项目中党建工作的经验做法，在党建工作对标中找到“准星”。同时，结合泉州项目实际开展调研，从思想、组织、队伍、制度和反腐倡廉建设等方面广泛征求意见。在此基础上，建立可衡量、可评估、可追溯的党建工作标准，增强党建工作的针对性和有效性。

二是加强顶层设计“立规矩”。坚持把 ISO 质量管理体系要求延伸到项目党建中去，结合实际制定了“三重一大”、民主生活会、“三会一课”等 10 多项规章制度，完善了 12 项工作流程，做到党建工作“责任明晰化、工作流程化、操作规范化、绩效可量化”。同时，按照“计划 - 执行 - 检查 - 改进”循环管理模式，严格落实质量管理体系内审制度，定期进行审查，对发现的问题及时改进完善，在从“结果管理”向“过程管理”转变中实现党建工作的规范化、科学化。

三是融入中心任务“强党建”。泉州石化党委紧密结合项目各阶段中心任务制定党建工作计划，与项目建设同部署、同推进。在项目建设的不同阶段，先后组织开展“学党史、强党性，铸信念、创事业”“增强责任

意识、弘扬创业精神”主题教育活动，适时组织主题征文、书法摄影作品展、大会战签名等系列活动，紧紧围绕项目建设开展党建工作，为项目建设营造良好氛围，提供坚实的思想和组织保证。

（三）将党建工作贯穿项目建设始终，以确保责任落实和工作落地助推重大项目建设、打造精品工程

一是以创先争优活动营造项目建设良好氛围。泉州石化党委在基层党支部先后开展了“党员安全示范岗”“青年突击队建功竞赛”“巾帼建功”等活动，成立了 120 余个党员先锋小组，营造了你追我赶、创先争优的良好氛围。例如，在项目前期设计阶段，北京工作组的全体党员骨干发扬特别能吃苦、特别能战斗的精神，连续日夜奋战，提前半年完成项目设计，为项目施工赢得了宝贵时间。

二是以劳动竞赛活动打造安全精品工程。围绕项目建设“四大控制”目标，组织开展“六比一创”活动：比质量管理、比安全管理、比进度管理、比成本管理、比团队建设、比廉政建设，开展创精品工程劳动竞赛，以竞赛促建设，致力打造精品工程、阳光工程。在党员骨干的带动下，工程主体装置从开始打桩到顺利建成，用时仅 23 个月；30 万吨原油码头从开工建设到第一船原油成功靠泊，用时仅 21 个月。两项工程均创下国内同行业的新纪录。

三是以技能比武活动加快项目建设进度。组织生产操作队伍开展以“夯实基础、提升技能，确保一次开车成功”为主题的岗位技能大比武，全面检验生产队伍各阶段实训成果，促进项目建设。在完全依靠自身力量的情况下，仅用 3 个月就完成了主要装置投料试车；用 6 个月完成了所有装置（系统）投料试车，均实现一次开车成功，做到了开得起、稳得住。

（四）把党建工作纳入绩效评价体系，以激发活力增强实效助推重大项目、打造精品工程

一是坚持党建工作“两纳入、两同时”。泉州石化党委把党建工作部署和绩效评价纳入项目建设年度计划，做到党建工作“两纳入、两同时”。即：党建工作纳入项目建设管理、纳入干部业绩考核，党建工作与项目建设同时部署、同时考核。实现党建工作与项目建设有机融合、同步推进，有效避免了党建工作“自我循环”和“两张皮”的问题。

二是发挥党建考评的“指挥棒”作用。针对项目建设期间组织架构、人员变动比较频繁、工作重心经常调整的实际情况，泉州石化党委围绕服务项目、服务一线、服务员工等主要内容，细化党建工作考评指标；结合项目建设评估，对党建工作进行年度考评，并将考评结果与绩效挂钩。通过持续推进考核，有效引导党建工作向建成高质量炼油项目上聚焦、用劲，向有效激发全体员工干事创业激情上发力、见效。

三是协调项目参建各方“同频共振”。按照“一家人、一条心、一股劲、一个目标”的共建指导思想，将参建单位、外协单位纳入基层支部共建体系，共同开展组织活动，一起参观学习、文体活动竞赛、节日慰问等，增进双方感情、密切合作关系，激励所有项目建设参与者在本职工岗位当先锋、做贡献。泉州石化项目建设现场施工人数最多时达 2 万多人，累计实现 1368 万人工时、252 万机械工时无人员伤亡事故，创下了同类项目的最好水平。

四、改革成效

（一）基层党组织实力进一步增强，党建科学化水平进一步提高

泉州石化党建工作始终围绕项目建设与生产经营目标，实现与项目建设、生产运营等各项工作的有机融合，有效推进了党建工作系统化统筹、项目化实施、目标化管理，为建设“国内领先、国际一流”现代炼化企业提供了坚强政治保证。泉州石化先后获得“中央企业先进基层党组织”“中央企业五四红旗团委”“中央企业劳动模范”“福建省五一劳动奖章”等各级表彰的集体荣誉 32 项、个人荣誉 19 项。项目荣获国家优质工程奖

等多项荣誉。

（二）党员干部队伍素质不断提升，形成创先争优、干事创业的良好氛围

经过炼油大项目的建设实践，泉州石化党员干部队伍作风得到锤炼、员工队伍整体素质得到提高，形成了“项目先进、干部优秀”的局面。项目建成投产的同时也打造了一批适应现代生产需要、政治坚定、专业过硬、作风优良、奋发有为的一流干部队伍，为中化集团能源事业发展提供了重要的人才资源支撑。

（三）项目建设与生产运营水平达到行业领先水平

通过围绕项目抓党建、抓好党建促项目，泉州石化实现了项目工程建设、投料试车、生产运营管理水平均达到行业领先水平的目标。在缺少建设资源、缺乏建设经验等困难条件下，通过创新采取了一段设计、大件设备集中统一吊装等15项先进管控措施，保证了设备物资质量和安装质量。泉州石化还扎实推进项目仿真模拟、桌面开工推演培训，组建开车联合团队，在工程建设收尾阶段开展三查四定，确保各装置一次开车成功并做到开得起、稳得住、创效益。

（四）生产经营发展迈上新台阶

形式多样、扎实有效的党建工作，在调动各级党组织和广大党员职工的积极性、主动性和创造性的同时，通过不断挖掘创新发展潜力，有效推动公司生产经营迈上新台阶。2016年，泉州石化累计加工原油1150万吨，实现产品销售1045万吨、成品油出口量353万吨，实现营业收入255亿元、利润38.3亿元，为促进中化集团战略转型、带动福建地方经济社会发展、服务“一带一路”建设作出了重要贡献。

五、经验启示

（一）坚持领导带头，是推进项目改革发展的关键

多年来，泉州石化领导班子带头落实“一岗双责”，坚持以上率下，促进各基层党组织和广大党员干部营造了“一家人、一条心、一盘棋、一股劲、一个目标”的良好氛围，形成了干事创业的强大合力。

（二）坚持顶层设计，是推进项目改革发展的重要举措

泉州石化党委高度重视党建顶层设计，通过学习对标先进单位，有针对性地形成了符合自身发展特色的项目党建工作体系，使党建工作更加紧贴项目建设与生产经营管理，有效地把员工思想引至为中心服务、创造最大价值、实现年度目标上来，建立起了思想引领、作风形成、干部人才、激励驱动、内控监督、文化凝聚、群团合力的七大支撑体系。

（三）坚持固本强基，是推进项目改革发展的根本保障

泉州石化党委通过把党支部的组织生活严起来、实起来，使“三会一课”突出党性锻炼，突出思想交流，持续不断地为企业发展提供坚强有力的组织保证，更好地调动了各基层组织和广大党员不断提高党建工作融入中心工作的主动性与自觉性。

（四）坚持持续创新，是推进项目改革发展的重要动力

随着当期炼油项目建成投产，企业全面转入生产运营期，泉州石化党委逐渐将过去集中统一大型的工作方式，向分散多样小型的活动方式转变，在讲成本、重实效上下功夫。同时不断创新活动载体，综合应用信息化、网络化手段，创新活动形式，显著增强了党建工作的吸引力，有力促进了生产经营管理活动的顺利进行，为企业连续创造优异业绩提供了坚实的组织、思想和政治保障。

144

以落实巡视整改要求为抓手
加强党的领导　强化内部监督
创新管理模式　不断将专业化公司改革推向深入

中粮集团中粮糖业

一、基本情况

中粮屯河糖业股份有限公司（以下简称“中粮糖业”）是中粮集团控股子公司，是中粮集团食糖业务的运营管理平台，并致力于打造“世界一流大糖商”，为保障国家食糖供给、服务国家宏观调控发挥主力军作用。中粮糖业具有国内外自产糖、原糖进口加工、仓储物流、国内外贸易完整的产业链。2016 年营业收入 181 亿元（预算 154 亿元），利润总额 8.37 亿元，ROE 达到 7.44%，糖业经营量完成 229 万吨。

二、改革背景

“十三五”期间中粮集团将糖业列为的四大核心主业之一，并把中粮糖业列为集团专业化公司改革试点单位，将用人权、资产配置权、资产经营权、考核评价权及薪酬分配权等五大类关键权力下放，要求中粮糖业通过专业化公司改革，聚焦糖业业务，实现产供销一体化、责权利相统一的运营管理模式，建立市场化的薪酬分配及激励机制，实施刚性的考核及监管制度，达成内涵式发展和提质增效的目标。2017 年 3 月，中粮集团党组第二巡视组对中粮糖业党委工作进行了全方位的巡视，充分肯定了中粮糖业近年来，尤其是在专业化公司改革过程中取得的突出成绩，也明确指出了中粮糖业党委在贯彻集团党组发展大糖商决策部署力度不够、整合进展缓慢、落实“两个责任”不到位、对干部监督管理不严等问题。这些问题集中反映出中粮糖业在实施专业化公司改革进入了深水期，改革的深度、广度和力度均有欠缺。面对改革深水期，中粮糖业党委以问题为导向，以落实巡视整改要求为抓手，把专业化公司改革推向深入。

三、改革实践

（一）加强党的领导，强化执行能力

中粮糖业党委对巡视反馈的“三慢”问题，即糖业布局慢、资产退出慢、业务整合慢进行了深入剖析，从决策层和执行层两个层面深挖问题根源。中粮糖业从扭转观念和建立机制上立行立改，要求全公司上下牢固树立规矩意识，强化政治纪律，“党员个人服从党的组织，少数服从多数，下级组织服从上级组织”。必须坚决贯彻公司党委的决策部署，做到军令如山。公司党委在“把方向、管大局、抓落实”三个方面进一步加强党的领导，落实从严治党、从严治企。“把方向”就是做好战略方向制定、业务模式优化；“管大局”就是确保完成集团党组安排的各项重点工作和预算目标；“抓落实”就是坚持客观公正的刚性考核，把推动工作不力的干部“推到一边”。

（二）层层压实责任，强化内部监管

中粮糖业加强纪检监察体系建设，推进各级党组织落实主体责任。**一是**强化落实监督责任，严格执纪问责公司纪委按照纪检监察组织建设全覆盖的原则，建立健全各级纪检组织，公司纪委下设 5 个业务部纪委，在 4 个直属党支部设置纪检委员。共选配 17 名专（兼）职纪检监察工作人员，分布在公司及各业务部。要求各业务部纪委（或纪检委员）要与专、兼职纪检工作人员签订年度业绩合同，并进行年度绩效考核。**二是**加强对业务

部纪委的考核，压实各级党委、纪委的工作责任，将纪检监察工作落到实处。修订了《中粮糖业各业部纪委书记（纪检委员）2017年履职专项考核办法》，督导各业务部制订符合各业务实际的纪检监察业绩合同，由公司纪委书记与各业务部纪委书记（纪检委员）进行签约，作为年终考核的重要指标。**三是**依据业绩合同要求对落实中央八项规定精神情况进行监督，对违反中央八项规定精神的问题及违纪违规行为严肃查处，并对执行情况开展跟踪调研。同时，加强对经理人进行任前廉洁核查和任后监督，并对公司业务各领域、各环节开展专项调研和督查。

（三）创新管理模式，促进内部整合

中粮糖业近一两年快速发展，先后整合了华孚集团下属的中糖公司、华商储备中心，并购了辽宁糖业等新项目，虽然强化了资金管控措施，但仍面临业务整合问题。为此，中粮糖业以建设糖业采贸销内部电子平台为核心手段，通过模式创新，促进一体化整合，实现“贸易领衔的大生产、大贸易和大销售体系”的方向。糖业内部电子平台整合自有糖源信息和对外采购信息，统一期货套保，形成向外的合力，提升行业影响力；各区域销售公司和全国性大客户销售在平台上依据市场化定价原则买糖、卖糖，不仅能发挥合力，又能体现各环节的自负盈亏，保持各自的能动性。同时，电子化的平台操作，也能促进风险控制和审计监督及时、有力。

四、改革成效

通过不断强化党的领导，创新管理模式，加强内部监管，中粮糖业专业化公司改革得到了有效推进，经营管理水平得到了显著提高。

（一）思想认识显著提高

通过认真剖析、深挖根源、立行立改，强化了公司党委贯彻集团党组决策的力度和速度，扭转了部分人员存在的“躺在功劳簿上睡觉”的惰性作风，提高了执行党委决策的主观能动性，为进一步深化改革、提质增效

打好思想基础，提供制度保障。

（二）经营管理更加规范

通过有效的内部监督管，“不能腐”的长效机制逐步建成，各级经理人依法经营的意识得到了提高，各个分子公司生产经营运行平稳，行政管理正规有序。2016 年以来违规经营新发案件为零。

（三）内部合力不断增强

通过建设糖业采贸销内部电子平台，中粮糖业内部整合速度加快，贸易领衔的大生产、大贸易和大销售体系初步建立并不断优化完善。有效降低了各业务部之间的内耗，形成了向外的合力，行业影响力大幅提升。

（四）外部整合提速明显

严格落实集团党组要求，中粮糖业进一步坚定布局国内制糖业务的信心，2017 年 8 月通过竞拍取得了云南德宏州梁河糖厂，不仅实现了在云南糖业布局的突破而且获得了当地政府、蔗农的一致好评，取得了良好的社会效益。

（五）经营业绩稳步增长

2017 年上半年，中粮糖业累计实现营收 113.79 亿元，同比增幅 74.65%。利润总额 47081 万元，较预算增加 42488 万元，同比增加 28147 万元。食糖经营量 148 万吨，同比增加 55 万吨。

五、经验启示

（一）加强国有企业党的领导，有利于正确把握改革发展方向，凝聚全员意志，聚力推动改革

加强国有企业党的领导可以有效提高经营管理水平，正确把握改革方向。“没有离开业务的政治，更没有离开政治的业务”。企业党的组织，上有政治优势，下有组织优势、群众工作优势，“上”能把握方向，“下”能

凝聚力量。加强党的领导，有利于企业内部处理经营发展问题、配置整合资源、凝聚和带领全体职工谋事创业、深化改革。

（二）强化内部监督管理，有利于保证改革发展平稳有序，保护改革成果不受损害

加强企业内部监督与控制，既是规范经营管理，保证企业改革健康有序发展的基本要求，又是党风建设和反腐败工作的迫切需求。要通过加强对权力运行的监督制约，认真落实内部监督管理各项制度措施，努力实现内部监管制度化、规范化、日常化，有效堵塞管理漏洞、规避经营风险，促进依法依规经营管理。

（三）加强管理模式创新，有利于打破陈旧观念壁垒，顺应改革发展潮流

在企业管理过程中，运营管理模式是影响企业发展的关键因素。随着“互联网＋、人工智能、云计算”等新技术的不断发展，企业传统管理模式需要不断调整，才能适应变革、保持竞争优势，获得持续发展动力。

145

从严治党　强根固魂　打造核心　助推发展

中国建筑中建八局

一、基本情况

中国建筑第八工程局有限公司（以下简称“中建八局”）是中国建筑的骨干成员，国家高新技术企业，始建于1952年，1983年由基建工程兵00229部队整体改编而来。主营业务涉及房屋建筑、基础设施、房地产开发、投资运营、科技研发五个板块，经营区域遍及国内110多个城市和海外20多个国家。全局共有基层党组织1033个，党员10189名。在企业持续快速发展的进程中，各级党组织坚持融入中心做工作、进入管理起作用，不断创新发展，发挥出核心动能。先后荣获“全国文明单位”“中央企业先进基层党组织十大标杆”“全国企业文化创新十大典范组织”等荣誉称号。

二、改革背景

近几年，经济发展进入新常态，企业创新驱动、转型升级、提质增效的战略目标对党建工作提出了新任务、新要求。社会发展不断进步，职工思想多元化、利益诉求多样化及青年员工思维方式和价值观的重大变化，对党建工作提出了新问题。“互联网+”时代背景下，智能手机和移动互联网技术的广泛应用，对传统党建工作方式带来了新挑战。面对新要求、新任务、新问题、新挑战，党建工作如何找准定位、融入中心、发挥作用，更好地体现时代性、把握规律性、富有创造性，为企业发展提供持续不断的保障和动力源泉，是从严治党面临的重要课题。中建八局党委以全面从严治党为主线，狠抓“两个责任”落实，坚持“引领、凝聚、创新、融入”的主基调，党建工作实现了新提升，有效助推企业健康发展。

三、改革实践

（一）打造核心工程，强化党的领导

一是明站位，促融合。在融合统一上下功夫，着力做好顶层设计，实现加强党的领导和改进企业治理结构的统一，将党建工作要求纳入《公司章程》，修订《党委会议事规则》，把党委会作为研究重大问题的前置程序，确保科学决策、民主决策、依法决策，发挥好企业党委把方向、管大局、保落实的领导作用。全局直营公司实行模拟法人制度，推行“党政一肩挑”，从源头上确保党的核心作用全面落实。突出问题导向，对照在“四化”方面存在的突出问题，全面梳理党建工作各项制度，创新“123”党建工作模式，出台《加强党建工作实施意见》，制定党委和党支部两个工作规范，列出了任务清单、问题清单、联系清单，推动全面从严治党向纵深发展。

二是压责任，强考核。制定《全面从严治党考核细则》，明确了 9 个方面、30 余项考核内容。局党委与二级单位组织书记签订《全面从严治党责任书》，细化指标，列出各级党组织书记“责任清单”1232 份，班子成员“一岗双责”责任清单 450 份，形成一级抓一级、一级带一级的责任体系。对二级单位党建工作和党组织负责人履职实行“双考核”，对年度党建工作考核 95 分以上的单位，给予主要领导年薪 5% 的奖励；各二级单位党组织负责人进行现场述职和书面述职，开展民主考评，党建工作由软任务变成硬指标。

三是重选用，优结构。严格执行领导人员选拔任用、考核退出等管理制度，加强竞争性选人用人力度，完善选拔任用和考评机制，健全职级和任职资格体系，推进干部属地交流常态化，选派优秀干部到地方主管部门挂职锻炼。加大转型升级业务培训力度，每年组织中高层干部培训班、党委书记培训班、项目经理培训班、党务干部培训班等，提高人才队伍素质。加大对领导干部的日常监督管理，把好动议提名关、考察考核关、程序步骤关，严防带病提拔和带病上岗。全年对195名新提职干部选拔情况进行监督，组织提职干部任前谈话400人次。

（二）夯实基础工程，强化党建功能

一是夯基层、打基础。抓实基层支部建设，严肃党内政治生活、规范“组织生活会”“三会一课”等制度，建立支部工作经常性督查指导机制。全面实施党建工作标准化，实现了业务流程化、标准表单化、工作模板化、模板信息化，形成了可复制、可共享的党建管理方式，构建了横向联动、纵向贯通、有序传递、有效衔接的融入式党建工作体系。大力开展“一二三四五 共建好项目”创建，促进了党建标准化在项目落地生根。加强农民工党建，实行农民工“四纳入”，在全国率先推出农民工党员信息管理系统。注重打造海外“红引擎”，构建“四位一体”的海外党建格局，出台《海外党群工作指导手册》，形成了“魂在中华、根在中建、行在海外”的价值追求。拓展网络党建阵地，开发“党建E通”，通过大数据管理，提升党建工作智能化、精准化服务水平。

二是重创新、增活力。以局“基层党建深化年”为契机，复制推广“6S”基层党建工作法、翻转课堂、“5+N”党员积分制、党员“三亮”等创新品牌，提升基层党组织政治和服务功能。推行区域党建联建，制定《区域党建联建工作管理办法》，成功举办14次区域党建联席会，实现了“区域统筹、组织联动、资源共享、功能互补、共同提高”目标。每年举办“庆七一暨党建论坛”活动，选树红旗党支部、优秀共产党员标兵，通

过视频展播、研讨发言等方式，展现党组织风采，激励广大党员忠诚企业、责任担当。

三是深拓展、抓常态。制定了“两学一做”学习教育常态化制度化的32条任务清单，从“深化拓展、体现标准、固本强基、抓实支部”4个部分，确保学习教育常态化制度化按计划、有遵循、可检验。激活党支部“小细胞”，运用微党课、微讲堂、“指尖上的课堂”等创新形式，激发释放“大能量”。构筑“学、做、讲、评、议”五位一体长效机制，通过常态化的教育固本培元、制度化的建设保驾护航。

（三）实施筑魂工程，强化品牌打造

一是明大势、聚人心。发挥宣传思想工作“知情、明势、顺气、鼓劲”的作用，采取多种形式宣贯中央精神，明晰上级要求，把握战略目标，划好思想“同心圆”，用理论武装头脑，用战略指引方向，用思想统一行动。在全局组织开展“忠诚、责任、担当”大讨论活动，采取专题学习、查找问题、整改落实等形式，引导和激励全员锻造忠诚的品格、强化责任的履行、鼓足担当的勇气、弘扬务实的作风，助力企业稳中求进、进中提质、转中向好。

二是深挖掘、广传播。聚焦重点工程、重大典型、重要事件开展有深度、有温度、有亮度的专题宣传报道，央视财经频道“一带一路新商机”栏目两次播出马来西亚吉隆坡标志塔项目；《中国建设者》第五季之深坑酒店在央视一套及十套播出。局官微“铁军八局”连续四个月进入“国资委中央企业二级账号新媒体指数榜”50强。在以我局利比亚撤离为蓝本拍摄的《战狼2》热映之际，请撤离亲历者现身讲述事件经过，并以局公众微信迅速发布，央视二套、新华社、人民日报等十余家主流媒体纷纷转载报道中建利比亚大撤离的故事，受众点击量过亿。

三是扬文化、促传承。完善以《中建信条》为主导、铁军文化为特色的企业文化体系。举办“文化立道 管理制胜”主题演讲比赛，深入挖掘

践行企业文化、服务企业发展的先进典型，采取“送文化进工地”“企业文化展示园”等形式，宣贯《中建信条·铁军文化手册》和《十典九章》。推进文化建设和文化管理的深度融合，梳理五大业务板块、六大执行体系的文化践行理念，编写局管理文化行动力纲领，使铁军文化内化于制度体系、外化于行为体系、贯穿于考核体系，切实把文化软实力融入管理硬杠杆，加速推进文化建设向文化管理的迈进。

四、改革成效

一是团队素质提起来。通过“党课集中讲学、媒体专栏导学、创新载体助学、研讨交流互学”等形式加强学习，广大领导干部的政治意识、大局意识、核心意识、看齐意识明显增强，拧紧了理想信念总开关，补足了精神之“钙”，增强了思想自觉和理论自信，提高了履职能力、战略统筹能力、推动发展能力、自我提升能力和持续创新能力，打造了一批有大追求、有大思路、有大担当、有大境界的党员领导干部，成为转型变革的带头人。通过开展项目准军事化管理，锤炼过硬作风，打造了一大批“行动军事化、工作标准化、作风严谨化、管理精细化”的铁军团队，传承了红色基因，积聚了蓝色力量。

二是基层组织强起来。通过学习教育，党支部两个功能建设不断强化，“三会一课”等基本制度进一步回归，吹响了党员队伍“集结号”。党员定期参加组织生活的习惯已逐步养成，支部在组织党员、教育党员、凝聚党员方面的作用得到进一步发挥，使党支部成为团结群众的核心、教育党员的学校、攻坚克难的堡垒。“让流动党员找到家”“我身边的农民工党员”等主题实践活动，引导党员主动亮明身份。“党员空中课堂”，上一堂“跟国内一模一样”的党课，使219名海外党员时刻铭记身份。

三是先锋作用树起来。通过深化党员责任区、党员先锋岗、党员品牌工程、党员积分制、党员“1+1+1”结对等，广大党员的主人翁意识得到激发、归属感得到强化、信仰力得到提升，不断释放出先锋动力。88个由党员领衔的劳模创新工作室，成为转型发展的助推器、创新创效的催化剂、人才培养的孵化器。杭州G20主会场项目以工匠精神铸就建筑精品，习近平总书记称赞“这个工程堪称登峰造极”。敦煌文博会项目开展党建联建，创造了敦煌速度、敦煌奇迹，体现了建国初期“十大国家工程建设”的会战精神。海南文昌卫星发射中心项目成立5个党员技术攻关小组，成功托举起长征七号和长征五号运载火箭。在玉树灾后援建、利比亚大撤离、深圳“12·20”滑坡救援等“急、难、险、重”任务中展现出八局铁军的过硬本色，充分展现了党员风采和铁军风范。

四是转型升级快起来。以“五大发展理念”为引领，坚定不移地实施“四商一体”战略，各方面工作取得明显成效，实现了新常态下的逆势增长，位列上海市百强企业第十名，成为国内最具竞争力的建筑企业之一。企业经营取得新突破，营业收入同比增长14.86%，实现利润同比增长38.8%；海外经营开创新局面，继续在中建系统保持排头兵地位；结构调整迈出新步伐，基础设施新签合同额同比增长244.9%；投资运营创造新模式，全国首批PPP示范项目在上海重固镇落地开工；精益管理迈上新台阶，全局鲁班奖总数达到139项。

五、经验启示

一是必须坚持党的领导这一基本政治原则。党的领导是国有企业闯市场、强管理的独特政治优势，只有把党的组织资源转换为发展资源，把政治优势转化为发展优势，才能展现作为，做出成效。必须始终坚持党的建设同步谋划、党的组织及工作机构同步设置、党组织负责人及党务工作人员同步配备、党的工作同步开展。对这个基本原则，任何时候都不能动摇。

二是必须履行全面从严治党的责任使命。从严管党治党是党的建设的根本原则，贯穿党建始终。只有牢牢把责任抓在手上、扛在肩上，切实做到教育从严、标准从严、制度从严、执纪从严，在常和长、严和实、深和细上下功夫，才能不断推动管党治党从宽松软走向严紧硬。对于这个责任使命，任何时候都不能忘记。

三是必须牢记抓班子带队伍的重大责任。队伍强则企业兴，班子有能力，企业就有竞争力，员工才能得实惠。只有充分发挥党委领导作用，把好方向、出好思路、管好干部、带好队伍、建好企业，才能团结带领广大干部职工攻坚克难，引领企业持续健康发展。坚持党管干部，把“选种育苗”和“田间管理”结合起来，才能将德才兼备的好干部选出来、用起来。对这一重大责任，任何时候都不能松懈。

四是必须夯实基层组织建设的基础工程。基层党组织是党的“神经末梢”，更是党的全部工作和战斗力的基础。只有把党支部的组织生活严起来、实起来，在经常、严肃、认真上见真章，使“三会一课”突出党性锻炼，突出思想交流，加强党内监督，强化监督执纪问责，才能持续不断为企业发展提供强有力的组织保证。对这一基础工程，任何时候都不能放松。

146

加强“两化三型”党支部建设 提高国企党建科学化水平

中国建筑中建三局一公司

一、基本情况

中建三局第一建设工程有限责任公司（以下简称“中建三局一公司”）始建于1952年，是中国建筑工程总公司（以下简称“中国建筑”）三级子企业。公司现有员工5200余人，分支机构9家，在建项目260余个，分布在全国主要一、二线城市及马来西亚、斯里兰卡等国家（地区）。全公司共设有党委11个、党总支3个、基层党支部96个，党员1896人，党员占比达27.7%。公司业务范围涵盖房建、基础设施、地铁、水务、房地产开发、建筑产业现代化等领域，具有房屋建筑工程施工总承包和市政公用工程总承包双特级资质。2016年，公司新签合同额603.29亿元，完成营业收入314.05亿元，两大指标均位列中国建筑“号码公司”第一名。

二、改革背景

党的十八大以来，习近平总书记多次强调指出，坚持党的领导、加强党的建设，是我国国有企业的光荣传统，是国有企业的“根”和“魂”，是我国国有企业的独特优势。中建三局一公司几十年来的快速发展说明，政治优势是加快国有企业发展的重要保障。随着公司规模快速增长，业务领域由传统房建拓展到投资、基础设施等新领域，业务范围由国内延伸到海外，管理跨度空前加大，党的领导、党的建设弱化、淡化、虚化、边缘化问题在部分基层党组织开始出现，支撑企业高速发展的保障必须加强。

三、改革实践

2015 年，中建三局一公司党委开始推行“互联网 + 党建”，在公司开展“两化（标准化、信息化）三型（学习型、服务型、创新型）”党支部建设。以提升基层党建工作水平，充分发挥基层党组织的战斗堡垒作用和党员干部的先锋模范作用，不断提高服务中心能力，提升企业党建品牌。

（一）推行“一肩挑”，强化党建责任

中建三局一公司党委坚持价值和效能导向，全面推行党政正职由一人担任的新型领导体制，有效破解了行政负责人和党组织负责人“两张皮”问题，党建工作责任真正落实到了“一把手”身上。通过开展党群组织变革和流程再造，着力构建权责清晰、上下协同、一体推进的党群组织体系。

1. “三个强化”，确保主体责任严实落地

一是强化责任分解。建立公司—分公司—城市公司（经理部）—各支部垂直管理体系，逐级签订党建目标责任状，年底实施检查考核，确保党组织书记“第一责任”落实到位。**二是**强化工作管理。坚持召开季度党群例会，检查、落实党建目标任务。**三是**强化监督考核。优化并落实“一肩挑”领导党建 KPI 指标，考核结果与绩效收入实行强关联，进一步强化党建工作责任。

2. “三个带头”，充分发挥引领示范作用

一是带头践行“两学一做”，不断提升思想境界。公司党委深化“两学一做”学习教育，公司领导以“一带一路”等为主题，带头参与党委中心组学习教育。**二是**带头服务基层，不断强化宗旨意识。2017 年，公司、分公司领导干部与 21 个基层党支部建立了“党建工作责任联系点”，把联系基层、联系群众“双联系”活动进一步推向深入。**三是**带头讲党课，严

肃党内组织生活。在严格落实双重组织生活要求的同时，各级党组织书记上党课常态化。公司领导2016年赴基层讲党课19次，开展现场督导30余次，覆盖60余个基层党组织。

3. “三个举措”，全面落实从严治党要求

一是推行党员积分管理。2016年公司出台《党员积分制实施方案》，2017年继续全覆盖推广实施。党员积分管理将“基本要求”做“减法”，将党员管理考核公开、量化，使党员的评价有了硬邦邦的依据。**二是**实行清单式管理。2016年，公司党委对分公司、项目党组织资料实行清单式管理，进一步规范基层党建要求。2017年，公司所有党支部全部制定党内生活年度计划，明确责任要求。**三是**强化决策监督。公司纪委列席分支机构、城市公司“三重一大”决策会议，在全局率先试点推进项目经理信用评价体系建设，确保将权力关进制度的“笼子”。

（二）打造“标准党建”，筑牢党建根基

中建三局一公司党委积极推进基层党建“五个标准化”建设，着力打造“标准党建”，筑牢企业党组织工作和战斗力的基础。

1. 规范设置组织机构

严格工作流程，明确过程标准，党组织覆盖到全公司各级机关和所有项目。2014年，重新调整各级党群部门设置和职能定位，实行定编定岗。

2. 全面修订党建制度

2015年，围绕党群工作核心业务，共清理、完善制度文件82个，梳理、优化核心流程64个，制定规范文本46个，设计制作表单303张，印发执行《公司党群工作流程手册》《项目党支部工作手册》，全面覆盖党建工作。

3. 常态开展主题活动

一月一次的支部党日主题活动，联系基层、联系群众“双联系”活动，以及“连心笔记”、道德讲堂、“中国好人”志愿服务、“超英”廉洁文化示范点等主题活动实现规范开展、提档升级。

4. 清单管理基础资料

将项目党支部工作资料分为组织机构、班子建设、党员队伍建设、“三会一课”、文化建设、品牌建设、阵地建设等 19 类，规定每类资料目录清单、记录形式和格式要求，全过程记录党建活动。

5. 量化实施考核评价

统一评价依据、统一评分标准、统一考核方式、统一奖罚原则、量化任务指标，定期进行党建综合评价。党群干部个人 KPI 考核，统一规定指标、统一评价程序，考核成绩与季度绩效奖励挂钩。

（三）打造“数字党建”，固化党建成果

中建三局一公司党委从聚核“规律化”、取向“现代化”两个战略向度，努力探索提高党建科学化水平的新路径。

1. 推进支部业务流程信息化

2015 年起，公司党委启动支部业务流程信息化开发，党支部成立请示、党员大会重大决议审批等流程实现网上录入上报和审核审批，实时监督支部工作。

2. 推进监督工作信息化

公司党委率先在业内建立廉洁风险防控信息预警系统，通过 127 个业务流程、53 个关键岗位、176 个廉洁风险点的信息化管理，实行全程监控，从根源上预防和治理腐败。

3. 推进党建“两化”融合

积极探索“信息系统 + 手机”捆绑、“网上业务流程 + 新媒体”双向互动，现代信息技术手段在党建工作中得到深化应用。所属深圳分公司开办学习云平台，集新闻动态、党课学习，系统测试“三位一体”，给党建管理带来极大便利；所属安装公司自制 H5 动画课件“我要做只先锋兔”，以生动活泼的形式开展党员学习教育工作及争先精神的宣贯；微信公众号、自制微视频、线上党员交流群全面普及运用。

（四）打造“品牌党建”，激发党建活力

1.“书香支部”凝聚好学善思团队

党员干部带头，开启“领导读书季”和“党员读书季”，一季一主题；项目员工有效利用“碎片时间”，化整为零，学习充电；支部利用月生产会和周例会，开展“主题十分钟”学习；以党小组为单位，成立学习互助小组，灵活安排学习交流；利用远程视频培训，开设读书协会，建立“小微读书”“玫瑰沙龙”“书香识女人”学习阵地，提升学习乐趣。

2.“服务支部”建设担当有为组织

以“连心笔记”、职工（工友）服务站、“十典九章”青年志愿服务、“中国好人”志愿服务为载体，服务员工工友，投身社会公益。“连心笔记”活动已建立起职工诉求跟踪解决、定期反馈机制，职工（工友）服务站在公司重点项目实现全覆盖，志愿服务在社会上产生了良好影响。在2016年湖北暴雨洪涝灾害、2017年“天鸽”肆虐广东期间，各基层党组织积极参与社会救灾，投入30台大型机械设备，组织100余名志愿者参与抢险，并积极募捐，彰显了央企责任担当。

3.“创新支部”助推项目完美履约

“一肩挑”书记领军项目“创新工作室”，以党员为骨干，聚力打造绿色工地、智慧工地；开展“银梭计划”“蒲公英计划”“津淬计划”“责任工程师制”，将员工培训与岗位历练相结合，创新人才培养方式；以“党员争先活力责任区”“党旗红·中建蓝”“管理创新型劳动竞赛”活动为载体，助力项目精益建造，完美履约。

四、改革成效

（一）基层党建科学化水平不断提高

基层党建标准化信息化建设，将党建管理与信息技术优势紧密结合，使党建业务流程和标准化成果固化在“数字化党建”中，实现了规章制度

由软到硬转换、党建核心功能由弱向强飞跃，开启了“互联网 + 党建”工作模式的新篇章。出台《党群工作流程手册》和《项目党支部工作手册》，优化了党建工作制度，明确了工作标准，理清了流程节点，为建强基层组织打下了坚实基础。积极运用互联网新技术，党建工作的线上活动精彩纷呈，党建科学化水平不断增强。

（二）基层党组织引领保障作用有效发挥

“两化三型”示范党支部建设，激发了基层组织创先争优的热情。“样板引路”和先进典型的示范效应，带动了全公司基层党建工作水平的整体提升。2016 年公司“两化三型”示范党支部建设经验在新华网、中新网、央广网、企业党建参考报、北京晨报、北京晚报等 20 多家媒体刊发，系统内外多家单位前来交流。2015 年，中建三局一公司党委获评湖北省“国有企业示范基层党组织”。2016 年，公司党委被评为湖北省“先进基层党组织”。

（三）党员干部示范带动作用充分展现

“双联系”活动进一步密切党群干群关系，干部作风有了根本转变。2016 年，公司各级领导干部积极参与“连心笔记”活动，共访谈职工 5749 人次，解决诉求 3694 个，形成办法措施 88 个。示范党支部创建，党员争先责任区、党员先锋岗、志愿服务活动开展，党员创新工作室建立，党员示范带动作用明显，涌现出“中国好人”姜龙华等一批优秀党员典型。

五、经验启示

（一）加强“两化三型”党支部建设是解决基层党建“四个化”问题的有效手段

一是深化了认知，构建基层党建工作新格局。加强“两化三型”党支部建设，各级党组织切实肩负党建责任，做到党建工作与业务工作同部署、同检查、同考核，有效解决了“重生产，轻党建”的现象。**二是**强化了措施，引导基层党建工作新变化。通过顶层设计，推行标准化党建，让企业党建工作有据可依，有章可循。利用信息平台、新媒体技术推进信息化党建，让机械的线下工作转移到线上，让繁杂的工作进一步精简，提高了党建工作效率。**三是拓宽了思路，打造基层党建工作新品牌。**中建三局一公司党委在“两化三型”党支部建设中，大力推进“一支部一特色”活动，各支部特色鲜明，亮点纷呈。深圳万科云城项目党支部开启“云城模式”模式，打造服务型党支部，从人才培养、创新创效、执行力锻炼、凝练文化四个方面入手，激励支部党员想干事、善创新、敢担当，为服务项目精益建造提供坚强有力的保障。

（二）加强“两化三型”党支部建设是推进“两学一做”常态化的重要载体

“两化三型”党支部建设过程中，中建三局一公司坚持基础工作全面要求为基本宗旨，对党员的教育有严格的标准、更高的要求。如在建设学习型支部上，要求支部以“深学”为目的，以两个《手册》中的制度和流程为依据，丰富学习平台载体，严格组织生活要求，全面制订并落实党内生活计划，实现党员学习教育常态化。在服务型党支部建设上，要求以“实做”为关键，持续运用党员积分管理等手段，对合格党员应达到的基本要求实行量化管理和考核，实现“做合格党员”的常态化。

（三）加强“两化三型”党支部建设是促进企业转型升级的根本保障

基层党支部是企业一线的基本战斗单元和坚强战斗堡垒。加强基层党支部建设，应从顶层设计入手，系统打造基层党建“争先品牌”。近年来，中建三局一公司党委提出全面建设“两化三型”示范党支部，不断构筑党建工作的新高地，努力将党建优势不断转化为企业的发展优势、将组织活力不断转化为企业的发展活力，更好地发挥基层组织在企业转型升级中推动发展、服务群众、凝聚人心、促进和谐的作用，让企业在转型升级过程中走得更稳，更快。

147

强化党建引领　改革“三项制度”科学系统运营　推动“大库”变“强库”

中储粮总公司大连直属库

一、基本情况

中央储备粮大连直属库（以下简称“大连直属库”）隶属于中国储备粮管理总公司（以下简称“中储粮总公司”），是亚洲最大的单体粮库，主要负责中央储备粮油的储存保管、轮换经营，并按照中储粮总公司统一部署执行国家政策性粮油购、销、调、存等调控任务。大连直属库注册资本5.9亿元，在岗员工213人。库区占地面积62万平方米，仓容138万吨，年粮食出入库量100万~150万吨。

二、改革背景

2013年前后，大连直属库受库区整体搬迁影响，维修技改投入近乎中断，加上大部分设备设施是1998年以前建设投产，已经老化陈旧，安全隐患较多，安全事故时有发生，整体管理较为粗放，干部员工队伍人心不稳，整纲肃纪、深化改革迫在眉睫。

大连直属库领导班子认真落实中储粮总公司“确保中央储备粮数量真实、质量良好，确保国家急需时调得动、用得上”（以下简称“两个确保”）的企业宗旨和“从严治企、突出主业、强化基础、转型升级”的总要求，凝心聚力，深化改革，提出了“发展企业、造福员工，把‘大库’

打造成‘强库’”的工作思路，强化党建引领，深化“三项制度”改革，创新实施设立安全生产奖、保管员动态分档管理、“瘦身”降本等一系列体制机制改革，提出了以“一个中心、五个基地”为核心内容的争创标杆方案，推动大连直属库步入可持续内涵发展的轨道。

三、改革实践

（一）党建引领，融入企业中心工作

针对干部员工队伍人心不稳、“四个意识”不强、党建存在“四个化”等问题，大连直属库认真学习习近平总书记在全国国有企业党的建设工作会议上的重要讲话精神，把坚持党的领导，加强党的建设作为企业的“根”和“魂”，以党的建设引领企业的改革发展。

一是把党组织建设嵌入企业组织结构中。结合“三定”（定岗、定编、定员）重新划分党支部，配齐党支部和党小组负责人及党务工作人员，在党员干部、党务工作者岗位调整时同步调整党的职务，确保基层党建工作机构健全、党务工作力量投入充分。

二是把党建工作与业务工作紧密融合。与仓储主业融合，开展“党员示范仓”、“红旗仓”、“5S管理”、“标准仓规范库”等活动，并在工作场所和支部“党员之家”展示党建成果，营造浓厚氛围；与业务工作同布置、同落实、同检查、同考核，使党建和业务工作紧密融合、相互促进。

三是严格议事规则，把好方向。把严格党内政治生活作为作风建设的发力重点，坚决落实中储粮总公司直属企业十项权力清单和“三重一大”制度；对重大决策事项全部实行专题论证分析，推进科学决策、民主决策。

四是培育企业文化，共享发展成果。大力弘扬“责任、感恩、团结、诚信”的企业文化，坚持“发展企业、造福员工”的理念，把培训作为最大“福利”，开展主管以上、保管员、青年员工“三班”培训，三年来累

计开展素质培训4600余人次；把党政工团融为一体，坚持开展各种形式的文体、慰问、走访、欢送活动，增强凝聚力，密切党群关系；“用关心感动员工，以文化引领企业”，营造了“工作紧张、心情舒畅、纪律严明、生动活泼”的企业文化。

（二）创新举措，深化“三项制度”改革

为打造深化改革新动能，激发企业发展新活力，大连直属库积极探索，推动企业“三项制度”改革。

一是结合“三定”实施“瘦身”降本方案。近三年来，直属库科室数量由13个压缩到9个，中层干部由20人减至14人，在岗人员由288人减至213人，“瘦身”幅度近30%；同时，劳务外包人数从110人压缩到73人，压缩34%。人均管粮数量由4320吨增加到8075吨，干部员工真抓实干、加倍付出辛苦和努力。

二是实施重点岗位年度动态分档管理。通过基础理论、实操培训和考试、综合评比等科学流程，将保管员划分为见习保管员、保管员、包仓保管员、标杆保管员四档，收入差最高达1500元/月，实行年度动态管理，先后22人次被评为年度标杆保管员、4人次岗位上调、7人次岗位下调。

三是探索岗位科学测评体系。对中层干部建立综合考核评价体系，对骨干岗位以上员工实施360度绩效考核，实施劳动合同续签考核、见习岗位员工考评，对岗位上调的员工设置3—6个月考核期，三年来累计调整中层干部32人次（其中降职或免职8人次），调整员工394人次，以岗定薪、岗变薪变。

四是组建专项管理小组和班组协同推进工作。先后成立了库史文化基地小组、智能化运营中心项目组、5S工作小组、“标准仓规范库”工作小组等9个专项管理小组，新组建班组25个，以专项小组和班组建设培养专业人才，让专业的人干专业的事，带动员工队伍建设。

五是创新设立安全生产奖。从年度绩效奖金中提取一定比例设立安全

生产奖，把岗位安全责任与个人收入挂钩，对 108 个岗位的安全风险量化评估后形成 9 个等级，最高档与最低档相差达 7500 元/年，拉开了差距、打破了“大锅饭”，强化了一线员工的安全责任。

六是实施立体化激励考核。建立了由库班子一级考核、部门二级考核、横向考核、安全生产奖惩构成的立体化考核体系，按照“公平、公正、公开”的原则，三年来累计考核事项 701 项，全口径考核对应的处罚金额 50.86 万元，直接奖励 15.81 万元；开展榜样激励，评选表彰月度“四优”党员、月度“明星”员工和团队等共计 330 人次，并通过宣传展板、电子大屏幕、《月报》等展现优秀员工风采，发挥先进典型的带动引领作用。

（三）科学管理，建立系统化运营管理机制

以“两个确保”、提质增效和风险管控为主线，强化战略引领，突出内涵发展，建立系统化科学运营机制。

一是形成“2+5”决策管理体系。“2”即每月度党委会、每周库主任办公会，决策部署重点工作；“5”即每天生产调度会、安全生产例会、检验班组早会、维修班组早会、仓储保管例会，具体执行落实工作。

二是建立穿透式管理机制。构建了制度基本架构，制定并在显著位置悬挂公示直属库十项权力清单，每年审核制度、更新制度汇编及内控手册；专门设立审计岗位，在关键风险点实行审核审计，三年来累计开展日常审计 132 次、专项审计 20 次；实行重点工作督办、日常工作监督检查，督办重点工作 488 项、督办完成率 99%，监督检查发现问题 1858 项、整改率 96%；将审计、督办、监督检查结果与日常考核、年度目标责任状考核挂钩，确保各项制度落实到位。

三是实施设备设施全生命周期管理。实行工程项目“5+3”管理和项目经理负责制，推行 5S 管理、设备全生命周期管理，搭建三级点检定修管理体系，建设了设备设施智能化管理系统，对全库 4300 余台套生产设备实

行二维码管理，坚持每天 OPL（一点课）培训、OPT 在职培训，降低设备故障率和维修成本。

四是做实全员安全生产责任制。引进 2 名注册安全工程师，实施安全巡检标准化，三年来组织全库干部员工和租赁委托库点、劳务公司、施工、运输等合作单位开展培训演练 40 次、4592 人次，在国家安全生产标准化二级企业的基础上实施 OHSMS18001 职业健康安全管理体系达标认证，使安全管理跨入国际化标准。

五是大力推进标准化管理。围绕“两个确保”，建设了智能化运营中心、设备设施维修维护标准化培训基地、科技储粮培训基地、安全生产标准化培训警示基地、党建基地、库史文化基地（即“一个中心、五个基地”），实现仓储标准化、包仓制升级两大突破。

四、改革成效

通过一系列的全面深化改革举措，大连直属库在大转变、大改革期间实现了安全、稳定、健康发展，实现了“五个根本性改变”。

一是实现了粮食质量的根本性改变。通过轮换，将中央储备玉米从三等全部提升为一等、二等优质玉米，提高了潜在市场价值，降低了保管难度。

二是实现了仓储管理的根本性改变。仓储科室业务核心突出，保管员年度动态分档管理常态化，激发了保管员工作热情。

三是实现了安全生产形势的根本性改变。安全生产事故连续两年为零，多次作为典型案例在系统内外作经验交流。

四是实现设备设施管理的根本性改变。将原来“不坏不修”“坏了再修”的传统模式改变为以状态维护、预防性维修为主的现代管理模式，每亿元固定资产平均维修费是同类企业的 1/3，核心团队的“田刚毅团队工作室”被中储粮总公司评选为十大拔尖人才工作室。

五是实现员工队伍状态的根本性改变。员工整体素质明显提升，精神面貌、工作状态焕然一新。

大连直属库2014至2016年共实现利润8725万元，同时累计消化历史遗留包袱1.2亿元左右，荣获中央企业青年文明号、中央企业基层示范党支部、国家粮食系统“四无粮仓”先进单位、国家5A级物流企业、中储粮总公司系统先进直属库、分公司党建先进单位等多项荣誉称号。

五、经验启示

（一）坚持党的领导是深化企业改革的前提

国有企业是党领导下的企业，作为党的基层组织，大连直属库认真学习领会习近平总书记系列重要讲话精神，坚持党建引领，坚决落实党中央决策部署，增强“四个意识”，夯实“两个确保”，为企业改革提供坚强的政治保证和组织保证。

（二）统一思想认识是深化企业改革的基础

“上下同欲者胜”。改革越是进入深水区，就越需要从上至下统一思想认识，凝聚改革共识，汇聚改革合力；越是触及部分干部职工利益，就越需要从严从实，公平公正，阳光操作，以实际行动感染员工、教育员工，取得思想认同，深化企业改革才能顺利推进。

（三）抓住“关键少数”是深化企业改革的动力

以抓好“关键少数”带好干部队伍、党员队伍和员工队伍，用优秀的人去培养更优秀的人，逐步改善员工队伍结构和素质。要把合适的人放在合适的岗位上，让“敢担当、有作为、守纪律、知进取”的干部员工成为主流，以“动车组”的动力，推动改革措施落地。

148

落实全面从严治党　发挥党委领导作用 促进公司健康可持续发展

中交集团中交投资

一、基本情况

中交投资有限公司（以下简称“中交投资”）成立于2007年4月，注册资本金105.51亿元人民币，是世界500强企业——中国交通建设股份有限公司（以下简称“中国交建”）独资设立的首家专业投资平台。

公司自成立以来，始终牢记责任和使命，一直秉承“创新经营，合作共赢”的经营理念，遵循“勇于担当、追求卓越”的企业精神，依托中国交建在基础设施领域的优势，采取了BT、BOT/BOO、BOT+EPC、PPP、股权并购等多种投资模式，涉足基础设施、城市综合开发、房地产、金融、信息技术等多个业务领域，足迹遍布全国众多省（区、市），成功投资了一批具有战略意义的项目，发挥了良好的经济效益和社会效益。

二、改革背景

中交投资成立以来，公司党委和各级党组织始终坚决贯彻执行党中央的各项决策部署，坚持“抓发展本身就是抓党建，抓党建就是抓发展”的理念，强化党建工作与生产经营深度融合，持续创新党建工作方式方法，与时俱进、持之以恒地加强党建工作，有效促进了公司的改革和发展。

三、改革实践

（一）牢牢把握企业发展方向

一是公司党委深刻认识新时期国企党建的总体要求，坚定政治方向，不断强化“四个意识”，坚决在思想上政治上行动上同以习近平同志为核心的党中央保持高度一致，确保党和国家方针政策在企业的贯彻执行。

二是公司党委始终坚持投资方向不偏这个重大原则，确保投资项目对得起党和国家的重托，能够切实改善和提高人民群众的生产生活水平，满足人民群众进一步发展的需要。

三是公司党委把切实发挥好领导作用、引领企业发展方向作为首要责任，与时俱进确立企业发展思路和战略定位，完成了公司“十三五”规划编制工作。规划系统提出了“1233”战略，提出把公司打造成为“领先的交通综合投资商、一流的城市综合服务商和央企产融结合的示范者”总体发展目标，明确了未来的发展方向。

（二）明确党委会研究作为前置程序

公司始终把民主集中制原则充分体现到公司重大决策中，实行集体领导与个人分工负责相结合。同时领导班子分工不分家，互相补台，充分发挥整个领导班子的合力。

党的十八大以来，公司党委深入学习贯彻党的十八大和十八届历次全会以及全国国有企业党的建设工作会议精神，及时将党建工作要求纳入公司章程，建立健全了《公司党委工作规则》《公司党委常委会议事规则》《董事会工作制度》《总经理办公会议事规则》等多项管理决策制度，理顺“三个会”的权责，进一步明确了公司党委常委会是党委研究决策重大问题、发挥领导作用的主要形式，董事会、经理层在决定重大经营管理事项前，相关议题必须提交党委常委会研究讨论，听取党委常委会意见建议。

（三）切实加强“两支队伍”建设

公司党委坚持党管干部、党管人才原则打造强有力干部人才队伍。公司党委以建设“四好”领导班子为目标，按照中央好干部二十字标准和中国交建“靠得住、能干事、在状态、善合作”的要求，选贤任能，人尽其才，不断强化干部队伍能力素质建设，优化各级领导班子的知识、专业和年龄结构，为公司持续健康发展提供坚强的组织保障和人才支撑。全面推进领导干部、业务骨干和新员工的轮训工作，已举办各类培训班近 30 期，累计培训近千人次。积极发挥先进典型示范引领作用，做好两年一次“两优一先”评选工作。多个个人和党组织先后获得中国交建及地方党委政府的表彰，展示了公司党组织和党员干部队伍良好的精神风貌。

公司在选才、育才、用才、聚才方面形成了一套体系，为优秀人才脱颖而出创造了良好的条件，培养出了一支涵盖投资、建设、运营、管理和法律、财务、金融等多个专业门类，懂经济、会经营、善管理的优秀人才队伍，人才素质不断提高，人才结构逐步优化，人才已经成为企业拥有的最大财富，成为公司未来创新发展最大的价值创造源泉。除了为自身发展打造了一支优秀的人才队伍外，已累计向中交集团总部部门和二级单位输送各类专业和领导人才 50 余人，真正成为中交集团投资管理人才的“蓄水池”和培育基地。

（四）不断强化廉洁风险防控

按照中央有关要求，公司提出了开展廉洁风险防控的工作目标，并确定中交翼侯、中交丽景两家子公司作为试点单位，先行开展了廉洁风险防控。

2014 年 7 月，公司纪委认真总结试点单位经验，制定了《关于进一步加强廉洁风险防控管理的实施意见》，规划了权力科学化配置、规范化监督和信息化防控“三步走”的整体推进步骤，制定了厘清确认涉权事项、分解细化工作流程、调整配置各类职权、严格落实防控责任、完善信息公开机制、实行项目化管理、跟踪记录廉洁风险信息、推进权力网上运行、完善廉洁风险信息化系统功能等九大任务目标。2014年8月，印制了《廉洁风险防控指导手册》，加强对基层工作的指导。2016年11月和2017年6月，公司再次印发《关于推进落实廉洁风险防控管理体系建设工作的通知》和《关于编写完善廉洁风险防控手册的通知》，使廉洁风险防控工作全面覆盖了新设项目公司和总部机关。

截至目前，公司各单位和机关总部共梳理廉洁从业风险点近百个，制定防控措施60余项，涉及制度50余个，廉洁风险防控取得了实实在在的效果。

（五）创新搭建活动平台

在落实全面从严治党的过程中，公司党委首先确保上级党组织的各项“规定动作”高标准、严要求。认真开展党的群众路线教育实践活动、“三严三实”专题教育、“两学一做”学习教育、领导班子建设年、“三级联创”活动。同时，围绕着如何发挥支部的战斗堡垒作用和党员的先锋模范作用，公司党委以问题为导向，创新搭建平台、设计载体，开展了“三查三比三看”（查思想、比作风、看精神风貌，查工作、比业绩、看执行力度，查成效、比创新、看发展活力）活动，组织开展了以“亮身份、亮承诺、争先锋”为内容的“党员先锋岗”创评活动，探索创新了“联学联做”，开展了“强引领、转作风、促发展”主题活动等一大批富有公司特色的“自选动作”，给公司的党建工作“添了彩、加了分、创了优”。

2017年以来，为了贯彻落实中国交建提出的打造“四力型”党组织，建强基层战斗堡垒，尤其是围绕为期一年的“三级联创”工作，公司结合实际，开展了“强引领、转作风、促发展”主题活动。活动中围绕所属各单位2017年工作中的难点、焦点问题，总部机关党支部与所属各单位党组织有针对性地“结对子”。总部机关14个支部围绕16个具体问题，结成了16个对子；所属各单位党组织为了让“中交蓝·党旗红”贯穿投资项目的全生命周期，积极探索与利益相关方开展“党建联建共建”，取得了显著成效。

四、改革成效

一是严控了投资风险。五年来，公司在所有的决策过程中，充分发挥党委的领导作用，把方向、管大局、保落实，坚持“优中选优”，特别注重投资的稳健和务实，每一个项目首先由相关部门进行充分的调研、论证，形成可行性研究报告。遇到不是特别擅长的项目，还外聘专业集训机构把关。同时，公司组建专家评审委员会，搭建了一整套风险防控体系，做到坚决严控风险。五年来，所投项目没有一个出现大的颠覆性风险。

二是培育了一批优质的经营资产和利润实体。五年来，公司所投资的一批优质项目价值开始显现，特别是汕头东海岸新城项目，连续几年对公司利润的贡献都很大，成为公司名副其实的“明星”项目。另外，经过潜心培育，公司近几年房地产板块的利润快速增长，成为公司利润的重要来源。除此之外，按照中国交建统一安排，公司将 320 亿元的高速公路经营性资产划转给中交资产管理公司管理，成为中国交建未来发展的重要支撑。

三是公司实现了大发展。2012—2017 年 9 月，累计签订合同数 37 个，累计新签合同额 2608 亿元，累计完成投资额 909 亿元；总资产增长了 240 亿元，净资产增长了 94 亿元；累计实现利润 93 亿元。近五年，中交投资连续实现年利润总额超过 10 亿元；2016 年，更是实现利润总额突破 21 亿元大关，位居中国交建所属企业第三位，获评“中国交建 2016 年度经济效益最优奖”。

四是党建工作上了新台阶。五年来，公司党委始终坚持党的领导、加强党的建设，引思想、转作风、强组织、塑文化、重监督、促和谐，全面提升了公司党建工作科学化水平，初步形成了有公司特色的党建品牌，形成凝心聚力、共同推动发展的良好局面，公司党建工作跃上了新的台阶。近三年，公司党委连续在中国交建党建考核中获评优秀。

五、经验启示

一是要始终坚持党的领导，加强党的建设。公司从无到有，从小到大，五年来取得改革发展的巨大成就，坚持党的领导、加强党的建设是根本因素、根本力量和根本保证，是企业的独特优势，必须一以贯之。

二是要发挥党委的领导作用。公司改革发展的实践充分证明，必须要充分发挥党委的领导作用，始终牢记使命，正确把握投资方向，坚决围绕主责主业。坚持在国家发展大局下行动，主动融入和服务国家战略；坚持在集团大局下行动，主动找准定位。充分发挥党支部的战斗堡垒和党员的先锋模范作用，确保各项工作部署落到实处。

三是党建工作与经营工作要深度融合。总结企业的发展，一个直接的体会就是必须要把党建工作的成效转化为企业的发展活力和竞争实力，围绕生产经营搭建活动平台载体，把促进生产经营作为党建工作的基本出发点和落脚点。

149

坚持最大原则　发挥领导作用 在推进混合所有制改革过程中加强党建工作

国药集团国药控股

一、基本情况

国药控股股份有限公司（以下简称“国药控股”）是中国医药集团总公司控股、上海复星高科技（集团）有限公司参股的混合所有制企业，总部位于上海。公司于 2003 年 1 月成立，2009 年 9 月在香港上市，注册资本 27.67 亿元，资产规模 1575 亿元，拥有近 480 家子公司（含国药股份、国药一致两家 A 股上市公司），员工 58000 余人；公司现已发展为中国最大的药品、医疗保健产品分销商及领先的供应链服务提供商，药品分销及配送网络覆盖全国 31 个省（区、市）。

二、改革背景

由于国药控股业务分布地域广、管理层级多、党员数量多、组织分布散，再加上很多三级及以下子公司被并购前，基本都是社会资本、民营企业，党建基础薄弱、党建意识不强、党建工作主动性不高，都给国药控股党建工作带来了前所未有的压力和挑战，如部分企业党组织组建还不及时、党委参与企业重大事项决策的制度还不健全、“一岗双责”履职考核还不够细化等。

国药控股党委结合 2014 年 12 月国务院国资委关于《中国医药集团总

公司发展混合所有制经济试点方案》的复函要求，扎实推进“混改”企业党建试点工作。在推进“混改”企业党建试点工作中，深入贯彻落实全面从严治党要求，积极探索党委发挥领导作用的有效机制，取得了一定成效。

三、改革实践

（一）党委部署，专人督导，推进党的组织和工作“双覆盖”

一部分原为民营资本的企业在开展党建工作时，不同程度地存在意识淡薄、基础薄弱等短板，其中不少企业还没有组建党组织。为此，国药控股党委以推进“双覆盖”为第一要务加强党的建设。

针对部分企业没有组建党组织的问题，公司党委专题研讨，制定下发了《关于加快推进各级子公司党组织组建工作的通知》，部署组织建设推进要求，并加强督导和指导工作。

针对企业中党员少甚至没有党员，以及班子中缺少党员等党建基础薄弱的问题，公司党委大力推进党建指导员和党建联络员制度。通过上级党组织指派的党建指导员，定期深入下级企业指导解决党组织应建未建和开展党建工作时遇到的难点问题；在班子成员全部为非党员构成的企业中，选择一名本企业班子成员担任党建联络员，一方面保持与上级党组织的联络沟通，另一方面借助联络员在行政工作中拥有的话语权，保障实现“双覆盖”。

（二）严格程序，规范运作，探索党组织参与重大决策的有效方式

领导干部对党委参与“三重一大”决策重要性认知不足，党委参与决策的内容和范围不够清晰，职能部门申报待决策事项的主动意识不强，是国药控股各级党组织普遍面临的一个难题。

国药控股党委从“健全机制、明确职责、广泛发动”的试点思路出

发，制定了《国药控股党委落实“三重一大”制度参与企业重大问题决策的规定（试行）》，明确了参与决策的范围和重点；制定《国药控股党委参与企业重大决策事项清单》，细化职能部门需要上会的23项决策事项；制定《关于健全党政沟通协调机制的试行办法》，使党政领导班子之间在重大工作部署和重大决策事项酝酿和实施阶段，保持经常性沟通协调，以保证党委参与重大决策要求落实到决策全过程。

（三）细化考核，履行“双责”，夯实党建工作责任制落实

党员领导干部全面、清晰履行从严治党责任，构建党建工作与业务工作同研究、同部署、同考核的工作格局，是严格落实企业党建工作责任的重要保证。

国药控股党委在每年签订的《党建工作责任书》中，分别制定了适用于党委和党支部的《党建工作责任考核表》，依据考核项目落实情况对党组织进行考核，考核结果与党组织负责人绩效挂钩；制定《党建工作主体责任清单》《党建工作第一责任人清单》，使党建工作履职情况的考察依据更加清晰。

为改变党建和经营工作“两个责任”重视程度层层递减状况，公司党委制定了《关于国药控股领导班子成员履行“一岗双责”的实施办法》，要求领导班子成员在履行行政分管职责的同时，督导分管子公司党建工作开展情况，以及推动行政支持党建工作情况。

（四）提升能力，选优配强，加强党务干部队伍自身建设

部分企业在选拔和培养党务干部时，面临候选人员理论水平不高、自身影响力不够、人员配备不足等问题，影响了党务干部作用发挥。

为提升党员领导干部履职能力，国药控股党委先后组织“飞龙”书记培训班和基层书记培训班、组织全国视频报告会、专题培训等工作，提升干部队伍素质能力；编制《党委工作手册》《党支部工作手册》《党员手册》《党组织书记讲党课指南》，提升党务干部业务工作能力。

为充实子公司党务干部力量，公司党委通过内部选拔、干部交流、岗位轮换等方式，把政治素质好、懂经营管理、善于做思想政治工作的干部和党员选派出来，担任子公司的党委书记、副书记。从2015年起，先后向八家二级公司选派了党组织主要领导。

（五）强化管理，丰富活动，充分发挥党支部战斗堡垒作用

基层党支部执行“三会一课”制度不到位，开展活动的形式和内容较为单一，是基层党支部急需解决的难点问题。

国药控股党委倡导并落实“党的一切工作到支部”的鲜明导向，并在日常工作中融入对落实“三会一课”制度的督查和指导。一方面，强调“三会一课”的政治学习和教育作用，要求精心研究和准备“三会一课”主题、内容和创新学习教育载体；另一方面，在全公司组织开展“主动担当责任，带头奉献价值”为主题的党支部建言书活动，把开展“支部建言书”活动作为健全“三会一课”组织生活制度和党建融入企业中心工作的基础性工程，解决企业改革发展中的热点、难点问题。

四、改革成效

近年来，国药控股党委紧密围绕全面从严治党要求，从积极探索混合所有制条件下党组织发挥领导作用的思路出发，推进了一些具体而细致的工作，并取得了一定成果。

（一）基层党组织组建率和覆盖率进一步提高

从2013年初到2016年底，国药控股系统党组织和党员数量实现快速增长。党委建制的组织由30家增长到46家，党总支由29个增加到36个，党支部由383个增加到461个，党组织应建未建问题全部得到解决。党员数量由6609名增长到8821名，其中，在岗党员由4954名增长到7155名。

（二）“三重一大”决策监督机制进一步完善

国药控股党委在贯彻落实“三重一大”决策制度实施意见基础上，制

定印发了《“三重一大”集体决策工作报告制度》，要求各子公司在每年12月15日上报《“三重一大”事项集体决策制度建立及执行、监督情况报告表》和《集体决策情况报告表》等材料。通过报告制度的建立，大大提高了子公司领导班子对“三重一大”集体决策的认识，推动了子公司决策的民主化、科学化。

（三）党员领导干部履行“一岗双责”的实际效果进一步巩固

国药控股党委连续三年制定领导班子开展调查研究方案并对开展调研活动提出了具体要求，要求领导班子成员切实做到抓经营和抓党建“一岗双责”；同时班子成员承担行政分管职责范围内的子公司党建督导工作，重点对各级子公司组织建设工作的开展情况进行督导检查，使领导干部“一岗双责”意识和工作落实得到有效增强。

五、经验启示

经过近些年的工作实践，国药控股党委始终坚持探索既具有国药控股自身特色又符合混合所有制企业普遍规律的成功做法，积累了一些经验，体会到混合所有制企业党组织应该做到“五个必须坚持”：

（一）必须坚持落实全面从严治党要求

国药控股党委为使各级党组织负责人把全面从严治党的责任放在“头等重要”的位置，行政领导把党建工作与生产经营放在“同等重要”的位置，利用召开党委会议、行政例会、年中工作会、年度工作会等途径做强“灌输教育”；利用领导干部下基层调研的机会做优“督导教育”；利用深刻剖析反面典型违纪违法案例做实“警示教育”；真正使国药控股各级领导干部和全体党员树立起政治意识、大局意识、核心意识、看齐意识。

（二）必须坚持推进党的组织和工作有效覆盖

国药控股党委按照“企业重组改制到哪里，党的组织就要建设到哪里，党的工作就要落实到哪里”的原则，同步推进党组织建设与企业并购重组工作，从推进党的组织和工作覆盖入手，提高符合成立人数党组织的单独组建率，探索不符合成立人数党组织的纳入管理办法，形成了国药控股党委对二级公司的党组织组建工作进行支持、推进，二级子公司对下属各级子公司的党组织组建工作进行指导、督促，补齐基层党建工作短板，不断巩固党的执政基础。

（三）必须坚持党组织参与企业重大问题决策

党组织参与企业经营管理，重在从企业发展战略、重大问题决策等方面进行政治性、导向性把关，站在充分发挥国有企业党委领导作用的高度，通过组织保证和制度保证来实现。按照“双向进入、交叉任职”的组织原则，使符合条件的党委建制和党支部建制的党组织书记通过法定程序进入董事会、监事会，积极探索经营班子没有党员的企业党组织书记列席行政会议的办法。通过党委会制度、党建专题工作会制度、党委中心组学习制度、党委落实“三重一大”制度、“三重一大”报告制度等决策及反馈制度，使党组织参与企业重大问题决策，有效进入企业管理流程。

（四）必须坚持强化党务干部队伍建设

建设一支素质优良的专业化党务干部队伍，对落实全面从严治党要求、加强基层党建至关重要。在干部队伍的选拔方式上，上级党组织通过向下级党组织委派书记、指派党建指导员落实党建工作；本级党组织通过民主评议、公开选拔党组织书记开展党建工作；未成立党组织的企业通过指定党建联络人对接党建工作。在干部队伍的能力要求上，党组织书记要提高看待问题、解决复杂问题的能力；党务干部要提升岗位适应能力和实际履职能力。在干部队伍的培养思路上，重点解决党务干部的身份问题、待遇问题、出路问题，破解党务干部队伍人难选、人难留的问题。

（五）必须坚持考核管理检验党建工作成效

贯彻落实全面从严治党要求，重在严格管理考核，确保管党治党事有人干、责有人担。明确考核对象，党委建制单位和支部建制单位一同考核，各级党组织书记重点考核，行政领导中的党员干部加强考核；量化考核内容，制定党建工作目标责任管理分类考核评价办法；结合党政领导干部的不同工作职责，考核党组织书记抓党建工作第一责任人的履职情况，考核其他党员领导人员协助开展党建工作的支持情况；优化考核方式，做到日常督查与年终考核相结合，全面客观了解党建工作落实情况。

150

党建引领　开启创新发展红色引擎　务实高效　融入生产经营担当作为

新兴际华集团新兴铸管

一、基本情况

新兴铸管股份有限公司（以下简称“新兴铸管”）始建于1971年，前身为军队唯一钢铁联合企业——中国人民解放军第2672工厂，1997年6月发行上市，为新兴际华集团有限公司（以下简称“集团”）的核心企业，拥有铸管、管件、钢材、钢格板、钢塑管、高合金及双金属复合管材等系列产品。其中，球墨铸管是公司的主导产品，生产规模和综合技术力居世界领先水平，是全球离心球墨铸铁管最大的供应商。近年来，新兴铸管党委深入贯彻落实中央各项决策部署，注重发挥党委领导作用，始终做到把方向、管大局，保落实。

二、改革背景

2016年10月，全国国有企业党的建设工作会议召开以后，新兴铸管党委按照习近平总书记提出的“四个坚持”总体要求，正确认识党组织在推动国企发展中的红色引擎作用，正确认识党员领导干部在经营管理中的政治担当角色，正确认识党建工作和生产经营的筋脉相连关系，按照围绕中心抓党建、凝心聚力抓党建、务实高效抓党建、量化考核抓党建的工作思路，坚定不移地落实党建各项工作任务，以企业改革发展成果检验党组织的工作和战斗力，打造了与企业发展战略相一致，与企业发展模式相匹配，与企业经营管理相协调，为企业改革发展稳定的提供坚强支撑和保障的具有新兴铸管特色的党建工作新机制。

三、改革实践

（一）务本求实，规范创新，做好党建引领大文章

一是抓思想，牢固树立“四个意识”。制定并落实《关于推进“两学一做”学习教育常态化制度化的实施方案》，新兴铸管党委重点抓好中心组学习，先后组织6次现场集中学习研讨、3次个人自学。党委班子成员主动到基层、进现场，面对一线党支部书记举办专题辅导报告，推动中央精神在基层的落地。借助微信平台的便捷优势，探索推出“智慧党建”微平台，常态化推送党建知识，实现党建工作网上网下联动，初步构建“党务管理智能化，党员教育个性化”的党建工作新模式。在全体党员中开展过“政治生日”活动，赠送“生日贺卡”，唤醒党员意识，凝聚发展力量。

二是抓组织，落实党建重点任务。按照“两个不低于原则”（专职党务人员总数不低于在岗职工总数的1%；专职党务人员总数不低于本单位所有管理人员总数的1/10）配备专职党务人员，员工总数≥600人的三级企业单独设立党委工作部，规范了党组织机构和党务人员的管理。开展“党支部示范点”建设，按照“六好”内容（选配一个好书记、建设一个好班子、带出一支好队伍、构建一个好机制、创造一流好业绩、树立一个好形象）和“六有”标准（有场所、有设施、有制度、有记录、有资料、有展示），对命名的党支部示范点实行动态管理，推动基层党组织全面进步、全面过硬。

三是抓制度，落实党建工作责任。按照上市公司有关审批程序，完成党建进公司章程工作，明确党委研究讨论是董事会、经理层决策重大问题的前置程序；明确党委和纪委的职责权限、机构设置和基础保障。按照集

团公司党委要求，贯彻党建“12345”党建创新体系（一个意见，两个规范，三个清单，四个支撑，五个体系），制定并下发了2017年党委十项重点工作和计划，推行党建工作清单式管理，分别建立《党建工作年度任务清单》《党员领导干部基层联系点清单》《党员联系群众清单》等。通过每月下发月度党建工作任务清单，及时评价考核，形成党政同责、一岗双责、齐抓共管、失职追责的党建工作格局。

四是抓队伍，提升党建工作水平。举办了基层党支部书记集中培训班，安排了理论测试、经验交流、课题讨论、红色教育等内容，实现了培训全覆盖，着力打造一支具有职业化素养的党务工作者队伍。注重发挥党员先进性，为每名党员建立积分存折，以积分明细表的形式对党员参加组织活动、三会一课、岗位奉献、履行义务等9个方面进行细化量化，按照“分类积分、量化考核，标杆引导、底线管理，奖优罚劣、激励奉献”的基本原则，通过累计积分一目了然反映做“四讲四有”合格党员情况，激发了党员活力。

（二）崇俭尚廉，转变作风，营造风清气正大环境

一是抓纪检，落实从严治党要求。结合“转职能、转方式、转作风”，推动实施派驻下属企业纪律检查员制度，确保监督无禁区。先后开展“三位一体”（社会教育、组织提醒、家庭关爱）、“四不”承诺（不贪、不占、不卡、不要）和“廉洁五进”（进公司、进机关、进实业部、进班组、进家庭）廉洁教育，筑牢党员干部廉洁思想防线。印发《公司党员领导干部/普通党员个人遵守党的六项纪律情况年度报告制度》，对全体在职党员干部职工遵守党纪情况进行“号脉把关”。聚焦党员领导干部这一“关键少数”和采购、工程、财务、质检、计量岗位这一“关键群体”对600余名党员干部集体约谈，做到无死角、全覆盖。

二是抓文化，传承企业军钢精神。开展了“军钢精神”大讨论，推进“厂史馆”建设，挖掘培育在建厂时期形成并保留下来的新兴铸管所独有

的团结协作、艰苦奋斗、开拓创新、为军服务的军钢精神，继承军队执行力最强的优秀文化基因，发扬艰苦奋斗、服从命令的光荣传统，增加员工的认同感、凝聚力。提出了新时期四种精神："公正清廉、坦诚直率、团结包容、协作奋进"的工作氛围；"廉洁自律、正心明理、忠于职守、干事必成"的干部行为风范；"有激情、在状态、敢担当、勇作为"的团队精神；"争先恐后、比学赶帮，百舸争流、千帆竞发"的工作态势。体现了公司干部职工"忠诚、干净、担当"的价值追求和面对企业爬坡过坎的行业困局勇于攻坚克难的责任担当。

三是抓督导，确保党建工作成效。建立《下级党组织向上级党组织报告工作制度》，推进公司各级党委履行党建主体责任，发挥党组织作用。开展所属企业党组织书记抓党建工作述职评议，汇总得分优秀和良好率达100%，较好地履行了党建第一责任人职责。专门成立党建和纪检工作督导组，利用近两个月时间深入所属企业对严肃党内政治生活情况、落实党建重点任务情况、党组织设置及党务人员配备情况、选人用人情况等进行全方位的督查、调研。在每家单位督导结束后，均以会议形式与被督导单位交换了意见，进行了总体评价，编发了11期督导简报，指出了存在的问题和改进建议。

（三）围绕中心，服务大局，推进生产经营大发展

一是抓品牌，创新党建工作载体。立足自身实际，积极开展了借鉴品牌理念加强和改进国有企业党建工作的有益探索，通过"新兴铸管党建+"党建品牌创建活动，立足于保障促进生产经营中心工作，自由选题"加什么""怎么加"的问题，内容包括提质增效、结构调整、管理创新、技术革新等19个方面。在全面提升公司党建工作水平的基础上，把党的政治优势、组织优势、群众工作优势转化成了企业发展所需要的创新优势、发展优势、竞争优势，激活了聚变效应，发挥了党建工作在推动公司转型升级、改革发展中的红色引擎作用。

二是抓活动，大力营造党建氛围。以“砥砺奋进正当时，创先争优谋跨越”为题，在所属各级党组织和广大党员中开展了以“十个一”（一次评先树优、一次政治体检、一次微型党课等）为主要内容的庆祝建党96周年活动。开展了“三查三问”大讨论，引导党员职工从思想、动力和工作三个方面查找差距，做到不忘入党初心，保持共产党员先进性。开展了学习践行“由我来办、马上就办、办就办好”工作作风的主题活动，从学习讨论、对照自查、整改落实三个环节入手，要求各级党员职工努力扛起企业发展“千钧担”，担当解决问题“主攻手”，叫响“看我的”“跟我上”，形成人人重实干、事事讲落实、层层抓推进的良好干事氛围。

三是抓群团，发挥党建工作合力。坚持党建带工建、带团建，以“三必知、四必谈、五必访”思想政治工作法（员工的家庭情况必知、员工的思想状况必知、员工的基本素质必知；员工产生思想情绪时必谈、员工受到批评处分时必谈、员工岗位职务变动时必谈、员工与同事发生纠纷必谈；员工情绪低落时必访、员工父母去世时必访、员工重病住院时必访、员工生活困难时必访、员工家庭不和时必访），加强职工关爱，密切党组织同职工群众的关系。充分发挥技术领军人物的带头作用，先后在公司层面创建9个职工创新工作室，通过“传帮带”放大劳模品牌效应。进一步加强团青活力建设，组织开展了“创新发展、青年担当”主题实践活动，引导青年牢固树立创新、创效、创业观念，打造了团青工作亮点与特色。

四、改革成效

一是党员队伍建设展现新面貌。通过抓实党委中心组学习、规范党组织机构和党务人员管理、推进党支部示范点建设、开展党员积分管理等，加强了党委班子建设、基层党支部建设和党员职工队伍建设，做到了企业发展到哪里、党的建设就跟进到哪里、党支部的战斗堡垒作用就体现在哪里、党员的先锋模范作用就发挥到哪里，为做强做优做大国有企业提供坚强组织保证。

二是生产经营管理有了新提升。新兴铸管党委始终做到坚持服务生产经营不偏离，将党建工作和生产经营深度融合，按照决策前把关、决策中参与、决策后示范的思路，紧紧围绕预算目标，深化“全价值链对标超越”，全力以赴打响提质增效攻坚战。主要生产经营技术指标稳步提升，2016 年，与中国宝武、沙钢等 5 家企业一起被评为国内钢铁行业最高等级“竞争力极强 A +”企业。

三是和谐稳定建设取得新进展。通过挖掘军钢精神、加强企业文化建设，践行“由我来办、马上就办、办就办好”的优良作风，深化“三必知、四必谈、五必访”思想政治工作法等一系列工作举措把解决思想问题同解决实际问题结合起来，既讲道理，又办实事，多做得人心、暖人心、稳人心的工作，弘扬正能量，2017 年成功入选“全国文明单位”。

五、经验启示

加强国有企业党建工作，必须深入贯彻落实习近平总书记在全国国有企业党的建设工作会上的重要讲话精神，始终坚持党的领导不动摇，加强党的建设不停息，按照“四个坚持”的总体要求，在党建理念上更加注重在“一心一意”谋发展的同时，要“聚精会神”抓党建；在党建重点上更加注重问题导向，着力解决思想、纪律、作风和廉政方面的突出问题；在党建方法上更加注重以上率下，严督实查，坚持讲认真，动真格，持续发力；在党建评价上更加注重群众参与监督的体制，让职工参与，让职工监督；在党建环境上更加注重严肃党内政治生活，营造良好政治生态。自觉提高政治站位，扛起使命担当，转变工作作风，以务实精神夯实基础工作，以创新精神提升工作水平，着力把党建优势转化为发展优势，把组织活力转化为发展活力，做到思想同心、目标同向、工作同步、措施同行、执行同力，促进企业经营业绩的稳步提升。